THOMAS HARDY

Michael Millgate

A Biography Revisited

托马斯·哈代传

广西师范大学出版社

·桂林·

(加)迈克尔·米尔盖特 著 王秋生 译

献给

R. L. P.

To

R. L. P.

目 录

插图目录

文本中的插图

插图来源

插图由以下人士授权复制：弗雷德里克·B. 亚当斯先生，图 41、57；约翰·安特尔先生，图 6、13；耶鲁大学贝内克珍本图书和手稿图书馆，图 14、15、16、45、53；纽约公共图书馆亨利·W. 和阿尔伯特·A. 伯格收藏，阿斯特、莱诺克斯和蒂尔登基金会，图 23、25、43；格特鲁德·博格勒太太，图 27；加州大学河滨分校图书馆，图 52、56；剑桥大学图书馆，图 33、60；W. & R. 钱伯斯有限公司，图 20；多切斯特多塞特郡博物馆托马斯·哈代纪念收藏的受托人，图 2、8、9、17、21、22、24、28、29、30、32、34、39、44、47、51、54、55、58；莱斯利·格林希尔教授，图 61；俄亥俄州迈阿密大学哈罗德·霍夫曼资料，图 10；大卫·霍姆斯先生，图 49；T. W. 杰斯蒂先生，图 46；亨利·洛克先生，租借给多塞特郡博物馆进行 H. E. F. 洛克收藏品展，图 3、4、5、7、11、12；埃尔弗里达·曼宁夫人，图 38；迈克尔·米尔盖特，图 31、61；普林斯顿大学图书馆莫里斯·H. 帕里什收藏，图 40；罗伯特·H. 泰勒收藏，图 59；得克萨斯大学奥斯汀分校哈里·兰塞姆人文研究中心，图 26；达芙妮·伍德夫人，图 50。经许可复制的版权插图：西蒙斯航空电影，图 19；皮特金画报有限公司，图 1；泰特美术馆（伦敦泰特 8 号展厅，2004 年），图 48。

缩　写

哈代	托马斯・哈代(标题中的 T. H.)
艾玛	艾玛・拉维尼亚・哈代(娘家姓吉福德)
弗洛伦斯	弗洛伦斯・艾米莉・哈代(娘家姓达格代尔)
M. 哈代	玛丽・哈代
K. 哈代	凯萨琳(凯特)・哈代
考克雷尔	悉尼・卡莱尔・考克雷尔
珀迪	理查德・利特尔・珀迪

未发表材料的主要来源

亚当斯	弗雷德里克・B. 亚当斯先生的收藏,现已散落
伯格	纽约公共图书馆伯格收藏
大英	大英图书馆
科尔比	缅因州沃特维尔市科尔比学院
多博	多塞特郡博物馆

多博：洛克	H. E. F. 洛克收藏，以前在多塞特郡图书馆，现在在多塞特郡博物馆
多档	多塞特郡档案局
伊顿	伊顿公学图书馆
霍夫曼	俄亥俄州迈阿密大学霍夫曼资料
利兹	利兹大学图书馆，博勒顿收藏
斯帕克斯笔记和文件	纳撒尼尔·斯帕克斯的笔记和文件，现藏于伊顿公学图书馆
普林斯顿	新泽西州普林斯顿市普林斯顿大学图书馆
珀迪与弗洛伦斯谈话	理查德·利特尔·珀迪与弗洛伦斯·艾米莉·哈代1929–1937年间的谈话记录，耶鲁大学贝内克图书馆
考克雷尔与哈代会面笔记	悉尼·考克雷尔与托马斯·哈代会面的笔记，耶鲁大学贝内克图书馆
得克萨斯	得克萨斯大学奥斯汀分校，哈里·兰塞姆人文研究中心
耶鲁	康涅狄格州纽黑文市耶鲁大学贝内克图书馆

经常引用的公开资料

《职业》	迈克尔·米尔盖特，《托马斯·哈代：他作为小说家的职业生涯》（伦敦，1971；巴辛斯托克重印版，1994）
《哈代书信》	《托马斯·哈代书信全集》，理查德·利特尔·珀迪和迈克尔·米尔盖特编辑（七卷；牛津，1978–1988）
《指南》	N. 佩奇（编），《牛津读者指南：哈代》（牛津，2000）
《哈代诗歌》	《托马斯·哈代诗歌全集》，塞缪尔·海恩斯编辑（五卷；牛津，1982–1995）

《多纪》	《多塞特郡纪事报》
多档	多塞特郡档案局
《早期生活》	弗洛伦斯·艾米莉·哈代,《托马斯·哈代的早期生活(1840–1891)》(伦敦,1928)
《晚年》	弗洛伦斯·艾米莉·哈代,《托马斯·哈代的晚年(1892–1928)》(伦敦,1930)
《艾玛与弗洛伦斯书信》	《艾玛·哈代与弗洛伦斯·哈代书信集》,迈克尔·米尔盖特编辑(牛津,1996)
《文学笔记》	《托马斯·哈代的文学笔记》,伦纳特·A. 比约克编辑(两卷;伦敦,1985)
《生活和工作》	托马斯·哈代,《托马斯·哈代的生活和工作》,迈克尔·米尔盖特编辑(伦敦,1984)
《个人笔记》	《托马斯·哈代的个人笔记本》,理查德·H. 泰勒编辑(伦敦,1978)
珀迪	理查德·利特尔·珀迪,《托马斯·哈代:文献研究》(伦敦,1954;1968,重印,1987;补充材料后再次发行,特拉华州纽卡斯尔市,2002)
《公众声音》	《托马斯·哈代的公众声音:散文、演讲和杂文》,迈克尔·米尔盖特编辑(牛津,2001)
《研究、样本》	《托马斯·哈代的"研究、样本等"笔记本》,帕梅拉·达尔齐尔和迈克尔·米尔盖特编辑(牛津,1994)
《哈代杂志》	《托马斯·哈代杂志》
威塞克斯版	威塞克斯版(二十四卷;伦敦,1912–1931)

除非另有说明,哈代诗歌的所有引文均来自《托马斯·哈代诗歌全集》,其小说引文均来自威塞克斯版散文集。除非另有说明,书中涉及访谈均由本书作者发起。

序　言

修订传记的风险几乎不亚于起初的撰写,不亚于在有潜在危险的水 1
域上冒险。不管传记作者知道得何其多,他所知的也只能占实际生活的一小部分。没有一条信息来源完全没有问题,而且无论如何,对于通常被认为具有特殊意义的生活的那些时期或方面,这些来源可能永远是不足的,例如,童年早期、性关系以及那些极其难以捉摸的文学和艺术创造过程。然而,在《托马斯·哈代传》首次出版约二十年后,又回到该书,我至少有信心知道,这期间已经出版了许多有趣、重要的材料。

哈代书信全集业已完成,他的访谈录、他公开发表的著作以及他两位妻子写的书信也都已经出版,他那些幸存下来的笔记本的编辑工作仍在继续。家谱学研究人员、当地历史学家和以威塞克斯为创作对象的作家们发现了重要的新信息。学术研究修正了——有时甚至是彻底改变了——对一些问题的早期假设,譬如哈代与弗洛伦斯·亨尼卡公开的文学合作,他对弗洛伦斯的秘密协助,以及他对在他去世后不久出版的官方传记的撰写的参与等事情的确切性质。哈代的地位仍在不断提高。如今,经过令人赞赏的编辑之后,其诗歌比五十年前甚至二十年前有了更多读者,也更能引起共鸣。影视作品有助于保持其小说和故事在大众眼中的活力，尽管其小说仍缺乏一整套综合的学术版，但是有对单部作品和以前未收集的故事的优秀的版本和文本研究。诸多平装本中的一些版本也融入有益的编辑工作，这些平装本共同证明了哈代在大西洋
2 两岸乃至全世界的中小学和大学的教学大纲中的持续存在。

因为我自己在编辑哈代的书信、他两位妻子的书信、他那由妻子捉刀代笔的传记，以及其他一些研究他的生活和工作的新资源方面所承担的角色，《托马斯·哈代传》在 2002 年，即其二十岁生日时成为一个回顾过往的契机，不仅是回顾 1982 年，而且是回顾六十年代早期，彼时我正着手撰写我在该领域的处女作：《托马斯·哈代：他作为小说家的职业生涯》(1971)。经过回顾性的盘点，这部新的、扩展的和广泛修订的《托马斯·哈代传》得以规划，如今撰写工作业已完成，该传记吸收了最近获得的所有附加信息，从广义上说，吸收了大约四十年来我在研究哈代的过程中所积累的各种各样的材料和见解。我相信这是我现在对哈代研究所能作出的最有益的贡献。此外，我有幸与那些曾和哈代见过面的人进行交谈，这样的机会是难以复制的，因此我还任性地认为，在某种意义上，这是一种认可，甚至是一种对其合理性的证明，这些人包括：E. M. 福斯特、哈罗德·麦克米伦、埃德蒙·布兰登、格特鲁德·博格勒、诺曼·阿特金斯(另一位“哈代剧演员”)、梅·奥鲁克(哈代的兼职秘书)、爱丽丝·哈维(艾玛·哈代的私人女佣)和查尔斯·盖尔(特丽菲娜·斯帕克斯的儿子)，此外我还得益于其他人的友谊与合作，如理查德·利特尔·珀迪、弗雷德里克·鲍德温·亚当斯以及诗人亨利·里德，他们在弗洛伦斯·哈代寡居期间结识了她，并曾拜访过麦克斯门，彼时哈代的书房很大程度上还保持着他生前的样子。

当我重读《托马斯·哈代传》第一版时，我心安理得地发现，这部传记颇站得住脚，几乎没有令我感到尴尬的内容，除了一个重要脚注中的数字计算错误。然而，它却没有充分地反映出我自己目前所掌握的

信息。有一些问题和情节没有得到处理,还有一些问题和情节似乎需要处理得老练一些或换种叙述方式,此外,哈代生活中的一些主要方面需要得到更加坚定和明确的认可。我首先认识到,可以对一些人和事有更好的了解,给予更多的同情和理解,如艾玛·拉维尼亚·吉福德和弗洛伦斯·艾米莉·达格代尔这两个人在艾玛去世前和去世后(某种意义上而言)的关系,以及她们和她们相继嫁与的那个人之间的关系。现在,为编辑《艾玛·哈代与弗洛伦斯·哈代书信集》做准备,我不仅已经阅读她们所有可以发现的信件,而且还从那部书信集的注释工作中学到很多东西,我重访了圣朱利奥特和其他相关地点,追踪查寻到了一些 3
以前未知的照片、文件和一手记录,并深入研究了弗洛伦斯·哈代在协助哈代撰写他自己的官方传记以及执行其灾难性的遗嘱中的种种规定等方面所起到的决定性作用。

但是,即便是第二次把哈代作为传记的对象,这其中所面临的根本问题同样难以对付。说他的出生是寂寂无闻的,这一点既准确又是老生常谈,但从传记的角度来看,寂寂无闻的含义已经远远超出这样一些事实,即他是一对贫穷的农村夫妇未婚先孕的孩子,而且是在一个偏僻的巷尾村舍里,在难产的情况下出生的,这间村舍毗邻一个莎士比亚可能会将其描述为一片凄凉的荒野的地方。处于哈代父母和他们的家人那样的时代、阶层和背景的人通常很少写信,即使他们真的会写信;除了出生、婚姻和死亡等最基本的信息登记之外,他们的名字也不可能出现在当地报纸或任何公共记录中,除非他们触犯了法律。诚然,哈代的父母相当成功地将他们的孩子们推进中产阶级的行列,但是,关于哈代早年时期的直接证据和独立证据仍然少得可怜,即使是在他成年早期,他对这个世界的影响也微乎其微,以致在已知的他写的信件中,他三十岁生日之前留存下来的仅有不足十封。

随着时间的推移,哈代逐渐成为一个私生活对外高度保密的人,他总是想方设法保护其父母和弟弟妹妹们的隐私,似乎真的很害怕自己死后被曝光,就像他在《卡斯特桥市长》中想象苏珊·亨查德死后所遭遇的令人沉痛的曝光一样:"她所有闪亮的钥匙都会被人从她身上拿走,她的橱柜会被人打开[①];那些她不希望别人看到的小秘密,任何人都会看到;她的愿望和行为方式都将成为虚无!"从有时得到的强烈的、针对个人的敌意评论中,从与新闻采访者们的遭遇中,以及从与准传记作者们偶尔的冲突中,他学会了谨慎。在他著名的晚年时期,他进入了一个仍有创造力的老年阶段,进入了一个角色,对于该角色来说,他的早年生活只不过是一个准备而已,他力图相当系统地控制一切会成为未来传记素材的风险。他在有生之年销毁了许多信件、笔记本和其他文件,且授权他人在他去世后立即销毁其他文件,并竭力建立和保护他自己的传记的第三人称叙述的独特权威,该传记是为了待他去世后以其妻子的名义出版而撰写的,他希望以此来预先制止其他那些可能更具侵入性的传记。

该书后面的一些章节叙述了哈代自己是如何秘密地撰写和修改那
4 部传记的,弗洛伦斯·哈代是如何秘密地打印和大幅地重新打印的;在哈代去世后,弗洛伦斯和其他人是如何对其进行审查和修改的,传记又是如何分别于1928年和1930年以《托马斯·哈代的早期生活(1840–1891)》和《托马斯·哈代的晚年(1892–1928)》的书名出版,后来又以题名为《托马斯·哈代的生活》[②]的单卷本形式再版的。第一版传记的上下卷的署名作者皆为弗洛伦斯·艾米莉·哈代,后来被人们称为《托马斯·哈代的生活》的单卷本传记,最初被认为是她自己写的一部作品,即使哈

---

① 这里可能是在暗指一个英语习语,即"橱柜里的骷髅"(a skeleton in the cupboard),引申为"家丑"的意思。(全书脚注均为译注——编按)

② 《托马斯·哈代的生活》(*The Life of Thomas Hardy*, 1962)。

代本人给予了相当大的帮助。后来,哈代在《托马斯·哈代的生活》一书的创作中的核心作用被揭示出来,结果该书被广泛归类为他的自传,但是弗洛伦斯·哈代在其丈夫去世后出于好意的遗漏、修改和插入严重危及该书对这一地位的主张。现在已经被接受为“权威”文本的一本书——在拙作中经常会被引用——恢复了哈代最初的标题,即《托马斯·哈代的生活和工作》,是对已经出版的《托马斯·哈代的早期生活》和《托马斯·哈代的晚年》的改造重建,是它的一个替代品,源自弗洛伦斯·哈代对哈代本人撰写的终稿的打印稿,未遭到任何毁坏。

与那部改造重建的作品的密切接触使我相信,哈代自传回避的内容大部分是轻微的歪曲和直截了当的省略,而非实际的错误陈述。但不确定性依然存在。被省略的内容有时一定有重大意义,而被强调的内容事实上可能并不是最重要的,而且有足够的证据表明,像许多维多利亚时代的传记作家一样,在融入一封信或一则笔记的文本时,哈代并不觉得根据他事后的领悟对原文本进行删剪、扩展或重写有什么不妥,因为他想为读者提供理想的阅读内容。简而言之,《生活和工作》就像哈勒姆·丁尼生对其父亲生活的描述一样,既是一个不可或缺的传记来源,也是深入了解传主时的一个巨大障碍,有时甚至是绝对障碍。

当然,哈代能够决定他的私人文件以及他从别人那里收到的大多数信件的命运,而且他确实这样做了。他还在有生之年批准了他的主要文学手稿的发行。另一方面,他写给别人的信件是他无法控制的,而且他似乎并不知道他两个妻子轻率地写下大量且常常充满抱怨的信件。正是这些信件所提供的证据,再加之在伦敦或在麦克斯门喝茶时听到哈代的记者、仰慕者、朋友和作家同仁的回忆,才使得《生活和工作》的叙述在很大程度上得以充实、证实,并在更加罕见的情况下得以纠正。 5

晚年哈代对其童年、青年和成年早期的叙述,是不那么容易被证实或质疑的。当然,对于这些时期,传记作家们常常会依赖于他们的写作对象自己的回忆,但在哈代的案例中,这种依赖性尤其值得怀疑,因为一来缺乏其他来源的证据,二来由于人们普遍怀疑他夸大了其家庭的社会和经济地位,以掩盖其实际的贫穷和寂寂无闻,因此对《托马斯·哈代的生活》的撰写方式的了解就进一步加深了人们的怀疑。我们最多只能说,可获得的独立证据的一些片段,倾向于支持或只是适度限定了哈代所说的关于其在上博克汉普屯度过的童年的话,即使他没有就整个地方和时期的相关记忆营造浪漫氛围。

重温、修订和扩展《托马斯·哈代传》被证明是一个引人入胜和令人兴奋的经历,我不断发现丰富的、新鲜的相互联系,并得出新的或至少是更确凿的结论。尽管我删去了许多看似冗余的段落,甚至对叙述内容基本不变的段落也做了详细修改,但是我最主要和最愉快的任务是把新的或经过充分再考虑的素材纳入其中,因此再版的《托马斯·哈代传》的篇幅比其第一版要长一些。当然,从盖棺定论这个意义上来说,没有一部传记是“最权威的”。不断会有新发现,会有更多信件曝光,而且总会出现新鲜的或不同视角的解读。但是目前这部传记,是以四十年接触和投入哈代研究为基础的二度创作,我当然希望和期待它在未来的许多年里发挥作用,以飨广大普通读者和专家读者。

第一章　哈代家族和汉德家族

英国作家芸芸，托马斯·哈代独树一帜，无论是作为主要小说家 7
还是主要诗人均获得认可。还有一点与众不同，他将自觉意识到的“现代”思绪与强烈的、明显矛盾的对个人、地域和国家的过往或历史的专注有机结合起来。哈代 1840 年出生在英国一个偏僻的乡村，父母地位卑微。他享年八十八岁，一生笔耕不辍，用散文[①]和诗歌记录了从十九世纪到二十世纪初席卷英国，尤其是其家乡多塞特郡的种种历史变革，行文间体现出非同寻常的敏感与精确。克里米亚战争、印度兵变[②]、南非战争和第一次世界大战等诸多重大历史事件都发生在哈代的有生之年，但在生命走向终点之时，其脑海中挥之不去的仍是他出生之前的一个历史时期，即拿破仑时期。1919 年，他将时间视为历史的回溯，“宛如一条被蓝色薄雾萦绕的铁路线，它沿着山坡爬升至 1900 年，然后翻越山巅，消失于约二十世纪中叶，然后又上升至 1800 年左右，之后便消失得

---

① 此处的散文(prose)是一个广义的概念，指诗歌以外的其他文学形式，包括小说、戏剧、狭义的散文等。后文中提到的散文皆是取此广义含义，不再另行作注。

② 印度兵变，指的是 1857-1859 年印度反对英国统治的一次民族大起义。

无影无踪了”。[1]时隔四年，T. E. 劳伦斯①在写给罗伯特·格雷夫斯②的一封信中这样描述哈代：“他距离我们如此遥远。拿破仑对他来说是一个真正的男人，在哈代的耳际，拿破仑的名字回响于多塞特的各个角落。哈代沉溺于拿破仑时代，认为那是一场伟大的战争。”[2]

然而，对于自己的父母和祖父母，他们的亲戚和熟人寂寂无闻的私人生活，他们那称之为家的村舍，他们遵循的风俗习惯，他们吟唱的歌曲以及不得不面对的社会和经济现实，哈代同样兴致盎然。很大程度上，他的小说、故事和诗歌的背景、细节和情节依赖于其童年的种种见闻：
8 一遍又一遍讲述的关于走私和入侵警报、地方丑闻和公开刑罚的故事；关于邮车和火绒盒、《玉米法》③和反教皇入侵示威的个人记忆；以及一支不复存在的军队的火枪子弹在多塞特谷仓上留下的那些弹痕。他先是借鉴了父母生动的故事讲述，然后随着时间的推移，又利用了他对旧报纸和旧档案的研究、他的博览群书，以及他对自己所生存的世界积极而广泛的观察。

在哈代的直系世系中，没有任何蛛丝马迹能暗示他将来所从事的职业。他身上自始至终都保持着一种奇怪的吸引力，这其中包括：艺术家的虚荣心和孩童的好奇心，加之关于遗传、人类情感、社会历史和阶级制度的种种奇闻怪事，这些因素或相互结合，或碰撞冲突，孕育出了这样一个人，他出生于鲜为人知的穷乡僻壤，但后来却成为他那个时代最声名显赫的作家。历史久远，难下定论，但我们仍有可能辨别或推测出一些较为清晰的家族关系的轮廓。哈代去世后，人们在他的书房里发现了几

---

① 托马斯·爱德华·劳伦斯（Thomas Edward Lawrence, 1888–1935），因在1916年至1918年的阿拉伯大起义中担当英国联络官的角色而出名。

② 罗伯特·格雷夫斯（Robert Graves, 1895–1985），英国诗人、小说家、评论家。

③ 玉米法（Corn Law，亦称“谷物法”），是英国于1815年至1846年间强制实施的进口关税，借以“保护”英国农民及地主免受来自从生产成本较低廉的外国所进口的谷物的竞争，实际上是一种贸易保护主义。

本家谱著作，其中一本是关于英国海峡群岛的泽西岛上古老的勒·哈代家族的记述，作者佚名。哈代倾向于认为其作者是十五世纪晚期的克莱门特·勒·哈代和其子约翰，“多塞特哈代家族”都是他们的后裔，其中包括于1579年捐建了多切斯特文法学校的托马斯·哈戴①，他来自弗兰姆普屯，以及曾在特拉法尔加海战中担任海军上将纳尔逊的旗舰舰长的托马斯·马斯特曼·哈代，他来自波蒂沙姆。约翰·哈钦斯于十八世纪编撰的《多塞特郡的历史和文物》一书记载了哈代家族中各种各样的地主阶层的人物。哈代在其珍藏本中所做的种种标记表明他非常了解那些哈代家族，即来自欧维莫涅、博克汉普屯和弗洛姆山谷内或附近其他地方的哈代家族，以及他们与自己家族的“支族”之间可能存在的联系。[3]

无论这些联系多么模糊，对哈代来说都至关重要，因为它们使他拥有了一种对这个世世代代沿袭下来的家族的归属感。拥有家族徽章，却不用它谋取私利，何乐而不为呢；这也为哈代在小说《艾塞尔伯塔的婚姻》②和《德伯家的苔丝》中对自命不凡的家族的蔑视态度提供了佐证。在其古稀之年，哈代曾抱怨，在多切斯特仍有一些人认为自己是如此伟大，以至于别人连和他们对话的资格都没有，于是他大声疾呼：“但愿他们知道，我们哈代家族也曾是郡里一个世家望族！”[4]但其实哈代这个姓在多塞特并不少见。全郡几乎没有哪个教区的教堂墓地和登记册没有留下一个或多个哈代的名字，而且在绘制家谱图时，会以“哈代谱系”为首，这对哈代后来的出人头地颇有先兆。在哈代不久于人世的时候， 9
他明智地做出选择，只泛泛地声称自己是勒·哈代家族以及哈钦斯所纪念的地主阶层哈代家族的后裔。[5]

---

① 与哈代(Hardy)不同的是，其英文名后面多了个e，即拼为Hardye，故译为“哈戴”以示区别。

② 另译为《贝坦的婚姻》(参1981年于树生的译本)。

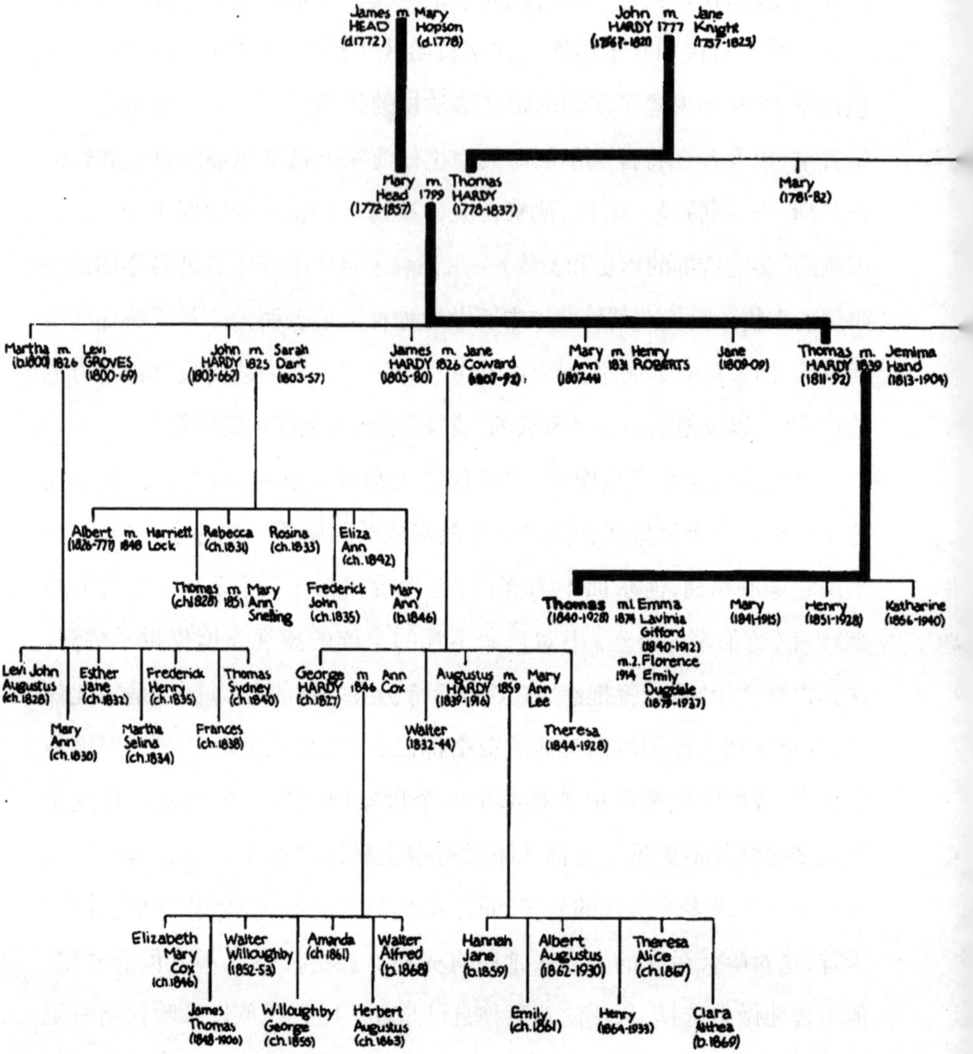
James m. Mary
HEAD Hopson
(d.1772) (d.1778)
John m. Jane
HARDY 1777 Knight
(1757-1825)
Mary m. Thomas
Head 1799 HARDY
(1772-1857) (1778-1837)
Mary
(1781-82)
Martha m. Levi
(b.1800) 1826 GROVES
(1800-69)
John m. Sarah
HARDY 1825 Dart
(1803-57)
James m. Jane
HARDY 1826 Coward
(1805-80)
Mary m. Henry
Ann 1831 ROBERTS
Jane
(1809-09)
Thomas m. Jemima
HARDY 1839 Hand
(1811-92) (1813-1904)
Albert m. Harriett
(1826-77?) 1848 Lock
Rebecca
(ch.1831)
Rosina
(ch.1833)
Eliza
Ann
(ch.1842)
Thomas m. Mary
(ch.1828) 1851 Ann
Snelling
Frederick
John
(ch.1835)
Mary
Ann
(b.1846)
Thomas m.1 Emma
(1840-1928) 1874 Lavinia
Gifford
(1840-1912)
m.2 Florence
1914 Emily
Dugdale
Mary
(1841-1915)
Henry
(1851-1928)
Katharine
(1856-1940)
Levi John
Augustus
(ch.1828)
Esther
Jane
(ch.1832)
Frederick
Henry
(ch.1835)
Thomas
Sydney
(ch.1840)
Mary
Ann
(ch.1830)
Martha
Selina
(ch.1834)
Frances
(ch.1838)
George m. Ann
HARDY 1846 Cox
(ch.1827)
Augustus m. Mary
HARDY 1859 Ann
(1839-1916) Lee
Walter
(1832-44)
Theresa
(1844-1928)
Elizabeth
Mary
Cox
(ch.1846)
Walter
Willoughby
(1852-53)
Amanda
(ch.1861)
Walter
Alfred
(b.1868)
James
Thomas
(1848-1906)
Willoughby
George
(ch.1855)
Herbert
Augustus
(ch.1863)
Hannah
Jane
(b.1859)
Albert
Augustus
(1862-1930)
Theresa
Alice
(ch.1867)
Emily
(ch.1861)
Henry
(1864-1933)
Clara
Althea
(b.1869)

老托马斯·哈代家谱

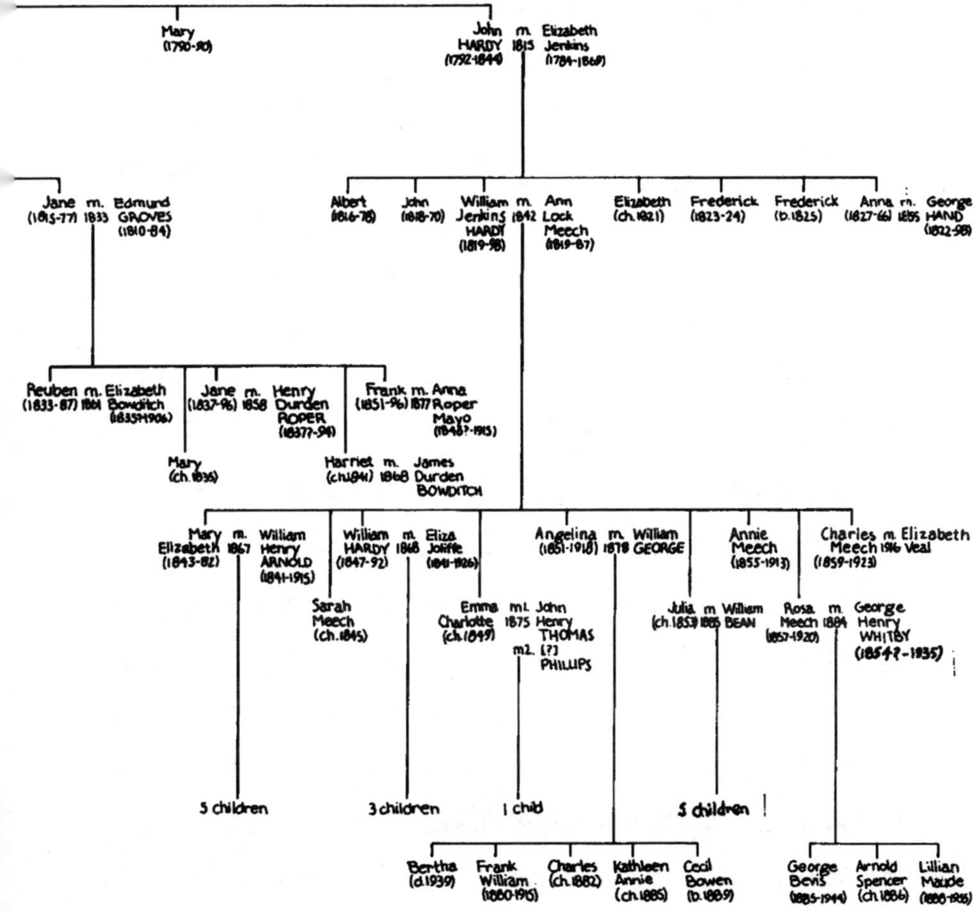
Mary (1790-90)
John HARDY (1792-1844) m. 1815 Elizabeth Jenkins (1784-1869)
Jane (1815-77) m. 1833 Edmund GROVES (1810-84)
Albert (1816-78)
John (1818-70)
William Jenkins HARDY (1819-98) m. 1842 Ann Lock Meech (1819-87)
Elizabeth (ch.1821)
Frederick (1823-24)
Frederick (b.1825)
Anna (1827-66) m. 1855 George HAND (1822-98)
Reuben (1833-87) m. 1861 Elizabeth Bowditch (1835?-1906)
Jane (1837-96) m. 1858 Henry Durden ROPER (1837?-94)
Frank (1851-96) m. 1877 Anna Roper Mayo (1848?-1915)
Mary (ch.1835)
Harriet (ch.1841) m. 1868 James Durden BOWDITCH
Mary Elizabeth (1843-82) m. 1867 William Henry ARNOLD (1841-1915)
Sarah Meech (ch.1845)
William HARDY (1847-92) m. 1868 Eliza Joliffe (1841-1926)
Emma Charlotte (ch.1849) m1. 1875 John Henry THOMAS m2. [?] PHILLIPS
Angelina (1851-1918) m. 1878 William GEORGE
Julia (ch.1853) m. 1885 William BEAN
Annie Meech (1855-1913)
Rosa Meech (1857-1920) m. 1884 George Henry WHITBY (1854?-1935)
Charles Meech (1859-1923) m. 1916 Elizabeth Veal
5 children
3 children
1 child
5 children
Bertha (d.1939)
Frank William (1880-1915)
Charles (ch.1882)
Kathleen Annie (ch.1885)
Cecil Bowen (b.1889)
George Bevis (1885-1944)
Arnold Spencer (ch.1886)
Lillian Maude (1886-1915)

哈代此举是在温和地暗示:“人们对一个作家的世系了解得越少(直到他去世)越好。”尽管如此,在1881年,他还是心甘情愿地和查尔斯·基根·保罗①分享了如下信息:“我可以从四代人所掌握的信息来说,从远古时代起,我的直系祖先都是泥瓦匠雇主,手下有一帮学徒期满的工匠,虽然我祖先的级别从来没有高过这一级,但也**从来没有**降到这一级以下,也就是说,他们自己从来没有做过工匠。”[6]即便哈代的话有所夸张,也是程度最低的夸张。尽管哈代父亲这一边的祖先可能并不总是雇主,但他们肯定是泥瓦匠,而且大部分是个体经营的和私营的,就像哈代的小说《卡斯特桥市长》开篇里的迈克尔·亨查德。关于遥远世系公认的不确定性,为哈代的家族传统提供了这样一种可能的场景:一个叫约翰·哈代的人,他肩上扛着一个篮子,里面装着泥瓦匠用的工具,在十八世纪末的某一天,从一个无人知晓的地方出现了(这又像亨查德一样)。[7]

上文提到的约翰·哈代是哈代的曾祖父,在“家谱”中以来自帕德尔屯的约翰·哈代的身份出现。帕德尔屯是该村庄的现代名称,位于多切斯特东北五英里处,该村庄过去常常被不那么得体地称为皮德尔屯。② 根据家谱记载,约翰·哈代的生卒时间分别为1755年和1821年。其去世的具体日期是足以确定的,但细致的家谱研究却没能使研究者有十足的把握来确定约翰·哈代出生的具体日期,甚至连其父母的名字也不得而知,这是多塞特家族人员过多的缘故。然而,有可能他并不像人们所说的那样[8],是欧维莫涅的约翰·哈代和其妻子伊丽莎白·斯怀尔的儿子,而是来自托尔普德尔的约翰和玛莎·哈代于1756年受洗(可能于当年出生)的独生子。托尔普德尔离帕德尔屯并不远,但由于受过

---

① 查尔斯·基根·保罗(Charles Kegan Paul, 1828-1902),英国作家、出版商。

② 皮德尔屯的英文名字中的piddle为“撒尿”的意思,故作者言“不那么得体”。

泥瓦匠训练的年轻的约翰·哈代似乎是独自一人搬迁到了帕德尔屯，没有父母或兄弟姐妹与他同行，那么很有可能他的新邻居会将他视为一个有点神秘的人物。无论是哪种情况，哈代在写给格雷戈里夫人①的信中提及的那位有着“纯正爱尔兰”血统的曾祖母的身份却仍然未被证实，亦未被猜测。对于玛莎·哈代，人们几乎一无所知，无论伊丽莎白·斯怀尔是否与哈代有亲属关系，她显然与任何爱尔兰人都没有亲属关系。[9]

我们已知的是，1777 年，当时住在多切斯特镇福丁屯②教区的一个名叫约翰·哈代的人，在弗洛姆山谷的伍兹福德与该教区的简·奈特结婚，在将近一百五十年后，在斯廷斯福德教区教堂的登记册上，她的曾孙不辞辛劳地找到了几个可能是她亲属的人的名字。1778 年，在靠近帕德尔屯的亚瑟汉普屯，他们的第一个孩子托马斯呱呱坠地，但后来约翰是在帕德尔屯从事泥瓦匠的职业。十八世纪末，托马斯子承父业，也成为泥瓦匠，之后机缘巧合地遇到玛丽·海德③，她是詹姆斯和来自遥远的伯克郡法雷村的玛丽·海德的遗孤，两人于 1799 年 12 月在帕德尔屯教堂成婚。就在七个月后，即 1800 年 7 月，玛丽在帕德尔屯诞下一女，次年，一家三口来到约翰·哈代为他们在荒野对面建造的舒适村舍里生活，后来这里成了名为高博克汉普屯或上博克汉普屯的小村庄。村舍所在的土地属于金斯屯-莫瓦德庄园，虽然约翰·哈代让其儿子首次从业之处是个极其偏僻的地方，但或许他认为它离金斯屯-莫瓦德庄园、博克汉普屯村和斯廷斯福德教区教堂之间的距离都比较合适，而他自己此前也在这些地方做过一些工作。[10] 远离潜在竞争对手可能也是在此安家立业的一个因素。 12

① 格雷戈里夫人（Isabella Augusta, Lady Gregory, 1852-1932），爱尔兰戏剧家、民俗学家、剧院经理。

② 福丁屯（Fordington），原多切斯特以东的村庄，现已成为多切斯特的郊区。

③ 与其母同名。

事实上，托马斯·哈代夫妇和他们的女儿玛莎搬入的村舍，与多塞特的主要城镇多切斯特仅相隔三英里，但是村舍坐落在一条狭窄小路的尽头，孤零零的，四周都是树木。村舍紧挨着一片荒野，荒野延绵不断，横贯多塞特郡南部，延伸至汉普郡。该村舍如今仍矗立在以风景如画著称的桑科姆森林的边缘，作为英国国民托管组织①接管的地产，它是向公众开放的。但是它旁边的荒野尚未开发，很多地方长满了杜鹃花，还被英国林业委员会所种植的树木所侵占。哈代的祖父彼时选择在这样一个没有商机可言的地方子承父业，从事泥瓦匠的行业，后来又传给他的三个儿子，约翰(1803 年出生)、詹姆斯(1805 年出生)和托马斯(1811 年出生)，如今看来还是颇有意义的。哈代的祖父尚有四个女儿，其中三个活到了成年，都嫁到了多塞特的其他村庄，丈夫的职业分别是屠夫、商店店主和盖茅草屋顶的工匠。在哈代家族住在该村舍的早期，活跃在多塞特海岸附近的走私者把该村舍的与世隔绝视为一个明显的优势，因为它阻碍了合法的商业活动在这里开展。1801 年至 1805 年左右，哈代的祖父允许走私者将该村舍当作中转站，待到其妻子出面予以制止的时
13 候，哈代曾经指出："他有时在一个黑暗的储藏室里放了多达八十个'桶'……每个桶里装着四加仑②酒。酒味常常弥漫在整个房子里，是标准酒精度数，喝的时候还要兑水稀释。这些大桶，或是细长的小木桶，都是带木箍的，用细木棍做成的。我记得其中一个酒桶被敲掉盖子，加上一个把手做成了一只水桶。"[11]

多年来，哈代家族确实为教区的主要地产金斯屯-莫瓦德庄园做了大量的建筑工作，但他们也是该庄园的承租人。他们发现自己的地位低

---

① 英国国民托管组织(National Trust)，英国最大的会员制组织，致力于古宅、景观和花园的保护和维护。

② 容量单位，分为英制加仑和美制加仑，1 英制加仑 = 4.546 升。

于另一个和他们没有亲戚关系的托马斯·哈代，他曾担任地产管家并拥有乡绅的地位，后来（正如哈代小时候所听说的）他掉进了弗洛姆河，因为在先前的一次事故中失去了一只胳膊，他无法自救而溺亡。早在1832年，当管家还活着的时候，一位老妇人的去世就自动终止了老哈代的长子约翰·哈代居住的那座村舍的“终身”租约，新租约的承租方成了管家自己的子女们。[12]实际上管家是通过动用社会特权将约翰·哈代赶出了这个小村庄。约翰·哈代和他日益壮大的家庭（他总共有七个孩子）搬到了多切斯特的福丁屯郊区，在那里他与博克汉普屯的亲戚越来越疏远。[13]

1835年10月，托马斯·哈代和玛丽·哈代夫妇的村舍被重新租给托马斯本人和他的两个年轻的儿子。两年后，父亲托马斯去世，留下的家产包括：价值一百八十英镑的村舍租赁权、六十英镑现金以及六十一英镑未收讫的债务。在支付了丧葬费和其他一些费用之后，小儿子托马斯得到了相当一部分余款，作为对过去八年未付工资的认可：工资按每周十四先令计算，并扣除之前花在他身上的生活必需品费用、买衣服的钱和零花钱。另一个儿子詹姆斯，作为已为人父的已婚男人，一直在定期领取工资。[14]哈代一直坚持认为他父亲和祖父均缺乏商业野心，两人之间财务约定的随意性也支持了他的这种观点。还有一个例证是，他们在几年的时间里都未能从金斯屯-莫瓦德庄园收回应向他们支付的款项，尽管给他们自己的房东施压一定是有难度的。[15]在父亲去世后的几年，詹姆斯和托马斯这对兄弟以他们母亲的名义一起经营着这家公司，但到了四十年代末，他们决定终止合作，分道扬镳。有一种说法是，分家采取了搏斗的形式，地点就在屋外的荒野上，但最终的决定性因素似乎 14
是玛丽·哈代偏爱她的小儿子，以及他所表达出的愿为母亲养老送终的强烈愿望。玛丽在遗嘱中说将她的全部财产“留给我的儿子，托马斯·哈代，因为他对我的恭顺和爱戴”。这份遗嘱的落款日期是1841年1月

24 日,也就是在她儿子 1839 年 12 月与杰米玛·汉德结婚十三个月后,她著名的孙子出生不到七个月的时候。[16]

哈代母亲的家族是汉德家族,该家族来自多塞特西北部一个名为梅尔伯里-奥斯蒙德的小村庄。杰米玛·汉德本人出生于 1813 年,是乔治·汉德和其妻子伊丽莎白(或贝蒂)·斯威特曼的第五个孩子。乔治·汉德则是来自帕德尔屯的威廉和贝蒂·汉德夫妇的九个孩子中的长子。然而,贝蒂·斯威特曼的母亲是恰尔兹家族的成员,该家族是梅尔伯里一带一个由来已久的家族,在哈代的时代,其中有几个是专业人士,活跃于医学界和出版界。[17]她父亲的家族,斯威特曼家族,几代以来都是小地主,或者——用哈代喜欢的说法——叫"自耕农"。后来,农田被来自伊尔切斯特的伯爵们建造的梅尔伯里庄园所占用。哈代曾对一个朋友说,"当伊尔切斯特人还在田里犁地的时候"[18],这些田地的所有权就是斯威特曼家族的。斯威特曼家族的轶事是从十七世纪末流传下来的,据说当时该家族因同情蒙茅斯叛乱而"毁于一旦"。哈代后来在自己的短篇小说《公爵的重现》中借鉴了这些故事。[19]关于他的外祖母贝蒂本人,他似乎只模糊地记得童年时和她的几次碰面。然而,通过她的女儿们(即他的母亲和姨妈们)的描述,他塑造出了一个她的形象,这个形象可能准确地反映了她非凡的勇气、聪慧和独立性格,但是她的医学知识和阅读面却被夸大了。[20]

1804 年 12 月 27 日,乔治·汉德和贝蒂·斯威特曼在梅尔伯里-奥斯蒙德教堂结婚,八天之后,贝蒂的第一个孩子玛丽亚就出生了。哈代家族的"家谱"相当神秘地将婚礼描述为"秘密的",这一点在《生活和工作》中亦有所附和;另一方面,教会的记录显示,婚礼确实发生在那一天的那个地方。在婚礼前连续三个星期天,教堂都发布了结婚预告,这就减少了哈代下面这一层意思的可能性,即新娘的条件是婚礼的举行应尽可能保持隐私。[21]更有可能的是，他只是重复了其母亲用来形容一桩她知之甚少的婚姻的话，她只知道此事是违背了贝蒂父亲的意愿的，他不同意这桩婚事，也没有出席婚礼。约翰·斯威特曼 15
非常不赞成其女儿的未婚先孕和对结婚对象的选择，因此他拒绝和她再有任何瓜葛。有一种说法是，他允许她带上她的衣服和书籍——它们本来就可以被她带走——然后和她断绝了父女关系。后来，贝蒂的"严父"（正如他在《生活和工作》一书中被称呼的那样）的这一判决进一步升级，即把她排除在了他的遗嘱之外，这是贝蒂的家庭后来贫困的主要原因。似乎除了鄙视其女婿低下的社会和经济地位之外，约翰还知道乔治·汉德性格中的一些阴暗面，而这些阴暗面很快就暴露无遗。[22]

在结婚证书上，乔治·汉德被描述为"用人"，而他似乎主要是做园丁或牧羊人。尽管他只是短暂地得到了贫困救济，但他一向微薄的工资似乎主要用于买酒喝，他的儿子们也因此习性而声名狼藉，哈代的母亲对她那充满暴力、酗酒成性、不思悔改的父亲的回忆——据说他在火堆旁熬夜饮酒时死的——对迈克尔·亨查德和裘德·法利①等小说人物的塑造作出了重大贡献。由于受到强烈的反宗教偏见的驱使，再加上对其妻子所声称的社会和教育优越感的不满，汉德拒绝让他的孩子们在教堂受洗，甚至根据一种说法，就在 1822 年他们的父亲下葬的当天，在他的棺材停放在教堂里等待入土时，两个年幼的孩子被"吸收进了教会"，其实在几年前他们就"私下"接受了洗礼。一些年长的孩子，包括杰米玛本人，也私下接受了洗礼，尽管在短暂的时间间隔后，在他们的父亲还活着的时候，他们就已经正式登记入会了。[23]在《生活和工作》一书中，哈代提到了他母亲年轻时遭遇的"非常焦虑的经历"，甚至晚年时提

① 哈代的小说《无名的裘德》的男主人公。

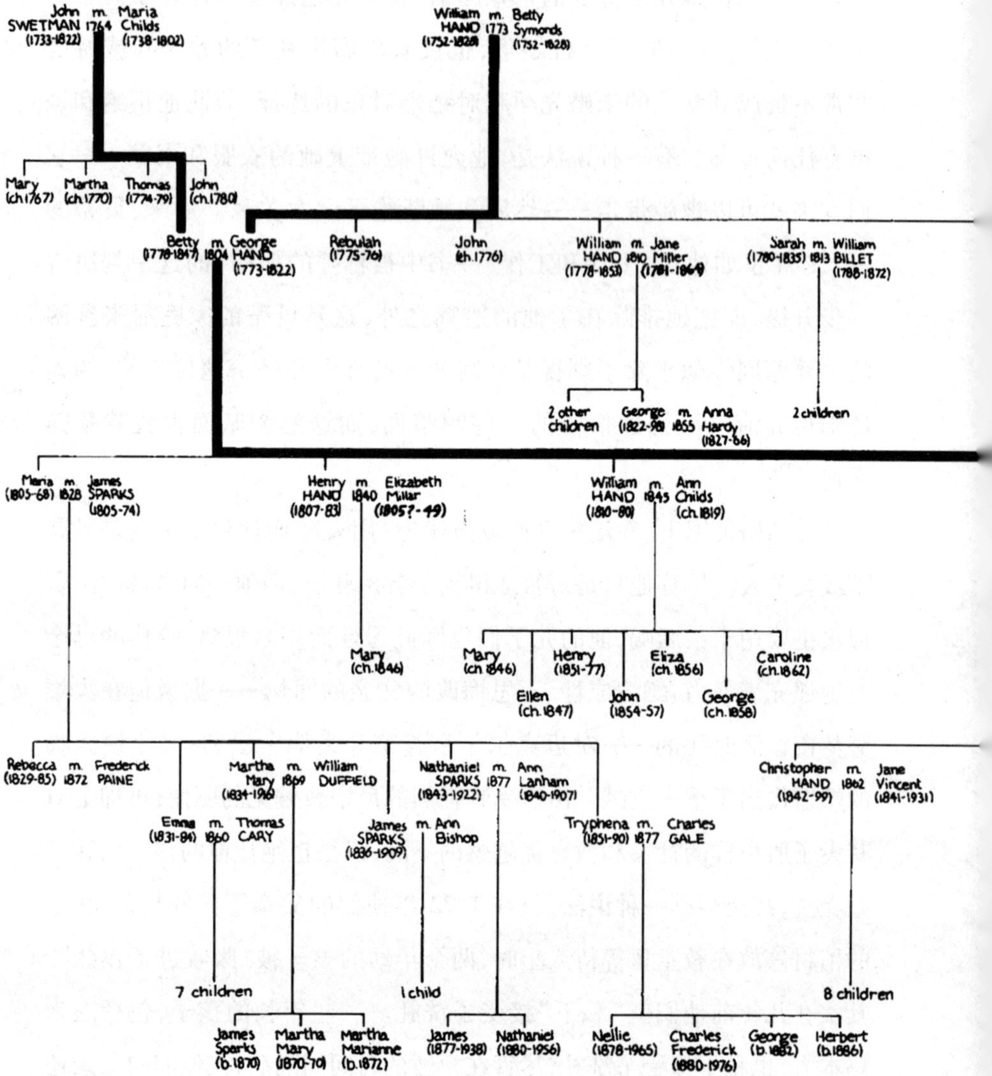
John SWETMAN (1733-1822) m. 1764 Maria Childs (1738-1802)
William HAND (1752-1828) m. 1773 Betty Symonds (1752-1828)
Mary (ch.1767)
Martha (ch.1770)
Thomas (1774-79)
John (ch.1780)
Betty (1778-1847) m. 1804 George HAND (1773-1822)
Rebulah (1775-76)
John (ch.1776)
William HAND (1778-1853) m. 1810 Jane Miller (1781-1864)
Sarah (1780-1835) m. 1813 William BILLET (1788-1872)
2 other children
George (1822-98) m. 1855 Anna Hardy (1827-66)
2 children
Maria (1805-68) m. 1828 James SPARKS (1805-74)
Henry HAND (1807-83) m. 1840 Elizabeth Millar (1805?-49)
William HAND (1810-80) m. 1845 Ann Childs (ch.1819)
Mary (ch.1846)
Mary (ch.1846)
Ellen (ch.1847)
Henry (1851-77)
John (1854-57)
Eliza (ch.1856)
George (ch.1858)
Caroline (ch.1862)
Rebecca (1829-85) m. 1872 Frederick PAINE
Emma (1831-84) m. 1860 Thomas CARY
Martha Mary (1834-1916) m. 1869 William DUFFIELD
James SPARKS (1836-1909) m. Ann Bishop
Nathaniel SPARKS (1843-1922) m. 1877 Ann Lanham (1840-1907)
Tryphena (1851-90) m. 1877 Charles GALE
Christopher HAND (1842-99) m. 1862 Jane Vincent (1841-1931)
7 children
1 child
8 children
James Sparks (b.1870)
Martha Mary (1870-70)
Martha Marianne (b.1872)
James (1877-1938)
Nathaniel (1880-1956)
Nellie (1878-1965)
Charles Frederick (1880-1976)
George (b.1882)
Herbert (b.1886)

杰米玛·汉德家谱

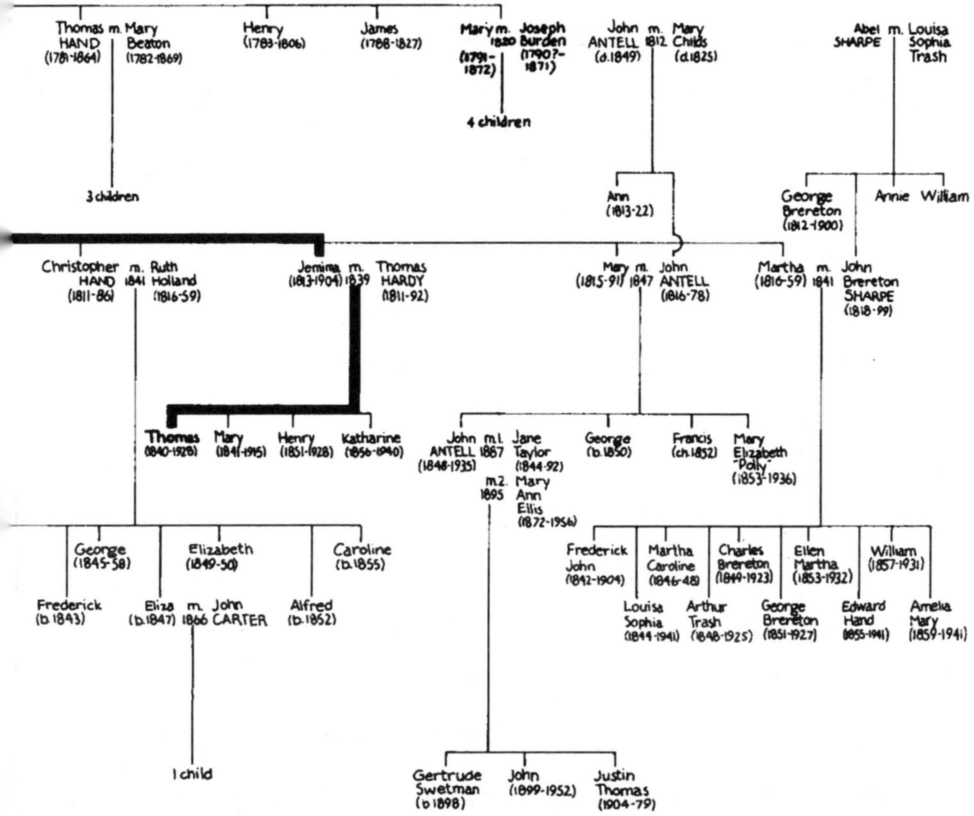

Thomas m. Mary
HAND Beaton
(1781-1864) (1782-1869)
3 children
Henry
(1783-1806)
James
(1788-1827)
Mary m. 1820 Joseph Burden
(1791-1872) (1790?-1871)
4 children
John m. 1812 Mary
ANTELL Childs
(d.1849) (d.1825)
Ann
(1813-22)
Abel m. Louisa
SHARPE Sophia Trash
George Brereton
(1812-1900)
Annie William
Christopher m. 1841 Ruth Holland
HAND (1816-59)
(1811-86)
Jemima m. 1839 Thomas
(1813-1904) HARDY
(1811-92)
Mary m. 1847 John
(1815-91) ANTELL
(1816-78)
Martha m. 1841 John
(1816-59) Brereton SHARPE
(1818-99)
Thomas
(1840-1928)
Mary
(1841-1915)
Henry
(1851-1928)
Katharine
(1856-1940)
John m.1. 1887 Jane Taylor
ANTELL (1844-92)
(1848-1935)
m.2. 1895 Mary Ann Ellis
(1872-1956)
George
(b.1850)
Francis
(ch.1852)
Mary Elizabeth "Polly"
(1853-1936)
George
(1845-58)
Elizabeth
(1849-50)
Caroline
(b.1855)
Frederick
(b.1843)
Eliza m. 1866 John
(b.1847) CARTER
Alfred
(b.1852)
1 child
Frederick John
(1842-1904)
Martha Caroline
(1846-48)
Charles Brereton
(1849-1923)
Ellen Martha
(1853-1932)
William
(1857-1931)
Louisa Sophia
(1844-1941)
Arthur Trash
(1848-1925)
George Brereton
(1851-1927)
Edward Hand
(1855-1941)
Amelia Mary
(1859-1941)
Gertrude Swetman
(b.1898)
John
(1899-1952)
Justin Thomas
(1904-79)

及这些经历她都还感到痛苦不堪，在哈代的脑海中，不仅有她父亲的暴行和家庭的贫困，还有她对那些秘密的、阴谋似的洗礼的痛苦记忆。后来，她讲述的故事激发了他对《德伯家的苔丝》中午夜洗礼的想象，虽然《她已故的丈夫》这首诗源于杰米玛的另一段叙述，那就是她母亲坚持把乔治·汉德和他的情妇葬在一起。[24]

丧夫，没有继承权，几乎所有孩子都还在家里，在这些不利条件下，贝蒂·汉德经常被迫寻求救济，“接受教区救济”；1842 年 1 月，在写给女儿玛丽的一封信中，她生动地表达了她所面临的困难以及她对个人遭受到的不公正待遇的坚定感受：

18 穷在闹市无人问，富在深山有远亲，这话可一点儿不假——如果正义在的话，我不应该受穷——你希望我告诉你我在圣诞节吃了啥样的牛肉，是牛腿上的一小块瘦肉——牛肉的价格可贵了，一磅三便士，克里斯买的肉花了得有二十便士，肉的质量蛮好的。[25]

这封信里提到的“克里斯”是她最小的儿子克里斯托弗，他跟随大哥亨利（有时拼写为恒利）来到帕德尔屯，在那里他们均从事建筑行业，两人经常喝得酩酊大醉。二儿子威廉似乎也曾在帕德尔屯待过一段时间，然后便永久地返回了梅尔伯里。对哈代来说，贝蒂的四个女儿都很重要，她们也都离开了自己的家乡，只不过方式不同而已。不知什么原因，大概是生不逢时吧，长女玛丽亚被托付给了祖父母照顾，并相对舒适地在帕德尔屯长大；1828 年圣诞节，在帕德尔屯，她嫁给了当地一个叫詹姆斯·斯帕克斯的家具木工。1847 年，三女儿玛丽嫁给了帕德尔屯的鞋匠约翰·安特尔，而最年轻漂亮的玛莎则搬到了离家乡更远的地方，先是去了赫特福德郡，后来又去了加拿大，并成为风度翩翩却一直不得志的约翰·布雷顿·夏普的妻子。

次女杰米玛，在约一个世纪后，会被对她崇拜有加的儿子描述为拥有“不同寻常的能力和判断力，以及一种可能带着她去解决不计其数的问题的能量”。在她童年的实际情况中，由于玛丽亚不在家，她便接替了其长女的地位，因此需要承担更多家庭责任。由于家庭贫困，她在很小的时候就步入社会，给附近梅尔伯里庄园的伊尔切斯特第三伯爵做女佣，他是该地区迄今为止最大的土地所有者。她最初为伯爵的叔叔查尔斯·雷德林奇·福克斯-斯特朗威兹牧师服务，他是多塞特中部梅登-牛屯①教区的教区长。她习惯了陪着这一家人去伦敦度过“社交季节”②，多年以后，她的儿子经常去皮卡迪利的圣詹姆斯教堂，因为其母亲曾去过那里，“当她还是个年轻女子的时候，她在伦敦住了几个月”。[26]在教区长于1836年11月去世后，她把她开发的烹饪技巧带到了伊尔切斯特勋爵的妻弟、斯廷斯福德教区的牧师爱德华·默里家中。然而，默里并没有选择住在教区牧师的住所，而是选择住在了附近气派的斯廷斯福德庄园，这座庄园自十六世纪以来就属于斯特朗威兹一家，是苏珊·福克斯-斯特朗威兹夫人的宅邸，直到她1827年去世。她与演员威廉·奥布
莱恩私奔的浪漫婚姻，总是让哈代颇感兴趣。[27]杰米玛是在斯廷斯福德 19
遇到她未来的丈夫的。斯廷斯福德庄园过去和现在都紧挨着斯廷斯福德教区教堂的西门，而默里是一位热心的乐师，也是斯廷斯福德唱诗班的积极支持者；唱诗班是一个由歌手和乐器演奏者组成的小团体，他们为教堂的礼拜仪式提供音乐，这一场景在小说《绿林荫下》得到了深情再现。在哈代的祖父来到教区后不久，他就成为唱诗班的精神领袖，作

① 梅登-牛屯（Maiden Newton），多切斯特西北九英里处的一个村庄和教区。

② 伦敦社交季（social season），十七世纪到十八世纪形成的习俗，十九世纪发扬光大。通常每年复活节（3月22日至4月25日）到8月，人们在伦敦过各种交际生活，如下午茶、晚宴、舞会等。

为一名表演者，他获得的声誉有点类似于小说《还乡》第五章中克林①已故的父亲在当地获得的声誉。他自己的演奏乐器是低音维奥尔琴，现代大提琴的前身，到了三十年代初期——正如哈代对西侧楼座座位安排的重建清楚地表明的那样——每个星期天，他都会定期得到其儿子詹姆斯和托马斯以及邻居詹姆斯·达特的小提琴助演。[28]

哈代的父亲同样热衷于音乐，但音乐爱好对其事业的干扰却越来越大。1837 年，哈代的祖父去世了，而默里的位置也被一位没有音乐热情的新牧师所取代，这便削弱了斯廷斯福德唱诗班的力量，于是唱诗班于四十年代早期解散了，对此，哈代父亲的反应是两种感情交织在一起，既有遗憾，又有解脱。1843 年，斯廷斯福德教区教堂管理教区财务的堂会理事们集体决定，今后向唱诗班成员支付的任何款项都应通过公开的定期捐款支付，而不是从教区的正常收入中支付，这标志着唱诗班的最终消亡。[29]尽管被排除在了教堂之外，但在一段时间内，唱诗班幸存的成员们仍在为当地的舞蹈、婚礼和洗礼表演，并保持着挨家挨户唱圣诞颂歌的古老习俗。也许哈代直到完成小说《绿林荫下》中那田园诗般的描写后才发现，唱诗班以博克汉普屯乐队的名义举行非宗教性质的演出，在二十年代导致了与一群来自福丁屯的乐师竞争对手的强烈对抗。[30]

爱德华·默里与唱诗班以及经常在斯廷斯福德庄园练习的演奏者之间的联系，显然为哈代的父亲和母亲第一次见面提供了背景，即使不是提供了特定场合，哈代的诗歌《教堂罗曼司》非常浪漫地唤起了其父母恋爱的早期时刻：

---

① 英文名 Clym 的音译应为克利姆，译者这里采用的“克林”源自张谷若 1991 年的译本。译文中再次出现《还乡》中的人名均源自张译，不再另行作注。

她坐在高高的长椅上转过身，直到她的目光
扫过西侧楼座，看到了一排乐师
手里拿着乐谱、琴弓和小提琴
背后是从塔楼窗子照射进来的落日余晖，带着悲伤。

她再次转过身来；尽管她自恃孤傲
但一位演奏者的小提琴拉得铿锵有力
似乎用他的琴弦给坐在下面的她发去了一条信息，
信息说：“我宣称你是属于我的，无须拐弯抹角！”[31]

家庭口传，其特点是强调这段风流韵事中更为庸俗的一面，则说年轻的泥瓦匠在附近一栋建筑上工作时看到了这个年轻的女佣，并立即在弗洛姆河边的灌木丛中诱奸了她。无论两人初次见面的具体情况如何，其时间一定不迟于1837年，杰米玛认识她未来丈夫的父亲，他是那一年去世的。晚年时，她仍能清楚地回忆起“三个哈代”在一个星期天早晨来到教堂时的情景，他们穿戴如下：“高顶礼帽，竖起的衬衫领子，深蓝色外套，大大的领子和镀金的纽扣，袖口很深，黑色丝绸‘围脖’或领巾。”[32]然而，直到1839年底，她才发现自己已经有孕在身。后来安排的婚礼——据说是违背了婚约双方的意愿——于12月22日在梅尔伯里-奥斯蒙德举行，由杰米玛的妹妹玛丽和姐夫詹姆斯·斯帕克斯做证婚人。哈代的短篇小说《丘顶住宅的闯入者》部分是基于其父亲在婚礼前夕前往梅尔伯里的旅程，尽管家庭口传附和了新郎的犹犹豫豫，以及攀爬路标杆以便在黑暗中识别路标，但它还认为，詹姆斯·斯帕克斯被指派负责把新郎带到教堂，他们二人一起从帕德尔屯步行到了梅尔伯里，在婚礼那天的凌晨摇摇晃晃地到达目的地，然后一帮人熬夜喝酒，直到正式仪式开始。[33]

杰米玛在上博克汉普屯的村舍里安了家，和她寡居的婆婆合住在一起，1840年6月2日，也就是婚后五个半月不到，她的第一个孩子就出生了，大约是在一个星期二的早晨八点，这个时间就是那个孩子自己，按照他一贯的精确，后来确定并记录下来的。[34]7月5日，在斯廷斯福德教区教堂，婴儿以其父亲和祖父的名字被命名为托马斯，尽管其母亲希望他以恰尔兹家族和其他家庭成员的名字命名为克里斯托弗。哈代自己更喜欢克里斯托弗这个名字。他曾经抱怨说："已经有那么多叫托马斯·哈代的了。"在起名字的创意方面，"哈代家族的所有支族起名字都缺乏创意，就像丹迪·丁蒙特在给他的狗取名时一样，托马斯和约翰四处可见"。[35]关于哈代的出生有一种描述人们颇为熟悉，那就是杰
21 米玛遭遇了难产，当时还需要有外科医生在场，而且新生儿被当作死婴扔在一边，结果被警惕性很高的助产妇救了一命。（"死了！等一下：他还活着，千真万确！"）这种描述的真实性有时会遭到一些人的质疑。但是，虽然这段话肯定是弗洛伦斯·哈代后期插入《托马斯·哈代的早期生活》开头一章中的，但它总是出现在打印稿的其他地方——作为哈代衷心表达对伊丽莎白（或丽兹）·唐顿的感激之情的一部分，她是在他出生（可能是早产）时护理过他的当地护士——后来在詹姆斯·巴里①爵士的建议下才调到了第一章的位置。[36]

对哈代来说，丽兹·唐顿是个"无比善良、幽默、古怪"的女人，在他体弱多病的童年，她一直是他赖以依靠的人。他能否活到成年，这一直是个疑问。有一次，父母以为他睡着了，就在他耳边说没指望能把他抚养长大[37]；在耄耋之年，他对自己小时候病病殃殃的经历仍记忆犹新。《在阴郁中（其三）》一诗刻画的就是他坐在村舍的烟炉角，

---

① 詹姆斯·巴里（James Matthew Barrie，1860–1937），苏格兰小说家、剧作家，代表作《彼得·潘》。

“家里最小、最孱弱的人，/ 在我的痛苦洗礼中虚弱不堪”。迟至1925年10月，有报道说：“他感到身体状况非常不好，就像他小时候一样，十分脆弱。”[38] 传说在哈代出生后的一段时间，他比“植物人”好不到哪儿去，可怜巴巴的，不能动弹，也缺乏辨别力，这一点也许值得怀疑，但哈代早年反应迟钝似乎确实引起了家长的担忧，甚至是不耐烦。“我希望这个小女孩不会像托米那样讨人嫌，”贝蒂·汉德于1841年12月哈代的妹妹出生后不久写道。[39] 对哈代本人来说，更健康、更活泼的玛丽的降生是个至关重要的时刻，因为这有助于激发家庭活力，使家庭重心能够更持久、更专注地围绕着两个孩子；“托米”玩耍的会倒茶的玩具娃娃和小瓷器屋，一开始可能是他妹妹的。[40] 哈代最初表现出的一定程度的消极被动，恰好与其儿时的一件趣闻轶事相吻合：有一次他在婴儿床里睡着了，家人发现有一条蛇蜷缩在他身旁，因此他后来养成的习惯是安静的观察和身体的退缩。然而，即使哈代曾患准紧张性精神分裂症，这一阶段也不可能持续很长时间。哈代几乎在会走路之前就能阅读的说法，可能会因为怀疑他很晚才学会走路而变得不那么令人印象深刻，但其妹妹仍然断言他三岁就能阅读，这实际上是他自己的断言。[41]

哈代与妹妹玛丽之间的深情厚谊并无明确定论，只是有一些暗示和迹象而已。与哈代十岁时出生的弟弟亨利以及他十六岁时出生的妹妹凯瑟琳相比，玛丽在年龄、兴趣、热衷的事物和同情心方面都和哈代更为接近。玛丽爱好音乐、文学和艺术，而且在绘画和肖像画方面表现出一 22
定的才能。哈代在童年和青少年时期对她非常依赖，甚至在他成年时期的早期，虽然他们聚少离多，他仍然将她视为“主要知己”。和他一样，她也不爱吐露心声，善于自省，某种程度上也很害羞，这使得她最终选择的教师职业成了一个永久的负担。“我永远不会忘记初次登上讲台时的痛苦。”她曾经如是说。[42] 她似乎在性方面也很胆怯——或许不可避免地是这样，因为她的性情以及她在容貌和举止方面缺乏任何独特的魅力——这可能促成了苏·布莱德海德①这一人物的塑造。

哈代于1915年玛丽去世后写的关于她的诗歌，仅仅从总体上反映了他对“那个乡村女孩”的挚爱，正如她在其中一首诗的诗名中被称呼的那样，诗中只是偶尔提及那个和他一起爬上了博克汉普屯花园的苹果树的孩子，“在弯曲的树枝上，她的脚丫紧挨着我的脚丫，/ 一边笑一边挥舞她那褐色的小手”。[43]然而，他们之间的亲密关系毋庸置疑，村舍本身狭窄局促的生活条件更是加剧了这种亲密关系：他们很可能在婴儿时期甚至更大一些的时候同住一间卧室，而且他们的祖母也睡在同一间房。他们也可能与上博克汉普屯的其他孩子有点疏远，包括伯父詹姆斯的孩子们，部分原因是村舍坐落在小村最远的地方，挨着荒野；还有一个原因就是杰米玛不想让他们和那些她认为社会地位低下的人混在一起。

哈代称之为“奶奶”的寡妇玛丽·哈代一直住在博克汉普屯的村舍里，直到她1857年去世。关于她那孤苦伶仃、极度不幸的童年，她讳莫如深，因此对于那导致不幸的原因或十八世纪末使她从伯克郡来到多塞特郡的一系列事件，我们只能猜测了。众所周知，她在雷丁②待过一段时间，虽然不能肯定，但是有可能她就是那个于1796年在那里生下一个私生女的玛丽·海德。但是，关于她的另外一些猜测则没有根据，即她就是1797年4月纽伯里季度开庭时被指控盗窃铜壶的那个玛丽·海德；那个玛丽·海德死于1816年，死亡地点恰恰就是那起盗窃案所发生的教区，也正好是1797年4月囚犯日历上明确说明的年龄。[44]后来成为哈代祖母的玛丽·海德，至少从1799年起就住在

① 《无名的裘德》的女主人公。

② 雷丁（Reading），英国南部伯克郡首府。

多塞特，从 1801 年这座村舍建造伊始，她就一直住在上博克汉普屯。在哈代早年，她是他每天生活中的重要人物，也是他成长过程中许多故事和歌曲的源头。

在《我们认识的那个人》一诗中，哈代和玛丽坐在祖母膝旁，而她就 23
像司各特的《古董商》中的艾尔斯佩斯·穆克勒贝基特一样，凝视着炉火，谈论着过去，“不是作为一个回忆者 / 而是作为一个见证者”。哈代总是记得，有时也会提及或援引她在伯克郡的早期记忆：“绞刑架吱吱作响 / 在闪电中摇曳”和“一个小孩子在车尾尖叫 / 在皮鞭的抽打下”[45]，以及她后来在多塞特的回忆：拿破仑入侵的威胁和哈代的祖父成为帕德尔屯志愿轻型步兵团的一名士兵。正如哈代早年的诗歌《住所》所表明的那样，在这个男孩心目中，正是她给那座与世隔绝的村舍带来了生机，她最初就认为它的隔离状态是非凡的：

> 我们的房子孤零零地矗立着，还没有种植高大的冷杉
> 和山毛榉树。蛇和蝾螈
> 在夏天成群结队，夜晚蝙蝠
> 会在我们的卧室里飞来飞去。荒野作物
> 生长在山上，是我们唯一的朋友；
> 我们起初在这里定居的时候，这里太荒凉了。[46]

后来，她成为马丁太太的原型，即小说《塔上恋人》中的斯威辛·圣克里夫的祖母，对她的介绍为：“在她的脑海中悄悄地重现了过去六十年来构成教区历史的一长串可怜的、悲惨的、幽默的情节。”[47]

哈代的外祖母贝蒂·汉德在去世前不久从梅尔伯里搬到了帕德尔屯。她去世时哈代还不满七岁，但从报道中（即使不是从记忆中）他可以辨认出她是与“G. 梅尔伯里”相关的歌曲的演唱者——即“[来自]梅尔伯

里的祖母”，而非小说《林地居民》中虚构的格蕾丝·梅尔伯里——这体现在其约翰·胡拉[①]的《歌曲集》的注释本中，其中包括歌曲《黑眼睛苏珊》《可怜的汤姆·宝灵》《牧羊人，吾失吾爱》。[48]据说，为了儿子，杰米玛偷走了不少贝蒂·汉德的书，超出了作为遗产她应分得的部分，但贝蒂1842年1月的信中只提到了一些家常用品的身后安排，并未涉及书籍。在哈代自己的书架上有一本《圣经指南：适用于圣经课、家庭和青年人》，该书于1836年由圣教书会出版，是贝蒂于1838年购买的，之后传给了哈代，上面写有“T. 哈代惠存，他亲爱的外祖母B. 汉德赠”的字样。[49]

尽管上述这些人和其他家族成员的存在对青年哈代来说颇为重要，但和他的父母相比则难免相形见绌——杰米玛进取心十足，她的丈夫随
24 性到了怠惰的地步。哈代对其父亲的爱是从《生活和工作》一书的描述中流露出来的，父亲喜欢独自一人去树林或荒野，用望远镜观察风景，或者“在炎热的天气，躺在长满百里香或甘菊的河岸上，任由蚱蜢在他身上跳来跳去”。然而，儿子对父亲缺乏实践能力可能有所夸大。正如老哈代未来的遗嘱所示，家族产业幸存了下来，并最终繁荣起来。据说，他曾为他的一个工人支付罚款，以使他免遭监禁，并对工人当时正在从事的工作增加了相应数额的投入——这碰巧发生在负责判决的治安官的地产上。[50]哈代生动地写道，父亲是这样一个人：

> 他年富力强的时候，称得上英俊男子，也确实有人夸他英俊。关于他的彬彬有礼，他作为建筑工人接触过的当地乡村妇女对他有口皆碑……他身高约五英尺九英寸[②]，体形很好，范戴克[③]式的深棕

---

① 约翰·胡拉(John Hullah, 1812-1884)，英国教师、作家、作曲家。

② 1英尺=30.48厘米，1英寸=2.54厘米，五英尺九英寸约1.75米。

③ 安东尼·范戴克爵士(Sir Anthony Vandyke, 1599-1641)，英国画家。十九世纪英国流行他画作中国王查理一世的胡须样式，这一样式被称为“范戴克式”。

> 色头发，胡子则按照他那个年代的习惯修剪得整整齐齐；牙齿洁白整齐，几乎保持到他生命的最后几年，长着一双永远不会褪色的蓝眼睛；他步伐很快，走路时习惯把头偏向一边。人过中年后他才在出门时带手杖或雨伞，是个彻头彻尾的露天生活爱好者，而且一直是个了不起的步行者。[51]

据说，除了“当地乡村妇女”之外，其他女人也都觉得他的举止魅力十足，他的为人也颇有吸引力。年轻时，他曾有风流坯子的名声，而且他从事的职业为他的性冒险提供了充足的机会，无论他是否抓住了这些机会。当一份工作把他带到离上博克汉普屯较远的地方，不方便步行的时候，他常常在工作周时在工地附近暂住：1911 年，欧维莫涅村（哈代的短篇小说《心烦意乱的年轻传教士》中的村庄的“原型”）的一个农民能够指认出那座村舍，老哈代“年轻时常常寄宿在那里，他当时在附近建造盖尔屯农舍。我经常听我妈妈说起他。她非常了解他，他那时一定是个魅力十足的人”。[52]

在他结婚后，这种外出工作或许就终止了，或者次数大幅减少了，因为在他们的婚姻关系中，总的来说杰米玛从个性来讲是占支配地位的。哈代几乎总是把博克汉普屯的村舍说成是他母亲的家，而不是他父亲的家，在孩子们的生活中，她无疑起着决定性的作用。像她母亲和姊妹们一样，她个子矮小，头有点儿大，和身体不成比例，长着鹰钩鼻和轮廓分明的下巴，晚年时鼻子和下巴相互靠近，就像一个打孔器或坚果钳一样。哈代的回忆强调，她有着“奇妙的活力”，保持着苗条和活跃，走路“轻 25
快”，一直到她年近古稀时。[53]他还谈到了她天生的乐观开朗和幽默感[54]，但这种幽默有时可能会无情地表现出她性格中更严厉、更粗暴的一面，据说这是由于她在 1843 年至 1846 年间遭受的危险流产所引发的严重疾病的后遗症。[55]她的妹妹，尚未结婚的玛丽·汉德，在那个时候搬进了她家,为姐姐当护工,并为家里当管家,哈代曾经提到(关于“亡妻姊妹”①立法的争议),他母亲要他父亲承诺,一旦她自己先走一步,为了孩子们好,他父亲要娶玛丽为妻,但父亲拒绝作出这样的承诺,为此母亲感到甚是苦恼。[56]由于杰米玛并没有死,她把这段经历讽刺地称为“未致命的”疾病,大约三十五年之后,其儿子在描述自己的一场重病时,也将用到该词。[57]

正如哈代自己所承认的那样,小说《还乡》中的姚伯太太就是以中年初期的杰米玛为原型塑造的,她是这样的一个女人:“有着两种截然不同的情绪,温和的情绪和愤怒的情绪,在没有丝毫预警的情况下,她会从一种情绪突然转到另一种。”[58]尽管杰米玛似乎总是要求孩子们对父母要有毫不怀疑的忠诚,但她的态度可能很冷淡,她的观点可能不宽容,她的统治可能很专制。她百分之百地继承了老一辈农村穷苦人家的悲观主义以及他们对灾难的永恒想象,并且她还用大量耸人听闻的故事来维持这种悲观主义,就像1849年,她讲到杀人犯詹姆斯·拉什,“女家庭教师吊死了他”[59],这使小哈代迷惑不解。撒旦在杰米玛的道德观中发挥了积极作用——哈代曾经承认,在他童年时“虔诚地相信了魔鬼的干草叉”——她幻想命运站在那里举起一只手,“把我们从我们沉溺其中的任何美好前景中击退”,哈代自己也这样认为,并在苏的概念中找到了它的对应物,即“我们外部的某个声音说:‘你不能!’”[60]

杰米玛相信宿命论,但与此同时她有一种强烈的决心,要推动她的家庭在这个世界上砥砺前行,要不惜一切代价阻止家庭陷入那种她童年时所知道的穷困潦倒和自我毁灭的境地,这有点不合逻辑。她灌输了一种强烈的家族观念,这种家族观念远远超出乡下人源自本能的地方主义

---

① 此处指1907年英国通过《亡妻姊妹婚姻法》,取消了长期以来对鳏夫娶亡妻的未婚姊妹的禁令。

和对外人的不信任，她教导孩子们首先要遵守孝悌之道，那就是要忠于父母和兄弟姊妹，要永远寻求被人所称道，要捍卫家庭及个人名誉，对外要不惜一切代价展示统一战线。她希望他们一辈子都不要结婚成家，而是成双成对地生活在一起，一个儿子和一个女儿，哈代和玛丽，亨利和凯特，一生中保持他们童年的团结一致和相互依赖。[61]在她对贫穷的恐惧 26
中，她宣扬在财务问题上要齐心协力，灌输家庭任何成员积累的财富都应留在家庭中的原则，并竭力主张丈夫采取与其个性格格不入的商业侵略性。她还要求孩子们不打折扣地考到她定下的分数，不仅让他们停止学习当时被人们视为不再“优雅”的、过时的舞步，有时甚至在他们身体不适时也强迫他们上学。[62]

正如人们经常注意到的那样，杰米玛对其长子所寄予的厚望，以及通过儿子寄予她自己的厚望，与小说《儿子与情人》中莫雷尔太太对儿子保罗的厚望惊人地相似，劳伦斯的小说中强烈渲染的其他紧张关系，有一些在哈代家中也有对应关系，只不过程度没有那么强烈而已。从哈代的童年记忆中，我们可以窥见他内心以及他父母之间进行的心理斗争，这一点在其诗歌《蕨类植物中的童年》和小说《无名的裘德》的一个著名片段中均有反映——仰卧在阳光下，透过草帽的缝隙仰望天空，他决定不要长大，不要成为一个男人，也不想承担成人的责任。[63]这里含蓄表达但明确无误的一点是，他对父亲的消极被动态度的本能认同，对母亲的驱使的抵制，以及对她不断替他制订的计划和规划的抵制。可以理解的是，当杰米玛的儿子告诉她他对自己的未来下的定论时，她表现出了痛苦，在他取得文学成功的岁月里，她让他决不要忘记这件事。[64]哈代清楚地知道，并且正确地断言，如果他在幼年时期失去母亲，他的“一生将会迥然不同”。在《在阴郁中（其三）》这首诗里，他回忆起童年时对母亲的依赖“程度之深和范围之广无人能及”。在小说《还乡》中，克林·姚伯与母亲发生公开冲突的背景就是这样一种确切而无需任何表达的爱：他是“她的一部分”，他们的对话“仿佛是在同一身体的左右手之间展开的”。[65]

这种母子关系的绝对安全无疑加强了哈代的力量。正是他母亲意志坚定的强烈欲望，不论好坏，使他能抵制父亲那充满无限吸引力的榜样效应，蔑视自己的天性，摆脱世世代代根植于多塞特乡村的那几乎毫无生气的、保守主义的传统家庭模式。但他同时也受到了像克林一样的伤害，因为他对母亲的情感依赖强烈至极，因为他早期或许不可避免地屈服于她无所不包的影响和方向引导。母亲不屈不挠的把控在他第一次婚
27 姻的各个阶段都妨碍了他。母亲的管控，加之他童年时体弱多病，成了他长期不成熟的主要原因，据他自己估计，这使他“直到十六岁才成为一个孩子，二十五岁才成为一个青少年，年近半百才成为一个青年”。[66]

注释

[1] 埃利奥特·费尔金，《和哈代在一起的日子》，载《文汇》，十八卷四期(1962 年 4 月)，页 30。

[2]《T. E. 劳伦斯书信集》，大卫·加奈特编(伦敦，1938)，页 429。

[3]《生活和工作》，页 9–10；哈代藏书中的哈钦斯著作第三版(四卷本；威斯敏斯特，1861–1873)存放于多塞特郡博物馆。

[4] 考克雷尔与哈代会面笔记，1916 年 7 月 3 日。(耶鲁)

[5] 家谱图(多博)，参 T. 奥沙利文，《哈代：插图版传记》(伦敦，1975)，页 9。

[6]《哈代书信》，第一卷，页 89。

[7] 斯帕克斯笔记和文件(伊顿)，援引自凯特·哈代。

[8] R. G. 巴特洛特牧师，《萨默塞特和多塞特的记录和问询》，1928 年 3 月，第十九卷，页 106–109。

[9]《哈代书信》，第四卷，页 37；见布伦达·滕克斯，《重新审视 R. G. 巴特

洛特版的哈代的家谱树》，载《萨默塞特和多塞特的记录和问询》，1992 年 9 月，第三十三卷，页 154–156，尤其是《帕德尔屯、欧维莫涅和托尔普德尔的约翰 · 哈代家族》，同上，1993 年 3 月，第三十三卷，页 181–194。滕克斯夫人的非凡研究全面地整合于其《多塞特的哈代男性婚姻与家庭索引》，多塞特郡档案局和多塞特郡博物馆均可获取。

[10]《个人笔记》，页 43–45；整段引用见上条注释中滕克斯夫人的著作。

[11]《个人笔记》，页 8–9。

[12] 博克汉普屯庄园的法庭案卷。（多档）

[13] B. 滕克斯，《其他哈代家族发生了什么?》（普尔，1990），页 28–29；该研究的页 7–9 已经提前出现在注释 9 中所列滕克斯夫人的文章中。

[14] 租约副本（多博）；“财产清单”副本（多博：洛克），另见滕克斯，《其他哈代家族发生了什么?》，页 25–27。

[15]《生活和工作》，页 17；提交给威廉 · 莫顿 · 皮特的账目（多博：洛克），参滕克斯，《其他哈代家族发生了什么?》，页 22–23。

[16]《生活和工作》，页 17；斯廷斯福德教区堂会理事的账目（多档）；斯帕克斯笔记和文件（伊顿）；遗嘱（多博）。

[17]《生活和工作》，页 11；与恰尔兹家族有关的家谱和其他文件现存于多塞特郡博物馆。

[18]《哈代书信》，第二卷，页 139；赫尔曼 · 利，霍夫曼访谈，1939 年（霍夫曼）。

[19]《哈代书信》，第四卷，页 72；《生活和工作》，页 10，珀迪，页 153、155。

[20]《生活和工作》，页 11–12；参 J. 多希尼，《传记和哈代的母亲的祖先：斯威特曼家族》，载《哈代杂志》，十一卷二期（1995 年 5 月），页 46–60，尤其是页 55–56。

[21] “家谱”（多博）；《生活和工作》，页 12；教堂档案（梅尔伯里-奥斯蒙德教堂和多档）。

[22]《生活和工作》，页 11–12；J. 安特尔，访谈，1971 年；《生活和工作》，

页12。关于对G.汉德的不同评价，见多希尼，《传记和哈代的母亲的祖先：斯威特曼家族》，载《哈代杂志》，十一卷二期（1995年5月）。

[23] 珀迪与弗洛伦斯谈话，1936年；梅尔伯里-奥斯蒙德教堂档案（多档）。

[24]《生活和工作》，页12；《德伯家的苔丝》，页118-129；珀迪与弗洛伦斯谈话，1936年；《哈代书信》，第二卷，页8；《哈代诗歌》，第一卷，页205。

[25] R.吉廷斯，《青年哈代》（伦敦，1975），页8，参《生活和工作》，页12；贝蒂·汉德致玛丽·汉德的信，1842年1月17日（多博：洛克）。

[26]"《生活和工作》注释"（多博）；《多塞特年鉴：1942-1943年》，页63；《生活和工作》，页247。

[27]《生活和工作》，页14；《生活和工作》，页13-14，页264。

[28]《生活和工作》，页13-17，页99；《还乡》，页53-54；关于教堂音乐家的负面观点，见《多萝西·内维尔夫人回忆录》，R.内维尔编辑（伦敦，1906），页31。

[29]《生活和工作》，页17，以及E.英格里斯致其姐姐的信，1916年5月30日（多博）；斯廷斯福德教区委员会会议记录，1843年6月16日（多档）。

[30]"事实"笔记本（多博），参《职业》，页59。

[31]《哈代诗歌》，第一卷，页306。

[32] 斯帕克斯笔记和文件（伊顿）；《生活和工作》，页262-263。

[33]《威塞克斯故事集》，页177-214；斯帕克斯笔记和文件（伊顿）。

[34]《生活和工作》，页7。

[35] 考克雷尔致《泰晤士报》的信（1932年10月18日），第10版；考克雷尔日记，1925年8月23日（大英）；《哈代书信》，第四卷，页325，参W.司各特，《盖伊·曼纳林》，第二十二章。

[36]《早期生活》，页18；《生活和工作》，页316-317，参页501，页530-531。

[37]《生活和工作》，页316；《生活和工作》，页19、21；W.布朗特，《考克雷尔》（伦敦，1964），页212。

[38]《哈代诗歌》，第一卷，页209；《艾玛与弗洛伦斯书信》，迈克尔·米尔

盖特编(牛津,1996),页228。

[39] 斯帕克斯笔记和文件(伊顿);贝蒂·汉德致玛丽·汉德的信,1842年1月17日(多博:洛克),参J. R. 多希尼,《哈代的亲戚及其时代》,载《哈代年鉴》,第十八期(1989),页15。

[40] 珀迪与弗洛伦斯谈话,1936年;D. J. 温斯洛,《拜访哈代的妹妹》,载《哈代年鉴》,第一期(1970),页95。

[41] 《生活和工作》,页19;玛丽·哈代在《伦敦的叫卖声》(多博)中的注释;考克雷尔与哈代会面笔记,1916年7月3日(耶鲁)。

[42] 弗洛伦斯致E. 克洛德的信,1915年11月24日(利兹);玛丽·哈代致J. 斯帕克斯的信,1904年12月13日(伊顿)。

[43] 《哈代诗歌》,第三卷,页474;《哈代诗歌》,第三卷,页232。

[44] 《生活和工作》,页299;R. 吉廷斯,《中年和晚年哈代》(伦敦,1978),页56–57,根据圣玛丽、雷丁和基弗利教区的档案更正,1797年季审法庭的囚犯日历(伯克郡档案局)。

[45] W. 司各特,《古董商》,第四十章;《哈代诗歌》,第一卷,页332。

[46] 《生活和工作》,页16,另见G. 兰宁,《哈代和极好的当地人》,载《哈代杂志》,十六卷二期(2000年5月),页54–58;《哈代诗歌》,第三卷,页280。

[47] 《塔上恋人》,页14。

[48] 哈代藏书中的胡拉所著《歌曲集》(伦敦,1866)。(多博)

[49] 多希尼,《传记和哈代的母亲的祖先:斯威特曼家族》,载《哈代杂志》,十一卷二期(1995年5月),页55–56;藏书所在地(多博:洛克)。

[50] 《生活和工作》,页26;凯特·哈代,霍夫曼访谈,1938年(霍夫曼)。

[51] 《生活和工作》,页18–19。

[52] J. 安特尔,访谈,1971年;《每日纪事报》,1911年11月15日,第7版。

[53] 考克雷尔与哈代会面笔记,1920年6月25日(耶鲁);《生活和工作》,页19。

[54] 《生活和工作》,页26,参《生活和工作》,页501、531。

[55] 斯帕克斯笔记和文件(伊顿);考克雷尔援引自哈代在威塞克斯版《还乡》(亚当斯)中的手稿注释。

[56] 贝洛克·洛恩德斯夫人,《威斯敏斯特的快乐妻子》(伦敦,1946),页148。

[57] 德斯蒙德·麦卡锡,霍夫曼访谈,1939年(霍夫曼);《哈代诗歌》,第一卷,页189-190。

[58] 考克雷尔在《还乡》(亚当斯)文本中的注释,以及珀迪与弗洛伦斯的谈话,1936年;《还乡》,页44。

[59]《生活和工作》,页475;关于市井歌谣,《J. B. 拉什的悲歌与最后的葬礼》,见A. L. 劳埃德,《英格兰民歌》(伦敦,1967),页28。

[60]《哈代书信》,第一卷,页259;《个人笔记》,页6-7;《无名的裘德》,页407。

[61] 珀迪与弗洛伦斯的谈话,1933年。

[62] 弗洛伦斯致丽贝卡·欧文的信,1915年12月30日(科尔比);《生活和工作》,页26;弗洛伦斯致考克雷尔的信,1917年10月24日(耶鲁)。

[63]《生活和工作》,页20;《哈代诗歌》,第二卷,页199-200;《无名的裘德》,页15。

[64]《生活和工作》,页20。

[65] 考克雷尔在《还乡》(亚当斯)文本中的注释;《哈代诗歌》,第一卷,页209;《还乡》,页223。

[66]《生活和工作》,页37,参《生活和工作》,页408。

第二章　博克汉普屯

到了1840年，也就是哈代出生之年，已经有七八间村舍散布在高博克汉普屯（亦常被称为上博克汉普屯）的樱桃巷上，大约有五十人挤住在这些村舍里面。这个小村早先被昵称为“退伍军人谷”，因为有退伍军人住在它唯一的一条街道上。[1]虽然哈代本人只知道其中一个军人，即在特拉法尔加战斗过的托马斯·德兰中尉，但父亲给他讲了一些极具传奇色彩的故事，关于一个叫梅格斯的上尉军官，他住在“井边的房子”里。在哈代的童年时代，这所房子是当地救济官员兼户籍管理员约翰·考克斯的家，在哈代的一则笔记中画有该房子一楼的草图，这表明他在描述《还乡》中的克林和游苔莎所居住的房子时，脑海中想的就是这所房子。[2] 28

在小巷尽头，就在荒野旁边，矗立着哈代家的村舍，一如1829年的一份保险单所描述的，“孤零零的，泥墙和茅草屋顶”，保单把所有家具、亚麻布、服装和“私人用酒”的总价值定为一百英镑。[3]哈代家隔壁的村舍和他家的大小相仿，但是和其他几座村舍一样，里面住着两户人家，哈代的伯父詹姆斯一家住其中一半，威廉·基茨（《绿林荫下》中“搬运工”的原型）一家住另一半。另一方面，哈代家的村舍则只住着哈代一家人，还拥有大量的附属建筑物和近两英亩的附属土地。哈代经常因夸大其出生地的面积和重要性而受到批评，在《生活和工作》一书中，它被描述为“拥有七间屋子，向四处延伸的房子”，这肯定是歪曲事实了，一来是因为哈代用“房子”代替了“村舍”，二来是因为他用“向四处延伸的”来微妙地影射住所的宽敞。另一方面，在十九世纪的多塞特，“村舍”常常是指“（不适于居住的）肮脏简陋的住所”，而哈代家这栋建筑在过去和现在都远不是这样。实际上，在1853年，当弗朗西斯·皮特尼·布朗克·马丁将金斯屯-莫瓦德庄园拍卖时，在销售简介中，哈代家宅被单独
29 描述为“一座整洁的村舍，紧挨着皮德尔屯荒野，是一个通往林地车道的农舍，有一个大花园等”，目前“住着两个租户，年龄分别为四十一岁和四十八岁”。尽管简介对该地产的描述不完整，颇令人失望，但随附的地产地图却清楚显示了第二栋建筑的存在，显然包括《生活和工作》中提到的“马厩和类似建筑”。[4]

该村舍的那些“泥墙”实际上是由通常被称为“草泥”的材料建成，即由当地挖出的白垩、黏土、砾石、沙子与稻草和水混合在一起，搅拌形成的一种物质，哈代曾将其描述为“面团布丁”。这种草泥会被堆砌成两英尺厚的墙，然后被踩实，之后静置并硬化一两天，这个过程一直重复，直到墙达到大约十四英尺的规定高度。坚固的树枝被用作椽子，屋顶本身用麦秸覆盖，一楼是用大波特兰①石板直接铺在地上。直到后来，这栋建筑才用砖头饰面，端墙则用水泥予以加固。该村舍的两层楼最初似乎每层仅有一个房间，一楼的一侧有一个大的开放式壁炉，二楼用窗帘分隔成不同的就寝区域。后来，或许是为了给其寡居的母亲提供单独的居住空间，哈代的父亲在村舍南端加盖了房间。加盖的房间那稍低的屋顶线如今仍然清晰可见，尽管房间可能从一开始就存在，作为某种储藏空间或工作室，只是后来成了主建筑的一部分。大约在同一时

① 波特兰（Portland），英吉利海峡中的波特兰岛。

期，楼上的卧室之间建造了隔墙，一楼的单间则被一分为二，村舍的前门也向南移动了一些，因此或多或少占据了整座建筑的中心位置。随着楼梯的重新安装，落日余晖映照在红色墙壁上产生的强烈冲击不复存在，那曾是哈代小时候非常喜欢的一个场景。[5]这栋建筑得到了这样的改善和扩建，有人说它是一座“房子”，但是它景色如画，非常上镜，这注定了它将继续是一座村舍，甚至成为“传统”英国村舍的标准形象，经常出现在明信片、书籍护封和旅游手册中。

村舍的附属建筑主要用于哈代家的家族产业，这些年来家族产业一直得以存续，甚至适度扩张了。在1851年的人口普查中，老哈代被描述为只雇用了两名工人的“瓦工”；到1861年，他的雇工人数增加到了六名；到1871年，则有八名工人和一名童工；在1880年的一份公司名录中，他被描述为“建筑商”。后来，在其小儿子接管公司之后，它进一步 30
繁荣起来，在十九世纪九十年代，仅为金斯屯-莫瓦德庄园做的工作在几年内收入就达到一千英镑以上。[6]然而，在哈代父亲结婚的头几年，公司的经营规模仍然非常小，他所珍视的独立经营使他面临着受到当地经济波动影响的危险。他的家庭经常陷入困境，有时甚至陷入“赤贫”，据说为了孩子们，家庭作出了巨大牺牲。[7]

尽管如此，哈代的父母还是认为和大多数邻居相比自己是高人一等的，当然这也不无道理。在那个时期的乡村社会中，自主经营的人和为雇主打工的人之间存在着尖锐的，有时甚至是残酷的分歧，正是一个个的个体在这条分割线上的流动性——无论是走上坡路还是走下坡路——后来成为哈代大多数小说所依赖的情节。正如他自己于1927年所言：

> 到上个世纪中叶，乡村村民被分成两个不同的阶层：一个是工匠、商人、“长期租约持有者”（房地产自由保有权的所有者）和庄园

> 的上等用人；另一个是“劳动人民”，即农场劳动者（直到大约七十年前，他们自己和其他乡下人才用后一个名字来自称）。除特殊情况外，这两个阶层很少通婚，也不参加彼此的家庭聚会。[8]

和其妻子一样，老哈代有明显属于这两个阶层中第二个阶层的亲戚，甚至是低于这两个阶层的亲戚，但是由于他的社会地位是泥瓦匠师傅、雇主（尽管雇员很少）和拥有毗连土地以及附属建筑的大房子的终身佃户，他和他的直系亲属自认为社会地位更高。这种歧视至关重要，哈代晚年坚持认为不同阶层之间是有区别的——这一坚持的背后不仅仅是单纯的势利——这些区别不仅与他自己的家庭出身相关，还与斯蒂芬·史密斯、盖伯瑞尔·奥克、迈克尔·亨查德和贾尔斯·温特伯恩①等虚构人物的命运相关。

在多塞特方言仍然是一种独特语言形式的时候，不同的说话对象也存在着明显的语言差异。在《绿林荫下》中，杜威一家对待和他们社会地位相当的人（如彭尼先生和詹姆斯大叔）的行为举止与对待那些社会地位低于他们的人的行为举止就明显有着区别，作为唱诗班的忠实成员，他们对同级别的人会仁慈地表现得热情好客。哈代当然谙熟多塞特方言，但只在与讲该方言的人交谈时才会使用。同时，他还注意到，这种方言“在他母亲的家里是不说的，而只是在必要的时候说给村民听，以及他父亲对工人说话的时候”[9]，这有点回避了这样一个事实，即他父
31 母都是讲方言长大的，而且很大程度上保持了讲方言的能力——老哈代坚持讲方言且方言知识广博，这令他的长子和长女愉悦，这愉悦源自他们对父亲的爱。1862 年，在写给玛丽的一封信中，哈代引用了父亲说的

---

① 这些人物分别源自哈代的小说《一双蓝眼睛》《远离尘嚣》《卡斯特桥市长》和《林地居民》。

一些话（如“他说不少其他乡亲日子也好过了”）。1888 年，哈代告诉一个朋友，就在上一个星期天，他还听到了多塞特方言中的“Ich”（意为“我”），这几乎可以肯定是从他父亲嘴里说出来的。多年以后，玛丽从斯旺纳奇①的一家宾馆寄来了一张节日明信片，她对表妹玛丽·安特尔说：“这家旅馆里有一个‘父亲’，我听见他在院子里说：‘煤箱在哪哈儿。’”[10]

他们的母亲在晚年时的讲话也同样成为外人娱乐的时刻，虽然这并不是因为过度使用方言，而是因为其充满活力的直言不讳——一位来访者称之为“俏皮而风趣”。[11]也许是因为杰米玛过去对富裕生活方式的领悟，她对子女的关心总是指向他们对语言、教育和社交技能的掌握，她认为这是帮助他们摆脱自己的社会背景从而进入中产阶级的途径。《绿林荫下》中的杜威太太对其丈夫粗俗的言语和举止的诽谤，在幽默的语境下，显然会使人想起杰米玛对其丈夫的尖锐评论，据《生活和工作》记载，她不赞成他把自己那些“所有老套的交叉腿和跳跃动作”的民间舞蹈技巧传授给孩子们，而不是向他们介绍时下流行的“更加优雅的‘乡村舞’”。[12]

对《绿林荫下》中杜威一家的描绘，以及对《一双蓝眼睛》中与之极其相似的史密斯一家的描绘，直接反映了上博克汉普屯的哈代一家以及他们大体上自足、简朴的日常生活——哈代有时称自己的家为“农庄住宅”。虽然老哈代的职业是泥瓦匠和打零工的建筑工人，但必要时也是一个小农场主。他在花园里掘地，种上各种各样的蔬菜，包括一茬接一茬的胡萝卜、洋葱、欧洲萝卜、蚕豆、豌豆和土豆。每年秋天，他都会在果园里收获好几种苹果，并期待着苹果酒酿造商的到来，带着他的“研磨

① 斯旺纳奇（Swanage，另译斯沃尼奇），英格兰多塞特郡东南的海滨城镇，位于多切斯特以东二十五英里处。

机、桶、缸和榨汁机”。[13]他每年把一头猪养得肥肥的，年底时宰杀并腌制猪肉，他还养了一两窝蜜蜂，天气好的时候他还会赶着马车运输建筑材料和建筑工具。杰米玛则不得不在履行母亲的职责之外增加了厨师、管家、护士、裁缝和家庭经济师等多重角色；她帮忙打理花园，可能还养
32 了母鸡，并把自家吃不完的鸡蛋卖掉；她还靠手套刺绣赚了一点外快，手套刺绣是当地的一种家庭手工业，随着新世纪的到来而逐渐消亡。[14]

即使钱赚得更容易了，哈代一家还是继续住在博克汉普屯的村舍，而且仍以一种几百年来变化甚微的农村模式生活。1892 年和 1904 年，哈代的父亲和母亲相继在那里过世。1873 年，杰米玛将小女儿凯瑟琳送到一位音乐老师那里学习音乐，她用蜂蜜支付了一部分学费；1878 年 12 月初，当凯瑟琳准备大学毕业回家时，父亲给她写信说：

> 亲爱的凯蒂——俺们老早就该写信给你，但俺们一直巴望着你能写信给俺们，告诉俺们你在学校的情况，学业是不是顺利。俺们都挺好的，家里没啥事儿，就是忒冷……下礼拜四左右俺们就要把猪给宰了，这样你回家后礼拜一就可以跟你妈一起做黑香肠①了，也正好赶上吃白肉。[15]

在哈代家花园的外面，一个方向是桑科姆森林，另一个方向是蜗牛爬行路，即一条通向伦敦路②主路的小路。花园东边是一片荒野，是荒芜的、有时令人恐惧的地域，几乎没有人类居住或活动的痕迹，因此是独一无二地可以想象植物丛生的地方。荒野下部是弗洛姆山谷那郁郁葱葱的景色，从被称为“雨家”的古坟丘上可以看得最清楚，在拿破仑时代，坟

① 用猪血、乳脂以及谷粒制成的香肠。
② 伦敦路是多切斯特的一条道路。

丘上有一个烽火台，随时准备有敌人入侵时点燃报警。多切斯特距这里不足三英里，而帕德尔屯离这里更近一些，但方向正好相反。穿过田野到斯廷斯福德教区的圣米迦勒教堂不到一英里，到最近的村庄下博克汉普屯也不远。在哈代家众多亲戚中，有许多住在步行可及的距离内，但还有一些人住在波特兰、阿普威和梅尔伯里-奥斯蒙德等分散的大小村庄里，距离遥远，既有哈代家族的，也有汉德家族的，伯父（姑父、舅舅、姨父）、伯母（姑妈、舅妈、姨妈）和堂（表）兄弟姊妹。

和任何十九世纪的乡下人一样，哈代从小就学会以一种现在难以想象的亲近感来了解自己居住的地区。他到处徒步旅行，或者最多是乘坐一匹慢马拉的马车，由此他熟悉了每一座村舍的住户，每一块田地和每一扇大门的名字，每一棵树的轮廓，每一个池塘和每一条溪流的深度和禀性。他也知道所有这一切的历史，它们与昔日的罪责、愚行或家庭争吵的联系，以及和它们相关的任何传奇故事或民间传说。因此，哈代家的孩子很小就听说过：荒野上的灯芯草池塘是仙女用铁锹挖出来的；“粗心大意的威廉的池塘”这个名字源于一个溺水的旅行者的名字；没 33
有人亲眼见过“冬之溪”在夏天干涸之后的第一次流动。多年以后，在哈代的妹妹凯特的日记中的简短记录里，满是亲戚和邻居的名字，以及当地的地名和流言蜚语。[16]哈代本人这样看待英国风景，即“逝去的人们用双手在上面刻下了印记”，并在《林地居民》中写下了给一个偏僻乡村带来生活意义的必要条件：

> 它们是一种古老的联系，在观察者视野中，对每一个物体几乎都有详尽的传记了解或历史了解，无论是有生命的还是无生命的。他必须了解那些历史上存在过但他未曾见过的人，他的双脚曾穿越过从他的窗口望去一片灰暗的田野；回忆起他们吱吱作响的犁不时地翻起那些草皮；他们的双手种植树木，覆盖了对面小山的山顶；他

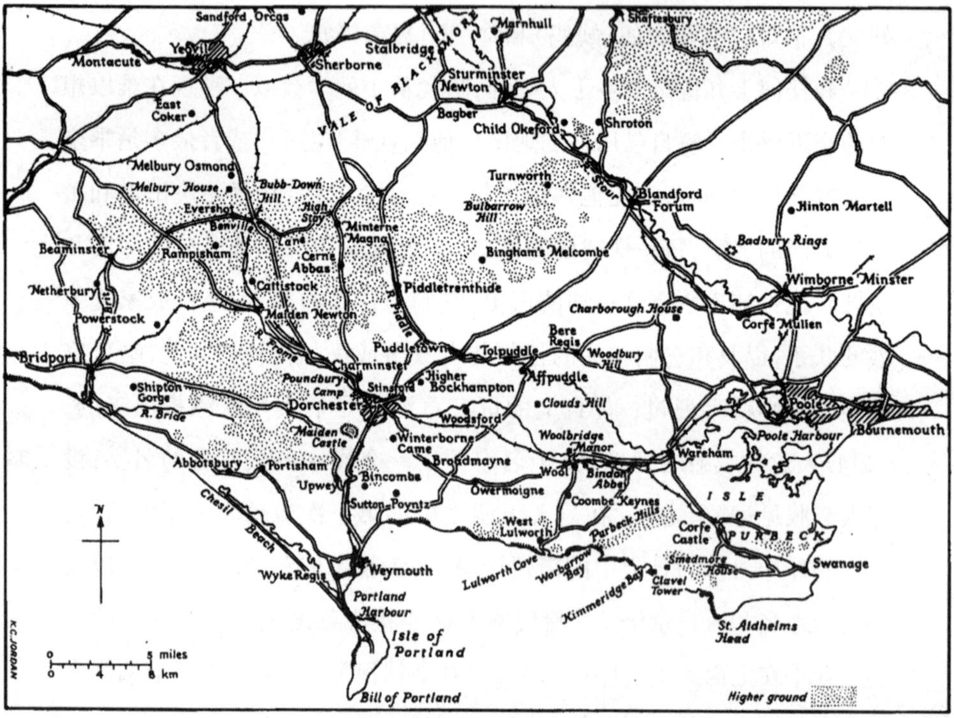
Sandford Orcas
Shaftesbury
Marnhull
Yeovil
Montacute
Sherborne
Stalbridge
VALE OF BLACKMORE
Sturminster
Newton
East
Coker
Bagber
Child Okeford
Shroton
Melbury Osmond
Melbury House
Bubb-Down
Hill
Turnworth
R. Stour
Blandford
Forum
Evershot
High
Stoy
Minterne
Magna
Bulbarrow
Hill
Hinton Martell
Benville
Lane
Badbury Rings
Beaminster
Rampisham
Cerne
Abbas
Bingham's Melcombe
Netherbury
Cattistock
Piddletrenthide
Wimborne Minster
Powerstock
Maiden Newton
R. Piddle
Charborough House
Corfe Mullen
R. Frome
Bere
Regis
Bridport
Puddletown
Tolpuddle
Woodbury
Hill
Charminster
Higher
Bockhampton
Affpuddle
Poundbury
Camp
Stinsford
Shipton
Gorge
Dorchester
Clouds Hill
Poole
R. Bride
Woodsford
Bournemouth
Maiden
Castle
Winterborne
Came
Woolbridge
Manor
Poole Harbour
Wareham
Abbotsbury
Portisham
Broadmayne
Wool
Bindon
Abbey
Upwey
Bincombe
Owermoigne
ISLE
OF
PURBECK
Chesil
Beach
Sutton Poyntz
Coombe Keynes
West
Lulworth
Purbeck Hills
Corfe
Castle
N
Weymouth
Lulworth Cove
Worbarrow
Bay
Smedmore
House
Swanage
Wyke Regis
Clavel
Tower
Portland
Harbour
Kimmeridge Bay
St. Aldhelms
Head
K.C. JORDAN
Isle of
Portland
0 5 miles
0 4 8 km
Bill of Portland
Higher ground

托马斯·哈代的多塞特

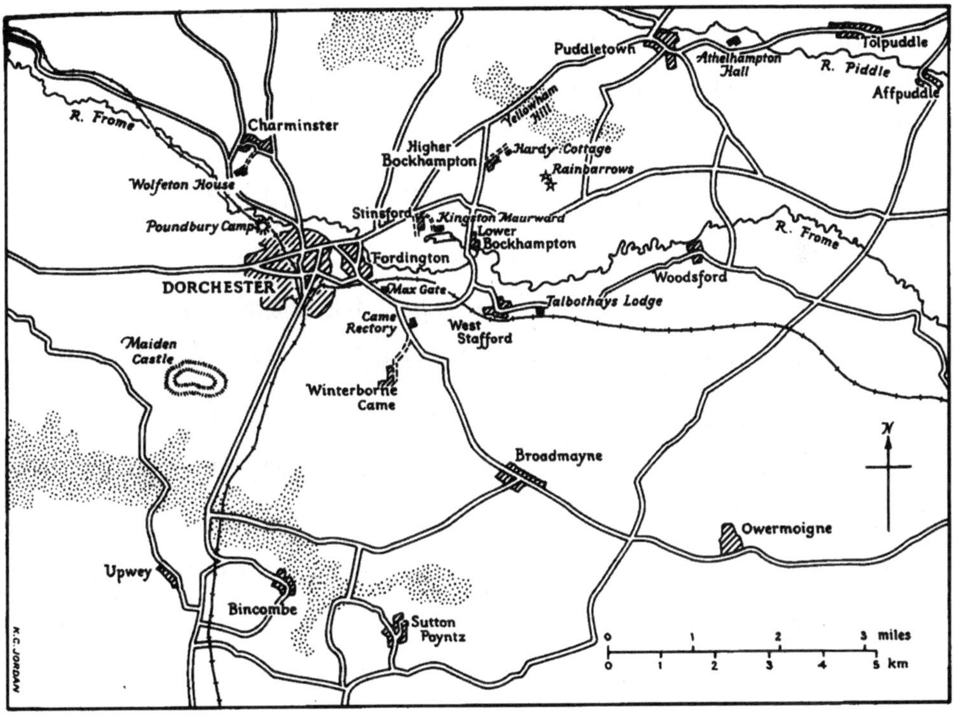

哈代少年和青年时代的世界

们的马和猎犬踏破了那片林下灌木丛;什么样的鸟儿会影响到那种特殊的蕨类植物;什么样的关于爱情、嫉妒、复仇或失望的家庭剧在农舍、宅邸、街道或草地上上演过。[17]

通过长辈们讲述的故事和轶事,哈代吸收了教区过去和当代的历史知识。通过自己童年的玩耍和闲逛,他熟悉了地形,在《无名的裘德》中,他提到了费劳孙在黑暗中毫不犹豫地穿越乡村,“无论是白天还是黑夜,一个人都能在他小时候玩耍过的地域里继续前行”。[18]他也知道,什么样的鸟儿会影响什么样的蕨类植物,对乡村的风景、气味,尤其是声音,他在白天或夜晚的任何时候都有非凡的敏感度。《绿林荫下》开篇第一句写道:“对林地居民来说,几乎每一种树木都有自己的声音和特征。”然而,他对自然世界的反应并不是博物学家那样的。他知道动植物的俗称,而非学名,但这并不意味着他对它们了解得不够。正如他对威廉·阿切尔①所说的:“在城里长大的男孩往往比乡村男孩更能欣赏大自然,但二者对大自然的认识却不尽相同。城市男孩会跑过去采摘一朵花,而乡村男孩似乎并没有注意到。但是这花已经成了乡村男孩生命的一部分。它生长在他的灵魂里——他不想把它别在纽扣眼里。”[19]

哈代童年时就开始熟悉的多塞特乡村,在许多方面都比大多数当代人所说的要快乐和繁荣。1856 年的一本旅游指南将多塞特描述为“一
36 个荒凉的乡村地区,有着白垩质丘陵和沙质荒野,人烟稀少,富饶程度低于英国诸郡的平均水平”,尽管“在其土地的荒芜和村庄的荒凉方面具有一定的魅力”。[20]从地形上而言,这只解释说明了多塞特的**费利克斯**、

① 威廉·阿切尔(William Archer, 1856-1924),苏格兰作家、戏剧评论家。

彼得雷亚和**德西塔**这三个分区中的第二和第三个分区——十九世纪作家喜欢在作品中援引这些分区——而忽略了布莱克莫尔和弗洛姆这样的“快乐”山谷。然而，这却生动表达了该郡的当代声誉，即它是大英帝国贫穷、落后且有点粗鄙的一隅。哈代出生前十年，英国农村爆发了焚烧草垛和捣毁机器的暴乱事件，据其父亲回忆说，虽然这些暴力事件只波及多切斯特地区的边缘地带，但在随后发生的众多报复性处决中，因为怀疑一个年轻人饿得体重太轻，就给他的双脚绑上了重物，以确保绞刑时他会被勒死。1834 年，来自穿越荒野距博克汉普屯仅有几英里远的托尔帕德尔的六位“殉道者”，因试图组织一个原始的工会而被判流放。[21]

在十九世纪四十年代中期，德韦斯屯的牧师悉尼·戈多尔芬·奥斯本勋爵（“S. G. O.”）在《泰晤士报》的专栏中发起了一场轰轰烈烈的运动，以引起人们对多塞特劳动者的经济困难和不卫生的生活条件的关注。有人举例说，有一大家子人要养活的男人们每周仅挣七先令，由于完全没有能力购买其他食物，他们被迫接受以“制面粉用的谷物”来抵扣大部分的工资，而他们拿到的小麦质量很差，因此他们有可能被高收费了。在某些地区，在给付工人工资的基础上，雇主习惯于再额外给他们一些制面粉用的谷物或燃料作为补贴，但这种相对慷慨的待遇仍然使工人处于完全依赖于雇主的地位。由于担心导致救济金投入的增加，农民和土地所有者试图阻止十八世纪末开始的农村人口的迅速增长，因此他们对在自己的土地上建造或维护村舍几乎没有什么兴趣，而且常常会在租约到期时便将其拆掉。村庄衰落，变成充满污秽和疾病的地方，农家院的污水排放到街道上，或排放到破败村舍的地底下；在村舍里，不论男女长幼，一家人有时被迫睡在一间卧室里。

二十多年后，一个议会委员会的调查人员发现，劳动者的生活条件和工资待遇有所改善，但收到了大量证据——包括“S. G. O.”本人和其他多

塞特知名人士(如亨利·穆尔牧师和威廉·巴恩斯①牧师)所提交的材
37 料——证明劳动者总是处在贫困线上,妇女经常受雇于操控打谷机以及像砍芜菁甘蓝这样繁重的工作(如哈代笔下的苔丝),男孩则通常在九岁或十岁时就开始正式工作。与其他许多地区一样,来自斯廷斯福德的报道称,男性被雇用的唯一条件是所有家庭成员(包括其妻子和孩子)都要根据农场主的需求来工作,且随叫随到。1868 年,时任斯特明斯特-马歇尔村牧师的基根·保罗写道:

> 工资太低了,因此一个有八岁以上孩子的人很高兴孩子们能挣到几先令,而且雇主们坚持把这些孩子送到田地里去工作,即使父母愿意努力让他们留在学校里学习。农场主发现,找两个男孩,在一个成人的手下干一个成人的活,但两个男孩的工钱加起来比一个健全成人的工钱还低,这对他来说是很划算的。[22]

在上博克汉普屯,居住的大多数是手艺人的家庭,和哈代自己家的阶层大抵相当。童年时的哈代与这样的现实是相对隔绝的,但他不可能不知道这些现实对附近农场的"劳动者"可能带来的影响。1902 年,当他被莱德·哈格德②问及多塞特农业劳动者的命运时,他回答说:"到 1850 年或 1855 年,农业劳动者的状况总体上是非常困难的,"他引用了自己童年记忆中一个无可否认的极端例子,"令我恐惧的是,一个养羊的男孩,他死于贫困后不久,尸检时发现他的胃里只有生萝卜。他父亲的工资是每周六先令,收获季节大约每周六英镑,有一间免收租金的农舍,

① 威廉·巴恩斯(William Barnes, 1801-1886),英国牧师,多塞特英语方言诗人。

② 亨利·莱德·哈格德爵士(Sir Henry Rider Haggard, 1856-1925),英国作家,创作了一系列以冒险故事及异域风情为题材的作品,他还热心于改良英格兰的农业。

还有充当燃料的树篱柴捆作为补贴。”[23]

位于多切斯特郊区的福丁屯的半农村、半城市的贫民窟的情况同样糟糕。在《卡斯特桥市长》中，哈代这样描写福丁屯的一条街道：“邪恶在街区的某些家门自由出入”，这条街道的“原型”是一条被直截了当地命名为“绿帽子街”的街道，曾是其伯父约翰在四十年代初的住址。[24]该区域因霍乱横行而臭名昭著，哈代毕生都记得 1854 年最后一次可怕的流行病，当时身为福丁屯教区牧师的亨利·穆尔无视个人安危，前去探望病人，组织人们用开水煮或用火焚烧病死者的衣服，并采取其他措施防止病毒传播。醉酒司空见惯，在集市日和招聘会上，人们很容易陷入两性狂欢，这种狂欢在《德伯家的苔丝》第十章中猎苑堡舞会期间和之后曾发生过。哈代的亲戚圈子里有家庭暴力的情况，1842 年，他那曾遭受丈夫粗暴对待的外祖母贝蒂·汉德，在听到醉酒的儿子克里斯托弗殴 38
打怀孕的妻子的消息后，非常焦虑。“我真担心她那肚子里的孩子会出什么问题，”贝蒂给彼时在帕德尔屯为班格太太做女佣的女儿玛丽写信说，“他有时候会这样粗暴待她，尽管如此，他在各方面待她都挺好的。”当玛丽在自己的婚姻中遇到类似困难时，据说她的两个姐姐玛丽亚·斯帕克斯和杰米玛·哈代均给予了援助，无论是在道义上，还是在物质上。[25]

在后来的岁月中，哈代能更清楚地描述小时候观察到的一知半解的事物。1888 年，关于四十年代末金斯屯-莫瓦德庄园的生活，他草草写下一段非同寻常的回忆：

> 当年我还是马丁学校的一个学童，看到某个农场里的劳动者穿着粉红色和黄色的情人节颜色的服装：——
>
> 苏珊·Sq——和纽恩特（例如，在庆丰收的晚宴上靠在一起唱歌），她们单纯的丈夫：纽恩特的情人们；本·B 的妻子，和她的情

> 人，还有她的虚伪；T. 福勒——小学校长，远远高于他在教育界的实际地位，但他是个酒鬼；还有妻子——好色之徒——的儿子T. M等人。还有沃尔特、贝奇和伊丽莎。后者是那所学校的所有权人，他（她）们充满魅力、性感十足、下流淫荡、无忧无虑，这一点当时甚至连我都能看得出来——激情和青春都洋溢在红扑扑的脸上，掩盖了生活带来的皱纹、褶皱和裂痕。

在同一笔记本中的其他地方，虽然不在同一页上，却有一个可能是来自一首诗的灵感："参照忒奥克里托斯①和我小时候在博克汉普屯的生活，在麦田里，在井边，酿苹果酒，给小麦除草等。"[26] 这样一种形成反差的想法的并置所隐含的冲突和哈代相伴一生，并反映在他的一次公开承认中，在《绿林荫下》后来的一版序言中，他说："这部小说所依赖的现实是另一种研究的素材……那会比在这区区几章中发现的更多，因为小说只不过是轻描淡写，甚至有时候是很滑稽和轻率的。"[27]

哈代对自己早期经历中黑暗和阳光的一面都保持着敏锐的意识，因此在他成熟的岁月里，他很少会沉溺于自发的怀旧。他总是深深地意识到变化本身的过程，关于往昔的诸多好和坏的痕迹，以及不断被时光之河冲走的生活方式，包括那些在他认识它们之前就消失了的东西：教堂唱诗班，走私者的小木桶，他祖母带着恐惧回忆起来的她在伯克郡的童年时代所看到的绞刑架，以及他父母在耶奥维尔和多切斯特目睹的公开鞭笞。小时候，他曾亲眼见过五朔节花柱、哑剧演员、火绒盒、戴着足枷
39 的人和四轮大马车，尽管1847年多切斯特的铁路已经开通，但是这些马车还是延续了好几年，每天从羚羊旅馆和国王纹章旅馆出发。[28] 十八世纪已经给英国农村带来了重大变化，但下面这种说法大体上还是正确

---

① 忒奥克里托斯（Theocritus，约前300－约前260），古希腊诗人，西方牧歌的创始人。

的，即哈代出生的时间使他正好赶上看到英国乡村世界的最后一眼，特别是在如此保守的一个郡，乡村基本上未受到来自中世纪的干扰，但是十九世纪期间的种种新生力量——人口膨胀、城市化、铁路、廉价印刷、廉价进口食品、圈地运动、农业机械化和经济大萧条、教育机会的改善，以及移民的压力——将给它带来巨大冲击。回首往事，哈代哀悼在他有生之年，古老的英格兰乡村遭受到了如此巨大的破坏，失去了往日的活力和可持续发展性。他也知道自己的童年总体上是幸福的——即使是田园诗人也允许西勒诺斯①的存在。但不容他质疑的是，时代的变迁也带来了诸多社会、经济甚至是伦理方面的进步。

当哈代将其童年描述为孤独寂寥且“波澜不惊”时，他或许指的只是他在博克汉普屯所了解的生活：四季更迭，世代相传，农业和宗教日历上的必要之事，就像在《绿林荫下》和《远离尘嚣》中所提及的那样。其种种标志包括：产羊羔时间，晒干草和收割；第一只布谷鸟，最长的一天，最后一只燕子；复活节，圣灵降临节，圣诞节；出生，结婚和死亡等。还有在考克斯先生家的井边举行的圣诞派对——在诗歌《好客之家》中，他们在那里“开启圣诞酒桶 ／ ……唱圣诞颂歌 ／ 邀请朋友来做客”[29]——以及在附近其他村舍举行的舞会和“闹婚”。1846 年3 月，哈代的堂兄乔治·哈代娶了安妮·考克斯为妻，她也是上博克汉普屯人；1847 年 11 月 14 日，正是在哈代家的村舍里，杰米玛的妹妹玛丽嫁给了安特尔，一位博览群书、意志坚强的帕德尔屯鞋匠。四十年代还见证了一些家庭葬礼，这其中包括 1847 年哈代的外祖母贝蒂·汉德的葬礼；1844 年十二岁便夭折的沃尔特·哈代的葬礼，沃尔特是哈代在上博克

---

① 西勒诺斯(Silenus)是希腊神话中的酒神，与代表理性的日神相对，代表的是情感力量；而德国哲学家尼采则认为酒神精神是从生命的绝对无意义性中获得悲剧性陶醉。

汉普屯的另一位堂兄。

因为每年的节日和季节变化有规律可循,可以预见,人们早早就盼望着这些时刻的到来。哈代的第二任妻子曾说,哈代的许多欢乐时刻,
40 直到其生命的尽头,都是“期待之中”的欢乐,譬如春天的到来。她在另一个场合说,其丈夫非常迷信,“这是自然的”,这提醒了我们如下几点:其一,在一个如此传统的世界里,人们难免会迷信。其二,德比菲尔德太太的“拜物教”观,以及“她那一大堆正在迅速消失的迷信、民间传说、方言和口头传唱的歌谣”,哈代从小就谙熟。其三,巫婆、天气预测者和“占星术者”还没有完全消失。[30]其四,他亲耳听到了那些故事:在慢火中被焚烧的人像,通过触摸被绞死的人的尸体来实现“换”血,以及从垂死的人口中飞出的磨坊蛾,他在小说《还乡》和短篇小说《枯萎的手臂》《几个顽固守旧的人》中借用了这些故事。

哈代的学龄前时光对他后来的小说家和诗人生涯具有深远的意义。他周围都是天才的叙述者,包括诗歌《我们认识的那个人》中专心致志的祖母,作为无穷无尽的故事、谚语和乡村传说的源泉的母亲,以及可以对一次显然平淡无奇的散步进行“生动而迷人”的描述的父亲[31],还有那些亲朋好友,不管是前来做客的,还是他去拜访的,他们都详谈了自己的个人经历,重述了当地故事库中的故事,唱起了父母和祖父母教给他们的歌曲。在诸多方面,哈代是口述传统的继承者。他来自这样一种文化,在这种文化中,歌唱和音乐创作是一种自然的表现形式;他来自这样一个家庭,在这个家庭里,音乐是主要的关注点。一种热情极高的音乐敏感性在哈代很小的时候就已经显现出来,尽管他从未在教堂楼座的老位置上(楼座本身后来也被拆除了)见到过斯廷斯福德唱诗班,但博克汉普屯的村舍里从来都不缺少音乐。晚上父亲拉小提琴的声音,既能使他翩翩起舞,又能让他潸然泪下,在诗歌《老主题之歌》中,对父亲演奏的回忆和对母亲歌唱的回忆交织在了一起。据说他四岁时就得到了一

个玩具手风琴；不久之后，他就开始接触小提琴；再后来，他还和父亲一起去参加当地的舞会和其他庆祝活动，甚至时不时自己也拉上一段，人们认为他表演时所展现的活力和他当时脆弱的体格相比有点异乎寻常。[32]

哈代一直都很珍视他父亲的小提琴和那些手工抄写的、供斯廷斯福德唱诗班使用的破旧乐谱。他还保存了一些关于舞蹈曲调和舞步的书籍，这些舞蹈一般在非宗教场合表演，并将与特定歌曲相关联的人的名字抄写进了胡拉的《歌曲集》中。他时不时不辞辛劳地抄写出民谣，主 41
要是斯廷斯福德和梅尔伯里-奥斯蒙德地区的民谣，这些民谣是他母亲或一个亲戚所记得的，或者是他自己在派对、庆丰收晚宴或其他类似场合听到有人演唱过的。其中大多数民谣都很传统，内容是关于失恋或背叛的。其他的民谣，像《德伯家的苔丝》里的那些，有对性的影射；哈代后来抄写了一首适于演出的“民间歌曲”，名为《哦，简；哦，简；哦，简》，他记得自己四岁左右时有人在家里唱过这首歌。他曾对一位朋友说：“像为数众多的老歌和戏剧对白一样，歌曲里面有一个相当宽泛的双关语，是颇为莎士比亚式的，听到这里，男人们过去常常会哈哈大笑，女人们有些假笑，有些则绷紧了脸。而其他人则会为了使歌曲适合在当地表演而对词语进行释义。”[33]

在《德伯家的苔丝》中，苔丝将自己在世界和宇宙中的地位的诸多困惑，皆归咎于她母亲告诉她的东西和她在学校里所学的东西之间的“两百年的差距”。[34]哈代本人很清楚这种差距的性质和意义，此外他还有一种感觉，即他自己作品的一些主要的复杂性和模棱两可性可以说是源于两个方面的相互作用：一方面是他童年时期通过口头传播的、高度本地化的乡村至理名言，加之对英国国教音乐和仪式的强烈感情；另一方面是他通过学习书本知识，对十九世纪思想中一些更激进、更持怀疑论的趋势的接受。值得注意的是，解决的方式更多是共存而非冲突，因此,作为一个不可知论者①,哈代将永远相信英国国教的社会功能,并将永远热爱它的宗教仪式,譬如,他在 1901 年宣称,尽管他无法找到任何证据来证明超自然事物的存在,但为了看到"一个真实的、毋庸置疑的幽灵",他会兴致勃勃地付出十年光阴。[35]

哈代对教堂的接触来得较早,父母定期参加斯廷斯福德教区教堂的活动,父亲经常参加斯廷斯福德唱诗班的演出,因此哈代接触教堂当是水到渠成。哈代家强烈支持的是高派教会②,该教会的宗教仪式一下子就吸引住了哈代,这很快就有所反映,有一次他在家里身披一块桌布,为的是扮演牧师,并站在椅子上朗读晨祷词。[36] 在斯廷斯福德教区教堂,他被一块颅骨迷住了,这块颅骨是格雷家族纪念碑的一部分,纪念碑位于北侧廊,哈代家人会习惯性地坐在那里。因此哈代彻底地记住了所附的碑文(包括《德伯家的苔丝》中使用的安吉尔这个名字),即使到了晚年,他也能一字不差地背诵出来。[37]

42 或许是受到家人对唱诗班命运感到愤愤不平的影响,哈代似乎从一开始就不喜欢那位斯廷斯福德教区牧师,即那位受过良好教育、人脉颇广的亚瑟·雪利牧师,但是哈代在牧师住所参加了坚信礼课程,后来还与雪利的儿子们一起在主日学校任教。不管哈代个人感受如何,他不得不承认,牧师——即使是助理牧师——在教堂内外都有着既有尊严又有威望的地位,而且尽管老唱诗班不复存在——取而代之的是一台手摇风琴,由哈代的伯父詹姆斯负责摇动,他是老唱诗班的演奏者之一——教堂仍然是一个有音乐和色彩的地方,也是一个有惬意的仪式和华丽的语言的地方。因此,教会满足了哈代当时的情感和审美需求,并在适当的

① 不可知论者认为人类不可能知道宗教所关心的诸如上帝以及来世等问题的真相,即使并非完全不可能知道,至少在目前是不可能知道的。

② 圣公会的一派,在信仰和礼仪方面与罗马天主教最相似。

时候，为他母亲灌输给他的社会抱负提供了一个切实可行的方向，尽管沿着这个方向走下去会困难重重。自传体性质的《生活和工作》表明："小时候，当牧师曾是他的梦想。"[38]

当杰米玛确信她那病恹恹的儿子注定能活到成年时，她就对他的成长产生了浓厚的兴趣。她为他寻求最好的教育，确保他有书可读，任由他跟随父亲踏上小提琴演出之旅，将其视为一种学习和练习音乐的方式。她本人对他的教育有多大的直接贡献还远不能确定。她自己的母亲有着"一个识文断字、知识渊博的女人"这样的名声，酷爱阅读小说，据说杰米玛和其母亲一样"阅读兴趣广泛"。[39]她的家庭医生断言她最喜欢的书是但丁的《神曲》，在她去世后不久，有人发表了一篇匿名文章，明显是受到哈代启发，在文章中她被描述为"对书籍的爱好包罗万象，她喜欢约翰逊的《拉塞拉斯》①中的哲学，转而又喜欢科姆②的《辛泰克斯医生》中轻浮可笑的举止。她喜欢司各特的诗歌《马米翁》胜过他的任何散文作品，而司各特的散文中她最喜欢的则是《凯尼尔沃思》。当然，她很钦佩拜伦，可能她年轻时受到了他的时尚的影响"。家庭医生接着说，她把《名利场》的排名"放在了所有已故作家的小说之上"，这便巧妙地回避了她如何看待自己的儿子所写的小说这一问题。[40]

然而，杰米玛似乎没有任何写作的天赋。诚然，她能在结婚的时候把自己的名字（而非文盲所使用的十字架符号）登记在教堂登记册上，也能做其妹妹婚礼的证婚人。但是我们迄今尚未发现她写的信，正如1842年其母亲通过其妹妹把信息传达给她一样，1859年，其儿子也在代

① 塞缪尔·约翰逊（Samuel Johnson, 1709-1784），英国诗人、散文家、传记作家。《拉塞拉斯》（*Rasselas*, 1759）是其唯一的小说作品。

② 威廉·科姆（William Combe, 1741-1823），英国杂文和讽刺诗作家。

表她写信和收信。[41]甚至她早期送给儿子的不同寻常的礼物(即德莱顿翻译的维吉尔①的著作)上的题词“托马斯·哈代惠存 / 母亲赠”亦非她亲笔题写,而是出自其子之手。优秀的阅读能力和糟糕的写作能
43 力——因为没人教,也没有经过训练——相结合的现象在与杰米玛同阶层和同时代的人里面相当普遍,而且她贫穷童年留下的这一后遗症,与她明显的智力和性格优势形成不幸的对比,也为她因无法弹奏钢琴而唉声叹气的形象平添了一份辛酸。[42]

在哈代与世隔绝、穷困潦倒的童年,很难确定他有哪些书可读。那些得以保存下来的书包括《伦敦的叫卖声》,据说是他三岁以前读过的一本图文并茂的小册子,以及由宗教团体协会出版的《犹太人的仪式和崇拜》,上面题写着“托马斯·哈代惠存 / 其教父 A. 金赠于 1847 年”。如果这位教父是押(押沙龙〔Absalom〕的简称)·金的话,即与玛丽·汉德一起在帕德尔屯的班格太太家当用人的金,那么该书的赠送很可能没有任何特定的宗教含义,而是金于 1847 年玛丽与帕德尔屯鞋匠安特尔结婚之际赠送给哈代的。[43]在博克汉普屯的村舍里还摆放着吉福德写的《法国大革命引发的战争之历史》——这是哈代对拿破仑着迷的早期刺激因素——以及所罗门·格斯纳②的《阿贝尔之死》的译本,上面有其祖母玛丽·哈代于 1800 年的签名。[44]哈代有一个保持了一生的习惯,尽管是断断续续的,那就是在圣经和祈祷书上做注释,这一习惯似乎在其九岁时便养成了。还有从更早的时间保存下来的其外祖母赠送给他的《圣经指南》,以及 1843 年出版的《诗篇》,或叫《大卫诗篇》。带时间的签名开始出现在如下书中,如弗朗西斯·沃金加姆的《导师的助手:

① 约翰·德莱顿(John Dryden, 1631–1700),英国诗人、剧作家、文学批评家;维吉尔(Virgil,前 70–前 19),古罗马诗人,代表作《牧歌》《埃涅阿斯纪》等。

② 所罗门·格斯纳(Salomon Gessner, 1730–1788),瑞士作家、翻译家、画家和蚀刻工。

算术简编》(托马斯·哈代之书,1849 年)[45];约翰·M. 莫法特的《男孩子的科学书》(托马斯·哈代,1849 年 12 月 24 日);而托马斯·迪尔沃斯的《英语语言新指南》里的签名虽未注明日期,但显然是早期签名("哈代大师"),这使得紧跟在下面这段文字旁边的笔迹很重的铅笔线格外引人关注:"一个男孩潜心学习优秀的文学作品是值得称道的;它们对他总有裨益;它们会使他获得善良人的恩惠和爱戴,这比财富和享乐更有价值。"[46]

杰米玛试图继续给儿子提供"优秀文学作品"的范本,且野心勃勃:除了德莱顿翻译的维吉尔的著作,她还给他准备了《拉塞拉斯》和一部小卷本书籍,里面包含伯纳丁·德·圣-皮埃尔①的《保罗和弗吉尼亚》和索菲·科廷②的《西伯利亚的流放者》。虽然《保罗和弗吉尼亚》是一部在道德层面无懈可击的作品,但是当杰米玛把这本书交到一个已经危险地赞同其父亲之胸无大志的儿子手里时,也许并没有留意到这本书所 44
传达的寂静主义③信息。哈代读书时所做的一个标记仍然会引起人们对以下段落的注意:

> 我的儿子啊!天赋异禀比出身高贵或家财万贯更为罕见,而且毋庸置疑,它是一种不可估量的好东西,没有什么能剥夺我们的天赋,它在任何地方都能得到世人尊重。但天赋价值不菲;它通常与细腻的情感联系在一起,这使得拥有天赋的人痛苦不堪。但你告诉我你将会以为人类服务为己任。与一个写一本书给人们读的人相比,一个从他耕种的土地上多收获一捆玉米的人能更好地为人类服务。[47]

---

① 伯纳丁·德·圣-皮埃尔(Bernardin de Saint-Pierre, 1737-1814),法国作家。

② 索菲·科廷(Sophie Cottin, 1770-1807),法国作家。

③ 寂静主义认为人要修德成圣在于绝对寂静,逃避外务。

哈代童年时，在下博克汉普屯有一所女子学校，由伊丽莎白·普劳曼管理——大概与哈代关于金斯屯-莫瓦德的记忆中悲惨的"伊丽莎"有关——但尚不能确定哈代是否曾就读过该校。无论如何，直到1848年在教区建立了一所国立（即英国国教）学校，哈代才第一次走进一间正式的教室。在开学当天，他仍然穿着一件女装去上学，看上去"清新 / 颜色粉红，身材矮小，头发鬈曲"。同一首诗《他重游母校》，描绘了他坐在书桌旁的情景："在沃金加姆的算术书里， / 他掌握了重要的三分律 / 带着蜜蜂的禀赋来学习"，事实上，在托马斯·福勒及其妻子这两位老师的指导下，哈代在算术和地理方面都取得了长足的进步，这位托马斯·福勒不是别人，正是那个哈代后来在回忆中提到的"远远高于他在教育界的实际地位，但他是个酒鬼"的"T. 福勒"。[48]

正是在哈代就读的第一所学校里，他经历了最早的那些爱的经历、被所爱的人轻视，以及随后的内疚，这种情绪将在他的一生中不断重现。他被一个女同学深深吸引，她来自上博克汉普屯，芳名范妮·赫登，因在《教堂墓地里生长的植物发出的声音》一诗中被称为"可怜的范妮·赫德"而获得文学不朽，她曾经"像鸟儿一样挥舞着翅膀 / 在草地上掠过"。某个冬季的一天，在孩子们玩耍的时候，抑或是在哈代生气的时候，他从后面把她推向了教室里的火炉，烧伤了她的双手。在大约七十年后，他跟沃尔特·德·拉·梅尔①说，他永远无法原谅自己的这一行为，特别是因为她英年早逝（1861 年，年仅二十岁），使他无法以任何形式予以弥补。[49]

开学伊始，哈代第一次遇到了他同时代的一大群人，并接触到他们的习惯、价值观和态度。当他们坚持对他吟唱下面这两句歌词时，他也见识了他们迫害人的能力：

---

① 沃尔特·德·拉·梅尔（Walter de la Mare, 1873-1956），英国诗人、小说家。

托马斯·迪迪莫斯蓄着黑色胡须；
吻了所有少女，令她们异常畏惧。[50]

这次吟唱可能是对范妮·赫登的小插曲的一个回应，也可能是对他父亲 45
情场杀手倾向的影射。另外，如果除了姓名的关联之外它还有什么其他意义的话，这首押韵诗的意义大概在于某种讽刺性的影射，影射哈代当时仍然相当虚弱的外表，以及他的羞怯和本能的矜持。人们注意到，他不喜欢被同学们——或者说，在成人生活中被其他男人——触摸，这似乎有一定的事实依据，尽管这一点在哈代去世后已经被加入《生活和工作》一书。[51]

直到八岁时，哈代一直生活在一个几乎完全成人化、女性化的世界里，这对他未来的发展有重要意义。哈代说玛丽几乎是他童年唯一的伙伴[52]，但即使是她也一定经常缺席，因为她要去女子学校读书，和她在那里结交的朋友们一起玩耍，抑或忙于家务。在哈代的小说中，叙事声音常常表现为袖手旁观型的旁观者态度，某种程度上似乎反映了他早期的经历，他是一个病恹恹的孤独男孩。当他的父母和亲朋好友一起唱歌、玩耍、开玩笑、聊天时，他们唱着古老的歌曲，复述当地过去的传统故事，反复讲述那些带着祖祖辈辈的智慧和迷信的风俗习惯，都是用慢条斯理、丰富多彩的多塞特方言讲述的，且带着在岁月的洗礼中认识到的宿命论和自我保护式的幽默，而小哈代则习惯于坐在旁边，一言不发，无人关注。杰米玛对婴儿洗礼的精明看法——认为洗礼不会造成任何伤害，她也不想让她的孩子们在来生责怪她，说她在洗礼一事中没有尽到责任[53]——能直接使人想到哈代早年消极但敏锐的倾听习惯后来在威塞克斯小说和故事中被借鉴的程度，最直接的体现就是对《绿林荫下》中杜威一家和《一双蓝眼睛》中史密斯一家的描写。哈代特别向莱斯利·

斯蒂芬①承认，在《远离尘嚣》的创作过程中，在描写小说中的人物的时候，自己恰恰就置身于这些被描述的人中间，这是多么得天独厚的条件啊！[54]

（当时）从博克汉普屯穿越荒野到帕德尔屯，前往和哈代家有亲戚关系的几户人家，其路程并不算长。人们常说，哈代功成名就后待人的态度就变得势利而冷漠起来了，直系亲属除外，当然此说的可信度并不高。但如果他和妻子真的曾骑自行车穿过帕德尔屯而不往两边看的话，那么早期自行车的笨重和不佳的路况肯定是一个因素。无论如何，他俩当时都不大可能是坐着四匹马拉的大车，抑或是一匹小马拉的双轮轻便
46 马车。事实上，哈代似乎一辈子都认识那些庞大亲戚网中的亲戚，包括一代表亲、二代表亲，甚至关系更远的亲戚，这些亲戚分布在至少三个大洲，并且他至少与他小时候认识和拜访过的家庭保持着联系，或是直接联系，或是通过他那以家庭为中心的两个妹妹取得联系。或许是因为父母遗传给他的冷漠，而非个人本性的冷漠，哈代似乎从来没有和伯父约翰在福丁屯的孩子们，乃至伯父詹姆斯在上博克汉普屯本村的小家庭保持特别亲密的关系。[55]另一方面，哈代却和一些帕德尔屯的哈代家族的人保持着密切联系，包括伊丽莎白，即他的叔祖父约翰（他祖父的弟弟）的遗孀，还有她的一些孩子，特别是其三儿子威廉·詹金斯·哈代（也是一个泥瓦匠）及其妻子安。威廉和安的九个孩子与托马斯和杰米玛的四个孩子出生的时间大致相同，哈代似乎对查尔斯（一直被称为查尔斯·米奇·哈代）、安吉丽娜以及安吉丽娜的儿子弗兰克·乔治有着特殊的感情。

在帕德尔屯还住着几个汉德家族的成员，其中包括杰米玛的两个（甚至有一段时间是所有三个）哥哥以及她三个姐妹中的两个；他们的母亲，即哈代的外祖母贝蒂·汉德，在她 1847 年去世之前也在那里短暂待了一

---

① 莱斯利·斯蒂芬爵士（Sir Leslie Stephen，1832-1904），英国作家、评论家。

段时间。杰米玛非常依赖姐姐玛丽亚·斯帕克斯的建议和实际帮助,玛丽亚是兄弟姊妹中的老大,地位最稳固,也是第一个有自己孩子的人,她的家自然便成了这个大家庭的轴心。哈代从早年起就熟悉他的斯帕克斯姨夫和姨妈,熟悉他的斯帕克斯表亲们——特别是比他大六岁的玛莎,还有比他小两岁的詹姆斯——还熟悉那个后来被玛丽·哈代称之为“欢乐之屋”的地方,“前面有波光粼粼的河流,在不远的地方,古老的教堂钟楼上挂着大钟,发出四处回荡的报时钟声,我们许多先辈都长眠于此”。[56]

1846 年 12 月,杰米玛的妹妹玛丽(彼时尚未嫁给安特尔)从赫特福德郡的希钦镇给其母亲写信,玛丽当时和玛莎住在一起,玛莎是汉德姐妹中最年轻、最漂亮的一个,1841 年以后成了约翰·布雷顿·夏普的妻子。玛莎的健康状况向来不好,玛丽于 1846 年 11 月去探望时正好是她妹妹第三个孩子出生的时候。那孩子不到两岁便夭折了,就在第四个孩子出生的四天前。1849 年,当玛莎再次怀孕时,杰米玛答应去陪伴她,给她当护士和管家,帮她渡过难关。孩子的预产期在 12 月,杰米玛提前动身前往哈特菲尔德①,还带上了自己九岁的儿子。[57]

对哈代来说,这段旅程难以忘怀,不仅因为这是他第一次出远门,还 47
因为这段旅程融合了新旧两种交通方式,即先乘坐 1847 年就已经通到多切斯特的火车去伦敦,然后再乘坐长途汽车去哈特菲尔德。一到那里,他就被他那“漂亮的姨妈”给迷住了,她后来成为《远离尘嚣》中芭斯谢芭·伊芙丁的原型。[58]约翰·夏普,赫特福德郡一个农民的儿子,某种程度上是特洛伊中士的“原型”。人们普遍认为,夏普曾经是一名正规军人,他在服役期间遇到了玛莎,或许就是在多切斯特本地,但事实上,他似乎是在赫特福德自耕农骑兵队服役,这是驻扎在该郡的一个兼职辅助部队。几年来,他偶尔在哈特菲尔德地区从事各种农业工作,但

---

① 哈特菲尔德(Hatfield)是英国赫特福德郡的一个城镇和教区。

均未取得成功。四十年代末，他或许曾被索尔兹伯里侯爵夫人雇为农业庄园主管家，1848 年，他确实为她提出了一些关于改进哈特菲尔德庄园农耕方法的建议。[59]

夏普人长得帅，举止有教养，并且和军队有关联，这使他比哈代自己家族中的任何一个男人都更加时尚；他在婚后不久写给玛莎家的一封生动的信，以及他保持到晚年的讲故事的天赋，这些都不免令人想起特洛伊的语言才能。但不幸的是，他也有些许特洛伊的不安分和不谨慎。1851 年春，他辞去了在哈特菲尔德庄园的工作，由于在英国找不到长期工作，7 月，他携妻子和五个孩子移民到了加拿大，当时最小的孩子刚刚满月。[60] 在极度缺钱的状况下——甚至连盘缠都要靠索尔兹伯里勋爵和他姐姐受雇做家庭教师的家庭的慷慨解囊——他仓促动身，只是因为有人答应让他在安大略省圭尔夫附近的一处庄园里做临时工，而最终获得一个属于自己的农场的前途非常渺茫。然而，几年之内，他就凭借个人才华找到了一个不同的或许是更合适的出路。1859 年 8 月 28 日，在安大略省南部的杜姆弗里斯，玛莎在生第十个孩子的时候去世，当地报纸在报道此事时说其丈夫的职业是“学校教师”。[61]

1849 年深秋，由于哈代在哈特菲尔德待的时间足够长，他被送到哈特菲尔德前街的学校（现在是一所私人住宅）做走读生，学校的运作方式“有点像压榨机模式”，经营者是一个名为托马斯·雷的教会牧师。[62]
玛莎的孩子直到圣诞节前才出生，因此可能在杰米玛和其儿子回家之前
48 时间已经跨入新的一年。当母子俩乘车穿过伦敦城区时，哈代瞥见了许多伦敦地标性建筑，并声称自己曾参观过哈里森·安斯沃斯①的小说《老圣保罗教堂》中描绘的街道，安斯沃斯是他当时最喜欢的作家之一。

① 威廉·哈里森·安斯沃斯（William Harrison Ainsworth，1805–1882），英国历史学家、通俗历史传奇小说家。

哈代是否有时间或机会作这样的旅行似乎令人生疑，但史密斯菲尔德肉类市场的景象和声音确实给他留下了可怕的印象。市场就在克莱肯威尔地区的长途汽车旅店附近，旅店的名字叫“十字钥匙”，哈代和母亲就是在那里过的夜，后来他发现这家旅馆跟雪莱和玛丽·葛德文有关系。①[63]睡觉前，杰米玛在房间的每个角落里寻找可能的入侵者。毫无疑问，由于其童年的不幸，她仍有某种程度的恐惧感，即使是她非凡的能量和精神都无法完全压制这种恐惧，因此当她谈到带着小儿子走亲戚是“起保护作用”时[64]，显然并非完全是在插科打诨。这是一种怯懦，一种个人的脆弱感，它自然而然地传递给了她的儿子。小时候独自一人走在荒野上时，他就会感到紧张不安，曾有一次他一溜烟地跑回家去了，就像被《天路历程》②一书中阿波莉昂的肖像给吓坏了的年轻的裘德·法利一样。[65]

不断发展的霍乱疫情给杰米玛带来了焦虑，这可能阻止了她在1849年秋季把儿子送回博克汉普屯学校，尤其是如果她已经计划带他去哈特菲尔德，而且我们不清楚哈代从哈特菲尔德回来后的几个月是否去上学了。但有一点是清楚的，那就是到1850年夏季结束时，家人认为他有体力每天步行在多切斯特和家之间往返，为的是去家人为他选择的新学校上学。[66]该学校是多切斯特英国学校，一所由不列颠及海外学校协会创办的小学，采取的是与博克汉普屯和其他国立学校一样的导生制③教学组织形式，但在所有宗教事务中都强调非国教教派，而不是圣公会教派。

---

① 雪莱和玛丽·葛德文（即后来的玛丽·雪莱）曾在1814年11月幽会于“十字钥匙”旅馆。

② 《天路历程》（*The Pilgrim's Progress*, 1678）是英国作家约翰·班扬（John Bunyan, 1628-1688）创作的长篇小说。

③ 导生制（monitorial system），又称贝尔-兰卡斯特制，是由英国国教会的贝尔和公益会的教师兰卡斯特共同开创的一种教学组织形式。其组织形式如下：教师上课时先选择一些年龄较大或较优秀的学生进行教学，然后由这些学生做导生，负责把自己刚学的内容教给一组学生。导生是教师的助手，能减轻教师的教学工作量。

英国学校的校长伊萨克·格兰德菲尔德·拉斯特名声甚佳,哈代的父母送他去那里读书显然是出于教育原因,而非宗教原因。然而,这却导致了杰米玛和弗朗西斯·皮特尼·布朗克·马丁的妻子茱莉亚·奥古斯塔·马丁之间的争吵。马丁于1844年买下了金斯屯-莫瓦德庄园,从而导致哈代的父亲失去了庄园生意。[67]马丁太太和亚瑟·雪利牧师是博克汉普屯国立学校建设和开办的主要责任人,她认为哈代转学不仅是对学校本身的抛弃,还是对它试图灌输的英国国教戒律的抛弃,这令
49 她大为光火。但是处于危险境地的不仅仅是原则性的问题。自打来到金斯屯-莫瓦德以后,马丁太太就认识哈代一家,因为他们就住在庄园里,偶尔也为庄园打工。或许是由于膝下无子,她(正如哈代自己在《生活和工作》中所说的那样)“几乎从托米幼年时期就对他青睐有加——据说他那时已经是一个很有魅力的小家伙——她习惯于把他抱在膝上亲吻,直到他长成了大孩子”。[68]哈代异常瘦小而脆弱,即使到了八岁也不可能被称为大孩子,马丁太太的爱抚显然一直延续到他最初上学的日子。她鼓励他为她画画和唱歌,多年以后,她要提醒他,她曾“教过你识字”[69],她的意思不是说教过他认读,而是实际上教过他写字。哈代在《生活和工作》中承认,在刚开始上学的时候,他的字写得“平庸”,但并没有说明他在何年何月做过当地文盲女孩(她们与其士兵恋人分居两地)的书信代笔人。无论如何,哈代在马丁太太的监督下茁壮成长了起来,他残存至今的几页习字帖很可能就出自这一时期,他当时抄写了好几遍的是下面一系列简短但颇具启发性的句子:

> 激情是个糟糕的顾问。
>
> 戒掉恶习。
>
> 鼓励勤奋。
>
> 勿忘过去的恩惠。[70]

哈代并没有忘记那个女人，无论当时还是后来，她那温情而宽厚的鼓励曾让他折服，她的教养和优雅曾让他倾倒，她衣着和容貌的性感也曾让他陶醉，因为这些对他而言都是全新的经历。然而，杰米玛对马丁太太之于儿子的影响深感不满，她下定决心断绝这层关系，似乎已经到了停止去斯廷斯福德教区教堂做礼拜的地步，取而代之的可能是把孩子们带到福丁屯的圣乔治教堂去参加低教会派①的礼拜。哈代本人则非常想念马丁太太以及她对他奉承讨好式的关注，经过一段很长的时间间隔后，他希望能再次见到她，于是在1850年初秋的一天，他去了金斯屯-莫瓦德庄园，参加一个在旧谷仓里举行的庆丰收晚宴。那场活动的参加者主要是当地的女孩和来自多切斯特兵营的士兵——“玉米间的红色身影”②[71]——这次经历一直萦绕在他的记忆中，个中原因有很多：一来因为带他来的那个年轻女子忙于跳舞和调情，直到凌晨才把他带回家；二来因为她和其他女孩坐在一起，身子靠在一起，“穿着轻便的长裙”， 50
一起唱着《古怪的骑士》和其他她们“在书本上学不到的”古老民谣[72]；最后还因为马丁太太最终出现了，并简明扼要且卖弄风情地对他说：“哦，托米，这是怎么回事啊？我以为你把我给甩了呢！”[73]

他们两人友谊的中断令双方都很痛苦，而她的殷切关注令他所产生的那种“近乎情人”的感情却将要在他的脑海中萦绕多年。大约十二年后，在伦敦，作为一个年轻人，他试图重新恢复两人之间像过去那样的友谊，但当他看到马丁太太看起来像五十多岁的样子时，残酷的现实让他退缩了——这是一种视觉上的创伤，在《塔上恋人》的结尾部分以及在《阿玛贝尔》和《重游》等诗歌中，他将要使这种创伤富有想象力地再现。又过了十几年，她写给他的一封信仍然能够唤起“他柔情的悸动”，回忆

① 低教会派是圣公会的一派，认为牧师和宗教仪式不如个人的信仰和崇拜重要。

② 当时英国士兵的军装上身为红色。

起“往昔她弯腰俯身时,裙子的四条灰色丝绸荷叶边发出的那激动人心的‘沙沙声’,以及星期天她走进教堂时,裙子的荷叶边拂过圣洗池的情景”。[74]古稀之年的哈代重读那封信时,足以激起一种大胆而浪漫的猜测:“因此,尽管自打他在伦敦拜访过她之后,他俩就再也没有四目相对过,自打她不再把他抱在怀里的那一刻起,他俩的双唇就再也没有接触过,但由于她已经丧夫,没有什么能够阻止她回忆过往,倘若他能再早一些和她恢复联系的话,谁又能说上述两种情境不会按它们已经发生过的顺序再发生一次呢。”[75]像哈代的许多爱恋一样,和马丁太太的关系在他的想象中比在其他地方显现得更为明显,但至少其处女作《穷汉与淑女》有着强烈的自传体性质,这源于他那份对马丁太太的感情和他那种他们两人是被敌对势力拆散的感觉,这和敌对势力自身的情感毫无干系,但和他们看待宗教、年龄以及社会阶层的传统态度却有着千丝万缕的联系。

注释

[1]《生活和工作》,页7–8;E. A. 拉斯特,《哈代的邻居》(圣彼得港,1989),页189;见B. 滕克斯,《其他哈代家族发生了什么?》(普尔,1990),页14–27。

[2] 哈代笔记(多博);哈代绘画(多博),另见D. 莫里森,《哈代绘画展》(多切斯特,1968),页4;珀迪,页140;另见滕克斯,《其他哈代家族发生了什么?》,页74–77。

[3] 保险单(多博);更全面描述,见F. 查尔方特,《哈代的住所和寄宿地:第一部分》,载《哈代杂志》,八卷三期(1992年10月),页46–51,《哈代家村舍》(英国国民托管组织,1990),多处。

[4]《生活和工作》,页7;“金斯屯庄园地产细目”(贝尼恩文件,伯克郡档案局);《生活和工作》,页7–8。

[5]《公众声音》,页459–460;《哈代家村舍》,页7–8;《生活和工作》,页20。

[6] 金斯屯-莫瓦德地产文件。(贝尼恩文件,伯克郡档案局)

[7] 弗洛伦斯致丽贝卡·欧文的信,1915 年 12 月 30 日。(科尔比)

[8]《公众声音》,页 465。

[9] 哈代在其藏书中的 F. A. 赫奇科克主编的《托马斯·哈代: 思想家和艺术家》(巴黎,1911)的旁注,引自《职业》,页 211。

[10]《哈代书信》,第一卷,页 2,措辞在《哈代书信》第七卷页 171 的“订正和增补”部分有所订正;《哈代书信》,第一卷,页 181;玛丽·哈代致玛丽·安特尔的信,1908 年 10 月 8 日(伊顿)。

[11] 斯帕克斯笔记和文件(伊顿),参吉廷斯,《中年和晚年哈代》,页 16,以及 M. E. 巴斯,《哈代和伊万杰琳·F. 史密斯》,载《哈代年鉴》,第四期(1974),页 44。

[12]《绿林荫下》,页 44–45;《生活和工作》,页 18。

[13] 源自诗歌《在家宅度过的日渐减少的日子》,《哈代诗歌》,第三卷,页 133。

[14]《生活和工作》,页 12。

[15] 书信。(多博: 洛克)

[16] 凯特·哈代日记,1915–1930 年。(多博: 洛克)

[17] 源自《收到赴美请柬有感》,《哈代诗歌》,第一卷,页 142–143;《林地居民》,页 146。

[18]《无名的裘德》,页 274–275。

[19]《绿林荫下》,页 3;威廉·阿切尔,《真正的对话》(伦敦,1904),页 32。

[20] 默里,《威尔特郡、多塞特郡和萨默塞特郡游客手册》(伦敦,1856),页 84。

[21]《哈代书信》,第四卷,页 206,参 N. 弗洛尔,《原原本本》(伦敦,1950),页 92。见 B. 科尔,《依附在土地上: 多塞特社会史,1750–1918》(伦敦,1968),以及《职业》,尤其是页 98–102,页 206–220,以及注释。

[22] 保罗,《农业劳动者的状况》,载《神学评论》,第五期(1868 年 1 月),

页112。

[23]《公众声音》,页182;参《哈代书信》,第四卷,页206。

[24]《卡斯特桥市长》,页293;福丁屯人口普查统计表,1841年。

[25] 贝蒂·汉德致玛丽·汉德的信,1842年1月17日(多博:洛克);斯帕克斯笔记和文件(伊顿);约翰·安特尔,访谈,1972年。

[26]“诗歌素材”笔记本。(缩微胶卷,耶鲁)

[27]《绿林荫下》,页x。

[28]《哈代书信》,第五卷,页269–270;阿切尔,《真正的对话》,页33–36;《生活和工作》,页26。

[29]《哈代书信》,第一卷,页136;《哈代诗歌》,第一卷,页255。

[30] 珀迪与弗洛伦斯谈话,1933年;《德伯家的苔丝》,页23;《个人笔记》,页12。

[31] H.恰尔德,《托马斯·哈代》,载《书商》(伦敦,1920年6月),页102;考克雷尔在其《还乡》(亚当斯)文本中的注释;参J.麦卡贝,《爱德华·克洛德:回忆录》(伦敦,1932),页109。

[32]《生活和工作》,页19;《生活和工作》,页478–479,参页501;《生活和工作》,页28;C.莱西,《回忆录:学童哈代》(圣彼得港,1968),页105。

[33]《哈代书信》,第六卷,页191;珀迪,页353。

[34]《德伯家的苔丝》,页24。

[35] 阿切尔,《真正的对话》,页37。

[36]《生活和工作》,页20。

[37] 珀迪与弗洛伦斯谈话,1929年。

[38] 珀迪与弗洛伦斯谈话,1933年;D.麦克斯维尔,《哈代的风景》(伦敦,1928),页17–18;《生活和工作》,页30;C. J. P.贝蒂,《斯廷斯福德教区圣米歇尔教堂指南》(布里德波特,未注明出版日期),[页5];《生活和工作》,页407。

[39]《生活和工作》,页19。

[40] F. B.费舍尔博士,见C. M.费舍尔,《哈代的多切斯特生活(1888–

1908)》(多塞特郡贝明斯特市,1965),页 21;《公众声音》,页 207–208。

[41] 路易莎·夏普致杰米玛·哈代的信中提到的哈代的信,1859 年 9 月 21 日。(多博)

[42] 藏书所在地(多博);《生活和工作》,页 19。

[43] 藏书所在地(多博);被布伦达·滕克斯指认为 A. 金;藏书所在地(多博)。

[44] 吉福德的《历史》(耶鲁);其他藏书所在地(多博)。

[45]《指南》和《诗篇》(多博: 洛克);其他藏书所在地(多博)。

[46] T. 迪尔沃斯,《英语语言……精选寓言新指南》(伦敦,未注明出版日期),页 110。(多博)

[47] [伯纳丁·德·圣-皮埃尔],《保罗和弗吉尼亚》,以及[索菲·科廷],《西伯利亚的流放者》(伦敦,1849),页 94(多博)。

[48]《生活和工作》,页 21;考克雷尔与哈代会面笔记,1926 年 6 月 30 日(耶鲁),参 W. 布朗特,《考克雷尔》(伦敦,1964),页 213–214;《哈代诗歌》,第二卷,页 258–259;《多塞特、汉茨等地邮局名录》(伦敦,1848),引自霍夫曼。

[49]《哈代诗歌》,第二卷,页 395–397;W. 德·拉·梅尔,《和哈代会面》,载《倾听者》,1955 年 4 月 28 日,页 756;《生活和工作》,页 447。

[50]《哈代书信》,第五卷,页 300。

[51]《早期生活》,页 32,参《生活和工作》,页 502,另见页 531。

[52]《哈代书信》,第五卷,页 135。

[53] R. 格雷夫斯,《和一切道别》(伦敦,1929),页 375。

[54]《哈代书信》,第一卷,页 27。

[55] 但是,见滕克斯,《其他哈代家族发生了什么?》,页 28–32。

[56] 玛丽·哈代致老 N. 斯帕克斯的信,1908 年 10 月 18 日。(伊顿)

[57]《生活和工作》,页 21。

[58]《哈代书信》,第四卷,页 58。

[59] 玛丽·汉德致贝蒂·汉德的信,1846 年 12 月 11 日(多博);见 M. 汤

姆金斯,《哈代在哈特菲尔德》,载《赫特福德郡乡村》(1976 年 2 月),尤其是 T. 布拉德伯里,《哈代的赫特福德郡亲戚》,载《哈代杂志》,十五卷二期(1999 年 5 月),页 49–59;夏普的报告(哈特菲尔德庄园档案,承蒙 M. 汤姆金斯)。

[60] J. B. 夏普致克里斯托弗·汉德的信,1841 年6 月18 日(多博: 洛克);A. 温奇科姆,《来自美国的爱德华·夏普先生》,载《多塞特》(1971 年秋季号)。

[61] J. B. 夏普致索尔兹伯里勋爵的信,[1851 年 7 月 21 日?],J. 博克特致索尔兹伯里勋爵的信,1851 年 7 月 22 日(哈特菲尔德庄园档案);《艾尔观察者》(*Ayr Observer*),1859 年 9 月 2 日;《个人笔记》,页 17。

[62]《生活和工作》,页 21–22;M. 汤姆金斯,《哈代在哈特菲尔德》。

[63]《生活和工作》,页 22;S. M. 埃利斯,《哈代: 一些个人回忆》,载《双周评论》,第一二三卷(1928 年 3 月),页 395。

[64]《生活和工作》,页 21;"《生活和工作》的注释"(多博)。

[65] H. 利,《镜头下的哈代》(贝明斯特,1964),页 38;《哈代书信》,第六卷,页 299;《无名的裘德》,页 20。

[66]《生活和工作》,页 27。

[67]《生活和工作》,页 23;《多塞特郡纪事报》,1844 年 8 月 22 日。

[68]《生活和工作》,页 23。

[69]《生活和工作》,页 25;J. A. 马丁致哈代的信,[1887 年?]4 月 21 日(多博)。

[70] 阿切尔,《真正的对话》,页 32;习字帖(多博)。

[71]《生活和工作》,页 24–25;《丰收晚宴》,《哈代诗歌》,第三卷,页 95。

[72]《生活和工作》,页 25;《哈代诗歌》,第三卷,页 96;见上,页 38。

[73]《生活和工作》,页 24。

[74] 同上,页 24、43,页 104–105。

[75]《生活和工作》,页 105,另见《个人笔记》,页 220。

第三章　多切斯特

1850 年 9 月的一天，哈代首次从上博克汉普屯步行三英里，来到位于多切斯特灵猩院的英国学校，该学校是伊萨克·格兰德菲尔德·拉斯特负责管理。由于哈代早期身体虚弱，发育迟缓，再加之上学时间较晚和已经中断的学业，他比大多数男孩大一两岁，尽管他看上去小得多。他的小学同学和其他同龄人记得他是一个个子矮小、严肃认真、聪明过人、喜欢独处的孩子，脑袋有点大，习惯背着装满书的书包，随时准备帮助学习跟不上的同学温习功课。[1]据说他每天上学时会去丽贝卡·斯帕克斯和阿米莉亚·斯帕克斯家吃午饭，她俩是他姨父家的两个未婚的表姐。他们一家住在多切斯特，哈代的姨父是个鞋匠，据说他们对哈代热衷于搞些小把戏并不是特别赞赏，例如将涂了黄油的面包扔到天花板上，使其粘在上面，或者将糖罐中的食糖抛向空中，在糖下落时捧着双手去接住。[2] 51

十九世纪中叶的多切斯特——生动地反映在了《卡斯特桥市长》中——几乎尚未开始过度延展其原始的罗马防御工事。但是，它的小巧并未阻止它在某些方面高度城市化。它是郡首府，是地方政府的中心，同时也是驻军城镇，由于那段时期穿着红色军装并配有出色装备的士兵不断出现，小镇变得丰富多彩。小镇有银行和律师，有市场和招聘会，并且是整个多塞特郡南部的商业中心。郡法院在那里开庭,郡巡回法庭由来访的法官主持,这些法官每次开庭都伴有隆重的传统仪式——蒙茅斯叛乱后杰弗里斯法官曾在该镇进行审判——带着对那些具有控制生死权力之人的敬畏。像所有城镇一样,多切斯特当然也有其更加肮脏和麻
52 烦的方面。1856 年 1 月,镇上发生了一起"骚乱",涉及当时驻扎在该镇的第十三轻龙骑兵团的七名列兵。[3] 1857 年,一个年轻的石匠因醉酒和目无法纪而被罚款,若不缴纳罚款,就得按规定"戴六个小时的足枷";此外,据说一个流浪汉因触犯了流浪法而锒铛入监,他之前曾和别人的妻子发生过不正当关系,"囚犯此前已经从那个男人手里买下了那个女人"。[4]

博克汉普屯和多切斯特截然不同,无论是在社会方面,还是在环境方面。哈代未来小说的模式很大程度上取决于每天在两地之间的旅程,一个仍然与过去几个世纪的风俗习惯和信仰保持着联系的"牧羊人和农民的世界"和"一个拥有巡回法庭和高级市政官的,以及发达到拥有铁路、电报和在伦敦出版的日报的城镇"。[5] 从小时候起,哈代就间接意识到一些重大事件和群情的爆发,途径是通过它们对其父母的影响。晚年他常常生动地回忆起 1846 年《玉米法》废除时人们的焦虑不安和 1850 年 11 月 5 日那"骇人听闻"的场面,彼时一年一度的盖伊·福克斯之夜①庆祝活动演变成了危险的反教皇示威游行,教皇和红衣主教怀斯曼的人偶被人们焚烧。他还记得并在《卡斯特桥市长》中提到这样一件事:1849 年夏,王夫按照礼节途经多切斯特,镇长发现王室成员驾到,竟惶然不知所措,于是双膝跪地来读他的讲稿。[6] 但是更加方便的阅读报

① 盖伊·福克斯(Guy Fawkes, 1570-1606),天主教"阴谋组织"的成员,该组织企图实施火药阴谋,即在 1605 年议会开会期间炸掉上议院,从而实现刺杀詹姆士一世和英格兰议会上下两院所有成员的目标。盖伊·福克斯之夜是指英国的篝火节之夜,人们焚烧象征着盖伊·福克斯的套着旧衣服的草人,以庆祝胜利。

纸的机会和更为丰富的多切斯特流言蜚语，使他能够更全面地把握 1851 年的万国工业博览会和克里米亚战争等事件的影响，以及在 1857 年的兵变中，等待来自印度的消息时的焦虑。他热切地分享了历届议会选举所带来的兴奋。1852 年 7 月，自由党候选人、剧作家理查德·布林斯利·谢里丹①的孙子在赢得一个多切斯特的议会席位后，坐着马车绕城庆祝，哈代当时曾跟着大家一起摸过拉车的绳子，这是他引以为傲的事情。[7]

在五十年代初期和中期，哈代主要关注的是他的功课、阅读，以及偶尔跟随父亲一起的出行活动，如在乡村聚会上弹奏《赶快去参加婚礼》《装了新帆的船》和其他乡村舞蹈乐曲。[8]有一次在当地的抽奖活动中，他掷骰子意外地赢得一只母鸡，自那以后，母亲禁止他参加赌博，还警告他不要接受作为提琴手提供服务被给付的酬金，但在 1853 年 9 月，他冒着违抗母命的风险，收取了一笔酬金，这笔酬金足以让他购买《男孩自己的书：童年和青年时期所有消遣、运动、科学、娱乐的百科全书》，他曾在多切斯特书店的橱窗中看到这本书，当时非常渴望购买一本。[9]一如既往地，哈代急切地想知道这本书所提供的各种各样的信息，但是在他 53
与大多数同学相比仍然感到虚弱和不成熟的时候，该书所强调的童年时期的正常活动和技巧，或许对他有着特别的吸引力。将近七十年后，哈代的朋友埃德蒙·高斯②给他写信，谈及自己与其身为博物学家的父亲在韦茅斯③度过的 1853 年的部分时光，哈代给他回信说：

说来有趣，我记得家父在你提到的那一年的某一天驱车去韦茅

① 理查德·布林斯利·谢里丹(Richard Brinsley Sheridan, 1751-1816)，爱尔兰剧作家、诗人、政治家。

② 埃德蒙·高斯爵士(Sir Edmund Gosse, 1849-1928)，英国翻译家、文学史家和评论家。

③ 韦茅斯(Weymouth)，多塞特郡南部海滨城市，距多切斯特南约七英里。

> 斯谈业务(当时铁路还没有通往比多切斯特更远的地方),他带上了我,算是一种奖赏吧。这样一来,你肯定会在街上"与一个叫哈代的男孩偶遇",尽管不是一个"大"男孩,因为我身材矮小,身体虚弱,几乎还没有开始发育,尚未达到我那时候至二十一岁之间所达到的强壮体格。[10]

1853年,伊萨克·拉斯特离开了英国学校,创办了自己独立的"商业学校",教学对象为年龄更大、文化程度更高的学生。对于跟随着拉斯特一起去新学校上学的哈代来说,1853年至1856年是一个智力迅速增长的时期,也是身体快速发育的时期,因为每天步行六英里甚至更长逐渐增强了他的力量。有一种说法是,拉斯特是一个纪律严明的人,他会"经常在教室里追逐一个男生,用手杖抽打他,直到孩子的脸色变得煞白"。[11]但是被学生用讽刺性手法描述是很多校长的命运,而哈代作为其中一个学生,却在拉斯特的指导下取得了长足的进步。在母亲的鼓动下,他还每学期另加五先令的学费,额外选修了拉丁语。1852年,他购买了一本《拉丁语入门》(所谓的"旧伊顿文法"),但后来他将购书日期改为1853年9月,这可能是作为他开始定期使用该书的标志或以示庆祝。[12]欧特罗庇厄斯①的《罗马国史大纲》于1854年购买,大约在这个时候,哈代在《国王爱德华六世拉丁语法》一书中写出了学习名词的性的方案,阳性名词涂成红色,阴性名词涂成白色,中性名词涂成蓝色,而"两性均可"则用红色斜条纹加以区分。1854年购买的另一本书是卡塞尔的《法语手册》,这显然标志着由女子学校的夏洛特小姐和杰米玛·哈维小姐任教的法语课开课了,

① 欧特罗庇厄斯(Eutropius, ?–399),罗马历史学家。《罗马国史大纲》是其唯一传世之作。

现在他的妹妹玛丽正在上这门课。[13]

同年3月，在拉斯特商业学校，他准备了一本笔记本，开始做笔记，标题为“问题杂集”，字体是细致的铜版体，笔记中包含一系列与瓦工、木工、水暖工以及其他建筑行业有关的数学问题。12月，他又准备了一本新的笔记本，开始做“圆锥体截面及其立体图形”的笔记，尽管现在 54
的问题理论性更强了，但仍然是用切合实际的术语表达的：

> 两个搬运工同意一起喝掉一壶浓啤酒，每人喝两口或一口；第一个人“狠揍了它一顿”，换言之，喝到酒的水平面刚好和壶底与壶壁的交叉点持平，然后把剩下的酒给了另一个人；假设此酒壶为一圆锥体的锥截体，圆锥体的上部直径为三点七英寸，下部直径为四点二三英寸，垂直深度为五点七英寸，那么他俩分别喝了多少酒？[14]

儿子成了南肯辛顿①科学博物馆馆长的拉斯特显然认为，教育不应离学生所经历的世界太过遥远，尽管哈代的父母对儿子的愿望可能有所不同，但他在技术科目和学术科目的表现俱佳，这使他们都有理由考虑将他转入文法学校，或者像福丁屯教区的亨利·穆尔牧师所教的学生那样，选择其他本地的可替代学校，如“古典和数学学校”，这所学校曾由语文学家兼方言诗人威廉·巴恩斯牧师主管了多年，再比如由巴恩斯的前助手伊萨克·汉恩最近创办的“古典、数学和商业学校”。

拉斯特本人对哈代的进步感到十分满意，并于1854年圣诞节送了他一卷名为《国内外的风光与探险》的书，作为对其勤勉和良好表现的嘉奖。对书籍的选择表明，拉斯特认为哈代是很聪明的，却没有过多的

---

① 南肯辛顿（South Kensington），伦敦市中心以西的一个区。

书呆子气，并且具有与自身年龄相符的兴趣爱好。然而，与哈代当时读的哈里森·安斯沃斯、大仲马、詹姆斯·格兰特①的《苏格兰骑士》以及莎士比亚的悲剧（“仅仅为了情节”）相比，这本书可能不完全符合他的要求。[15] 1855 年，哈代在数学和法语方面取得了更大的进步；仲夏时节，拉斯特认为他的拉丁文好得足以使他再次获得奖励，奖品是西奥多·贝扎②的《拉丁文新约圣经》；此外，还有一本哈代的练习簿得以保存下来，其中包含用铜版字体书写的商业信函、收据等的样本，并署有哈代的签名，落款日期在 1855 年 4 月至 9 月之间。是年圣诞节，他在《大众教育家》的前两卷上签下了自己的名字，该书由“家庭教育的天才约翰·卡塞尔③”出版；五个月后，即 1856 年 5 月 12 日，那一天是圣灵降临节，他获得了该书第三卷。[16]

1856 年仲夏，在十六岁生日后不久，哈代的学业结束了。这时候，
55 他已经购买了（是从多切斯特一个叫威廉·特雷夫斯的家具装饰商的商店购买的，其儿子弗雷德里克未来将成为著名的外科医生）那张皮革面写字台，一直保留到他去世。[17] 他还开始冒险从事初步的文学练笔。1855 年 12 月 19 日，他抄写了查尔斯·斯温④的诗《农舍的老钟》，将其粘贴在他家那座落地摆钟钟门的内侧，然后署上了自己的名字，显然是出于滑稽的虚张声势，而非蓄意捉弄人。[18] 不久之后，据《生活和工作》记载，他诱使一家多切斯特的报纸发表了“一篇匿名的幽默短文……关于救济院的钟的失踪……该段落采用的写作形式是一封来自时钟的幽灵的诉苦信”。那座钟如今仍悬挂在昔日被称为“纳珀的小捐助”的救济院外的南街上，它当时肯定会时不时地出现在那个时期多切斯特的报

---

① 詹姆斯·格兰特（James Grant, 1822-1887），苏格兰小说家。

② 西奥多·贝扎（Theodore Beza, 1519-1605），法国神学家、改革家和学者。

③ 约翰·卡塞尔（John Cassell, 1817-1865），英国出版商、作家和编辑。

④ 查尔斯·斯温（Charles Swain, 1801-1874），英国诗人，绰号“曼彻斯特诗人”。

纸上，但是全面搜索后并没有发现该文存在的确凿证据。哈代关于此事的记忆可能有些偏差，另一则故事的存在对此也有所暗示。该故事源自拉斯特昔日的另一位学生，故事说哈代曾用“一首小诗”逗乐了他的同学们，该诗是关于钟的指针掉下来的情况。[19]但是，如果哈代确实写过一篇这样的幽默短文并将其发表了出来，那将不是他文学生涯中唯一一次通过化名来发表作品。

1856 年 7 月 11 日，从学校毕业后不久，哈代成为多切斯特建筑师约翰·希克斯的签约学徒，学徒期三年，接受“建筑绘图和测量”方面的指导。哈代的家人说服希克斯接受了分期付款的首付款四十英镑，以代替期中支付一百英镑的标准学费支付方式。[20]对于一个接受过良好的技术教育，在建筑行业有人脉，还掌握铅笔绘图技巧的男孩而言，这是一个相当合乎逻辑的人生步骤，尽管这不需要拉丁文知识，但它的确为哈代在社会和经济方面步入中产阶级提供了希望。哈代在《生活和工作》中声称他“欣然同意去希克斯先生的公司”。[21]他当时的保留意见我们则只能凭猜测了。他似乎已经梦想着接受大学教育，然后接受神职授任，在乡间的牧师住所里过上有益而休闲的生活。尽管他知道拉斯特已经为拥有像他这样的时代背景、地位和阶层的年轻人奠定了非常良好的基础，但是他也知道，拉丁文知识的欠缺加上几乎对希腊语一无所知，使他并没有做好被大学录取的充分准备，而接受大学教育是实现他人生梦想的关键第一步。同时，从事建筑业绝不是一种不相宜的谋生方式，并且使他有可能私下里朝着水平更适当的古典教育的方向迈进。这种自我教育的过程， 56
哈代坚定地追求了数年，并为此付出了长久的令其疲惫不堪的艰苦努力，但徒劳无果，尽管这对哈代作为作家来说具有一定的长期价值，然而其具体目标终未实现；一种自卑感和怨恨感一直萦绕在他心头，这源于其学校教育的不完整性，其特殊标志是他没有获得过大学学位。他也从未忘记

1856年的那个初夏,在斯廷斯福德教堂,坐在母亲身边的他所感受到的屈辱,彼时雪利牧师布道时表示反对与哈代同阶层的一个人所提出的非分之想,即试图通过从事建筑业攀升到专业人士的行列。[22]

希克斯公司位于南街39号一楼,就在巴恩斯学校的隔壁,从另外一些方面而言,哈代被引见到该公司是一次令其非常愉快的经历。有两个学徒已经在公司学习,一个是即将学徒期满的赫伯特·费帕德,另一个是年龄和性情都与哈代更相仿的亨利·巴斯托,他留了下来,并成了哈代最早期和最亲密的朋友之一。希克斯本人是几年前从布里斯托①来到多切斯特的,他四十出头,和蔼可亲,受过良好教育,对于其学徒们对自我完善的追求,即使是在工作时间,他也采取宽容的态度。实际上,公司似乎完全是一个非正式的地方,很可能随时受到希克斯的哥哥(系皮德勒特伦提德教区的牧师)的孩子们的侵扰,哈代记得其中一个孩子"有时在猜谜语和对话方面不是很聪明"。[23]

虽然哈代对于自己对"佩利的模具"的一些描摹引以为傲,认为足以将它们保存在特制的文件夹中,但他在这一时期所从事的建筑工作几乎没有留下什么痕迹。[24]希克斯是神职人员之子,主要职业是教会建筑师,是重建和"修复"哥特式教堂的专家。这势必成为哈代自己的专长。他的第一个任务是绘制(或仅仅是复制)一份多切斯特圣彼得大教堂的平面图,在希克斯的指导下他已经完成了一些修改,并计划再略作"改进"。希克斯还给他分配了一项工作,那就是对教堂的复活节墓地的墓碑予以鉴定和编号,以便在搬迁后对其精确重建。作为一名签约学徒,哈代仅执行符合其身份的相对机械的任务,并且由于事实证明他是一位出色的绘图员,因此大部分时间他都是待在公司里复制或描摹已有

① 布里斯托(Bristol),英国港口城市,是西南地区的最大城市,位于多切斯特以北约六十英里处。

的建筑图。后来,他受雇于完善希克斯大致勾勒出的建筑图,包括教堂和非宗教建筑的建筑图,以及对被认为要修复的教堂予以鉴定和测量。在其小说《冷漠的人》开头一段中,对身为建筑师的主人公所从事的测 57
量和绘制教堂塔楼工作的描述,显然是基于哈代自己对这种愉快而平静的当地乡村探险的记忆。哈代在南街的公司做学徒和工作的几年间,希克斯建造或修复的多塞特教堂包括:亚瑟汉普屯、库姆-凯恩斯、波尔斯托克、兰皮沙姆、希普屯峡的教区教堂和布里德波特①的圣玛丽教堂,《多塞特郡纪事报》中一些关于这些教堂的重新开放和新一次落成典礼的报道,据说是由哈代本人为报纸的"感恩戴德的记者"起草的。[25]

在那些狂热的"中世纪主义"和宗教复兴主义的日子里,人们对希克斯所从事的工作有很大的需求。然而,随着时间的推移,人们逐渐意识到,过于频繁的名义上的"修复"会引起大规模的破坏,这一观点主要是由古建筑保护协会提出的。显然有必要保持古老教堂的结构,以便继续将其用于原始用途,但是——正如哈代本人多年后在《教堂修复回忆录》中所承认的那样,这是公开承认他自己无意间在其中所扮演的角色——在职官员、教区居民、建筑师和建筑商的狂热尝试经常会引发灾难,他们试图将几个世纪以来一直不规范的东西规范化,使原本格调多样的东西变得风格一致,并为了追求效率而使那些不方便但古色古香的东西变得现代化。哈代特别痛惜的是对古代延续性的破坏:"毕竟,生活不仅仅是艺术,那些吸引我们的(也许是)设计欠佳的建筑物的轮廓,已经被十几代祖先所见证并进入其中,这超越了对建筑品质的更微妙的

① 这些地名都是多塞特定居点、村庄或集镇,亚瑟汉普屯(Athelhampton),多切斯特以东约六英里处;库姆-凯恩斯(Coombe Keynes),多切斯特东南约十二英里处;波尔斯托克(Powerstock),多切斯特西北约十二英里处;兰皮沙姆(Rampisham),多切斯特西北约十三英里处;希普屯峡(Shipton Gorge),多切斯特以西约十四英里处;布里德波特(Bridport),多切斯特以西约十五英里处。

认可,倘若真的有建筑品质存在的话。”[26]

哈代对自己直到十六岁还是个孩子的描述,表明他毕业离校和开始做契约学徒的时间与他情绪发展的一个同等重要的阶段是重叠的。一张得以保存下来的当时的照片,显示他相当努力地去展现甚至夸大自己的年龄,并表现出他对高贵身份的渴望。头发是精心打理过的;上唇上方有隐约可见的胡须;略微偏斜的衣领下方松散地系着领结;右臂下方夹着一顶差不多是阔边帽大小的、时髦的帽子。但是,这种姿势本身太过刻意,已经不自然到笨拙的地步,这暗示了他的外表是专门为掩饰其羞怯和犹豫而设计的,尤其是以年轻女性的评判眼光来看。

58 哈代一生都很容易受到那些只有匆匆一瞥或不太熟识的女性的吸引,在他成长的岁月里,有过几次这样的经历,他的脑海里满是浪漫的想法和渴望,这都是在他孤独但有文化修养的童年时期积累的。除了对比他年纪大得多的马丁太太怀有异常强烈的感情,他还对村里的漂亮姑娘怀有一种油然而生的倾慕,她们仅仅比他大几岁,后来,在《二月的田中门》一诗中,她们被称为是“现在长眠于地下的一群人”。其中一个是尤妮娣·萨金特,他记得她可能是“威塞克斯的福斯蒂娜”①的原型;另一个叫伊丽莎白·毕肖普,来自下博克汉普屯的猎场管理员的女儿,长着一头红褐色秀发,后来被诗意地称为“莉兹比·布朗”。[27]当哈代在希克斯的公司工作的时候,他注意到了巴恩斯的女儿露西②,她仅比他大两三岁,经常在隔壁的房子出入。正如他在1902年给她写的讣告中回忆

---

① 福斯蒂娜(Faustina),公元二世纪罗马皇帝马库斯·奥列里乌斯的妻子,在古代作家笔下,她因对其丈夫不忠而声名狼藉,当然这可能是不公平的。《德伯家的苔丝》中的安吉尔在反思自己对待苔丝的态度时,提到了福斯蒂娜。

② 露西·巴克斯特(Lucy Baxter, 1837-1902),威廉·巴恩斯的三女儿,英国艺术作家,《威廉·巴恩斯传》(1887)的作者。

的那样:“在她生命中的那个时候,她性情甜美,却颇为羞涩,甚至到了令人恼火的地步,她长着浓密的棕色秀发,步履轻快,一张漂亮但算不上迷人的脸蛋,对一个不经意的观察者来说,是极其引人入胜的,鼻尖微微向下倾斜,有点像丁尼生的鼻尖,这对这种人物的轮廓是必不可少的。”[28]

大约在同一时期,他对一个女孩产生了短暂的痴迷,因为这个女孩曾经骑在马背上对他莞尔;还有他对路易莎·哈丁爱慕更久,路易莎是斯廷斯福德农场的斯蒂芬·托格希尔·哈丁的女儿,比他年轻一岁。哈丁家族有钱有势,他们认为自己比哈代家族优越得多,在老唱诗班解散之时,斯蒂芬·哈丁是斯廷斯福德教区的堂会理事之一。就路易莎而言,阶级壁垒肯定挥之不去,但是哈代似乎已经说服自己,是他的羞怯阻止了关系的进一步发展,两人之间甚至连言语交流都未曾有过,更不要说什么海誓山盟了。例如,在副标题为“L. H. 回忆她的罗曼司”的诗歌《过客》中,路易莎·哈丁被想象成是在回忆她年轻时的仰慕者:

他每天走过我的窗前
　须发修剪打理得整整齐齐,
当我对他浅笑,他便羞红了脸,
那个年轻人,腼腆得像个少女;
　是的,方式最为忸怩。[29]

两者关系的实际性质和持续时间的证据是充满矛盾且令人困惑的,尤其是在哈代去世后弗洛伦斯撰写并插入《托马斯·哈代的早期生活》中的相关叙述出现之后。[30]但即使这是又一段主要存在于哈代想象中的罗 59
曼司,也并没有阻止他将强烈的感情投入其中,即便是天真的投入。他一直都记得路易莎·哈丁,终生未嫁的她于1913年9月去世,被葬在斯廷斯福德教区教堂的墓地，他不仅写了《路易》一诗，将她的去世与不到一年前结发妻子的去世联系在一起，而且写了《致小巷中的路易莎》一诗，动人地表达了片刻的遗憾和痛失的机会。[31]当他晚年领着朋友们在教堂墓地转时，他常常会带他们到她那座没有任何标志的坟墓前，并痛惜她的家人没能给她立一块墓碑。[32]

哈代的羞怯使他那些住在帕德尔屯的表姐对他来说尤为重要。仅仅因为是表亲，哈代就可以轻松地、随意地接近他的斯帕克斯表姐们，但他和陌生人交往时就做不到这一点。在家做裁缝的丽贝卡比哈代年长十一岁，但与马丁太太不同的是，她没有任何源于优越的财富和地位的魅力；老二艾玛则早早离开家乡到外地就职了，1860 年，她在萨默塞特郡的汉明屯与托马斯·卡里结婚，后来两人移居澳大利亚。老三玛莎被认为是三姐妹中最清秀的：丽贝卡曾经称她为“我们一群人中的花儿”[33]，她在伦敦给人做过贴身女佣，在巴黎做过一小段时间的女仆，这些经历赋予她得体着装的技巧和方法。哈代对她的爱慕似乎是真实而短暂的，毕竟她是他的表姐，比他年长六岁，而且据说双方父母均持反对意见。但是，在六十年代初，他确实至少在伦敦遇见过玛莎一次[34]，她于 1870 年与威廉·达菲尔德结婚后也移居澳大利亚，达菲尔德是伦敦一个家庭的管家，她自己也在那个家庭工作，据说她移民时随身带了至少一卷书，上面充满深情地题写着“赠亲爱的帕蒂”①，是哈代的字迹。哈代与斯帕克斯的两个儿子詹姆斯和纳撒尼尔一直保持着良好的关系，即便算不上亲密；而最小的孩子特丽菲娜出生于 1851 年，他至今只知道她是一个刚开始上学的小女孩。[35]

在这些重要的年份里，哈代的家庭生活是其稳定性和信心的可靠来

① 帕蒂(Patty)是玛莎(Martha)的昵称。

源。他爱父母，他们彼此绝对依赖。但是，这并未阻止他们经常发生口头争执，毫无疑问，在博克汉普屯村舍里，有时会吵吵闹闹，但基本上是一种充满爱的生活基调，这种生活基调毋庸置疑可以从《绿林荫下》里的流动商贩鲁本·杜威和妻子之间的交流中捕捉到，亦能从《一双蓝眼睛》里的泥瓦匠约翰·史密斯和妻子之间的交流中捕捉到；正是杰米玛 60
与马丁太太对峙，是她激励其丈夫去寻找金斯屯-莫瓦德庄园以外的业务，也是她坚持要求儿子学习拉丁语，并在学费上和老师讨价还价。同时，她的丈夫继续保持了消极抵抗和忍气吞声，长久以来，这是他最好的防御手段。他们共同对子女的爱始终是个统一因素，实际上使家庭焕发第二春的起源是二儿子亨利的降生，时间是 1851 年 8 月，也就是在玛丽出生十年后。第四个也是最后一个孩子叫凯瑟琳，出生于 1856 年 9 月。在次年哈代的祖母去世之前的短暂时间里，村舍里最为拥挤。杰米玛当时有四个孩子，即便如此，与其姐妹以及当时的大多数乡村妇女的家庭相比，她的家庭规模较小，但是到 1856 年，她已年逾不惑，凯瑟琳出生时在场的是一名医生而不是助产士，就像多年前哈代出生时一样，这似乎暗示着他们对于可能发生的难产是有所预料的。[36]

是年哈代十六岁，玛丽接近十五岁，他俩和这个最年轻的家庭成员几乎不是一代人，在哈代和玛丽与亨利和凯特（人们这么称呼她）之间，他们在个性和兴趣方面差异明显，就像他们的年龄差距一样。这两个年长的孩子内敛、焦虑、有才智，专注于自我或彼此关注，或专注于个人的希望和抱负。年幼的两个孩子似乎受母亲的遗传少一些，受父亲的遗传多一些：他们聪明而机敏，同时又随和、自我放纵，对未来或对他们当下的享乐之外的事情考虑得比较少。但是，爱和亲情关系仍然很牢固，并且不断得到更新。他们的母亲坚定地向他们传授家庭团结的重要性，他们则谨遵孝悌之道，因此进入哈代作品中的上博克汉普屯的生活画面，几乎无一例外都是积极向上和热情洋溢的。

到五十年代后期,哈代的年龄已经足够大,可以更加积极地参与当地社区的节日和庆祝活动。作为乐手,他的父亲和伯父詹姆斯在乡村婚礼、洗礼和舞会上都非常需要帮手,父亲是首席小提琴手,哈代有时会作为他的第二小提琴手,詹姆斯则拉大提琴。[37]1856年3月26日,凯瑟琳的洗礼一定是一场热热闹闹的庆祝活动,即使仪式本身不可避免地是由
61 唱诗班的老对头亚瑟·雪利牧师主持的,两个月后的圣诞节(当时多塞特的婚礼最喜欢选择的日期),哈代家的乐手们为他们的邻居威廉·凯特斯演奏,庆祝其女儿萨拉与来自查明斯特①的园丁托马斯·罗素喜结连理。[38]如果这是哈代在写《绿林荫下》的圣诞派对和婚礼片段时所想到的场景,那他应该也会记得,1855年2月2日,凯特斯的长子与同样来自上博克汉普屯的安·韦斯特举行了婚礼,尤其是该婚礼还与一种具有不同寻常之美的自然现象产生了联系。大约二十年后,他在笔记本中提到了加拿大"银霜"②,他补充道,"(恰逢安·韦斯特结婚之时)"。[39]

还有一些更加阴郁的场合,其中包括1857年1月玛丽·哈代的去世和葬礼,玛丽是哈代的四位祖父母中最后一位去世的,也是唯一一个他真正了解的人。不到两年之后,噩耗从加拿大传来,玛莎·夏普去世了,她于1851年与丈夫和孩子们一起移居加拿大,这被认为是踏上了一条不归路。关于夏普夫妇的消息寥寥,哈代曾于1858年1月给她写过一封信,并以其母亲的名义寄给了她,但是去信如石沉大海,似乎没有收到任何回信。正如玛莎的小叔弟乔治·布雷顿·夏普于1859年9月所说的那样:"家兄向来懒于写信,除非有人逼着他写,可怜的玛莎因为身兼数职而又身体虚弱,毫无疑问,有充足的理由让她把写信的事儿搁到

① 查明斯特(Charminster),多切斯特北一英里处的一个村庄和教区。

② 银霜,亦称雨凇,俗称树挂、树凝,指冷却过的液态降水碰到温度等于或低于零摄氏度的物体表面时所形成毛玻璃状的透明或无光泽的冰覆盖层。

一边去。”很明显，夏普一家仍然处于近乎贫困的状态，在同一封信中，乔治承认杰米玛早些时候曾寄了三英镑来缓解夏普一家的窘迫。[40]显然，杰米玛发现自己很难给予夏普一家更多的接济，这也提示我们哈代一家自身的开销负担也是很重的。虽然家族产业处于比较健康的状态，但是哈代和玛丽（命中注定要成为一名教师）的私立学校教育和专业培训费用不仅要从学费、书本费和住宿费上来估算，还要算上给家庭收入带来的损失，因为通常家庭会指望他们这个年龄段的年轻人挣些钱来贴补家用。

在此期间，哈代继续将自己的生活一分为二，一半是上博克汉普屯与世隔绝的乡村生活，另一半是相对喧闹繁华的多切斯特城镇生活，尽管到六十年代初，他似乎一直待在镇上，只有周末才回家。[41]作为该地区的社交中心、政治中心和商业中心，多切斯特会举办各种各样的音乐会、演讲和公开表演，哈代抓住了这些得天独厚的机会，他沉迷于马戏， 62
终其一生；说来也怪，这一爱好竟能与他对人类残忍对待动物的深恶痛绝共存。[42]他年轻时尤其喜欢库克的马戏团，当他创作《远离尘嚣》时，他会清晰地记得当时的情景，1856 年 7 月，那个“著名的马术团”来到多切斯特表演，其中有一个特色节目是“阿尔玛战役和后期战争的其他场面……以及此类场所特有的各种马术技艺和操练”。[43]

不到两周前，即 6 月 30 日，多切斯特将维多利亚女王加冕典礼的年度纪念活动与克里米亚战争结束的庆祝和平活动合二为一。在小镇外一个叫作庞德伯里的土垒上，上演了包括如下运动的节目，例如“驴子赛跑，竞走，爬上涂了油脂的杆子去够羊腿肉等，跳麻袋以及许多其他类似的运动”。后来还举行了独轮车比赛和一项颇受欢迎的比赛，比赛内容是在一根涂了油脂的杆子上爬到河对岸，获胜者的奖品是一头猪。在镇上，在西步行街上摆放的桌子上供应着茶饮，夜幕降临时，横幅、旗帜和悬挂在南步行街树上的中国灯笼营造出“最迷人的”效果。[44]在写《卡斯特桥市长》第十六章时，哈代生动地回忆起这些由当地一家报纸热情记录下来的场景，他似乎也瞥见了——并为上述同一部小说重新创作了——1856 年 11 月在国王纹章旅馆发生的场景，即将退休的多切斯特镇长招待了他的朋友和议员们，地点是《南方时报》称之为“稀有菜餐馆”的地方。[45]有时候，当哈代的朋友和家人出现在法庭上后来又出现在当地报纸上时，哈代的两个世界就会交织在一起，甚至会发生冲突。1857 年 11 月 14 日，在多切斯特举行的郡即决法庭上，上博克汉普屯的流动商贩威廉·基茨，也是哈代家的隔壁邻居，被判罚款四先令，原因是他在下坡路上鲁莽地站在一架两匹马拉的马车的车辕上。四年多之后，在 1862 年 2 月的郡即决法庭上，哈代的大表兄克里斯托弗·汉德，即其母亲的哥哥克里斯托弗的儿子，成功地为自己做了辩护，案件是有人指控他故意放弃了“一个轮匠、木匠兼建筑工人”的学徒的身份。[46]

1856 年夏，经过轰动一时的审判，发生了哈代目睹的两起公开绞刑中的第一起，毫不奇怪的是，哈代一直记得这两起绞刑，直到其生命的尽头。8 月 9 日，玛莎·布朗因谋杀亲夫而在多切斯特监狱被处以极刑，
63 在围观的三四千人中，哈代就站在靠近绞刑架的地方。正如将近七十年后他对那一场景的描述所揭示的，他当时的反应带有强烈的性的色彩：“我记得她被吊在薄雾笼罩的雨中，在天空的映衬下展现出优美的身材，当她的身体在空中打转时，紧身的黑色丝绸裙子衬托出了她的身形。”哈代在另外一个场合回忆说，开始下起雨来，“我看到——他们在她脸上盖了一块布——当布被雨淋湿时，**她的面部特征就显露了出来**。那太不同寻常了”。[47]另一个被处决的人是詹姆斯·西尔，几乎恰好是两年之后，哈代只是通过家里的望远镜在很远的距离目睹了绞刑，也就是从他家附近的荒野上。即便如此，这种经历还是令其深感惶恐不安：“他似乎是独自和那个被绞死的人待在荒野上，他蹑手蹑脚地走回家，

真心希望当时自己的好奇心没有那么强烈。”[48]

到早晨八点，也就是西尔被处死的时刻，在出发前往多切斯特和希克斯的公司之前，哈代早已经起床读了两三个小时的书了。当时只有蜡烛可用于室内照明，因此乡下人有必要保持良好的作息时间，并充分利用所有可利用的日光。现在，在继续学习拉丁语的过程中，他增加了对希腊语的学习。他在自己的第一本《伊利亚特》上的落款时间是1858年，他似乎在坚持不懈地阅读此书，一直到1860年的某个时间，他对读过的段落都做了标记——《无名的裘德》中的裘德·法利就是这样阅读的。[49]

哈代决心在这个新的方向上进行自我教育，很大程度上是受到同事亨利·巴斯托和希克斯本人对经典作品的热情激励。然而，巴斯托对荷马的兴趣不及对希腊新约的兴趣。他在布里德波特的一个浸礼会教派家庭中长大，于1858年9月被洗礼而成为多切斯特浸礼会的一员，并马上变得热衷于将其同学的信仰转变为他自己的信仰，即对个人救赎和成人洗礼的信仰。他比哈代年长一岁，在希克斯公司的资格也比哈代老，因此倾向于扮演兄长的角色。他将一张自己的照片赠予哈代，上面的题词为“汤姆·哈代惠存——H. R. B. 敬赠”，并写上了夏洛特·埃利奥特①所写的赞美诗的词句：“照我本相”及其叠句“上帝的羔羊，我来了”。[50]两个年轻人有一段时间忠于彼此。他们在上班时和下班后都进行了激烈的宗教讨论，常常是提前约好在金斯屯-莫瓦德庄园的一块田地上见面，庄园大约是位于从多切斯特到上博克汉普屯中间的位置，而哈代迄今为止不假思索地信奉的英国国教，受到了巴斯托及其盟友所发起的辩论的严峻考验，巴斯托的盟友包括阿尔弗雷德和威廉·帕金斯，两者都是当地浸礼会牧师之子，也是阿 64

① 夏洛特·埃利奥特(Charlotte Elliott, 1789-1871)，英国诗人、赞美诗作家和编辑。

伯丁大学的学生(尽管年龄并不比哈代大)。哈代对新约没有婴儿洗礼的权威感到失望,而他的辩论对手对希腊新约的熟悉程度令他不知所措,于是他尽最大努力仔细阅读了格里斯巴赫经文,这是他于1860年2月为此目的专门购买的。[51]

哈代从整个经历中主要保留下来的是对帕金斯一家——特别是父亲弗雷德里克·帕金斯牧师——所树立的“朴素的生活和高尚的思想”之榜样的持久尊重,而《冷漠的人》中的浸礼会牧师伍德韦尔先生正是以他为原型创作的,因为哈代对他充满深情。然而,哈代从未完全忘记或原谅巴斯托和年轻的帕金斯兄弟俩劝说他参加浸礼会祈祷会,结果却把他一个人晾在那儿,既孤独又尴尬,而他们自己却被马戏团游行的世俗吸引力给诱惑住了。六十年代中期的一则笔记是关于这样一个发现,即人们可能会因为一些行为或感觉而进行不必要的自我批评,事实证明这些行为或感觉在道德层面上优于其他人(“我们指责的不是可指责的事情,而是伟大的事情”),这则笔记还引用了上述那个例子:“那天晚上去参加祈祷会,发现帕金斯兄弟并不在现场,我一直在自责,希望躲得远远的。”[52]

巴斯托在学徒期满后不久便离开了希克斯的公司,他首先前往伦敦,然后又去了塔斯马尼亚岛①的霍巴特,在那里当建筑师和测量师。巴斯托声称,哈代“曾经公开承认喜欢钉在十字架上的救世主”,如果情况属实,那么这种福音派的热情在他的朋友离开后不久就退去了。1861年2月17日,巴斯托抵达塔斯马尼亚岛,之后不久就给哈代写信说:“亲爱的兄弟,不要忘了我们在约定地点举行的小聚会,哦,务必把你一生中最好的时光用来做关于耶稣的思考。”从哈代回信的敷衍,巴斯托推断出哈代的兴趣和热情正在转向其他地方,于是他的劝告变得更加紧

---

① 塔斯马尼亚岛(Tasmania),澳大利亚的一个岛。

迫："亲爱的汤姆，不要让你的眼睛离开耶稣。——我确实听到传言说**你**已经开始认为在救赎方面**著作可能会起到作用**——但亲爱的朋友，如果你这么想的话——请不要，哦，一刻也不要让这种想法阻止你依赖于'他'来得到**所有**救赎。"[53]哈代最终终止了和巴斯托的书信往来，尽管他将巴斯托的照片和至少一些信件保留到了其生命的尽头，并继续保持着定期去教堂做礼拜的习惯，这一习惯巴斯托和帕金斯兄弟倒是从未设法加以干涉。他那些带有阅读标记的《圣经》《公祷书》和基布尔①的《基督教年历》清楚地表明，在整个 1860 年以及 1861 年更加集中的时期，他定期阅读《圣经》，经常去教堂，并且总体的举止表现像一个"热衷教会 65
活动"的年轻人，可以想象如果占有天时地利，他可能有一天会成为牧师职位的候选人。[54]考虑到他主要受到了非凡的穆尔一家的各种影响，这倒也不足为奇。

从 1829 年起，亨利・穆尔一直担任着位于多切斯特"郊区"的福丁屯的圣乔治教堂的牧师，直到他 1880 年去世。作为福音派牧师他有着强大影响力，通过他那些涉及神学、社会学和园艺等广泛话题的著作，尤其是 1854 年霍乱爆发时他在教区事务和政治上的勇敢努力，他差不多成了全国性人物。[55]他还是一个心灵手巧的发明者，他推行使用撒土厕所②，为此赢得相当大的声誉，这一点可想而知。在他的七个度过婴儿期存活下来的儿子中，大多数都有着显著甚至杰出的学术或教会事业。目前尚不清楚哈代与穆尔一家的关系是如何建立的，或许是由于其父亲与亨利・穆尔的生意往来，甚至是其母亲三十年代后期在斯廷斯福德牧师家中受雇的缘故[56]，但关系的进一步加强与他和亨利・约瑟夫・穆尔在

---

① 约翰・基布尔（John Keble，1792-1866），英国牧师、神学家、诗人。

② 即用土掩盖排泄物的厕所，穆尔于 1860 年申请了专利。

水彩素描方面志趣相投有很大关系,亨利是“七兄弟”中的长子,后来成为多塞特郡博物馆的首任馆长。

据说哈代在九岁或十岁时就曾为马丁太太画过动物水彩画,但他留存下来的大部分素描都是建筑或地形图主题的。一张标题为“从黑色荒野的角落”的风景画,其注释为“托马斯·哈代第一次尝试给大自然素描”,未注明日期,但还有一张关于在一个有点破败的农家院中倒放的手推车的铅笔画,其落款为“T. 哈代,1854 年”,而关于亚瑟汉普屯府邸和金斯屯-莫瓦德庄园的旧庄园的水彩画则是 1859 年绘制的。[57] 在亨利于 1904 年去世后,哈代写道:“他的身影来自 1856 年至 1860 年间的某段时间,出现在那些被遗忘的和半遗忘的模糊的事情中,我回忆起当我尝试画一幅大自然的水彩画时,他就站在我身边。他那时一定是在三十岁左右,并且已经成为户外绘画的专家。我当时还是个年轻人,从来没有练习过那种艺术,他直率地评价了我的表现。”[58]

到五十年代后期,哈代不仅和穆尔兄弟中的老大成为朋友,还和老二乔治、老五查尔斯以及老小汉德利成了朋友。乔治于 1857 年 12 月赠送给哈代一本关于欧洲历史的书;查尔斯刚刚在剑桥大学开启了成功的
66 学术生涯;汉德利后来成了达勒姆大教堂的主教,他和玛丽·哈代的年龄一样大。[59] 在情感和智力上,远比这些关系更为重要的一段关系,是哈代与老四霍雷肖·莫斯利·穆尔①(他通常被称为霍勒斯)之间的深厚友谊,似乎可以很有把握地说,这比他一生中与其他任何男性的关系都更为重要。至少早在 1857 年,二人的关系就已经很密切,那一年霍勒斯题赠给哈代一本贾比斯·霍格②的《实验哲学和自然哲学的要素》,在

① 霍雷肖·莫斯利·穆尔(Horatio Mosley Moule,常被称为 Horace Moule, 1832–1873),英国诗人。

② 贾比斯·霍格(Jabez Hogg, 1817–1899),英国外科医生、显微镜师、记者和摄影师。

五十年代末和六十年代初之间，两人频频见面，那个时期霍勒斯“大部分时间待在家里”，因为他于 1851 年到牛津大学读书，但未能获得学位，1854 年转到剑桥大学，亦未能获得学位。[60]

很难为霍勒斯的求学失败找到原因。像许多学生一样，他可能也在剑桥荣誉学位考试中遇到了麻烦，因为在该考试中数学是必考科目，但是这种可能性与他在牛津大学遇到的困难或后来他接受了数学辅导的事实都是不吻合的。在汉德利·穆尔的记忆中，霍勒斯是一个深受爱戴的兄长，一位优秀的古典学者和一名有教学天赋的教师：“奇妙的是，他有敏锐的能力，还有对语法精确性应有的关注，因此能够激发大家对主题产生浓厚的兴趣，并将理想的无限魅力撒播在我们所读的书中。”[61]在福丁屯的家中，穆尔①分担着付费学生的授课任务，多年来，其父亲的名声一直能把孩子们吸引到教区牧师的家中。穆尔被选为“福丁屯时代协会”的主席，该协会是穆尔兄弟、他们的朋友和他们父亲的学生的文学聚集地；在《时代在变》一书中，他得到了充分的描写，该书是一部散文和诗歌集，作者是协会的会员们，出版时间为 1859 年。与此同时，他在当地报纸上发表诗歌，并为国家期刊撰写评论，偶尔写写随笔——其弟弟查尔斯的一首诗曾这样描绘他：“在撰写他对‘弗雷泽’的评论之前 / 抓紧时间休息一下”[62]——还完成了其长篇论文《基督教演讲术：对其前五个世纪历史的研究》，该论文于 1858 年获得了剑桥大学赫尔辛奖②。

穆尔对哈代的影响是巨大的。他英俊、迷人、有教养、有学问，在历史悠久的大学和伦敦文学圈的迷人世界里无拘无束。他仅比哈代年长

---

① 此处的穆尔及以后出现的穆尔均指霍勒斯·穆尔。

② 赫尔辛奖（Hulsean Prize），剑桥大学颁发给关于基督教神学某一分支学科的博士论文的奖项。

八岁,已经是独立的思想家,有成就的音乐家,出版评论家和诗人。哈代认为自己有希望成为“一位杰出的英国诗人”。[63]穆尔给他提出建议,帮助他学习希腊语,并给他介绍了一些新书和新思想,如沃尔特·白芝浩①于 1858 年出版的《对一些英格兰人和苏格兰人的评判》以及 1860
67 年出版的备受争议的《散文和评论》。[64]穆尔似乎从来没有放弃过对教会的正式效忠,但他对《散文和评论》之类作品的态度,肯定会比其父亲和做神职人员的弟兄们更开放、更“自由”,他们后来成了《德伯家的苔丝》中安吉尔·克莱尔的父亲和弟兄们的原型,或许这对他们来说有点不公平。1859 年,穆尔的《基督教演讲术》以书籍的形式出现在读者面前,并题有充满深情的献词,但父子之间的关系有时却很紧张。在《德伯家的苔丝》第十八章中有这样一段情节,安吉尔从当地一家书商那里订购了一本神学上带有冒犯意味的书,因而遭到他那受到惊吓的父亲的指责,该情节正是基于穆尔和其父亲之间的类似对峙,这两卷遭到责难的书是吉迪恩·阿尔杰农·曼特尔②的《地质奇观》,穆尔于 1858 年4 月将其赠送给了哈代。[65]

目前尚不清楚哈代是否是福丁屯教区的常客或特别受欢迎的访客,但是如果他与受过良好教育、才华横溢的穆尔兄弟的接触并未大大减轻其社会自卑感的话,也肯定会激起他出人头地的雄心抱负。在穆尔身上,哈代发现了自己目前所知道的最渴望成为的榜样,因此他特别关注穆尔关于“牛津大学和中产阶级考试”的演讲,该演讲是穆尔于 1858 年 11 月 15 日在当地工人互助会上发表的。以回顾牛津大学的历史作为引子,穆尔解释了最近的变化将如何使更广泛的中产阶级大众受益于大

① 沃尔特·白芝浩(Walter Bagehot, 1826-1877),英国经济学家、政治分析家,《经济学人》编辑。

② 吉迪恩·阿尔杰农·曼特尔(Gideon Algernon Mantell, 1790-1852),英国医生、地质学家和古生物学家。

学的优势，他援引了“诸如罗伯特·皮尔爵士、阿诺德博士、纽曼教授和格拉斯顿先生”这样的牛津人的成就，这一冗长的名单将于近四十年后在《无名的裘德》中重现，在裘德·法利到达大学的那天晚上，在校园里散步时，他听到了基督寺的伟人们的幽灵发出的声音，其中包括皮尔、纽曼和阿诺德博士的儿子。穆尔的演说也强有力地表达了那种让哈代感动的志向，就像后来让裘德感动一样，并使哈代耐住寂寞，努力学习拉丁语和希腊语，以期最终步入大学的殿堂，这是一个令人珍视但难以捉摸的希望：“演讲行将结束时，穆尔回顾了研究外国文学所产生的一些优势，尤其是边远而古老的民族的文学，譬如古典时期的希腊人。在详述这一点时，穆尔先生兴致勃勃，口若悬河，听众都听得入了迷，最后他在热烈的掌声中落座。”[66]

不幸的是，哈代过早地看到了他这位朋友性格中的阴暗面。1860年初，穆尔与两个学生一起住在索尔兹伯里①的大教堂里，他辅导他们二人希腊语、拉丁语和数学等科目，以备考牛津大学和剑桥大学的入学 68
考试。其中一位学生名叫韦恩·阿尔伯特·班克斯（来自科菲城堡和金斯屯-莱西的班克斯家族），他在日记中记录了自己的早期发现，穆尔是“一个嗜酒狂——他要忍受（因酒精中毒引起的）震颤性谵妄”，这种状况源于他“在为剑桥的麦克米伦出版社写书评时吸食鸦片，他在那里要一口气工作四十八小时或七十二小时”。穆尔最终康复了，班克斯同意继续本来挺令人满意的辅导安排，前提是穆尔既不在家中饮酒，也不独自出门。4 月 22 日，该学习小组搬到了德文郡，在牛津待了几天（第二个学生在那里参加考试，但未通过），然后前往圣日耳曼昂莱②，在那里度过夏天。7 月 28 日（星期六），班克斯到了巴黎，穆尔计划次日早上

---

① 索尔兹伯里（Salisbury），英国南部威尔特郡有中世纪风貌的小城，有英国最高的天主教堂。

② 圣日耳曼昂莱（Saint-Germain-en-Laye），法国巴黎西部的一座城市。

在那里与他会合，以赶上做礼拜。但穆尔未能到达，当星期二班克斯回到圣日耳曼时，他发现穆尔“在周六订购了一瓶红葡萄酒，他已经将胡须剃掉并消失不见了”。班克斯每天都去巴黎的太平间寻找；穆尔的哥哥亨利和弟弟查尔斯也来到法国协助搜寻；在接下来的周日，他们通过电报得知逃避者已安全返回英国。[67]

众所周知，哈代曾于1860年造访过索尔兹伯里——“透过几乎遮住尖顶的浓雾”[68]（像裘德·法利一样）第一次看到大教堂——而且，似乎有这样一种可能，那就是如果是年4月3日他正在陪同妹妹玛丽在索尔兹伯里教师培训学院报到，他就会看到穆尔正在从班克斯所记录的两次崩溃中的第一次崩溃中恢复过来。[69]哈代的一本《圣经》中的一则笔记显示，8月5日，他在福丁屯教堂参加了晚祷，也就是在那一天，经历了第二个小插曲之后的穆尔再次露面，尽管哈代总是被《列王纪上》第十九章中的教导（“火后有微小的声音”①，规定在三一节②后的第九个星期天做晚祷时用）深深打动，但选择去福丁屯教堂表明他希望听到一些关于穆尔的消息。有一种可能是——尽管并不肯定——正是在这一场合，穆尔的父亲在布道时说：“在我的有生之年，我会一直等待，直到我的变化到来”，1919年，哈代回忆说“就像发生在昨天一样”。[70]尽管穆尔酗酒，但哈代与他的友谊还是得以幸存，这证明穆尔对所有遇到他的人都有着非凡的魅力。

在法国出逃事件发生之后，穆尔似乎已经切实作出努力来挽救自己在父母眼中的形象。1861年2月，他在东福丁屯作了关于节制的演讲，
69 敦促那些在适度饮酒方面缺乏自律的人完全戒酒。1月时，在西福丁屯教堂，他首次用新管风琴表演。两年后，他和父亲一起在西斯塔福德③

① 指的是耶和华发出的声音。

② 三一节（Trinity Sunday），基督教五旬节后的那个周日，是为庆祝上帝三位一体。

③ 西斯塔福德（West Stafford），多切斯特以东两英里处的一个村庄和教区。

参加传教士会议。[71]穆尔参加此类活动不一定是虚伪的。他拼命寻求严厉的父亲的认可是其苦难的根源，而他对穆尔家族道德诚挚性的认同，显然增强了其每一次失败后的愧疚感和自卑感。不太确定的是其暧昧的性取向在个人悲剧中扮演的角色，这似乎与他作为教师的天赋以及他对那些作为其学生的男孩和年轻男人的关爱背道而驰。[72]

哈代自己也非常清楚其中一个学生是光彩夺目的，他是哈代同时代一个才华横溢的年轻人，名叫霍珀·托尔伯特。托尔伯特和母亲以及继父住在一起，继父是多切斯特的一个五金商。他是当地一个药剂师的学徒，但语言方面天赋异禀，并得到了穆尔和其前校长巴恩斯的鼓励，他们的鼓励效果非常明显，因此他不仅在1859年的牛津中产阶级（或地方）考试中，而且在三年之后的英印政府公职人员选拔考试中[73]，都取得了全国第一的优异成绩。哈代将托尔伯特职业生涯的方方面面融入他对奥斯瓦尔德·温伍德的刻画，即短篇小说《命运与蓝色斗篷》的主人公，该小说于1874年出版，但创作日期可能更早一些。温伍德是一所"名不见经传的小学院"的毕业生，他对印度的成功前景充满期待："'感谢麦考利，一个值得尊敬和铭记的人，是他使我拥有和那些佼佼者一样好的机会！'他充满热情地说，'竞争性考试是一件多么伟大的事情啊；它把优秀的人安排在好的工作岗位上，把差一些的人放在级别低一些的位置上；所有官僚主义的假公济私行为都将被清除。'"[74]十九世纪中期的成功伦理所传递的乐观调子，或更具体地说，穆尔对多切斯特工人们的演讲所传递的乐观调子，都可以清晰地听到，尽管根据哈代塑造人物的特点，温伍德的热情应该因他无法解释"官僚"一词的意思而锐减。

哈代故事中的揶揄或许是由于他知道在穆尔心目中，他自己是其两个门徒中不太有前途的那一个，因为相较之下他思维不够敏捷，语言天赋不够高，学术准备不够充分，花在学习上的时间不够多，可依靠的资金也不够充足。年轻的托尔伯特所处的"优裕的经济状况"，哈代后来回忆说,“使他拥有很多业余时间,他全都用在了学习上”。穆尔一边督促托尔伯特去取得令人惊叹的考试成绩,一边则劝说哈代把目标定位于风
70 险不太高的建筑职业,而不是坚持对他来说无利可图的希腊戏剧学习。尽管哈代一直没有忘记穆尔,但他似乎很怨恨这种歧视性的建议,并且这种怨恨让他对托尔伯特的最终判断蒙上了一层色彩,即托尔伯特的“天资”实际上是“体现在吸收方面,而不是在产出方面”[75];这种怨恨在其作品中也有所体现,如《一双蓝眼睛》中亨利·奈特对他的门徒斯蒂芬·史密斯所体现出的自认为高人一等的傲慢态度,以及《无名的裘德》中希望破灭所带来的情感动力。与此同时,他很大程度上仍然活在才华横溢的托尔伯特的阴影中,没有尝试出版他自己于 1858 年和 1859 年创作的诗歌,也没有试图发表他后来所说的“关于丁尼生、柯尔律治和兰姆①等人的评论文章”。[76]在犹豫不决和缺乏自信的时候,他或许没有向任何人展示自己的作品,即使是像巴斯托这样亲密的朋友也不知道哈代“把笔当作[他]为生活奋斗的武器之一”,这是他后来在给哈代的信中写到的。[77]

“考虑到他的不成熟”,哈代与希克斯的学徒合同又延长了一年,这显然不是认为他能力不足,而是他的雇主和父母都有一种感觉,即和他的实际年龄相比,他仍然显得“年轻”,还没有做好找一份正规工作的准备。1860 年夏,当他四年学徒期满,希克斯让他留下来做一名带薪助理,薪酬是每周十五先令。[78]这是他第一次自己挣钱,而且和两个新来的学徒相比,他也是资历比较老的了。教会和非教会的生意都很兴隆。“1861 年由 T. 哈代设计”的一些房屋正面立面图得以保存下来,但 1861 年 3 月的格拉斯顿伯里修道院草图和同年某个时间绘制的斯廷斯福德

---

① 塞缪尔·泰勒·柯尔律治(Samuel Taylor Coleridge, 1772-1834),英国诗人、评论家;查尔斯·兰姆(Charles Lamb, 1775-1834),英国散文家。

教区教堂的草图有助于表明，和其雇主一样，哈代仍然主要对教堂感兴趣。他的建筑工作继续拓展和加深了他对多塞特乡村景色及其村庄的熟悉，这一点是由他绘制的库姆-凯恩斯小教堂里的圣洗池所暗示的，该教堂坐落在伍尔和宾顿修道院附近，于 1860 年至 1861 年由希克斯修复，后来成为《德伯家的苔丝》中重要情节的背景。[79]

然而，1862 年 4 月，在库姆-凯恩斯小教堂的工程竣工后不久[80]，哈代"独自前往伦敦，以更先进的方式学习建筑的艺术和科学"[81]。《生活和工作》中的一章，开篇就是这则完全不为人知的信息，那一章除了简单提及继 1851 年万国工业博览会之后即将到来的 1862 年世界博 71
览会，对哈代此次"迁移"的原因和具体时间只字未提。这样的简单提及，结合哈代于同年早期在圣经、祈祷书和《基督教年历》等书中所作的大量注释[82]，给人留下这样一种印象，即他的离开有些匆忙，是为了应对一些眼下的压力或苦恼。但是，绝大多数注释只是备忘录性质的，关于他参加的宗教仪式，或者在系统阅读圣经的计划中所达到的阶段，而少数注释可能与更直接的个人关切有关，但是由于过于简短而神秘，并没有可靠的启发性。鉴于此，偶尔出现的首字母"M."和"M. W."，不能被确切地解读为可以支撑哈代于是年初向大他七岁的玛丽·维特求婚未果的故事，她当时在多切斯特一家比较老式的商店里做售货员。[83]

确实发生的事情是：2 月 8 日（星期六），哈代出现在了多切斯特的三一教堂里。他的祈祷书中写着该日期，挨着泰特和布雷迪版本的《诗篇》四十三中的最后一首，是当天诵读的诗篇之一：

为何要沮丧，我的灵魂？
　为何让我承受焦躁忧虑之苦？
依靠上帝，你的上帝，来寻求帮衬，
　他将会把你从毁灭的状态修复。[84]

尽管这首诗是具有忧郁气质的哈代随时可能拿来据为己用的，但他的注释确实表明该诗有某种合时宜的适用性。然而，他遇到的困难似乎不是情感方面的，而是职业方面的，与他目前的工作马上或即将终止有关。希克斯让哈代多当了一年学徒，之后又雇他做助手，但也许希克斯不愿意或不能以更高的薪水来雇用他，尽管哈代觉得自己需要更高的薪水，也理应得到更高的薪水。无论如何，他能从希克斯那里学到的东西已所剩无几；在多切斯特，即便有其他可选择的职位，也寥寥可数；而且，由于他缺乏经验、资本和社会地位，而这些又是他从事独立的建筑师执业的必要条件，在那样一个壮观的城市扩张的时期，对他而言，显而易见的人生道路就是去大都市求职。巴斯托早就建议他这样做了[85]，而且这一刻似乎是相当有利的。他快到二十二岁了，学徒期已满，并且有在建筑师手下做职员的经验（这是 1861 年人口普查给出的他的职业）。其父
72 亲的生意比以前更红火了。尽管亨利和凯特仍在上学，玛丽则已经从一段时间的疾病中康复，现在开始闯荡世界了，她成为索尔兹伯里教师培训学院的一名合格教师，事实上，当地的一家报纸刚刚报道了她所取得的成绩，即"在最近的督学考试中，她获得了一级证书"。[86]尽管哈代本人仍然怀揣着成为牧师兼诗人的梦想，但建筑业是他唯一看得见摸得着的就业和晋升手段，显然，在母亲深思熟虑地为其规划的道路上，他有责任再往前迈进一步。

注释

［1］《哈代书信》，页 22–23；梅·奥鲁克，《托马斯·哈代：其秘书的回忆》（贝明斯特，1965），页 49；莱西，《回忆录：学童哈代》，页 101–102。

［2］斯帕克斯笔记和文件。（伊顿）

［3］《多塞特郡快报》，1856 年 1 月 8 日，第 3 版。

［4］同上，1857 年 12 月 1 日，第 4 版；1857 年 12 月 15 日，第 4 版。

[5]《生活和工作》,页36。

[6]《生活和工作》,页26;《公众声音》,页289;《职业》,页242–243,另参《卡斯特桥市长》,页306–307。

[7]《哈代书信》,第三卷,页41;珀迪与弗洛伦斯谈话,1931年;参波特曼勋爵致哈代的信,1913年8月10日(多博)。

[8]《生活和工作》,页28。

[9]《哈代书信》,第三卷,页69–70;《早期生活》,页30,参《生活和工作》,页501–502,页531,以及J. M. 巴里致弗洛伦斯的信,1928年3月26日(多博);藏书所在地(多博)。

[10]《哈代书信》,第六卷,页3。

[11] 莱西,《回忆录：学童哈代》,页101。

[12]《生活和工作》,页29;拉丁文收据(多博：洛克);藏书所在地(多博)。

[13] 欧特罗庇厄斯的著作(科尔比);《拉丁语法》(耶鲁),参《生活和工作》,页27;《手册》(伊顿);《生活和工作》,页29。

[14] 两个笔记本。(多博)

[15]《风光与探险》(多博);S. M. 埃利斯,《哈代：一些个人回忆》,载《双周评论》,第一二三卷(1928年3月),页395–396;《生活和工作》,页30,页28–29。

[16]《新约圣经》(多博);练习簿(多博：洛克);《大众教育家》(多博);《生活和工作》,页30。

[17]《生活和工作》,页457;写字台(多博)。

[18] 珀迪,页325;见《泰晤士报文学增刊》,1947年8月23日,页432。

[19]《生活和工作》,页37;C. 莱西,[伦敦]《旗帜晚报》,1928年1月12日,第1版;见《公众声音》,页1–2,以及珀迪,页291–292。

[20]《生活和工作》,页31;"《生活和工作》的注释"(多博);收据(多博)。

[21]《生活和工作》,页31。

[22] 珀迪与弗洛伦斯谈话,1933年;但是见T. 汉兹,《哈代：心烦意乱的

年轻传教士?》(巴辛斯托克,1989),页9–10。

[23]《生活和工作》,页32;《哈代书信》,第六卷,页27。

[24] 描摹。(多博)哈代的建筑职业生涯,见《建筑笔记》,C. J. P. 贝蒂编辑(多切斯特,1966);C. J. P. 贝蒂,"《托马斯·哈代的生活和工作》中建筑扮演的角色"(伦敦大学博士学位论文,1963);C. J. P. 贝蒂,《哈代:文物保护建筑师》(多切斯特,1999);T. 汉兹,《建筑》,载《指南》,页13–18。

[25] 绘画(圣彼得教堂,多切斯特);《多塞特郡纪事报》,1928年1月19日;见珀迪,页293,以及《公众声音》,页2。

[26]《公众声音》,页251。

[27]《生活和工作》,页233;《哈代诗歌》,第二卷,页220–221;"诗歌素材"笔记本(缩微胶卷,耶鲁);《生活和工作》,页30、214。

[28]《公众声音》,页187。

[29]《哈代诗歌》,第二卷,页444–445。

[30]《早期生活》,页33–34,参《生活和工作》,页30、502、531;J. M. 巴里致弗洛伦斯的信,1928年3月26日(多博)。

[31]《哈代诗歌》,第三卷,页90、171。

[32] 考克雷尔与哈代会面笔记,1916年9月29日(耶鲁);关于路易莎·哈丁,另见奥鲁克,《托马斯·哈代:秘书的回忆》,页16–17,页49–52,以及M. 雷比格尔,《霍夫曼文件》,载《哈代年鉴》,第十期(1981),页16–18。

[33] 丽贝卡·佩因致托马斯和艾玛·卡里,1876年7月15日(伊恩·肯尼迪),参J. R. 多希尼,《哈代的亲戚及其时代》,载《哈代年鉴》,第十八期(1989),页49。

[34]《哈代书信》,第一卷,页1。

[35] 帕梅拉·甘利(曾孙女),访谈,1971年;纳撒尼尔的儿子(腐蚀铜版制作者纳撒尼尔·斯帕克斯)的文件(斯帕克斯笔记和文件,伊顿;见西莉亚·巴克莱,《纳撒尼尔·斯帕克斯:哈代的雕刻家表弟的回忆录》,格林威治,1994)是斯帕克斯家庭文件和八卦消息的重要来源,即使有时并不可靠。

［36］医生的收据。（多博：洛克）

［37］《生活和工作》，页 36–37；莱西，《回忆录：学童哈代》，页 105。

［38］斯廷斯福德教堂的登记表。（多档）

［39］《文学笔记》，第一卷，页 100、341。

［40］哈代的信在路易莎·夏普致杰米玛·哈代的信中被提及，1870 年 7 月 25 日（多博）；G. B. 夏普致哈代的信，1859 年 9 月 21 日（多博）。

［41］《生活和工作》，页 40。

［42］《艾玛与弗洛伦斯书信》，页 243，援引自弗洛伦斯致考克雷尔的信，1926 年 5 月 26 日（耶鲁）。

［43］《多塞特郡纪事报》，1856 年 7 月 10 日；参卡尔·J. 韦伯，《哈代和来自麦迪逊广场的女士》（缅因州沃特维尔市，1952），页 88；另见《远离尘嚣》，页 391–396。

［44］《南方时报》，1856 年 7 月 5 日；参《哈代书信》，第三卷，页 109。

［45］《南方时报》，1856 年 11 月 15 日。

［46］《多塞特郡快报》，1857 年 11 月 17 日，第 4 版；《多塞特郡纪事报》，1862 年 2 月 25 日。

［47］《生活和工作》，页 33；《多塞特郡纪事报》，1856 年 8 月 14 日；《哈代书信》，第七卷，页 5；E. 费尔金，《和哈代在一起的日子》，载《文汇》，十八卷四期（1962 年 4 月），页 29。

［48］《生活和工作》，页 32–33；《多塞特郡纪事报》，1858 年 8 月 12 日，第 23–24 版。

［49］《生活和工作》，页 32、36；W. R. 拉特兰，《哈代：作品及其背景研究》（牛津，1938），页 21–22；藏书所在地（耶鲁）；《无名的裘德》，页 40。

［50］照片（约翰·安特尔）；赞美诗副本（多博）。

［51］《生活和工作》，页 33–35；藏书所在地（耶鲁）。

［52］《生活和工作》，页 34–35，页 458；《研究、样本》，页 58–59。

［53］H. 巴斯托致哈代的信，1863 年 12 月 23 日，1861 年 2 月 17 日，1862 年

5 月 23 日(多博);哈代致巴斯托的信未能留存下来。

［54］藏书所在地。(多博)

［55］H. C. G. 穆尔,《牧师回忆录》(伦敦,1913),多处;H. 穆尔,《给阿尔伯特亲王殿下的八封信》(伦敦,1855)。

［56］《公众声音》,页 230;穆尔,《牧师回忆录》,页 56;参《生活和工作》,页 434。

［57］《生活和工作》,页 24;素描画(多博);D. 莫里森,《哈代绘画展》(多切斯特,1968),［页 1］。

［58］《公众声音》,页 230。

［59］该书名为《艾利森欧洲史概要》(多博);《生活和工作》,页 458。

［60］藏书所在地(多博);穆尔,《牧师回忆录》,页 35。霍勒斯·穆尔于 1854 年被剑桥大学皇后学院录取,但 1867 年才获得学士学位。(《著名校友录》)

［61］穆尔,《牧师回忆录》,页 35。

［62］《时代在变:福丁屯时代协会纪念文集》(伦敦,1859),页 80。

［63］《公众声音》,页 418。

［64］《生活和工作》,页 37。

［65］珀迪与弗洛伦斯谈话,1931 年;藏书所在地(耶鲁)。见 P. 英厄姆,《哈代和〈地质奇观〉》,载《英语研究评论》,第三十一卷(1980 年 2 月),页 59–64。

［66］《多塞特郡纪事报》,1858 年 11 月 18 日。

［67］韦恩·阿尔伯特·班克斯日记中的信息和引文。(多档)

［68］《无名的裘德》,页 156;《哈代书信》,第六卷,页 30。

［69］教区档案(威尔特郡档案局);参 H. 巴斯托致哈代的信,1861 年 2 月 17 日(多博)。玛丽·哈代本应在 1 月入学,但可能是因生病而延误,但随后上了整整两年的标准课程。

［70］哈代在其藏书《圣经》(多博)中做了诸多标记,但是没有注明日期;《哈代书信》,第五卷,页 315。

［71］《多塞特郡纪事报》,1861 年 2 月 14 日,1862 年 1 月 30 日,1864 年 6 月9 日。

［72］雷比格尔,《霍夫曼文件》,页 13-16。

［73］《生活和工作》,页 37;《泰晤士报》,1862 年 8 月 7 日,以及《多塞特郡纪事报》,1862 年 8 月 14 日。

［74］哈代,《被排除在全集之外的短篇小说和与他人合作的短篇小说》,帕梅拉·达尔齐尔编辑(牛津,1992),页 34;刊登在《纽约时报》上的短篇小说,1874 年 10 月 4 日。

［75］《公众声音》,页 58;《生活和工作》,页 38;《公众声音》,页 60。

［76］《购书者》,1892 年 5 月,页 152;参"哈代诗歌和散文作品年表"(笔记本,多博)。

［77］H. 巴斯托致哈代的信,1863 年 12 月 23 日。(多博)

［78］《生活和工作》,页 35;考克雷尔致哈代的信,1926 年 4 月 10 日(耶鲁)。

［79］绘画(多博);《多塞特郡纪事报》,1861 年 8 月 29 日。

［80］库姆-凯恩斯教区堂会理事的账目,1862 年 4 月 24 日。(多档)

［81］《生活和工作》,页 40。

［82］藏书所在地。(多博)

［83］C. M. 奥利佛,《哈代向玛丽·维特求婚》(多塞特郡贝明斯特市,1964)。

［84］祈祷书。(多博)

［85］H. 巴斯托致哈代的信,1861 年 2 月 17 日。(多博)

［86］《多塞特郡纪事报》,1862 年 3 月 6 日。

第四章　伦　敦

73 1862年4月17日，二十一岁的哈代乘火车从多切斯特前往伦敦——那一天是星期四，这是他一丝不苟记录下来的——当时的他并不是一个外表特别吸引人的年轻人。[1]他上唇的胡子已经长得浓密而气派，头顶的头发有轻微的波浪卷儿；在1861年拍摄的照片中，他露出一张微笑的脸，渴望展现出一种传统的维多利亚式的英俊形象，亚历克·德伯①这一人物就是一个例证，虽不能说是用漫画手法描绘的形象。但是哈代的身高明显低于维多利亚时代的平均水平，虽然他比童年时更健康、更强壮，但他的体格仍然不够魁梧，缺乏风度。广泛的阅读、穆尔兄弟的影响以及他们榜样的力量教会了哈代很多东西。这些东西他在博克汉普屯学不到，甚至在多切斯特也学不到，但他仍然缺乏处世经验和社会保障，而且言谈举止毫无疑问还透着乡土气，这些在当时都相当重要（正如哈代后来所回忆的那样），因为伦敦人面对初来乍到的乡下人是如此高傲，以至于“从乡绅到乡巴佬，每一个乡下人的目标都是尽早摆脱自己的方言”。[2]

哈代似乎不太可能在伦敦取得成功，甚至无法在伦敦生存下来，而

① 《德伯家的苔丝》中的主要人物。

且由于他似乎也没有事先安排好就业事宜乃至住宿事宜，也由于他离开多切斯特时口袋里揣着一张返程车票，所以一点也不奇怪希克斯很有把握地料想他会在几周之内铩羽而归。[3]事实上，哈代以惊人的速度和从容在这座城市站稳了脚跟。他在基尔伯恩的克拉伦斯街3号找到了住处，就在埃奇韦尔路的东侧，与魁克斯路交界的北边。有几户人家住在这栋楼里，我们不清楚哈代实际上是和谁住在一起的，或许是和一位开临街鞋店的鞋匠师傅住在一起吧。尽管基尔伯恩正在迅速被南部广大的城市群所兼并，但是在1862年，它仍然主要是一片农田和农场，哈代 74
每天从基尔伯恩关卡乘坐“开往伦敦”的公共汽车，直到1868年，它还是一个真正的收通行税的关卡。哈代很快找到了教区教堂圣玛丽教堂，发现它“相当符合我的口味”，并在1862年余下的时间里定期去那里做礼拜。[4]

他目前的职业规划也同样迅速地确定下来。他带来的两封介绍信，一封是给(多切斯特市政厅的设计师)本杰明·费里①的，后来证明没有什么价值；但另一封是希克斯写的，这封信间接——但几乎是立即——使他被亚瑟·布洛姆菲尔德②雇用了，后者碰巧需要“一个年轻的哥特式建筑绘图员，有修复和设计教堂与教区牧师住宅的能力”。[5]布洛姆菲尔德当时三十岁出头，是一位前伦敦主教的儿子，他已经是一位成功的建筑师，有着大量的宗教建筑实践。其公司坐落在圣马丁街9号，紧挨着圣马丁教堂，哈代很快就“熟悉了圣马丁教堂的钟声和钟面，或者说是钟面的一半，因为从我们的窗户就可以看得到”。[6]哈代发现他的新雇主非常和蔼可亲，而于布洛姆菲尔德而言，他的新绘图员给他留下

① 本杰明·费里(Benjamin Ferrey, 1810-1880)，英国建筑师，主要从事哥特式建筑复兴工作。

② 亚瑟·布洛姆菲尔德爵士(Sir Arthur Blomfield, 1829-1899)，英国建筑师。

了深刻的印象,因此他于 1862 年 10 月就推荐哈代加入建筑协会(协会的格言是“以美来设计,以真来建筑”),他本人就是现任主席;11 月,哈代和布洛姆菲尔德的另一位助手约翰·李正式当选为协会会员。[7]

很明显,希克斯给他的学徒奠定了良好的基础。还有一点也很明显:哈代在伦敦的早期社会关系和安排也是鸿运当头的。布洛姆菲尔德给他的年薪是一百一十英镑,这可以让他过上舒适的生活,尽管谈不上奢侈,尤其是因为他与另一位名叫菲利普·肖的年轻建筑师合租了位于克拉伦斯街的房间。尽管肖的社会和经济背景都比哈代优越,但两人相处得很融洽。两人家庭背景的区别的一个明显标志是肖的父母给他配备的那套银质餐具。两个年轻人的房东太太对这些贵重物品给她带来的负担感到愤愤不平,因此每天晚饭后把它们拿到楼上时,她就在篮子里把它们搞得叮当作响,以示不满,后来哈代把这种表演称为“盘子的列队游行”。[8]哈代向肖借钱买了一套礼服——这是再自然不过的事情了——为的是参加 10 月 31 日举行的建筑协会的座谈会,会上他将被提名为会员。尽管在座谈会上,许多女士“盛装出席”,给哈代留下了深刻的印象,但在写给妹妹玛丽的信中,他带着刻薄的语气提到了会议的
75 过程:“在知识渊博的教授们作了大量高谈阔论的演讲之后是音乐和合唱,还有咖啡——最后一样是少量供给的。”[9]

1863 年 2 月,布洛姆菲尔德把公司搬到了距阿德尔菲排房 8 号不远的地方,即美丽的亚当兄弟街区,就在查令十字街以东的泰晤士河北岸。哈代告诉妹妹说:“新办公室是个极好的地方,它是可以俯瞰河流的一楼排房中的一间。我们可以从窗户望到泰晤士河对面,在晴空万里的日子里,每一座桥都一览无余。大家都说我们有一个漂亮的办公场所。”[10]从离他最近的窗户,以及从外面的阳台,他都能看到正在修建的泰晤士河堤防和查令十字铁路桥;在每天上班的路上,他都能看到查令

十字火车站正拔地而起,查令十字酒店正在以前老亨格福德市场的位置上修建。在那个城市空前扩张的时期,伦敦的城市面貌和社会面貌都在经历着迅速而持久的变化,哈代总是珍视他所瞥见的那些即将一去不复返的风俗、礼仪、娱乐和生活方式。正如他晚年所回忆的那样,“那时候的伦敦很像狄更斯笔下的伦敦”。[11]

1863 年春,哈代参加了狄更斯亲自出席的一次读书会;1864 年 9 月,他沿着海滨来到伦敦颅相学学院,让业主 C. 多诺万“博士”给他看颅相;1865 年 10 月的一天,他参加了在威斯敏斯特教堂举行的帕默斯顿①的葬礼,同行者还有约翰·李和布洛姆菲尔德公司的同事、玻璃画家克莱门特·希顿②。次日,哈代告诉妹妹,给他留下深刻印象的是仪式本身以及帕默斯顿“跟皮特③、福克斯④、谢里丹、伯克⑤等人是同时代的人。我的意思是,可以说他的生活与他们的生活在时间上有重叠”。[12] 他还参观了多家剧院,有时还去一些餐馆,包括与本杰明·费里公司的朋友们一起去莱斯特广场外的贝托里尼餐厅,但是在伦敦的头两三年,哈代似乎大部分时间都保持着相当稳定的工作和学习习惯。他曾在圣詹姆斯区的威利斯礼堂(此前叫阿拉木克礼堂)⑥跳舞,似乎只是为了能够跟别人说他有过这样的经历(正如诗歌《舞者的回忆》所示),但是他太虔诚、太谨慎,而且,就此而言,太不名一文,因而不敢冒险深入或经常涉足那个充斥着沙龙和苹果酒窖的可疑世界,更不用说像克雷莫恩和阿盖尔

---

① 帕默斯顿(Lord Palmerston, 1784–1865),英国政治家,曾任英国外交大臣和首相。

② 克莱门特·希顿(Clement Heaton, 1824–1882),英国彩色玻璃画家。

③ 小威廉·皮特(William Pitt the Younger, 1759–1806),英国政治家,曾任英国首相。

④ 查尔斯·詹姆斯·福克斯(Charles James Fox, 1749–1806),英国政治家,曾任外交大臣。

⑤ 理查德·伯克(Richard Burke, 1758–1794),英国律师、国会议员。

⑥ 1765 年建成的多功能建筑,其中的大礼堂为音乐会、舞会、演讲所用,先后以阿拉木克和威利斯两位所有者命名。

那样“华丽的度假胜地”。他以其特有的模棱两可的口吻记录了这些后面发生的事情:“他自己不怎么在那儿跳舞,就算是曾经跳过的话。”[13]

但即使他不去寻找这个城市夜生活中更加花哨炫目的方面,包括
76 熙熙攘攘的人群、随意的暴力行为、公开的甚至咄咄逼人的卖淫活动等,在他参观剧院和建筑工地时,在他每天穿过索霍区和七面钟,沿着海滨,经过阿德尔菲拱门步行时,他也不可避免地会接触到伦敦大量呈现的辉煌与肮脏、乐观与绝望的奇妙结合。他也不可能不受到下列令人兴奋的或引起轰动的事情或事件的影响,包括当时的性丑闻和金融丑闻,一年一度的假期和体育赛事,以及 1864 年 2 月在新门监狱对五名海盗的公开处决。他体验到的最糟糕的一次伦敦拥挤的经历发生于 1863 年 3 月 10 日,他外出观看威尔士亲王和丹麦公主婚礼后的彩灯展,结果在皮卡迪利广场被困在了水泄不通的人群中,“在我找到出口之前,我的马甲纽扣被扯了下来,肋骨都被挤弯了”。[14]

1862 年在南肯辛顿举行的世界博览会——其前身是 1851 年的万国工业博览会,世博会会馆后来成为维多利亚和阿尔伯特博物馆——在时间上跨越了哈代在伦敦度过的整个第一个夏天,于是他在那里度过了大量时间,吸引他的主要是与建筑相关的建筑材料展和手工艺品展,还有展品丰富的欧洲绘画展,尤其是英国绘画展。然而,这次世博会所吸引的大众,其范围则要广得多,身份也更加多样化。他的妹妹玛丽和其他来自多塞特的亲友都被他带到了那里,还有他的表姐玛莎·斯帕克斯,她当时在伦敦做贴身女佣。而且至少有一次他是和穆尔一起去的,穆尔的诗歌《恺撒大道》就是受到了热罗姆①的《罗马角斗士》的启发,这是他俩一起看到的一幅画作,六十年后,哈代再次引起了公众对该诗的关注。[15]

8 月 7 日,在听到霍珀·托尔伯特在 1862 年英印政府公职人员选

① 让-莱昂·热罗姆(Jean-Leon Gerome, 1824–1904),法国十九世纪学院派画家和雕塑家。

拔考试中大获成功的消息后，穆尔兴奋不已，带着这种兴奋的心情，他突然拜访了哈代。无论是出于好奇，或是出于真正的宗教倾向，还是出于对自己背景的自觉反叛，穆尔正前往位于农场街的耶稣会教堂，去参加每年 8 月 7 日举行的庆祝英国耶稣会重新成立的周年仪式。哈代和他一起去了一个令人印象深刻的场合，然后坐马车去了考文特花园，最后在哈马斯酒店共进晚餐，这家酒店以其土耳其浴室命名，众所周知是年轻单身汉们最喜欢出没的地方。① 1861 年秋，托尔伯特本人来到伦敦学习语言学，哈代自己的智识兴趣也因他们之间友谊的恢复而得到扩展。哈代后来说，他在 1862 年经常在伦敦遇到托尔伯特，并补充说，人们通常会发现托尔伯特“正在死语言和活语言之间进行潦草的互译”，无论是在他自己的房间，还是在马里波恩图书馆和科学研究所。[16]

就在是年 10 月底世博会结束前，老哈代来城里住了几天，因为哈代有工作要做，就把父亲托付给了一位“A 女士”来照料，几乎可以肯定她是伊丽莎·艾美，即多切斯特孤儿伊丽莎·艾美②的未婚姑妈，而小伊丽莎是玛丽·哈代在索尔兹伯里教师培训学院的同学。[17] 哈代已经成了一个热情的歌剧观众，他带着父亲和 A 女士去考文特花园看文森特·华莱士③的歌剧《乐林》[18]，后来他谈到《游吟诗人》④的音乐总是能把他带回他在伦敦第一年的时光，那时他“强壮，充满活力，非常享受他的生活”。然而，正如他在信中跟玛丽所说的那样，“除非父亲去看泰晤士河隧道，否则什么也不能令他满意”。在同一封信中，哈代温和地取笑了父亲那浓重的多塞特乡音，并为了逗妹妹一笑而沉迷于搞一点语言 77

① Hummums（哈马斯）在英国俚语中有“妓院”的意思，因为有许多土耳其浴室变成了妓院。

② 和其姑妈同名。

③ 文森特·华莱士（William Vincent Wallace，1812–1865），爱尔兰作曲家、音乐家。

④ 《游吟诗人》（*Il trovatore*），由意大利作曲家朱塞佩·威尔第（Giuseppe Verdi，1813–1901）作曲。

幽默:“俺希望你在给俺回信时能告诉俺你现在咋样。俺‘感冒了脑袋疼’,所以一整天都待在家里,为的是赶明儿个能好起来。”[19]是年圣诞节,哈代一家在博克汉普屯团聚,玛丽已经结束了索尔兹伯里的培训,在开始第一份教书工作之前,可以享受一段短暂的喘息时间。据说肖也加入了他们的家庭聚会,虽然哈代表示他的朋友在斯廷斯福德的小世界里会被认为是个“大人物”,但他在把肖介绍给其家人时,并没有表现出任何社交上的不安,因为他之前已经把巴斯托和穆尔弟兄们介绍给了家人。[20]

1863 年春,哈代提交了作品去参加两个建筑比赛的角逐,并都斩获了奖项,这本应成为他职业抱负的一个制高点,然而任何一次成功都不是绝对的。2 月 19 日,哈代给玛丽写信说,他“现在正忙着为一座乡村宅邸出设计图,是有小奖励的,最佳设计奖励价值三英镑的奖品,第二名奖励价值两英镑的奖品”。[21]该比赛以其策划者威廉·泰特命名[22],参赛者仅限于建筑协会的会员,哈代赢得了这场比赛,并按时收到了奖品,奖品是威廉·奈斯菲尔德①的《中世纪建筑标本》和诺曼·肖②的《欧洲大陆建筑草图》,颁奖仪式在 4 月 17 日的协会座谈会上举行。但是 T. 罗杰·史密斯③教授(后来成为哈代的雇主)和其他评委并没有公开评论哈代的参赛作品,令人尴尬的是,很明显参赛者寥寥无几,或许只有两位获奖者本人。[23]

更为尴尬的事情还在后头。5 月 18 日,在英国皇家建筑师学会的一次全体大会上,T. L. 唐纳森主席向他颁发了该学会的银奖,以表彰他
78 在南肯辛顿阅览室进行大量研究的基础上撰写的论文《关于彩砖和陶

---

① 威廉·奈斯菲尔德(William Andrews Nesfield, 1793–1881),英国水彩画家和园林设计师。

② 诺曼·肖(Norman Shaw, 1831–1912),英国建筑师和城市设计师。

③ T. 罗杰·史密斯(T. Roger Smith, 1830–1903),英国建筑师和学者。

土在现代建筑中的应用》。评委们并没有因为哈代提交该论文所依据的西塞罗格言（“我在这方面做了尝试，看自己能到达怎样的高度”）而消除异议，他们早些时候曾宣布，尽管哈代所提交的论文到目前为止是值得奖励的，但是却缺少了“关于模压成型的砖的那一部分”；因此，十英镑的额外现金奖励将被扣发，并在次年奖励给同一主题的获奖论文。[24]模压成型的砖不是最初宣布的主题的一部分，而是后来加进去的，因此哈代写信给皇家建筑师学会，解释说他对此变化一无所知，并请求协会允许他扩展自己的论文，从而有资格获得完整奖励。皇家建筑师学会的回复——他应该在次年重新提交作品来参赛[25]——并非没有道理，但哈代对自己以如此模棱两可的方式公开获此奖项表达了愤怒和不满，几年后，这将成为其第一部（但从未出版的）小说《穷汉与淑女》的一个情节，即一家公司公开撤回了它已经颁发的奖励。尽管哈代小心翼翼地保存着自己的银奖，但这篇文章却早已踪迹皆无，人们很容易相信这样一个故事：获奖后不久，哈代去了皇家建筑师学会的图书馆，索要了这篇论文，然后拿着论文扬长而去。[26]

5 月 12 日，在一本题名为“绘画流派”的笔记本上，哈代开始对文艺复兴时期以来的主要画家及其作品的事实资料进行简明扼要的总结。其他关于绘画的笔记是从同一时期保存下来的，而哈代似乎曾经考虑过成为一名艺术评论家的可能性——在他那本《英诗金库》中，格雷①的《诗歌的进程》一诗中的诗行“青春欲望的绽放和爱的紫光”被注释为“备忘：S. K. 博物馆。埃蒂。1863 年”，显然指的是收录在施普山克斯绘画作品集中的威廉·埃蒂②的《丘比特和普赛克》。[27]然而，艺术史是

① 托马斯·格雷（Thomas Gray，1716–1771），英国十八世纪抒情诗人。

② 威廉·埃蒂（William Etty，1787–1849），英国艺术家，以其历史画闻名，也是英国首位重要的裸体画和静物画画家。

皇家建筑师学会自愿建筑考试的一个组成部分,而他正考虑参加该考试,笔记本可能主要反映的是他注册参加了一个夏季辅导班,该辅导班是建筑协会为帮助准考生们通过考试而开办的。是年晚些时候,巴斯托给哈代写信说:"你从来没有告诉过我任何关于自愿考试的事情,无疑你恰恰就是那个愿意去参加该考试的人……并成功通过考试。"[28]

然而,哈代似乎并未真正参加考试,更不必说成功通过考试了。他为布洛姆菲尔德所做的工作总体而言——令人失望地——是一种常规
79 工作,涉及为落实设计方案而绘制必要的工作图,而这些设计方案是由布洛姆菲尔德亲手粗线条地勾勒出来的。即使哈代手书的注解出现在现存的一些设计图上,比如1862年至1864年间由布洛姆菲尔德绘制的温莎万圣教堂的设计图,他仍然不太可能直接负责实际的设计工作,除了图纸上这里或那里的一些细节之外。[29]据布洛姆菲尔德的亲侄子回忆,他叔叔忙得不可开交,又是成功人士,对学徒和助手的指导与监督的重视程度均不足,甚至对他自己的建筑风格的可持续发展亦不够重视。[30]对哈代来说,给他带来弥补的是他一直都被雇用着,还经常有机会走出办公室,去视察在建的建筑。

哈代非常欣赏其老板的诙谐幽默——他的一个学徒把阿德尔菲排房的亚当①风格的壁炉的一部分给擦干净了,擦出来的图形是对女清洁工的一个明显的暗示,布洛姆菲尔德就让他自己把整个壁炉都擦洗干净——还有他始终如一的和蔼可亲,可以使办公室成为一个如此随和的地方,办公室在当时和后来都以其充满活力的真挚友谊和其恶作剧而出名,其中一些恶作剧的对象是改革联盟(其总部设在阿德尔菲排房8号的一楼[31])的成员,布洛姆菲尔德公司的年轻人认为他们有着不必要的

① 罗伯特·亚当(Robert Adam, 1728-1792),出生于苏格兰的英国画家、建筑学家。

严肃和危险的激进。哈代与布洛姆菲尔德一样酷爱音乐，尽管他的声音相当微弱，他也尽最大可能去参与演唱阿恩①作曲的《蜜蜂吮蜜的地方》和《我知道一个河岸》②，以及经常回荡在办公室的其他歌曲、合唱曲和幽默轮唱曲。然而，办公室的“唱诗班”缺少一个中音，于是布洛姆菲尔德告诉哈代，如果他在海滨遇到一个中音的话，他应该“请他进来加入我们”。[32]正是因为哈代自己的劳动一般都是机械性的，他甚至在工作时间也能让自己的头脑专注于与建筑无关的事情，他给当时一个比他年轻的员工留下的印象是：他比大多数同事都安静，上班时间“颇有规律”，言谈举止都很温和，“相当爱幻想”，经常谈论文学和当代作家。[33]

1863 年 11 月，哈代和布洛姆菲尔德一起去温莎参加了德国王储妃为万圣教堂的建立竖立纪念碑的仪式。面对装着灰泥的小铲子，王储妃竟不知所措，情况甚是尴尬，这为哈代后来创作《穷汉与淑女》中的一个场景提供了素材。去伦敦郊外的其他短途旅行似乎与职业无关，一次是 1862 年 9 月到多佛③，还有一次是 1863 年耶稣受难日到布莱顿④，在那里他画了一幅海滩上人群的素描画。[34]1863 年 4 月下旬的一个周末，他去看望了妹妹玛丽，她目前在登奇沃斯⑤的一所规模较小的国立学校教书，离万蒂奇很近，离牛津大约十五英里。正如她于 1862 年 11 月底大 80
学毕业前给哥哥写信时所说的那样，她的年薪将是四十英镑，住宿地点是一间半装修的房子，带一个花园。然而，有一个不利条件是，她被迫承担起教堂风琴手的角色，尽管她以前演奏的乐器仅限于钢琴和口琴。[35]玛丽肩负着新的责任，远离自己习惯了的社交圈，又得不到家人的慰藉，

---

① 托马斯·阿恩（Thomas Arne，1710-1778），英国作曲家。

② 这两首歌的歌词均源自莎剧，第一首来自《暴风雨》，第二首来自《仲夏夜之梦》。

③ 多佛（Dover），港口城镇，位于英国东南部肯特郡的多佛港和法国加来以西的格里内角之间。

④ 布莱顿（Brighton），英国南部东苏塞克斯郡的海滨度假胜地。

⑤ 登奇沃斯（Denchworth），英国南部牛津郡的一个村庄和教区。

因此她感到孤独，渴望关爱，对发展前景缺乏信心。后来她给哈代写信说："直到现在我才意识到我的未来生活将会是什么样子的，虽然我并没有感到心灰意冷，但也没有为前景感到怡然自得。"[36]然而，在给哥哥的那封信中，她已经提到了其六岁的妹妹前来陪伴她的可能性，的确，凯特很早就被送到或带到了登奇沃斯，主要是为了排解玛丽的孤独感，同时也是为了自己接受早期教育。这样的一种安排将贯穿她们的余生，只是偶尔会有中断。在她最小的孩子年纪这么小的时候，杰米玛就愿意和她分开，这说明某种程度上杰米玛缺乏母性的温暖；另一方面，她可能只是做了当时看起来对两个孩子来说是最好的事情。凯特应该会把她在登奇沃斯度过的时光看作一种特别的幸福，这无疑表明了尽管哈代家的孩子们的年龄和秉性不同，但彼此之间有着亲密的关系。[37]

1864 年，哈代再次造访登奇沃斯，并借机前往万蒂奇南边的法利村，其祖母玛丽·海德就于 1772 年出生在那里。妹妹已经去过法利，并告诉他说，那里的居民"有可能是最原始、最热情的一群人"。她在那里没有找到仍健在的海德家族的人，但是听说附近的查德尔沃斯村有两个姓海德的人，兄弟俩都是农夫，其中一个已婚，但膝下无子，而另一个在其婚礼第二天就失踪了，多年以后才返回家乡，但已是垂暮之年的老人。[38]关于查德尔沃斯村的海德家族，哈代显然有了更多发现，不是通过个人接触发现的，就是从教区的登记册中发现的；在法利村，他结识了那些能向他讲述其祖母往事的人，因此，不知不觉地为创作《无名的裘德》奠定了一定的基础。

1863 年初，由于某种原因，哈代临时从克拉伦斯街 3 号搬到了 9 号，住在那里的是一个叫伊萨克·布恩福德的水暖工。四个月后，他入住威斯特伯恩公园别墅 16 号，这是一条由坚固的半独立式房屋组成的街道，
81 靠近大西部铁路线，就在帕丁顿终点站以西。事实上，街道离铁路线距

离太近，以至于整条街道的北侧后来都被拆除，以便扩建铁路，如今从这条铁路线上仍然可以看到保存下来的街道南侧16号的建筑。哈代有一幅素描画的是从其窗户看到的景色，画面显示，他住在二楼房子的后部，从窗户望出去，可以俯瞰花园和马厩，一直望到威斯特伯恩公园路北侧的建筑物的后面。在素描画中可以看到附近的圣斯蒂芬教堂的尖顶，教堂如今还矗立在那里，尖顶则早在第二次世界大战期间遭受空袭破坏后就被拆除了。[39]

威斯特伯恩公园地区比克拉伦斯街“更好”，也更方便，但从哈代的观点来看，这并不是它唯一吸引人的地方。在基尔伯恩住着的时候，他至少有两次朝着西南方向步行一英里甚至更长距离，去圣斯蒂芬教堂做礼拜。有可能玛莎·斯帕克斯或她的一个兄弟住在教堂附近。[40]圣斯蒂芬教堂之所以吸引哈代，也有可能是因为其牧师是雷金纳德·史密斯牧师的好友，后者是毗邻斯廷斯福德教区的西斯塔福德教区的牧师。[41]可以肯定的是，在距威斯特伯恩公园别墅16号步行仅几分钟路程的奥塞特排房2号（后来重新编号为40号），有一个名叫伊丽莎·布莱特·尼科尔斯的年轻女子，她在查尔斯·理查德·霍尔家做贴身女佣，霍尔是一名出庭律师，是萨里的会吏长①查尔斯·詹姆斯·霍尔牧师之子。[42]

伊丽莎是哈代早期情感生活中最重要的人物，她对宗教的极度虔诚对哈代的宗教生活也产生了重大而复杂的影响。他们二人关系的许多细节仍然模糊不清或是基于猜测臆断，但在1863年至1867年间，两者的关系似乎已经接近于一种“非正式的协议”，伊丽莎或许将其理解为订婚，而哈代或许从来没有予以明确界定，无论是对她，还是对他自己。[43]伊丽莎有一枚戒指，她声称是哈代送给她的，此外还有一些手稿和一张照片，虽然手稿已经消失得无影无踪，戒指据说也被盗了，但那张

① 会吏长是英国国教圣公会中的一个职位，由教区主教任命并委派职责。

照片——1862年或1863年的原照——确实留存了下来，且有一定的说服力。[44]伊丽莎于1839年出生于苏塞克斯郡，早年大部分时光都在多塞特南部海岸的金梅里奇湾的海岸警卫队小屋里度过；她的父亲乔治·尼科尔斯出生于康沃尔郡，在五十年代中期的某个时刻之前，他一直在担任海岸警卫队员。一次严重的手术或事故迫使他退休，来到了妻子的出生地苏塞克斯郡芬顿村，在那里，他成了位于尼普科特绿地边缘的奔马客栈（现为尼普科特庄园）的老板。客栈附近有供赛马用的马厩，绿
82 地本身是一个一年一度的重要羊市的举办地。[45]当伊丽莎还住在金梅里奇①的时候，哈代曾见过她，这并非没有可能，但他们二人的恋爱似乎是始于哈代在伦敦的时期。1861年5月，亨利·巴斯托从塔斯马尼亚岛给他写信说："年轻人，你来去匆匆，我想你不会刚一离开就对某人一见倾心了吧——不会吧？——当事情发展到那一步时，你一定要让我知道啊，告诉我那个美丽的少女是谁——尽管我仍然认为你不是一个特别容易动感情的人——"[46]巴斯托的这一番话不够清晰，但哈代显然没有在巴斯托离开伦敦之前作出承诺，此时，伊丽莎已经在伦敦打工，做查尔斯·理查德·霍尔的妻子艾玛的私人侍女，艾玛是住在斯密德莫尔庄园的约翰·曼塞尔中校的女儿，庄园位于离金梅里奇湾一英里左右的地方。

哈代对伊丽莎的记忆融入了他的《威塞克斯诗集》中与诗歌《她对他说（其一）》相对应的图画。画面中一男一女牵手走在或站在一条路上，这条路通向一座可以被识别为克拉维尔塔的建筑，它是十九世纪早期的一座"愚蠢建筑"，如今仍然（有些摇摇欲坠地）矗立在金梅里奇湾东侧的悬崖顶上。[47]哈代自然而然地把该地点与伊丽莎联系在了一起——他画的太阳正落在塔的后面，就像从附近的海岸警卫队小屋可以

① 金梅里奇（Kimmeridge），多塞特南部波倍克半岛上的一个村庄和教区。

看到的那样——他很可能于1863年9月3日在她的陪伴下参观过这个地方，这一日期出现在了他画的加德崖和沃巴罗湾的素描画上，这两个地方离金梅里奇海岸均不远。[48]芬顿本身就离苏塞克斯海岸很近，而哈代于1863年耶稣受难日对布莱顿的造访，很可能是他在复活节拜访伊丽莎及其父母的一段较长时间中的一个插曲而已[49]；倘若是这样的话，是年夏末，作为礼尚往来，伊丽莎有可能被带到博克汉普屯，并被引荐给哈代的父母。大约也是在这个时候，伊丽莎离开伦敦去萨里的戈德斯通①，去护理最后一次生病的会吏长霍尔，这可能是使事态发展到紧要关头的一个因素。哈代创作于1866年的十四行组诗《她对他说》，据说是一组更长的系列诗的片段，该组诗部分地反映了他和伊丽莎不在一起时往来书信的内容，但这些信件大部分记录的是一段关系的衰落，而非高潮，哈代对这段关系似乎投入得没有伊丽莎多。伊丽莎过度的宗教热忱——反映在《无名的裘德》结尾几章中苏的宗教热忱上——很大程度上决定了这段关系的期限，使它从一开始就比哈代预想的要严峻和重要得多。当哈代在那幅克拉维尔塔的素描画下面用铅笔写下“虔诚”和“斯多葛主义”②这两个词的时候，他心里想的大概正是她，素描画画在了他1865年正在读的一本书里。[50]

仅仅是这样一段关系的存在，作为一个已经尘埃落定的且尚算令人满意的安排，并不能给予哈代迄今为止他所缺乏的信心，而且肯定是在 83
威斯特伯恩公园别墅16号，在1863年的那个夏天，他的文学生涯才可以说是真正开始了。他大量阅读莎士比亚作品，版本是他搬到新住处后不久购买的十卷本，他还阅读了塞缪尔·尼尔③的《推理的艺术：逻辑原

---

① 戈德斯通(Godstone)，萨里郡的一个村庄和教区。

② 斯多葛主义(Stoicism)，古希腊的四大哲学学派之一，强调坚忍克己、恬淡寡欲。

③ 塞缪尔·尼尔(Samuel Neil, 1825-1901)，苏格兰教师、记者和作家。

理之通俗阐述》一书的大部分内容，并着手学习议论文的写作模式。[51]在穆尔推荐下，他购买了J. R. 麦卡洛克①的《政治经济学原理》。在7月2日写给哈代的一封信中，穆尔给了他进一步的指导，让他读麦卡洛克和《泰晤士报》，以及所有类似的范例，但只是为了内容，而不是为了风格。穆尔坚持说："你最终必须用自己的风格来写作，除非你只想做一个模仿者。在我看来，为了写出好作品，一个头脑中充满了主题或是在写作之前能够使头脑中充满主题的人，只须注意写作方法和排列组合即可，对任何以充满活力为风格的智者来说，这一点都是显而易见的。"[52]哈代从那年秋季开始学习速记，1863年10月1日这个日期，出现在了几本入门读本中的一本中，这几本书体现了不同的学习系统，都是他大约在这个时候购买的，到圣诞节的时候，他写信跟玛丽说他每分钟能写四十个词了。[53]

这些后期的准备工作，是为了使他有可能从事某种形式的文学新闻工作。1864年2月，当穆尔写信解释英语中虚拟语气的恰当用法时，他还提到了哈代成为一家乡村报纸驻伦敦记者的可能性："你知道，我所指的那种差事——一个人把浓缩后的伦敦新闻和话题以专栏的形式发给乡村报纸。"他补充说，哈代刚刚发给他的那一篇，"对法庭及其周围居民的闲聊式的描述"正是"能够被采纳的风格"。[54]哈代在寻找某种或任何一种类型的新闻工作，他现在已经准备好尝试几乎任何事情。在那个出版业蓬勃发展的时期——季刊、月刊、周刊和日报应有尽有——他似乎有理由希望自己能在某个地方谋得一份称心的工作。毕竟穆尔曾在《弗雷泽杂志》《星期六评论》《评论季刊》和其他地方发表过文章、评论和诗歌，而在哈代之前也不乏先例——以小说中虚构人物的方式来描述是同样诱人的——如萨克雷笔下那些忙碌的文人：乔治·沃灵顿

① J. R. 麦卡洛克(John Ramsay McCulloch, 1789-1864)，英国政治经济学家、作家、编辑。

和亚瑟·潘登尼斯。① 在此人生阶段，他仍然太缺乏自信，太没有经验，不敢想象有一天他会以作家身份谋生。他的希望仍然寄托在那个他一直珍视的梦想上，那就是成为牧师，更具体地来说就是效仿他姨妈玛莎 84
的夫伯乔治·布雷顿·夏普，乔治放弃了自己最初学的医学专业，到剑桥大学读书，后来成为威尔士的一名牧师。然而，哈代至今还没有资本，除了必然地占据了他大部分时间的建筑事业的收入之外，他没有其他收入来源，而文学新闻工作似乎是一种可行的、吸引人的方式，可以在他需要投身大学学习的许多年里为其提供资金支持。

哈代在多塞特的家里度过了1864年的圣诞节庆祝活动，并和其表弟纳撒尼尔·斯帕克斯一起在帕德尔屯度过了节礼日②的夜晚。[55] 在1865年新年那天，霍勒斯·穆尔送给他一本《帝王M.奥列里乌斯·安东尼奈斯的思想》③，上面题写着引自该书的一句话，后来成为哈代青睐的一句主要格言："这是最主要的事情：不要心烦意乱，因为所有事物都符合宇宙的本性。"[56] 哈代和穆尔本人都不清楚这一题词具体想要表达什么特殊含义，但无论如何，1865年是哈代生活和事业中一些核心的不确定因素开始走向确定的一年。1864年12月，他向爱丁堡的《钱伯斯杂志》投了一篇散文小品文，题为"我的建房经历"，最初是写给布洛姆菲尔德公司的同事们看的，目的就是消遣娱乐，是一篇对建筑师与客户关系的讽刺性评论。1865年3月，该小品文被杂志社录用并发表，哈代曾说这使他"决定"了自己的职业生涯，版权的出售无疑给他带来了额

① 威廉·梅克比斯·萨克雷(William Makepeace Thackeray, 1811–1863)，英国作家，代表作为《名利场》。此人是萨克雷的小说《潘登尼斯》(*Pendennis*)中的人物。

② 节礼日(Boxing Day)，时间是12月26日，即圣诞节次日，是在英联邦部分地区庆祝的节日。

③ 又译为《沉思录》，作者为罗马帝国皇帝马库斯·奥列里乌斯·安东尼奈斯(Marcus Aurelius Antoninus, 121–180)本人，马库斯·奥列里乌斯通常译作马可·奥勒留。

度为三英镑十五先令的第一笔文学收入。[57]然而,同样重要的是,他在同一年故意以诗人自居。

现存的几卷“古典”英国诗歌,包括弥尔顿、汤姆森①和柯尔律治的诗集,落款日期为 1865 年,是哈代手书的。同年,他购买了亨利·里德的《英国文学导论》,以及《努塔尔标准发音词典》和《约翰·沃克押韵词典》等有用资源,并用自己精心编制的“同类发音表”对后者做了补充。在这个时候,以及在接下来的三四年里,他还使用了一个袖珍笔记本,标题是“研究、样本和评论”,该笔记本得以留存下来,使读者可以非常详细地洞察到其早期的文学热情和坚定决心,借此他试图获得他认为创作诗歌所必需的技能。哈代意识到,他仍然欠缺知识,甚至是基本的词汇知识,于是他的笔记本中最开始是一系列的词汇积累练习,他写出了大
85 量简短的引文,来源丰富——包括《旧约》、《英诗金库》、斯宾塞、莎士比亚、彭斯、拜伦、华兹华斯(《漫游》)、司各特(主要是《岛屿的领主》和《马米翁》)、雪莱(《莱昂和茜丝娜》)、丁尼生(《悼念集》)、吉恩·英格娄②、巴恩斯——并在他认为有意思的、有效的,或只是不熟悉的词下面做下划线。类似练习的标题是“同”(代表“同义词汇编手册”)或“词”(代表“词典”),后者涉及在各种不同的结构和上下文中使用同一个词,这一想法可能是受到了穆尔的典型失败经历的启示,穆尔曾做过《新英语词典》H 字母词条的收集者。[58]整体而言,像裘德·法利(或托马斯·哈代)试图自学希腊语一样,这样的练习造成了痛苦的阅读。尽管伊萨克·拉斯特的学校教育足够全面合理,但在学生的诗歌知识的储备方面做得没有像建筑知识那么好。哈代孜孜不倦地把如此多的文字和意象

① 弥尔顿(John Milton, 1608–1674),英国诗人、政论家;汤姆森(James Thomson, 1700–1748),苏格兰诗人。

② 斯宾塞(Edmund Spenser, 1552–1599),英国文艺复兴时期诗人;彭斯(Robert Burns, 1759–1796),苏格兰农民诗人;吉恩·英格娄(Jean Ingelow, 1820–1897),英国女诗人、小说家。

抄写进“研究、样本和评论”笔记本中，然而这些文字和意象完全是平庸的，这也清楚地提醒哈代在追求自我教育、自我发展和自我发现的目标的过程中，还有很长的路要走，尽管他已经为之奉献了这么长时间。

在笔记本的其他地方有莎士比亚、拜伦、史文朋①和其他诗人的更长的引文，这些诗人对哈代最终的诗歌生涯很重要，这一点显而易见。史文朋更是一个贯穿始终的存在，从《诗歌和民谣集》的摘录来看，可以确定有如下诗歌：《伊丽克特》《赫马佛洛狄忒斯》《吸食你的血》《德洛丽丝》。1866年这部诗集一经出版，哈代立即作出了狂热的反应——三十年后，他告诉史文朋，他甚至疯狂到了这样的地步：冒着被撞倒的危险，在熙熙攘攘的伦敦街道上边走边读。[59]这本笔记本里没有哈代自己的诗，但是他偶尔的备忘录却很重要，起到了指导性的作用，提醒读者如何才能达到特定的文学效果，如何才能发出独特的诗歌的声音。在某个地方，他记录了“复数形式经常会把一个普通的词变得很新奇，譬如草们、露珠们”。在另一个地方，他提醒自己去探索形容词后缀“-less”②的内在可能性，这是其后期诗歌的一个显著特点。在标题“发”的下面，大概是代替“发明”一词，哈代在特定的模式上进行了造词实验，比如“a toning—：a shaping—：a curing—：a nerving—：a leafing—：a quenching—：a matching—：a skilling—”③。[60]后来，他尝试了完全由他自己创造的短语，发明了新的修饰词或老词的新用法，像“**发出噔唧声的**雷、谦逊的蜜蜂、**发出轰轰声的**波浪、**号叫的**暴风雨、**发出咔嗒声的**树枝、**振翅的**树叶……风的**弦外之音**、**沙哑的**暴风雨等”。[61]

---

① 阿尔杰农·查尔斯·史文朋（Algernon Charles Swinbure，1837-1909），英国维多利亚时代诗人。

② 形容词后缀“-less”表示“没有；无”的意思。

③ 即把英语的名词或动词后面加上 ing 构成动名词，并把它们当作可数名词来用，前面可以加上不定冠词 a。

尤其引人注目的是长长的单词列表，标题是"混"或"混合"，显然代表的是"混合词"。在这里，哈代细读各种来源的文本段落，如《旧约》和
86 《公祷书》，甚至一本建筑史的书，以便从原文中提取单词和短语，并在变换形式后在完全不同的上下文中重新使用它们。在这样做的过程中，他常常超越逐字逐句的改写，大胆尝试——尽管是摸着石头过河——去发现意义、语气或意象的新的连续性。有时候，他似乎是在试图构建或揭示一首潜在的诗的框架。例如，在扩展《哈巴谷书》①第一章的"重复乐段"的过程中，第六首诗（"因为，看哪，我激励了迦勒底人②，那个充满愤怒与仇恨的、行事仓促草率的民族，他们将穿越这片广袤的土地，占有不属于他们的居所"）被改编成："'亲吻我的双唇'的居所：你激起了我心中的强烈感情——仓促的希望……仓促的裤子：仓促的脚步：仓促的心：快乐的行军，走向死亡，走向坟墓：穿越岁月，穿越你的美……"[62] 很明显，哈代的目标是从与过去的伟大典范的接触中，逐步产生新的表达短语，从而发展和运用他自己的文学词汇；大致在同一时期，他在一张单独的纸片上草草写下一种从模仿到原创的概念："抒情的方法是从经验中找到一个情景。转向抒情诗来找到一种表达方式，这种表达方式已经被用于相当不同的情景。去使用它（来自经验的同一个情景可以用不同的形式演唱）。"[63]

"研究、样本和评论"有趣地揭示了在哈代二十几岁时，对于一个直接的甚至是间接的角色的性暗示，他明显是正派的，虽然说不上过分正经。正如几次文本改写所证明的，包括源自《哈巴谷书》的例子，他的想象强烈地倾向于情色；显然，当他把这些倾向付诸写作时，反抗或掩饰这些倾向的冲动也同样强烈。哈代在"研究、样本和评论"中对速记法的

① 《哈巴谷书》是《旧约全书》的一部分，其作者哈巴谷是公元前七世纪希伯来的先知。
② 迦勒底人是古代生活在两河流域的居民。

使用，主要局限于“性爱”和“乳房”等词语的表达，更少见的是“乳房”，但同时也援引了《佩力克里斯》中的一句台词“他一听见我对她美貌的形容，就在那儿做着和她同床的好梦了”①来象征“他和她同床了”。同样，破折号也被用来代替单词“k—s”②中间省略的字母，更显著的是，他将“neck（脖子）、lip（嘴唇）、soul（灵魂）的甜蜜的**疼痛**”改写为“n—k、l—p、s—l 的甜蜜的**疼痛**”。[64]有一点很难确定，即现在看来过度的得体感是否是其家庭教育、天生的羞怯、持续的性方面的天真无邪的结果，或者仅仅是担心笔记本被其他人读到，比如母亲、伦敦房东太太，或者是虔诚的伊丽莎。无论如何，这是哈代二十五岁那年的一个奇怪特点，后来他将其归因于自己正处于从青年时期到成年早期的过渡期。

与此同时，哈代在他的袖珍笔记本里写满了笔记，偶尔也有图画，内 87
容包括所有日常能吸引到他的东西，如街景、天空景色、观察到的事物、阅读到的东西、耳闻目睹的人，以及潜在的故事或诗歌的想法和提纲。这些袖珍笔记本都被销毁了，大部分是哈代生前亲手毁掉的，其余的则是他去世后被他人毁掉的。但是从残存下来的半打左右的散页中，我们可以找到一些可以证明其原貌的证据，其中包括这样一页，一面上有从威斯特伯恩公园别墅 16 号的窗口画的素描画。此外还有一本名为“诗歌素材”的复合笔记本中的文本也可以用作证据，哈代在晚期的某个时候，把命中注定要被销毁的袖珍笔记本中的一些内容系统性地转移到复合笔记本中，包括那些仍然可能被用作新诗素材的想法、短语、意象和诗歌的提纲等。其中一个写在袖珍笔记本中的条目，被从本子上撕了下来，准备转移到“诗歌素材”笔记本中，其开头如下：

---

① 《佩力克里斯》（*Pericles*, *Prince of Tyre*, 1608）是莎士比亚创作的一部戏剧。此处译文参考了朱生豪先生的译本《泰尔亲王佩力克里斯》。

② 即 kiss（亲吻）一词。

?［1863–1867］

7 月 18 日。**诗歌**（民谣格律）［好］

粗糙的大纲——

1. 我在异乡的小镇坐下来

目光望到路的对面：

窗子旁边有一位女士 {坐着 / 美丽的 / 斜倚着}

比青天白日还要美艳。

［仅第二和第四行押韵］

2.“十二个幸福的日子我都注视着她

十二个日子她也注视着我”，等等

接下来是一篇散文摘要，是关于一男一女在没有见过面的情况下，通过鸿雁传书坠入爱河的故事。一个偶然的机会，男人见到了女人，但她一直躲着他，直到最后，她写信说，如果他能足够相信她会在约定时间在教堂和他见面，她就会秘密地嫁给他。就在婚礼即将举行之际，事情变得一清二楚，她竟然是个哑巴：“他惊恐地从她身边跳开——她摔倒了——他逃跑了——他又想起她——再返回去——她死了。”笔记以另一节诗歌草稿结尾：

我提出了六个不同的幽会地点，

她给了我六次回答：

“或许我也同样珍视你的爱恋

但是要见面——不可能啊！”

［这首歌谣从未完成］[65]

方括号是哈代自己加上去的，把袖珍笔记本上的页面内容转移到“诗歌素材”笔记本中时他添加了文字和日期，这些后来添加的注释与原始的 88
散文和诗歌片段的融合，提供了他的创作方法的一个罕见范例，也就是当他将一首诗描述为“来自旧草稿”时想要表达的意思。[66]

尽管哈代于1865年夏开始在诗歌创作方面活跃起来，并从《钱伯斯杂志》的编辑那里得到一个信息，那就是他有能力写出让杂志感兴趣的东西，但他仍然清楚地意识到，如果他想在文学或任何职业上获得成功，就必须接受进一步的教育。是年，他养成了每天短时间参观国家美术馆的习惯，每次参观都专门看一幅画或一位画家[67]，10月，他在伦敦国王学院注册参加了一个法语进修班，上课地点距阿德尔菲排房只有一小段路。为了上好法语课，在莱昂·斯蒂文纳德的指导下，哈代努力阅读了斯蒂文纳德自己编写的《法语读本》，并阅读了国王学院的法语教授阿尔丰斯·马里埃特编写的《每天半小时法语翻译教程》。六十年后，哈代热情地谈到了斯蒂文纳德，并清楚地记得那间老教室及其课桌，但他补充说：“恐怕我在课堂上学的并不多”——他在那两本教科书上所做的大量笔记并不能完全印证他这种印象。[68]

既然国王学院的法语课是哈代接受大学教育的唯一经历，那么，哈代关于科学和宗教、社会变革和政治变革等当代重大问题的早期思考鲜有证据可循，这也许不足为奇。他喜欢说自己是《物种起源》最早的读者之一，该书于1859年首次出版，但是他在伦敦的这些年里，可以证明的只有他对傅立叶、孔德、纽曼和穆勒①等思想家的阅读。1863年，基于傅立叶思想的所有要素，他精心绘制了一系列“展示人类激情、思想

① 夏尔·傅立叶(Charles Fourier, 1772-1837)，法国哲学家、思想家、经济学家、空想社会主义者；奥古斯特·孔德(Auguste Comte, 1798-1857)，法国哲学家、社会学家，实证主义的创始人；约翰·亨利·纽曼(John Henry Newman, 1801-1890)，英国高等教育思想家；约翰·斯图亚特·穆勒(John Stuart Mill, 1806-1873)，英国哲学家、经济学家、心理学家和法学家。

和性格的图表”。1865 年夏,他阅读约翰·斯图亚特·穆勒的书以及纽曼的《为吾生辩护》,并做了大量笔记;7 月 10 日,穆勒出现在了考文特花园,虽然只是一瞥,但给哈代留下了深刻的印象,当时是穆勒接受威斯敏斯特议会候选人提名的重大场合。[69] 穆尔曾督促哈代阅读纽曼的作品,他还把自己手头的奥古斯特·孔德的《实证主义概论》的 1865 年译本送给了哈代。书中有大量的页边空白处的标记,其中一些似乎是出自穆尔之手,但另一些肯定是哈代留下的,这表明他特别关注了“实证主义的智力特征”和“实证主义对妇女的影响”等章节。事实上,他在这一时期的人生观似乎具有相当强烈的理想主义和利他主义色彩:在他手
89 头那本麦卡洛克的著作中①,麦卡洛克用纯粹的经济学术语提到了人类“改善我们的状况”的冲动,哈代在页边空白处做了扩展,加上了如下字句:“无论是在社会方面、道德方面还是智力方面,以及其他一些方面。”[70]

《生活和工作》提到哈代在 1865 年的那个夏天仍在继续“实践正统”,仍在为进入剑桥大学做准备,为通过在乡村做助理牧师而“将诗歌和宗教结合起来”的最终前途做准备,《生活和工作》还把他最近在威斯敏斯特教堂参加圣餐仪式作为证据。然而,哈代自己记录的该圣餐仪式的时间是 7 月 5 日,如果正确无误的话,它一定不是发生在 1865 年,而是两年前的 1863 年。事实上,从 1864 年初夏开始,他参加礼拜仪式和私下阅读经文的频率均有所下降,从其圣经和祈祷书中标有日期的注释的频率的降低,可以较为准确地了解到这一动向。[71] 这或许可以部分地归因于伊丽莎离开了伦敦,但是宗教信仰和宗教活动不再是哈代思想和生活的中心。事实上,可能他从未有过维多利亚时代那种典型的“丧失信仰”的经历——其信仰的消失经历是一个逐渐发生的过程,而非某个

① 应该指的是《政治经济学原理》(1825)一书。

危机时刻的结果。尽管随着时间的推移，由于接触了马库斯·奥列里乌斯和许多现代思想家，哈代最基本的信仰变得复杂了，但是无论如何他都保留了苔丝或杰米玛那本能的、从父母那里继承下来的宿命论，其结果是，他发现自己很容易适应后达尔文主义的知识界所盛行的悲观主义，这是在其成年初期出现的。

似乎有必要归因于这个时期，当时他被充满矛盾的需求、雄心和恐惧拉扯，拽往太多方向，其中一些可怕的沮丧情绪，哈代在后来偶尔还会提到。他于 1887 年对一位朋友说："至于沮丧，我早已了解它的强烈程度——如果我告诉你，在过去那几年，有多少个星期，多少个月，我都在上床睡觉前希望再也不要见到翌日阳光，你会感到非常震惊的。"毫无疑问，有些情况会导致抑郁。他一直觉得伦敦对身体健康不利；每天除了工作之外，他还要花很长时间读书，他觉得自己被禁锢了，疲倦不堪；虽然伊丽莎的离去对他来说在某些方面可能是一种解脱，但似乎再也没有任何一个人可以让他一直依靠，给他带来心灵慰藉和金玉良言。穆尔总是神龙见首不见尾，无论如何都不是一个可靠的个人指导的来源。哈代不断地依靠自己的判断和资源，他不可能总是对自己的能力和前途有足够的信心，来承受那无情地迫使他采取安全和常规行动的压力。正如 90
他后来借《塔上恋人》的叙述者之口所说的那样："只有那些天生就对他人地位毕恭毕敬的人——这种恭敬会导致对自身地位的低估——才能充分体验到这种自我怀疑的深刻痛苦，这种在万念俱灰的时刻产生的自我毁灭的愿望，因为感到我们自己，我们最好的、最忠贞不渝的朋友，最终不再相信我们的事业了。"[72]

并无迹象表明哈代对布洛姆菲尔德分配给他的任务敷衍了事，抑或主动地表达了愤恨之情。许多年后，在描述他给公司其他人所作的一些小型文学讲座的时候——这些讲座总是将诗人的功绩和声誉抬高到狄更斯等小说家之上——他解释说建筑从来没有像写作那样让人绞尽脑汁。[73]他在公司里不仅有机会谈论文学，还有机会进行文学创作，这一点可以得到强有力的印证，证据是他在阿德尔菲排房8号以及威斯特伯恩公园别墅16号工作期间写的诗作。对于哈代把某一特定的日期和地点归属于某一特定诗歌的创作这一点，我们总是要慎重看待，但大多数现存的落款日期是1865年和1866年的诗歌似乎确实是在那两年创作的，尽管其形式可能比三十多年后最终出版时要粗糙得多。

像《阿玛贝尔》和《她的忏悔》这样的早期诗歌，本质上是传统模式下的自觉练习，尽管这并不一定是说它们不是以哈代的自身经历为基础的，例如《阿玛贝尔》，几乎可以肯定与他和朱莉娅·奥古斯塔·马丁①再次见面有关，时间是他第一次到达伦敦之后不久，那时候的她已经明显呈现出老态，因此这次见面对哈代来说是灾难性的：

> 我注意到她已经失去了往日的光彩，
> 她那习惯成自然的观点是如此狭隘，
> 遂问道："难道我的阿玛贝尔就栖身于
> 　　那个躯壳里？"

其他早期的诗歌——至少在它们被修订后的形式中——已经用一种无疑是哈代自己的声音在讲述了，其中有叙事性很强的《她的困境》，苦涩的《气馁》，其中暗指"人一生的境况都依赖于出身的运气"，还有那些以"偶然"为标题的充满怨恨的诗句：

> ——愚蠢而无同情心的横祸，阻挡了阳光和雨露，
> 时间在投掷骰子，本想投出快乐，却投出悲叹……

① 即前文所提到的马丁太太。

这些有眼无珠的末日论者撒播幸福，自得怡然
而我的朝圣之旅却布满痛苦。

即使在这样的诗歌中[74]，也很难区分文学冲动和个人冲动，尽管《对一个患难中的朋友的忏悔》一诗几乎肯定是由哈代对穆尔的焦虑所引发的。从另一个角度看，更能体现出哈代具有创作《穷汉与淑女》这样的作品的态度和才能的，是诸如《流动商贩斯韦特利家的大火》《被人欺负的姑娘》《两个男人》和《城市女店员的梦》等具有喜剧色彩的作品和讽刺性作品。[75]哈代早期关于女性的诗歌，如爱情诗、失恋诗、“嫌恶”诗等，其心绪和论证范围太广，无法帮助我们深入洞察他在这一时期的感情，除非将其归为一种总体模式，即矛盾心理和缺乏自信并存，以及罗曼蒂克的热情和郁郁寡欢的自责快速交替转换。 91

《生活和工作》将哈代对女性评论的时间归为1865年春，也显示出同样令人不安的不确定性，而在他二十五岁生日之际记录下的一种忧郁的反思——“感觉自己好像已经活了很久，却做得很少。晚上在月光下散步。不知道五年之后我心中所想的应该是哪个女人，倘若有的话”——强烈暗示他和伊丽莎的关系明显恶化。哈代的芬顿之行，很可能是他于1864年4月的一个周末借着去布莱顿的机会实现的，但是当伊丽莎在戈德斯通而他还在伦敦的时候，两人很少见面；1865年1月，会吏长霍尔去世后，伊丽莎没有回奥塞特街，而是去了芬顿，和其父母住在一起。哈代手头的基布尔的《基督教年历》一书中有他为关于三一节后的第二十四个星期日的诗歌所作的“65”号注释，那一年的三一节是11月26日：

如果两颗心产生的共鸣甚是完美
　以同样的节拍跳动，以爱回应爱，

弱小的凡人都会驻足尘世，听得如痴如醉，
不需要去聆听那些来自天堂的更纯净的天籁。[76]

然而，这样的措辞是有条件的，让人无法确定哈代是否觉得自己已经找到这样"完美的共鸣"，还是已经失去它，抑或是正在寻觅它。事实上，他是什么时候开始移情别恋的还没有明确的迹象。是年圣诞节假日期间，他陪同去登奇沃斯的那位"H. A."，并不像人们所说的，是一个神秘的爱慕对象，而是亨丽埃塔·亚当斯，一个家庭朋友，她似乎一直在斯廷斯福德庄园为杰米玛服务。[77]

哈代于11月26日在《基督教年历》中做的注释，很可能标志着他与伊丽莎的一次会面，但没有确凿证据表明他在1866年的圣神降临周①周
92 末之前重访过芬顿，当时他在建筑笔记本上画下了乡村教堂的草图。[78]作为证据，《她对他说》和其他相关的十四行诗倾向于暗示哈代和伊丽莎的关系——无论其正式性质如何——正在由于哈代与日俱增的不安而走向破裂。诗歌《她的责备》暗示哈代为了实现文学抱负而拒绝爱情，但是《她对他说(其四)》说的是一次移情别恋，即伊丽莎发现哈代偏爱她那更年轻、更漂亮、更不太信教的妹妹玛丽·简，他在拜访芬顿期间遇到了她，该诗可能以悲痛的语气反映了伊丽莎的痛苦：

你俩的爱令我的仁慈之心全无；
我只能诅咒她，祈祷她死亡，
因为她爱你并得到你爱的回复——
她滋养的那颗心，我的爱亦曾给予过滋养！[79]

---

① 圣神降临周(Whitsuntide)，圣灵降临日起的一个星期。

1866年夏，哈代情绪波动不稳定，甘心失望，怀着大量新的希望和想法，但对它们的实现却感到绝望。6月2日（星期六）是他二十六岁生日，他似乎已经开始了一个短暂的假期，但随后一周对哈特菲尔德的一次回访却让他感到更加压抑，因为他意识到了时光荏苒："公园里的花斑兔子，是我认识的兔子的后代。之前是兔宝宝的现在也是老兔子了。"22日，回到威斯特伯恩公园别墅的房间里，他画了那幅从窗子望出去看到的风景的素描画，不仅记录了日期，还记录了具体时间，"晚上八点半"。[80]风景本身完全是附近的建筑物，但是窗台上打开的几本书，为他那时候思绪的方向提供了更加准确的表达。

正是在这一年，或许是这一年的夏天，哈代发现自己长久以来所珍视的、基本上是寂静派的、生活在乡村的抱负最终破灭了。他让穆尔给他寄一份"剑桥大学学生指南"，强迫自己面对个人处境中令人难过的现实。他的财力远远不够，尽管他后来声称父亲会借给他所需要的任何额外资金；他对大学入学的准备远远不如过去几年自己所装出来的那么充分，尤其是在希腊语方面；而且所需要的时间让人细一思忖就感到沮丧。[81]他跟玛丽解释说："我发现，把开支加起来，再考虑到我要等待的时间，我的想法未免太过牵强，因此不值得再心存这样的想法了。"这似乎很荒谬，他补充说，"以这样虚无缥缈的东西来赖以生存"——这一判断很快在《一个年轻人的生存警句》的四行诗中得到回响，该诗写于同一年：

一所毫无意义的学校，在那里我们必须 93
付出我们的生命，或许才可能学会生活的真谛！
只有傻瓜才会对那些课程硬背死记
它们使我们没有时间去追求珍贵的东西。[82]

虽然这一决定令人痛苦，却带来了缓解甚至解脱之感。哈代的本能冲动是走向心灵的生活和书籍的世界，如果说这种冲动的最初呈现形式是召唤哈代成为一名牧师，多半是因为宗教使他最早意识到语言的美和给人带来的兴奋，无论是单独的，还是与音乐联系在一起的，宗教也使他对这个世界的魔力和神圣第一次产生了无法抗拒的感觉。他更为成熟的抱负既包括接受让他准备从事教会工作的大学教育，也包括这一职业本身的最终前景，他乐观地将其想象为尽职尽责地履行牧师的职责，然后通过写作诗歌，或许甚至出版诗歌，使其变得更有生气和活力。由于他认识到自己在经济上的局限性以及在教义上与教会的不同，这样一个计划便在实践上和道德上均站不住脚。然而，放弃进入剑桥大学和教会使他得到了更大的解脱，看到了为文学事业而从事文学事业的可能性，尽管迄今为止这种可能性还只是若隐若现。但那将意味着放弃建筑，而放弃长期的希望比放弃眼前的现实更容易。

以他为布洛姆菲尔德所执行的例行任务为代表的建筑业，让他感到无聊且没有成就感，也几乎没有晋升前景。是年夏末秋初，他碰巧被派往老圣潘克拉斯公墓，去检查在迁移新铁路线沿线的坟墓那令人毛骨悚然的过程中是否有违规行为。[83]当哈代第一次来到伦敦时，他仍然被其母亲灌输的社会抱负所驱使，仍然试图通过纯粹的努力工作和（像霍珀·托尔伯特一样）在公开竞赛中的成功使自己获得名望。到了六十年代中期，他意识到，作为建筑师，他可能注定要有一个像汤姆·平奇①一样的未来，总是在改进和完成其他人的工程。的确，这一职业已经给他带来了一定的地位和安全感，远远超出了他在博克汉普屯的童年时期所能作出的任何合理预测。从更宽泛的角度来考虑，建筑业本身并非没有吸引力；在他去世前不久，他说如果他像希克斯那样生活在一个乡村小镇上，当一名建筑师，他的生活可能会更幸福。[84]但是希克斯作

① 狄更斯的小说《马丁·翟述伟》（*Martin Chuzzlewit*，1844）中的人物。

为私营建筑师所享有的独立地位，似乎完全超出了六十年代青年哈代的能力范围。他不仅缺乏私人营业所必需的朋友、资金和教育，而且没有 94
任何自信、镇定和个人魅力来补充专业技能，使他仅凭能力就能赢得合作伙伴。另一方面，《我的建房经历》一文的出版并不能保证他有能力仅靠写作来维持生计，因此有必要着眼于这两种可能性。“研究、样本和评论”笔记本中写道：“如果文学失败了，就尝试一下建筑，可以考虑像霍尔德内斯①这样的地方。”[85] 然而尽管霍尔德内斯过去和现在都以精致的哥特式教堂而闻名，但是哈代对透露着不自信的“尝试”一词的使用，表明他将东约克郡想象成了一个偏远的地区，认为那里可能几乎没有其他建筑师能成为他的竞争对手。

从是年夏开始，是哈代在布洛姆菲尔德公司工作的最后一个年头，尽管如此，这是他创作生涯中的一个“繁荣时期”。[86] 他没有一首诗是在那个时候出版的——现在还不能确定是否真的投过稿——但是通过最终放弃所有关于牧师职业的想法以及随之而来的建筑和文学的双重选择，某种程度上，他的想象力和热情已经得到了解放。这一时期将被追忆为一个非常激动人心的时期，在这一时期，他对史文朋诗歌的沉醉与他自己诗人能力的意识的不断增强融合到了一起，更为审慎的志向和思考逐渐被抛到了一边：“诗歌的真实感，它在文学中至高无上的地位，在我心中觉醒。冒着毁掉我所有世俗前途的风险，我涉足其中……从性质上来讲，所有诗歌都是由一种情绪引导的，没有先见之明，也不考虑它会引导到什么地方。”[87]

在伦敦的这几年，哈代经历过许多沮丧和黑暗时刻。他痛惜这座城市拥挤生活的诸多方面，它的大雾、浓烟、灰尘及其“昏暗的污垢”对他

① 霍尔德内斯（Holderness），约克郡的一个地势低洼的半岛。

自身健康的影响，将最终驱使他回到多塞特。《乡下少女的来信》是落款时间和地点为1866年威斯特伯恩公园别墅的十四行诗中的一首，它让乡村和“非常喧嚣的城镇”形成了鲜明对比，这一对比，哈代一定早已明显地意识到了。[88]但他总是以对伦敦的了解而自豪，一直到他在布洛姆菲尔德公司工作的最后阶段，在自己的时间和资金允许的情况下，他继续充分利用伦敦所提供的独特机会。

歌剧是他与穆尔分享的一种热情，在穆尔写给他的仅存的几封信中，有一封是关于帕蒂和蒂金斯①的[89]，但从1865年到1868年底，穆尔一直在马尔伯勒学院教书，大多数时候，哈代听音乐会和看戏剧演出都
95 是独自一人前往，或者是与办公室同事一起去。1866年，W. O. 米尔恩以助理的身份来布洛姆菲尔德公司工作，他后来想起了哈代对音乐和剧院的喜爱，并说他们俩“过去偶尔会在德鲁里巷剧院的正厅后排看戏，尤其是在莎士比亚戏剧上演的时候。我特别记得有一次和他一起去看老菲尔普斯②扮演的‘约翰王’③，后来我们常常去海滨一带的老地方的餐馆吃一顿便宜的金枪鱼晚餐”。[90]哈代特别欣赏菲尔普斯扮演的法斯塔夫④，可能早在1864年3月，就看到过他扮演这个角色。1865年，哈代无疑看过菲尔普斯出演的《奥赛罗》，五十年后，回忆起其出演的《麦克白》中的“敲门的场景”，他补充说，当时自己是“易受影响的”，读莎士比亚“从二十三岁到二十六岁，比以往任何时候读得都细致”。[91]他见到海伦·福西特⑤的机会较少，她也出现在他那几年的记忆中，她和菲尔

① 帕蒂（Adelina Patti，1843–1919），蒂金斯（Thérèse Tietjens，1831–1877），两者都是英国女高音歌唱家。

② 塞缪尔·菲尔普斯（Samuel Phelps，1804–1878），英国演员、剧院经理。

③ 《约翰王》（*King John*，1623）是莎士比亚创作的一部历史剧。

④ 法斯塔夫（Falstaff）是莎士比亚笔下的人物，出现在多部戏剧中，如《亨利四世》《温莎的风流娘儿们》等。

⑤ 海伦·福西特（Helen Faucit，1817–1898），英国女演员。

普斯一起出演了《辛白林》和《麦克白》，并于1866年11月在《皆大欢喜》中扮演了罗莎琳德，哈代即使看了海伦后面这场演出，几个月后，他还是被外表迷人的司各特-西登斯太太①扮演的罗莎琳德吸引了，《致扮演罗莎琳德的演员》一诗就是写给她的。[92]

在哈代的一生中，他既为戏剧的刺激而着迷，又对它的技巧怀有抵触情绪——正如未完成的诗歌《维多利亚式的排练》所大致暗示的——即使他根据自己的特定目的改编了严肃戏剧和通俗戏剧的一些技巧和惯例。据说在1866年底和1867年初，他曾思考出一个获得舞台经验的计划，旨在为写无韵诗剧本做准备，而且他至少成功获得了——通过一个铁匠的斡旋，这个铁匠既为布洛姆菲尔德公司工作，也为剧院工作——吉尔伯特·阿·贝克特②的哑剧《阿里巴巴和四十大盗》（又名《天方夜谭中的滑稽角色和魔怪》）中的一个龙套角色，只演出一个晚上。该剧于1866年12月26日开始在考文特花园上演，演出持续了几周。作为一个"毫无特色的人"，哈代在"牛津和剑桥划船比赛"的场景中扮演了一个现在来说难以想象的角色，即最后一场滑稽表演中的一分子，该表演在第一天晚上就赢得了观众的掌声和《泰晤士报》评论家的赞誉，被誉为"一段时间以来见过的最好的同类展演之一"。[93]这一定是段有趣的经历，但与诗剧的创作并没有太大关系。

哈代在博克汉普屯的家中度过了这一年的圣诞节，他送给玛丽一本《英诗金库》，送给现年十岁的凯特一本伍德③撰写的《插图版自然历史》。[94]新年带来了一系列的个人危机，其中最主要的是他与伊丽莎的订婚或"非正式的协议"的结束，二人关系的延续因他对她妹妹简的怦 96

① 司各特-西登斯（Mary Frances Scott-Siddons，1844-1896），英国女演员。

② 吉尔伯特·阿·贝克特（Gilbert Abbott à Beckett，1811-1856），英国幽默作家。

③ 伍德（John George Wood，1827-1889），英国作家，以其作品普及自然历史而知名。

然心动而变得不可能。他最后一次去了芬顿，最后一次和伊丽莎面谈，此次面谈在《灰色调》一诗中被记录了下来，该诗给人一种强烈的身临其境的感觉，这来自非凡的意象精确性，哈代用这种精确性再现了诗歌的背景，很可能是山脊上被古老的石灰窑环绕的池塘，山脊俯瞰着芬顿西面的托尔玛农场。对他来说，诗歌的调子不再是（像在《她对他说（其四）》中那样）普通的两性背叛——只有进行道德说教的最后一节提到了欺骗——而是一种耗尽了所有活力、色彩和意义的关系：

你用那样的眼神看着我
像多年前看无聊谜语的眼神一样；
一些话语在我们之间穿梭来往
　爱得越久，失去得越多。[95]

伊丽莎自己也感到不舒服。她终身未嫁，但变得更加笃信宗教，差不多五十年后，在哈代的结发妻子去世后，她曾登门拜访哈代，仍然抱着一线希望，以为属于她的时刻终于到来。哈代也无法从其新的迷恋对象身上找到多少补偿；虽然简可能从跟她姐姐的未婚夫进行恶作剧式的调情中得到了一些心理满足，但她显然并不是认真的，并没有把他当成那个可以与之谈婚论嫁的人，于是不久便移情别恋了。[96]

这段经历令哈代身心俱疲，尤其是身体虚弱程度的加剧，迫使他离开布洛姆菲尔德公司和伦敦，于 1867 年 7 月返回了多塞特。太多的阅读（每晚下班后读书数小时）、太少的睡眠和锻炼、城市普遍不健康的环境、阿德尔菲排房靠近泰晤士河的潮汐下水道，所有这些因素都使他的健康严重恶化，乃至早晨起床后他几乎没有“握住铅笔和三角尺”的力气了。据家人说，他在伦敦的时候一日三餐不规律，医生每天都给他开一瓶牛奶黑啤酒。[97]没有迹象表明他当时在认真考虑提前放弃自己的建筑生涯，然而，落款时间地点为1867年阿德尔菲排房的诗歌《女继承人和建筑师》，对这场严峻辩论的正反两方都充满敌意，以至于很难说是代表布洛姆菲尔德的一方败下阵来了。与此同时，哈代在建筑公司的工作也受到了约翰·希克斯的影响，希克斯请求他回到多切斯特做助理，协助教堂修复工作，该请求受到多方欢迎，都认为这至少为哈代暂时改变一下活动领域、环境氛围和工作节奏提供了良机。[98]

注释

[1]《生活和工作》，页40；基布尔的《基督教年历》中的笔记（多博）。

[2]《公众声音》，页278。

[3]《早期生活》，页46，参《生活和工作》，页503；考克雷尔与哈代会面笔记，1916年9月22日（耶鲁）。

[4]《生活和工作》，页44；《哈代书信》，第一卷，页1。

[5]《生活和工作》，页41。

[6]《哈代书信》，第六卷，页192。

[7] 建筑协会会议记录簿，1857–1862年；关于哈代和建筑协会的其他信息，来源于该协会档案馆中的这本会议记录簿和其他会议记录簿，或是该协会在十九世纪六十年代出版的“棕皮书”。

[8] 考克雷尔与哈代会面笔记，1926年4月10日（耶鲁）；《哈代书信》，第一卷，页2；珀迪与弗洛伦斯谈话，1931年。肖的名字是根据他在多塞特博物馆的一张哈代的照片上的签名确定的。

[9]《哈代书信》，第一卷，页2。

[10] 同上，页3。

[11] 同上，第六卷，页176。

[12]《生活和工作》，页54、43；E. 哈代，《哈代和颅相学家》，载《约翰·奥伦敦周刊》，1954年2月6日（原始报告，多博）；《生活和工作》，页53；《哈代书信》，第一卷，页5–6。

［13］《哈代诗歌》，第一卷，页266–267；《生活和工作》，页44–45；《生活和工作》，页45。

［14］《处决》，载《泰晤士报》，1864 年 2 月 23 日，第 7 版；《生活和工作》，页42。

［15］《哈代书信》，第一卷，页1；玛丽·哈代致哈代的信，1862 年 11 月 28 日（多博）；《哈代书信》，第一卷，页1；《公众声音》，页417–418。

［16］《泰晤士报》，1862 年 8 月 7 日；《多塞特郡纪事报》，1883 年 8 月 16 日，参《公众声音》，页58–59。

［17］《哈代书信》，第一卷，页2；教区档案（威尔特郡档案局）。

［18］《生活和工作》，页476；《哈代书信》，第一卷，页2。

［19］《哈代书信》，第一卷，页2。

［20］同上，页3。

［21］同上，页4。

［22］然而，这并不是后来赫赫有名的威廉·泰特爵士奖。

［23］《公众声音》，页351–352；建筑协会档案。

［24］英国皇家建筑师学会会议记录，理事会报告，1863 年 5 月 4 日（此处"彩"就是这样拼写的①）。

［25］信息源自 C. J. P. 贝蒂博士，援引自 1863 年 3 月 23 日的英国皇家建筑师学会理事会会议记录。

［26］西德尼·希斯，《哈代》，载《教师世界》，1928 年 1 月 18 日，页826。

［27］笔记本和藏书所在地（多博）；《生活和工作》，页49。

［28］H. 巴斯托致哈代的信，1863 年 12 月 23 日。（多博）

［29］万圣教堂的设计图。（伯克郡档案局）

［30］R. 布洛姆菲尔德，《建筑师回忆录》（伦敦，1932），页35–36。

［31］珀迪与弗洛伦斯谈话，1935 年；《生活和工作》，页42–43。

---

① "彩"在原文中拼写为 Colored，实为美国拼法，英国拼法为 Coloured。

［32］弗洛伦斯致考克雷尔的信，1925 年 6 月 15 日（耶鲁）；《生活和工作》，页 47。

［33］W. O. 米尔内特致 C. J. 布洛姆菲尔德的信，1911 年 5 月 25 日。（亚当斯）

［34］《生活和工作》，页 50；素描（分别收藏于多博和耶鲁大学）。

［35］玛丽·哈代致哈代的信，1862 年 11 月 28 日（多博）；玛丽·哈代，登奇沃斯回忆录（多博）；哈代的学校素描，1863 年 4 月 26 日，《建筑笔记》，页 113。

［36］玛丽·哈代，登奇沃斯回忆录。（多博）

［37］《哈代书信》，第一卷，页 4；凯特·哈代，霍夫曼访谈，1939 年（霍夫曼）；斯帕克斯笔记和文件（伊顿）；凯特·哈代日记，1915 年 11 月 25 日（多博：洛克）。

［38］哈代的法利老教堂素描（多博）；玛丽·哈代致哈代的信，1864 年 5 月 19 日（多博）。

［39］素描（多博）；F. 查尔方特，《哈代的住宅和寄宿地：第一部分》，载《哈代杂志》，八卷三期（1992 年 10 月），页 51–52；（非官方的）蓝色牌匾上的日期不正确。

［40］哈代在祈祷书中的评注（多博）；斯帕克斯笔记和文件（伊顿）。

［41］汉兹，《哈代：心不在焉的传教士?》，页 20–21。

［42］关于会吏长霍尔、威尔伯福斯的朋友麦考利以及其他解放主义者，见《英国人物传记辞典》。

［43］关于伊丽莎·尼科尔斯的信息主要来自其侄女莎拉·海德利太太（1955 年亨利·里德和珀迪曾采访过她），以及海德利太太致珀迪的信。（耶鲁）

［44］哈代的照片、尼科尔斯的家庭照片等。（耶鲁）

［45］见 I. 利兹，《芬顿和芬顿山谷》。（打印稿，西苏塞克斯郡档案局）

［46］H. 巴斯托致哈代的信，1861 年 5 月 20 日。（多博）

［47］《威塞克斯诗集》（伦敦，1898），［页 30］。

［48］素描。（多博）

［49］哈代的祈祷书（多博）也显示了他在1864年复活节（4月3日）后的第一个星期天在布莱顿参加了一个礼拜仪式。

［50］哈代在阿尔丰斯·马里埃特的《每天半小时法语翻译教程》（伦敦，1863）封底衬页上画的画，图书购于1865年（科尔比）。尽管尼古拉斯·希利亚德不同意我对克拉维尔塔的确认（见他的《伊丽莎·尼科尔斯和哈代1865–1867年的诗歌》，载《哈代协会评论》，一卷九期〔1983〕，页271–273），但是为了引起我的注意，他慷慨地画了这幅草图并作注。

［51］《哈代书信》，第五卷，页174；莎士比亚（多博）；尼尔（耶鲁）。

［52］M. 卡洛克（耶鲁）；穆尔的信（多博）。

［53］速记入门读本（多博）；《哈代书信》，第一卷，页5。

［54］H. M. 穆尔致哈代的信，1864年2月21日。（多博）

［55］亚瑟·布莱特日记。（多档）

［56］藏书所在地（耶鲁）；霍夫曼访谈G. H. 穆尔牧师，1939年（霍夫曼）。

［57］哈代，《被排除在全集之外的短篇小说和与他人合作的短篇小说》，页10–23；《公众声音》，页13；"作者之书"（W. & R. 钱伯斯档案）。

［58］藏书所在地（多博）；哈代，《研究、样本和评论笔记本》，P. 达尔齐尔和M. 米尔盖特编辑（牛津，1994），多处；E. 默里，《陷入文字网》（伦敦，1977），页175。

［59］《研究、样本》，页50、49；A. C. 史文朋，《诗歌和民谣集》（伦敦，1866），页85–90，页91–93，页98–101，页178–195；《哈代书信》，第二卷，页158。

［60］《研究、样本》，页54、23、32。

［61］《研究、样本》，页83；这里和其他地方一样，斜体[①]表示带下划线的单词。

［62］对于此例以及整个段落，见P. 达尔齐尔，《哈代的性逃避：〈研究、样本和评论笔记本〉中的证据》，载《维多利亚诗歌》，三十一卷三期（1993年夏季号），

① 汉语译文没有使用斜体，而是做了加粗处理。下同，不再另行作注。

页 143–155。

［63］插入“诗歌素材”笔记本（缩微胶卷，耶鲁）里的袖珍笔记本中的摘录内容。

［64］《研究、样本》，页 7、60；粗体字是在笔记本中加下划线的单词。

［65］“诗歌素材”笔记本。（缩微胶卷，耶鲁）

［66］见《雷蒂的报婚》的手稿，珀迪，页 242，以及正面插图。

［67］《生活和工作》，页 53。

［68］《生活和工作》，页 52；马里埃特（科尔比），斯蒂文纳德（M. 米尔盖特）；《哈代书信》，第七卷，页 30。

［69］《文学笔记》，第一卷，页 3–4；《生活和工作》，页 59；《公众声音》，页 238–239；《泰晤士报》，1865 年 7 月 11 日，第 8 版；《文学笔记》，第一卷，页 5–7。

［70］藏书所在地。（耶鲁）

［71］《生活和工作》，页 53；藏书所在地（多博）。

［72］《哈代书信》，第一卷，页 167；《塔上恋人》，页 255。

［73］E. 费尔金，《和哈代在一起的日子》，载《文汇》，十八卷四期（1962 年 4 月），页 32。

［74］《哈代诗歌》，第一卷，页 8–9，页 285，页 16–17；第三卷，页 155；第一卷，页 10。

［75］同上，第一卷，页 12–13，页 93–98，页 197–198，页 100–103（参页 390–393）；第二卷，页 379–380。

［76］《生活和工作》，页 52。

［77］吉廷斯，《青年哈代》，页 92–96；凯特 · 哈代，接受霍夫曼的访谈（霍夫曼），确认 H. A. 是她母亲的一个朋友，名字叫亨丽埃塔；访问登奇沃斯的时间写在了哈代的《英诗金库》（多博）里的民谣《老罗宾 · 格雷》的旁边；两幅关于登奇沃斯的画也注明了日期（多博）。

［78］哈代的《基督教年历》页 138 上的日期（多博）；《建筑笔记》，［页 22］；虽然字迹被抹掉了，但依然能辨认出是“芬顿”教堂。

[79]《哈代诗歌》,第一卷,页171、20;关于伊丽莎·尼科尔斯,见注释43。

[80]《生活和工作》,页56;素描(多博)。

[81]《生活和工作》,页52–53;参《职业》,页37–38。

[82]《哈代书信》,第一卷,页7;《哈代诗歌》,第一卷,页359。

[83]《生活和工作》,页49;《生活和工作》,页47,把圣潘克拉斯这一插曲定为“1865年左右”,但更确切地说,它属于1866–1867年(见《贝斯瓦特纪事报》,1866年6月30日)。

[84] 关于汤姆·平奇,见查尔斯·狄更斯的《马丁·翟述伟》;《生活和工作》,页478。

[85]《研究、样本》,页89。

[86]《哈代书信》,第二卷,页158。

[87]《生活和工作》,页415。

[88]《哈代诗歌》,第二卷,页379;第一卷,页284。

[89] H. M. 穆尔致哈代的信,星期一[1867年6月?]。(多博)

[90] W. O. 米尔恩致C. J. 布洛姆菲尔德的信,1911年5月23日。(亚当斯)

[91]《哈代书信》,第五卷,页174。

[92] 珀迪,页143;《哈代诗歌》,第一卷,页286。

[93]《生活和工作》,页55–56;《泰晤士报》,1866年12月27日;D. 霍金斯,《哈代:小说家和诗人》(牛顿-阿伯特,1976),页14–15。在韦尔和泰恩所著的《岁月》(伦敦,1867)的第五封信中,拉斯金奇怪地断言哑剧中的所有角色都是由女人扮演的。

[94]《英诗金库》(耶鲁);伍德(日本中央大学)。

[95]《哈代诗歌》,第一卷,页13。

[96] 海德利太太:见注释43;另见《哈代书信》第七卷页168上的注释。

[97]《生活和工作》,页54;弗洛伦斯致高斯夫人的信,1927年8月5日(利兹);约翰·安特尔,访谈,1972年。

[98]《生活和工作》,页54–55。

第五章 《穷汉与淑女》

1867 年 7 月，当哈代从伦敦回到多塞特时，他不得不面对朋友和邻居鄙夷的目光，他们把他的退却解读为他在试图进入更广阔世界的战斗中败下阵来的迹象。[1]他当然知道，他在智识方面得到了发展，积累了经验和值得记忆的事情，了解了写作对他的重要性，但显而易见，他既没有在建筑业取得实质性进展，也没有在新闻业获得可供选择的立足点。尽管如此，他对自己目前的处境暂时还是非常满意的。布洛姆菲尔德公司职位的大门一直向他敞开，但 10 月去取个人物品的短暂伦敦之行，结果只是更加坚定了他之前所做的决定。[2]在经历了种种失望和身体不适之后，作为理想的做法，他接受了多塞特的——特别是博克汉普屯的——康复性影响，很快就恢复了身心健康。

他又开始为希克斯工作了，然而是基于双方的方便。当然有不少建筑工作要做，希克斯手头有几个项目，还有项目准备要做，包括在多塞特的特恩沃斯、西拉尔沃斯和辛屯-马特尔等村庄修建新教堂，还有一个教堂的修复工作，至今尚未去实地考察过，地点在遥远的康沃尔郡圣朱利奥特的小村庄里。[3]但这样的安排给了哈代足够的机会和亲朋好友见面，重新发掘自己的家乡，并开始认真写作。9 月的一个星期二，他画了一幅明特恩以北的道格伯里的素描画，画中还有他妹妹玛丽最近接管的一所当地学校——她抓住了第一个回到多塞特的机会，即使到目前为止还没有回到离家最近的地方。[4] 他又开始很自然地享受他表妹特丽菲娜的陪伴，她现在是帕德尔屯小学的一名教师。[5]

98 特丽菲娜时年芳龄十六，花容月貌、活泼可爱、聪明伶俐。她颇有幽默感，正如留存下的书信所显示的那样[6]，并在随后的教师和校长生涯中展现出了干劲和决心。她的名字并没有出现在《生活和工作》一书中——书中哈代家人和亲属的名字鲜有直接提及——这一点在最近一段时间里得到了强调（而非消除其不良影响），暗示她在 1867 年夏与哈代有过一段热恋，并于 1868 年为他生了一个私生子，但他们并没有结婚，因为他俩实际上不是表兄妹，而是舅舅和外甥女的关系。然而，对于这些推测，没有任何证据经得起学术性的甚至是常识性的推敲。[7] 当然，人们早就知道——这主要是基于哈代自己提到的一个"表亲"——《思念菲娜：听闻其去世的噩耗有感》一诗的主人公就是特丽菲娜，该诗首次以"思念菲"（"Thoughts of Ph——a"）为题发表在《威塞克斯诗集》中：

她写的书信我一行也未留存，
　亦没有将她的一绺秀发珍藏，
对于作为宅中老妪的她也是杳无音讯，
　不能凭此为她画上一幅肖像；
徒劳地驱使我那再也没有见过她的双眼
　在她生命结束的时刻，去想象我那痛失的奖赏
我曾经认识的那个她，那时她的梦想充满了绚烂，
　她的双眸洋溢着笑声朗朗。[8]

早在 1898 年，哈代就选择在《威塞克斯诗集》中发表这些诗句，这本身就证明了他对逝去的表妹的记忆不仅充满深情，而且坦坦荡荡，没有内

疚或自责，除非他自己婚姻的困境使他有理由后悔过去未能赢得特丽菲娜、路易莎·哈丁、伊丽莎·尼科尔斯、简·尼科尔斯，或者其他任何一位年轻女性，他那理想化的记忆已经将她们转化为“痛失的奖赏”。

从1867年夏到1869年夏的大部分时间里，哈代都在博克汉普屯，而特丽菲娜则在帕德尔屯，据说他已经答应教她法语。家庭传说告诉我们，他们二人之间有某种形式的非正式协议甚至订婚；哈代第二任妻子谈到哈代曾给了他第一任妻子一枚戒指，这枚戒指原本是打算送给当地某个女孩的；特丽菲娜的侄子小纳撒尼尔·斯帕克斯说曾听他父亲讲起过这样的内情：“托马斯·哈代最初想娶玛莎！后来，他又试图娶特丽菲娜，但祖母［即玛丽亚·斯帕克斯］以违反教会戒律为由，打翻了他的如意算盘。”[9]尽管这一证据的某些方面似乎存在问题，如玛丽亚·斯帕克斯卒于1868年11月2日，而且英国国教的“亲属关系和姻亲关系表”并没有明令禁止堂表兄妹结婚，但很有可能是哈代和特丽菲娜私奔了，招致一些家庭成员的强烈不满，一般家庭都会持这样的态度。 99

哈代被特丽菲娜的美貌和年轻的乐观精神所吸引，被“她的梦想充满了绚烂，／她的双眸洋溢着笑声朗朗”所吸引，但她和他之间的亲属关系太近，阶层一致，因此似乎对一个前程似锦的年轻男人而言，她并非特别般配，至少在杰米玛嫉妒的眼中是这样的。就特丽菲娜而言，她完全满足于被她那已经长大成人的表哥陪伴和委婉地追求，即使他不是特别英俊，但他有着大都市的经历和文学上的抱负，然而，她当时年仅十六七岁，对婚姻的兴趣远不及接受大学教育并最终成为经济独立的女教师的兴趣，因为这样的前途对有着她这样背景的女孩来说是足够令人兴奋的。两个人经常单独待在一起，因此无法证明他俩从未发生过性行为。然而，考虑到他们的表亲关系、他们的养育过程中家长的严格要求，以及长辈们的警觉，特丽菲娜不太可能有怀孕的危险。特丽菲娜无疑没有给哈代生过孩子，很可能没有订婚，或许甚至没有戏剧性的分手，而只是逐渐回归到了像过去那样的友好的表亲关系。

1870年1月,特丽菲娜前往伦敦,在不列颠及海外学校协会创办的斯托克韦尔师范学院修了两年的课程。1872年1月,在培训结束后,她立即被任命为普利茅斯①一所女子小学的校长。一年后,她还没有成家,大姐丽贝卡去和她同住,由于她们的母亲去世了,而丽贝卡自己与一个名叫弗雷德里克·佩因的帕德尔屯马具商的婚姻也迅速破裂了,因此实际上她是无家可归的。[10]1875年,埃克塞特附近的托普瑟姆的一家酒馆的老板查尔斯·盖尔向特丽菲娜求婚,1877年12月,两人喜结连理。哈代可能于1870年至1872年间在伦敦遇见过特丽菲娜,并在她前往普利茅斯后与她保持联系,但没有证据表明,二人的关系甚至延续到了哈代于1870年3月第一次与艾玛·拉维尼亚·吉福德见面时。事实上,在《风的预言》一诗中,即将被艾玛所取代的这位情人长着"黑檀色的头发卷儿",使人更能联想到简·尼科尔斯(如其照片所示),而非特丽菲娜,据说她的头发是深栗色的。[11]

在其母亲生病并去世的时候,特丽菲娜显然是和她的(也是哈代的)姨妈玛丽·安特尔住在一起的,玛丽是帕德尔屯鞋匠安特尔的妻
100 子,哈代在六十年代末经常见到她。《绿林荫下》中的鞋匠潘尼先生的原型是一个叫罗伯特·雷森的人,哈代小时候就知道他以前在下博克汉普屯开的商店,但是安特尔在帕德尔屯开的商店也是乡村生活和闲聊的天然中心,他被家庭传说描绘成一个完全不同类型的人,他了解乡村生活,积极参与地方事务;他拒绝接受他所渴望得到的正规教育,是一个自学成才的天才,在拉丁语、希腊语甚至希伯来语方面都有一定的造诣。安特尔显然是那个时代的一个典型人物:工人阶级的一分子,在当时普

① 普利茅斯(Plymouth),德文郡南部海岸的港口城市。

遍的社会状况下，发现英雄无用武之地，徒有干劲却郁郁不得志，最终爆发在痛苦、酗酒和暴力之中。[12]很难说在乡村鞋匠传统的影响之下，他在多大程度上是一个政治激进分子。他和其姐夫①詹姆斯·斯帕克斯对于1870年发表的一篇演说的支持也不够，该演说主张完全自由地在公立小学开展宗教教学。[13]但随着年龄的增长以及在与新鞋厂的竞争中失去生意，他的痛苦和自我毁灭性的饮酒也相应增加，以至于哈代可以把伍尔庄园里的一个特伯维尔家族的人物的肖像画中那“近乎粗野的——至少是不友好的”一面描述成“像J. A在诺亚方舟喝醉酒时的样子”，诺亚方舟是多切斯特的一个酒馆。[14]六十年代末，安特尔才四十多岁②，还没有跌入疾病和酗酒的深渊，对宇宙秩序的敌意也还没有那么强烈。但是，坐在帕德尔屯大街上的商店后部的作坊里的哈代，听到了安特尔关于人类命运根本不公的许多长篇大论，毫无疑问，多年以后，安特尔那被剥夺了的、分裂的、受悲剧驱使的个性将成为《无名的裘德》整部小说构思的核心。[15]它可能也对哈代第一部小说《穷汉与淑女》中普遍存在的阶级敌意作出了更为直接的贡献。

回到多塞特后，哈代继续写诗，他后来回忆说，他是在离开伦敦以后才终于学会避开诗歌中“镶有宝石的诗行”，认为那是“女人气的”，并第一次阅读了华兹华斯《抒情歌谣集》的序言，“它对我影响颇深”。[16]《订了婚的寡妇》是1867年构思的，可能没有进一步创作，《雷蒂的报婚》和《格兰特的歌》均是1868年起草的，而据说是同年6月写的“一首关于尼罗河战役的叙事诗的提纲”，表明诗人在诗歌方面的雄心壮志以及对拿破仑素材和主题的早期兴趣。[17]然而，哈代已经认识到诗歌提供

---

① 不是其姐姐的丈夫，而是其妻子的姐姐的丈夫，即汉语中的“连襟”或“一担挑”。

② 根据哈代母亲家的家谱，安特尔生于1816年，因此严格来讲，六十年代末他应该是五十出头，而非四十多岁。

的职业机会寥寥,在1867年的最后五个月,他自由地借鉴手头已有的诗
101 歌和其他素材,致力于创作《穷汉与淑女》的初稿,其副标题让人感觉有点前途无望:“一个没有情节的故事:包含一些原创诗句”。[18]

尽管该小说从未出版过,而且没有一页手稿保存下来,但通过各种原始资料,有可能重新构建出它明显的情节性叙事的大致轮廓。[19]农民出身的年轻建筑师威尔·斯特朗爱上了乡绅的女儿,他的父母在该乡绅的庄园里工作。尽管这位淑女对这个穷汉的政治激进主义感到苦恼,两人还是订了婚,但最终因乡绅的反对而分手,乡绅安排其女儿嫁给当地一个地主的儿子。在她婚礼的前夜,这对昔日恋人再一次见面,并重申了他们的婚誓,但在他们秘密结婚之后,紧接着就是这位女士在其父亲家中溘然离世。在1868年初完成的初稿中,哈代的一些叙事难题没有得到解决。尤其值得一提的是,他没有对男主人公在某一时刻不得不暂时失明提供医学解释,亦没有解释女主人公为何在没有任何预警的情况下突然死亡,因为她的心理和生理状况均完全正常。为了寻求专家的建议,哈代写信给他姨妈玛莎的夫伯乔治·布雷顿·夏普牧师,他以前曾在赫特福德郡做内科和外科医生。夏普同意哈代的看法,认为“持续地在深夜阅读小号字印刷的书或希腊字符”很可能会导致失明,尤其是在光线不好的情况下,此外,他推荐“肺部出血”作为哈代所设定的女主人公暴亡的最佳方式。“我希望,”他接着说,“你不要太指望你的作品有利可图,因为有这样好运气的人寥寥无几。但我并不是说你没有这样的运气。”[20]

写出《穷汉与淑女》誊清本的过程显然既涉及扩展,也涉及修订,毫不奇怪,它占据了哈代1868年1月底至6月初的所有业余时间。7月25日,在穆尔推荐下,这份总计四百四十页的完整手稿被寄给亚历山大·麦克米伦;穆尔与麦克米伦公司的关系,可以追溯到他在剑桥大学读书的日子。哈代在附信中承认,他主要关心的是攻击上层阶级的举

止,但他坚持认为,该书的新颖性和微妙之处既在于它运用了“相对局外人”的视角,还在于它的间接讽刺:鉴于上层阶级的读者可能会厌恶地扔掉一本公开怀有敌意的书,“同样的情感就被旁敲侧击地说出来;在模棱两可的表达之下半露半藏,或者至少写得好像它们不是本书的主要目的(尽管它们可能是)——从而成为所有话语中最吸引人的话”。[21]

麦克米伦几乎不大可能被如此软弱无力的论点所打动,但《穷汉与淑女》作品本身还是给他留下了较为深刻的印象,于是他在8月10日给哈代写了一封冗长而详细的回信,这封回信代表了现存的最清晰的迹象,可以说明这部小说是什么样子的。尽管麦克米伦赞扬了哈代对“工人们的乡村生活”的描述,但他觉得哈代对伦敦上层阶级的刻画过于敌对,难以令人信服: 102

> 你赋予工人阶级在客厅和舞厅里之对话的冷酷无情,恐怕是有一定事实根据的,而且可能会受到正义的鞭笞,正如你想要达到的效果那样,但你的惩罚将不会因为过度而受到伤害。威尔对工人的讲话充满了智慧(但是顺便问一下,他会在公共场合讲自己的故事吗?因为就像你所描述的那样,他是一个非常有品位的人——),在书的其他部分,你自己也站出来给出强烈谴责的理由。事实上,没有什么能够证明对一个阶级进行如此大规模的丑化是正当的,除非对它有着广泛而透彻的了解。萨克雷在很多方面并没有把工人阶级刻画得更好,但是他赋予了他们许多可以弥补缺陷的特质和性格,此外,他的刻画都是以一种轻松的、调侃的方式进行的,不会带来冒犯,但恐怕这并没有给他带来什么好处;他还通过描绘那些他根本不了解,也不愿意去了解的下层阶级来安慰工人阶级,说当他和他们接触的时候发现他们同样糟糕。他意欲实现公平,你“意欲搞恶作剧”。

整个故事让麦克米伦感到既不切实际又难以置信——这种事情“有可能会发生吗”？他问道，“任何一个绅士会在深更半夜追打他的妻子吗？”——但是他赞扬了哈代的人物塑造和风格，并说在伦敦骑马道发生的一个情节“充满了真实的力量和洞察力”。“你瞧，”他补充说，“我给你写信就像是给一位作家写信一样，在我看来，这位作家有相当高的声望，有能力，有目标，至少从潜力上讲是这样的。如果这是你的处女作，我认为你应该继续创作下去。有个问题不知当问否？——你不是女士，所以或许你会谅解这个问题——你是个年轻人吗？”[22]

随信还寄了一份引人注目的文件，一位身份不明的审稿人写的报告——实际上是约翰·莫利①，他在文学和政治领域的辉煌事业刚刚起步——麦克米伦起初将手稿寄给了他：

> 相当不寻常和颇有原创性的表现：开篇部分对流动商贩家的圣诞前夜的描绘真的质量上乘，大部分行文文笔遒劲而有新鲜感。但有些地方却出现了某种令人不快的荒诞，使其读起来像是某个聪明小伙子的梦境：结构太过松散。写作中有真情实感，但是时而会在形式上显得很平庸，比如当对富人面对穷人所表现出的傲慢和愚蠢予以攻击时，所有情感听上去都倾向于给人平庸的感觉（如页
> 103 338）。如果这是一位年轻作家，那么他是懂行的，也颇有前途；但他必须学习表现形式和创作技巧，向巴尔扎克和萨克雷这样的作家学习，我认为对他而言他们是天然的大师。
>
> 关于奇怪的小聪明和严厉的讽刺——例如页280——页333前后——页352——关于愤世嫉俗的描述，达到巴尔扎克一半的水平了，如页358-359。[23]

---

① 约翰·莫利（John Morley，1838-1923），英国政治家、文学家、传记作家。

莫利反复提到巴尔扎克和萨克雷，这强调了该小说强烈的社会讽刺元素。小说对上层阶级的态度和对特权的攻击也被哈代用明确的政治术语阐明，颇令人信服，这是因为它包含了“威尔对工人的讲话”这样一个明显的固定套路，这或许在某种程度上要归功于乔治·艾略特的《费利克斯·霍尔特对工人的讲话》一文，该文首次发表在《布莱克伍德杂志》1868年一月号上。《生活和工作》提到这部小说的“倾向”是“社会主义的，即使不能说是革命性的”，但有多少理由现在还很难说。然而，《穷汉与淑女》特别关心的政治问题在小说中处于中心地位，某种意义上这是通过它们在哈代小说家生涯的最后阶段的重现而得以确认的，如裘德对个人生活的公开叙述，听起来是威尔对工人的自传体性质的讲话的清晰回响，而以基督教徒形象出现的具有无神论思想的苏，则能使我们回想起《穷汉与淑女》中的音乐厅舞者，她成为“被建筑师包养的情妇”，并通过设计“讲经台、祭坛、祭坛背后有装饰的屏风、经文、圣器、十字架和其他教会家具”对他的工作予以协助。[24]毫无疑问，这部小说是自传体性质的，即使从叙事角度而言不是，但就情感角度而言肯定是，小说所包含的具体的个人因素可以从哈代的中篇小说《女继承人生活中的轻率行为》中推断出来，该小说是哈代于1878年把《穷汉与淑女》手稿中尚未使用的部分重新组合而成的。例如，建筑师威尔·斯特朗成为《女继承人生活中的轻率行为》中的校长艾格伯特·梅恩，但“main”差不多是“strong”的同义词，而两者又均为“hardy”的同义词①，因此哈代的第二任妻子曾说，梅恩的原型无疑是作者哈代本人。[25]

① 单词 main 和姓 Mayne（梅恩）是同音词，单词 strong 和姓 Strong（斯特朗）是同音同形词，单词 hardy 和姓 Hardy（哈代）是同音同形词；而 main 的一个意思为“有力的”，strong 的一个意思为“强壮的”，hardy 的一个意思亦为“强壮的”，因此三者又是同义词或近义词。

尽管在8月10日写给哈代的书信的开头一段，麦克米伦提到了一些可能阻碍小说取得成功的“致命缺陷”，但他总体上保持了一种鼓舞人心的语调（“如果这是你的处女作，我认为你应该继续创作下去”），信的结尾说，他正在寻求一位更直接熟悉上层社会的人士的建议，以便对手稿进行可能的修改，使其达到被出版社录用的水平。哈代显然立即回复了，然后等待后续进展，同时让自己忙于偶尔的建筑工作、他的诗歌创作——《雷蒂的报婚》的留存手稿的落款日期是1868年6月22日——
104 以及其他的习惯性活动，包括散步、素描、写作，当然还有阅读。《生活和工作》不仅提到了萨克雷和麦考利①的书籍、霍勒斯·沃波尔②的信件、莎士比亚的一些戏剧和部分的《埃涅阿斯纪》，还提到了沃尔特·惠特曼，这表明哈代可能是英国第一本惠特曼诗歌选集的最早读者之一，该选集于1868年由威廉·迈克尔·罗塞蒂编辑出版。[26]8月，妹妹玛丽在家过暑假，他们一起出游的一次记录得以保存下来：

> 1868年8月26日，和玛丽一起去韦茅斯，发现那里正在举行划船比赛。然后乘汽船去拉尔沃斯。一个女人踩在明轮外壳上，一路上笑个不停，然后她有一段时间感到不适，接下来继续欢笑。我和玛丽在拉尔斯湾下了船；那个女人没有下船，而是跟着船返回韦茅斯去了。船开走的时候，最后一次看到她站在甲板上。她戴着插着白色羽毛的帽子，穿着棕色连衣裙，操着多塞特方言，容貌典雅，上唇较短。这是一个我本来可以与她闪婚的女人，但很可能会带来灾难性的后果。

---

① 托马斯·巴宾顿·麦考利（Thomas Babington Macaulay，1800-1859），英国历史学家、政治家。

② 霍勒斯·沃波尔（Horace Walpole，1717-1797），英国作家，一生写了大约四千封信，其中一些被认为是英语中最杰出的文字。

哈代随时准备好与在大街上、火车车厢里、公共汽车上，事实上是在任何公共场所瞥见的女人浪漫地一见钟情，即使是暂时的。这次经历是他的又一个浪漫时刻，其重要性在对一首诗的建议中含蓄地得到承认，该建议在后来的某一天加到了笔记的后面："把她和来自基恩屯-曼德维尔①的那个女孩以及其他女孩归类在一起，作为'见到过的女人'。"[27]

一个月后，哈代没有从麦克米伦那里进一步得到消息，于是他于1868年9月10日又给麦克米伦寄出一封信，向他诉说了自己这一时期在职业和情感上的脆弱，多年孜孜以求，他迫切地、不顾一切地需要在文学界找到一个立足点：

> 亲爱的先生：
>
> 我一直渴望着再次收到您的来信。日子一天天过去，但您并没有回信，于是我的作品开始呈现出那种微不足道的形状，那是我所做的每一件事所呈现的形状，随着我投稿这件事的时间和心情均已成往事，我几乎觉得自己已经不在乎这本书的结局如何，只要得到某种反馈即可。我先前的幻想是没有哈姆雷特的《哈姆雷特》是万万不可的，现在这种幻想变成了一种信念，即有演出总比关掉剧院要好。
>
> 我想知道您的朋友所说的我必须学习创作技巧，是否指的是故事的构建，而非英文创作。自我上次给您致信以来，我一直在寻找另一个故事，这个故事将完全由乡村场景和卑微的生活构成；然而在第一个故事获得某种成功之前，我没有足够的勇气继续写下去。
>
> 您忠实的
>
> 托马斯·哈代

---

① 基恩屯-曼德维尔(Keinton Mandeville)，萨默塞特郡(Somerset)的一个村庄。

> 您介不介意推荐一下您认为我能写得最好的那种故事，或者为了做得更好我应该继续阅读的任何文学作品。[28]

105 这封吁请信的最初结果是小说手稿被退还，哈代试图删除或淡化处理一些遭到反对的段落。12 月初，显然是在 11 月重新提交手稿之后，他赴伦敦和麦克米伦面谈；麦克米伦仍然拒绝出版该小说，但并没有宣布它不可出版。他给哈代写了一封介绍信，将他介绍给了另一位出版商弗雷德里克·查普曼；几天后，将手稿留在查普曼与霍尔出版社的办公室之后，哈代回到了博克汉普屯。[29]

哈代坐立不安，对未来毫无把握，因没有收到查普曼与霍尔出版社的来信而焦虑，于是 1869 年 1 月 17 日，他再次前往伦敦。在他的祈祷书中，他把日期和"去伦敦"这三个字写在了当天诵读的诗篇中的一首诗的旁边，这首诗是第八十六首，诗歌开头写道："上帝啊，请俯耳过来听我说，因为我一贫如洗，痛苦不堪。"[30]他再次见到了麦克米伦，并第一次见到了莫利——他看起来"很孩子气"。两人都建议他去做和杂志相关的工作，因为这可能会带来一点收入，但哈代总是能从建筑业赚到外快。他现在需要的是"一个明确的召唤，告诉他在生活中该选择哪条路，是他喜欢的路，那是他的本能，即文学之路，还是所有实践智慧所暗示的建筑之路"。[31]

这一召唤在未来几年内仍然不会被清清楚楚地听到。2 月 8 日，查普曼与霍尔出版社通报说，他们的审稿人虽然相信哈代将来会做得不错，但建议不要接受目前这部手稿，主要理由是"你写的故事不够有吸引力，因此你的一些情节片段有致命伤"。[32]哈代当时还在伦敦——"研究绘画"，"漫无目的地阅读"——因此他能够亲自去查普曼的办公室拜访他，在那里，他发现年迈的托马斯·卡莱尔①不能自理，由一个职员照

---

① 托马斯·卡莱尔(Thomas Carlyle, 1795–1881)，苏格兰哲学家、评论家、历史学家、作家。

料,他感到很悲痛。后来查普曼答应出版《穷汉与淑女》,但前提条件是哈代付他二十英镑作为止损金,哈代同意了,并带着一种更加愉悦的心情回到了多塞特。[33]然而,在2月底,他没有按照预期收到书的校样,而是收到一份邀请函,邀请他在伦敦与"查普曼先生和读过你手稿的先生"见面。后者,也就是哈代在3月初赴约时见到的那个人,原来是乔治·梅瑞狄斯①,"一个英俊的男人,头发和胡子一点也不灰白,穿着一件礼服大衣,腰部的扣子系着,但是上边的扣子没有系"。[34]梅瑞狄斯的语气"先是尖刻,继而又变得和蔼",他说以现在的形式出版《穷汉与淑女》势必会遭遇读者不友好的反应,他建议要么大幅削减其讽刺元素,要么干脆一股脑地放弃这部作品,转而创作一部情节性更强的全新 106
作品,为了艺术目的,而非社会目的:"先不要把你的旗帜挂在桅杆上,还为时过早。"[35]

哈代带着手稿回到了博克汉普屯。尽管梅瑞狄斯的建议给他留下了深刻的印象,但他仍然不愿意放弃付出了这么多心血的创作成果,于是在4月15日将手稿再次寄出,这次寄给的是史密斯与埃尔德公司,希望不管他们是否喜欢这个故事,都能对它"发表一些评论"。他们的拒稿信两周之内就寄过来了。6月,哈代又尝试了另一家出版商,即廷斯利兄弟公司,他们将手稿保留了三个月之久才通过沟通——很明显是通过穆尔——表示愿意出版,但前提也是需要缴纳保证金,哈代说保证金超出了其支付能力,但他记得查普曼与霍尔出版社的报价,可能只是觉得廷斯利兄弟公司要价太高了。[36]9月,手稿终于回到哈代手中,尽管他不情愿收到,随后他着手提取其中可用的素材,实际上是可以预先组合的素材,用来创作其他更容易出版的作品。这是一个巨大的挫折,哈代一直认为《穷汉与淑女》是他为那个时代所写的最具原创性的作品,

---

① 乔治·梅瑞狄斯(George Meredith, 1828-1909),英国维多利亚时期小说家、诗人。

因此难以忘记稿件接二连三地被拒和最终被拆分给他带来的痛苦。后来的某一天，他在一本《圣经》里写下了“1868–1871 年”，写在了《约伯记》第十二章第四节中“我就像一个被邻居嘲笑的人”这一句的旁边，并在他那本武加大译《圣经》拉丁通行本的同一首诗的旁边重复了这句话，同时还引用了武加大的拉丁文文本“Qui deridetur ab amico suo sicut ego”①作为其诗歌《在七十年代》的诗引：“在七十年代，那些遇见我的人并不知悉 / 那种憧憬 / 它使我对他人玩忽职守的惊恐 / 和对阻碍我进展的沮丧情绪形成免疫。”[37]

9 月 14 日，当哈代向廷斯利兄弟公司要回手稿时，他明确指出，手稿要“通过铁路托运，地址是‘留在韦茅斯车站，直到被索要时为止’”。[38] 去年 4 月，G. R. 克里克梅，一位成功的韦茅斯建筑师，请求哈代协助做一些未完成的教堂修复工作，是他的公司在同一个月早些时候于约翰·希克斯去世后接手的工作。[39] 由于哈代早已熟悉相关设计，他愿意时不时地在位于多切斯特老南街的办公室进行设计工作。然而，到了 5 月底，仍有许多工作要做，而且由于他的文学前景依旧黯淡，他接受了克里克梅提出的在韦茅斯定期受雇三个月的建议。他的主要任务是指导重建特恩沃斯的
107 教堂（除了其西塔之外），特恩沃斯是位于多塞特中部、奥克福德–菲茨潘以南约两英里处的一个村庄。这是一项实质性的工作，由于克里克梅不是哥特式建筑的专家，他几乎完全撒手让哈代去负责该项目。这是哈代在建筑业生涯中第一次被委以重任，在适当的时候，他会特别心满意足地以自己的设计来雕刻新教堂正厅中石柱的柱头。[40] 他感到“至少有三个月，他可以将对自己的进一步思考暂时搁置起来，心情会无比轻松”，哈代搬进了韦茅斯的住处，开始享受海边夏日的乐趣。[41]

---

① 即“我就像一个被邻居嘲笑的人”。

韦茅斯(后来成为哈代小说中威塞克斯地区的“布德茅斯”)是一个相当时髦的度假胜地,铁路刚刚通车,却让人怀念本世纪初那光辉灿烂的岁月,当时乔治三世及其宫廷人员的出现,有效地将该城变成了国家的夏都,尤其是在拿破仑时期最严重的一些危机时刻。韦茅斯拥有一个海军基地和一个繁荣的港口——忙于向伦敦运送波特兰石材,以及定期向瑟堡和泽西岛提供汽船服务——它还是一个驻军城镇。在整个1869年献演期的每周四下午,人们都可以在布满装饰的花园里听到51军团乐队的演奏,乐队的节目经常包括哈代在诗歌《在一八六九年的海边小镇》中引用的施特劳斯的《晨报》华尔兹;6月,《奥德利夫人的秘密》在皇家剧院上演;7月,亨利·曼利先生的英国歌剧公司在皇家酒店的集会厅演出了古诺的《浮士德》;仍然能以每两百码①六便士的价格租用轿子,尽管午夜后价格会翻一番。[42]

诗歌《在一八六九年的海边小镇》可以证明,似乎哈代充分利用城市设施的程度不及利用那些简单的娱乐活动的程度,比如看“船只、沙滩、海滨浴场,/ 欢笑的人群”,迎接“轻松的、大声的问候 / 从一些颇有禀赋的人的口中传来”。[43]他是个游泳爱好者,在夏日早晨游泳,晚上划船,偶尔和穆尔的弟弟查尔斯在一起,查尔斯最近刚当选为剑桥大学的院士,哈代后来回忆说,他和查尔斯一起“在夏日的清晨,从船上跳入韦茅斯湾的碧波之中”。[44]那一年晚些时候到次年年初,哈代参加了一个舞蹈班,很明显,他发现这个班的主要功能是“一个跳舞和调情能手们的两性欢乐聚会”,当然,这一发现并没有使他灰心失望。[45]他和科曾斯三姐妹——多卡斯、安妮和伊丽莎——成了好朋友,这三姐妹以前曾住在弗洛姆山谷的莱威尔磨坊,如今在波特兰井办一所女子学校;他有时会看到他的两个堂兄,即博克汉普屯的詹姆斯·哈代的儿子,他俩现在是波特兰监狱的看 108

① 码是长度单位,1码=0.9144米,两百码即182.88米。

守;他给一个名叫哈里·帕滕的朋友看了《穷汉与淑女》的完整手稿,哈里当时是福琼斯韦尔①的一个保险代理人,后来成为多塞特郡银行地方分行的经理。[46]哈代的住处位于伍珀顿街3号,是内港附近一条狭窄街道上一排不长的排房的一部分,正是在那里,他不停地练习诗歌创作,写下了可能成为故事和诗歌的大纲或梗概。6月15日,一则典型的令人毛骨悚然的笔记这样写道:"不错的悲剧民谣。一个被诱奸的女人发现这个男人已有家室,遂杀之。继而得知其妻子是她的姐姐②(他也诱奸了她?)。"[47]是年秋,正是在这个住址,他创作了大部分的《计出无奈》③。

哈代决心创作一些出版商愿意接受的作品,并且完全按照梅瑞狄斯的建议行事,他将《计出无奈》设计成一部情节复杂、刻意耸人听闻的小说,涉及谋杀、绑架、假冒身份、非婚生子和大量露骨的性行为。尽管他似乎把威尔基·柯林斯④的《巴兹尔》一书视为典范,因为该书的几个叙事方面值得借鉴[48],但是他的脑海中也一直装着柯林斯的《白衣女人》一书,并将其作为范例,即如何将揭晓秘密——特别是犯罪秘密——与耸人听闻的恐怖效果结合起来,尤其是当恐怖涉及身体上或心理上受到威胁的女主角时。正如哈代本人在后来的序言中所承认的那样,在写这本书时所采用的方法"完全是那些依靠神秘、纠葛、惊奇和道德上不正直的行为来激发人们兴趣的方法"。[49]然而,这绝不是一个拙劣的表现。赛特丽亚这一人物因其痛苦的无能为力而吸引人,哈代作为小说家的本能,体现在将她牢牢地控制在小说情节中心的方式上。倘若不是她那无助的无辜产生的吸引力,那相当普通的包含着紧张和恐怖的故事结构就会垮掉。

---

① 福琼斯韦尔(Fortuneswell),波特兰岛上的一个村庄。

② 或妹妹,原文为sister,不详。

③ 另译为《枉费心机》(参刘春芳2018年译本)或《非常手段》(参王振昌、刘春芳2004年译本)。

④ 威尔基·柯林斯(Wilkie Collins, 1824–1889),英国侦探小说家。

因为渴望尽可能快速而高效地完成《计出无奈》,哈代开始“蚕食”《穷汉与淑女》手稿,这个过程令其沮丧。第二任哈代夫人曾经谈到过《计出无奈》多大程度上取材于《穷汉与淑女》[50],并将其与《女继承人生活中的轻率行为》做了比较,该作品本身就大量借鉴了《穷汉与淑女》,她的话进一步证明了这一点。这两部作品中使用了相同的日历(1864 年的日历);《计出无奈》中的克拿沃特之家与《女继承人生活中的轻率行为》中的托拉莫尔之家极为相似;房东对房客的权力在两部作品中都是主要的情节元素;《计出无奈》中恋人之间那些似乎有点人为的社会障碍,显然是从《穷汉与淑女》中更加鲜明而确定的分歧中幸存下来的,更有甚者,爱德 109
华和赛特丽亚手牵手穿过小溪的场景很可能是原封不动的借用。这部新小说对遭弃的前一部小说的依赖程度,远远超出了特定情节和背景的挪用,这一点已被两部小说之间丰富的细节相似性所证实,毫无疑问,哈代在创作《计出无奈》时,就把摊开的《穷汉与淑女》手稿放在手边。[51]

他也不鄙视将这些唾手可得的人物和场景融入其中的便利性。爱德华·斯普林格罗夫虽然据说是以克里克梅公司的一位新入职的建筑助理为原型的,但在他“非常卑微的出身”、他对书籍的热爱、他对莎士比亚的了解“细致入微到其作品的脚注”,以及他声称自己是“一个小诗人”等方面,似乎特别具有自传体性质。当不得不引用租约的条款时,哈代援引了他自己家租赁博克汉普屯村舍的租约的确切措辞。[52]韦茅斯在小说中主要是作为一个名为克雷斯顿的度假胜地出现的(后来的版本中更名为布德茅斯)。在海湾可以乘船出游,一艘游船把乘客们带到多塞特海岸的那些地方,哈代本人最近和玛丽一起参观过海岸,乔治·尼科尔斯也曾作为海岸警卫队队员看管过海岸。尼科尔斯的女儿伊丽莎声称自己是哈代第一部小说中女主人公的原型——或许她指的是《计出无奈》——该书中最感人的一幕是,赛特丽亚情绪激动地向她毫无反应的哥哥表示抗议,告诉他她接受“对社会的责任”所需要付出的个人代价。伊丽莎或许已经识别

出自己声音的回响,就像她先前在十四行组诗《她对他说(其二)》中所捕捉到的:

或许,多年以后,当我已经逝去,
某个人的面容、口音、思想,像我的一样,
会让你回想起我以前说过的话语,
带来一些关于你爱情衰退的回想。

然后也许你会停下来思忖,“可怜的人!”
并向我发出一声叹息——得之理所应当
而不是作为所亏欠的债务的一部分
偿还给一个可以将她的全部交给你的姑娘——

于是就这样沉思,你将永远不会晓畅
虽然你那浅薄的思想用两个小词就可以表明,
在我看来却不是这样转瞬即逝的幻影般的思想,
而是我在其中扮演着角色的完整的一生;
而在它断断续续的化装舞会中
你是一个念头——似乎正如我在你的生命中一样![53]

110 这首诗是《计出无奈》中的几首“散文化了的诗歌”之一,这次挪用是围绕着“可怜的女孩!”——而非“可怜的人!”——这一短语而构建的,在语言和情感上都很接近,它可能被认为是《穷汉与淑女》的第一个版本中所包含的“原始诗句”之一。许多年后,哈代声称《穷汉与淑女》表现出了“对女性性格的奇妙洞察”,并补充说,“我不知道那是怎样发生的!”这样说显然有一定道理。[54]然而,早在连载版《意中人》中就有一个有意思的时刻,那个明显是哈代式的核心人物正在焚烧一些他年轻时保存的信件,其中许多感情“他羞于去想,他在一些抒情诗的创作尝试中运用了这些感情,因为在这些感情中,有任何通宵达旦的潜心研究都无法企及的生命之火”。[55]这无疑是指伊丽莎写给他的那些信件,这些信件使十四行诗组诗《她对他说》具有了如此的真实性,也直接或间接地使《穷汉与淑女》和《计出无奈》中女主人公的人物塑造具有了如此的真实性。

在年末创作《计出无奈》的几个月里,在哈代写的几首与韦茅斯特别相关的诗歌中,有两三首——如《她的父亲》——可能只反映了舞蹈课上漫不经心的调情,但在《歌唱的恋人》中,似乎是诗人自己在韦茅斯湾划船,而这对恋人则幸福地坐在船尾。郁郁寡欢的哈代对昔日心上人(“她曾经许下誓言”)的暗指(她已经“离开了,—— / 去向了何方,我不想说!”[56])在这一时期的其他诗歌中也有所涉及。例如,在《醒来》中,诗歌叙述者突然意识到,他的心上人“只不过是 / 地球上可怜的普通人的一个样本, / 没有足够丰富的风采或心智 / 使其容光焕发,光彩照人”。这种非理想化的洞察驾驭着该诗,而能够证实其存在的只有最后一节中拟将其消除的企图,这种企图过于耗费精力,很明显注定要以失败告终:

她离开了:这应是虚妄;
因为不可能
我得到的奖赏
对我来说就是一场空![57]

在该诗中和《思念菲娜》一诗中均出现了“奖赏”一词,因此可以比较有把握地将该诗与特丽菲娜联系在一起,在某种意义上,《醒来》被解读为记录了二人关系的破裂。但是此词在哈代的作品中司空见惯,因此该诗可能指的是——1869 年创作的《她的名字》和稍晚创作的《风的预言》似乎指的也是——他与一位名叫凯茜·波尔的年轻女子的交往，抑或他
111 最终放弃了对简·尼科尔斯徒劳的、珍视的忠诚。如果是后者的话，那就是她于 7 月 29 日结婚的事实，使他有必要放弃，而且令他痛苦的是，她选择的这个男人竟然是个鳏夫，拥有一个水厂检查员的固定职位，一定比她年长很多岁。[58]

注释

[1] 珀迪与弗洛伦斯谈话，1935 年。

[2]《生活和工作》，页 58。

[3] 现存的希克斯的多塞特的三座教堂的图纸日期为 1867–1868 年，圣朱利奥特的图纸日期为 1867 年。（信息源自 C. J. P. 贝蒂）

[4] 日期为 1867 年 9 月 10 日的道格伯里画作（多博），参《日出时的生与死（道格伯里门附近，1867 年）》，《哈代诗歌》，第三卷，页 40；J. 迪格比致玛丽·哈代的信，1867 年 5 月 27 日（多博：洛克）。

[5] 学校档案，帕德尔屯。

[6] 见，例如，安娜·温奇科姆，《来自特丽菲娜的四封信》，载《多塞特》，第二十三卷（1972），页 38–40，页 41–42。

[7] 这场争论是由 L. 迪肯的小册子《特丽菲娜和哈代》（贝明斯特，1962）引发的，在 L. 迪肯和 T. 科尔曼所著的《天意和哈代先生》（伦敦，1966）一书中有所充实，并在 G. 福德编辑的《维多利亚小说：研究的第二指南》（纽约，1978）中得以概述（页 313–314）。另见吉廷斯，《青年哈代》，页 223–229。

[8]《生活和工作》，页 234；《哈代诗歌》，第一卷，页 81。

[9] 信息源自已故的亨利·里德，援引自弗洛伦斯；J. 安特尔，访谈，1972 年；I. 库珀·威利斯，《托马斯·哈代》，载《科尔比图书馆季刊》，九卷五期（1971 年 3 月），页 268；斯帕克斯笔记和文件，笔记日期为 1955 年 11 月 7 日（伊恩·肯尼迪）。

[10] 根据迪肯和科尔曼的《天意和哈代先生》(页42),丽贝卡婚后立即与佩因分手;特丽菲娜的儿子查尔斯·盖尔认为这段婚姻维持了两三个月(访谈,1970年)。

[11] 迪肯和科尔曼,《天意和哈代先生》,页33。

[12] 关于约翰·安特尔的总体信息源自J.安特尔(其曾孙),1970–1971年,尽管后者载于1983年6月3日《多塞特回声晚报》的文章《给哈代留下深刻印象的姨父》出现在本传记第一版之后。

[13] 多塞特郡关于基础教育法案的演说。(多切斯特,1870年)

[14]《哈代书信》,第一卷,页92;吉廷斯,《青年哈代》,图14a、14b;哈代笔记(多博);关于特伯维尔家族人物的肖像画,见奥沙利文,《哈代:插图版传记》,页133。

[15] 弗洛伦斯致霍尔夫人的信,1915年7月30日。(威尔特郡档案局)

[16]《哈代书信》,第五卷,页249、253。

[17]《哈代书信》,第五卷,页253;《哈代诗歌》,第一卷,页177–179,第三卷,页110–111,页234,以及珀迪,页113、142、258;《生活和工作》,页59。

[18]《生活和工作》,页58。

[19] 关于为了重新构建而对资料来源进行的权威评估和整理,见哈代,《被排除在全集之外的短篇小说和与他人合作的短篇小说》,页68–82;关于更详细的描述,见她的"哈代未收集的短篇小说的批评版本"(牛津大学博士论文,1989),页152之后的页数被用作参考。

[20] G. B. 夏普牧师致哈代的信,1868年1月21日。(多博:洛克)

[21]《生活和工作》,页59;麦克米伦公司,"手稿档案"(大英);《哈代书信》,第一卷,页7–8。

[22] A. 麦克米伦致哈代的信,1868年8月10日(多博),参C. 摩根不太准确的文本,《麦克米伦出版社(1843–1943)》(伦敦,1943),页88–91。

[23] "麦克米伦审稿人报告(第一卷)"(大英),参摩根,《麦克米伦出版社(1843–1943)》,页87–88。

[24]《生活和工作》,页63。

[25] 珀迪与弗洛伦斯谈话,1935年。

[26] 珀迪,页242相对页面;《哈代书信》,第一卷,页8;《生活和工作》,页61。

[27] “诗歌素材”笔记本(缩微胶卷,耶鲁);哈代后来写了《基恩屯-曼德维尔的少女》一诗(《哈代诗歌》,第二卷,页326-327),但显然不是这里所提及的那首诗。

[28]《哈代书信》,第一卷,页8。

[29] 摩根,《麦克米伦出版社(1843-1943)》,页92;《生活和工作》,页60-61。

[30] 祈祷书。(多博)

[31]《哈代书信》,第六卷,页289-290;《生活和工作》,页61。

[32] 查普曼与霍尔出版社致哈代的信,1869年2月8日。(多博)

[33]《生活和工作》,页62。

[34] 查普曼与霍尔出版社致哈代的信,1869年2月26日和3月3日(多博);哈代,《追忆G. M.》,载《公众声音》,页469。

[35]《乔治·梅瑞狄斯(1828-1909)》,《哈代诗歌》,第一卷,页358;《公众声音》,页469。

[36]《哈代书信》,第一卷,页9-10;《生活和工作》,页64;珀迪,页275-276。

[37]《哈代书信》,第四卷,页130;《圣经》(多博);武加大译《圣经》拉丁通行本(纽约大学费尔斯图书馆);《哈代诗歌》,第二卷,页196。

[38]《哈代书信》,第一卷,页10。

[39]《多塞特郡纪事报》,1869年2月18日。

[40]《生活和工作》,页65;C. J. P. 贝蒂,《建筑在托马斯·哈代生活和工作中的作用》(伦敦大学博士论文,1963),页114-127;特恩沃斯柱头摄影集(多博)。

[41]《生活和工作》,页65。

[42]《南方时报》(韦茅斯),1869 年 5 月 22 日,6 月 5 日,7 月 10 日;《插图版韦茅斯等地旅游指南》(韦茅斯,[1865?]),页 96。

[43]《哈代诗歌》,第二卷,页 245。

[44]《生活和工作》,页 419。

[45] 同上,页 66。

[46] 伦纳德·帕滕,《烟囱管帽的故事》,载《伦敦多塞特人协会:1940–1941 年年鉴》,页 78–83,据说哈代参加了多卡斯(1878 年)的婚礼。

[47]"诗歌素材"笔记本。(缩微胶卷,耶鲁)

[48] F. B. 皮尼恩,《哈代:艺术和思想》(伦敦,1977),页 2–6。

[49]《计出无奈》,页 v。

[50] 珀迪与弗洛伦斯谈话,1936 年。

[51] 关于这两篇文本的相似性,见 P. 达尔齐尔,《利用"穷汉":哈代的〈计出无奈〉的起源》,载《英语和日耳曼语文献学杂志》,第九十四卷(1995 年 4 月),页 220–232。

[52]《计出无奈》(三卷本;伦敦,1871),第一卷,页 43,页 45–46;《计出无奈》(威塞克斯版本),页 23,写的是"相当卑微的出身";苏莱曼·H. 艾哈迈德,《哈代的〈计出无奈〉:一个来源》,载《笔记和问询》,新序列,第三十二卷(1985 年 9 月),页 364–365。

[53]《计出无奈》(威塞克斯版本),页 278–279;《哈代诗歌》,第一卷,页 19。

[54] E. 高斯,《哈代失踪的小说》,载《星期日泰晤士报》,1928 年 1 月 22 日。

[55]《追求意中人》,载《伦敦新闻画报》,1892 年 10 月 1 日,页 425;我很感激尼古拉斯·希利亚德让我注意到这段话。

[56]《哈代诗歌》,第一卷,页 273;《哈代诗歌》,第三卷,页 27。

[57]《哈代诗歌》,第一卷,页 274。

[58] 芬顿教区登记册。(西萨塞克斯档案局)

第六章　圣朱利奥特

112 哈代在韦茅斯一直待到1870年的头几周，但镇上的社交生活越来越分散其注意力，于是2月初，他又一次返回位于博克汉普屯的“其母亲的世外桃源”，以便更好地撰写书稿，因为那里环境更幽静，消费水平更低。特恩沃斯教堂将于4月重新向公众开放，届时他也将履行完自己的修复职责；在西拉尔沃斯和辛屯-马特尔的工作，即克里克梅在希克斯去世后接管的其他教堂的修缮工作，推进也很顺利。[1]在多塞特以外，还有一处希克斯生前所负责的修复工程，克里克梅尚未着手处理。2月11日，他致信哈代，问他是否愿意去一趟康沃尔郡，在离博斯卡斯尔海湾不远的内陆村圣朱利奥特，有一座年久失修的教堂，要为其“制订一个修缮计划和相关细节”。哈代推迟了行程，直到3月5日，他准备好把几近完成的小说《计出无奈》的手稿寄给麦克米伦。两天后，他于凌晨时分从博克汉普屯出发（“星光照亮了我的寂寞”），先后乘火车和马车于当天天黑后抵达圣朱利奥特。[2]

在教区牧师住所门口，迎接哈代的不是卡德尔·霍尔德牧师本人，因为他患了痛风卧病在床，亦不是他的妻子，她正照顾其丈夫，而是一位“一袭棕衣的年轻女士”，哈代后来得知她是牧师的妻妹艾玛·拉维尼亚·吉福德小姐。吉福德小姐本人，后来在回忆录中写道，感受到“一种奇怪的、不安的尴尬，这种尴尬在平时待人接物时都会有，更何况现在接待的是一位对修缮教堂不可或缺的建筑师。我立刻被他那似曾相识的外表所吸引，仿佛在梦中见过他——他那略显不同的口音，他那轻柔的话语声；我还注意到他口袋里那露出一截的蓝色纸卷”。[3]

艾玛的紧张情绪源自她那充满期待的猜测，即“建筑师会长什么模样”。圣朱利奥特又小又偏僻，除了牧师或督学偶尔来访，几乎没什么社交活动，因此任何来访者都是受欢迎的——“甚至是经常来访的来自卡默福德的牙医，实际上我们还曾一起共进午餐，霍尔德先生为他揽了 113
不少生意”。[4] 1867 年，霍尔德的结发妻子去世，时年六十四岁的他与海伦·凯瑟琳·吉福德结婚。海伦是来自博德明的、曾在普利茅斯做律师的约翰·阿泰索尔·吉福德的女儿[5]，是后来成为伦敦会吏长的埃德温·汉密尔顿·吉福德法政牧师的侄女。1868 年秋，小其丈夫三十五岁的第二任霍尔德太太搬进教区牧师的家，同行的还有其妹妹艾玛——艾玛此举似乎主要是为了逃避来自家庭的生活压力，因为家里有一个充满怨恨的、经常喝得酩酊大醉的父亲，但也可能是因为吉福德辞了职，被迫也好，自愿也罢，其结果是使这个家庭陷入了经济困境。艾玛自己也承认，其父亲经常酗酒——“只要家族中有人举行婚礼、搬家或葬礼等仪式，他必定借机喝个一醉方休，然后开始耍酒疯”——一个朋友在 1872 年的一封信中深表同情地提及艾玛和其姐姐曾经不得不忍受的“诸多痛苦和考验”。[6]

圣朱利奥特教区牧师的住所坐落在一个旧采石场，是依山而建的双山墙石屋，建造时间并不长。不论是建造伊始还是现在，它都是一座坚固而舒适的建筑，拥有壮丽的外观，有一个种满了植物的大花园，还有一个设计巧妙的高效能温室。然而，牧师住所内的境况却没有田园诗那么美。虽然在人生观方面牧师总体上是宽容和幽默的，但经常疾病缠身，海伦对丈夫的忠诚并没有改变这样一个事实：嫁给一个比自己大得多的男人，主要是逃避做家庭教师或女伴这样的人生命运的一种手段。这样的命运大概也威胁到了艾玛，虽然姐妹俩经常发生争执，但她俩已经做好充分准备，精诚合作，不放弃任何机会，争取早日为她找到一个如意郎君。在哈代出现之前，当地的一个农民——可能是叫约翰·何塞，是来自潘尼克劳克的寡妇科迪莉亚·何塞的儿子——娶艾玛“几乎是十拿九稳”的事儿了，但毫无疑问，为了赢得哈代的心动，约翰要牵手艾玛的事情被虚张声势地夸大了。还有一些其他故事，如来自圣克莱瑟的生命垂危的威廉·亨利·萨金特，很明显他是哈代诗歌《趴在窗边的脸》的主人公的“原型”；以及附近莱斯纽斯年轻的堂会理事，他“扫见了 / 她和我”，他点燃了蜡烛，脸上带着“被打败了的神态”。[7]

哈代想通过社交和经济方面的浮夸来赢得艾玛的芳心，但似乎并未给她留下深刻印象，而他的行为举止也远远谈不上优雅，尽管他在伦敦生活了多年。这一点很清楚，哈代对此情景的回顾也反映在其小说《一双蓝眼睛》中。即便如此，毫无疑问，哈代与艾玛的订婚以及两人最终
114 步入婚姻的殿堂，某种程度上是一场蓄谋已久的阴谋的结果，教区牧师全家都参与其中——但愿艾玛不是被逼迫的。但如果从某种意义上说，哈代是被艾玛“捕获”了，那么同样的事实是，他正处于恋爱的初期，完全被她迷住了——他确实是眼中带着“魔力”从里昂尼斯①回到家乡的。尽管艾玛出生于 1840 年 11 月 24 日，也就是哈代出生后不到六个月，但他可能认为她更年轻。在 1871 年的人口普查中，她的登记年龄仅为二十五岁，而实际上是三十岁。如果她不是因为处于要维系一个每天都要面对的骗局的焦虑之中，很难想象她会向官方撒这么严重的谎。

哈代与艾玛初见时，她芳龄二十九，一头浓密、亮丽的玉米色长发垂在脸颊两侧，正如一个朋友所描述的，使她看上去颇似“汉普顿宫廷里

① 里昂尼斯（Lyonnesse），在亚瑟王传奇中指代康沃尔。

古画中人物的样子”，她身穿“柔软的深褐色长裙，裙子的长度超过了其脚踵”[8]，她骑着马儿潇洒地奔驰在乡间，塑造了一个引人注目的形象。艾玛去世之后，哈代写信给当时的圣朱利奥特教区牧师，提示说一些老教区居民也许会“回忆起长着金色卷发和穿着玫瑰色衣服的她骑马时的样子，因为那时的她甚是迷人”。[9]1870 年 3 月，两人在一起的最初日子里，他们曾谈论文学，艾玛发现从哈代口袋里露出一截的蓝色纸卷上并不是设计图，而是一首诗。晚上还有音乐作为消遣（如哈代在其诗歌《钢琴二重奏者致其钢琴》中所回忆的）。艾玛是自由与羞涩的迷人结合体，当他俩一起跑到比尼崖边上时，艾玛会展现自由奔放的一面；当她在哈代身旁边走边读时，她则表现出羞怯腼腆的一面。牧师住宅一楼楼梯平台上的两间卧室相隔很近，不论他们是睡着还是醒着，都只会加剧他们同样面临的社交和情感压力，尽管面临的方式不尽相同。[10]哈代生性带有书卷气，沉默寡言，在社交和两性相处方面有一种不安全感，艾玛的美貌，她身体和精神的能量，以及她那种捉摸不定的魅力——虽天真但绝不是不管别人的看法——令他倾倒，后来他以她为原型塑造出了《一双蓝眼睛》中的艾尔弗莱德·斯旺考特。

另一方面，艾玛绝没有被哈代的个人魅力所征服。他既不高大，也不健壮，给她留下的第一印象是一个留着“淡黄色”胡须的男人，“穿着一件相当破旧的大衣”，一副“生意人的模样”，看上去“比实际年龄大得多”。艾玛并没有把对哈代的个人看法守口如瓶，这一点从一位朋友后来得知她与哈代订婚后写给她的信中可以明显看出。在信中，玛格丽特·霍斯先是对艾玛寄给她的“甜蜜的照片和充满浪漫思绪的书信”表示祝贺和感谢，然后评论道：“人们说诗意的心灵会使人保持年轻，我相信你看起来不会超过十八岁。”关于“交了桃花运”的哈代先生，她跟艾 115
玛分享了她和另外一个朋友的谈话内容，她们“都认为自己不喜欢帅哥型的男人！但是她们拿定主意，聪明智慧、博览群书的男人才合自己的口味——我发现你的想法和我们不谋而合”。[11] 在其故事《岸边的少女》中,艾玛画了一幅和第一印象中的哈代惊人相似的肖像,这篇故事以廷塔杰尔为背景,已经达到了中篇小说的长度,可能是她在圣朱利奥特时开始创作的,然而过了一段时间之后才完稿,而且并未付梓。故事的女主人公罗莎贝尔·卡伦森被其表兄①抛弃了,于是移情别恋,爱上了他最要好的朋友阿尔弗雷德·杜灵(原型是哈代):“杜灵先生虽其貌不扬,但举止稳重且懂得关心体贴人,使她对有着更加成熟心智的男人产生了兴趣,不再迷恋像她表哥那样英俊潇洒的男人以及她最近在特鲁罗接触过的另外一些男人。”[12]

如果说艾玛所处的偏僻的地理位置和社会环境,使她不得不尽可能地对碰巧来到她身旁的那个其貌不扬的情人产生好感的话,那么另一方面,她对哈代的吸引力,则因他们初次相遇时那既美丽又狂野的环境而大大增强了:

我发现她在野外
一个山坡上,罕有人迹,
山坡下坡的方向朝西
空气中带着咸味,
在那里海浪拍击
紫色的海岸,
飓风摇撼
坚实的陆地。[13]

虽然圣朱利奥特教堂处于破败不堪的状态,但它风格古朴且风景如画,

① 英文是 cousin,其实是有堂(表)兄(弟)四种可能性。

教堂墓地里有一对古老的石制十字架。甚至它那读起来像是“朱丽叶”的名字也是迷人的①，尽管当地人倾向于称之为“吉尔特”。教堂墓地外面的远处是一个树木茂密的山谷，瓦伦西小河从那里流淌到了位于西方两英里处的博斯卡斯尔海湾，并注入大海。沿着海岸，稍远的地方，矗立着古老的廷塔杰尔城堡的遗迹，这与远古时代的亚瑟王的传说有关。在其西北面不到一英里远的地方，是五角湾和从比尼崖向北延伸至坎比克岬的陡峭悬崖。当拥有一头“自由飘散的亮丽秀发”的艾玛骑着棕色的马儿穿越这道浪漫的风景时，她为哈代创造了一种景象，激发了他的想象力，在她去世之后又产生了一种复苏的力量，令他创作出了“1912-1913 年组诗”。

　　她已经变得不朽，　116
　　但在他全神贯注的思想里面
　　她骑着马儿，开心依旧，
　　就在大西洋的岸边
　　在一个崎岖不平的地点
　　就像我俩初次见面时一样
拉着缰绳，随着潮起潮落把歌儿唱。[14]

哈代晚年最难以释怀、最常忆起的第一次拜访圣朱利奥特的时刻，是 3 月 7 日（星期一）他与艾玛的初次邂逅——艾玛去世后，他办公桌上的日历的日期就定格在了那一天——以及 3 月 11 日（星期五）的拂晓他离开的时刻，那一天艾玛早早就起来叫醒两个用人，并给他送行，祝他一

---

① 朱利奥特（Juliot）和莎士比亚的戏剧《罗密欧与朱丽叶》中的女主人公朱丽叶（Juliet）的拼写和读音均相似。

路平安。正是在那个场合，正如《离别时刻》一诗所暗示的，两人第一次亲吻，并特别谈到了爱情：

即使在那一刻，爱情的天平也可能会因
一根羽毛的重量而失去平衡，
——但当我俩一起进屋的时候
她的一侧脸颊变得绯红。[15]

在这场感情波动中，哈代抽出时间来调查和测量圣朱利奥特教堂。回到多塞特后不久，他搬回了韦茅斯的住处，以便绘制完成详细的图纸。哈代后来声称，他只是协助做了教堂修复的工作，并帮助做出了拆除整座现存塔楼的决定，而北侧廊和北耳堂确实早在1866年就建好了，远远早于他介入教堂的修复工作。哈代晚年时，对圣朱利奥特教堂的无情修复工作深表遗憾，包括对原始的圣坛隔屏和雕刻精美的靠背长椅末端的破坏；他可以为减轻愧疚而进行辩护的是，原来的建筑已经破旧不堪，因此古老的南侧廊得以保存下来也算是修复工作取得的某种成就，南侧廊成了现如今的教堂中殿。[16]

4月4日，从圣朱利奥特归来后不久，哈代就收到了麦克米伦的拒稿信，他声称虽然《计出无奈》具有“非常确定无疑的品质和相当强大的力量”，但是“如果我们考虑将其出版的话，定会引起一片哗然”。说出这样的话，表明他还是又一次认可了约翰·莫利的判断，莫利在作为审稿人出具的报告中，反对小说中大量放肆的言行，尤其是“成为小说神秘感之关键点的那令人厌恶的、荒谬的暴行”，尽管如此，他还是承认“小说展现出了力量——目前是一种充满暴力的、混乱无纪律的力量”。
117 “切勿触碰这样的作品，”他总结道，“但请作者自律，远离类似的越轨事件——让我们对他的下一个故事拭目以待吧。”[17]手稿刚一回到哈代手中,他立即把它寄给了威廉·廷斯利,廷斯利之前曾表示愿意在哈代出一定保证金的前提下出版《穷汉与淑女》。5月3日,廷斯利将审稿人的报告转寄给了哈代,并指出似乎“如果该书不做出一些修改的话,出版社有相当充分的理由不予以出版”。两天后,他对哈代提出的一个建议作出回应,他说如果作者可以在出版前支付七十五英镑,他愿意出版修订后的手稿。尽管不是很情愿,哈代还是勉强同意了。[18]

5月2日,克里克梅核准了圣朱利奥特教堂的图纸并在上面签字予以认可,哈代返回博克汉普屯待了短暂的一段时间,然后前往伦敦,住在蒙彼利埃大街23号,是大约位于蒙彼利埃广场和布罗姆普顿路中间的一座三层排房。[19]特丽菲娜此时正在伦敦南部的斯托克韦尔的一所教师培训学院读书,但没有迹象表明——而且鉴于他最近在康沃尔的艳遇——哈代曾去找过她,这几乎也不可能。对自己情感和职业前途的不确定性,确实让他暂时缺乏方向和目标,因此,在那个伦敦的初夏,他“漫无目的、心不在焉地参观了大量博物馆和画廊”。抵达伦敦后的星期三,他来到皇家艺术院,欣赏热罗姆的作品;星期天,他在位于布莱恩斯顿广场的圣玛丽教堂参加礼拜。[20]《生活和工作》提到他当时正在读奥古斯特·孔德的书,这对他后来的思想产生了重大影响,但令人失望的是,他对6月9日查尔斯·狄更斯去世的反应,该书没有任何暗示。狄更斯的去世发生于哈代自己6月2日三十岁生日后仅仅一周,这两件事的时间关联,似乎引发了一种并非原创的,然而是个人化的思考:“随着年龄的增长,我们越是接近曾经在我们看来是白发苍苍的垂暮之年,其本性似乎就越不老。”[21]在这段时间里,他给布洛姆菲尔德做了一些工作,并被拉斐尔·布兰登雇用了更长一段时间,布兰登是《哥特式建筑分析》一书的合著者,这是哈代早年研读过的作品。哈代非常钦佩布兰登对英国哥特式建筑风格的执着坚持,尽管目前流行的是(以布洛姆菲尔德为例的)法国哥特式建筑风格。布兰登在克莱门特客栈17号的办公室给哈代留下了深刻印象,后来它成为《一双蓝眼睛》中亨利·奈特经营的"贝德客栈"里的房间的原型。[22]

穆尔职业生涯的某些方面,可以从奈特这个人物身上得到反映,1870年的同一个夏天,他也在伦敦。1865年9月,穆尔在马尔伯勒学院
118 获得了一个助理教员的职位——或许是得到了其弟弟查尔斯的推荐,查尔斯曾于1858年至1864年间在那里执教——在那里三年多的时间里,他在学校生活中发挥了积极的作用,他参加辩论,安排巴恩斯和其他访客给大学生们演讲,并给校刊提供帮助。[23]他写给学校行政主管的几封信得以保存下来,其中一封信对女佣们在走廊里发出的噪音大惊小怪地进行投诉,这不免让人想起他对《亚当·比德》所持的吹毛求疵的异议,理由是该书对海蒂·索雷尔怀孕各个阶段的记录"读起来像是一个助产士和一个新娘的谈话的粗略记录"。[24]然而,1868年12月,穆尔离开了学校,显然没有提前打招呼,1869年的首期校刊只是简单地说:"听到H. M. 穆尔出人意料地退职的消息,所有的马尔伯勒人都很难过,尤其是学校的公共休息室里再也见不到他的身影了。他对马尔伯勒学子所提供的服务价值斐然。"对于自己的突然离职,穆尔没有给出任何理由,次年5月,他给学校行政主管写了一封信,行文直截了当,涉及一个小账户的结算和之前学生的考试成绩,以至于没有理由假设他是带着明显的不悦离开的。[25]然而,考虑到穆尔之前和之后的个人经历,似乎他这次遇到了某种麻烦,或许是关于某种同性暧昧关系的指控,抑或是又一次酒精作用下的精神崩溃。韦恩·阿尔伯特·班克斯在日记中说,在巴黎事件发生几年之后,他在访问马尔伯勒学院时和穆尔不期而遇,尽管穆尔表现得"好像什么都没有发生过",但他可能觉得他的前科已经让他尝到苦果,使他在学校地位难保。[26]

到1870年哈代在伦敦见到穆尔时,穆尔似乎已经找到了英印政府公务员选拔考试的考前辅导教师的工作,而现在正在印度工作的霍珀·

托尔伯特曾在该考试中大获成功。哈代把艾玛的情况告诉了穆尔,并写了一首题为“小曲(E. L. G)”的诗歌:“她所居住的 / 那个地方 / 世界上没有一个地方比它更好!”[27]自3月以来,哈代与艾玛保持定期通信,而他写于4月25日的一则笔记(“在人们毫无保留地说出内心深处感受的信件中,十有八九是在晚上十点以后写的”)[28]表明,两人中的一个或者两个人都在用情意绵绵的语言写信。事实上,在整个恋爱过程中,他们二人一次又一次地分离,但是书信在他们之间架起了一座桥梁,在使哈代的感情不降温方面作用很大。哈代有必要也有机会一次又一次地使这位不在身边的心上人的形象得以重现,并重申自己有谈情说爱的资质,这使得他把现实中无法实现的希望和承诺都投射到了艾玛和他自己身上。

8月8日,他回到了圣朱利奥特,发现艾玛正在那里等他,穿着“夏 119
日的蓝色裙子”,那件后来回忆中提到的“不同寻常的天蓝色长裙”。哈代在康沃尔待了三个星期,心醉神迷。他和艾玛一起探索了当地的乡村风景,参观了廷塔杰尔城堡——在那里他们差一点被锁在里面过夜——然后又南下到博斯卡斯尔,穿过博斯卡斯尔到比尼崖,进行以素描为目的的探险。[29]每个星期天,他们都参加在圣朱利奥特的学校教室里举行的礼拜,像往常一样,艾玛弹奏小风琴为圣歌演唱伴奏,8月14日(他抵达后的第一个星期天),他们还去了附近的莱斯纽斯教堂做晚祷,多年以后哈代又回忆起看到堂会理事——很明显是诗歌①中“被打败了的”那一位——点燃晚祷蜡烛的情景。[30]正如诗歌《你为什么在这里?》所暗示的,哈代很长时间都记得他和艾玛之间的会心一笑,当他们“在八月于早期间 / 听到诵读”来自《列王记上》第十九章第十二节中的话的时候,这是三一节后的第九个星期天的课程的一部分,这些话已经在他的

---

① 指的是《年轻的堂会理事》(“The Young Churchwarden”)一诗。

想象中有了一席之地:“火后有微小的声音”。这正是《一双蓝眼睛》中奈特在教堂里所教授的课程。[31]

7月中旬,普法战争爆发;8月18日,哈代在教区牧师家花园的尽头,观察到了一个非常平淡无奇的景象,多年以后,这一景象将成为他创作诗歌《写在“列国分裂”时》的灵感。相关笔记被哈代用铅笔潦草地写在了拉克曼的《德国散文样本……直译和逐行翻译版》的衬页上……或许是被欧洲事件的进程搞得烦恼不安,哈代当时正利用这本教材来自学德语。该笔记内容如下:“景象:生锈的耙子——耙子后面是秃鼻乌鸦们——乌鸦的后面,两个人正弯腰锄着用作饲料的甜菜,在他们后面是一缕缕焚烧茅草冒出的烟,这一切的后面是田野中无所事事的马和车——地面隆起成垄,以备栽种。”[32]同一天的某个时刻,艾玛轻松愉快地给哈代画了一幅肖像,当时他坐在篱笆上,手里拿着一面临时的旗子。次日,他也给她画了一幅素描肖像,她的袖子挽起,长鬈发从面前垂下来,她当时正在水里摸索着找一只平底玻璃酒杯,因为杯子掉进了瓦伦西山谷的一个小瀑布的岩石之间,他俩刚才曾在瀑布旁边野餐。艾玛画的一幅小素描画显示在一棵树下有一块墓碑状的石板,素描上有哈代的注释“我们的石头”,这很明显地记录了教区牧师家宽阔花园里的某个地方,他们习惯于坐在那里,并将其视为私密空间,无论是霍尔德太太还是其丈夫都不愿意打扰他们。[33]偶尔天会下雨,有一天在比尼崖,他们一直在画素描画,直到阵雨停下来,但哈代的一本笔记本里记录了一个更称心如意的、(那年夏天)更为典型的风和日丽的宁静日子:“烟囱里
120 冒出的烟在屋顶缭绕,仿佛女孩子戴的帽子上插的羽毛一样。耀眼的白云保持着它们的形状,在半个小时里一动不动,云朵低悬在蔚蓝的天空,使人们几乎可以环顾其四周。”[34]

这一年的夏天异常干燥,为我们将其与这首题为“地图上的地方”的诗联系起来提供了一个依据:“在那炽热的碧空下面,我们曾经周复

一周在爱海里徜徉，／天空已经失去了下雨的技艺，恰似她如今的眼睛已经失去了落泪的技艺一样。"这个地方本身——"一个突出的高地"，其"边缘靠着蔚蓝色的海洋"[35]——能让人立即联想到比尼崖，但是该诗的主题似乎是：一段田园诗般的爱情关系在这个女人发现自己怀孕后被无情中断。因此一般读者认为，该诗与哈代和艾玛长期的恋爱以及无子女的婚姻并没有什么关系。为了能吸引和控制这个意外地闯入与世隔绝的圣朱利奥特的男人，不管艾玛多么孤注一掷，也很难想象她会允许性行为的发生，并宣布一次真实的或想象的或假装的怀孕（"我们发现我俩在明年的黄金时间之前必须要面对的事情"），一直等到哈代公开承诺要和她结婚，然后再像《无名的裘德》中的艾拉白拉一样声明她搞错了。但《无名的裘德》前面的情节带有很强的自传体性质，上面提到的那首诗的副标题是"一个可怜的校长的故事"，使其与《草率行为》中的主人公校长产生了联系，第二任哈代夫人说该校长是以哈代本人为原型塑造的[36]，毫无疑问的是，哈代的康沃尔诗歌中弥漫着性兴奋，艾玛的外表和行为都带着刻意的挑逗，不管它们是出现在那些诗歌中，还是《生活和工作》一书中。艾玛在理性问题上温和的冒险精神——哈代曾经说过，在他们第一次见面时，她是一个不可知论者[37]——可能伴随着某种程度的性自由，而哈代后来怀有一种自己被骗婚的感觉，或许是因为他感觉到艾玛在性方面有进有退，以及她逐渐从宗教怀疑转向了福音派正统信仰。这是在推断的基础上猜测的，但哈代的第二任妻子无疑相信，根据其丈夫告诉她的情况，他是因为霍尔德太太的阴谋而掉进婚姻陷阱之中的[38]，而且即使没有发生与《地图上的地方》完全对应的事情，毫无疑问，艾玛是渴望结婚的，她的姐姐和姐夫则密谋使情况变得利好，于是，当哈代于 8 月底回到博克汉普屯时，他认为自己已经订婚了。

是年秋季,哈代修改了《计出无奈》的手稿,并把修改后的部分从博
121 克汉普屯寄往圣朱利奥特,让艾玛重新抄写成誊清本,同时他将注意力转移到完成“剩下的三四章”。[39]奇怪的是,在留存下来的廷斯利的来信中,任何地方都没有暗示原稿是不完整的,而且无论如何,如果没有完整的结局,一部奇情小说兼刑侦小说是不可能投稿给出版社的。不幸的是,手稿并没有留存下来——据说在哈代搬家的时候手稿被他亲手销毁了,因为他发现无法把它装进旅行皮箱——这就排除了任何继续创作和对其修改的决定。哈代确实在某个时刻删除了“在一个晚间派对上强奸一位年轻女士(奥尔德克莱夫小姐)”的情节,因为莫利曾斥责该情节为“令人厌恶的、荒谬的暴行”,但哈代保留了“奥尔德克莱夫小姐和她新雇用的女佣同床共枕”的场景,尽管莫利觉得这一场景“不切实际”[40]——尽管后弗洛伊德时代的评论家们因忽视了奥尔德克莱夫小姐与赛特丽亚的准母女关系,简单化地给这个场景贴上了“女同性恋”的标签。

10月,艾玛写信给哈代,她这样描述他们二人之间的爱情:“我的生命是一场梦——不,不是梦,因为我周围实际发生的一切看起来倒更像是梦境。”尽管如此,哈代在言行上还是表现出了令人失望的含蓄,艾玛在一条额外的评论中也表明了这一点,并在某种程度上顺带对自己那所谓的不可知论产生了怀疑:“我对待他(那个保守的人)正如我对待《圣经》一样;我找出我能找到的,把一篇文本同另一篇文本比较,对剩余的则赋予其不折不扣的信仰。”这些片段中的文字竟是如此生动迷人,这使得一个事实变得更加令人惋惜,那就是,这些片段,加之被哈代一起抄进其笔记本中的另一个片段,竟是哈代与艾玛留存下来的恋爱期间的所有往来书信,而晚年时的哈代却敢于将其与罗伯特·勃朗宁和伊丽莎白·勃朗宁的情书相提并论。[41]

10月28日,哈代收到上述那封信后,立即在他手头的圣经中写下艾玛名字的首字母,位置是在《所罗门之歌》第四章第二节和第三节的

一部分的旁边:“你的牙齿像一群毛被修剪得整整齐齐的羊,被洗得干干净净的;牙齿都是成双成对的,没有一颗是缺损的。你的嘴唇像一缕红线,你的言语是优美的。”但是其他的注释则暗示着困难和不祥的预感,这源于对他现在所选择的职业道路和情感道路的自我怀疑或家庭异议。例如,1870 年 9 月 22 日这一日期,出现在了他手头的《圣经》之《箴言篇》第四章第二十二节的旁边:“从恶之人岂非走入迷途吗?但仁慈和真理会降临到从善之人身上。”杰米玛的影响正在强有力地重新证明自己,现在他又每天出现在她面前,这一点从 10 月 30 日一则具有深刻 122
启示性的笔记中可以清楚地看出:“母亲的见解,也是我的见解:一个人高举着胳膊站在我们的大篷车里,要把我们从我们沉浸于其中的任何可能的美好前景中击退。”11 月 16 日在《启示录》第十章第十一节旁所做的标记——“他对我说,你必须在诸多民族、国家、语言和君王面前再次预言”——也许表明了他从事文学事业的决心,但也很明显,在这一年的后几个月里,哈代正在再次系统地阅读大部分的《新约全书》。12 月 15 日,他在《哈姆雷特》一书中哈姆雷特说的一段话旁边做了标记:“你不会想到我的心情有多糟糕:但这无关紧要!”[42]这更准确地反映了他当前决心、忧惧和屈从交织在一起的心情。

在弥尔顿的一卷书中,即在《失乐园》第三卷从第 167 行开始的那一段,哈代批注:“调和自由意志和全知全能的困难在这里是显而易见的。”[43]这一评论没有注明日期,本身并不特别显著,但在六十年代末和七十年代初,哈代显然在试图调和一系列根本对立的哲学和信条,他非常缺乏正规和传统的教育,这或许使他从信仰到不信仰的转变比许多更成熟的同代人要顺利得多。长期以来,他必须找到自己的思维方式,这样的经历使他习惯于兼收并蓄;他发现,将源于达尔文和赫胥黎的新思想与农民宿命论思想的养育下灌输给他的,并通过接触希腊戏剧的悲剧模式而得以加强的必然论观点放在一起,难度相对较小。在晚年,他反复谈到其生活态度本质上是易动感情的和非理性的,而且他欠缺任何系统性的哲学知识。在成年早期,他最执着的探索是寻找哲学公式,以回应自己对世界的看法,以及他对事物本来样子的直觉。在人类经验方面,从情感角度而言,个体不自由的事实是很紧要的;相比之下,对难以捉摸的、具有控制力的"全知全能"的认同,是一个有趣但最终无解的智力辩论问题。

12 月初,哈代向廷斯利重新提交了《计出无奈》的手稿。圣诞节前不久,他在博克汉普屯收到了廷斯利寄来的录稿通知书,同意按照之前已经约定好的条款出版该小说;他的审稿人报告说,按照现在的修订,该小说很可能会有销路,但是明智之举是:不要那么明确地坚持曼斯顿太太的"替代者"是曼斯顿的"情妇"。对于哈代希望得到进一步澄清的请
123 求,廷斯利解释说不会像哈代之前想象的那样,可以在公司收支平衡时收回他缴纳的七十五英镑保险金,但在收益超过支出的情况下,任何盈余出版商和作者都会均分。[44]哈代似乎觉得条款变得更糟了,然而尽管让一个缺乏经验的作者陷入误解,廷斯利可能确实难咎其责,不过最终的资产负债表——其中只包括实际的印刷费和广告费,而不包括廷斯利的办公费——足够清楚地表明,哈代心中所想的印刷五百册的安排,从出版商的角度来看是得不偿失的。尽管哈代仍然对廷斯利的精明做法耿耿于怀,但在 1871 年 1 月再次前往伦敦时,他还是亲自用现金支付了这笔款项。回到博克汉普屯之后不久,他就收到了校样,然后《计出无奈:一部小说》于 3 月 25 日匿名出版。[45]

第一篇书评出现在了 4 月 1 日的《雅典娜神殿》上,是非常正面的;评论虽然认为这位匿名作家有"偶尔粗俗"的过失,但其结论是:如果他能在这一错误上"净化自己","我们没有理由不相信,他能创作出稍稍逊色于,甚至完全不逊色于当代最优秀作家的小说"。在这种鼓励的背景下,在 2 日的人口普查中,哈代却不得不以"建筑师的职员"身份上报自己的职业,这恰恰是他在 1861 年的人口普查报告中被归类的方式,这

令他难堪和恼怒。尽管在这十年间他一直在不懈努力，但几乎没有取得什么进步，而这三卷本的《计出无奈》，是他克服重重困难而取得成就的唯一看得见、摸得着的证据。在13日的《晨报》上，该小说再次受到好评，但22日的《旁观者》周刊刊登了一篇书评，其开头的段落唱的却是截然不同的调子：

> 这是一个百分之百的匿名故事；无法通过回溯以往的作品找到作者身份的线索，也没有采取使用笔名的方式，因为它有可能会在未来某个时候给作者的姓氏带来耻辱，更有甚者，还有可能会给一个忏悔的、悔恨的小说家的教名带来耻辱——因此这一做法非常正确。无论如何，让他把这个秘密深埋在心底吧，如果可能的话，让他自己的意识也触及不到。阻止廷斯利兄弟公司隐瞒他们也曾参与其中的法律几乎是不公正的。

该书评的其余部分——正如哈代最终所认识到的那样——积极地谈到了他对乡村人物的处理方式，以及他在读者中唤起自己"对风景和氛围效果的敏感"的力量，但是开篇伊始的那些话听上去如此粗暴、轻蔑，哈代几乎没有足够的情感承受力来抵御其不良影响。尽管他本人并没有 124
在《生活和工作》中加入这则故事，即他坐在金斯屯-莫瓦德庄园母羊牧场边的台阶上阅读书评，并希望一死百了，但这无疑是他经常讲的一则轶事，这则轶事说明在其创作初期，在其身份还不为人所知的时候，他面对敌意的批评表现出极端的脆弱性，这种脆弱性将在其一生中一次又一次重现，即使是在最功成名就的岁月里。[46]

到3月底，《计出无奈》出版后不久，哈代又去了韦茅斯，继续为克里克梅工作，仍然住在以前住的伍珀顿大街3号。然而，他仍然在博克汉普屯度过周末，他感受到了在家庭中弥漫着的对人类复杂性和脆弱性的强硬的评判态度，这一感受可见于他在笔记中记录的母亲在 5 月的一个星期天所作的评论，是关于她目睹的一起事件中的男女主人公的："我认为他们是母子，或许是夫妻，因为人们现在结婚的方式很奇怪，因此不清楚是哪种关系。无论如何，他们之间有某种伙伴关系。"[47]哈代的建筑笔记本中有一则很长的条目，摘自一则已经出版了的对伦敦新圣托马斯医院的描述，这可能与克里克梅当时在韦茅斯两家医院开展的建筑工作有关，哈代似乎也参与了类似的其他项目，比如斯托克-威克教堂的修复，韦茅斯城内及其附近学校的扩建，以及对纳瑟伯里的斯雷普庄园的改建。[48]哈代现在所从事的建筑工作的优点是：它为户外观察和锻炼提供了充足的机会，而且几乎可以随心所欲地开始和结束。例如，在 4 月的一个星期一早晨，他身在韦茅斯以北的阿普韦，可能是在为克里克梅执行公务，尽管他在村子里的确有亲戚，即他的姨妈玛莎和简·格罗夫斯以及她们的家人。像往常一样，他随身带着一个笔记本，先记录下一种视觉现象（"延绵不断的群山——山峦的近端披着鲜艳的绿色衣装，而远端则渐渐变成蓝色了"），后来又匆匆记录下一个乡村女孩成为女教师的故事梗概。[49]

虽然这是一种相当令人愉快的生活方式，但这并不是他长期以来所想象的完整的文学生活，也不是一个充足的经济来源，可以使一个男人迎娶一个拥有自己的马的年轻女士——一个律师的女儿、教区牧师的妻妹、会吏长的侄女——她可以因自己高贵的出身而自命不凡。5 月下旬，恰好在他三十一岁生日之前，他又去了一趟康沃尔，并再次见到了艾
125 玛；正是在 6 月初的返程途中，他在埃克塞特火车站发现有《计出无奈》在廉价出售，三卷书的价格竟只有少得可怜的两先令六便士。① 正如他

① 按英国旧制，1 英镑 =20 先令 =240 便士。

后来所发现的那样，穆迪书店的售价也仅多六便士而已。哈代显然没有在小说出版前告诉穆尔，但穆尔试图在《星期六评论》上发表一篇赞美的评论来挽回局面。然而，穆尔的评论直到 9 月 30 日才得以发表，而且尽管廷斯利同意哈代的建议，即在未来的广告中可以摘录小说的一个选段，但他担心此举来得太晚，已经无法影响其销量："一旦一本书被廉价出售，几乎不可能再让图书管理员去购买它。"[50]

是年春末夏初，哈代先是在韦茅斯待了一段时间，后来又去了博克汉普屯，在此期间，他完成了一部手稿，甚至在写《计出无奈》之前，他就已经做了一些工作。[51] 新小说《绿林荫下》似乎部分来源于《穷汉与淑女》开篇部分的乡村情节，也就是约翰·莫利所欣赏的那部分，另一部分则来自他在 1868 年 9 月向麦克米伦提到的"完全由乡村场景和卑微生活构成"的故事。[52] 多年以后，在回答一位采访者关于他是如何"不知不觉地走上文学道路"的问题时，哈代回答道：

> 我想我年轻时在多塞特无意中收集的关于乡村生活的种种印象又重新浮现在我的脑海中，而小说的主题似乎十分新颖。因此，在闲暇的时候——我有很多闲暇时间——我开始创作《绿林荫下》，但写了大约一半后，我就把它搁在一边去写《计出无奈》了。这部小说出版后不久就取得了成功，但根据我与出版商签订的合同，在收入方面我一无所获。然而，这鼓励我继续创作《绿林荫下》。我一鼓作气，一开始写就把它写完了，现在我很后悔，因为故事本来可以写得更好。[53]

在提及"故事"一词时，哈代几乎不可能仅仅指《绿林荫下》那极简的情节线。这部小说的不同寻常之美，很大程度上恰恰是源于它缺乏"故事"，其副标题为"一幅荷兰画派的乡村画"，它不仅反映了哈代有意识地将他在艺术学习过程中所学到的东西应用于文学创作，而且指出了整部作品的“平静”品质。在时间和空间上都受到谨慎的限定，该小说以一种林地田园诗的形式呈现，在亘古不变的社区习俗和不可避免的四季
126 更迭的背景之下，位于前景的阵雨或阵雪既被削弱了（在其个性方面），又被增强了（在其代表性方面）。小说中的人物，虽然出于叙事目的而被充分定型，但他们却扮演着历史悠久的角色，如在民谣或哑剧表演中一样，他们是全人类所共有的短暂欢乐和悲伤的继承者。作为小说家，哈代后来意识到令其“惋惜”的是，其父母的长寿，特别是母亲的长寿，实际上在很大程度上使他无法以成熟技巧和敏锐而更加阴郁的眼光来重新审视上博克汉普屯那个亲密的童年世界，正是在那个世界里，《绿林荫下》中的虚构地点梅尔斯托克获得了如此多的表面细节。在其母亲去世八年后，他早就放弃了小说，他说《绿林荫下》的基本“现实”是一本完全不同类型的小说的潜在素材。“但是在创作这部小说的时候，”他接着说，“社会环境使得任何更深入、更本质、更超然的处理都是不明智的。”[54]像许多其他初出茅庐的小说家一样，在他最早的小说中，哈代就大量采用了直接的自传体性质的资源，包括《穷汉与淑女》以及改编自该小说的其他小说。但他多半作了幽默处理，把它们当作一种自我保护的手段，如果说他有时对《绿林荫下》中人物的态度似乎显得高人一等，那部分原因是他的自觉疏远，但是考虑到小说创作的时间和环境，有一点似乎是意料之中的，那就是在一部与自己的背景如此密切相关的小说中，他对自己阶级处境的困惑会表现为语气上的不确定性。

哈代在小说中所称的梅尔斯托克-奎尔的教堂内外的活动，一定主要是从留存下来的旧乐谱和从其父母与邻居那里收集的斯廷斯福德唱诗班的记忆中重建起来的，邻居中包括詹姆斯·达特，他是哈代祖父时代的唱诗班的演奏者之一。但小说开始部分对村舍和穿着泥瓦匠工作服的祖父詹姆斯的描述，直接来自哈代自己的记忆，而杜威太太在篝火

旁烤火腿薄片的方式，他一直将其和自己的母亲联系在一起，直到他生命的尽头——正是出于那个原因，在他临终前，他要求在卧室的炉火前为他烤一片火腿薄片。[55]小说中的地形几乎完全和斯廷斯福德教区一致，哈代坚持认为这部小说不包含家里人的肖像描写，但这并不能抹去读者心中这样的印象，即他父母的一些措辞技巧和怪癖性格，也直接反映在了流动商贩杜威和其妻子的家庭对话中，这些对话是在平静中展开的，但透露着对抗：

> “鲁本，你没有理由抱怨这样紧紧跟随在人身后的羊群，”杜威 127
> 太太说，“因为我们自家的羊群相当散乱，天晓得！”
>
> “我知道，我知道，”流动商贩说，“你真是个好女人，安。”
>
> 杜威太太把嘴巴做成了微笑的形状，但又把微笑收了回去。[56]

8 月 7 日，哈代将《绿林荫下》的书稿投给了麦克米伦，他解释说，评论家们对《计出无奈》中的“乡村人物与风景”的好评，促使他尝试去写一个完全关于乡村生活的故事，在这个故事中，人物将被“幽默地，而非漫画式地”描绘出来。但是，该小说对《穷汉与淑女》的借鉴得以确认，因为他在同一封信中提到了一个场景，其“附属物”可能会被认为是“最初出现在很久以前提交的一个故事中（从未得以出版）”。十天后，在回应麦克米伦的询问时，哈代提供了《计出无奈》的评论副本，声称尽管评论互相矛盾，但它们似乎表明他不应该“目前再涉足情节”，而且“总的来说，田园故事是最安全的冒险”——或许这一结论与其说是和评论中所提供的证据一致，倒不如说是和目前的境况一致，因为他手头碰巧有一个田园故事。[57]9 月中旬，马尔科姆·麦克米伦暗示他可能会接受书稿，但遗憾的是公司还没有准备好做出最终决定。同时，他还转寄了一份约翰·莫利的审稿报告，其中对这部小说“极其仔细、自然和精致”的写作技巧赞不绝口，但建议作者学习一下乔治·桑的乡村故事，以抑制他过度的现实主义倾向，并建议“他要对评论家的愚蠢言辞充耳不闻，因为他写给你①的信证明他并没有这样做”。尽管哈代永远也不可能完全采纳这最后一条明智的建议，但他确实在两三年后获得并阅读了三本乔治·桑小说的译本。[58]

在接下来的几个星期，麦克米伦公司再也没有给他任何消息，10月14日，当哈代再次住在康沃尔时，他给麦克米伦公司写信，提请他们注意一下《星期六评论》对《计出无奈》的评论，并请求得到《绿林荫下》的消息。后来亚历山大·麦克米伦（出版决定最终是取决于他的）给了他一个答复，大意是虽然这个故事颇有吸引力，但体量却很小，短得无法以标准的三卷本形式印刷。② 他的结论是：“我们现在不能冒险出版该书，因为我们手头满是圣诞主题的图书；此外，现在也不是出版《绿林荫下》的好时机。不过，如果你在春季之前不做另行安排的话，我想有机会决定我们是否可以在春季或初夏出版该书。我把手稿先回寄给你。”[59] 即
128 使不是模棱两可的话，这也肯定是在拖延时间，哈代和艾玛还一起待在圣朱利奥特，他们也许把退还手稿当作最后的拒绝。无论如何，他们都不可能指望哈代能通过这样的田园小说来赚大钱。哈代决心充分估计自己的处境，于是立即写信给廷斯利，询问有关《计出无奈》的销售情况，并旁敲侧击地探询他是否对《绿林荫下》感兴趣，将其说成是尚未完稿的“一个乡间故事”，或者是否对《一双蓝眼睛》感兴趣，他并没有告诉廷斯利小说的标题，只是说它是一部仍处于早期创作阶段的作品，“精华之处是其情节，但没有犯罪情节——不过依据的是《计出无奈》的方

① 这里的“他”指哈代，“你”指麦克米伦。

② 在十九世纪的英国，以三卷本出版小说是出版业的流行做法。王尔德曾在1895年的《作为艺术家的批评家》中不无讥刺地说：“任何人都能写出一部三卷本小说，只要对生活和文学并非毫无认知即可。”

案”。廷斯利的回答避免了直接提及任何一种选择，而是仅限于一个警告，即哈代不太可能收回他对《计出无奈》的全部投资，外加几句一般的鼓励性质的话：“我认为，《星期六评论》对《计出无奈》的评论应诱使你再写一部三卷本的小说。无论如何，如果你这样做了，我想我会很乐意接受你的稿件，且不会给你带来任何风险。”[60]

这封信和亚历山大·麦克米伦的信一样令人不满意，对如何以最佳的方式继续下去，哈代深感困惑。显然，不管麦克米伦在明年春天是否会作出更积极的回应，《绿林荫下》的手稿必须得搁在一边了。至于那部计划中的三卷本小说，哈代怀疑廷斯利是否真的感兴趣，甚至怀疑他自己是否有能力满足评论家和读者的需求。尽管他对读者和评论家提出的常常令人困惑的建议十分关注，但事实证明，还没有一家出版商愿意在他不给予补贴的情况下接受其作品，而且尽管建筑业仍然是一个有用的职业“备胎”，但它需要时间和精力，而这些时间和精力本来可能会花在写作上。对于廷斯利的姿态，哈代没有予以回应，或许是因为新书还没有开始创作，或许是因为他从根本上缺乏信心和方向。与中产阶级的霍尔德和吉福德姐妹待在一起，住在教区牧师舒适的家里，如果说有什么不妥的话，那就是会加剧哈代那种社会弱势群体的感觉，而这种感觉为创作《穷汉与淑女》提供了诸多动力。就在这一年 8 月，他给自己手头的《圣经》中的“为自己的利益而谄媚别人”这些词做了下划线，这些词源于《犹大书》的第十六首诗，二十五年后，《犹大书》标题中的一个词被他悄悄地引用在了《无名的裘德》的标题中。①[61] 10 月底，他不得不再次离开康沃尔，但这并没有令他的心情轻松起来——很明显，这一场景反映在了《爱是垄断者》一诗中，当他从朗塞斯顿火车站出发时，在火

① 《犹大书》的英文是 *The General Epistle of Jude*，《无名的裘德》的英文是 *Jude the Obscure*，其中都有 Jude，但译法不同，因此从中文中无法看出后者对前者的引用。

车载着他离开艾玛的视线之前，她却“完全转过身去 / 愉快地和朋友挥手致意”，她的举动令他甚是伤心。[62]

注释

［1］《生活和工作》，页 66；信息源自 C. J. P. 贝蒂博士。

［2］G. R. 克里克梅致哈代的信，1870 年 2 月 11 日（多博），见《生活和工作》，页 66；《哈代诗歌》，第二卷，页 17；《生活和工作》，页 66。

［3］《生活和工作》，页 67；艾玛，《忆往昔》，E. 哈代和 R. 吉廷斯编辑（伦敦，1961），页 55（原件存多博）；关于“似曾相识的外表”，艾玛最初写的是“相貌平平的外表”。

［4］艾玛，《忆往昔》，页 53（对牙医的提及被删去了）。

［5］结婚证书。

［6］艾玛，《忆往昔》，页 22、16，另见《艾玛与弗洛伦斯书信》，页 36；弗洛伦斯致 R. 欧文的信，1915 年 10 月 24 日（科尔比）；霍斯夫人致 E. 吉福德的信（艾玛），1872 年 10 月 31 日（多博）。

［7］弗洛伦斯致 R. 欧文的信，1915 年 10 月 24 日（科尔比）；《年轻的堂会理事》，《哈代诗歌》，第二卷，页 194；D. 凯·罗宾逊，《趴在窗边的脸》，载《哈代年鉴》，第五期（1975），页 34–35。

［8］《生活和工作》，页 76；霍斯夫人致 E. 吉福德的信（艾玛），“星期三”［1871？］（多博）；艾玛，《忆往昔》，页 51。

［9］《哈代书信》，第四卷，页 299。

［10］《生活和工作》，页 78；《哈代诗歌》，第二卷，页 353–354；拜访老教区，2003 年 6 月；关于两间卧室，参《一双蓝眼睛》，页 103、108。

［11］艾玛，《忆往昔》，页 55–56；霍斯夫人致 E. 吉福德的信（艾玛），“星期三”［1871？］（多博）。

［12］艾玛，《岸边的少女》，1910 年打印稿。（多博）

［13］《我发现她在野外》，《哈代诗歌》，第二卷，页 51。

［14］《幻影女骑士》，《哈代诗歌》，第二卷，页 66。

［15］珀迪与弗洛伦斯谈话，1929 年；《生活和工作》，页 78；《哈代诗歌》，第二卷，页 165。

［16］圣朱利奥特平面图（得克萨斯），见 C. J. P. 贝蒂，《哈代的圣朱利奥特图纸》，载《建筑评论》，1962 年 2 月，页 139；圣朱利奥特修复吁请信副本，1866 年6 月（康沃尔郡档案局）；《公众声音》，页 247。

［17］信件（多博）；"手稿评论"，第一卷，麦克米伦档案（大英），参摩根，《麦克米伦出版社（1843–1943）》，页 93–94。

［18］《生活和工作》，页 78–79；W. 廷斯利致哈代的信，1870 年 4 月 7 日，5 月3 日和 5 月 5 日（普林斯顿），另见珀迪，页 329–340，以及《哈代书信》，第一卷，页 10。

［19］《生活和工作》，页 79；弗洛伦斯手稿，"哈代曾居住过的地方"（多博）。

［20］《生活和工作》，页 79；祈祷书（多博）。

［21］《生活和工作》，页 79；《个人笔记》，页 5。

［22］《生活和工作》，页 79–80；《一双蓝眼睛》，页 141–144。

［23］《马尔伯勒人》，1865 年 9 月 30 日，1866 年 6 月 7 日，1867 年 6 月 24 日，1869 年 3 月 3 日等。

［24］信件（马尔伯勒学院档案，承蒙 E. G. H. 坎普森）；《星期六评论》，1859 年2 月 26 日。

［25］《马尔伯勒人》，1869 年 3 月 3 日；信件（马尔伯勒学院档案）。

［26］见雷比格尔，"霍夫曼文件"，页 13–16；班克斯日记（多档）。

［27］《生活和工作》，页 80；J. B. 哈福德和 F. C. 麦克唐纳，《达勒姆主教汉德利 · 卡尔 · 格林 · 樛尔》（伦敦，1922），页 7；《哈代诗歌》，第一卷，页 22。

［28］《个人笔记》，页 4。

［29］《生活和工作》，页 81；《呼唤》，《哈代诗歌》，第二卷，页 56；艾玛，《忆往昔》，页 57–58。

［30］祈祷书(多博);《哈代书信》,第六卷,页29;《哈代诗歌》,第二卷,页194;珀迪,页196。

［31］《哈代诗歌》,第二卷,页175–176;《哈代诗歌》,第二卷,页295–296;《一双蓝眼睛》,页202。

［32］《生活和工作》,页81–82;藏书所在地(耶鲁)。

［33］素描(多博),另见《在瀑布下》,《哈代诗歌》,第二卷,页45–46,以及艾玛,《忆往昔》,页56和页57之间;艾玛素描和笔记(伯格)。

［34］《个人笔记》,页5–6。

［35］《哈代诗歌》,第二卷,页29。

［36］珀迪与弗洛伦斯谈话,1935年。

［37］《哈代书信》,第四卷,页260。

［38］I.库珀·威利斯,袖珍笔记本。(多博)

［39］《生活和工作》,页80、85。

［40］摩根,《麦克米伦出版社(1843–1943)》,页93–94;关于哈代对"强奸"情节的替换,见《计出无奈》,页441。

［41］《个人笔记》,页6、17;《艾玛与弗洛伦斯书信》,页312。

［42］《圣经》(多博);《个人笔记》,页6–7;《圣经》和莎士比亚(多博),另见《生活和工作》,页85。

［43］藏书所在地。(多博)

［44］W.廷斯利致哈代的信,1870年12月9日和19日(普林斯顿),参珀迪,页330;《哈代书信》,第一卷,页10;W.廷斯利致哈代的信,1870年12月21日(普林斯顿)。

［45］资产负债表复印件,见珀迪,页5相对页面;《生活和工作》,页85–86。

［46］《雅典娜神殿》,1871年4月1日,页399,参《哈代:批评遗产》,R.G.考克斯编辑(伦敦,1970),页1–2;《旁观者》,1871年4月22日,页481、482,参《哈代:批评遗产》,页3–5,另见《生活和工作》,页86–87,页507、533。

［47］《生活和工作》,页86–87,参《哈代书信》,第一卷,页11;《个人笔记》,

页 10。

［48］《建筑笔记》,［页 170–172］;信息源自 C. J. P. 贝蒂博士。

［49］散落的笔记本碎片。(多博)

［50］《生活和工作》,页 86–87;珀迪,页 5;W. 廷斯利致哈代的信,1871 年 10 月 5 日(普林斯顿),参珀迪,页 330–331。

［51］《个人笔记》,页 8–10;珀迪,页 7。

［52］珀迪,页 7;西蒙·盖特雷尔,《创造者哈代：文本传记》(牛津,1988),页 12–14。

［53］《卡塞尔的星期六杂志》(1892 年 6 月 25 日),页 944,参《哈代：访谈与回忆》,詹姆斯·吉布森编辑(巴辛斯托克,1999),页 36,以及《公众声音》,页 118。

［54］《绿林荫下》,页 x。

［55］《生活和工作》,页 99;《绿林荫下》,页 7、16、36;E. E. 蒂［特林顿］,《哈代的家庭生活(1921–1928)》(贝明斯特,1963),页 16。

［56］盖特雷尔,《创造者哈代》,页 127–129,以及 M. R. 斯基林,《地图上的哈代的梅尔斯托克》(多切斯特,1968);《生活和工作》,页 95;《绿林荫下》,页 210。

［57］《哈代书信》,第一卷,页 11–12。

［58］M. 麦克米伦致哈代的信,1871 年 9 月 11 日(多博);摩根,《麦克米伦出版社(1843–1943)》,页 96–97;藏书所在地(耶鲁)。

［59］《哈代书信》,第一卷,页 13;摩根,《麦克米伦出版社(1843–1943)》,页 99。

［60］《哈代书信》,第一卷,页 13–14;W. 廷斯利致哈代的信,1871 年 10 月 23 日(普林斯顿)。

［61］《圣经》。(多博)

［62］《哈代诗歌》,第二卷,页 220;该诗的副标题为“年轻恋人的遐想”,落款日期为“始作于 1871 年：成稿于——”。

第七章 《远离尘嚣》

129 艾玛的“浪漫的思想”深受其朋友玛格丽特·霍斯的推崇，这是她现在鼓励哈代继续写作的主要原因。艾玛也有自己的文学抱负，她想象自己是一位成功作家的妻子，毫无疑问，她暗地里希望哈代文学生涯的传奇色彩某种程度上弥补他不够英俊潇洒的缺憾。尽管哈代本人易受艾玛的鼓励，但作为准丈夫，他不得不考虑经济现实，眼下他看不到任何可以替代建筑业的工作，而他在建筑业上却越来越有经验，越来越娴熟，越来越受欢迎，某种意义上，这是幸运的，但另一种意义上，这是具有讽刺意味的。1872 年初，他住在韦茅斯西街 1 号，还在为克里克梅工作，但就在复活节前夕，他又去了伦敦，前往 T. 罗杰·史密斯位于贝德福德大街的办公室，史密斯是哈代 1863 年所获得的建筑协会奖的评委之一，他现在正忙着向伦敦学校董事会主办的新学校设计竞赛提交材料。[1]哈代和一个裁缝一家合住在塞尔布里奇街 4 号，这是一个排房街区（现在是波切斯特路的一部分），距威斯特伯恩公园别墅 16 号大约一百码；他仍然常去教堂做礼拜，如耶稣受难日去了诺丁山的圣乔治教堂，复活节去了圣保罗大教堂，第二个星期日，也就是 4 月 7 日，去了汉诺威广场的圣乔治教堂。[2]

尽管哈代忙于工作，对自己的文学前途感到不确定，但他仍然非常关注《计出无奈》的命运。1 月 3 日，他致信廷斯利，索要该小说的出版账目，并宣称——更多是虚张声势，而非实际如此——他“宁愿推迟完成”其新手稿，“直到另一部书的结果清清楚楚为止”。哈代又提醒了廷斯利一次，廷斯利才最终把小说的出版账目寄给他，然后在 3 月给他寄 130
了一张五十九英镑十二先令七便士的支票，这表明对比哈代原先缴纳的七十五英镑的保险金，比他原本预料的损失要小一些。[3] 得知哈代又来伦敦了，廷斯利邀请他到其位于凯瑟琳大街的办公室做客，他说：“我想知道你的下一本书将何去何从。我认为你不应该因为第一本书销路不好而灰心丧气，这一点你自己最清楚。”小说家乔治·摩尔①曾形容廷斯利是一个“可敬的人”，他“开展业务和他穿衣服一样，敷衍了事；一个可爱善良的人，但相当不聪明，相当没有希望”。在《生活和工作》中，哈代模仿了廷斯利那浓重的伦敦东区口音，有一天廷斯利在海滨遇到他，操着伦敦腔要求他提交《绿林荫下》的手稿。[4] 可是出于无奈，他把那部手稿留在了博克汉普屯，在 4 月 8 日把手稿送到廷斯利手里之前，他必须从那里将其取回。到 15 日，廷斯利已经阅读了手稿；22 日，他出价三十英镑购买了版权。[5]

同一天，可能就在哈代坐在廷斯利办公室里的时候，他以廷斯利的报价签字出售了版权。[6] 在后来的岁月里，此举给他带来诸多烦恼和不便，但在那一刻，他既缺乏经验，又缺乏自信，为了自己渴望出版的故事得以付梓，他乐于接受任何报价——或许除了自费之外。虽然这笔交易收入微薄，但给了他的文学抱负一种新的现实感，并给了他一些安慰，因为那时候除了个人和职业上的所有疑虑外，他还对自己的视力有所担心，于是他从穆尔那里得到了威廉·鲍曼的名字和地址，鲍曼是当时一

---

① 乔治·摩尔（George Moore, 1852–1933），爱尔兰小说家、诗人、艺术评论家、回忆录作家和剧作家。

流的眼科医生。[7]然而，事实证明，他的问题并不严重，在当时及此后的许多年，没有任何迹象表明他的眼睛有进一步的问题。到5月初，他正在修改《绿林荫下》的校样，6月初，两卷本小说的第一版得以出版，随后不久，小说在《雅典娜神殿》和《蓓尔美街报》①上受到热烈好评。穆尔在《星期六评论》中的匿名评论篇幅很长且持欣赏的态度，但又被推迟了很长时间才发表，哈代可能对这篇评论感到颇为恼怒——考虑到穆尔和他自己的背景——因为他受到了批评，正如他在之前的评论中被批评的一样，原因是他允许乡村人物"以作者的思维方式而不是以他们自己的思维方式来表达自己"。[8]

到9月28日穆尔的评论姗姗来迟时，哈代的事业已经发生了一些关键性的转折。在"市政职员"这一人物中，哈代不安地预见到了他自
131 己可能的未来，"直到其生命的尽头，他都回天乏术 / 不能从牛津街②的车辙逃离到开阔的道路"③；7月初，廷斯利写信说，从九月号的《廷斯利杂志》开始，他需要一个连载故事，他很乐意考虑登载哈代可能已经准备好的新故事中的"任何一部分"。[9]哈代提出了异议，说其手稿需要"在很大程度上重新斟酌"——这可能意味着手稿尚未写好——但他无法抗拒连载的机会或与之俱来的两百英镑收入。哈代现在比去年4月时聪明了一些，他没有放弃《一双蓝眼睛》的版权，只是放弃了连载权和三卷本的第一版的版权。[10]7月底，在史密斯将新学校设计竞赛的材料提交之后，哈代就离开了他的公司。8月7日，他提交了连载故事第一部分——将于15日刊登——然后乘船前往康沃尔。[11]

---

① 《蓓尔美街报》(*Pall Mall Gazette*)，另译《包茂大道公报》。

② 牛津街(Oxford Street)原来仅为从伦敦西城之外到牛津地区的道路，十八世纪末期街道两边大量建筑修建，牛津街初具规模，现在是英国首要的购物街，是伦敦西区的购物中心。

③ 源自哈代的诗歌《傍晚走在牛津街上》("Coming Up Oxford Street: Evening")，该诗创作于1872年7月4日。

在哈代离开伦敦之前,他指示连载故事第一期的校样不要寄往圣朱利奥特,而是寄到博德明附近的可兰庄园,即艾玛的父母及其"啃老"的长子小理查德·爱尔兰·吉福德的家。[12]凭着廷斯利给的佣金和他所承诺的两百英镑,显然哈代感到自己能够正式向艾玛求婚了。但是约翰·阿泰索尔·吉福德对准女婿公然表示蔑视。据说在后来的一封信中,他称哈代为"妄想和我家联姻的出身卑微的乡巴佬",而哈代曾在他的一首诗中提到在鲁托镇发生的"邪恶的事",称之为"诽谤或类似的事",鲁托镇可以被识别为离拉夫-托尔不远的博德明。[13]毫不奇怪,哈代并未在可兰庄园久留。到了8月底,他的邮寄地址又成了圣朱利奥特教区,他似乎也在拉尼维特附近的圣本尼特大教堂待了一段时间,拉尼维特是艾玛的朋友查尔斯·萨金特上尉及其妻子的家庭所在地。诗歌《在拉尼维特附近,一八七二年》中所记载的一个不祥的时刻就属于这段时间,一天晚上,艾玛站在从圣奥斯特尔到博德明的路上休息,她伸出双臂扶着一个路标的两翼,"在这光线暗淡的黄昏,她一袭白衣的样子 / 使她看起来俨然一个被钉在十字架上的人"。[14]

在伦敦仓促写就的《一双蓝眼睛》的连载开篇部分,哈代已经借鉴了他在康沃尔的冒险之旅,这体现为艾尔弗莱德·斯旺考特和年轻的建筑师斯蒂芬·史密斯的初次见面,以及斯蒂芬试图集中精力绘制和测量他要修复的教堂时,艾尔弗莱德那令人分心的挑逗行为。叙述者以一种慢条斯理的迂回方式问道:"读者有没有在讲坛上看见一个讨人喜欢的女孩呢?""或许没有。但作者知道一个见过她的人,他永远不会忘记那 132
一情景。"[15]在接下来的几个月里,哈代一直在截稿压力下写作,他不熟悉这样的压力,因此不得不在很大程度上依赖最近经历的事情进行创作——甚至包括他刚刚从伦敦到普利茅斯的旅程——还依赖艾玛的协助,她在事件和细节方面给出了一些有用的建议。例如,艾玛提到的"矜持的男人"几乎是逐字逐句出现在了后面的一章中,尽管在这种情况下,不清楚哈代是直接借鉴了她的信件(就像他在《计出无奈》中对伊丽莎所借鉴的那样),还是仅仅使用先前已经抄写在笔记本上的段落。连载第二部分(第六至八章)是在艾玛的陪伴下在康沃尔撰写的,包括丢失的耳环、国际象棋游戏,以及其他源于这对恋人共同经历的或共同想象出来的恋爱情节。艾尔弗莱德对斯蒂芬不会骑马的惊讶同样源于艾玛发现哈代不会骑马,并将这一点和其他证据合在一起来证明斯蒂芬不够"绅士"。尽管如此,在连载的这同一期中,斯蒂芬被赋予的家庭背景甚至比哈代的家庭背景还要卑微——父亲是个"学徒期满的泥瓦匠",母亲是个"挤奶女工"。在哈代后期的修订中,出于对家庭的忠诚,而非出于小说本身的需要,斯蒂芬的父亲成了一个"正在从业的泥瓦匠师父",而其母亲则仍然是一个"挤奶女工",不过她的"家族几个世纪以来都是富裕的自耕农"。[16]自传体元素在上述这两种情况中都是显而易见的;但不那么容易确定的是,最初设计的身份降级代表的是在艾玛的父亲接待他之后他所表现出的一种故意的甚至是带有挑战性质的阶级身份认同行为,抑或只是他对弥漫着阶级意识的《穷汉与淑女》的现存材料的改编。值得注意的是,《一双蓝眼睛》中相关部分的手稿在艾玛手里,而且她忠实地抄写了斯蒂芬的出身细节,这是一个象征性的声明,不仅表明她打算嫁给她的建筑师,而且表明即使他们之间的阶级差异比实际情况更大,她也依然会这样做。

尽管哈代从他和艾玛恋爱的过程中借鉴了不少细节,但他后来坚持说,早在他去康沃尔之前,小说的情节就已经"想好并写下来了",而且小说的大部分内容显然源于《穷汉与淑女》,因此很有可能在这个故事最初的构思中,其背景是多塞特,女主角是一个不同的人,但有一个相似的情节主线,涉及一个跨越两个不同社会阶层的浪漫爱情故事,就像后来纳入《女继承人生活中的轻率行为》中的那样的故事,这是 1878 年从哈代的《穷汉与淑女》衍生出来的一部中篇小说。《一双蓝眼睛》的手稿

是不完整的,但是残存的部分显示,哈代一度在使用1864年至1867年 133
的日历和时间方案进行创作,他曾先后在《穷汉与淑女》和《计出无奈》中采用了同样的日历和时间方案。多塞特和萨默塞特的地名,譬如本维尔小巷和比内加集市,一直存续到小说的早期版本;直到1912年,哈代才改变了“可怜的聋哑人格莱默·凯茨”的提法,直到那时,人们才将斯蒂芬·史密斯父母的世界和《绿林荫下》中的世界联系了起来——其中也出现了格莱默·恺茨(Caytes;如是拼写)——还和哈代的博克汉普屯童年联系了起来,在那里,年迈的雷切尔·基茨(在1851年的人口普查中被登记为“聋子”)是他的近邻。[17]

有些章节主要关注斯蒂芬的父母和他自己在两个截然不同的社会群体中的处境,这两个群体生活在一起,甚至相互依赖,就像哈代家族和马丁家族同在金斯屯-莫瓦德庄园生活一样——这些章节一定很大程度上依赖了《穷汉与淑女》的手稿。“佩妮的珠宝美化了一个……”这一章不可抗拒地指向了家庭关系、社会模式,甚至基本的戏剧前提等方面的内在连续性,体现在了《计出无奈》《绿林荫下》《一双蓝眼睛》《女继承人生活中的轻率行为》等作品中,它们某种程度上都是《穷汉与淑女》的衍生品。尽管哈代以相当高超的技巧改编了其原材料,但似乎有必要得出结论:迪克·杜威、爱德华·斯普林洛夫和斯蒂芬·史密斯的父母身上都有着威尔·斯特朗的父母的影子,而斯特朗的父母的拼凑肖像又是以哈代自己的父母为原型塑造的。因此,正是杰米玛的活力激发了斯蒂芬的母亲在被人发现逻辑上不一致时作出的反应,正如斯蒂芬和其父亲的沉默反映了哈代和老哈代通常采取的防御策略:

“是的,你瞧,你瞧啊!那就是你;那就是从我身上掉下来的肉。斯蒂芬,我敢打包票,如果可能的话,对于你妈说的每一句话,你都会鸡蛋里挑骨头。你跟你爸就是一个模子里刻出来的;你俩谁都可以袒护，除了我以外。当我为了你的好处而说话，交谈，作出努力，埋头苦干的时候，你却等着用那种方式来抓住我的把柄。所以你现在是和[艾尔弗莱德]一个阶层的，但这就是她的家人所说的门不当户不对的婚姻。别那么爱争执，斯蒂芬。”

斯蒂芬保持着谨慎的沉默，他的父亲也如法炮制，一连几分钟，除了靠着墙的绿色面壳的落地钟发出的滴答声，什么声音也听不到。[18]

134 哈代对其家庭背景之借用和他对他与艾玛恋爱情节之借用一样直截了当，一样直白。就好像他故意在小说世界中把自己现实生活中明显分裂的两半并置在了一起。与此同时，他似乎没怎么努力把这两半结合起来，也没怎么努力把艾玛介绍给他的家人，据说这种被动和缺乏紧迫感使艾玛采取了非同寻常的——可想而知是灾难性的——权宜之计，那就是她以一位不速之客的身份前往博克汉普屯，去请求抑或宣称，希望得到认可和接纳。[19]杰米玛，就像斯蒂芬的母亲一样，感受到了来自艾玛的自命不凡的威胁，以及其自命不凡对艾玛与她儿子未来的关系可能意味着什么；艾玛的外表和举止，对当时和后来消除博克汉普屯一家人对她的偏见均没有起到任何好的作用，在他们眼中，她是一个不年轻，没有财富，没有家庭美德，甚至没有多塞特背景的不请自来者，因此并不受欢迎。就艾玛而言，她很可能会震惊地发现，哈代一家到底有多“土里土气”，如果她的博克汉普屯之行是真实发生过的话，那在她结婚之前，甚至在婚后一段时间内，她都没有再去过那里。

8月中旬，当哈代还在康沃尔的时候，罗杰·史密斯写信说，由于新学校的一个设计方案在比赛中取得了成功，他很高兴能再次雇用哈代一段时间。史密斯的来信在圣朱利奥特引发了一场关于哈代未来职业发展方向的辩论——特别是因为获奖的设计方案似乎主要是由哈代一手策划的——并且显然加速了那个关键时刻的到来,他“站在人生的岔路口”,问自己是否“宁愿损失财富和机遇而坚持写作,而不愿通过放弃写作来获得财富和机遇”。几年后,哈代又向别人提出了同样的“测试”题,他接着说:“如果你能诚实地回答‘是’的话,我想是天性使然。”[20]哈代自己在这一年作出的回答是非常肯定的,但在过去的几年里,他很有可能在任何时候都会给出这样的回答;而如果必要的时刻艾玛没有在现场,如果需要立即作出的决定本身不是一个简单的、平淡无奇的决定——即仅仅是拒绝史密斯的提议的问题——那么关键的一步甚至可能会被错过或被延迟。考虑到艾玛和他之间已经达成谅解,放弃把建筑作为一种职业的明确决定,无论如何也不可能是在没有她的支持下作出的,尽管其支持一定是出于单纯的忠心耿耿和天真的浪漫主义,而与经济现实不怎么相关。

在此期间,日子过得很愉快,他们去了比尼崖和廷塔杰尔,远至塔维斯托克附近的布伦特-托尔,哈代任由自己延迟提交《一双蓝眼睛》连载 135
第二部分。[21]9 月 8 日,是他此次造访的最后一个星期天,他和艾玛一起去了重新装修和开放的圣朱利奥特教堂,参加了下午的礼拜,领读了《耶利米书》第三十六章和《罗马书》第九章的内容,并把日期记录在他的《圣经》和祈祷书中。对他而言,这是一个重要场合,因为领读经文实际上是一种阶级特权,而被邀请领读是对其身份和地位的认可,不仅是作为艾玛的未婚夫,而且是作为一位专业人士。[22]

9 月中旬,哈代在塞尔布里奇街作了短暂逗留,并于月底返回博克汉普屯,全神贯注于《一双蓝眼睛》的持续连载创作,10 月初的一封信鼓舞了他,在信中,廷斯利对小说的早期进展表示满意。他说他渴望阅读连载第三部分,“如果你不写出伟大的作品,我将失去优秀小说鉴赏家的声誉”。[23]同年秋,《康希尔杂志》的出版商乔治·史密斯和杂志的编辑莱斯利·斯蒂芬,在《蓓尔美街报》的编辑弗雷德里克·格林伍德引起他们对《绿林荫下》的关注之后,得出了几乎相同的结论。斯蒂芬发现了作者的名字,并从穆尔那里要到了通信地址,然后于11月30日致信哈代,祝贺《绿林荫下》所取得的成功(“我已经很久没有从一个新作家那里得到更多的快乐了”),并为《康希尔杂志》约稿,说哈代现在可能正在创作的任何一部新小说都可以,并说:“如果我们之间可以达成协议的话,我毫不怀疑,从金钱的角度来看是会令你满意的。”[24]由萨克雷任第一任编辑的《康希尔杂志》在发行量和声望方面均处于当代杂志的最前沿,这对于一个迄今尚寂寂无闻的作家来说,完全是个非同寻常的时刻。哈代很高兴如此杰出的一方能这么积极地和他接洽,他回信说他正忙于创作《一双蓝眼睛》——很明显斯蒂芬对此一无所知——但随后他会将注意力转向头脑中的一个田园故事,拟定标题为“远离尘嚣”。斯蒂芬回信说,他对耽搁表示遗憾,但会耐心等待。“我喜欢你拟定的标题。”他补充道。[25]

在收到斯蒂芬的来信之前,哈代已经安排了另一次圣朱利奥特之行。在11月29日的一封信中,霍尔德感谢他为一条计划穿越圣朱利奥特的新铁路线绘制了平面图,并说他们“全都”希望在12月18日见到他,他愿意待多久就待多久。“那位年轻的女士,”他有点忸怩地补充说,“你提到的吉福德小姐还在这里,她向你问好,诸如此类云云。”不清楚哈代是否真的在康沃尔度过了圣诞节——《生活和工作》提到他在博
136 克汉普屯一直待到年底——但他在1873年1月7日的时候肯定是在那里,那时他已经起草好了与圣朱利奥特教堂的修复相关的捐赠和花费的最终结算清单,以待霍尔德签字。[26]然而,1月中旬,他又回到博克汉普屯,并在那里待了几个月。3月12日,他寄出了《一双蓝眼睛》的最后几章,计划在《廷斯利杂志》的七月号上(6月中旬出版)刊登,但是这么早交稿,是为了符合在连载小说最后一部分刊载之前将其以完整书稿形式

出版的惯例。[27]

哈代的脑海中已经有了未来的《远离尘嚣》,他同时参加了2月14日(古老的圣烛节)在多切斯特举行的一年一度的招聘会,观看了一些聘任和拒绝聘任的活生生的戏剧,并听取了全国农业劳动者联盟领导人约瑟夫·阿奇的讲话,阿奇站在福丁屯草地的一驾四轮马车上,谴责了农业工资的不足和雇用制度本身的不公。正如哈代后来所证明的那样,阿奇给他留下了深刻印象,包括他的幽默和温和,他作为一个"社会进化论者"而非"不可调和的无政府主义者"发表的演讲,以及他吸引听众注意力的能力。人群中一个老工人被他的主张所感动,"用食指和大拇指夹着一枚硬币高呼'六便士给它,求求你,上帝!'""给谁?"一位旁观者问道。"给信仰,我知道我不能说出它的名字,但我知道它是个好东西。"他回答道。[28]闻听此言,阿奇特别感动,并被逗笑了。

4月初,斯蒂芬再次询问《康希尔杂志》约稿一事的进展,并期待着早日和哈代在伦敦会面。但哈代暂时仍在博克汉普屯逗留,等待着《一双蓝眼睛》的校样,同时忍受着母亲的责骂,她担心儿子的新社会地位会因为他写小说这样一个靠不住的职业而受到威胁。她似乎也反对他在《绿林荫下》中对当地和家庭资料的明确引用,但哈代向她保证这些书只会在伦敦流通,不会渗透到多塞特本地——这一承诺从技术角度而言是不可能实现的,但反映了哈代毕生致力于保护其父母和弟弟妹妹们的个人隐私的决心,并取得了显著的成功。[29]穆尔兄弟中的一位,即查尔斯·沃尔特·穆尔,也对哈代改变方向一事忧心忡忡,并致信他,提出了一个冷酷的建议,即有文学追求的人最好有一份固定职业。查尔斯显然觉得,正如他哥哥霍勒斯所感觉的那样,哈代缺乏天赋,或者说缺乏精 137
力——即身体和精神上的恢复力——无法仅靠写作谋生。他可能也发现很难将哈代作为作家的想法与他所知道的哈代的背景相调和,其致信的附言肯定暗示他意识到了哈代可能所处的艰难的阶级转型:"我相信我在信封上对你的称呼是正确的。我猜想你更喜欢寄往上博克汉普屯的信封上没有'先生'一词。"①[30]

哈代自己对这一转变的复杂性的感觉,约一年后充满酸楚地出现在写给杰纳维·史密斯的一封信中,她是西斯塔福德教区牧师的妻子,颇有建树,酷爱旅行。他赞赏有加地提到了史密斯太太的"各种知识和经验,这对像有我这样的追求的所有人都具有独特的魅力",并谈到"由于经济状况不佳,我一直以来都被剥夺了与受过教育的女性交往的机会,这类交往教给男人从书本上学不到的东西,事实上,它是唯一的解药,可以消除一个人独自生活时所陷入的那种悲观情绪,这种被剥夺的状况直到最近才得以缓解"。[31]从这些话中可以看出艾玛最初吸引人的力量,不过,这封信整体上透露着一种奇怪的紧张不安的情绪,大概是因为前一天晚上他在史密斯家的餐桌上被詹姆斯·波尔侍奉过,波尔是斯塔福德庄园的管家,史密斯家习惯于在正式场合把他"借调"过来。波尔(后来被史密斯的一个女儿描述为"一个非常守旧的管家")对自己的职业有着很强的阶级意识,毫无疑问,他反对别人请他侍奉一个地方工匠的儿子。但在史密斯家的餐桌上出现尴尬局面的主要原因是:波尔愤怒地认为,哈代最近"抛弃"了他的女儿凯瑟琳(凯茜)·波尔,她在金斯屯-莫瓦德庄园做贴身女佣。[32]

哈代与漂亮但有些无趣的凯茜交往的确切性质和持续时间仍不详,但他似乎在六十年代末和七十年代初的某个时候曾向她求爱,当时她才二十出头,甚至有可能她(而不是伊丽莎或简·尼科尔斯)才是前文中提到的那个当地女孩,据说他最终送给艾玛的戒指最初是打算送给她的。由于凯茜于 1872 年 4 月陪同其女主人艾米莉·费洛斯去伦敦举办

① 这里"先生"的英文不是 Mr. 或 Sir.,而是 Esqre(即 Esquire),在信封上写在收信男子全名后的尊称。

婚礼，哈代很可能是在遇见艾玛之后——或者无论如何，是在与艾玛订婚之后——突然和凯茜分手了。凯茜于 1894 年在伦敦去世，她是牧羊人市场一个生意兴隆的酒馆老板的妻子，有人颇有说服力地证明，她的去世引发了哈代的诗歌《在梅费尔的住处》。[33]哈代与她的关系可能对最初以多塞特为背景的《一双蓝眼睛》的构思有一定贡献，而在西斯塔 138
福德教区的那个痛苦的夜晚无疑是《艾塞尔伯塔的婚姻》的基本情况的来源之一，或许是主要来源，譬如在小说中有这样一个情节：一个管家发现他在侍奉自己的亲生女儿。

5 月下旬，三卷本《一双蓝眼睛》的第一版由廷斯利兄弟公司出版。哈代在小说连载和完整本小说之间做了诸多修改，最重要的是从开头几页中删去几个段落，涉及的情节是艾尔弗莱德出场时在阅读一部三卷本小说，并为其主人公之死而扼腕叹息。[34]这种对文本细节的关注至少部分源于哈代意识到：不像之前匿名出版的几本书，这部新小说是以他自己的名字出版的。幸运的是，评论总体上是肯定的。就连约翰·哈顿，他曾自称是在《旁观者》上攻击《计出无奈》的作者，现在也被证明是《一双蓝眼睛》的热情推崇者，他又一次在《旁观者》上发表评论，称赞该小说是一个“真正强大”的故事。然而，他确实批评该小说的标题是感伤的，其结局带着不必要的凄凉，虽然哈代写给哈顿的信没有保存下来，但可以从哈顿写给他的信推断出哈代为自己辩护的方式。7 月 3 日，哈顿写道：“关于[艾尔弗莱德]之死的真相，我同意你的看法。但作为艺术作品和作为该作品创作的目的，一部小说有两个视角，即公众的利益和公众的消遣。”[35]哈代仍然没有被说服，这一点可以从拒绝舒适的、常规的解决冲突的方式成为他后期小说的一个特征的程度上推断出来。

该小说的另一位早期读者是穆尔，他再次表明自己能够将温暖的热情与冷淡的傲慢融合在一起。他于 5 月写道：“你对一般女人的了解远远多于你对上层社会女人的了解；就我所知，你在很多地方都太理想化了;我应该马上直截了当地说,你时不时的品位的下降是廷斯利式的。”穆尔在落款处的签名是“你永远的、最深情的”,并带着惊叹的语气说:“再见,再见——只是让我不确定再见的时间——我渴望再次见到你,一定、必须再次见到你。此外,我这里还存有你的个人物品。”[36]很明显,哈代和穆尔已经有一段时间没见过面了,穆尔突然离开马尔伯勒后的四年零几个月里,他过着怎样的生活、住在什么地方等细节,哈代知之甚少。很大程度上,穆尔似乎生活在伦敦文学界的边缘,靠考前辅导、新
139 闻撰稿和各种各样的写作来勉强维持生计。一封写给哈代的未注明日期的信(后来哈代将其归于 1870 年)提到他在当晚的《伦敦回声报》上发表了两篇文章,当然他的署名文章出现在了 1869 年和 1871 年的《弗雷泽杂志》以及 1871 年下半年的《麦克米伦杂志》上。[37]令人感到吃惊的是,在六十年代中期,穆尔对哈代的帮助很大,但似乎并没有把他介绍到他自己大概在七十年代初经常光顾的任何一个文学圈子或新闻圈子。因为他似乎从来没有对哈代的能力给予特别高的评价,所以他或许担心在这样的圈子里,哈代既不会熠熠生辉,也不会轻松自在。或者,他可能已经开始嫉妒甚至怨恨他的门徒入侵了他长期以来认为自己拥有更大所有权的地盘。1872 年 7 月,穆尔的经济困境迫使他接受了一个地方政府委员会的职位,即东安格利亚地区的一名济贫法助理检查员,在那个委员会里,其父亲曾因在改善环境卫生事业方面的工作而闻名。

1873 年 6 月初,哈代和他二十二岁的弟弟亨利在伦敦短暂游览期间,再次见到了穆尔。15 日,他与穆尔共进晚餐;接下来几天,他带着亨利参观了伦敦;20 日,他前往剑桥大学,与女王学院的朋友住在一起,而穆尔为了离工作地点更近,住在了他以前就读的学院里。[38]他们再次共进晚餐,第二天,在那个“永远难以忘怀”的早晨,他们爬上了国王学院小教堂的屋顶,看到伊利大教堂“在远处的阳光下熠熠生辉”。然后他们“愉快地”分道扬镳,只是在回想起来时,哈代才记起前一天晚上穆尔

站在壁炉旁,说话时不自觉地指着一支蜡烛,蜡油正“淌成一块裹尸布的形状”[39],于是他从中解读出一种不祥的意义。

同一天,哈代回到伦敦,然后又去了巴斯,住在大斯坦霍普大街。艾玛则和她的朋友安妮·德阿尔维尔女士住在一起,安妮女士是一位老太太,哈代以前在圣朱利奥特见过她,并记得有关她的一件相当荒诞的事:她养了一只金丝雀,它看到一只猫,或甚至是一张猫的照片,就昏倒在了笼子的底部。接下来的十天里,哈代和艾玛在巴斯、布里斯托和邻近的乡村,甚至远至丁登寺的地方,进行了一番探索。[40]28 日,约翰·哈顿对《一双蓝眼睛》的评论被刊登出来——尽管某种程度上被他于同一天在《雅典娜神殿》上发表的评论所透露出的傲慢语气所抵消了——这对哈代和艾玛来说都是一个令人鼓舞的迹象,因为这表明哈代在文学界正取得进步。哈代最近与纽约出版商亨利·霍尔特也有一些书信往来,亨利当时正在编辑出版《绿林荫下》和《一双蓝眼睛》。最重要的是,斯蒂 140
芬对计划中的《远离尘嚣》表现出了积极的兴趣。[41]

在 1872 年底写给斯蒂芬的信中,哈代具体说明了《远离尘嚣》中的主要人物是“一个年轻的农妇、一个牧羊人和一个骑兵中士”,他可能已经想到了具体的地点和人物,包括他的姨妈和姨父夏普,从他们身上他可以最有效地借鉴,来塑造这样的人物及其适当的环境。[42]但是,尽管他又一次在很大程度上把“真实情况”作为他叙述的实质和细节,他将该小说设定为“田园作品”的基本构思却极具文学性,这种构思因长期运用而被视为神圣,并且其被引用的可能性又使其得到巩固加强,这种引用既存在于田园作品形式上的传统中,也存在于传统民谣那浪漫的和说教的模式中。另一方面,这部小说情节广泛,事件密集,依赖于固定的人物类型,如戴安娜·弗农类型的女主人公[43],作为反派角色的风度翩翩的士兵,谦逊而忠诚的男主人公,最终在爱情和阶层进步方面取得成功——更直接地反映了维多利亚时代的戏剧和通俗小说。可以公正地说,《远离尘嚣》的成功很大程度上源于在一个公认的“田园作品”的框架内融入了十九世纪的关注和社会状况。因此,盖伯瑞尔·奥克是一个传统的牧羊人,他以“田园牧歌式的甜美”吹奏着长笛,同时他也是一个非常能干的维多利亚时代的工人,在一系列被密切观察到的农业场景中都发挥着作用,其中一个场景涉及对羊黑疫①的原因和影响的技术描述,但在出版时被删除了,或许是因为它威胁到了大众可吸收理解的极限。[44]

《一双蓝眼睛》因其对性格复杂的人物的敏感探究而引人注目,如神经质的、有女人味的艾尔弗莱德,她是苏的“先驱”,以及冷酷的、有文化的、性暧昧的亨利·奈特。但其构思和创作过于仓促,且哈代对连载小说的创作缺乏了解,他试图通过进一步“蚕食”《穷汉与淑女》的手稿来解决自己面临的一些困难,这些都为哈代带来了不利影响。《远离尘嚣》标志着哈代在成就和自信心方面都取得了长足的进步,这不仅是因为他接受了莱斯利·斯蒂芬带给他的机遇和挑战,而且也因为他第一次把《穷汉与淑女》的文本坚定地抛在了身后。当然,那并不
141 能阻止阶级差异和经济差异在已经完成的这部小说中起到重要作用,正如它们在哈代未来创作的几乎所有小说中所做的那样,也不能否认,盖伯瑞尔·奥克的姓氏又是哈代的另一个近义词,在手稿中最初被称为斯特朗。②

1873 年 7 月 2 日,哈代从巴斯回到了博克汉普屯,他将所有的注意力都放到了新故事的创作上面;在博克汉普屯,“夜莺在花园里歌唱”,

---

① 羊黑疫,发生在羊身上的传染性坏死性肝炎。

② Oak(奥克)是“橡树”的意思,一种质地坚硬的树,而 Hardy(哈代)也有“坚硬”的意思,所以两者是近义词;而 Strong(斯特朗)也有“坚强”的意思。

他仍然享有“母亲的陪伴带来的激励和共鸣”。他也从母亲的照料和她做的可口饭菜中受益匪浅，他可以尽情地进行创作，直到母亲叫他吃饭才停下笔来，但是他习惯于先跑到村舍后面的小山顶上，然后再跑回来上餐桌吃饭。哈代特别珍视博克汉普屯和《远离尘嚣》之间的联系，在1918年小说手稿参加代表红十字会举办的拍卖会的那一天，他去了博克汉普屯，坐在村舍花园里，抬头看着“写这部小说时他所住的小房间的窗户”。[45]从一开始，他就毫不掩饰他的许多场景和人物都是借鉴了其家乡的乡村和居民。1874年，他写信给斯蒂芬，说他想留在博克汉普屯，直到小说完成，他解释说，他的家“就在这些事件所发生的地区的步行范围内”——显然是指帕德尔屯——而且他发现“在描写小说人物时，自己恰恰就置身于这些被描述的人中间，这是得天独厚的条件”。[46]因此，并不奇怪，约瑟夫·波格拉斯在小说中唱的那首名为《我播下了爱的种子》的歌，使哈代在脑海中联想到了惠廷斯一家，他们曾经是雨冢上灯塔的守护者，或者在1873年9月21日（星期天），他穿过荒野，来到伍德伯里山集市，他小说中的青山集市将以此为基础。[47]

同一天晚上，穆尔在剑桥大学的房间里割喉自尽，但是直到两三天之后，噩耗才传到博克汉普屯。不久之后，验尸官执行验尸以探究死因，期间在其哥哥去世前一直在照顾他的查尔斯以及穆尔的医生都提供了证据。出现的画面是：循环往复的抑郁症，服用“兴奋剂”，丧失工作能力，接着是害怕失去工作，从而抑郁症再次复发。[48]穆尔从未成功地克服十三年前其学生班克斯所注意到的酗酒恶习。最近一段时间，他经常溜到东安格利亚的乡间，一次就醉上好几天，直到他那当时在彼得堡①附近的亚克斯利（Yaxley）做牧师的哥哥弗雷德里克找到他，并把他带回牧师住宅里进行康复。至少有一次，他提到过自杀， 142

① 彼得堡（Peterborough），英国东部城市。

并在枕头下藏了一把剃刀，既然查尔斯也宣称自己熟悉这种自杀威胁，那么猜测穆尔死亡的直接"原因"或许就没什么意义了。[49]多年来，他一直是个酒鬼，或许还是瘾君子，很明显是一个潜在的自杀者。他最近在从事一份要求很高又非常令人沮丧的工作，工作中他要经常去济贫院，在那些接受救济的不快乐人群中，他一定经常发现到处都是他自己害怕成为的人。或者是巧合，或者是其他情况，就在他自杀前两天，他刚从济贫院参观归来。

穆尔悲剧的最终根源要比纯粹的学术困境更为深刻，其学术困境在死因审理报告的最后一段得以明确，这一段后来补充到在伦敦一家报纸上刊发的死因审理报告中（大概是在穆尔家人的鼓动下补充的）："他被普遍认为是他那个时代大学里最好的古典文学学生，人们期待他在古典文学荣誉学位考试中拔得头筹，但是他数学考试却未及格，而且根据当时的大学惯例，他不能参加古典文学荣誉学位的角逐，这一点后来一直令其非常痛苦。"[50]哈代的第二任妻子认为，根据丈夫跟她所说的，穆尔曾经和一个名声有些问题的"米克森巷"女孩有过一段风流韵事，她怀孕后被送到了澳大利亚，在那里她的儿子——穆尔可能是也可能不是其亲生父亲——后来被绞死了。[51]不管是真是假——至少有一部分是真实的，尽管故事结局是令人生疑的哈代式结局——这个骇人听闻的故事发生在五十年代末或六十年代初，穆尔那时候居住在福丁屯；1873 年的一个日子被赋予了一首明显相关的诗《她在他的葬礼上》，那么便有这样一种可能，那就是在她的"心上人"下葬的时候，那个穿着"鲜艳颜色的裙子"的女孩可能就在现场，但她只是远远地望着。另一个与穆尔自杀有关的故事是他与一位女家庭教师的订婚，这位家庭教师"颇有教养"，而且"有优秀的品格"，他的嫂子、弗雷德里克的妻子认为她是个"杰出的人"，或许能够解决穆尔的困难。在同一则故事的另一个版本中，这位未婚妻被称为"有头衔的女士"，但在两个版本中订婚关系都是因为穆尔的酗酒而终止的,所以似乎有可能我们的讨论中的女人是一个有头衔的家庭雇用的家庭教师——或许是剧作家亨利·泰勒爵士的家庭,穆尔曾给他的一个儿子做过家庭教师。[52]

一个在许多方面比任何人都与他更亲密的人溘然而逝,哈代感到无比震惊。当然,再也没有其他人会给他写一封敬语为“你永远的、最深 143
情的”的信。穆尔写给哈代的信中透露着从容自信,这反映了基于穆尔在年龄、教育程度和社会阶层等方面的优越性,他自然而然地把自己放在了哈代庇护人的位置,而在 1873 年(如《一双蓝眼睛》所示),哈代刚刚开始对此有不满情绪。尽管如此,从哈代一方来说,既有深深的敬佩,又有浓浓的爱慕。在穆尔赠送给他的《英诗金库》中,他写下的日期是“1873 年 9 月 25 日”,写在了莎士比亚的第三十二首十四行诗的旁边,该诗的结尾是诗人对一位将比他活得更长的朋友的劝诫:

哦,那么请赐予我这样爱的思想——
“倘若我朋友的灵感随着年龄的增长而增加,
那么他的爱会带来更加珍贵的诗章,
和有着更好的装备的队伍齐驱并驾:
但因为他已告别尘寰,后来的诗人们更加精彩,
我会读他们的风格,但读他的爱。”

将近五十年后,哈代将断言穆尔“很早就展现出成为一位杰出英国诗人的希望。然而天意弄人”。1880 年,当哈代第一次重访皇后学院时,他在《悼念集》的著名诗行“门上是另一个人的姓名”的旁边写下了“(剑桥 H. M. M)”,还有相似的标记将穆尔与如下诗行联系在一起,即“在死亡的深处,游动着 / 一张倒映的人脸”,以及如下这一节:

哦，最后的遗憾，会死去的是遗憾！
　不要——和这些神秘的画面混在一起
　一成不变的是她深厚的情谊，
但是因为经常哭泣，她的眼泪已干。[53]

这种毕生对穆尔的念念不忘，似乎只有完全折服于其个人魅力才解释得通。哈代有一首诗为《站在壁炉旁》，其副标题是“H. M. M，1873 年”，在对这首神秘诗作的大多数解读中，穆尔被想象成是在向一个已经解除婚约的女人讲话，而诗行确实可以这样诠释。然而，如果从同性恋的视角来解读该诗，将其视为穆尔在直接与哈代本人说话，那么诗歌就会被赋予更多意义，尤其是蜡烛的意象。不管怎样，他们二人的关系一定有情色的成分，不管哈代一方是否察觉到。对他来说，这无疑看上去是——而且就是——这一时期有特色的更注重口头表达的一种男性友谊，一种他与巴斯托之间友谊的加强版。哈代缺乏穆尔的教育优势，可能对同性恋知之甚少或一无所知，如果在 1873 年 6 月，穆尔确实采取了一种直截
144 了当的方式，那么哈代愤怒不已也就不足为奇了，而且（正如诗中所说的那样）“好像很惊讶”，他随后对穆尔去世的反应很强烈也不足为奇，或者他本应该把《站在壁炉旁》一诗从要出版的诗集中撤出来，留到他最后一部诗集再出版，即被证明是他死后才付梓的那部诗集，这样做亦不足为奇。[54]

9 月 26 日，穆尔被安葬在福丁屯教堂的墓地，根据“暂时精神失常”的死因审理结论，举行宗教葬礼几乎是不可能的。斯蒂芬在向哈代施压，让他本月底提交《远离尘嚣》已经完成的部分，这对哈代的精神状态来说或许是一件幸事。要求提交的稿件恰好是在 9 月 30 日寄出的，根据《生活和工作》所述，是“两到三期月刊的连载量”，而且“其中一部分

只是粗略的梗概”。一周后,斯蒂芬写信说他对自己所看到的小说表示满意,并提出连载最早有可能在 1 月或 2 月开始。[55] 秋季的日子一天天过去,手稿也在一天天取得进展,哈代和斯蒂芬之间的通信更加频繁了,后来哈代和史密斯与埃尔德公司之间的通信也多了起来——史密斯与埃尔德公司是《康希尔杂志》的出版商,通信时间是《远离尘嚣》以书稿的形式出版的时候——到 11 月底,双方已经达成协议,十二部分的连载小说的第一部分将刊登在《康希尔杂志》1874 年一月号上,而哈代将收到总额达四百英镑的稿费。[56]

秋季的时候,哈代一直待在博克汉普屯,并最后一次在一年一度的榨苹果酒的仪式上给父亲打下手——“秋高气爽,空气中弥漫着香味,果汁源源不断地渗出,这一切,那些参与过榨苹果酒的人永远都不会忘记”。[57] 当他开始写《林地居民》并塑造贾尔斯·温特伯恩这一角色时,他将会回忆起这样的场景以及他父亲的谦逊性格。当他继续写《远离尘嚣》时,他草草记录下可能成为故事情节的一些想法,与当地人的对话——其中包括詹姆斯·达特,他是昔日老斯廷斯福德唱诗班的成员——以及对自然现象的观察,包括 11 月初的一场暴风雨,这无疑为盖伯瑞尔·奥克在暴风雨中抢救芭斯谢芭家的干草垛提供了一些细节。[58]

12 月 8 日,哈代去伦敦待了几天,再次住在塞尔布里奇街,并借此机会第一次去斯蒂芬在南肯辛顿的家拜访了他:

> 他用一只手欢迎我,用另一只手挡住了名叫“特洛伊”的狗的叫声。当然,在那之前我从来没听说过那只狗的名字,于是我说:“那是我邪恶的军人主人公的名字。”他挖苦地回答道:“我想我的特洛伊不会因为这个巧合而感觉受到了伤害,如果你的特洛伊不会的话。”我又说:“还有另一个巧合。我发现还有另一个莱斯利·斯蒂芬住在这附近。”“是的,”他说,“他是假冒的。”[59] 145

在第一次成功会面后,第二天,斯蒂芬邀请他共进午餐。斯蒂芬太太和其姐姐安妮·萨克雷①都披着御寒的披肩,大家围坐在火堆旁聊天,内容主要是关于她们的父亲威廉·梅克比斯·萨克雷。哈代本人对这一场合的叙述,极好地保留了斯蒂芬和蔼可亲与郁郁寡欢并存的特点:

> 我们还谈到了卡莱尔,斯蒂芬在前一天曾拜访过他;他通过表演的方式说明了哲学家点燃烟斗的不同寻常的方式。不知何故,我们开始讨论大卫和扫罗的话题……我所说的话的大意是,圣经中的叙述会受到很多人的攻击,我想知道为什么神职人员不为无限的灵感的必要性而辩,无限的灵感来自奇妙的艺术狡黠,很多圣经人物,如扫罗和大卫,都是通过艺术狡黠得以发展的,尽管是在一个非文学的时代。然后一直保持沉默的斯蒂芬开口说道:"是的。但是他们从来不做显而易见的事情。"之后不久,他又用一种冰冷严肃的口吻说:"如果你想了解扫罗和大卫,你就应该研究一下伏尔泰在其戏剧中所展现的他们的形象"。那些知道那部作品的人会理解斯蒂芬的心情。[60]

哈代再次踏上西行之旅,这后来被证明是他在康沃尔度过的最后一个圣诞节,艾玛和其姐姐之间不和谐的关系最终导致她离开圣朱利奥特,暂时住到了其他地方——可能是她的家乡普利茅斯,在那里,就在年底前,哈代平生第一次看到了在一本《康希尔杂志》上,他自己的小说占据了显赫的位置。[61]尽管没有任何迹象表明与艾玛在一起的时间是不快乐的,但是对他即将结婚是否是明智之举,哈代变得越来越不确定,尽管从经济角度而言结婚变得更加可行。他变得——或一如既往地——容易

① 安妮·萨克雷(Anne Thackeray, 1837-1919),英国女作家,著名作家萨克雷的长女。

受到其他女人的吸引，特别是对两个女人的感觉是“相当浪漫的”(用他自己的多塞特语而言)。其中之一是安妮·萨克雷，曾被斯蒂芬描述为他所认识的“最充满深情和最富有同情心的女人”，尽管后来哈代声称这种浪漫的感觉“她比他更强烈”。[62]虽然她比哈代大四岁，而且明显是相貌平平的——有一种说法是“长相一般但讨人喜欢”“很健谈”——但她的出身和她的几部通俗小说的作者的身份给他留下了深刻印象，和其他许多人一样，她的欢乐、活泼和热情令他着迷，这是她滔滔不绝的、常常无关紧要的谈话的特点。埃德蒙·高斯也是大约在这个时间第一次见到她，他评论道：“当她的思想和语言产生分歧时，能说出奇怪的 146
预言。”[63]

尽管哈代很喜欢萨克雷小姐的陪伴，但她并没有对他与艾玛的订婚构成严重威胁。然而他对《远离尘嚣》的插画家海伦·帕特森的感情的性质却是不同的，虽然他只在极少数场合见过她。他们初次见面是在1874年春，帕特森小姐是一个芳龄二十五岁的俊秀女子，一个已经在《素描》①工作了三年的专业艺术家。哈代立即被她吸引，并利用他们在《康希尔杂志》的联系作为进一步会面和通信的基础。他为她提供了多塞特农具的素描图，为的是使她的插图变得更加逼真，毫无疑问，正是在他的鼓动下，萨克雷小姐从南威尔花园写信邀请帕特森小姐与哈代前来和她在蓓尔美街咖啡厅用餐。萨克雷小姐建议，她们可以直接在餐厅见面，或者“如果你更愿意来我这里的话，我们就一起去餐厅，我们会好好照顾你的”。[64]然而，同一年夏天，帕特森小姐却嫁给了年过半百的诗人兼编辑威廉·阿林厄姆②，留给哈代的只剩回忆——无疑有充满想象的夸大——回忆那位“迷人的年轻女士”；1906年，他向高斯将她描述为他

---

① 1869年12月4日在伦敦创刊的英国插画周刊。

② 威廉·阿林厄姆(William Allingham, 1824-1889)，爱尔兰诗人、日记作家和编辑。

所拥有的“最好的插画家”,“若不是因为万能的上帝犯了一个愚蠢的错误”,他本来应该和她结为伉俪的。然而,在《机遇(致 H. P.)》一诗中,这个错误被看作是典型的人为错误:

倘若我们当时沉思片刻
　在五月的那个关键日期,
一种生活、一个地方就会属于你我,
　或许吧,直到我们长眠于冰冷的土地。

——对你来说,此事令你不快
　啊,男人:是什么导致了你的痛苦?
机遇的潮水可能带来
　良机;却毫无用处![65]

在哈代和海伦·帕特森相识时,《远离尘嚣》的创作已经有了长足的进展。连载开始的时间比预期的有所提前,1874 年早些时候,从 1 月初一直到 4 月的某个时刻,由于担心他的创作速度落后于出版速度,哈代就一直留在博克汉普屯,稳步地撰写手稿。[66]哈代的努力丝毫没有松懈,因为连载第一部分总体上受到读者好评——《旁观者》宣称如果故事不是乔治·艾略特写的,“那么小说家中又有了新的曙光”——还因
147 为他从斯蒂芬那里得到了热情鼓励和详细建议。因为作为编辑,斯蒂芬处于有权的地位,他的建议实际上就是指示,而且并不总是与纯文学事务有关。和维多利亚时期的许多其他杂志编辑一样,斯蒂芬害怕因为性和宗教的话题而冒犯其杂志订阅者,3 月 12 日,在写给哈代的信中,他承认自己删除了“最后一批校样中令我感到羞愧的一两行东西,完全是出于谈性色变的态度;但人们不得不挑剔到荒谬的程度”。在这一点上

他很关心,他要确保特洛伊诱奸范妮·罗宾的真相的披露要被“小心翼翼地对待”,一个月后,他发现自己变得更加惊恐,因为范妮·罗宾的死因被哈代清清楚楚地指明了。斯蒂芬想知道,是否真的有必要让芭斯谢芭在棺材里发现死去的婴儿。他承认,删减情节“肯定会对故事带来伤害”,“再版时可以再加进来”,然而他继续说道:“但是我相当渴望安全,这是不可避免的;因此,某种程度上我很高兴能删除婴儿这一情节。”[67]哈代认识到,斯蒂芬那微妙的焦虑情绪的表达,事实上相当于一种几乎不加掩饰的编辑命令,而婴儿情节的确在《康希尔杂志》连载时被删除了。

有人强烈地认为斯蒂芬的编辑干预是如此具有侵略性,如此教条化,已经相当于一种审查制度,压制了哈代早期创造力的一些重要方面,并对小说本身造成了损害。尽管不可能不为斯蒂芬要求做的一些改动和删除感到遗憾,但同样也有必要认识到他是有一定编辑技巧的,他用这种技巧温和而坚定地引导哈代,譬如,把剪羊毛晚餐情节中的相当一部分描述删除,并把其他一些过于冗长啰唆、不够集中的情节改得更加紧凑。斯蒂芬有足够的美学理由来删除婴儿情节——手稿中它的“脸颊和手背肉嘟嘟的小拳头”使芭斯谢芭想起“在一个湿漉漉的早晨的蘑菇的柔软凸起”——因此至少在这一个例子中,我们有可能把斯蒂芬将《康希尔杂志》的超级敏感的读者搬出来做挡箭牌,解读成他执行自己的批评判断时一种考虑周到的手段。[68]

哈代渴望取悦斯蒂芬,决心好好表现,他已经事先向斯蒂芬保证了他愿意妥协:“事实是,我愿意并且确实渴望放弃任何一个情节,这些情节也许在我们把一个故事视为一个整体时是可取的,但是为了其他情节只好忍痛割爱,因为其他情节可以取悦那些阅读连载版故事的读者。或许有一天,我会有更高的目标,做一个非常看重在成品中实现适当的艺术平衡的人,但就目前的情况来看,我只希望被人看作是写连载故事的 148

好手。”[69]当然,哈代并没有忘记那些最初驱使他创作诗歌的崇高的文学抱负,《绿林荫下》中也不乏“适当的艺术平衡”,但如果他以写作为生计,他需要认识到其局限性并接受它,作为一个在十九世纪七十年代开始职业生涯的小说家,他必须在这种局限性中创作。在他仍在努力争取职业认可的时刻,至关重要的是要使自己成为值得信赖的人,他要按期完稿,维持他的故事创作,并提交包含规定字数且有一定密集度的、拥有足够扣人心弦的情节的故事连载。

从结果上看,《远离尘嚣》的成功使他远远超过了让读者认识自己的程度,并促使他跻身当代小说家的前列。自《旁观者》于2月7日披露他是该书作者后,很快就有一些编辑和出版商与他接洽。他愉快地与《纽约时报》签订了一个短篇小说的合同,但《远离尘嚣》在美国出版时产生的一个误会,突然使他和当职业作家的一些更加令人厌烦的方面直接面对面了。在写给史密斯与埃尔德公司的信中,他惊呼道:“在美国明显存在的文学方面的欺诈伎俩完全令我大吃一惊。”[70]4月下旬和5月上旬,哈代又在伦敦多次见到斯蒂芬和安妮,并被介绍给了《康希尔杂志》的创始人、史密斯与埃尔德公司的负责人乔治·史密斯,以及普罗克特太太,她是以“巴里·康沃尔”的笔名写作的诗人的遗孀。哈代现在开始跻身有一定高度的文学圈,特别是普罗克特太太,她认识一大批作家、艺术家和公众人物。尽管艾玛大概不知道哈代对安妮·萨克雷和海伦·帕特森产生的浪漫兴趣——不管是实际上的,还是潜在的——她对他越来越专注于自己的事业却并非是懵然不知的。7月,她给他写信说:“我的工作不像你的写作,不怎么占据我真正的心思。”她补充道:“你的小说有时像一个完全属于你的孩子,和我毫无关系。”[71]她可能没有意识到,哈代大幅提升的文学前途和经济前景,在多大程度上削弱他进一步推迟婚期的最后理由,或许是他最后的借口;5月下旬,他采取了预想中的步骤,为自己和未婚妻办理了护照,“赴欧洲大陆旅行”。[72]

7月中旬,《远离尘嚣》的创作终于完成,哈代在其出生地的最后一次长时间逗留也告一段落。3月的一些笔记是关于一个邮车警卫的,他 149
曾经住在上博克汉普屯,这些笔记几乎是哈代待在家中最后几个月里留存下来的所有文字材料,但很可能还有更多的资料被收进了其袖珍笔记本中,他有意识地试图积累当地的素材,以备将来在文学写作中使用。[73]毕竟是在《远离尘嚣》的手稿中,哈代第一次将威塞克斯这个名字赋予他所虚构的地区,在手稿的前几页中,还有其他迹象表明,他逐渐意识到系统地使用区域策略或田园诗策略所固有的含义和可能性,例如,在第五章的标题中,“一个农耕片段”的措辞被改写,取而代之的是“一出田园悲剧”。[74]尽管哈代一直与其家人保持着密切联系,但是他把博克汉普屯以及农村题材的世界与伦敦以及他的出版商、评论家和基本上是城市读者的世界进行了交换,这必然使他与他成长的地点和环境明显决裂。不久之后,与艾玛的婚姻将扩大和加深这种决裂,从长远来看,《远离尘嚣》的创作可以视为标志着哈代职业生涯中最早最快乐的、(在某些方面来讲)最有创造力的时期的结束。

注释

[1]《生活和工作》,页89–90;F. 查尔方特,《哈代的住所和寄宿地:第一部分》,载《哈代杂志》,八卷三期(1992年10月),页54–55;《哈代书信》,第一卷,页15。

[2]《哈代书信》,第一卷,页16;F. 查尔方特,《哈代的住所和寄宿地:第一部分》,页55–56;祈祷书注释(多博)。

[3]《哈代书信》,第一卷,页15–16;W. 廷斯利致哈代的信,1872年2月22日,3月19日(普林斯顿),参珀迪,页331–332。

[4] 乔治·摩尔,《一个年轻人的忏悔录》(伦敦,1937),页171;《生活和工作》,页90–91。

[5]《生活和工作》,页 90–91;《哈代书信》,第一卷,页 16;W. 廷斯利致哈代的信,1872 年 4 月 15 日、22 日(普林斯顿),参珀迪,页 332。

[6]《哈代书信》,第一卷,页 16;《生活和工作》,页 91。

[7] H. M. 穆尔致哈代的信,1872 年 4 月 17 日(多博);《生活和工作》,页 90、91。

[8]《生活和工作》,页 91–92;珀迪,页 8;《雅典娜神殿》,1872 年 6 月 15 日,参《哈代: 批评遗产》,页 9–11;《蓓尔美街报》,1872 年 7 月 5 日;《星期六评论》,1872 年 9 月 28 日,参《哈代: 批评遗产》,页 11–14。

[9]《傍晚走在牛津街上》,《哈代诗歌》,第三卷,页 25(落款日期为"1872 年 7 月 4 日");W. 廷斯利致哈代的信,1872 年 7 月 9 日(普林斯顿),参珀迪,页 332。

[10]《生活和工作》,页 92;《哈代书信》,第一卷,页 17–18,参珀迪,页 332、333。

[11]《生活和工作》,页 92–93。

[12]《蓝眼睛》手稿,对开本[页 1](伯格);艾玛,《忆往昔》,页 28、37,参吉廷斯,《青年哈代》,页 130。

[13]《艾玛与弗洛伦斯书信》,页 78;《我动身前往鲁托镇》,《哈代诗歌》,第二卷,页 265;V. H. 柯林斯,《在麦克斯门与哈代的谈话(1920–1922)》(伦敦,1928),页 26。

[14]《哈代书信》,第一卷,页 18;《生活和工作》,页 93–94;《哈代书信》,第五卷,页 246;《哈代诗歌》,第二卷,页 169,另见第二卷,页 497。

[15]《蓝眼睛》(伦敦,1873),第一卷,页 56–57(威塞克斯版本中没有的段落)。

[16]《廷斯利杂志》,1872 年 10 月,页 259;《蓝眼睛》,页 78;参《一双蓝眼睛》,P. 达尔齐尔编辑(伦敦,1998),页 402–403。

[17]《蓝眼睛》手稿,对开本页 34(伯格);由 C. J. P. 贝蒂博士指出的本维尔·雷恩参考文献;《蓝眼睛》,页 261,参 1873 年版,第一卷,页 224,另见吉廷

斯,《青年哈代》,页166。

[18]《蓝眼睛》,页100。

[19] 信息源自已故的亨利·里德,援引自和弗洛伦斯的谈话。

[20] R.史密斯致哈代的信,1872年8月10日(多博);《哈代书信》,第四卷,页84、83。

[21]《生活和工作》,页93–94;《个人笔记》,页10–11;《哈代书信》,第一卷,页18。

[22]《圣经》和祈祷书。(多博)

[23]《个人笔记》,页11;《哈代书信》,第一卷,页19;W.廷斯利致哈代的信,1872年10月4日(普林斯顿),参珀迪,页333。

[24] F.格林伍德,《哈代的天赋》,载《伦敦新闻画报》,1892年10月1日,页431;斯蒂芬的信(多博),参珀迪,页336–337。

[25]《生活和工作》,页97–98;斯蒂芬致哈代的信,1872年12月4日(多博)。

[26] 霍尔德的信(多博);《生活和工作》,页94;结算清单(康沃尔郡档案局)。

[27]《哈代书信》,第一卷,页20。

[28]《多塞特郡纪事报》,1873年2月20日,参《职业》,页99–100;《公众声音》,页52。

[29] L.斯蒂芬致哈代的信,1873年4月7日(多博);《生活和工作》,页94;凯特·哈代,霍夫曼访谈,1939年(霍夫曼);E.史密斯,霍夫曼访谈,1939年(霍夫曼)。

[30] C.W.穆尔致哈代的信,1873年5月11日。(多博)

[31]《哈代书信》,第一卷,页26。

[32] 关于詹姆斯·波尔及其女儿的信息源自M.雷比格尔,《霍夫曼文件》,载《哈代年鉴》,第十期(1981),页20–24,另源于亨利·里德,援引自弗洛伦斯。

［33］雷比格尔,《霍夫曼文件》,页 23–24;《生活和工作》,页 284。

［34］珀迪,页 12;《职业》,页 72–73。

［35］《旁观者》,1873 年 6 月 28 日,页 831;哈顿的信(多博),参《职业》,页 371。

［36］H. M. 穆尔致哈代的信,1873 年 5 月 21 日(多博)。

［37］H. M. 穆尔致哈代的信,星期四［1870?］(多博);《亨利·泰勒先生的戏剧和诗歌》,载《弗雷泽杂志》,1871 年 9 月;《阿尔塞斯蒂斯的故事》,载《弗雷泽杂志》,1871 年 11 月;《阿基琉斯和兰斯洛特》,载《麦克米伦杂志》,1871 年 9 月。

［38］《生活和工作》,页 95–96。

［39］《生活和工作》,页 96、98;珀迪与弗洛伦斯谈话,1933 年;《哈代诗歌》,第三卷,页 226。

［40］《生活和工作》,页 96。

［41］H. 霍尔特致哈代的信,1873 年 5 月 29 日(多博),另见 S. 韦纳,《哈代和其第一个美国出版商》,载《普林斯顿大学图书馆编年史》,1978 年春季号;《公众声音》,页 259。

［42］《生活和工作》,页 97;《哈代书信》,第四卷,页 58。

［43］司各特所著小说《罗布·罗伊》的女主角。

［44］《远离尘嚣》,页 45;见 R. C. 帅克,《哈代的〈远离尘嚣〉初稿中的一个章节》,载《英语研究》,1972 年,页 344–349。

［45］H. C. 闵钦,信件(援引自弗洛伦斯),载《泰晤士报文学增刊》,1928 年 2 月 9 日,页 96;珀迪与弗洛伦斯谈话,1929 年;弗洛伦斯致考克雷尔的信,1918 年 4 月 22 日(耶鲁),参《一生的朋友:致悉尼·卡莱尔·考克雷尔的信》,V. 梅内尔编辑(伦敦,1940),页 298。

［46］《哈代书信》,第一卷,页 27。

［47］J. 胡拉的《歌曲集》(多博)中的注释;《生活和工作》,页 98。

［48］［伦敦］《旗帜报》,1873 年 9 月 23 日,《多塞特郡纪事报》,1873 年 9 月

25 日,《剑桥编年史》,1873 年 9 月 27 日,《剑桥独立新闻纪事》,1873 年 9 月 27 日。似乎没有官方的调查记录留存下来。

[49] 玛丽·布莱斯(其侄孙女),访谈,1973 年;另见 M. 布莱斯,信件,载《泰晤士报文学增刊》,1969 年 3 月 13 日,页 272。

[50]《旗帜报》,1873 年 9 月 23 日,第 3 版;参第三章,注释 60。

[51] 珀迪与弗洛伦斯谈话,1933 年。

[52]《哈代诗歌》,第一卷,页 14,在哈代的"时间顺序表"中该诗的日期为"1873 年"(多博);E. 哈代,《哈代和霍勒斯·穆尔》,载《泰晤士报文学增刊》,1969 年 1 月 21 日,页 89;M. 布莱斯,信件,载《泰晤士报文学增刊》,1969 年 3 月 13 日,页 272;M. 布莱斯,访谈,1973 年。

[53] 藏书所在地(多博);《伦敦水星》,1922 年 10 月,参《公众声音》,页 417–418。

[54]《哈代诗歌》,第三卷,页 226。

[55] L. 斯蒂芬致哈代的信,1873 年 10 月 6 日(多博);《生活和工作》,页 98。

[56]《哈代书信》,第一卷,页 22–24;《生活和工作》,页 99。

[57]《生活和工作》,页 99。

[58]《生活和工作》,页 99;《个人笔记》,页 14–15。

[59]《公众声音》,页 260–261。

[60]《公众声音》,页 261。

[61] 哈代设计的位于圣朱利奥特教堂的艾玛的纪念碑显示她住在那里的截止时间为 1873 年;《忆往昔》,页 46、59;《生活和工作》,页 100。

[62]《哈代书信》,第三卷,页 218;弗洛伦斯致 H. 布利斯的信,1936 年 4 月 21 日(亚当斯);《公众声音》,页 261。

[63] E. McC. 弗莱明,《R. R. 鲍克:激进的自由主义者》(俄克拉荷马州诺曼市,1952),页 150;E. 高斯,《桌上书》(伦敦,1921),页 296;参里奇夫人(之前的 A. 萨克雷)致哈代的信,1916 年 11 月(多博)。

[64]《哈代书信》,第一卷,页30;《生活和工作》,页103;A. 萨克雷致 H. 帕特森的信,星期四[1874?](科尔比)。

[65]《哈代书信》,第三卷,页218;《哈代诗歌》,第二卷,页393。

[66]《生活和工作》,页103。

[67]《旁观者》,1874年1月3日,页22;L. 斯蒂芬致哈代的信,1874年3月12日,4月13日(多博),参珀迪,页338、39。

[68] R. 摩根,《取消的文字:重新发现哈代》(伦敦,1992),多处,参盖特雷尔,《创造者哈代》,页15–19;《远离尘嚣》手稿,对开本页2–232(耶鲁),重印于《取消的文字》,页146。

[69]《哈代书信》,第一卷,页28。

[70] 珀迪,页294;《哈代书信》,第一卷,页28。

[71]《生活和工作》,页103;《个人笔记》,页17。

[72] 护照。(多博)

[73]《生活和工作》,页103;《个人笔记》,页15–17。

[74]《远离尘嚣》手稿,对开本页45。(耶鲁)

第八章　婚　姻

哈代现在又回到了塞尔布里奇街4号。1874年7月下旬，他去剧院 150
看戏，并对《远离尘嚣》的手稿作了最后的修改，还和斯蒂芬见了很多次面。8月，帕特森小姐成了阿林厄姆太太；哈代修改了《康希尔杂志》秋季号的校样。25日，斯蒂芬写信说："我明天再谈十一月号的校样，我没有看出有什么需要修改的地方，除了在我看来，有一两处你的乡下人物，特别是奥克，在接近尾声时英语说得太好了。"[1]到夏末，艾玛来到伦敦，"以乡下表姐的身份"寄宿在当时住在梅达谷的弟弟沃尔特家里；9月初，在完成他向《纽约时报》承诺的短篇小说《命运与蓝色斗篷》的过程中，哈代对婚礼作出安排，婚礼主持人由艾玛的叔叔埃德温·汉密尔顿·吉福德博士来担任，他是一位杰出的神学家，后来成为伦敦的会吏长。[2]

艾玛后来回忆说："我们步入婚姻殿堂的那天，是九月里一个完美的日子，即1874年9月17日，那天阳光并不算灿烂，但是柔和、明媚；是其应有的样子。"这样说是为了尽可能乐观地利用原本不吉利的环境。圣彼得教堂是附近的齐本汉路的教区教堂，艾玛来伦敦后一直住在齐本汉路；教堂只有区区四年的历史，由于历史短暂，缺乏社会交往，甚至没有任何与众不同的建筑特色，它成为一位来自圣朱利奥特的不太年轻的浪漫女士和《远离尘嚣》一书的作者之间的婚礼的阴郁凄凉的背景。双方家庭的敌意,显然排除了把圣朱利奥特和斯廷斯福德作为婚礼现场的可能性,并使得出席圣彼得教堂婚礼的人数少得可怜,只有哈代、艾玛、吉福德博士,以及规定必须有的两位证婚人,即艾玛的弟弟沃尔特和哈代在塞尔布里奇街的女房东的女儿莎拉·威廉姆斯。[3] 在结婚登记册中,哈代的职业被明确登记为"作家",其父亲的职业被登记为"建筑师",但是已经被证明是夫妻双方摩擦来源的阶级差异,在哈代自己执
151 笔的婚姻公告中是足够显而易见的,公告出现在9月24日的《多塞特郡纪事报》的"婚礼"一栏中:

> 哈代与吉福德的婚礼。时间:9月17日;地点:帕丁顿的圣彼得教堂;主持人:E. H. 吉福德牧师,荣誉神学博士、伍斯特的法政牧师、新娘的叔叔;新郎托马斯·哈代,家住伦敦威斯特伯恩公园塞尔布里奇街,是来自博克汉普屯的哈代先生的儿子;新娘艾玛·拉维尼亚,是来自康沃尔郡柯兰的J. A. 吉福德先生的小女儿。

这则公告中一个有意思的地方是哈代把自己看成是伦敦人,此外公告意味深长,不仅体现在它突出了新娘的叔叔的名字和尊贵,还体现在它承认了哈代**先生**和吉福德**先生**①之间的区别。

在离火车终点站不远的布莱顿的莫顿家庭和商务旅馆里,哈代和艾玛度过了新婚之夜。次日(9月18日,星期五),哈代写信给弟弟亨利说:"告诉家里所有人,婚礼昨天举行了,我们即将踏上诺曼底和巴黎之旅。"他还对亨利的美好祝愿表示感谢,并解释说,他"要去巴黎为我的下一个故事寻找素材",就好像蜜月本身并不重要,只是一次必要的文

---

① 哈代父亲的"先生"用的是 Mr.,而艾玛父亲的"先生"用的是 Esq.,即 Esquire 的缩略形式,旧时用于男子名后的尊称,说明地位更高一些。

学采风的副产品而已。那个周末,布莱顿的天气不是很宜人,但艾玛对水族馆很着迷——她在自己的小日记本里写道:“海豹在水里扑腾的时候,它们的眼睛会格外地闪烁”——码头和皇家行宫提供了音乐会和其他娱乐活动。星期天,他们去了两次教堂;星期一,哈代去游泳,尽管大海波涛汹涌。那天晚上,当他们乘船去法国时,海浪依然汹涌。在一番令人不适的横渡之后,他们抵达了迪佩,然后便直奔鲁昂,下榻阿尔比昂酒店。艾玛记录道,吃完晚餐套餐之后——她愉快地列出了所吃食物的清单,后来的用餐也都被一一记录下来——他们上楼回到卧室,发现床被人翻开了,床上放着他们的“睡衣”。[4]

第二天,他们带着一本英文导游手册,参观了大教堂和其他一些景点,这些景点后来出现在小说《艾塞尔伯塔的婚姻》中,即便只是一带而过。[5]某种程度上,这段旅程确实为下一个故事提供了素材,尽管后来对复杂情节的删减,使得女主人公没有必要继续前往哈代夫妇的主要目的地巴黎。他们于 9 月 24 日(星期四)晚上抵达那里——艾玛记录道:“月光下第一次见到协和广场”——下榻在离歌剧院不远的圣彼得堡酒店。哈代为其第一次国外旅行做了准备,包括购买了一本莫里的《巴黎 152
游客手册》,并把关于酒店的剪报,以及关于向侍者、出租车司机和剧院开门者支付的小费的适当额度的便条夹在了书中。当时他每天都随身携带这本书,把它当作巴黎景点的向导,并增强了其实用性,在卢浮宫的平面图上标示出——任何一位建筑师可能都会这么做——向北的方向,偶尔还会加上自己的评论。26 日的一则关于凡尔赛宫的大理石台阶的笔记——凡尔赛宫的“五颜六色的大理石墙壁和所有的一切”——后来反映在了《艾塞尔伯塔的婚姻》中关于蒙特克莱尔勋爵的宅邸的描述中。同一天,他们还参观了小特里亚农宫,在返回火车站的路上,在一家咖啡馆前停了下来,正如艾玛所说的,“像法国人一样”喝了廉价葡萄酒。其他按计划参观的景点中,还有巴黎圣母院、荣军院和停尸房——

艾玛发现展出的三具尸体看起来“不是令人不适，而是令人厌恶”——还有拉雪兹神父公墓，在那里他们向爱洛伊丝和阿贝拉尔之墓表达了浪漫的敬意①，并在巴尔扎克墓采撷了一片常春藤叶子。[6]

艾玛对法国很着迷，她不仅记录了关于食物、服装和家具陈设的细节——包括他们下榻酒店的客房——还记下了风俗习惯（“在英国人看来以及在英国人的观念中最最奇怪的公共厕所”），以及给她留下深刻印象的独特特征（“巴黎的袖珍婴儿”）。然而，她对牧师们深表怀疑，她认为，“他们那掩饰感情的严厉表情，就像隐藏的、浓缩的邪恶”，可以泄露这些牧师的年龄。而且在一个国民比英国人更直接、更坦率地表现出好奇心的国家，她为自己受到的待遇感到不安：

> 无论我走到哪里，无论我遇到谁——无论何时，无论是白天还是黑夜——人们都会像我注视他们和他们美丽的城市一样注视我，甚至他们注视我更多一些——城市里充满了奇异的事物、场所——商店——人们的服饰——行为方式——
>
> 请问——我是一个长相奇特的人吗——或者只是因为我戴着这顶帽子显得很独特——
>
> 女人经过我时，有时会哑然一笑，男人则是盯着我看，有的是驻足观看，有的是回头看或转身看——充满好奇地、饶有兴致地——有一些是带着柔情地［艾玛最初写的是“倾慕地”］，如果我没有判断错的话——以一种法国人的方式
>
> 我注意到有一点非同寻常——
>
> 孩子们也目瞪口呆地看着我——[7]

---

① 十一世纪法国修女爱洛伊丝（Heloise，1097-1164）与法国哲学家和神学家彼得·阿贝拉尔（Peter Abelard，1079-1142）相爱并留下一段传奇浪漫史。

艾玛长着一头长长的、亮丽的秀发，而且有穿着过于华丽的倾向，确实是个惹人注目的人，一些兴致勃勃的男人无疑相信她是在主动吸引他们的注意力。尽管她的日记揭示了一种对光、颜色和运动的特殊性质的敏锐感知力，有时她能够用生动的辞藻来解释它们，但其日记同样有说服力地显示了她那孩子气的不合逻辑性，这一特质将贯穿其一生。独具特色 153
的是她匆匆写下的巴黎告别辞——或许是出于一种旅游者的责任感，抑或是一种与她那从事文学创作的、爱做笔记的丈夫进行竞争或交流的愿望——30 日写于她在圣拉扎尔车站等候回鲁昂的火车时：

> 别了巴黎。
> 迷人的城市［艾玛最初写的是“城市”的另一个词①］
> 别了林荫大道。
> 别了令人愉悦的商店——
> 别了坐在街边的“绅士们”
> 别了活泼的孩子们
> 别了女士们的白色帽子
> 别了河流和船只
> 别了清新的空气和绚烂的色彩[8]

鉴于艾玛对丈夫的性生活需求反应迟钝，以及过去几个月他自己对婚姻表现出的热情衰减，我们甚至很难猜测这对新婚夫妇在蜜月期间设法建立了什么样的个人关系和性关系。她那未衰减的女孩子气（她已经快三十四岁了）似乎不太有利，而他患上感冒也无助于缓解眼下的情况。关于巴黎人对艾玛外表的反应，哈代并非懵然不知，但他对蜜月没

---

① 艾玛最初写的是“citie”一词，疑为法语词“cité”的误拼，后来改成了法语词“ville”。

有发表任何评论,或者没有任何评论得以留存下来。诗歌《旅店里的蜜月时间》中包含他自己的婚姻,但只是从对普遍婚姻的黯淡前景的预示这一角度而言,似乎与自己的经历没有任何特殊关系。另一方面,虽然艾玛的日记栩栩如生、滔滔不绝,但几乎只涉及非个人的事情。更值得注意的是,回到英国几天后,她竟然不厌其烦地恢复了日记写作,为的是记录下对一个女人的描述,这个女人是艾玛在穿越英吉利海峡返回英国的轮船上的女士客舱中遇到的,描述中流露出钦佩之情:

> 在我们的返程途中,坐在轮船的最高铺位上的那位女士——就在我的对面——其肌肤和面色只能是养尊处优和过着舒适生活的人才会拥有的——一个伟大的结合体——穿着宽松连衣裙的她就是一个完美的朱诺①。肤色——不黑不黄也不白——完美的肌肤和体型——

在下一页,在一系列被删除的可能是素描或故事的标题中,出现了"'地球上的朱诺'——维纳斯的化身"这些词。这两则日记,尽管显然就
154 艾玛来说没有性方面的自我意识,但是构成了其蜜月日记的一个奇怪或许是不祥的收场白。[9]

哈代夫妇似乎并没有为回国做任何预先安排。10 月 1 日,他俩回到伦敦,不得不立即开始找房子,先是在温布尔登,在那里住了几天旅馆,然后是在丹麦山,最后是在苏比顿,或许他俩被吸引到那里是因为哈代与一个名叫弗朗西斯·蒂乔·霍尼韦尔的多塞特同龄人的友谊,霍尼

① 罗马神话中的天后,众神之王朱庇特之妻,婚姻和母性之神,集美貌、温柔、慈爱于一身。

韦尔是韦茅斯人，现在苏比顿公园排房当音乐教师。[10] 6 日，如艾玛的日记所记录，他们来到位于苏比顿的胡克路上的圣大卫别墅，看到了“在花园里和爸爸一起玩耍的安妮和猎犬”——这则日记引发了诸多传记猜测，那就是反对这桩婚姻而没有参加婚礼的约翰·阿特索尔·吉福德是如何在某种程度上和他俩达成和解的。多亏了当地历史学家的一些卓著的研究，现在人们知道“爸爸”并非艾玛的父亲，而是威廉·大卫·休斯，即圣大卫别墅的住户、“安妮”的父亲、猎犬的主人。早在1876 年，这栋房子就被更名为霍姆伯里，1960 年则被拆除了，它是一栋独立建筑，而且很坚固，1908 年的一份销售公告称它包含“五个卧室、客厅和餐厅、书房、厨房、餐具室、两个卫生间和几间办公室”。这些细节值得重视，原因在于哈代夫妇似乎与休斯一家合租了这栋房子，而没有单独租住一套公寓。[11]

在十九世纪七十年代，胡克路仍然是一个主要由农场和田地构成的地区，有一小部分房屋，包括圣大卫别墅在内，集中在与迪顿路交界处的南边。无论该地点本身多么宜人，它距苏比顿车站太远，从便利程度来讲，不是一个理想的地方；与另一个家庭共享空间似乎对这对新婚夫妇来说，尤其是对艾玛来说，可能有其缺陷和尴尬之处，因为在没有人的情况下，她几乎没有任何持家经验。哈代夫妇一开始就清楚地知道，他们不能在他们的第一个家待太久，在圣大卫别墅度过的五个半月时光，几乎只能在《霜降后的小雪》一诗中窥见一斑，哈代特别指出其地点“靠近苏比顿”。该诗在诗集《人生百态》中的姊妹篇，即更有名的《城郊的雪》一诗，可能属于同一时期，而且肯定是在 1874 年 12 月 19 日从苏比顿出发散步的过程中，哈代在朗迪顿的一些坟墓上看到了雪，并在笔记本上写下一段有特色的评论：“自然界中一抹多余的愤世嫉俗。”[12]

然而，正是当他住在苏比顿的时候，哈代才真正成名。11 月 23 日， 155
两卷本的《远离尘嚣》出版，但《生活和工作》坚持认为，哈代夫妇一段时间以来对这部小说引起的轰动一无所知，只是当他们坐上了去滑铁卢的火车时，他们经常注意到“女士们随身携带着封面上印有穆迪流通图书馆标签的《远离尘嚣》”。事实上，读者的反响非常热烈。9月初，当小说连载仍在继续时，普罗克特太太就已经写道：“我很难让你理解，人们是多么期盼着阅读下一期啊。那或许像是在炼狱中等待冷水降落的味道。”[13]小说家凯瑟琳·S.麦考德给哈代写了一封以芭斯谢芭为主题的信，哈代则给她写了一封语气温和的回信，信中透露出的基调将是未来多年人们所熟知的：“我必须承认，我自己不太喜欢小说中的完美女人，但这可能纯粹是出于艺术上的原因。”他解释说，其小说中女主人公的不完美并不是为了“讽刺女性”，而“只是在一种艺术的常规过程中被描绘出来的，这种艺术的效果取决于人物的栩栩如生，而不是完美的匀称”。[14]

之后评论便接踵而至，其数量远远超过哈代以前任何一部作品的评论。他把明确具体的描写和纷繁复杂的情节相结合，这使得一些评论家感到担忧，有人抱怨小说中的一些突变，诸如风格方面的，处理手法方面的，以及农业劳动者的一些睿智的、机智的讲话的不真实性方面的。但大多数评论的语气是肯定的，而所有评论都认真对待这部小说，即使是亨利·詹姆斯对美国版本的傲慢评论（“我们只相信羊和狗”）。理查德·H.哈顿①在《旁观者》上发表评论，他认为，作为地方小说，《远离尘嚣》具有特殊的吸引力，它以对一个正常运转的社区的透彻了解为基础：“农耕、养羊、劳动、宴请和哀悼等的细节，都通过强大的想象力被生动地描绘出来，从一个有着清晰轮廓的记忆仓库里描绘出来……像这样一部小说，就它所描述的许多场景而言，是最接近于真实经历的，我们许多人可能会对其予以夸耀。”理查德·哈顿是对有着哲学思维的乡下人

① 理查德·H.哈顿（Richard Holt Hutton，1826–1897），英国编辑、记者、评论家。

感到不安的人之一,但是约翰·哈顿写信向哈代保证,他弟弟对农村穷苦大众知之甚少,“无法正确判断他们对圣经语言的精通以及不断使用,也无法正确判断他们那古怪幽默的愤世嫉俗”。[15]

哈代也得到了一些业内同行的个人认可。在年末的某个时候,他成为白衣修士俱乐部一个定期的舰队街晚宴的特邀嘉宾,该俱乐部是一个 156
由作家,尤其是记者组成的友好协会。二十五年之后,一个共同出席宴会的人的回忆表明,哈代几乎没有尝试过——或许他不知道如何尝试——讨别人欢心:“不敬酒的规则被打破了,哈代也有了些醉意。但他并没有佯装自己是一个擅长宴会后发言的人,他回答别人问题的方式也是简短而正式的。”[16]1875 年 1 月中旬,乔治·史密斯给哈代提供了一个机会——他积极利用了这个机会——对《远离尘嚣》的再版做了一些修订,而第一版几乎售罄。[17]哈代现在可以把史密斯与埃尔德公司看作是“他的”出版商了,他希望自己以前的作品能以他的署名再版,而且封面上呈现的是这个更加杰出的出版商的名字。但史密斯建议不要立即再版《计出无奈》,而且当哈代要求廷斯利为《绿林荫下》的版权报价时,后者竟狮子大开口,要价三百英镑,这正好是他当时支付给哈代的稿费的十倍。尽管印刷小说剩余的纸张和铅版的印版都将被免费赠送,但正如乔治·史密斯所惊呼的那样,要价仍然是“荒谬的”。哈代拒绝付款,事实上,他也从未重新获得这部小说版权的控制权,该版权后来由廷斯利出售给了查托与温德斯出版社。[18]

与此同时,斯蒂芬也对哈代的作品表示满意,他问哈代是否能为接下来的四月号的《康希尔杂志》准备一个新故事。哈代请求再宽限一些时间,双方最终商定好从七月号开始。奇怪的是,《生活和工作》声称连载始于 1875 年 5 月,而非 7 月,类似的错误是,该书将 1875 年 3 月(而非1 月中旬)作为哈代第一次向斯蒂芬和史密斯与埃尔德公司提交《艾塞尔伯塔的婚姻》“第一部分的初稿”的日期。[19]2 月 27 日,因为哈代迫不及待地想要对方做出决定,加之他的成功给了其信心和勇气,他写信给史密斯与埃尔德公司,暗示他正在收到来自其他出版社的邀请,并继续说:

> 当故事的出版有任何不确定性时,我也觉得很难将自己的注意力完全集中在故事创作上,这使我相信,如果我们能把这个分散注意力的障碍清除掉,将大大有利于故事的创作;我想你们可能会对我提到的这一问题持相同看法。

尽管乔治·史密斯因还没有读到这篇故事的太多内容而感到紧张不安,但他对故事或对哈代有足够的信心,遂于 3 月 9 日为英文故事连载和书稿出版出价七百英镑。同一个月,哈代与《纽约时报》达成协议,在美国连载,每期《康希尔杂志》连载的转载费用为五十英镑,将以初校样张的形式
157 提交,从而保证自己再获得五百五十英镑,使小说的稿酬总额达到一千二百五十英镑,这甚至是在其美国版和欧洲大陆版被安排出版之前。[20]

似乎是为了证实哈代在文学界开始崭露头角,他在同一年收到了另一些刊物的约稿,包括《格拉斯哥新闻》《好消息》和《检查者》。考文垂·帕特莫尔①也对他大加恭维,尽管当时哈代和他还素未谋面:

> 我相信你不会认为我给你写信太过冒昧,写信的目的是告诉你我读了你的小说有多么高兴,多么钦佩,尤其是那部被称为《一双蓝眼睛》的小说。我对几乎每一页都感到遗憾,因为如此近乎无与伦比的美和力量竟然没有赋予其自身不朽,它们本来可以通过诗歌的形式留下不朽烙印的。

---

① 考文垂·帕特莫尔(Coventry Patmore, 1823–1896),英国诗人、散文家。

这封信令哈代喜上眉梢，但他还是因他作为一个作家可能走上了歧途这一暗示而感到不安。他已经开始担心自己缺乏对社会风俗的兴趣——像简·奥斯汀或亨利·詹姆斯那样的小说家会理解这一术语——因此担心自己是否有能力保持令人满意的创作水平和受欢迎程度。这种自我怀疑是具有哈代特色的，甚至是和其自身体质相关的，而安妮·萨克雷那轻松愉快的断言“小说家必须喜欢社会”亦没有起到什么好的作用！[21]

尽管哈代并没有——境况也不容许他——偏离现在已经走上成功之路的小说创作生涯，但他仍然在考虑诗歌，偶尔也写写诗，并为将来的诗歌和诗集创作做笔记，甚至向不易接受他人意见的斯蒂芬提议出版一系列“悲剧性诗歌”——显然可以被认定为拿破仑民谣，“一起构成了从1789 年到 1815 年欧洲的伊利亚特”，1875 年 5 月的一则笔记提到了这一点。[22]尽管于 1873 年 4 月 3 日制定的以下列表中的一些暂定诗集名，可能是哈代后来抄写的时候加上去的，但这仍然是他诗歌兴趣和目标的早期发展和后续坚持的一个显著证明：

标题—— 生活一瞥　　想象诗与偶成诗
心灵感应及其他诗歌　　形形色色的诗歌
人之灵魂　　诗歌中的灵魂
……
几分钟之于数载　　可能是最后的诗歌
冬天的花朵及其他诗歌　　冬日絮语。
诗中表象　　诗思中的冬之事物及其他 158
诗歌。
冬之声音 / 以
各种韵律
在诗歌中发声[23]

哈代还试图让自己作为诗人的经历对他目前的散文创作产生影响。早在1875年,考虑到建立起一种风格上略显随意性的表象的可取之处,他援引了赫里克的“凌乱但美丽的着装”的诗行①,并得出结论说,这只是一个简单的问题,“把我在诗歌中获得的知识融入散文中——时而出现的不精确的韵律和节奏,远比正确的更令人愉悦”。庞德关于哈代的诗歌是小说“丰收”的结果这一著名评论,很明显是可以倒过来说的,此外,斯蒂芬从世纪末的角度回顾《远离尘嚣》的首次出版,回忆起了他当时对“弥漫在散文中的诗歌”的赞赏。[24]

哈代夫妇现在的经济条件可以使他们住得离市中心近一些了,于是,3月22日,他们从苏比顿搬到了威斯特伯恩-格罗夫的牛顿路18号,就在哈代以前位于威斯特伯恩公园别墅和塞尔布里奇街的住处的几条街的距离之内。由于他们大部分的私人物品都存放在苏比顿,牛顿路的房间大概是带家具出租的。[25]他们刚到达新住址的第二天,哈代就得到斯蒂芬的召唤,并于同一天晚上在斯蒂芬的书房里见到了他——一个“穿着一件石南色睡衣的瘦高个儿”。哈代欣然答应了他的请求,即见证他根据1870年《神职人员放弃圣职法》的规定,签署一份放弃圣职的契约。哈代后来回忆起斯蒂芬“神情严肃地”说了一句话:“他认为自己还不如摆脱一种使命,毫不夸张地说,他一直是完全不称职的。”但他们随后的谈话,哈代记录得不多也不少,就是关于“神学的腐朽和失效、物种起源、物质的构成、时间的虚幻性和其他相似的主题”。[26]斯蒂芬竟然选择哈代作为一份如此私密且具有象征意义的文件的唯一见证人,这是他尊重哈代的正直和智慧的一个标志。这一情节也显示了斯蒂

① 罗伯特·赫里克(Robert Herrick, 1591-1674),英国“骑士派”诗人之一。该诗行出自他的《凌乱之乐》(“Delight in Disorder”)一诗。

芬对哈代的影响程度——后者承认其影响比任何其他当代人的影响都要深远——施加影响的方式既通过他的个性和谈话，也通过他的作品。

哈代后来告诉弗吉尼亚·伍尔夫，她的父亲斯蒂芬对他有一种“特殊的吸引力，我曾经痛并快乐着，忍受他对我的投稿的声色俱厉的批评 159
以及他长时间的沉默，只是为了和他坐在一起”。[27]事实上，哈代非常幸运，因为斯蒂芬不仅欣赏其作品，而且喜欢其个性，发现他是一个很好的精神伙伴。因为作为哲学家、善辩者和编辑，斯蒂芬接近当代思想和信仰大争论的中心，哈代主要是通过与他的交往，才学会了更加自由自在地谈论诸如“神学的腐朽和失效、物种起源、物质的构成、时间的虚幻性”等话题。正如伍尔夫本人所承认的那样，哈代的十四行诗《施雷克峰》①，副标题是“忆起莱斯利·斯蒂芬”，很好地唤起了人们对斯蒂芬的回忆，他有“又瘦又高的、孤独凄凉的身材”，“奇怪的阴郁、强烈的光芒和粗犷的性情”。在他 1904 年去世的那一天，斯蒂芬要人给他拿一首哈代的新诗让他读一读，很可能是《荡妇的悲剧》，得知此事，哈代感到甚是欣慰。[28]

尽管哈代现在可以把自己看作一位已成名的小说家，但其家庭背景和早期经历，使他对成为职业作家意味着什么几乎没有什么概念，对于突如其来的成功，他喜忧参半，他试探性地去抓住它，似乎不确定其真实性或持久性。从纯粹的实用角度和经济角度而言，他这样做是正确的。他确实是靠着自己的努力和天分从出生的阶级中成长起来的，他最近还娶了一个中产阶级代表的女儿，从而确立了自己的新地位。但是他的已婚状况使他比以往任何时候都更赤裸裸地暴露在那些残酷的命运骗局

① 施雷克峰(Schreckhorn)是瑞士阿尔卑斯山脉的一座山峰，海拔四千零七十八米，作为一个登山家，斯蒂芬曾登上过施雷克峰。因此哈代一看到施雷克峰就想起了斯蒂芬，并用山峰的特点来和他做类比。

中，他似乎已经接受了命运骗局是一切人类经验的准则。他丝毫没有忘记他所学到的关于阶级转变的可逆性的知识，而且他清楚地意识到，他对建筑事业的放弃，使他完全依赖于自己在文学上无穷无尽、无休无止的努力——尤其依赖的是他吸引杂志编辑约稿的能力。

当哈代仍在努力寻求认可的时候，面对那些比他更有经验的人提出的建议，他的表现几乎是可怜地照单全收，他请求麦克米伦建议"您认为我能写得最好的那种故事"，并按照他认为是梅瑞狄斯所开的处方来写《计出无奈》，还告诉斯蒂芬他主要是想证明自己是"写连载故事的好手"。现在，在功成名就的时刻，他对评论家们的苛评非常敏感，仿佛他们代表的是某个独立的权威机构，并有点被认同为整个文学界了。但
160 《生活和工作》夸大了哈代对负面评论的反应程度和及时性，当然，偶尔也会有与实际相符的时候，那就是他对《远离尘嚣》得到的普遍赞誉的反应程度和及时性。他显然急于彰显他是独立于其他作家的，并反对自己被归类为专一的乡村作家或区域作家——这是一种降临到巴恩斯身上的限定性命运——他认为最好同时追求那两个目标，通过展示一种在各种模式和背景下有效地进行创作的能力。然而，这些看法和决定至少可以追溯到1874年夏，当时《远离尘嚣》的连载仍在继续，他也正在为自己的蜜月之旅规划路线和目的地，这将有助于游览那些他拟纳入下一部小说的法国景点。因此，一定是在与斯蒂芬讨论那部小说之前，哈代预留出一个已经存在的剧本，该剧本最终成了《林地居民》；此外哈代还作出一个决定，即不要建立在《远离尘嚣》对他早期背景的"特定"材料的大量运用的基础之上，而是带着一种近乎执拗的决心，朝着完全不同的方向进发。[29]

《艾塞尔伯塔的婚姻》当然是以威塞克斯开篇的——该地区在小说开头第一句话中被直呼其名——小说的一些场景就发生在那里。但它本质上是一部关于伦敦生活的社会喜剧，带有讽刺意味地依赖于正常主

仆关系的颠倒，并从基本“观念”中得出了小说的许多观点，基本“观念”指的是从家庭用人的有利视角看时尚生活，从楼下的有利视角看楼上。艾塞尔伯塔是一个管家的女儿，一位有抱负的诗人，并成功地成为一名职业的故事讲述者，在时尚派对甚至在公共舞台上表演。她的主要动机是为自己的家庭——父母和九个兄弟姊妹——提供经济保障，并最终通过成为一位富有子爵的妻子实现了这一抱负。然而，这段婚姻是没有爱情的，亦没有孩子，蒙克莱尔勋爵本人是声名狼藉的，艾塞尔伯塔最后的形象也有点模棱两可，既不完全幸福，也不完全让人钦佩其成功，甚至其自我牺牲。哈代对上流社会人物和情节的处理比预期的要成功得多，但小说的喜剧方面总的来说似乎太矫揉造作，且叙事从来没有完全摆脱一种紧张感——一种它已经被精巧地“装扮”的印象。它缺乏那种可以使哈代所有主要小说得到加强的丰富的个人经历，而且似乎确实是在没有任何有深度的创意的情况下写成的。

当然，有可能证明，哈代自身处境的诸多方面都反映在了艾塞尔伯塔身上，譬如他的一些近亲，包括玛莎·斯帕克斯和杰米玛本人，都曾做 161
过用人，塑造一个在这样的家庭背景下以“讲故事”作为在社会和经济方面取得个人进展的方式的人物，在某种意义上，他一定是在撰写一个自己职业生涯的寓言。但哈代已经通过《一双蓝眼睛》证明了自己在运用自传体素材时能做到格外清白，而且似乎他对这部新小说感兴趣的地方，不在于它是对他个人处境的阐述说明，而是对跻身上流社会的旅程及其抵达成本的普遍寓言。不止一位评论家既非常精妙又颇有力度地论证过，《艾塞尔伯塔的婚姻》是作者精心设计的一部颠覆性作品，其中，艾塞尔伯塔对见利忘义的婚姻市场进行操控，含沙射影地对文学市场的基本不诚信状况作出了评论，该市场被杂志连载方面的商业权威和沦丧的道德价值观操控着——以斯蒂芬和《康希尔杂志》为例。[30]毫无疑问，在社会问题上，哈代始终是一个激进的思想家。但是，如果在

《艾塞尔伯塔的婚姻》中,他的的确确——可以说是偷偷摸摸地——又回到了《穷汉与淑女》的素材中,甚至在某种程度上回到了其讽刺的方式中,那他并没有复苏其"社会主义的"热情。如果在艾塞尔伯塔的职业生涯中,哈代的确融入了他自己职业生涯的任何反映或预示,那只能是从讽刺的角度而言的。毕竟,小说中最接近哈代的人物,是一个有着他自己更喜欢的基督教名字的人,即了无生气的克里斯托弗·朱利安,他在音乐事业上所取得的进展,和哈代作为建筑师所取得的进展相差无几,在小说结尾处,他还快乐地勉强接受了一桩平静的婚姻和一份稳定的收入。在第一次成功后,哈代已经在思考——正如他在生命的尽头所做的思考一样——作为一个乡村小镇的建筑师,他到底是否会更快乐。他可能也开始扪心自问,他那桩与"亲密血缘关系之间的亲情"相悖的婚姻是否是明智之举,这种亲情似乎能让人想起杰米玛的幸福家庭配对秘方——在小说中的某个地方,克里斯托弗将其描述为"唯一一种有尊严或有永恒性或有价值的感情"。[31]

在哈代把《艾塞尔伯塔的婚姻》的几部分连载内容寄给斯蒂芬后,他给予了肯定的回应,但是他没有像他在评论《远离尘嚣》时那样大量地结合文本解读,或许是因为他没有太在意这部小说。5月,斯蒂芬担心艾塞尔伯塔把她和她的诗句称为"含情脉脉的"是否恰当;8月,他对
162 "在伦敦教堂墓地深情相拥的提议"感到有些惊骇。[32]然而,他最实质性的干预似乎是一项建议,是在收到第一次连载的校样之后提出的,即哈代的副标题"章节式喜剧"在连载版中需要被删除,理由是它会让读者期待"某种滑稽剧的描述",期待"职业小丑"的风趣。哈代大概是想强调这个故事的虚构性,以及它成为抽象和寓言读物的可能性,不过他很快接受了斯蒂芬的建议:

> 正如您所知道的,我的意思很简单,该故事关注的是生活中的

> 愚蠢，而非激情，而且是用某种喜剧的形式来加以讲述的，所有人物均有弱点，而非理想的角色，那些级别或地位更高的旁观者会以微笑待之。当然，我应该感到遗憾的是，被您误认为我是在以笑话为主的情节线中构建了迄今为止最斯文的斯文喜剧，我竟认为在任何时候这样去创作都是安全的。[33]

在小说完成之前，哈代实际上是在冒险进行某种非常接近滑稽剧的尝试，譬如在展示艾塞尔伯塔和蒙特克莱尔勋爵婚姻中的种种挫折时，以及后来用仿哥特式手法创作的在恩克沃斯庭院里进行的捉迷藏游戏中。斯蒂芬本人对这些进展的不满，反映在了他对在《康希尔杂志》上发表哈代任何其他作品的可能性的冷淡态度上。

3 月，作为职业作家，哈代决定加入最近成立的版权协会；5 月 10 日，作为一个寻求改善国内和国际版权法的作家代表团成员之一，他拜谒了迪斯雷利首相。[34]次日，他前往牛津大学，观看了大学划船比赛，并与奥斯汀·多布森①一起，在第二届年度肖特弗晚宴上答谢大家对“文学”的祝酒。晚宴邀请函来自默顿学院的本科生弗朗西斯·格里芬·斯托克斯，而且在 1874 年 2 月至 1875 年 2 月间分十三部分连载出版的《肖特弗论文集，或牛津回声》基本上都是讽刺性质的，这暗示着里面有学生恶作剧的成分。但晚宴的一个活动方案得以保存下来，5 月 13 日的《牛津大学本科生报》提到了“肖特弗工作人员”曾在米特雷酒馆(Mitre)招待过“几位杰出的大都市和牛津大学文学家”，似乎有必要认为哈代确实到访过牛津，而且有必要猜想跟这些大人物在一起，他可能感受到了来自他人的一定程度的屈尊俯就。[35]

---

① 奥斯汀·多布森(Austin Dobson，1840–1921)，英国诗人、评论家、传记作家。

当由乔治·杜·莫里耶[①]绘制插图的《艾塞尔伯塔的婚姻》连载第
163 一部分出现在1875年七月号的《康希尔杂志》上时，哈代夫妇决定再次从牛顿路搬家，或许是因为他们发现城市生活过于昂贵，更有可能是因为事实证明伦敦不利于集中的文学创作。打定主意在多塞特寻找住处后，他们联系了一些房屋租赁广告或询问了位于恰尔德-奥克福德、沙夫茨伯里、布兰德福德、温伯恩和伯恩茅斯[②]的一些房子。[36] 令人吃惊的是，这些房子离多切斯特或博克汉普屯都不是很近。尽管多塞特的吸引力一直很强，但哈代还没有准备好以职业中产阶级一员的新身份来面对多切斯特，也没有准备好将自己和妻子完全置于其母亲的势力范围之内。杰米玛自己完全清楚这一情况，即使她或许并不知道其背后的一切。7月中旬，艾玛致信杰米玛，建议她在伯恩茅斯与哈代以及她自己见上一面，杰米玛让凯特代她写了一封回信，信中传递的信息没有明显的敌意，但无疑反映了——这封信忠于她特有的半幽默、半威吓的风格——她强烈反对他俩故意避开"老家"：

亲爱的艾玛：

母亲非常感谢你的盛情邀请，但她眼下太忙了，不可能前往。她本来想去的，因为她说她想再次见到你。

母亲说你们不要在伯恩茅斯下海或划船，因为她怕你们两个会溺水而亡，或是英年早逝。她说在雨冢或牛阶[③]就会安全很多——

你挚爱的K. 哈代[37]

---

① 乔治·杜·莫里耶(George Du Maurier, 1834-1896)，英国小说家、插画家。

② 都是多塞特郡的地名，恰尔德-奥克福德(Child-Okeford)是北部一个村庄和教区；沙夫茨伯里(Shaftesbury)是北部一个城镇和教区；布兰德福德(Blandford)是中部偏东的一个集镇；温伯恩(Wimborne)是东部一个集镇；伯恩茅斯(Bournemouth)是东南部海滨城市，度假胜地。

③ 雨冢(Rainbarrows)，牛阶(Cowstairs)，博克汉普屯的两个地点。

哈代和艾玛在抵达伯恩茅斯后不久爆发激烈口角，很可能源于他俩对凯特来信的不同反应，但毫无疑问，恶劣的天气和哈代对伯恩茅斯（后来成为《德伯家的苔丝》中的“桑德伯恩”）本身的不喜欢使这场口角愈演愈烈。7 月 15 日，圣斯威逊节①——如果诗歌《我们坐在窗边》（落款为 1875 年伯恩茅斯）中的证据可以被接受的话——他们怀着相互敌视的心情坐在那里，注视着窗外的雨：

> 我们被雨景，被我们自己惹恼了；是的，
> 因为我不知道，她也没有推测
> 有多少可以去解读和猜想
> 我之于她，有多少可以去发现和加冕
> 　她之于我。
> 被浪费的是两个风华正茂的人， 164
> 那是巨大的浪费，在那个七月的时辰
> 　　当天空飘落雨点。

这一境况的本质更明确地从该诗的手稿中显现出来，手稿的第二节和最后一节的第一行写道：“我们被雨景，被彼此惹恼了；是的。”[38]

同一天晚些时候，他们离开伯恩茅斯，乘汽船去了附近的斯旺纳奇，一个珀贝克“岛”上的小港口和海滨度假胜地。在那里，他们找到了西区小屋的房间，这是一座两层半独立的房子，矗立在小镇山坡上，可以眺望海湾、大海和海角的峭壁——在《艾塞尔伯塔的婚姻》中成了艾塞尔伯塔第一次到达“克诺尔西”时所住的房子的背景和景色，克诺尔西是

---

① 纪念英国威斯敏斯特教堂的主教圣斯威逊的节日，节日当天人们会谈论天气，传说这一天后每逢教堂有仪式或纪念活动均会下雨。

“一个海滨村庄,依偎在两个岬角之间,犹如位于人的食指和拇指之间”。哈代夫妇的房东——约瑟夫·马斯特斯船长,是个老海员和旅舍经营者,在小说中以弗劳尔船长的身份出现,他说话“声音浑厚,是在二十年的沿海贸易经验中,在大风中呼喊而养成的习惯”,然而在帮助妻子准备晚餐时,他却“像个女孩子似的在屋子里蹑手蹑脚地走路”。[39]

完成《艾塞尔伯塔的婚姻》是哈代 1875 年最后几个月在斯旺纳奇做的主要工作。向《纽约时报》寄送初校样张的必要性,迫使他的创作速度要快于出版速度,比创作《一双蓝眼睛》时要快,甚至比创作《远离尘嚣》时也要快,但似乎他在按时间表行事方面并没有遇到特别的困难,尽管斯蒂芬仍在建议一些小的改进,并发出这样的警告:“记得乡村牧师的女儿们。我要永远记住她们!”[40]手稿于 1876 年 1 月完成,远远早于连载的结束时间,最后几章的校样于 3 月中旬寄往纽约。然而,连载只有十一部分,而非原计划的十二部分。1 月,哈代跟史密斯与埃尔德公司说,尝试出版十二部分连载“将会冒因过度扩展而使后一部分变得枯燥无味的风险”,即使是未经扩充的文本,某些部分也显得分散、勉强,并且很大程度上依赖于唾手可得的或最近“研究”所得的来自斯旺纳奇、科菲城堡和鲁昂的地形地貌细节。[41]

小说稳步推进,而西区小屋的生活平静如水。马斯特斯船长是关于航海和走私的趣闻轶事的源泉,港口提供了划船比赛和乘船旅行,小镇历史悠久的石头贸易尚未完全消失,而且当地有很多景点可供游览和素描。9 月初,哈代的两个妹妹玛丽和凯特来斯旺纳奇进行了为期两周的
165 拜访,这显然是一个重要的和解姿态,玛丽的几幅斯旺纳奇城内外的风景素描,是在与其哥哥和嫂子一起出游时画的,其中一幅与乘坐希瑟·贝尔号汽船环游怀特岛有关。姐妹俩的拜访于 13 日结束,当天,四个人乘坐一辆超载的马车早早出发,在科菲城堡野餐后便分道扬镳,玛丽和凯特去了韦勒姆(从那里回多切斯特),哈代和艾玛则回到了斯旺纳

奇。[42]艾玛的日记中记录了一些与她的故事《岸边的少女》的创作相关的简短笔记，她此时正在写一些东西，或者认为自己在非常积极地给丈夫做助手，这一点在1875年12月26日达尔维尔小姐写给她的一封信中的一句话里有所暗示："我敢说，你们俩都很忙于你们的新作品，我希望出版后可以拜读。"如果说除了《一双蓝眼睛》和《冷漠的人》以外，艾玛在哈代的任何一部小说的创作中有实质性参与的话，那一定是《艾塞尔伯塔的婚姻》。不幸的是，该小说的手稿并没有保存下来，而哈代甚至毁掉了1918年意外发现的手稿片段。[43]

正是住在斯旺纳奇的时候，哈代发表了他的第一首诗。1875年9月，《绅士杂志》的编辑理查德·高英写信请求哈代"为我明年一月号的杂志写一篇小品文，或一则短篇故事，或一篇关于文学、艺术或社会主题的文章——你作坊里的一块下脚料即可"。哈代提交了一首名为"流动商贩斯韦特利家的大火"的诗，该诗显然是六十年代他在布洛姆菲尔德那里工作时写的。高英接受了这首诗，诗歌被刊登在了十一月号的杂志上，但是文本遭到了轻微的删减，或者是出自一位小心谨慎的编辑之手，或者是出自一位忧心忡忡的作者之手。[44]亨利·霍尔特——尽管哈代在出版美国版《远离尘嚣》时与他存在一些误解，但仍然与他保持着热情友好的关系——安排在美国同时出版这首叙事诗，并给R. D. 布莱克莫尔①寄去了一份以取悦他，在那一年早些时候，哈代曾见过布莱克莫尔，和他交谈时既是以一个仰慕者的身份，又是以一个文学伙伴的身份。哈代说在写《远离尘嚣》之前他没有读过《洛娜·杜恩》，这看起来"近乎荒谬"，他接着说："一些我认为除了我之外没有人注意到的小的自然现象，不断地出现在您的作品中，例如，我本应该毫不犹豫地宣布，到目前

① 理查德·多德里奇·布莱克莫尔（Richard Doddridge Blackmore，1825-1900），英国小说家。

为止，任何一位其他小说家都不知道这一事实，即从树上掉下来的鸟粪，落在一堆沙子上砸出了一个个的小坑。我想我俩之间在很多事情上都有一种相似的情感，部分原因是我们均来自英格兰西部。”[45] 布莱克莫尔的回答很注重礼尚往来，他谈到哈代在赞扬“一个和你自己是同一个工作领域的人，至少在某种程度上是这样的”时所表现出的慷慨大度。
166 但布莱克莫尔发现《远离尘嚣》是“部分反叛的”，而且他无疑被《流动商贩斯韦特利家的大火》冒犯了，即使是删减版的，因此他们二人的关系，虽然开局顺利，但似乎并没有进一步发展。[46]

注释

［1］《生活和工作》，页 103，以及《哈代书信》，第一卷，页 30–31；L. 斯蒂芬致哈代的信，1874 年 8 月 25 日（多博），参珀迪，页 339。

［2］艾玛，《忆往昔》，页 60；E. H. 吉福德致哈代的信，1874 年 9 月 4 日和 12 日（多博）；《英国人物传记辞典》中的 E. H. 吉福德。

［3］艾玛，《忆往昔》，页 60；《哈代书信》，第一卷，页 31；结婚证书。

［4］艾玛，1874–1876 年日记（多博），《艾玛·哈代日记》，理查德·H. 泰勒编辑（阿辛顿，1985），页 21–22，页 22–23。

［5］哈代藏书中 F. 利凯所著《鲁昂：历史、纪念碑和周围地区》（鲁昂，1871）（耶鲁）；《艾玛·哈代日记的婚姻》，页 24–25；《艾塞尔伯塔的婚姻》，页 288、292，页 296–297 等。

［6］《艾玛·哈代日记》，页 26 之后的页数被用作参考；默里，《指南》（大英）；《艾塞尔伯塔的婚姻》，页 330。

［7］《艾玛·哈代日记》，页 49、39、27、40。

［8］同上，页 47。

［9］《哈代诗歌》，第二卷，页 262–264；《艾玛·哈代日记》，页 55、56。

［10］《艾玛·哈代日记》，页 54–56；信息源自埃尔西·霍尼韦尔太太，1980 年，以及 M. 戴维森，《再忆胡克路》（雷吉特，2001），页 13、17。

[11]《艾玛·哈代日记》,页56;关于圣大卫别墅的新信息源于《再忆胡克路》,页10–15,直接源于马克·戴维森,2001年。

[12]《哈代诗歌》,第三卷,页43–44,页42–43;《个人笔记》,页18。

[13]《生活和工作》,页104;普罗克特太太致哈代的信,1874年9月4日(多博)。

[14] 麦考德太太的信似乎没有留存下来;哈代的信收录于《哈代书信》,第一卷,页33。

[15]《国家》(纽约),1874年12月24日;《旁观者》,1874年12月19日;两篇文章均载于《哈代:批评遗产》,页21、31;J.哈顿致哈代的信,1874年12月23日(多博)。

[16]《公众声音》,页8–9。

[17] G.史密斯致哈代的信,1875年1月15日(多博);珀迪,页18–19。

[18]《哈代书信》,第一卷,页33–34;W.廷斯利致哈代的信,1875年1月5日(普林斯顿);G.史密斯致哈代的信,1875年1月19日(多博)。

[19] L.斯蒂芬致哈代的信,1874年12月2日和7日(多博);《生活和工作》,页106;《哈代书信》,第一卷,页35。

[20]《哈代书信》,第一卷,页35;G.史密斯致哈代的信,1875年3月9日(多博);L.S.詹宁斯致哈代的信,1875年3月5日(多博)。

[21] 编辑来信(多博);C.帕特莫尔致哈代的信,1875年3月29日(多博);《生活和工作》,页107–108。

[22]《公众声音》,页264;《生活和工作》,页109–110。

[23]"诗歌素材"笔记本。(缩微胶卷,耶鲁)

[24]《生活和工作》,页108;《埃兹拉·庞德书信集(1907–1941)》,D.D.佩奇编辑(纽约,1950),页294;F.W.梅特兰,《莱斯利·斯蒂芬的生平和书信》(伦敦,1906),页450。

[25]《生活和工作》,页106;《哈代书信》,第一卷,页36。

[26]《公众声音》,页263,参《生活和工作》,页108–109;该契约记录在

1875年公共档案,第三十卷,页55(公共档案局)。

[27]《哈代书信》,第五卷,页76。

[28]《哈代诗歌》,第二卷,页30;《弗吉尼亚·伍尔夫书信集》,N. 尼科尔森和J. 特劳特曼编辑(伦敦,1975–1980),第二卷,页58;同上,第一卷,页134;珀迪,页138;《哈代诗歌》,第一卷,页243–247。

[29]《生活和工作》,页106;《生活和工作》,页105。

[30]这些问题在蒂姆·多林的企鹅经典版《艾塞尔伯塔的婚姻》(伦敦,1996)的导言中得到了有益的评述;另一种论述得很好的解读,见R. 帅克,《哈代的"冲进一个新的未经尝试的方向":〈艾塞尔伯塔的婚姻〉的喜剧超然》,载《英语研究》,第八十三期(2002年6月),页239–252。

[31]《艾塞尔伯塔的婚姻》,页158。

[32]梅特兰,《莱斯利·斯蒂芬的生平和书信》,页276;参盖特雷尔,《创造者哈代》,页19–23。

[33]L. 斯蒂芬致哈代的信,1875年5月13日和20日(多博);《生活和工作》,页106–107;《哈代书信》,第一卷,页37。

[34]《生活和工作》,页109;《泰晤士报》,1875年5月11日,第10版。

[35]《哈代书信》,第一卷,页37;活动方案(耶鲁),另见F. B. 皮尼恩,《百年以前:哈代在牛津大学》,载《哈代协会评论》,一卷一期(1975),页15–16。

[36]《生活和工作》,页110。

[37]凯特·哈代致艾玛的信,[1875年?,但是哈代写的日期是"1881–1883年"]。(多博)

[38]《哈代诗歌》,第二卷,页161;《瞬间幻象》手稿,对开本页4(剑桥大学抹大拉学院)。

[39]《艾塞尔伯塔的婚姻》,页254、255;见D. 卢尔,《哈代冬天暂居在斯旺纳奇的日子》,载《哈代年鉴》,第一期(1970),页45–49。

[40]《生活和工作》,页110–111;梅特兰,《莱斯利·斯蒂芬的生平和书信》,页276。

［41］《哈代书信》，第一卷，页 42。

［42］艾玛，1874–1876 年日记（多博），参《艾玛·哈代日记》，页 56–57，页 63–64，页 65–67；玛丽·哈代素描（多博）；《艾玛·哈代日记》，页 211、221，艾玛错误地认为亨利·哈代也在场。

［43］《艾玛·哈代日记》，页 59–60；达尔维尔的信（多博）；珀迪，页 22。

［44］R. 高英致哈代的信，1875 年 9 月 11 日和 30 日。（多博）

［45］《哈代书信》，第一卷，页 40；《哈代书信》，第一卷，页 39–40；《哈代书信》，第一卷，页 37–38。

［46］R. D. 布莱克莫尔致哈代的信，1875 年 6 月 11 日（伯格）；W. H. 邓恩，《R. D. 布莱克莫尔：〈洛娜·杜恩〉一书的作者》（伦敦，1956），页 164。

第九章　斯特明斯特-牛顿

167 1876年5月,就在《艾塞尔伯塔的婚姻》在《康希尔杂志》上连载结束之际,斯蒂芬试图为哈代领航,从而将他带回到似乎以《远离尘嚣》为航海图的航向上。斯蒂芬敦促哈代不要让他自己那“完全新鲜和原创的脉络”被对获得好评的经典的过分尊重所束缚,他建议改为阅读“伟大的作家,如莎士比亚、歌德、司各特等,他们提供想法却不制定规则”。他认为,特别重要的是乔治·桑,“在我看来,她的乡村故事完美无缺,与你的乡村故事有些类同”。[1]当然,哈代并不知道,他再也不会有小说在《康希尔杂志》上连载,再也不会受益于——偶尔也会招损于——斯蒂芬的编辑指导。然而,创作和出版《艾塞尔伯塔的婚姻》并不是一个令人满意的经历,不单单是从纯经济方面而言,这似乎是一个重新考虑并最终改善其文学选择的适当时机。去年3月,他曾对乔治·史密斯说:“在几个月内,我不想再尝试任何篇幅的原创写作,除非我能认识到今后要走的最佳创作路线。”[2]

与此同时,他正在探索其他可能的收入来源,起初是成败参半。他写信给史密斯,继续建议史密斯与埃尔德公司出版价格低廉的单卷本《一双蓝眼睛》和《远离尘嚣》。7月,他重提这一建议,然而又过了一年,单卷本的小说才出版。更令人欣慰的是,他与冯·陶希尼茨男爵进行了一些谈判，后者出资四十英镑获得了在欧洲大陆用英语出版《艾塞尔伯塔的婚姻》的权利，随后又将哈代的大部分其他小说也加入他的系列出版物中。[3]一位有前途的德国翻译家与哈代本人接洽，但哈代发现翻译更难把控或从中谋利。1875 年 11 月，哈代曾主动写信给莱昂·布 168
彻，即《英格兰田园牧歌式小说》一文的作者，该文是关于哈代作品的一篇篇幅很长、赞赏有加的文章，刊登在《两个世界评论》①上，但尽管布彻——用英语回信，因为哈代本人的信大概是用英语写的——感谢哈代写了一封友好的、恭维的信，然而他对《远离尘嚣》的任何法译本的前景都不感到乐观，因为《弗洛斯河上的磨坊》的法译本已经滞销。[4]

布彻将哈代的作品和乔治·艾略特的作品联系在一起，这令哈代甚是恼火，但 1876 年夏，这种联系又死灰复燃，原因是艾略特的小说《丹尼尔·德龙达》和刊登在《威斯敏斯特评论》中的相关评论的出现，该评论称，幸运的是《艾塞尔伯塔的婚姻》先于《丹尼尔·德龙达》出版，"否则，脾气乖戾的评论家们会宣称，他的主角只不过是一个复制品罢了"。对于这样的评论，如果情况属实，哈代也许有理由指出，在同一部小说中，艾略特从《远离尘嚣》中借用了"威塞克斯"这一名称，来指代当代英格兰西南部的某些地区。[5]为了支持他是这个地区概念的所有权人的说法，哈代本可以引用一篇刊登于 7 月 15 日的《检查者》上的引人注目的文章，题为"威塞克斯劳动者"。对于哈代对多塞特乡村、多塞特农民以及该地区仍然与世隔绝的生活方式的特殊品质的透彻了解和准确描述，匿名作者查尔斯·基根·保罗表达了热烈的赞扬："多塞特的时间静止了；文明的进步对劳动者的影响，只体现在摩擦火柴和便士邮政②上，而

① 《两个世界评论》(*Revue des deux mondes*)，简译为《两个世界》，月刊，创刊于 1829 年，是法国资格最老的杂志之一。

② 1839 年 8 月 17 日，英国议会通过了实行均一邮资的一便士邮资法，世界上第一枚邮票"黑便士"于 1840 年 5 月 6 日开始投入使用，邮政有了统一的收费，真正意义上的现代邮政就此产生。

《哈姆雷特》中的小丑们,如果放在我们今天的一个西部乡村的村庄里,并不会显得落伍。”这篇文章频繁而驾轻就熟地使用了“威塞克斯”这一词汇,就像在使用一个已经普遍流传的术语,在决定哈代重新将多塞特乡村作为下一部小说的素材方面,它发挥了其作用。毫不奇怪,哈代保留了一份这篇文章,二十年后,他在《远离尘嚣》的新版序言中引用了该文。[6]

与此同时,哈代夫妇又重新开始了他们的漂泊生活,仍然在以上博克汉普屯为中心的一条隐形弧线的远端。3 月上旬,他们离开斯旺纳奇,前往萨默塞特的耶奥维尔,住在了圣彼得街 7 号,这是一个如今已不复存在的排房的一部分。在这里,哈代修改了两卷本《艾塞尔伯塔的婚姻》第一版的最后校样,4 月 3 日,该小说由史密斯与埃尔德公司出版。小说总体上得到了评论家们的好评,例如,《旁观者》谅解了小说中许多不可信的行为,理由是它可以被视为“一个幽默的寓言,用以说明数以
169 万计的上流社会人士的恶行和弱点,而非现代伦敦有文化的社会群体中最具特色的人物的众生相”。[7] 5 月中旬,哈代夫妇在伦敦待了两个星期,住在牛津广场附近的玛格丽特大街 61 号,与苏格兰小说家威廉·布莱克一起在法国美术馆看了画展,布莱克和哈代是同时代人,哈代对他非常熟悉,二人关系很亲密。然后夫妇俩于 29 日启程前往哈维奇,从那里在夜间横渡英吉利海峡到荷兰鹿特丹,开启了他们的第二个欧洲大陆假日。[8]

在鹿特丹,他们先是在新巴斯酒店住了两个晚上——艾玛把晚餐套餐的菜单抄写进日记本——然后于 6 月 2 日,即哈代三十六岁生日那天,出发踏上了莱茵河河谷之旅。在科隆河畔的荷兰酒店,艾玛记录下丈夫对“白兰地酒瓶”的愤怒。酒瓶是丢了,是落下了,还是漏了,我们不得而知,也不可能知道一直都近乎滴酒不沾的哈代是否不赞成艾玛携

带酒，因为或许他认为喝白兰地或者是疑病症①的象征，或者是对烈性酒的嗜好的象征，而烈性酒已经对他们二人的家庭均造成很大的破坏。然而，尽管艾玛对此事的叙述既简短又神秘，却提供了二人婚内紧张关系的第一个具体迹象。从科隆出发，他们乘轮船南下，前往科布伦茨——艾玛试图将这条河的确切颜色定义为“柔和的、绿中带白的颜色，不是蓝色，而是棕白绿混合色”——然后于6月6日去了美因茨，下榻在另一家荷兰酒店，艾玛形容这是一家“非常高级、富丽堂皇的酒店”。[9]

天气炎热，当他们抵达海德堡时，艾玛已经快筋疲力尽。到达的当天晚上，他们又不辞劳苦地登上了柯尼希施图尔山山顶。哈代指出，由于有薄雾，景色是看不清楚的，但莱茵河本身“像一条血的丝带一样耀眼，仿佛它蜿蜒穿过了地球表面的大气层”。艾玛则没有哈代那么诗兴盎然，在谈及爬山时，她写道：“**真希望我没去**。天气酷热，疲惫不堪，到处都是雾，什么都看不见——第二天极度疲劳。”[10]虽然她很疲倦，但他们继续前行，先是去了巴登-巴登，然后又去了斯特拉斯堡；在那里，6月10日，她感到虚弱，生了病，喉咙溃疡，感觉“好像我不是正在从发烧中康复，就是马上要发烧了一样”。在《生活和工作》中，艾玛在斯特拉斯堡的痛苦被归因于“走路太多”，她或许正经历着《忆往昔》②中提到的“偶尔的跛足，童年时落下的病根”的复发。这一次，她喝了白兰地，哈代没有作任何评论或表示反对，次日，他们又从斯特拉斯堡到梅茨，然后再到布鲁塞尔，接连坐了八个多小时的火车，虽然艾玛也感觉单调乏味，但总算是松了一口气。[11]

在布鲁塞尔的第一天完全花在了参观滑铁卢战场上；第二天，艾玛 170

① 疑病症（hypochondria），指过分关心自己的健康而引起的病态的过虑，哈代的想法可能是源于白兰地有益健康的说法。

② 《忆往昔》（*Some Recollections*）是艾玛撰写的带有回忆录和自传性质的散文作品，主要是关于其童年和青年的时光，未涉及婚后生活。

记录道，她仍然非常疲倦，丈夫“对此很生气”。两天后，情况稍有好转：“汤姆去参观了美术馆，昨天闭馆了——所以我完全错过了。在滑铁卢的那一天令我筋疲力尽——”[12]哈代是两人中适应能力更强的那一个，也是到目前为止更习惯走路的那一个；他也清楚地知道在这些他可能一生再也不会回访的地方，他想要、需要看些什么东西；他也不希望打乱安排，因为安排都是事先精心做好的，包括订好的优质旅馆。对于由国外旅行中不可避免的意外和压力所引发的夫妇间的分歧，我们不应该大肆渲染，但是这里又有一个暗示，那就是，在他俩结婚两年的时间里，哈代发现艾玛并不像他最初所认为的那样。她不是一个思想自由和身体活跃的理想伴侣——他对这一发现的反应是愤怒，而不是同情。

对哈代来说，参观滑铁卢战场一直是整个度假的主要目的。他从小就着迷于拿破仑战争时期——参观的时候记忆犹新——不仅是因为这是一场规模庞大、震惊世界的冲突，而且是因为这是乔治三世夏季访问韦茅斯的时间，此外，担心法国入侵的恐惧，使多塞特暂时站在了国家意识的最前沿。他还非常清楚，在多塞特出生的同姓海军上将托马斯·马斯特曼·哈代，很可能是他的远亲，哈代上将与纳尔逊的交往使他出名，特别是在特拉法加战役中。去年夏天，在滑铁卢战役六十周年纪念日那天，哈代夫妇去了切尔西医院，寻找为数不多的几个仍在世的退伍军人，听他们讲述那一天发生的故事。现在，在他为荷兰和比利时准备的旅行指南的衬页上，他画了一幅“霍古蒙特①的平面图——T. H 现场绘制”，在布鲁塞尔，他试图确认战争前夜里士满公爵夫人举办舞会的那所房子——这是一个历史谜团，在后来的岁月中，该谜团一直困扰着他。哈代夫妇的行程已经提前安排好了，即取道安特卫普返回英国，从而在又一个滑铁卢战役纪念日的前夜，他能够再次前往切尔西，“在名为‘土耳

① 霍古蒙特（Hougoumont），滑铁卢战役中英军右翼防卫据点。

其饰结'的私人客厅里,喝着格罗格酒",与一些战役幸存者交谈,毫无疑问,这是他不愿意改变计划的另一个原因。[13] 简言之,他已经对拿破仑战争时期如醉如痴,在大约三十年后,这种痴迷在诗剧《列王》的出版中达到了顶峰。

作为他们欧洲大陆旅行日记中的最后一篇,艾玛写道:"准备返回 171
英国,在那里我们没有家,也没有选择好在哪个郡安家。"在不到两年的时间里,他们从苏比顿搬到威斯特伯恩-格罗夫,再搬到斯旺纳奇,又搬到了耶奥维尔,此外还有找房子的旅程和国外旅行,艾玛厌倦了这种吉卜赛式的生活。在耶奥维尔就已经开始的"寻找一个小住所"的任务,现在更加认真地重新开始了,7 月 3 日,他们从耶奥维尔搬到了斯特明斯特-牛顿①——多塞特北部的一个小镇,再一次坐落在上博克汉普屯方圆十五英里的封锁线以外的地方。[14] 在这里,他们租住了河畔(或河流陡岸)别墅,这是该镇郊区的两栋半独立别墅中的一栋。多年来,人们错误地认为哈代夫妇住的是紧挨着现在的娱乐场的房子,但是纪念牌匾后来正确地钉在了这两栋房子中更靠北的那一栋上。[15] 和哈代夫妇在婚后生活中住过的几乎所有房子一样,河畔别墅房如其名,在很大程度上是维多利亚时代的"别墅",它坚固、"舒适",而且是最近建造的。哈代夫妇似乎确实是这栋建筑的第一批住户,哈代自己在两栋房子前面的共享花园里种了两棵"猴谜树"(即智利南洋杉)——或许是为了纪念或仿效那些生长在圣朱利奥特教区牧师的花园里的树。尽管这栋房子本身并不起眼,但它坐落在斯托尔河及其水草地上方的陡岸边,它有着——现在仍然有——壮丽的景象。这一景象被记录在了诗歌《俯瞰斯托尔河》中以及哈代的一则笔记中,笔记是在他们到达之后不久写

---

① 斯特明斯特-牛顿(Sturminster Newton),多塞特郡北部布莱克莫尔山谷区的一个城镇和教区,位于多切斯特以北二十英里处。

的:“傍晚时分,泛舟于斯托尔河上,落日的余晖映照着河水。旋即,就在我们用船桨搅动河水时,水面上依稀可见一股蒸发出的气体。无数鳗鱼和其他鱼类身上的腥味散发出来。刈草人向我们挥手致意,他们划着小船收割睡莲。睡莲长着长长的、可拉成丝的茎。”[16]

哈代后来谈到,斯特明斯特-牛顿时期是他与艾玛婚姻中“最快乐的时光”,虽然他的一首关于斯特明斯特时期的诗歌《一首两载的田园诗》无疑承认怀旧的能力可以对当时发生的似乎已经足够平淡的一切加以浪漫化处理,它还强调“田园诗”是真实的:

是的,就是这样;
就是那两个不请自来的时令,
像夏日的狂风一样席卷着我们的道路;
像拂动稻草一样拂动着心房,
那些日子里我们激动得心跳加速;
172 离去时也像风,一切皆无踪影
除了作为戏剧的序幕
即将上演的是——更宏大的、更生活化的场景:
是的,就是这样。[17]

他们的心跳加速不仅使他们自己的关系充满生气,也使他们对生活在其周围的人们的态度充满生气。斯特明斯特是一个约有一千五百名居民的集镇,是布莱克莫尔山谷东部的一个活动中心,该山谷即《德伯家的苔丝》中的“小奶牛场山谷”。巴恩斯于十九世纪初出生在该山谷附近,他创作了许多关于山谷及其生活方式的诗歌,但哈代本人以前仅仅熟知该山谷在环梅尔伯里-奥斯蒙德和高斯托伊的南部边缘地带。然而,现在他和艾玛都融入了斯特明斯特的生活,仿佛他们打算将其作为自己永久的家。他们很快就与作为河畔别墅的房东的杨家的不同成员和几代人建立了友好关系,特别是罗伯特·杨,即多塞特方言诗人“拉宾·希尔”,他是当地轶事和传统取之不竭的源泉;到了当年秋季,哈代夫妇已经和几个主要的斯特明斯特家庭建立了互访和聚餐的关系。特别是艾玛,她将和当地律师亨利·查尔斯·达什伍德的妻子达什伍德太太保持多年的友谊。[18]

哈代这一时期保存下来的笔记,进一步证明了他对任何活泼的、地方的和奇妙的事物都有着积极的、爱交际的欲望——从什罗通集市上两便士的杂耍中“斩首”一个女人的节目,到春天里画眉和乌鸫的歌唱(“用这样的转调,以至于在它们强调某个音时,你似乎可以看到它们的小舌头在喙里打卷儿”)。在不远处的另一个集镇布兰德福德-弗洛姆,哈代记录道:“夜晚立于小镇尽头的桥上。小溪对岸的一扇窗子有灯光闪耀;低头可见溪水缓缓流动,泛起微微的涟漪。偶尔有一只萤火虫带着亮光轻拂水面,清晰可见,如在白昼,但它自己并不知晓。”另一则笔记记录了艾玛在深秋说的一句迷人的话:“一个风和日丽的日子,花园里好像有什么东西消失不见了,但你却说不出是什么。”[19]

在这一年的最后几个月里,为了使哈代和吉福德两个家庭产生更紧密的联系,夫妇俩做了一些尝试。10 月下旬,艾玛的两个兄弟①来到斯特明斯特进行了短暂的拜访,12 月,哈代带着艾玛去和他的父母一起过圣诞节。[20]现在仅存的杰米玛和老哈代的肖像照,如实地展现了他们人到中年却仍充满活力的样子。杰米玛的头发似乎还没有变白;比其长子
更魁梧、更帅气的老哈代,看上去此时已经成为一个地位稳固、中等富裕 173
的手艺人。那年的圣诞节,哈代的父亲显然展现了非常和蔼可亲的一面,讲述了其童年的故事,那时候摇动木马尚未完全消失。但是杰米玛

① 艾玛有两个哥哥,一个弟弟,因此这里的拜访者不详。

的语气则不可能这么亲切友善。她和艾玛向来就不喜欢对方,彼此也不信任,而且在后来的岁月里还演变成了相互敌对,这在真实发生的或想象出来的种种怠慢的基础上生根发芽,例如,据说杰米玛因为艾玛曾经用一个有裂纹的杯子给她倒茶而心生永久的怨怼。[21] 然而,在这种情况和其他情况下,艾玛的势利已经被诟病太多。拒绝信任和喜欢对方的始作俑者似乎是杰米玛,毫无疑问,她认为自己的儿子娶了一个愚蠢的女人,不可能做他事业上的贤内助,不可能为他生儿育女,亦不可能孝敬他的双亲,而艾玛展现出的对家庭出身的自豪感,本质上是源于对婆婆的报复。

在博克汉普屯之旅结束后,哈代回到了斯特明斯特,开始创作他的新小说;小说的背景不是他现在居住的布莱克莫尔山谷,而是其父母居住的村舍附近,即他出生和长大的地方。哈代选择写关于博克汉普屯和荒野的故事,却又故意坚持生活在他乡,这从表面上看似乎令人感到奇怪,但是他现在开始意识到(与他在创作《远离尘嚣》时的感觉恰恰相反),由于距离可以使他更加积极、更加绝对地依赖于记忆,它实际上可以加强对昔日场景和情感的充满想象力的再现。更不令人感到奇怪的是——尽管这的确很引人注目——他在斯特明斯特的时候,放弃了引用巴恩斯的多塞特诗歌中所描绘的风景的机会,这一风景已经被巴恩斯打着文学的旗号诗意地开拓为其殖民地了。1876 年的一则笔记显示,哈代清楚地意识到要在当地与巴恩斯建立联系——"在拜格博(巴恩斯的故居):池塘、苹果树、花园的遗迹等等,除了房子,所有的东西都还在那里"——而且他无疑很珍视他与巴恩斯本人的友谊,当时巴恩斯仍然住在多切斯特郊区,是一个受人尊重和敬仰的人物。同年,他收到了一部巴恩斯的《用通用英语创作的乡村生活诗集》,题赠词为:"来自作者的亲切问候和对其作品的良好祝愿"。[22] 巴恩斯选择那部特殊的诗集,而非他用多塞特方言创作的众多诗集中的一部,可能有很充足的实际理由——哈代甚至可能已经拥有巴恩斯全部的多塞特方言诗集——但它无疑有一定的指向性，即巴恩斯敏锐地意识到这位年轻人在自己的作品中避免使用方言，而且他或许是不赞同的。

哈代自己在文学世界中的地位的不确定性，使得他急于避免表现出 174
任何处于巴恩斯的影响下的迹象，而且他作为小说家，有必要去吸引一个以城市读者为主的读者群，这就要求地区的真实性被限定在一个点上，而不是采用精确的方言而导致令人生厌的晦涩难懂。早在8月，在回答英国方言协会的询问时，他就谈到了这一难题：

> 就我的小说中农民所讲的方言而言，那就是本郡的方言。但是有必要说明的一点是，在对话中，我通常没有再现这样的词语，这些词语对一个伦敦读者来说，似乎只不过是发音错误而已，因为它们接近标准英语。但是，尽管我几乎没有太过用心地展示口音的特殊性和细微的不规则性，就像为了对付批判性审查而应该具有的那种用心，就像人们所希望的那样，但是在任何情况下，我小说中出现的特色词汇都是真实的，就好像你亲耳听到它们从当地人嘴里说出来一样。[23]

到1877年初，关于《还乡》的创作进展到什么程度，我们尚不是十分清楚，但2月5日，哈代告诉乔治·史密斯，他已经把“写得尽可能多的”手稿寄给了斯蒂芬。斯蒂芬并没有直截了当地拒绝这部小说，但给了一些敷衍了事的回复，而又一次急于让自己的作品付梓的哈代，觉得自己有自由去找其他出版社出版。13日，他写信给《布莱克伍德杂志》，询问是否有可能给他一个刊登故事连载的机会，“一个关于偏远乡村生活的故事，性质有点像《远离尘嚣》”。鉴于哈代先前与斯蒂芬和史密斯的交往，很奇怪他在同一封信中竟然告诉约翰·布莱克伍德，他“写得还不够多,不值得寄出”,显然,他还没有要回自己的手稿。3 月 1 日,他写信给史密斯与埃尔德公司说:“请你们尽快把新故事的手稿寄还给我好吗?没有手稿,我不能很好地继续写下去,因为我手头没有留副本。”[24]

4 月 12 日,他再次写信给布莱克伍德,说他刚刚寄送了小说的前十五章,估计是小说总长度的三分之一,并向布莱克伍德保证说:“如果碰巧出现了任何与杂志总体基调不协调的词语或表达,需要的话您可以随意删除。”然而布莱克伍德拒绝了这部小说,他认为小说开头的章节过于静态[25];5 月,哈代将小说再次寄给斯蒂芬,结果在次月中旬遭到了坚决的拒绝。哈代后来回忆说,虽然斯蒂芬喜欢开头部分,但“他担心对一份家庭杂志来说,游苔莎、韦狄和朵荪之间的关系可能会发展成某
175 种‘危险’,他拒绝与之有任何关系,除非他能看到完整的小说。我从未把完整稿寄给他,因此交易没有达成”。[26]哈代后来又接洽了《圣殿酒吧》杂志的编辑,依旧是无功而返,最后终于在《贝尔格莱维亚》杂志上为连载安了家。这是一本远不如《康希尔杂志》那么有声望的杂志,普罗克特太太也很惊讶竟然在该杂志上发现了“神圣的哈代”的故事连载。“我想哈代是受不了莱斯利·斯蒂芬了,”她总结道,“我也受不了他。”[27]

《贝尔格莱维亚》每月连载的稿费不超过二十英镑,整部小说收入总计二百四十英镑。[28]这一数额不包括以书稿形式出版的版权费,但与《艾塞尔伯塔的婚姻》的英文版连载稿费和书稿的版权费的总计七百英镑相比,还是相去甚远。书稿的出版——尽管他与斯蒂芬和《康希尔杂志》决裂了,但后来由史密斯与埃尔德公司出版了——和美国版的连载又带来了一些额外收入,但哈代发现自己比他所预料的更加依赖于一些补充性的收入来源,如这一年出版的售价更便宜的单卷本《一双蓝眼睛》《远离尘嚣》和《艾塞尔伯塔的婚姻》。事实上,哈代将自己培养成了一个称职的文学代理人,一个精明但从不贪婪的自己职业事务的经理

人,他充分意识到了在那个特定时期小说作家所面临的一切可能性。3 月时,他仍在为草率出售《绿林荫下》的版权而惴惴不安,他向安东尼・特罗洛普①寻求建议,寻找最有利可图的方式来处置小说的版权,结果得知,特罗洛普本人为了省去啰唆的讨价还价,把所有作品都"彻头彻尾"卖给了出版商,但他认为,特许权使用费是最佳选择——如果能得到它,而且不太急需这笔钱的话。[29] 对哈代的长期财务稳定来说,特许权使用费最终将被证明是不可或缺的,但是在这一年,这还不是一种常见的出版惯例,因此他不得不感激他获得的两笔额度适中的一次性报酬,来源之一是将《远离尘嚣》的欧洲大陆版版权卖给了陶希尼茨,其二是在年刊《圣诞老人》上发表了一篇儿童故事,题为"忍不住打喷嚏的小偷"。

到年底,《还乡》差不多完稿了。连载前两部分的内容于 8 月 28 日寄出;到 11 月初,又有三部分已经准备好,哈代已把部分注意力转移到了他将在《司号长》中引用的那种历史和地域素材上。9 月时,他曾致信当地一个古文物收藏家,即来自宾厄姆的梅尔科姆庄园的查尔斯・宾厄姆牧师——他是《德伯家的苔丝》中特林厄姆牧师的"原型"——询问他在哪里可以找到本世纪初当地报纸的档案,或者,实际上,"任何和那个时期相关的该郡的档案、记录或备忘录"。[30] 哈代也开始了对哈钦斯的《多塞特郡的历史和文物》的探究,这是使他将威塞克斯逐步发展成 176
一个虚构世界的重要资源,该虚构世界坚实、复杂地存在于时空之中。

几条关于哈钦斯著作的读书笔记,出现在了一本笔记本的前几页,在艾玛的积极帮助下,哈代于 1876 年春开始在这本笔记本上做笔记。与他多年来一直保存的工作笔记本不同,这是一本摘录簿性质的笔记

---

① 安东尼・特罗洛普(Anthony Trollope, 1815–1882),英国作家,代表作品《巴切斯特养老院》《巴切斯特大教堂》等。

本,记录的是——通常是摘要,有时会更详细一些——在他博览书籍、报纸(主要是《泰晤士报》和《每日新闻》)以及《星期六评论》《旁观者》和《双周评论》等杂志的过程中,让他认为是新颖的、有趣的或表达方式引人注目的任何内容。在斯特明斯特-牛顿,该笔记本经常被哈代使用,艾玛参与其中这一事实——正是她写下了最初的一批笔记,并继续不时地添加其他笔记,包括1877年3月的《双周评论》中耶稣会士巴尔萨泽·葛拉西安所说的一系列语录——暗示了哈代夫妇在婚后的最初几年里,在多大程度上把自己看作一个"团队",并以哈代的职业生涯发展为共同目标一起努力奋斗。[31] 从笔记本本身得到的最引人注目的暗示是:1876年,哈代在多大程度上在非常刻意地寻求提高他在近代史、古代史、欧洲文学、古典文学以及艺术史方面的知识水平。在该笔记本最初几页引用的资料中,突出的是麦考利的散文、克拉伦登①的《叛乱史》、G. H. 刘易斯②的歌德传记、意大利文拉斐尔传记的译本、德莱顿的译本中所包含的维吉尔的简短生平(该书是哈代的母亲送给他的)、古希腊史,以及约翰·艾丁顿·西蒙兹③关于埃斯库罗斯的一篇文章。哈代在《还乡》中自觉赋予的一些"古典"特征,很容易让人觉得它们显然是源于哈代对上述那些作品的预备性阅读,尤其是对希腊悲剧的译本的阅读——特别是埃斯库罗斯的作品——他似乎在这一时期也有所涉猎。[32]

斯特明斯特-牛顿本身也为哈代提供了未来可使用的素材。《无名

---

① 爱德华·海德,克拉伦登伯爵一世(Edward Hyde, 1st earl of Clarendon, 1609-1674),英国政治家、历史学家。

② 乔治·亨利·刘易斯(George Henry Lewes, 1817-1878),英国传记作家、文学评论家、剧作家、小说家、哲学家、编辑,著有《歌德的生活和著作》(*Life and Works of Goethe*, 1855)。

③ 约翰·艾丁顿·西蒙兹(John Addington Symonds, 1840-1893),英国散文家、诗人和传记作家。

的裘德》中有一个情节：小时光老人①乘火车不期而至，车票放在帽子里，箱子的钥匙挂在套于脖子上的绳子上。在很大程度上，这一情节要归功于在斯特明斯特发生的引起哈代兴趣的一件事，事情发生在1877年1月，一个小女孩在列车员的照应下抵达火车站，带着一个寄给一位当地居民的包裹，但该居民却说对这个孩子一无所知。后来人们发现，女孩的母亲曾经是一个酒吧女招待，其父亲则是一个酒馆老板，两人同居的时候生下了这个孩子，后来孩子的母亲又和一个有妇之夫结婚，在 177
被这个男人抛弃之后，她没有提前打招呼就把孩子送到了自己的父母家，显然是为了让她自己能在没有任何羁绊的情况下再开始一段新的恋情。[33]在描述《德伯家的苔丝》开篇时的俱乐部日散步和跳舞时，哈代无疑借鉴了他在布莱克莫尔山谷所见到的类似事件。5月21日的圣灵降临节，是多塞特郡友好协会斯特明斯特分会成立周年纪念日，其庆祝活动包括：一场有乐队伴奏的游行，一个教堂礼拜仪式和一顿晚宴；晚上，庆祝活动转移到附近的一块田地里，“在那里，人们享受舞蹈和体育运动的乐趣”。[34]30日，哈代拜访了马恩赫尔，即《德伯家的苔丝》中的“马洛特”，可能是为了在那里见证类似的庆祝活动，而且他特别记录了6月28日维多利亚女王加冕四十周年纪念日之际在斯特明斯特举行的庆祝活动，他自己也参与其中了。活动包括体育运动和在草地上跳舞，哈代看到“就在跳舞前，漂亮的姑娘们以邀请舞伴的姿势站在草地上。当每一对舞伴经过他们亲密的朋友们闲站着的地方时，每一个女舞伴都会笑着瞥一眼这些朋友，然后继续跳着旋转舞步”。[35]

这则笔记与对同一天晚上哈代夫妇和他们的女佣简之间的烦心事的描述，在时间上很接近，这对《德伯家的苔丝》的起源有着格外重要的意义。虽然简和他们在一起相处的时间可能还不算长——她大概是乔

① 小时光老人（Father Time），《无名的裘德》中裘德和艾拉白拉的儿子。

治亚娜的接替者，艾玛的日记中记录了后者去年11月被解雇一事——但是从他们对她的福利的关心中可以清楚地看出，正如哈代在其笔记中所说的，他们确实非常喜欢她。她晚上带一个男人进屋，被逮了个正着，于是她在凌晨时逃跑了，哈代前去通知她父母，发现他们“比我想象的还要贫穷（因为据说他们祖上是郡里的世家望族）”。几天后，哈代和艾玛似乎曾前往斯大布里奇寻找过那个女孩，因为据说她去那里和其情人团聚了，8月13日，他们获悉她已经有了身孕。[36]

关于哈代夫妇的女佣简的身份，可以比较有把握地确认是简·菲利普斯；11月28日，她的儿子汤姆生下来刚两天便夭折了，死因是死亡证明上所称的“先天虚弱”，并于12月3日被S.凯德尔牧师葬在了斯特明斯特。汤姆父亲的身份无从确认，但教区档案表明，这孩子在死前就已经被私下洗礼，大概是其母亲做的，就像汉德家的孩子们被他们的母亲私下洗礼一样——这一系列事件被大概地复制进了哈代的小说中，反映在苔丝的孩子苦楚①那短暂的生命和悲惨的死亡中。在哈代藏书中的
178 约翰·胡拉的《歌曲集》中，他将一个叫詹妮·菲利普斯的人确定为自己最喜欢的几首歌的歌手，包括《当夏天的玫瑰花蕾》和《我的男人托马斯》，而且《生活和工作》中对“祖上是郡里的世家望族”有提及，值得注意的是，哈钦斯的著作中包括了科菲-马伦村（哈代后来熟悉的温伯恩附近的一个村庄）的飞利普斯家族的家谱，并记录了那里有一个家族墓穴，以及飞利普斯家族之前的一座大型宅邸衰落成了几间村舍。②[37]

和这一时期有关的诗歌偶尔会提及简·菲利普斯。令《俯瞰斯托尔河》中的叙述者感到遗憾的是，在凝视外面的自然世界时，他没有注

---

① 苔丝夭折的孩子英文名为Sorrow，故译为“苦楚”。

② 关于飞利普斯家族衰落成菲利普斯家族的背景，参见本书第十五章关于哈代作品中家族衰落的描述。

意到在房子里面，在他身后发生的更为重大的与人相关的事件，然而这很有可能是对哈代自己婚姻的一种暗示，第一节提到的“潮湿的六月的最后一束光”似乎特别地将其和——哈代夫妇在斯特明斯特只度过了一个六月——是年6月底他们与女佣之间的烦心事联系了起来。在简的命运中，哈代认识到了——这一认识被戏剧化地呈现在了苔丝的故事中——纯粹的性力量和社会制度的严重不公正，在这种社会制度下，妇女承担了全部的性责任和性罪恶感。但他也把她看作一个悲剧性的例子，可以证明情感的骚动可能隐藏在熟悉的家庭生活那貌似平静的外表之下，同时她也是一个警告，告诫人们这种朴素的日常幸福是不稳定的，直到人们无可挽回地失去它时，都还未来得及认识它和欣赏它。诗歌《音乐盒》是《俯瞰斯托尔河》的姊妹篇，无论在哈代的想象中谁是该诗核心信息的传达者——“哦，充分利用即将到来的一切吧！”——这一信息主要影响的是哈代夫妇后来的婚姻历程，即“时光的美丽色彩”的迅速褪色。[38]这一点在《一首两载的田园诗》忧郁的最后一节中表露无遗，该节是对整个斯特明斯特经历的回顾性评价：

现在看起来是什么样子？
丧失：这样的开始就是全部；
后来什么都未发生：浪漫直接被摒弃
速度如此之快，什么缘故不得而知
当我们从角落里出发，步伐迅疾
生活已为新的场景做好准备，设计时髦而高矗……
——撰写了序言，却没有完稿成为书籍，
吹起了喇叭，却没有声音传出；
现在看起来是这个样子。

179 那本没有完稿的书——就像第一节中的“戏剧的序幕 / 即将上演的是——更宏大的、更生活化的场景”一样——当然其主人公中也包括了孩子。在得知他们的前女佣怀孕的消息后，哈代给出了一句评论，这句评论的背后隐藏着悲伤的，或许是痛苦的丰富含义：“但我们却从来没有要生孩子的迹象。”[39]尽管他们结婚时间不算长，但是哈代夫妇并不特别年轻了。艾玛三十六岁，将近三十七岁，正接近一个生育困难和危险的年龄，随着七十年代末的每一年的匆匆溜走，她生孩子的可能性在不断下降，变得越来越渺茫。

10月下旬，哈代前往巴斯去和父亲会面，父亲去那里是为了寻找治疗风湿病的方法——得病的主要原因是之前他下班回家后因为嫌麻烦从不脱掉湿衣服。哈代为父亲找了住处，并带他去看戏，第二天又安全地把他送达浴室，然后便回到了斯特明斯特。[40]那年的圣诞节似乎没有在上博克汉普屯搞家庭聚会，无论如何，12月22日的晚上，哈代是和其朋友——当地验尸官约翰·科米恩斯·利奇医生一起度过的，利奇当时正在离斯特明斯特几英里远的一个村庄里对一个死亡的男孩进行尸检。哈代举着蜡烛为尸检提供照明，但除此以外，他还记录到尸体被切开两个切口，一个是垂直的，另一个是水平的。[41]

到1878年初，哈代夫妇已安排好离开河畔别墅，搬到离伦敦更近的地方。根据《生活和工作》的记载，出于职业原因，哈代决定“他的总部应该在伦敦或伦敦附近”。艾玛也乐意搬家，但原因有所不同。她开始相信河里的空气对健康不利，并为他们住在一个如此偏僻的地方而感到苦恼烦躁——正如她的一个兄弟带着嘲弄所评论的那样，“草坪上飞来一只奇怪的鸟都会是一个大事件”。她还认为，作为一个成功的作家，身居伦敦会使其丈夫在文坛更能大显身手，而她自己作为成功作家的妻子，也会有一个更令人满意的角色可以扮演。她向斯特明斯特的邻居们夸大了自己参与小说实际创作的程度,这已经令哈代感到有些尴尬。[42]

就在哈代夫妇逐渐被当地人所熟知和接受的时候,他们离开了斯特明斯特。3 月 5 日,至少有两份多塞特报纸记录了他们出席斯特明斯特文学院音乐会的情况,在音乐会上,一位来自萨默塞特郡基恩屯-曼德维尔村的马什小姐演唱了亨利·毕肖普爵士的歌曲《他应该责骂吗》,数年后,她的演唱技巧和魅力促使哈代在其诗歌《基恩屯-曼德维尔村的少女》中赞美她的演出——“如从蚕茧中抽丝一样,勾出听众的灵魂”。[43]音乐会结束后两周内,他们收拾好了家具——大部分家具都是 180
二十个月前搬进河畔别墅时新购置的——在达什伍德夫妇家度过了在斯特明斯特的最后一晚,然后前往位于伦敦市郊图廷的房子,他们上个月去伦敦时签订了为期三年的租赁合同。[44]这后来被证明并不是一次幸运的搬家,不管是从个人方面而言,还是从专业方面而言。

注释

[1]《莱斯利·斯蒂芬书信选集》,约翰·W. 比克内尔和马克·A. 雷格编辑(巴辛斯托克,1996),页 174-176。

[2]《哈代书信》,第一卷,页 43。

[3]《哈代书信》,第一卷,页 43、45;C. B. 陶希尼茨致哈代的信,1876 年 5 月 22 日(多博)。

[4]《哈代书信》,第一卷,页 43;史密斯与埃尔德公司致哈代的信,1876 年 3 月 7 日(多博);L. 布彻致哈代的信,1876 年 11 月 24 日(多博)。

[5]《威斯敏斯特评论》,1876 年 7 月,页 281,另见 W. J. 基斯,《哈代和“威塞克斯”这一名称》,载《英语笔记》,第六卷(1968 年 9 月),页 42-44。

[6]《检查者》,1876 年 7 月 15 日,页 793;《远离尘嚣》(伦敦,1895),页 vii。

[7]《哈代书信》,第一卷,页 43-44;珀迪,页 23;《旁观者》,1876 年 5 月 22 日,页 532。

［8］《生活和工作》，页113–114；《哈代书信》，第一卷，页45；艾玛，1874–1876年日记，页序颠倒（多博），参《艾玛·哈代日记》，理查德·H.泰勒编辑（阿辛顿，1985），页73之后的页数被用作参考。

［9］《艾玛·哈代日记》，页76、80，页81–82，页83。

［10］《生活和工作》，页113–114；《艾玛·哈代日记》，页84。

［11］《艾玛·哈代日记》，页88–90。

［12］同上，页90、93。

［13］旅行指南，日期为1875年（大英）；《公众声音》，页89；《生活和工作》，页114。

［14］《艾玛·哈代日记》，页103；《生活和工作》，页111；《生活和工作》，页115。

［15］格特鲁德·博格勒，访谈，1974年，以及《哈代协会评论》，一卷六期（1980），页187–188；照片（G.博格勒和多博）；《多塞特郡杂志》，第一一一期（1985），页25。

［16］《哈代诗歌》，第二卷，页223；《生活和工作》，页115。

［17］《生活和工作》，页122，参页115；《哈代诗歌》，第二卷，页401。

［18］R.杨（"拉宾·希尔"），《多塞特方言诗歌集》，J.C.M.曼塞尔–普莱德尔编辑（多切斯特，1910）；《艾玛·哈代日记》，页103；《生活和工作》，页120、122。

［19］《生活和工作》，页119、117；"诗歌素材"笔记本（缩微胶卷，耶鲁）。

［20］《生活和工作》，页116；《艾玛·哈代日记》，页103。

［21］J.安特尔，访谈，1972年。

［22］"诗歌素材"笔记本（缩微胶卷，耶鲁）；藏书所在地（多博）。

［23］哈代致J.H.诺达尔的信，1876年8月24日（多博），参《公众声音》，页11；另见《公众声音》，页14，页28–29。

［24］《哈代书信》，第一卷，页47；《哈代书信》，第一卷，页48。关于《还乡》的创作，尤其是见盖特雷尔，《创作者哈代》，页29–47。

[25]《哈代书信》,第一卷,页49;F. B. 皮尼恩,《〈还乡〉的创作》,载《泰晤士报文学增刊》,1970年8月21日,页931。

[26]《公众声音》,页264。

[27]《哈代书信》,第一卷,页50;珀迪,页25;普罗克特太太致艾玛·福里斯特的信,1878年1月5日(亨廷顿图书馆)。

[28] 哈代签字的每月连载稿费的收据。(亚当斯,耶鲁,维多利亚州立图书馆)

[29]《安东尼·特罗洛普书信集》,B. A. 布斯编辑(伦敦,1951),页650。

[30]《哈代书信》,第一卷,页50;《生活和工作》,页120;考克雷尔与哈代会面笔记,1925年8月22日(耶鲁);《哈代书信》,第一卷,页51。

[31]"文学笔记(一)"笔记本(多博),见《文学笔记》,L. A. 比约克编辑(两卷;伦敦,1985),第一卷,页xx-xxi,页92-99。

[32] 关于哈代阅读的古典作品,见J. 斯蒂尔在《指南》中的"古典"词条,页53-59。

[33]《无名的裘德》,页331-332;《西部公报》,1877年1月12日和2月2日;《谢伯恩杂志》,1877年2月8日。

[34]《西部公报》,1877年5月25日;《生活和工作》,页118。

[35]《生活和工作》,页117;《西部公报》,1877年6月8日,另见H. C. 和J. 布洛克班克,《马恩赫尔:记录和记忆》(吉林厄姆,1940),页92-93;《多塞特郡纪事报》,1877年7月5日;《生活和工作》,页118。

[36]《艾玛·哈代日记》,页103;《生活和工作》,页118、119。

[37] 斯特明斯特教区档案(多档);《德伯家的苔丝》,页116-123;藏书所在地(多博);约翰·哈钦斯,《多塞特郡的历史和文物》(四卷;威斯敏斯特,1861-1873),第三卷,页355-358。

[38]《哈代诗歌》,第二卷,页223;《哈代诗歌》,第二卷,页225、223。

[39]《哈代诗歌》,第二卷,页402、401;《生活和工作》,页119。

[40]《生活和工作》,页120;老T. 哈代致凯特·哈代的信,1877年11月

13日(多博:洛克)。

[41]《生活和工作》,页121。

[42]《生活和工作》,页121;珀迪与弗洛伦斯谈话,1936年;I. 库珀·威利斯笔记(多博),引自J. O. 贝利,《哈代的诗歌:手册和评论》(北卡罗莱纳州教堂山,1970),页383;珀迪与弗洛伦斯谈话,1933年。

[43]《生活和工作》,页122;《多塞特郡纪事报》,1878年3月7日,《西部公报》,1878年3月8日;《哈代诗歌》,第三卷,页326–327。

[44]《生活和工作》,页115;《生活和工作》,页121–122。

第十章 《还乡》

1878年3月22日,哈代夫妇搬进了图廷区三一路阿伦德尔排房1号,这里有时被称为落叶松,是维多利亚式三层红砖排房的最顶头的房子。离旺兹华斯公地和旺兹华斯公地火车站仅有几分钟的路程,但这所房子在其他方面并无吸引力和便利可言。6月21日,在致基根·保罗的信中,哈代略带辩解地说:"对于我们这样的彻头彻尾的乡下人来说,图廷似乎已经足以让我们开启城镇生活了。"与此同时,艾玛致信达什伍德太太,向她讲述自己在装修比河畔别墅大得多的房子时遇到诸多问题,甚是苦恼。[1]

在图廷,是年上半年,哈代文学创作的范围和速度继续提升,有拿破仑叙事诗、对陶希尼茨版本《远离尘嚣》的修订、一个新的短篇小说(《克鲁姆城堡里冲动的女人》),以及将《穷汉与淑女》的手稿的剩余部分改写成中篇小说《女继承人生活中的轻率行为》,在7月的《新季刊杂志》上完整出版,并在大西洋彼岸的《哈珀周刊》上分五部分连载。[2]1月至12月在《贝尔格莱维亚》上连载的《还乡》的清样需要修订,一套副本被寄往大洋彼岸的《哈珀新月刊杂志》,小说的插画家亚瑟·霍普金斯(杰拉德·曼利·霍普金斯的弟弟)需要咨询哈代,主要是关于游苔莎应该长什么样子,哑剧演员们应该如何穿戴,以及手中持什么道具。[3]哈代对《还乡》的经济回报的期望值并不高,因此他不得不追求其他形式的文学报酬,而迁居伦敦,无论其负面影响如何,确实为他获得更多业务——以及或许是更友好的评论——提供了可能
182 性,途径是结识出版商、编辑和代理人,以及以一种自由的、会员制的方式与整个文学界融合。

是年春,波士顿一家杂志的编辑请求哈代为一篇传记文章做一些注释——文章本身是他日益增长的声誉的一个令人鼓舞的标志——结果收到了一份艾玛笔迹的手稿,不过它呈现了哈代本人所希望塑造的职业形象。手稿特别提到他的"高等教育"是由"剑桥大学女王学院的一位贤能的古典学者和董事"承担的,还提到两项建筑奖,并描述他为了"成为一名艺术评论家"而开展的"特殊研究",然后说:"但是他恢复了早期对浪漫主义文学的爱好后,给伦敦一家杂志投去了一篇短篇小说的试笔,并立即得到采纳;小说从此成为他的爱好。但他并没有完全忽略艺术,他不时地参观欧洲大陆多国首都的几大绘画收藏馆。"[4]正如哈代的诸多公开声明一样,这篇文章与其说不准确,不如说带有误导性质。文章夸大了哈代所受的教育和艺术研究的形式和程度,这和他通过笔记本刻苦自学以及其早期小说中有时笨拙的文学和艺术信息展示性质是一样的。更重要的或许是,文章给读者留下了这样的印象:哈代是一个兴趣广泛的文学绅士,一个在乡下出生、被伦敦收养的人,对他来说,建筑是非常自然的第一职业,在重新发现"早期对浪漫主义文学的爱好"的过程中,他不费吹灰之力就走上了小说创作的道路。

5月9日这份文件的发送,需要和哈代于6月当选为当时主要的文学俱乐部"萨维尔俱乐部"①的会员联系起来,还需要和他"再次成为伦敦人"

① 萨维尔俱乐部(Savile Club),传统的伦敦绅士俱乐部,成立于1868年,其成员对艺术有着共同的兴趣。

的整个过程联系起来。从图廷出发，他可以参观美术馆和剧院，拜访出版商，如史密斯与埃尔德公司的乔治·史密斯，并在萨维尔俱乐部遇到老朋友和结交新朋友，其中包括现在作为出版商和编辑活跃在伦敦的基根·保罗，还有《检查者》的编辑威廉·明托，他曾于1875年试图连载哈代的一部小说，并赞扬他把艾塞尔伯塔刻画成了“比芭斯谢芭更勇敢、更优秀”的人物。哈代夫妇还可以一起去住在附近的亚历山大·麦克米伦的家里做客，并在那里邂逅T. H. 赫胥黎①和约翰·莫利等杰出人物。[5]

这些场合会不时地给他提供“素材”，譬如，当他写《冷漠的人》的时候，他便能够利用麦克米伦太太组织的一次园会上下起了倾盆大雨这一
记忆。然而，他在伦敦文学界相对欠缺经验，这使他面临着一些世界上 183
特征最为鲜明的危险。伦敦重视便利、能量、派头——如沃尔特·贝赞特②那可靠的创作能力、高斯那无限的适应能力——而哈代在这些方面均没有天赋。伦敦用新闻业的机会来诱惑他，致使他变得琐碎，加剧了他面对当代舆论时的脆弱性，并用纯粹的消遣削弱了他——包括过多的流言蜚语、行业谈话、外出就餐和“与时俱进”。贝赞特于1879年创立了拉伯雷俱乐部，这在《生活和工作》中被视为一个大事件，尽管哈代对成立大会的描述有一些揶揄。[6]哈代至少在七八十年代作出了一些努力，与一系列二流和三流的大都市文人保持着友好关系。然而，这正是他在六十年代所向往的那种文学生活——尽管当时看起来非常不可能拥有——在穆尔的谈话中，以及在萨克雷的《潘登尼斯》的文本中，这种当代文学生活的早期境况曾被如此诱人地唤起。贝赞特是作家协会③

① 托马斯·亨利·赫胥黎(Thomas Henry Huxley, 1825–1895)，英国博物学家、生物学家、教育家，达尔文进化论的最杰出代表。

② 沃尔特·贝赞特爵士(Sir Walter Besant, 1836–1901)，英国小说家、历史学家。

③ 英国作家协会(The [Incorporated] Society of Authors)，亦可以译为作家联合会，成立于1884年，是英国专业作家、插画家和文学翻译者的工会。

的创始人和作家权利的不屈不挠的捍卫者，而与这样的人建立友谊，至少可以让哈代了解到当前的出版惯例，以及对自己的作品进行有利可图的控制的最佳方式。

到1878年春，《司号长》的写作计划已经成形，从5月下旬开始，哈代充分利用新住址的优势，在大英博物馆的阅览室里阅读，研究拿破仑时期自己家乡的背景，并将研究成果记录进现在被称为“《司号长》笔记本”的本子里，这样就补充了他所听说到的其祖父母在多塞特受到入侵威胁期间的经历。[7]尽管小说《还乡》的连载现在已经完成三分之二，但仍有校样需要修订，仍有插图需要监督——他对霍普金斯第一次绘制的游苔莎画像的失望，被她在八月号上的新形象消除了——仍有各种各样的商业细节需要确定，直到9月，他才和史密斯与埃尔德公司把《还乡》以书籍的形式出版的事宜敲定下来，稿酬是一版次一千册二百英镑。[8]

尽管《还乡》一直是在《哈珀新月刊杂志》上连载的，但该小说美国版第一版书稿的版权再次由亨利·霍尔特获得。霍尔特是美国第一个出版哈代小说（《绿林荫下》）的出版商，此后他在自己的单卷本“闲暇时光”系列丛书中出版了哈代所有其他小说，并向哈代直接支付了零售价
184 百分之十的版税。哈珀兄弟公司彼时已经就《还乡》出版事宜与哈代协商签订了一份独立的协议，但霍尔特还是说服了小约瑟夫·W.哈珀，他说“出于行业礼节，他必须得将该书的版权给我，因为是我把哈代推介到美国来的”——这和他此前获得《远离尘嚣》的版权时的理由如出一辙。[9]哈代在与霍尔特的关系中变得越来越不安，因为他怀疑自己可以在其他出版社获得更高的报价，在6月24日写给哈珀兄弟公司的信中，他明确表示，他希望与他们做更多的交易：“任何时候你们提议将我的小说纳入你们的系列丛书，都应该秘密进行。我不太了解美国出版商的惯例，不知道一位英国作家在那里这样做是否合理，因为在英国，他可以就任何一本或多本书的出版选择任何一家出版商，可以不考虑先来后到

的原则。”同时，与陶希尼茨有关《还乡》欧洲大陆版的谈判又完成了固定流程的一个阶段，哈代现在已经完全熟悉了这一流程：英国连载，美国连载，英国书稿初版，美国书稿初版，欧洲大陆版，廉价单卷本。[10]

哈代记忆中的斯特明斯特-牛顿时期的欢愉，很大程度上源于他在撰写《还乡》手稿时迸发出的创造力，这种创造力的不断供应是丰富充足、满怀信心的。他比以往任何时候都更加刻意地努力使该小说成为一部完美无瑕的艺术作品，而不仅仅是另一部普普通通的连载故事，因此，他不仅要证明自己是个优秀的连载故事作者，还要证明自己是个（用1874 年2 月他写给斯蒂芬的信中的另一句话）“非常看重在成品中实现适当的艺术平衡的人”。特别是，他试图强化小说被视为一部严肃的文学作品的主张，将其小说的背景设置于一个原始的、与世隔绝的威塞克斯社区，从而保持时间和地点的统一性，并将前景情节与古典和圣经典故以及古希腊和伊丽莎白时代的悲剧模式并置在一起。[11] 虽然11 月4 日评论家们对史密斯与埃尔德公司出版的三卷本《还乡》的评论，其特点是体现了对哈代作为一名艺术家的普遍尊重，但大家对作为这一艺术的呈现形式的《还乡》表现出的失望也同样普遍。有几位评论家认为该作品是冷冰冰的、理智的、不必要地令人沮丧的，其他人则批评了情景描绘的夸张做作；人们普遍感觉，虽然乡村人物的对话常常引人注目且妙趣横生，但往往没有贴近现实生活：“他笔下农民的语言可能是伊丽莎白时代的，但几乎不是维多利亚时代的。”[12]

发表在《雅典娜神殿》上的评论是对该书最早最具敌意的的回应之 185
一。哈代第一次冒险以公开发表的形式回应了一位评论家的评论，他写了一封信，其内容远远超出那位评论家所谈论的具体观点，旨在表明他正在抓住这个契机，就那些对他作为一位地区小说家的整体地位至关重要的问题，来发表一篇深谋远虑的宣言：

> 如果作者保留了习语、音域和特有的表达方式，就可以说他很好地传达了睿智的农民谈话的精神，但他可能不会用纯正英语单词的过时发音和拉丁语与希腊语派生词的错误发音，来对他的文本造成妨害。在标准语言的印刷中，大家几乎没有遵守任何语音原则。如果一位作家试图在纸面上展示一个乡村讲话者的准确口音，那就意味着他要过分地坚持怪诞的元素，从而打乱真实表达的适当平衡。这样就会把读者的注意力引向一个低级别的兴趣点，使其偏离说话者要表达的意思，而意思显然才是作者的主要关注点，其目标是描述人物及其本性，而非他们的方言形式。

在这封信发表的两天前，哈代记了一则笔记，笔记高度暗示了他对这部小说的接受程度的焦虑，也暗示了一种特殊的痛苦可能会在他脑海中迅速膨胀到相当大的程度："在天亮之前醒来。感觉我没有足够的忍耐力在这个世界上坚持到底。"[13]

哈代的干预并没有使评论家们的批评转向。1879 年 2 月 8 日，最后作出评价的人之一，也就是《旁观者》的评论员（几乎可以肯定是理查德·霍尔特·哈顿），重申并进一步阐述他对早前评论家关于农民话语的评论持保留意见，并对作者所持的"阴郁的宿命论"以及他的"发现叔本华远在所有预言家和先知之上"的观点提出了持续的批评。尽管在以后的岁月里，这样的评论将被后世诸多评论家复议，但在哈代的笔记本中和书房的书里面，没有任何迹象表明他在那个时候熟悉叔本华的著作。不像他的法语，哈代的德语水平似乎一直很低，所以在 1883 年《作为意志和表象的世界》一书的英译本出版之前，他无论如何都不可能直接阅读该书的德语版。1909 年，高斯告诉一位向他询问的学者，哈代"不承认叔本华对他的作品有任何影响"。他接着说："那些使哈代先生的书充满活力的思想，早已存在于他的思想和谈话中，是其性情和观察的结果,而非'影响'的结果。"[14]

高斯可能还补充说,这些想法也根植于哈代个人背景的一般方面和 186
特殊方面——在《还乡》第一版中,通过说服史密斯与埃尔德公司,把他自己绘制的"假想场景"的素描地图插入卷首插图中来强调小说地点的统一性,哈代已经含蓄地承认了这一背景。[15]绘制和印刷的地图故意颠倒方向,所以实际上是南北向的地点在地图上显示的是东西向的,但是该地图向任何熟悉多切斯特周围乡村的人清楚地透露,哈代试图呈现地点之统一性的地方就是与上博克汉普屯近在咫尺的荒野地带,小说中虚构的"蓓蕾口"的位置则大致接近哈代家村舍的位置。鉴于个人联系如此直接和明显,好像几乎令人无法相信哈代是有意识地让叙事陷入自传体模式的。然而,故事的男主角是一个理想主义的、天资聪颖的年轻人,他放弃了雄心勃勃、意志坚定的母亲为他设定的职业目标,由于迷恋一个在荒凉偏僻的地方邂逅的、秉承自由精神的女人,他偏离了实际的和理想主义的远大抱负,后来又忍受了——很大程度上是他激起了——其失望的妻子的社会挫折,或许还有性挫折,以及妻子和母亲之间产生的强烈敌意。哈代认为克林的洗礼名克莱门特是他自己家族的一个传统名字;他将自己的母亲作为克林的母亲姚伯太太的原型;他将自己的父亲和祖父对音乐和教堂唱诗班的喜爱赋予了克林死去的父亲;他还将妹妹玛丽的一些特征融入有耐心的、毫无反抗意识的朵荪的塑造之中,她的名字与哈代的名字也是相呼应的①,并且在手稿中,她的身份是克林的妹妹而非其表妹。[16]倘若艾玛意识到这些类比中的任何一个,人们可能会想知道,她将如何看待自己作为游苔莎这一角色,游苔莎相貌娇美,但性方面焦躁不安,且带有愚蠢式的浪漫,她是导致姚伯太太死亡的直

① 朵荪的英文名是 Thomasin(另译为托马辛),哈代的英文名是 Thomas(托马斯),故两人的名字很相似。

接原因,尽管她自己并不知情,她也是飞蛾扑火式的自取灭亡者(如小说文本所示)。[17]

然而,艾玛性格和行为的实质性元素,已经融入艾尔弗莱德·斯旺考特的人物塑造中,因此她此时已经熟悉了其丈夫想象力的转变过程,这并不是说她真正了解这些过程本身,或者真正了解它们可能会从取材于他个人的过去转向他个人的未来的方式。《一双蓝眼睛》和《绿林荫下》,甚至《远离尘嚣》的诸多方面显然都带有自传性质,而后来《林地居
187 民》《德伯家的苔丝》和《无名的裘德》中的证据,促使人们得出这样的结论,即哈代最好的作品往往都坚实而具体地扎根于自己的背景和经历。事实上,有人可能会说,这种根植性是他创作冲动最充分、最自由的涌露的必要条件,而这种根植性的缺失恰恰是《司号长》和《塔上恋人》等作品相对失败的主要原因,在这两部作品中,深思熟虑的研究成果充当了缺失的个人经历的核心。

正如所有威塞克斯朝圣者所知道的,哈代的故事背景因其在忠实于现实方面的灵活性而声名狼藉:可识别为"真实"的场景和建筑被改编、发展、挪移、安排成新的地形关系,以满足小说、艺术作品本身凌驾一切的需求。因此,这样做似乎常常是为了人物塑造,甚至是为了个别事件和对话段落。哈代的故事情节可能是虚构的,也可能是借用的,但他最丰富的叙事素材或多或少是直接从生活中改编的。即便他从来没有讲过一个完全是自传体的故事,但其作品的结构仍然充满了记忆中的经历和观察,家庭传统和当地传统完全存在于想象中,以至于它们与记忆本身无法区分。因此,尽管有着浓厚的自传体色彩——以不可能是完全无意识的方式——《还乡》也几乎不能算是影射小说。那张素描地图的用处,并不是(尽管《生活和工作》中曾调侃般地将其与小说《金银岛》中的地图相提并论[18])作为被埋藏的传记宝藏的指南,而是提醒我们哈代还没有养成防卫性的隐匿习惯,而在这一点上

他常常被人诟病。

在《还乡》所有的“自传体”元素中，最吸引人的地方是：哈代运用自己的叙述不是为了重现自己过去的经历，而是以假设的方式探索一条他没有走过的路，这样做是为了把他实际上已经选好的路看得更清楚，亦或许是为了向自己证明自己的选择是正确的。克林决定放弃自己的职业，回到荒野上，这与哈代最终放弃建筑后的生活方向截然不同，虽然他可能犯了克林所犯的一些错误（尤其是娶了艾玛 / 游苔莎），但他并没有采取再次尝试回到老家的错误步骤。哈代一直抵抗着诱惑和父母的压力，不让艾玛与博克汉普屯的世界融为一体，因为他带着清晰的判断力认识到——失明的克林不具有这种判断力，事实上，后来哈代自己也不再具有这种判断力——这样的安排无济于事。他只是把图廷当作临时性的住所这一事实，表明解决他核心困境的办法尚未出现，也表明在某种意义上，他并没有把小说创作当作一种自我分析的行为，而是，更 188
简单地说，当作一种“展示”他的处境和问题的方式，一种呈现可能已经发生的——将来仍会继续发生的——事情的方式，发生这样的事情的起因，是他在以一种截然不同的方式打出命运发给他的牌。就像之前的《艾塞尔伯塔的婚姻》一样，《还乡》给哈代自己呈现出了某种私人寓言或警示故事的意义。

1878 年 9 月初，就在哈代第一次向史密斯与埃尔德公司提及那幅素描地图之前不久，他花了十天时间游览多塞特，并进行了一系列短途旅行，这里旅行以不明显的、平淡无奇的方式表明了他作为公认的文人和职业中产阶级一员的新地位。他以文学上的平等者的身份，拜访了住在康姆教区的巴恩斯。他去金斯屯-莱西“看绘画”。当他和查尔斯·穆尔到福德修道院进行类似的游览时，抵达时已经过了规定的参观时间，但他们被主人邀请进去并被亲自带着参观。[19]然而，丝毫没有迹象表明哈代与自己的家人失去了联系。他像往常一样待在博克汉普屯，一回到伦敦就写信给弟弟，请他劝说母亲下定决心“趁着天气好的时候”来伦敦一游。带着一种奇怪的、个人特征鲜明的对实物的喜好，他把自己从“爱丽丝公主号”沉船上捡来的一块木头裹在了信里，这艘轮船十天前在泰晤士河沉没，殒命人数众多。[20]

带着新身份回到旧世界的经历或许给了哈代自信，让他可以通过素描地图来明确肯定他与他所描绘的场景之间的密切联系。尽管他不急于公开自己的背景，但他显然既不为之感到羞愧，亦不感到尴尬。1881年4月，基根·保罗的一篇文章把哈代和巴恩斯联系在了一起，称他们“出身于劳动人民家庭，在那里真正的老式家庭依附于土地”，当时他并没有以公开出版的形式予以回应，而只是在给保罗的信中指出，他来自泥瓦匠师父的世系，他们是雇用工的雇主，但自己从不是雇用工。[21]然而，保罗是一位享有特权的朋友，他对哈代的作品有着特殊的理解和欣赏，原因之一是他曾在多塞特郡斯特明斯特-马歇尔村做过十二年的牧师，原因之二是在那些年里，他曾对约瑟夫·阿奇和全国农业劳动者联合会的热望予以支持。保罗现在是伦敦的一名评论家和出版商，他在哈代夫妇来到图廷后就“接纳”了他们，邀请他们参加聚会，而且很大程度上扩大了他们在伦敦的交际圈。简·潘顿是维多利亚时期帆布油画家W. P. 弗里斯（其作品有《德比赛马日》和其他以人物众多为特色的油画）的女儿，她回忆起了自己初次见到哈代——“一个身材不高，看上去
189 身体虚弱的人”——是在七十年代，地点是保罗家的客厅，这或许是哈代与弗里斯本人和其他家庭成员友谊的开始。[22]

像往常一样，哈代现在对绘画兴致盎然，既是因为绘画本身，也是因为绘画是与他自己的作品相关的意象乃至技巧的潜在来源。在1878年4月的一则笔记中，他称赞了意大利画家乔凡尼·波尔蒂尼①的一幅作

① 乔凡尼·波尔蒂尼（Giovanni Boldini，1842–1931），意大利印象派画家，擅长肖像、人物画。

品，因为该作品概略地展示了“一个年轻女子站在一条丑陋的公路边的一堵丑陋的空白墙旁”，并将其与霍贝玛①的风景画联系了起来，称之为“通过将人物置于外部物体之中，或通过标记人与它们之间的某种联系，将情感注入最不加修饰的外部物体”。哈代类似的评论，还伴有一幅粗略的素描，是由另一幅意大利当代绘画引起的，这幅画是哈代于次年11月在一个私人展览中看到的；他本人在关于波尔蒂尼的笔记中清楚地表明，他正在利用这样的例子，来证实自己日积月累的感觉，即“联想的美完全优于外在的美，一位深爱的亲人的旧酒杯完全优于最好的希腊花瓶。以悖论的方式来说，这是为了看到丑陋中的美”。[23]这种从丑陋的——当然也是个人的（旧酒杯“一定”是属于他深爱的父亲的）——例子到抽象的阐述的转变是典型的哈代式的，这种概念本身——以后来“逝去的人们用双手在上面刻下了印记”的英格兰形象为例——已经告诉我们他在《还乡》中对多塞特风景的“解读”，尤其是在著名的开篇一章中对荒野本身的解读。[24]

哈代对那种联系的明确承认，是新的作家自我意识的征候，明显地体现在小说的好几个方面。它对艺术的多次提及，都与古典引用和类比的有点显眼的结构或机制有关，这主要源于哈代近期对希腊悲剧的阅读和重读，他试图借此将该小说提升至高于普通当代小说的地位。但仅仅一两年后，他告诉前拉斐尔派雕塑家托马斯·伍尔纳②，《还乡》“体现”了他对“未来艺术”的看法，这反映了他正在培养对小说形式作为一种适当的思想交流工具的兴趣。在给伍尔纳的信中，他特别提请他注意小说第三卷开篇的几句话：

① 梅因德特·霍贝玛（Meindert Hobbema, 1638-1709），荷兰画家，擅长风景画。

② 托马斯·伍尔纳（Thomas Woolner, 1825-1892），英国前拉斐尔派雕塑家。

> 在克林·姚伯的脸上,可以依稀看到未来人的典型面容。如果今后有一个经典的艺术时期,那么这一时期的菲迪亚斯①可能会塑造出这样的脸。生活是需要忍受的这样的人生观,取代了早期文明中强烈的生存热情,它最终一定会彻底融入先进人类的体格里,他们的面部表情将被看作是艺术上一次新的发端。人们已经感觉到,
> 190 如果一个人,活在世上,面容没有发生任何变化,或者全身上下一点儿也看不出用心用脑的痕迹,那么他对当今时代的感知力便是相当欠缺的,不可能成为一个现代的典型人物。[25]

尽管哈代表面上是在谈艺术,但他强调的显然是他所说的——通过单调乏味的单音节词②,就像蒲柏③著名的亚历山大诗行一样具有很强的表现力——"生活是需要忍受的这样的人生观",这段文字是对克林的整体刻画,他是一个天真的理想主义者,一个忧虑地进行思考但最终败下阵来的知识分子。

克林常常被描述为阿诺德④式的人物,但哈代对克林在巴黎所学会的"伦理体系"颇有些轻蔑的提及似乎指向了孔德,并因此指向了对那些广泛的实证主义价值观的故意削弱,这些价值观——为他人服务、妥协和"仁爱"——在《远离尘嚣》中得到了特别的推崇。[26]虽然《还乡》是在斯特明斯特-牛顿时期——在后来的记忆中被看作是特别幸福的一段时光——创作完成的,但是该小说的思想内容比他之前出版的任何一部作品都更密集,更有目的性,更悲观。造成这一差别的原因,与其说是在

---

① 菲迪亚斯(Pheidias,前 500-前 432),古希腊雕刻家,这里泛指某一时代的代表艺术家。

② "生活是需要忍受的这样的人生观"这句话的英文是 the view of life as a thing to be put up with,所有词均为单音节词。

③ 亚历山大·蒲柏(Alexander Pope, 1688-1744),十八世纪伟大的英国古典主义诗人。

④ 马修·阿诺德(Matthew Arnold, 1822-1888),英国诗人,主张诗歌需要追求道德和智力"解放"的精神。

古典悲剧之中占有一席之地的渴望，倒不如说是哈代在过去十年间阅读和思考的轨迹。

1878年最后几个月留存下来的几则哈代的笔记，弥漫着一种淡淡的忧郁。1878年和1879年之交的冬季，是哈代夫妇婚姻关系日益紧张的时期，或者是因为他们一直没有孩子，或者是因为他们对迁居伦敦是否是明智之举存在分歧，或者是出于某种我们甚至不可能猜得到的原因。根据《生活和工作》，“他们似乎开始感觉到‘有一种荣耀已经永远离开人间’”。他们之间的关系并不是创作时间明确的《一月的夜晚（1879年）》一诗的直接主题，但是该诗的核心诗行，即“有某种隐藏的恐惧正在酝酿中 / 但是我们对它无迹可寻”，与一种失落感以及《生活和工作》中的说法相吻合，也就是，稍晚些时候，在图廷，“他们的麻烦开始了”。[27]尽管如此，1879年1月19日的一则笔记，暗示他们的婚姻关系依然很牢固，该则笔记题为“闪耀”，作为诗歌的潜在素材被抄录进“诗歌素材”笔记本，笔记以非同寻常的、充满深情的精确性，记录了哈代夫妇在图廷的家庭生活中一个安宁的时刻：

> 在书房的火光中，壁炉栅那擦得亮堂堂的两侧和拱门闪耀着红 191
> 光，耐火砖的背面又红又烫，火钩的抛光面散发出红光；壁炉架的下方是发红的，桌腿上亦有亮光，灰烬落在炉栅下，火光从上面映照在地上，俨然一个灼热的地方。房间里淡紫色的微弱日光几乎软弱无力。屏风后面的烛光映在窗玻璃上，白色的烛光落在书上，也落在艾玛的面庞和手上，她的头形成大大的阴影，映在墙上和天花板上。光线透过她太阳穴周围散乱的秀发照射到其肌肤之上，仿佛阳光透过灌木丛似的。[28]

图廷和上博克汉普屯之间的通信几乎没有留存下来,但哈代一直与家里保持着联系,了解发生的大事小情,包括1878年12月,其妹妹凯瑟琳在索尔兹伯里教师培训学院的课程的结束,以及他那愤愤不平的鞋匠姨父安特尔的去世。在新的一年里,更令人不安的消息传来:他母亲生病了。1879年2月初,他把艾玛一个人留在图廷,自己乘火车返回多切斯特,弟弟亨利在车站接上他,然后二人乘坐着家养的马鲍勃拉的马车回到了博克汉普屯。尽管天气异常寒冷,哈代还是借此机会游览了韦茅斯、波特兰和萨屯-波因茨,这些地方与他现在积极创作的《司号长》有着直接关系。令人啼笑皆非的是,他了解到了建筑工人约翰·威尔斯普林——在约翰与希克斯共事期间,他曾在库姆-凯恩斯和其他地方做过修复工作——拆除的一些教堂设施的命运:"鸡栖息在镀金文字的主祷文和信条之下,公鸡啼叫着,紧靠着十诫拍打着翅膀。"由于母亲患病,他花了比平时更多的时间和父亲独处,父亲谈论了许多很久以前的事情,讲述了斯廷斯福德教堂和帕德尔屯教堂前西画廊唱诗班的故事,还有一个关于牧师的儿子成为磨坊主的故事,几年后,在哈代刻画《德伯家的苔丝》中安吉尔这一人物时,该故事可能作出了一定的贡献。[29]

2月15日,一回到伦敦,哈代就致信斯蒂芬,向他探询在《康希尔杂志》上连载《司号长》的前景。斯蒂芬回信说,如果故事能够进一步推进,他会有兴趣拜读,他还补充说,他自己更喜欢《名利场》这样的小说,小说中的历史人物被置于历史背景中,而像乔治三世这样的人物,虽然感觉"就在拐角处",但并没有"在最前面"。[30]尽管托马斯·马斯特曼·哈代确实短暂地出现在了《司号长》中,而且乔治三世本人——或许是为了取笑斯蒂芬——也曾有一次出现"在最前面",但这基本上是哈代所遵循的方法。然而正是因为哈代笔下的人物在历史上名不见经传,地位也
192 相对卑微,所以有必要将他们的生活视为与大型的、复杂的历史事件交织在一起。正是为了获得这些支撑的细节,哈代才几次三番回到大英博物

馆,手拿笔记本,继续研究历史、回忆录,尤其是拿破仑时期的报纸。

事实证明,《司号长》和先于它出版的那部小说①一样,有点难以定位。在斯蒂芬敷衍地回应之后,哈代似乎于5月将部分手稿寄给了麦克米伦,大概是希望能在《麦克米伦杂志》上连载;6月初,他向约翰·布莱克伍德提交了“一个令人愉快的故事,不带有任何观点或意见”,故事“拟以皆大欢喜的方式收尾”。这两种方法均未取得成功,但在同一个月的月底,他和一本拥有着广泛宗教读者的畅销月刊《好消息》的谈判进展顺利,编辑唐纳德·麦克劳德博士兼牧师向哈代明确了他所要寻找的那种材料:“我们非常希望所有投稿的故事都符合我们杂志的办刊精神——即故事不带有伪善的讨好卖乖,也不含有任何像我这样身心健康的牧师不愿意在炉火边读给孩子们听的东西,无论是直接地还是间接地存在于故事中的。”[31]由于哈代的故事是愉悦性的,他可以接受这些原本是不祥之兆的条件,且在接受时伴有一定程度的沾沾自喜。为适应麦克劳德博士那牧师特有的敏感,哈代确实被迫作出一些小的改动,主要是适当减少咒骂用语以及将一个带有性暗示的事件从星期日挪到了星期一,但是,正如哈代多年以后所回忆的那样,当小说以书籍的形式出版时,恢复原貌是易如反掌的事情。[32]

到了是年夏,书稿写作进展顺利——激励因素是他瞥见了拿破仑的侄子拿破仑亲王,他的侧面轮廓让哈代觉得“总之让人格外地想起了波尼”②——8月,哈代又抽出时间回到了多塞特,去看望正在康复中的母亲。他的两个妹妹现在都在学校教书,暑假也都待在家里。哈代至少有一次步行去了帕德尔屯,和其表兄詹姆斯·斯帕克斯谈起他们共同的外

---

① 即《还乡》。

② 小波尼(Little Boney)是拿破仑在英国漫画家詹姆斯·吉尔雷(James Gillray, 1756-1815,又译吉利)的漫画中的名字。

玄祖父①,据说他曾于十七世纪住在帕德尔屯,并在那里建造了一座村舍,世世代代就一直住在那里。他也去拜访了寡居的姨妈玛丽·安特尔,看到了她儿子小约翰·安特尔画的她丈夫临终时的素描画,约翰后来还会就他为其父亲的坟墓设计的墓碑向哈代征求意见。然而,《司号长》并没有被忘在脑后。在其丈夫来到多塞特一周左右后,艾玛也来到
193 多塞特,但他们很快就去了韦茅斯,那里显然是参观与小说相关的地方的中心。它也成了又一次努力实现家庭和解的中心,因为杰米玛故作姿态,不顾潮湿和异常多风的天气,专程从博克汉普屯赶过来,与儿子和儿媳一道进行了几次短途旅行。[33]

哈代似乎已经开始创作《司号长》了,正如他创作《远离尘嚣》时一样,有一个相对简单的情节线,对故事可能会如何发展具有广泛的思路,然后任由最初建立的局势自行发展。随着写作的进行,他指出了人物之间的阶级差异,特别是潜在的婚姻伴侣之间的阶级差异,在费斯托斯·德里曼和其叔叔身上,他看到了进一步的喜剧可能性,并为中心情节增添了新的曲折变化。到 9 月初,前十四章已经进入校样阶段,哈代正在对余下七章的手稿做最后的润色。几周后,他将十九世纪早期军事和家庭细节的素描画寄给了插画家约翰·科利尔,后者以其中一幅画为基础,绘制了 1881 年二月号连载中磨坊主的厨房的插图。11 月 25 日,在大英博物馆,哈代做了一些最后关头的研究,大概在小说于 12 月开始在《好消息》1880 年一月号上连载时,他已经完成了整部手稿。[34]

在这一时期,哈代并没有将全部的文学精力放在《司号长》上。他与基根·保罗的友谊,已经发展成为一种对双方都有用且有利可图的工作伙伴关系,正是在保罗担任编辑期间,《新季刊杂志》发表了哈代最

---

① 亦称外天祖父,即外曾祖父的祖父,是“五世祖父”。

早、最优秀的两篇短篇小说：1879 年 4 月,《心烦意乱的年轻传教士》发表了,该故事主要是基于一些关于走私的故事,这些故事是他从乔治·尼科尔斯、马斯特斯船长以及仍生活在故事发生地拉尔沃斯地区的人们那里听来的;1880 年 4 月,背景是布里德波特地区的《同乡朋友》发表了。在保罗的请求下,哈代还为《新季刊杂志》撰写了一篇匿名评论,评论对象是巴恩斯的《多塞特方言乡村生活诗集》,这篇评论的重点部分完全是正面的,但同时也认识到巴恩斯避免了“感动人类的强烈感情,无论是伟大的,还是渺小的”,并强调他的场景和人物并非源于普遍意义上的多塞特,而是来自布莱克莫尔山谷,“一个有限的地区……具有自己显著的特征”。[35]

因为保罗的公司已经出版了巴恩斯的诗卷,哈代作为评论家的第一次也是唯一一次经历涉及互相吹捧的元素,这一点得到了保罗的含蓄承认,因为在同一期的《新季刊杂志》上,他刊登了一篇由萨瑟兰·奥尔太 194
太撰写的总体上充满赞赏的长篇文章,题为“论哈代先生的小说”,这是类似评述的第一篇加长版评述。保罗对哈代作品的高度评价,出现在了 1881 年四月号的《英国评论季刊》上,补充评价则是于 1883 年 5 月发表在《快乐英伦》一月号上的文章《乔治·艾略特和托马斯·哈代的乡村》。几乎毫无疑问,在哈代成名初期提升其声誉方面,保罗是继斯蒂芬之后最竭尽全力的文学人物,在这一时期,哈代的作品还没有(正如保罗自己所言)“在普罗大众的脑海中占有一席之地,他们有时很难发现一个新的天才已经出现在才智的天空中”。[36]

事实上,哈代在大众中的声望,在《远离尘嚣》出版后达到一个早期的高峰,然后有所回落。但他一直保持着稳定的创作力,并在同行中更加坚定地站稳了脚跟。在邀请哈代加入拉伯雷俱乐部时,贝赞特称赞《还乡》是“所有现代小说中最具原创性、最具男子气概、最具幽默感的一部”。[37]从 1879 年全年到 1880 年上半年,哈代在伦敦结识了许多人,因此得到了更加广泛的认可；就在他住在图廷的时候，他似乎第一次遇到了伍尔威奇皇家炮兵学院的数学教师乔治·格林希尔，于是他直接或间接地依靠乔治获取了大量的科技信息，并将其应用于他接下来的两部小说《冷漠的人》和《塔上恋人》。1879 年 6 月，哈代看到了在伦敦举行的一次国际文学大会的材料，该材料在某种意义上是会议记录，并和朋友 R. 博斯沃斯·史密斯（即西斯塔福德牧师雷金纳德·史密斯之子）共度了一个周末，史密斯彼时在哈罗学校做舍监。[38] 1880 年 3 月 10 日，哈代与普罗克特太太一起与桂冠诗人丁尼生及其家人共进午餐，他被丁尼生的和蔼以及他对《一双蓝眼睛》的赞美深深吸引。他似乎特别喜欢丁尼生让他说出圣经中提到的第一个人的名字，问题的正确答案是“查普一世”①。[39] 1879 年和 1880 年之交的冬末和春季，哈代夫妇常去普罗克特太太家做客，并在那里经常碰到勃朗宁，哈代说服女主人把她认识的所有名人一一列出，名单几乎可以追溯到本世纪初。普罗克特太太当下最喜欢的人是亨利·詹姆斯，但哈代并不喜欢詹姆斯的为人，尽管他一直钦佩詹姆斯是位艺术家，于是当她声称詹姆斯曾向她求过婚时，哈代把她的话记录了下来，带着乐趣、怀疑和反感。[40]

大约在此时，哈代正在阅读詹姆斯的《罗德里克·哈德森》，以及他的一些批评作品，包括《法国诗人和小说家》一书中关于巴尔扎克的文
195 章，以及英语文人系列丛书之霍桑卷。或许是怀疑他自己在《司号长》里对过去的探索，哈代摘抄了詹姆斯的霍桑研究中来自“海关大楼”②中的一句名言，霍桑在这句话中表达了遗憾，因为他选择了一个历史主题，而不是试图通过“当今的不透明的物质”来传播思想和想象，从而使之

① 圣经中并无此人，圣经中出现的第一个人应该是亚当，这里丁尼生利用双关手法出了一道类似脑筋急转弯的题，Chap. I 既代表“第一章”，也可以被解读为“查普一世”。

② 简译为“海关”，是霍桑小说《红字》的长篇序言。

成为“一个明亮的透明体”。[41]这年2月,在伦敦的一次晚宴上,哈代遇到了马修·阿诺德,这给了他激励,于是他读了阿诺德同一时期的几篇文章,并在他的一本笔记本中半引用、半总结式地从《异教徒和中世纪宗教情绪》一文中抄写了一段关于“现代精神”和“富于想象的理性”之间的关系的内容,这段文字对其下一部小说《冷漠的人》(副标题为“一则当今的故事”)至关重要。[42]

哈代把《冷漠的人》投给了哈珀兄弟公司,因为他们出价慷慨,十三期连载每期一百英镑,连载第一部分将刊发于《哈珀新月刊杂志》欧洲版的创刊号。当公司请求他为故事寻找一位一流的插画家时,哈代立即致信海伦·阿林厄姆,他浪漫地回忆起了《远离尘嚣》连载时和她(当时叫海伦·帕特森)合作的日子,但她的回信却带来了令人失望的消息,那就是她已经完全放弃为图书绘制插图的工作。随后,他大抵又在同一时间接触了其他三四位画家,最终和乔治·杜·莫里尔达成协议,在《艾塞尔伯塔的婚姻》连载期间,哈代已经同他有过合作。[43]1879年7月,哈珀兄弟公司的合伙人之一J. 亨利·哈珀从纽约赶来,随后在同一个月晚些时候,R. R. 鲍克也过来了,负责监督《哈珀新月刊杂志》欧洲版的发行工作。几天后,鲍克前往图廷拜访哈代。

> 托马斯·哈代夫人在一间美观的客厅里接待了我,彼时她正忙于肯辛顿刺绣,她的宠物猫陪伴着她;她是一位讨人喜欢、颇为年轻的英国女士,对其丈夫的工作非常感兴趣,我们立刻成了好朋友。哈代很快从楼上下来了,他举止文静、和蔼可亲、谦逊有礼,他身材不高,蓄着沙色的短胡须,完全不做作,而且很直率……他告诉我他很难回忆起他自己写的故事中的人物和事件,所以哈代夫人不得不时常提醒他……我打道回府,我想我交了两个令人愉快的朋友。

尽管完成《冷漠的人》的创作困难重重，但幸运的是，哈代和鲍克从一开始就相处得很融洽。鲍克学会了尊重哈代的职业精神，即使是在难对付的情况下，也会把他看作是“一个彻头彻尾的好人，安静而友善”，而哈代似乎也觉得鲍克那美国式的坦诚直率完全和他自己意气相投。[44]

196 《生活和工作》所记载的 1880 年初夏的数不胜数的社交经历，表明哈代在伦敦的友谊圈在迅速扩大，也表明他没有受到来自出版商和编辑的特别压力。7 月，《司号长》在《好消息》上的连载仍在有条不紊地进行，与此同时，哈代和史密斯与埃尔德公司签约出版卷本，他已经修订完所有剩余连载的校样，因此在 7 月底有闲暇带着艾玛再次去欧洲大陆作短暂旅行。这一次，他们去的地方没有远过法国西北部，先是到亚眠①去看大教堂，然后又于 8 月 1 日去了埃特雷塔②，在那里，哈代对游泳的热爱，诱使他在海峡那冰冷的海水中待得太久，他认为这是他次年秋季长时间生病的原因。在他们的下一站勒阿弗尔③的酒店里，他们被一种紧张恐惧的情绪所困扰，正如在哈代童年时杰米玛在伦敦酒店房间里所表现出来的那种紧张恐惧一样，于是他们花了大半个晚上来用家具设置障碍，以防有人入侵，这其实完全是他们臆想出来的威胁。他们在特鲁维尔和翁弗勒尔④短暂逗留，最后前往利雪和卡昂⑤，哈代已经把这两座城镇设想为《冷漠的人》最后几章中保拉·鲍尔追求萨默塞特的舞台。然而，追求结束的地方是在“浪漫水乡”埃特雷塔的海滩上——毫无疑问，哈代夫妇自己相反的行程安排是经过深思熟虑的——杜·莫里尔对

---

① 亚眠（Amiens，又译阿棉或亚棉），法国北部索姆省的省会城市。

② 埃特雷塔（Étretat，又译埃特勒塔），法国西北部滨海塞纳省的一个市镇。

③ 勒阿弗尔（Le Havre），滨海塞纳省的副省会城市。

④ 特鲁维尔（Trouville）和翁弗勒尔（Honfleur），两者都是法国西北部卡尔瓦多斯省的市镇。

⑤ 利雪（Lisieux），卡尔瓦多斯省图克河河畔的一座城市；卡昂（Caen，又译冈城），卡尔瓦多斯省的省会城市。

这一场景所绘制的插图，哈代表示赞赏，于是后来莫里尔把原图赠送给了他。[45]

8月中旬，哈代回到英国，投身于《冷漠的人》的创作，并在8月底前寄出了连载的第一部分内容。在8月底和9月初忙碌的几周里，他还完成了即将出版的《司号长》第一版的最后修订工作。修改大都是微调，包括：删除一些不准确的日期，恢复了大部分——尽管绝不是所有的——咒骂和其他冒犯性的细节，这些都是在麦克劳德博士的要求下从《好消息》连载版本中删掉的。但他也通过明确预测司号长的死亡，深刻地改变了结局的气氛和感受。在连载版中，约翰只是离开祖国“去西班牙血腥的战场上吹小号”，而现在，在第一版书稿中，则是他离开祖国“去西班牙一个血腥的战场上吹小号，直到战场上再也听不到他的号声”。[46]在小说结尾这样落井下石、雪上加霜，这是彻头彻尾的哈代式的，和《绿林荫下》相比，这部小说已经不再是那种田园牧歌式的作品。这样一番操作，就等于是在斯蒂芬对他的指控的基础上又罪加一等，斯蒂芬的指控是他允许女主人公嫁给错误的男人，哈代的异议——作家们 197
大多都这么写啊——引来了作为编辑的斯蒂芬的最终反驳：“在杂志上不行。”[47]与其他大多数哈代小说不同，该小说通常被认为是无足轻重的，特别适合作为中小学生的课外阅读材料。然而，哈代对自己的历史研究和口述传统带给他的素材均很重视。他对第一版的外观也特别关注，他给史密斯与埃尔德公司寄去了一本钱多斯经典版的巴特勒①的《赫迪布拉斯》，以表明他想用什么样的红色来装帧该书的封面，他还亲手设计了封面内容，即军营和磨坊的两个小插图通过一条蜿蜒的小路相连。[48]

---

① 塞缪尔·巴特勒(Samuel Butler, 1835-1902)，英国作家，代表作《众生之路》。

注释

［1］《生活和工作》，页123；《哈代书信》，第一卷，页58；达什伍德太太致艾玛的信，1878年5月6日（多博）。

［2］C. B. 陶希尼茨致哈代的信，1878年1月8日（多博）；珀迪，页63，页274–275；见P. 达尔齐尔，《未被遗忘的哈代的"轻率行为"：一部未收录进全集的作品的中心地位》，载《英语研究评论》，新序列，第四十三卷（1992），页347–366。

［3］珀迪，页25–26，以及《哈代书信》，第一卷，页52–55，页59；霍普金斯的回信（多博），另见P. 达尔齐尔，《表达的焦虑：哈代〈还乡〉的系列插图》，载《十九世纪文学》，第五十一卷（1996年6月），页84–110。

［4］《哈代书信》，第一卷，页56；手稿（鲍登学院），参《公众声音》，页12–13。"Queen's"（女王的）误拼成了"Queens"（女王们），见手稿。

［5］《生活和工作》，页125；《生活和工作》，页124–125；《检查者》，1874年12月5日；《哈代书信》，第一卷，页41；《生活和工作》，页131。

［6］《生活和工作》，页135–136。

［7］《司号长》笔记本（多博），参《个人笔记》，页117、120等。

［8］《哈代书信》，第一卷，页52、59；G. 史密斯致哈代的信，1878年9月19日（多博）。

［9］《哈代书信》，第一卷，页40；H. 霍尔特致哈代的信，1878年6月8日（多博）；H. 霍尔特，《一位年过八旬的编辑的唠叨》（波士顿，1923），页207。

［10］《哈代书信》，第一卷，页58；C. B. 陶希尼茨致哈代的信，1878年1月8日和11月2日（多博）。

［11］《哈代书信》，第一卷，页28，另见《职业》，页130–133；关于手稿的历史，见盖特雷尔，《创作者哈代》，页29–51。

［12］珀迪，页27；《雅典娜神殿》，1878年11月23日，页654。

［13］《雅典娜神殿》，1878年11月30日，参《公众声音》，页14；《生活和工作》，页127。

[14]《旁观者》,1879 年 2 月 8 日,参《哈代: 批评遗产》,页 55–59;E. 高斯致 F. A. 赫奇科克的信,1909 年 7 月 28 日(亚当斯)。

[15]《哈代书信》,第一卷,页 61。

[16] 关于素描地图,见奥沙利文,《哈代: 插图版传记》,页 68;J. 帕特森,《〈还乡〉的撰写过程》(伯克利,1963),页 45–47。

[17]《还乡》,页 440–441,参 M. 米尔盖特,《寻找萨克瑟尔比》,载《哈代杂志》,十九卷一期(2003 年 2 月),页 58。

[18]《生活和工作》,页 126。

[19]《生活和工作》,页 125;H. C. C. 穆尔(C. W. 穆尔之子),访谈,1973 年。

[20]《哈代书信》,第一卷,页 59–60;《伦敦新闻画报》,1878 年 9 月 7 日和 14 日。

[21]《哈代先生的小说》,载《英国评论季刊》,第七十三卷(1881 年 4 月),页 342–360,参《哈代: 批评遗产》,页 82;《哈代书信》,第一卷,页 89。

[22] 关于基根·保罗,见《职业》,页 117–118,页 120–123;J. 潘顿,《生命中的叶子》(伦敦,1908),页 206。

[23]《生活和工作》,页 123–124;素描(多博),参 J. B. 布伦,《富于表现力的眼睛: 哈代小说中的虚构与感知》(牛津,1986),页 95 相对页面,另见页 93–97。

[24]《收到赴美请柬有感》,《哈代诗歌》,第一卷,页 143;《生活和工作》,页 124。

[25]《哈代书信》,第一卷,页 73;《还乡》,页 197。"Pheidias"(菲迪亚斯)在第一版中写成了"Phidias"(费迪亚斯)。

[26]《还乡》,页 203;关于孔德对哈代的影响,见伦纳特·A. 比约克,《哈代小说中的心理视野与社会批判》(斯德哥尔摩,1987),尤其是页 94–98。

[27]《生活和工作》,页 127–128;《哈代诗歌》,第二卷,页 204–205。

[28]"诗歌素材"笔记本。(缩微胶卷,耶鲁)

[29]《生活和工作》,页128–129;有落款日期的素描(多博)。

[30]《生活和工作》,页130;L. 斯蒂芬致哈代的信,1879年2月17日(多博),参《生活和工作》,页131。

[31] G. A. 麦克米伦致哈代的信,1879年5月20日(多博);《哈代书信》,第一卷,页65;D. 麦克劳德致哈代的信,1879年6月20日(多博);关于《好消息》,见T. R. 赖特,《哈代和其读者》(巴辛斯托克,2003),页117。

[32]《哈代书信》,第六卷,页333,另见盖特雷尔,《创造者哈代》,页53–55。

[33]《生活和工作》,页132–133;《个人笔记》,页20;素描(格特鲁德·安泰尔);《哈代书信》,第一卷,页92。

[34] 关于该小说的创作,见盖特雷尔,《创造者哈代》,页52–60,以及《职业》,页149–151;《哈代书信》,第一卷,页66–67;J. 科利尔致哈代的信,1879年11月20日(多博);《司号长》笔记本(多博),参《个人笔记》,页177。

[35]《新季刊杂志》,新序列,第二十期(1879年10月),页472、469,参《公众声音》,页24、17。

[36]《英国评论季刊》,第七十三卷(1881年4月),页360,参《哈代:批评遗产》,页94。

[37] W. 贝赞特致哈代的信,1879年3月7日。(多博)

[38]《哈代书信》,第一卷,页71;《生活和工作》,页130;《哈代书信》,第一卷,页26,以及《生活和工作》,页130。

[39]《生活和工作》,页140;E. 克洛德,日记,1892年12月15日(艾伦·克洛德)。

[40]《生活和工作》,页139–140;人名单(多博);《生活和工作》,页140,另见L. 埃德尔,《亨利·詹姆斯:征服伦敦,1870–1883》(费城,1962),页354。

[41]《文学笔记》,第一卷,页126–127,页120、127。

[42]《生活和工作》,页137–138;《文学笔记》,第一卷,页130。

[43]《哈代书信》,第一卷,页72;《哈代书信》,第一卷,页73–74;H. 阿林

厄姆致哈代的信,1880 年 6 月 5 日(多博);《哈代书信》,第一卷,页 74–76。

[44]《哈代书信》,第一卷,页 76–77;E. McC. 弗莱明,《R. R. 鲍克: 激进的自由主义者》,页 146、147。

[45]《生活和工作》,页 140–142;《生活和工作》,页 142–143;《冷漠的人》,页 453;画作(多博),另见珀迪,页 38。

[46]《好消息》,1880 年 12 月,页 807;《司号长》(伦敦,1880),第三卷,页 259。

[47]《公众声音》,页 264。

[48]《哈代书信》,第一卷,页 92;《生活和工作》,页 421。

第十一章 疾 病

198 1880年9月中旬,哈代回博克汉普屯小住了几日。在其父母家里的谈话,主要是关于过去家庭财产处置的问题,但这次探访的大部分时间花在了和弟弟亨利一起探索在多切斯特或其附近找到一块宅基地的可能性上。哈代这一激进的转向,标志着其妻子和母亲之间权力平衡的相应转变。在此之前,哈代把她俩几乎完全分开了,从而维持了和平,但这种策略有着严重的实际缺陷。在六年没有孩子的婚姻中,他和艾玛不断地从一个地方搬到另一个地方,主要是出于经济考虑,包括他自己作为一名文学专业人士的需求,同时也因为艾玛对更加丰富多彩的社交活动隐约存在的野心,尽管希望总是落空。他们之间第一次出现了严重分歧,哈代似乎不再愿意像他们在一起的最初几年里那样坚定地维护妻子的利益了。正如他后来在一首特意命名为“裂痕”的诗歌中所写的:“在那之后,我们只是偶然会面对面。”[1]

长期以来,哈代一直认为住在多塞特可以满足他作为一名乡村小说家(尤其是在“威塞克斯”生活的小说家)的诸多要求,但现在促使他逆转《还乡》中的内在推动力的是一种重新觉醒的家庭责任感。哈代一家人的宗族性(排外性)是很强烈的——哈代的两任妻子都在付出一定的代价后发现了这一点。哈代的婚姻打乱了杰米玛让孩子们一辈子成双成对生活的计划，这也是她一直强烈反对他和艾玛结婚的部分原因，而且即使他选择了艾玛以外的伴侣，她照样会反对。但他仍然感到——或许更加深切和内疚地感到——作为长子，作为最富裕、最成功的家庭成员，或者简单来说，作为一个哈代家的人，为了父母的福利，特别是为了两个未婚妹妹的福利，他义不容辞地要承担更大的责任。这是一种他余生都将持续地、慷慨地，甚至过度地履行的责任。 199

继安特尔 1878 年 12 月去世之后，哈代的伯父詹姆斯又于 1880 年 3 月在上博克汉普屯去世，这更直接地提醒了他，父母已年近古稀，母亲最近才从一场重病中康复，父亲则患有严重的风湿病。亨利颇有能力经营家庭建筑生意，玛丽现在是多切斯特贝尔街国立学校的校长，但凯特却远走高飞，先是去读大学，然后又去多塞特郡遥远的另一端谋了一个教职，这使杰米玛失去了稳定的家庭帮手。而进入不惑之年的哈代，经济状况出乎意料地好，他想在一个属于自己的家里安顿下来。因此，在一次艾玛缺席的家庭秘密会议上，哈代一家人对在多切斯特建房的可能性展开讨论，最后作出了赞同的决定，这对杰米玛来说是个胜利，反过来对艾玛来说则是失败，这从未获得她的谅解，她也一直未从其中完全恢复过来。

搬到多切斯特的计划刚刚被提出时，家庭关系和相互关系表面上是平稳的，或者至少是平静的。去年夏天让艾玛和杰米玛在一起的实验，显然不完全是一场灾难。凯特总是比她姐姐外向得多，她与艾玛建立了一种愉快的友谊，这种友谊是建立在她在索尔兹伯里教师培训学院上学时艾玛对她友好体贴的基础之上的。虽然凯特在大学里从来没有遇到过什么麻烦[2]，但她却非常闷闷不乐，严格的纪律和必须履行的家庭职责令她苦恼，她开始很大程度上依赖于艾玛从斯特明斯特-牛顿和图廷写给她的安慰信。1881 年，她在多塞特北部的桑德福德-奥卡斯小村任教，这是她供职的第一所学校，在那里，她给艾玛写信说:“尽快给我回信吧,就像我在索尔兹伯里时你很快给我回信那样,然后我会再给你回信。”在后来写给艾玛的一封信中,她告诉艾玛自己与一位大学女生之间的谈话,谈话内容表明那里的学生现在“日子过得比我们那时候要好得多”,但她又无意中瞥了一眼《无名的裘德》,然后补充说:“如果汤姆在他出版的书里描写我们曾受到的糟糕待遇,我毫不介意。”信的结尾写道:“跟他说我爱他,我也爱你”,署名是“你挚爱的凯蒂”。[3]凯特于七十年代末和八十年代初写给艾玛的其他信件,显示出同样的热情和坦率。也有玛丽写给艾玛的信,虽然没有凯特的那么坦率,但一样热情。正是在哈代夫妇住在图廷的时
200 候,艾玛主动提出雇用一个来自梅尔伯里-奥斯蒙德的哈代的嫡表亲做用人,这或许是她想建立友好关系的一种姿态。杰米玛的哥哥威廉的长女玛丽·汉德接受了这份工作——随后,在1881年的人口普查中,她被列为哈代家的一员——但她告诉艾玛,她从多塞特到伦敦的车费不需要报销:“值此可怜的家父①过世之际,你(们)对我予以善意的关照,我感激不尽。”[4]

1880-1881年秋冬季,哈代罹患疾病,既危险又拖得时间很长,这进一步延缓了家庭不和。1880年10月中旬,哈代夫妇在剑桥待了一个星期,他们受到了穆尔的三个兄弟的款待。哈代的脑海里满是对穆尔本人的痛苦回忆,甚至他对国王学院小教堂里的蜡烛淌下的烛油所形成的形状的着迷,也可以追溯到他们待在一起的最后一个晚上,当时穆尔屋里蜡烛的烛油淌成了“裹尸布”的形状。[5]在到达剑桥后不久,哈代就开始感到不舒服了,但直到10月23日回到图廷,他才承认自己的身体出了严重问题。次日,他的病情进一步恶化,于是急忙就近叫来一名医生,医生

① 玛丽的父亲威廉·汉德于1880年去世,具体时间不详。

诊断他患有内出血,并敦促立即实施手术。随后,惶恐不安的哈代和惊慌失措的艾玛求助于离他们最近的朋友,即亚历山大·麦克米伦夫妇,他们遂派去了自己的私人医生。医生进行了诊断,并强调了疾病的严重性,但认为如果哈代能长期保持卧床,且让双脚的位置高于头部,就可以不用做手术。[6]

哈代接受了这一建议和养生法,但疾病初期的痛苦是如此强烈,以至于他确信自己将不久于人世,这一经历反映在了《未致命的疾病》一诗中:

　穿过痛苦的穹顶,
它是用可怕的交叉拱支撑、建造而成,
我从下面穿行,那些炫耀的幽灵
　使我的大脑充满可怕的苦痛。

　还有锤击,
震颤,奔流,闷热得令人窒息,
和网状的有盈有亏的东西交织在一起
　在我继续前行之际。

　“这条肮脏的路哪里是终点?”
我用微弱的呼吸诘问。
随即我看见前面有一扇门——
　指引我走向死神。

回想这段经历时,哈代意识到康复只意味着总有一天同一条可怕的道路 201
一定会“重新排列 / 以抵达那扇门”[7],于是像其母亲一样,他发现有一个可以表达遗憾的机会摆在自己面前。然而，几乎又过了五十年，他才终于抵达那扇门，在那段漫长的岁月里，他似乎没有再患过其他重病，只是“同样的膀胱炎”一次次轻微复发，这个毛病搞得他在这一次创伤中情绪非常低落。这种炎症的性质和病源不易确定，膀胱结石甚至肾结石似乎是个病因。事实上，六个多月后，当哈代终于能够起身再次外出时，他咨询了著名的外科医生亨利·汤普森爵士，该医生以成功地从膀胱中取出结石而闻名遐迩。但是基根·保罗建议对汤普森的咨询只是为了预防，这样哈代就可以“完全摆脱你对更糟糕的病根的恐惧”[8]，而且哈代的发病期和康复期都很长，更倾向于说明是其他因素使“膀胱炎”进一步复杂化的，可能是在法国之行期间感染的伤寒。一位在哈代患病期间探望过他的朋友记得他还患有黄疸病，一直保持倾斜的姿势并且完全不活动，加之饮食限制比较多，无论如何有可能让人变得虚弱，而且可能会使康复延迟。[9]

在发病之初，哈代就已经把《冷漠的人》前十三章寄给印刷公司，相当于连载的前三部分内容，并且还超出了一些，此外他可能很好地完成了接下来几章的手稿，大致相当于第四部分的内容。但是合同约定的是十三部分连载，也就是还有九部分连载待完成，尽管哈代病倒了，但从专业角度来讲，他觉得别无选择，只能尽可能按计划提交每一部分的连载。他唯一的办法就是把文本口述给艾玛，而到头来她扮演了护士、管家和文书等多重角色，正是在她全心全意的帮助下，他才能够跟上印刷公司的步伐，从而履行其义务。哈珀兄弟公司预期全部手稿将于 12 月或次年 1 月前交到他们手中，当然这一预期立即变得难以实现，但哈代对第四部分连载内容做了最后润色，并或多或少地按计划将其发送给了鲍克，从而避免了任何早期危机的出现。此举是在 11 月初艰难完成的，尽管哈代仍然感到非常痛苦，无法接待访客，不仅是在当时，整个 11 月剩下的时间皆是如此。正如他后来谈到整个经历时所说的那样，这是一份

“苦差事”。[10]

哈代决心不损害他精心树立起来的有专业效率的声誉，这便意味着他写给别人的信件不能暗示其疾病到底多严重。因此，当哈代自己担心这场病可能会要了他的命时，他却告诉朋友和同行他只是患了重感冒而已。特别是鲍克，哈代让他相信这种小恙“不会影响我的创作——事实上它给了我更多的闲暇时间”。基根·保罗和乔治·史密斯这样的亲密朋友开始写信给艾玛，想弄清楚哈代的真实状况，他们要她给出一个更全面的解释。11 月 19 日，她写信告诉史密斯，哈代的病情“并没有之前料想的那么严重”，尽管“医生规定的素淡饮食导致的暂时性虚弱”使他无法执笔写字。她补充说，这种病“是一种急性的局部炎症，似乎是由感冒引发的，这会使他有一段时间不能外出，因为他大部分时间都不得不保持躺姿，但迄今为止，他的工作几乎没有受到妨碍，我们相信因为疾病的性质，他的康复速度会非常快”。信中的措辞和真假参半的话都是颇具哈代风格的，因此这封信——就像《冷漠的人》现在已经不复存在的大部分手稿一样——毫无疑问是哈代口述的。[11]至于为什么哈代的家人同样被真假参半的话所搪塞，一方面是因为他不想让他们陷入无济于事的焦虑，另一方面也是因为他害怕他们前来探望他可能会给他带来紧张情绪。然而，到 1881 年初，当危险期平安度过之后，真实的情况可能会更充分地显露出来。玛丽于 1 月 28 日写的一封信，让人们对当时艾玛和其婆家人之间的关系，以及不住在一起的哈代父母和弟弟妹妹们目前所过的截然不同的生活有了一定的了解： 202

亲爱的艾玛：

很高兴收到你的来信，但是听说汤姆生病了，我又一次心如刀割。感谢你告诉我他的病情，我希望他早日康复。或许他头痛只是

因为头的位置比平时低吧。如果我枕着一个比平时低的枕头睡觉,
第二天早上就会头痛。我很高兴从你的信中得知,我们共同的敌人
“寒冷的冬天和恶劣的天气”只在一定程度上对你们有所影响。几
天前,可怜的凯蒂只剩下一些洋葱酱和几个土豆了——有一点煤,
但没有蜡烛。可怜的人啊,她希望能收到你们俩中任何一个人的来
信。我知道桑德福德[奥卡斯]的生活就像坟墓一样枯燥无味和不
舒适。所有学校都关门了,但我们希望星期一再开学。我想自从上
次奶奶踏着树篱去教堂做礼拜以后,就再也没有过像这样的冬天
了……在这恶劣的天气里,我一点儿家里人的消息都没有,只有多
203 切斯特新闻说博克汉普屯人不得不全靠土豆为生。我知道没有面
包师能走到那里,但不必惊慌。亨利年轻力壮,他们最近杀了一头
猪,但我想如果他们能避免的话,他们不希望冒险让老马鲍勃上
路……我很想再过去看望你们。在所有这些阴沉的天气里,凯蒂都
很孤独寂寞,我也一样。你们要是愿意,我希望咱们能够团聚。

你挚爱的

M.哈代[12]

在那个令人痛苦的冬天,能给哈代带来些许慰藉的事情就是《司号长》普遍受到好评,在他卧病在床两三天后,该小说就以三卷本形式出版了。一些评论者认为最后一卷有匆忙成稿的迹象,并发现整部作品实际上缺乏“最后的精细加工”,但总的来说,人们清清楚楚且带着赏识意识到哈代有明确的创作目标,而且离成功近在咫尺。尤其是《蓓尔美街报》明确指出:

哈代先生的故事是真正的田园诗,诚然,它采用的是散文的形式,目的是适应一个主要是小说时代的年代,但充满了属于它们自

> 己的诗歌。当我们说真正的田园诗时，我们想到的不是维吉尔和蒲柏诗歌中那精巧的非现实主义，而是忒奥克里托斯，尽管身居市井，但他始终对乡村生活怀有真情实意，哈代先生经常让我们想起他，无论是其严肃认真，还是其诙谐幽默。[13]

然而，哈代正在努力创作的另外一部小说《冷漠的人》却有着完全不同的特点，该小说或许不是特别城市化的，但是在环境和精神上都非常有意识地体现现代化，一点田园诗的影子也没有。因此，一旦进展变得困难，他没有选择回到他继承来的“特定”材料上，也就是各种各样的当地和传统素材，这些素材不仅已经被成功地运用于《司号长》，而且也被运用于其早期小说，如《绿林荫下》《远离尘嚣》，甚至是《还乡》。另一方面，在他发病前就已经定型的章节中，他塑造了一位建筑师主人公乔治·萨默塞特，并将他置于种种让人想起哈代自己既往经历的情景中：例如，关于恋童癖的争论，直接源自二十年前与巴斯托和帕金斯兄弟的那些争论。哈代之所以能够一直坚持写下去，并履行合同——这令哈珀兄弟公司很满意，即使或许还不能百分之百令他们高兴——也许在很大程度上是通过尽力让建筑“业务”在小说中再维持一些时日，引入了一系列或多或少有通俗剧风格的情节发展，并利用了他在法国和德国旅行期间的笔记。患病期间哈代设法亲手修订校样，随着时间的推移，204
他不仅越来越不依赖听写，而且还亲笔书写了手稿的最后几部分——最后一页是在 5 月 1 日完成的。[14]

在那一天，哈代已经患病六个多月，他仍然没有独自出过门。他被困在卧室里一直到 3 月份，2 月中旬，他写信跟鲍克说卧室是“一个相当枯燥无味之所，不宜邀请友人入内”，到了 4 月 6 日，他写信告诉乔治·格林希尔：

> 我过得还不错,但还没有出门——日复一日待在炉火边,把脚放在壁炉架上,手里握着一支笔,但写得不够频繁……我正在写第十二部分故事连载的内容,越临近结尾我越不能快速完成——意识到它可以在任何时候完成会导致拖延。如果不是刮东风的话,我可能在这个时候就已经出门了。但保持耐心是有必要的。[15]

患病期间,哈代学会了更充分全面地认识了解几位伦敦朋友,格林希尔便是其中之一。其他人包括他在图廷时忠实的邻居麦克米伦夫妇,正在积极地开创自己半学术、半新闻事业的埃德蒙·高斯,还有基根·保罗,正是他提供了关于医生的信息,并查询到了哈代在小说中需要或他认为哈代可能需要的一些信息,例如,2 月 7 日,他告诉哈代他的一位同事如是说:"字母排列成圆圈的电报机被称为'惠斯通的 A. B. C. 机器'。"[16]

在让人厌烦的这几个月里,哈代发现有太多的时间和机会来反思自己的工作和职业生涯,以及泛泛的生活和艺术。他的一些颇具格言式的结论,像很多别的东西一样,在其小说中跃然纸上。后来写入《生活和工作》中的诸多其他观察,被人争论得如此激烈,与他余生所表达的观点是如此相似,以至于它们表明哈代把这段人身遭遇危险和被迫不能活动的时期当作一个契机,使他一劳永逸地在一些核心问题上摆明了个人立场,他认为这些核心问题是他作为一个男人和艺术家需要面对的。1880 年 12 月,乔治·艾略特去世了,这促使哈代写了一则关于实证主义的笔记,该笔记表明他将继续待在《远离尘嚣》所刻画出的那个乐观的心智世界中:"如果孔德的日历①中那些知名人士包括基督的话,那成

---

① 孔德的"宗教实证主义"日历,一年有十三个月,每月二十八天,每一天都用著名人物来命名,例如亚里士多德日等。

千上万的人就能容忍实证主义了,无论是从身份地位,从家庭关系,还是从早期教育的角度而言,这些人都在诘问在其内心深处有什么东西可以包容一个真正体系的萌芽。"1881 年 4 月,他和艾玛将被邀请到牛顿大厅的实证主义者总部,以见证他的多切斯特朋友本杰明·福塞特·洛克 205
的女儿的"演讲"。[17]

然而,几个月后,他的思想明显有了转变,他认为宇宙有根本缺陷,特别是它无法容纳人类的情感,这一观念将在他后来的思想中弥漫,为其后期小说提供基调,也导致他被贴上"悲观主义者"的标签,尽管他对此愤愤不平,但始终无法摆脱:

> 5 月 9 日。在不懈地努力使科学的人生观与情感和精神达到妥协,使之不致相互破坏之后,我得出如下结论:
>
> 一般原则。法则①在人类中孕育了这样一个孩子,他(她)不得不总是责备父母为他(她)做了许多事但又不是全部的事,并且总是对这样的父母说,与其做得过多而不起决定性作用,不如永远不要开始做;意思是说,法则创造出了远远超出所有显然是第一意图②的事物(在情感方面),但又没有以第二意图③和执行力来改善事态,以消除做得过多这一愚蠢错误的弊端。在一个有缺陷的世界里,情感没有一席之地,它们本应该在这个世界里发展壮大的,这是

① 法则这里指的是自然法则,大自然或大地母亲,参皮尼恩(F. B. Pinion)所著《托马斯·哈代诗歌评论》(*A Commentary on the Poems of Thomas Hardy*,1976)。哈代认为大自然母亲按照固定的法则运行,对她自身的缺陷和她所创造的生物之间的自相残杀视而不见或一无所知,从而无意之间给芸芸众生带来了痛苦,或者对人间苦难无能为力。相关主题的诗歌有《大地母亲在哀叹》("The Mother Mourns")、《缺乏意识》("The Lacking Sense")、《厄运与她》("Doom and She")等。

② 指孩子的意图。

③ 指父母的意图。

> 一种残酷的不公正。
>
> 如果法则本身有意识的话，那么受其控制的芸芸众生呈现出的面貌将会令它恐惧不已，让它充满悔恨！[18]

人们发现在这两个场合表达的观点之间缺乏一致性，但哈代对此似乎并不以为然。在与建筑有关的问题上，《冷漠的人》的主人公萨默塞特采取了深思熟虑的折衷主义态度，哈代则似乎一直被自己的“冷漠主义”所吸引，即一种对采取绝对的或甚至是坚定的立场的厌恶，一种从问题的方方面面看到美德的意愿，一种对个人暂时性观点的坚持，以及一种将这些观点表达出来的需要，但其表达方式是一系列试探性的感想，而不是某位哲学家的系统公式。既然对哈代来说情感至少和理智一样强大和有说服力——或许这是他被阿诺德的“富于想象的理性”这一概念所吸引的原因——那就有必要认真对待这些免责声明，并以赞同的态度来回应明显对立的表述的并置，而不必感到困惑或愤怒，这样的并置经常出现在哈代出版的作品中，以及他留存下来的一系列笔记和思考中。[19]

早在六十年代，哈代就曾表明他不能在伦敦长期生活并保持身体健康，他这次患病似乎残酷地证实了这一点。这也使他相信，尽管他享受着伦敦所提供的许多东西，但伦敦并不是一个能让他把工作做到极致的
206 环境，这还使他相信，正如《生活和工作》所言：“居住在城市里或城市附近，往往会迫使他创作出机械的、普通的作品，都是关于普通社会生活和习惯的。”因此，他的身体刚一适合旅行，他和艾玛就又去多塞特找房子了——永久迁往多切斯特的计划被暂时搁置，大概是因为找不到合适的地方——6 月 25 日，他们搬进温伯恩镇大道（现更名为大道路）上一所叫兰赫恩的房子。[20]

几天后，哈代致信表弟、鞋匠之子小约翰·安特尔，解释说他们来温

伯恩是为了“呼吸新鲜空气，这对我的全面康复是有必要的”，维多利亚时期的旅游指南确实将该镇描述为干净整洁、空气流通好。虽然面积不算大，但它比斯特明斯特-牛顿大得多，也比它更热闹繁华。它是该地区的一个经济活动中心，它那古老的大教堂也使它成为一个教会和音乐中心。即使在那个时候，其中世纪的特征也已所剩无几，但从广场延展开来的十八世纪建造的街道很漂亮，北面地势较高处有一些结实的房屋。大道本身位于地势较低处，朝向河流和铁路线；大道上的房屋是新建的，正如哈代后来所回忆的那样，使大道得名的酸橙树彼时尚未长成：

它们现在已经是大树，这一点毫无疑义
　但树枝却依然那么细——
　　那排酸橙树
当我们住在那里时；我不愿去想是什么时候；
　世界已经变化多次，历历可数
　　变化多次，自那以后！[21]

令人伤心的是，这些长成大树的酸橙树后来被砍伐了，为的是方便车辆通行。[22]然而，兰赫恩房子本身幸免于难。和哈代夫妇选择的几乎所有房子一样，这是一座典型的维多利亚式别墅：独立建筑，坚固结实，内部舒适，尤其吸引人的是它拥有一间温室和一个大花园，花园里种满了果树、灌木和老式花卉。去火车站也很方便，车站当时位于直达滑铁卢站①的铁路线上，但是车站于1964年被关闭了，现在则已被拆除。由于哈代不使用花园尽头的马厩和马车房，他就把使用权给了一个苏格兰年轻人，年轻人在这一带学习耕作，就住在附近，是乔治·道格拉斯爵士的

① 滑铁卢站是伦敦的一个重要车站，于1848年通车。

弟弟,而乔治是一位苏格兰土地所有者,也是一位文人,他已经发表了一首表达赞赏之情的十四行诗,是写给"《远离尘嚣》的作者"的,诗的开头
207 是:"你的作品是一个世外桃源的帝国 / 比希腊人的梦境还要珍贵。"那年秋季,当哥哥乔治来探望其弟弟时,哈代与他第一次见面,他们之间的友谊后来发展成了哈代最持久的友谊之一。[23]

哈代夫妇在温伯恩住了两年,也把一小部分精力放在了社交活动上,但不像在斯特明斯特时那样努力建立自己的社会地位,尽管他们出席了 1881 年 12 月底温伯恩勋爵及其夫人举办的舞会,那很可能使他们大体上加入了由当地贵族和职业中产阶级组成的社会群体。[24]当地的莎士比亚阅读协会曾一度吸引了哈代,协会在私人住宅里开展活动,每个成员都参与阅读,角色是提前分配好的,但他现在已经是一个见多识广的伦敦人,在这样的业余场合除了娱乐之外别无可寻:"那位将军小心翼翼地读着,他私下告诉我,他上次将一个莎剧错误脱口而出,而自己读完才意识到,因此现在战战兢兢,害怕重蹈覆辙。"哈代自己不久就从该阅读协会退出了,但留下了一个不好的名声,即一个在阅读中毫无表情的可怜表演者。然而,他在温伯恩最亲密的朋友亨利·廷达尔·阿特金森①,却因其对莎剧的成功演绎而备受赞赏,1883 年 5 月,在对《威尼斯商人》中审判那一场的公开阅读中,他在阅读夏洛克这一角色的台词时的表现,为其赢得了特别的赞誉。虽然阿特金森是多塞特郡、汉普郡、萨默塞特郡南部和索尔兹伯里市巡回法庭的一名郡法院法官,但哈代喜欢用他以前的高级律师的头衔来称呼他,这是一个古老的法律头衔,在他于 1864 年被任命为高级律师后不久就过时了。他温文尔雅、诙谐幽默、性格外向,是一个了不起的诗歌朗诵者——从麦考利的《纳瓦拉的亨利》到胡德的《不忠实的内莉·格雷》,无所不能——对哈代夫妇来

① 亨利·廷达尔·阿特金森(Henry Tindal Atkinson, 1841-1918),英国一位郡法官。

说，他是一个“友好亲切的邻居”，他“留意不让他俩感到闷闷不乐，如果晚餐以及他和其女儿的音乐能阻止这种情绪出现的话”。[25]

很明显，哈代夫妇确实感到闷闷不乐，其中一个重要原因是他们从一开始就以为一旦有了宅基地，他们就会搬到多切斯特去。然而，这种世事无常的感觉，似乎增加而非打消了哈代对小镇及其周边地区的兴趣。他从小就了解多塞特南部和中部的大部分地区，这主要是由于他一出生就进入了一个庞大的家庭关系网，后来他多年作为希克斯和克里克梅的业务代表到访乡村教堂和在乡村教堂开展建筑工作，大大增进了他对多塞特的了解。近年来，他曾在位于该郡东南角的斯旺纳奇住了几个月，还在更北边的斯特明斯特-牛顿度过了两年最美好的时光。他现在则抓住了探索多塞特东部的机会。他独自一人，或在他那做建筑师、土 208
地经纪人和郡土地测量员的朋友沃尔特·弗莱彻陪同下，到附近的乡下去旅行，有一次，他们一起走到了科菲-马伦教区的教堂，在那里，他看到了飞利普斯家族（据称是简·菲利普斯的祖先）的坟墓。1881 年 7 月，他和艾玛初次到达温伯恩后不久，就从当地一家客栈租了一辆马车，花了一天的时间参观巴特伯里环形堡垒，这是一座位于温伯恩西北几英里处的铁器时代的大堡垒，然而哈代当天写的几页笔记不是关于堡垒本身，而是关于他们的马车夫回忆起来的往事，在过去四轮马车盛行的日子里，他一度是左马驭者①，他们沿途经过了金斯屯-莱西庄园和查伯勒庄园，马车夫满嘴都是这两座大型建筑内过去和现在居住者的小道消息。[26]

和他们一起参观巴特伯里环形堡垒的还有哈代的妹妹凯特，彼时她在桑德福德-奥卡斯的学校里，仍然很孤独，因此很高兴能有一天的假外出游玩。出发之前她就发出警告说：“我要甩开腮帮子大吃一顿，而且我有一肚子的话要跟你们说，你们到时候可别嫌我烦哦。来和我见面吧，为

① 骑在领马附近引导马匹牵引马车的人。

我的到来大惊小怪吧。我希望你们带上些蛋糕。”回到学校，她写的一封信的开头是“我最亲爱的亲人们”，信中描述了她是多么害怕在从温伯恩回到谢伯恩①的穿越乡村的火车旅途中与他们失去联系，因为沿线的很多线路和车站早已不复存在。那年9月，在写给艾玛的另一封热情洋溢、满怀深情的信中，她感谢艾玛送给了她一件披肩，大概是一份生日礼物，并宣布她“明晚回家，因为玛丽认为我最好去探望一下父亲”。西斯塔福德教区牧师的两个女儿伊万杰琳·史密斯和布兰奇·史密斯小姐组织了一场乡村音乐会，老哈代作为歌手和小提琴手参加了演出，但显然在演出之前，他的神经一阵紧张。凯特以其特有的夸张补充道：“我不晓得什么时候我曾对任何事情感到如此焦虑担忧——据我所知从来没有过。与此相比，学校的考试根本算不了什么。”[27]

那年秋季，另一位来到兰赫恩的访客是亨利·穆尔，他是穆尔的弟兄中的老大。亨利比哈代年长十五岁，年轻时就认识他，并对他早期的水彩画习作颇感兴趣，但这些年间，二人失去联系，其中大部分时间亨利都是在苏格兰当土地经纪人。值此亨利第一次来访之际，他们畅聊到“凌晨时分”，并讨论了如何将哈代的文学才能与亨利多年来努力培养起来的艺术技巧结合起来。在随后写给哈代的一封信中，亨利提出一个建议，这个建议首先是由艾玛提出的，即“你写一本关于多塞特的书，我
209 负责里面的风景和建筑插图”。哈代拒绝了这一想法，表面理由是这不会有什么收益，但他肯定也不愿意在威塞克斯这个虚构世界的自治权方面作出任何妥协，因为他自己的名字正在和它产生密不可分的联系。两人尽管年龄差距较大，但关系却很好，从1883年起，哈代搬到了多切斯特，亨利则成为多塞特郡博物馆的馆长，他们之间的感情和在历史方面的共同志趣，为一段温馨而又轻松的友谊奠定了基础。[28]

---

① 谢伯恩（Sherborne），多塞特郡西北部的集镇和教区。

哈代去世后，道格拉斯爵士写道，在他的记忆中，哈代在温伯恩时期拥有“一个比我所见过的任何时候都要强健的体格，因为得到了精心的护理，身体强健但又不超重。他的谈话也很轻松愉快，主要是关于文学的”。[29]然而，这或许只不过是说，哈代很高兴接待一位能够为温伯恩这块土地增色添趣的客人。事实上，哈代忧心忡忡地意识到了《冷漠的人》的弱点，疾病带来的身体和情感上的虚弱乏力仍在动摇他的信心，他也迫切需要确保他作为富于想象力的文学作家的专业地位，这首先指小说领域，不过患病期间所作的笔记表明，诗歌从未从他的思想中走远。[30]1881年8月末和9月初，哈代夫妇进行了苏格兰之旅，他们去了爱丁堡、罗斯林、斯特林和特洛萨克斯，并在返程途中去了温德米尔和切斯特，整个苏格兰之旅给他们的感觉是潮湿而不舒服。回到兰赫恩后，哈代对《冷漠的人》做了最后的修订，准备以三卷本形式出版。同时，连载的版本持续到了《哈珀新月刊杂志》1882年一月号，直到1881年10月中旬，他才能够写信跟鲍克说：“我已经检查了第十二和十三部分的修订稿，没有发现任何需要进一步更正的问题，因此我相信在此事上我已经完成杂志社交给我的任务。”[31]

几乎在同一时间，他收到了《大西洋月刊》的编辑托马斯·贝利·奥尔德里奇的来信，请求他来年在他们的杂志上进行小说连载，哈代迅即以一部新小说的提纲予以回复。新小说题名为《塔上恋人》，其核心冲突发生在一位年轻天文学家的科学热情与他对一位尽享荣华富贵的年长女性的爱之间。[32]1882年12月金星凌日①将再度出现，目前人们对这一天文现象兴趣盎然，这启发了哈代小说的天文学主题，尽管他可能

① 金星轨道位于地球轨道内侧，在某些特殊时刻，地球、金星、太阳会处于一条直线上，这时候从地球上就可以看到金星像一个小黑点一样在太阳表面缓缓移动，金星凌日又有“小日食”之称。这一天文现象比较罕见，每个世纪只有两次，两次之间相隔八年，因此上一次的出现时间是1874年。

也还记得乔治·艾略特的《弗洛斯河上的磨坊》的一个片段，即玛吉·图利弗在其中得出结论说，所有天文学家都一定讨厌女人，“因为，你知道，他们住在高塔之上，如果女人们去了高塔，她们可能会不断说话，那
210 便会妨碍他们观测星球”。[33]主人公的构想部分，是受到了十七世纪年轻的天文学家杰里迈亚·霍罗克斯的启发，而从一座为其他目的而建的塔上进行观测的想法，似乎是受到了目前仍矗立在查伯勒庄园的那座塔的启发。另一方面，小说本身的时间方案完全是当代的，它特别强调科学，即试图“将两个无穷小的生命的情感史置于星际宇宙的宏大背景之下”[34]，这使得它在某些方面甚至比蕴含了动荡不安的近代史的《冷漠的人》更咄咄逼人地“具有现代性”。为了准备写这部小说，哈代获得了有关镜头和望远镜制造的专家信息，而且考虑——但似乎并没有成行——参观格林威治皇家天文台，以“确定一个里面装有楼梯的中空纪念柱是否可以改造成一个小型天文台来使用”。[35]

1881 年 12 月初，《冷漠的人》第一版出版了，评论大多不温不火，但总是毕恭毕敬，没有人对其完全不屑一顾，总体上比预期的要好得多。无论如何，哈代的注意力从这些评论上转移了，也从《塔上恋人》的创作上转移了，使他转移注意力的事情是：12 月 29 日，亚瑟·温·皮内罗①的《乡绅》在伦敦圣詹姆斯剧院首演，演出之后引发的争议令哈代甚是苦恼。标题中的“乡绅”是一个农妇，很显然，皮内罗的构思很大程度上要归功于《远离尘嚣》。更令人不安的是这样一个事实，即那部小说的舞台版《农场的女主人：一部田园剧》是哈代本人与剧作家兼评论家 J.康明斯·卡尔②合作改编的，并于大约一年前提交给了圣詹姆斯剧院的经理约翰·黑尔和威廉·亨特·肯达尔。黑尔和肯达尔暂时接受了这

---

① 亚瑟·温·皮内罗（Arthur Wing Pinero, 1855–1934），英国作家、演员。

② 约瑟夫·康明斯·卡尔（Joseph Comyns Carr, 1849–1916），英国剧作家、评论家。

部戏,甚至(如哈代所声称的)在剧院最终于1880年11月做出不利于它的决定之前,就使它进入了排练程序。一段时间后,很明显是在没有确定其来源的情况下,肯达尔的妻子、女演员玛吉·肯达尔便把这部戏的情节私下告诉了皮内罗,结果是皮内罗写出了《乡绅》。[36]

哈代对皮内罗的剧本毫不知情,直到他在首演后的次日早上看到《每日新闻》对该剧的评论。他感到困惑不解,愤怒不已,而且产生了很大的不安全感,于是急忙为自己的职业利益辩护,他向廷达尔·阿特金森寻求建议,并撰写了一封抗议信,于1882年1月2日正式刊登在《泰晤士报》和《每日新闻》上,同时还附上康明斯·卡尔的一封信,列举了各种确凿的细节证据。《每日新闻》后来还刊登了皮内罗的回信,他承认读过哈代的这部小说,但坚称他的灵感来源和该书毫无关联,而且他 211
的"动机、人物刻画和对白"与哈代的迥然不同:"我只是让我的马头朝向开阔的乡村,并使用了和他一样的树篱和沟渠而已。"皮内罗的回信是不明智的,同一天,布莱克在给哈代的信中写道:"我们生活的时代已经不再讲诚信了。"[37]

争论无休止地继续着——《剧院》杂志在其二月号上刊登了关于该主题的"专题论文集",迟至4月8日,《笨拙》杂志①刊登了一幅反对《乡绅》的卡通漫画——整个事件变得越来越让哈代反感,因为这使得整个著述业看起来像任何其他行业一样,充满了粗暴而卑鄙的竞争。2月10日的一则笔记,辛酸地谈到了他过去、现在和未来职业生涯的诸多特点:"我发现,我性格中的某些缺陷妨碍了我与同行业的其他人并驾齐驱。当建筑学和我一起并肩作战的时候,我却对它心生厌恶,文学亦是如此,唯一能使我对它保持热情的方法,就是不要和其他业内人士混在一起。"[38]但是如果哈代希望整个事件很快被大家忘却的话,卡尔则看到

---

① 《笨拙》(*Punch*),英国讽刺漫画杂志。

了这场争论有利可图的地方。他和妻子对《农场的女主人》做了一次彻底的修改，删去第一幕，重写最后一幕，把已经印刷的文本的片段和几页新手稿组合在一起，找了一家公司，于2月27日在利物浦的威尔士亲王剧院上演了该剧。[39]尽管哈代几乎没怎么参与其中，但这部戏受到的追捧使他备受鼓舞，他及时北上，赶上了利物浦的最后一场演出，也抓住最后一次机会看到马里恩·特里扮演的芭斯谢芭。在最后一场演出闭幕之后的晚会上，他那番致辞可以视作范本，应用于演讲不可避免地成为必备环节的种种场合："我已经为别人操刀过许多演讲稿，而自己不得不做一次演讲时，我却完全不知所措了。"[40]

尽管哈代对戏剧技巧持不信任的态度，对精心制作舞台设计的当代时尚也不屑一顾，但他对剧院毕生迷恋，尤其是七十年代和八十年代初，他更加沉迷于看戏，难怪他对温伯恩的莎士比亚阅读协会的会员们感到不耐烦。住在图廷的时候，他沉浸在伦敦的各种俱乐部和友好协会（萨维尔俱乐部、拉伯雷俱乐部等）的世界里，由此结识了亨利·欧文和其他主要演员，在友好协会里，文学界、新闻界、戏剧界和（在那些日子里）美术界的从业者不断地聚在一起。在从利物浦回家的路上，哈代致信欧
212 文，让他给他们夫妇俩搞到观看《罗密欧与朱丽叶》的座位。哈代邀请鲍克与卡尔和马里恩·特里（未能到场）共进午餐。[41]他开始就《远离尘嚣》在法国的出版事宜与相关公司协商，尽管他没有插手灾难性的纽约改编本的事务，也没有插手利物浦的巡回演出，但4月份，他的确参加了伦敦演出的彩排，演出仅持续十余周，观众大体上对演出报以掌声，但演出并没有获得满堂彩。[42]这次扮演芭斯谢芭的演员是伯纳德·比雷太太，而艾伦·特里的丈夫查尔斯·凯利①再次扮演了奥克，他偶尔会

① 艾伦·特里（Ellen Terry，1847-1928），英国女演员；查尔斯·凯利（Charles Kelly，1839-1885），英国演员、记者。

在醉酒的情况下登台演出，据说 W. S. 吉尔伯特曾对此发表评论："没有人比我更欣赏查尔斯·凯利的演技，但无意间听到他说的话，我总是觉得多少有点尴尬。"4 月 29 日晚上，哈代出席了在环球剧院的成功首演，而且谢幕时他似乎悄无声息地登上了舞台，但只作了短暂停留。凯特写信跟艾玛说："我真的很想看到汤姆站在舞台上，我敢说他看起来很帅。"[43]

1882 年，哈代还要忍受其他的职业烦恼。2 月 18 日，《学园》杂志从美国期刊上转载了两组并置的段落，旨在证明哈代不仅在《司号长》第二十三章中抄袭了 A. B. 朗斯特里特①的《乔治亚场景》，还在《冷漠的人》第五章中抄袭了"尼姆罗德"（查尔斯·阿佩利②）发表在《评论季刊》上的文章。在这两个例子中，哈代似乎有愧，因为他确实使用了他早先从已出版的资料中抄进笔记本的素材，尽管《司号长》中的那个片段实际上是源自家藏的吉福德的《法国大革命引发的战争之历史》，而吉福德和朗斯特里特他们自己也引用自同一来源。[44]那年夏天，他从不同的角度遇到一个类似的问题，当时一家名为《伦敦社会》的杂志以他的名义发表了一首诗《两朵玫瑰》，该诗的作者后来被证明是另一位叫托马斯·哈代的人，哈代显然与他相识，时间是他在布洛姆菲尔德公司工作的时候。哈代甚是气愤，不仅是因为自己的名字被盗用，还因为以自己的名义发表的诗写得都很差；他写信给版权协会的秘书 W. 莫伊·托马斯，询问当碰巧有人与他重名时，他对自己名字的专有文学用途有什么权利。当他向托马斯抱怨时，似乎他"注定要在今年犯口角！"[45]那也不是最后一次。

---

① 奥古斯塔斯·鲍德温·朗斯特里特（Augustus Baldwin Longstreet, 1790-1870），美国律师、教育家和幽默作家。

② 查尔斯·詹姆斯·阿佩利（Charles James Apperley, 1777-1843），笔名尼姆罗德（Nimrod），英国运动员和体育作家。

是年夏，哈代在温伯恩撰写《塔上恋人》的手稿。哈代夫妇在兰赫恩雇用的厨师是一个操着浓重多塞特口音的年轻女子，她后来描述哈代
213 会习惯性地在厨房里待很长时间，对用人们微笑，鼓励他们说多塞特方言，然后便消失在书房（温室后面的房间）里，一天中剩下的时间都在写作，甚至到了发愤忘食的地步。[46] 尽管如此，他似乎也没有把全部的创作注意力都放在《塔上恋人》上面。他允许自己的工作被短暂地打断，中间他会前往多切斯特，在那里他仍在寻找一块宅基地，也会去温伯恩附近的一些地方；9 月，他则去了索尔兹伯里、阿克斯明斯特和多塞特西部的一些城镇，西部是他现在对多塞特郡最不了解的一部分；在 10 月和 11 月初，他和艾玛去巴黎旅行了几个星期。这一次，他们没有住旅馆，而是在美院街租了一套小公寓房间，自己料理了很多家务，每天都在一种似乎愉快而散漫，基本上和平友好的方式中度过，购物，外出就餐，观光，买书，参观画廊，去剧院，尽管像往常一样，由于“多变的天气”，他们患上了重感冒。[47] 正如哈代后来向高斯承认的那样，《塔上恋人》的写作计划是相当细致的，但“不幸的是，实际的写作是一个月接一个月地匆忙完成的，手稿被寄往美国，我都没看到校样他们就把书印了出来。如果我没有旷工而去巴黎的话，那以书籍形式出版的小说内容本可以重写的”。[48]

将《塔上恋人》以书籍形式出版的出版商是桑普森·洛，他于 10 月底以三卷本形式出版了该小说。一些评论家已事先准备好稿子，称该书的“天文学”元素，尤其是斯威辛·圣克利夫和薇薇特·君士坦丁在塔上的对话，给他们留下了深刻印象，甚至使他们感动不已，但很少有人觉得这些元素已经充分融入核心故事。几乎所有评论家都对故事在叙事上的转折表达了某种程度的忧虑，如薇薇特发现自己怀上了斯威辛的孩子，但是斯威辛不在她身边，于是她诱使有点傲慢的梅尔切斯特主教与她结婚，使他成了孩子的代理父亲。以前曾是英国国教牧师的基根·保

罗告诉哈代,受害者竟然是一个主教,这有“一种绝妙的喜剧格调”,但大众的评论大体上与《星期六评论》对这一情节的谴责态度是一致的,说它“极其令人厌恶”。[49] 12 月初,哈代自己起草的宣传广告被刊登在各大期刊上,这则广告不明智地强调了该书中那些触怒读者的方面:“故事是这样的:一位女士和一位比她小很多的年轻人,通过在一起研究星星而发展成了无法预测的关系;她对他宽宏大量,却使自己陷入绝境;她通过不计后果的厚颜无耻而获得解脱。”[50]

1883 年 1 月中旬,《圣詹姆斯公报》的评论员发表评论说,主教的命运不仅震惊了读者——作者显然意欲如此——而且侮辱了教会。1 月 214
19 日的《圣詹姆斯公报》刊登了哈代的辩护文章,但再次显得不那么有说服力:

> 纯粹的艺术条件使文章所提及的主人公有必要有一个主教的地位,这对那些在讲故事的行业有着丰富经验的读者来说将是显而易见的。事实上,并不存在文章中所暗示的那种不可告人的想法,这一点对任何人来说都不言而喻,从如下两种情形中可见:其一是书中最可敬的人物之一、男主人公的朋友是一位牧师,其二是女主人公最温柔的品质与她的宗教感情交织在了一起。[51]

在哈代的职业生涯中,吹毛求疵的人制造了种种困难,我们不可能不站在他这一边,但他因试图为自己开脱所采取的策略,并不总是能让我们那么容易产生共鸣。他在这次特定情况下的反应,并没有与批评者的真正反对意见针锋相对,而其闪烁其词在与其主张——即“书中几乎没有一次合法婚姻之外的爱抚,或者说本来就是这么设计的”[52]——的对比下显得相形见绌。毕竟婚姻事实和婚姻意图之间是有区别的,而该小说的大部分情节都取决于这一区别,准确地说,道德家们对那一次普遍认为是存在的爱抚感到忧虑的原因是，爱抚发生的时间恰恰是男女主人公得知他们的婚姻无效的时候，而且爱抚持续的时间足够长，从而导致女主人公怀孕，而孩子生父的身份后来被安在了毫无戒心的主教身上。此时此刻的哈代显得最没有吸引力，尽管他的评论总是围绕着字面意义上的真理来组织，但他不能在自己被指控为不诚实的情况下获得无罪释放。他还时不时地作出误导性的或不够透明的意图声明，从而为自己制造麻烦；《大西洋月刊》的编辑并不是最后一个有理由抱怨的人——据说奥尔德里奇也这样抱怨过——他抱怨哈代承诺向他提交一个家庭故事，但最终提交的却是一个怀孕的故事。①[53]

1882 年 12 月 4 日，哈代给朋友高斯寄去一本《塔上恋人》，并表达了自己对高斯的信心，认为他至少会“感觉到我的目标——即使其他人没有感觉到的话——不是仅仅把科学作为浪漫故事的衬料，而是作为其真正的载体”。高斯第一次回信仅仅是为了感谢哈代的礼物，并说美国小说家威廉·迪恩·豪威尔斯②最近访问伦敦时，很后悔没能见到哈代——“他在整个英国最想见到的那个人”。但是，高斯真正读过这部小说后，便对它肃然起敬，而对哈代所取得的整体成就更是敬佩有加：

215 您的书对我来说至关重要。我认为您是英国在世的最优秀的小说家，无人能比……虽然我承认您有时候有点亚历山大主义③，但您的风格或举止并没有冒犯到我……您仍然保持着伟大的风度、独创性和大胆性，以及富有想象力的灵感的真正气息。我注视着

① 这里作者用了一个由 family 一词构成的双关语，a family story 是“家庭故事”的意思，而 a story in the family way 的直译是“家庭方式的故事”，但实际上 in the family way 是一个习语，是“怀孕”的委婉语，可惜这一双关语无法译出。

② 威廉·迪恩·豪威尔斯（William Dean Howells，1837–1920），美国小说家、文学批评家，美国现实主义文学奠基人，代表作《塞拉斯·拉帕姆的发迹》。

③ 喜欢模仿的。

> 您，好像您是一只渡渡鸟。一旦英国小说界失去您，它将失去一切。[54]

高斯对那些著名的、贵族式的，甚至是有潜在用途的同时代人的精心栽培，是他职业生涯的一个重要组成部分，也是他最终成为一个有影响力的成功人士的基础之一。但如果说高斯渴望取悦他人，他确实也有取悦他人的能力。他魅力十足，诙谐幽默，口齿伶俐，妙笔生花，而又不辍笔耕。他之所以能收到亨利·詹姆斯、罗伯特·路易斯·史蒂文森①和其他许多人写得最好的书信，主要是因为他本人也是一位活泼而有趣的写信人。高斯在追随其“猎物”时所表现出的虔诚，常常与友谊难以区分，而他最终也并没有表现得比许多打着友谊的幌子而建立关系的人更为自私。尽管哈代在晚年时会对高斯产生不信任——不管是对还是错——怀疑他制造麻烦，故意言行失检，因无法抗拒恶作剧带来的乐趣而制造流言蜚语，但毫无疑问，在哈代大部分的职业生涯中，正是高斯为他提供了一条建立亲密文学友谊关系的捷径。[55]

哈代有可能留意到了高斯关于《塔上恋人》的回信的华丽辞藻，但信件的热情和直率恰恰给了哈代在那个特定时刻所需要的那种慰藉。他的疾病及其对他的职业带来的后果，仍然使他的心情颇为沉重，正如评论家们攻击《塔上恋人》时所使用的“温暖的贬义词”一样。11 月下旬，艾玛的姐夫霍尔德牧师去世的噩耗传来，他在《生活和工作》中被铭记为一个“性情真诚而和蔼”的人；温伯恩的生活也越来越令人厌烦。[56] 1882 年 12 月，哈代跟高斯说：“我们打算在 3 月份左右永远地离开温伯恩，对健康而言，我们现在住的房子和斯托尔河边房子的条件太接近

---

① 罗伯特·路易斯·史蒂文森（Robert Louis Stevenson，1850–1894），英国小说家，代表作有《金银岛》《化身博士》等。

了。”[57]正如在1876年当他们离开斯特明斯特-牛顿时，他们将原因归咎于斯托尔河上游的空气一样，这一次环境因素再次成了许多其他不足为外人道的原因的替罪羊。和艾玛一样，哈代往往过分担心天气潮湿和空气不好对自己健康的影响，对于多切斯特的住宅，他晚年时最常提到的一个推荐建议就是这些房子“建在白垩岩上”，但就像在斯特明斯特一样，艾玛主要是不满意小镇的面积狭小和沉闷无趣，以及它不能满足
216 她长久以来对社会地位显赫和文学成就卓越的奢望，这既是为其丈夫着想，显然也是为她自己着想。大约是在这个时候，达什伍德太太从斯特明斯特写信给艾玛，问起哈代的作品，但她又接着说，或许带着一点讽刺的意味：“我希望你的故事会接踵而至，从而给文学界带来惊喜，它们在你的脑海中酝酿已久，现在应该面世了。”[58]

注释

[1]《生活和工作》，页143-144；《哈代书信》，第一卷，页73；《哈代诗歌》，第二卷，页395，D. 泰勒认为日期为1913年之后，《哈代诗歌的时间顺序表》，载《哈代杂志》，十八卷一期（2002年2月），页50，尽管其确切的传记相关性仍不得而知。

[2] F. B. 皮尼恩，《哈代家族和索尔兹伯里》，载《哈代年鉴》，第二期（1971），页84。

[3] 凯特·哈代致艾玛的信，1881年9月23日，“星期四”[1882年?]。（多博）

[4] 信件。（多博）

[5]《哈代书信》，第一卷，页84；汉德利·穆尔和A. E. 穆尔提供的注明日期的赠阅本（耶鲁）；《生活和工作》，页144-145；《哈代诗歌》，第三卷，页226。

[6]《生活和工作》，页149-150；《哈代书信》，第一卷，页88。

[7]《哈代诗歌》，第一卷，页189-190。

[8]《生活和工作》,页 153;C. K. 保罗致哈代的信,1881 年 2 月 24 日(多博)。

[9] E. 高斯致哈代的信,1917 年 12 月 16 日(多博);信息和建议源自 G. 巴克莱博士、G. A. 法罗博士、V. 杰斯蒂博士和 M. 拉比格先生。

[10] 珀迪,页 39–40;哈珀兄弟公司致哈代的信,1880 年 5 月 24 日(副本,纽约公共图书馆);《哈代书信》,第一卷,页 82;《哈代书信》,第五卷,页 237。

[11] W. L. 菲尔普斯,《附带信件的传记》(纽约,1939),页 391、394;《哈代书信》,第一卷,页 82;C. K. 保罗致艾玛的信,1880 年 11 月 14 日(多博);G. 史密斯致艾玛的信,1880 年 11 月 18 日(多博);艾玛致 G. 史密斯的信,1880 年 11 月 19 日(草稿,多博)。

[12] 玛丽・哈代致艾玛的信,1881 年 1 月 28 日。(多博)

[13]《蓓尔美街报》,1880 年 11 月 23 日,第 11 版。

[14]《生活和工作》,页 153。

[15]《哈代书信》,第一卷,页 87;《哈代书信》,第一卷,页 88。

[16] C. K. 保罗致哈代的信,1881 年 2 月 24 日和 2 月 7 日。(多博)

[17]《生活和工作》,页 150–151;简・S. 洛克致艾玛的信,1881 年 4 月 28 日(多博),在 D. 凯-罗宾逊的《第一任哈代夫人》(伦敦,1979)中被错误地解读了(页 232)。

[18]《生活和工作》,页 153。

[19] 见《职业》,页 174–182。

[20]《生活和工作》,页 154;参《哈代书信》,第一卷,页 91;"兰赫恩"(Llanherne)的拼写只出现于《生活和工作》(页 154)和《早期生活》(页 193)。

[21]《哈代书信》,第一卷,页 92;《哈代诗歌》,第三卷,页 305。

[22] 信息源自已故的蒙塔古・哈维,1978 年。

[23]《生活和工作》,页 154;B. 弗林特,《哈代在温伯恩,1881–1883 年》(温伯恩,1995),尤其是页 7;G. 道格拉斯,《散文和诗歌拾遗》,O. 希尔森编辑(加拉希尔斯,未注明出版日期),页 28;G. 道格拉斯,《爱情的全部和其他诗歌集》(伦

敦,1880),页116。

[24]《生活和工作》,页156;《布兰德福德和温伯恩电报》,1882年1月6日。

[25]《生活和工作》,页157;《布兰德福德和温伯恩电报》,1883年5月11日,1883年4月13日;《生活和工作》,页155。

[26]《生活和工作》,页164;《个人笔记》,页21–24。

[27] 凯特·哈代致哈代和艾玛的信,星期三[1881年7月?]以及星期日[1881年7月?](多博);凯特·哈代致艾玛的信,1881年9月23日(多博);M.E.巴斯,《哈代和伊万杰琳·F.史密斯》,载《哈代年鉴》,第四期(1974),页40–41;《多塞特郡纪事报》,1881年9月29日,第6版,报道老哈代的喜剧歌曲为"加演的"。

[28] 关于穆尔的信件,见哈代的《H. J. M.:一些记忆和信件》,载《公众声音》,页229–236。

[29] 道格拉斯,《拾遗》,页29。

[30]《生活和工作》,页150。

[31]《生活和工作》,页154–155;《哈代书信》,第一卷,页94。

[32] T. B. 奥尔德里奇致哈代的信,1881年9月28日。(多博)

[33] 被F. B. 皮尼恩指出,见《哈代指南》(伦敦,1968),页39。

[34]《塔上恋人》,页vii。

[35]《哈代书信》,第一卷,页97;《哈代书信》,第一卷,页96–97;马丁·比奇博士告诉我,哈代并不是皇家天文台有记载的访客,参其《哈代的天文学:审视〈塔上恋人〉》,载《哈代年鉴》,第十九期(未注明出版日期),页18–30。

[36]《哈代书信》,第一卷,页99–101;珀迪,页28–30,但另见下面的注释37和39。

[37] H. T. 阿特金森致哈代的信,1881年12月31日(多博);《每日新闻》,1882年1月2日,第2版;W. 布莱克致哈代的信,1882年1月2日(多博);关于随后争议的细节,见J. F. 斯托特拉,《哈代对皮内罗:〈远离尘嚣〉的两个舞台剧

版本》，载《剧院评述》，第十八卷(1977)，页 23–43。

[38] 弗洛伦斯从哈代后来被销毁的笔记本中抄写出来的笔记。(耶鲁)

[39] 戏剧手稿(大英)；《时代》，1882 年 3 月 4 日；关于文本分析，部分纠正珀迪的分析，见 P. 达尔齐尔，《谁的情妇？哈代的戏剧合作》，载《目录学研究》，第四十八卷(1995)，页 248–259。

[40] 《生活和工作》，页 158；J. 科米恩斯・卡尔致哈代的信，[1882 年](多博)；《J. 科米恩斯・卡尔太太回忆录》，E. 亚当斯编辑(伦敦，1926)，页 78。

[41] 《哈代书信》，第一卷，页 104–105；弗莱明，《R. R. 鲍克：激进的自由主义者》，页 152。

[42] 《哈代书信》，第一卷，页 105；V. 利伯特，《美国舞台上的〈远离尘嚣〉》，载《版本记录》，新序列，第三卷(1938 年夏季号)，页 377–382；苏莱曼・M. 艾哈迈德，《英国地方剧院上演的〈远离尘嚣〉》，载《哈代杂志》，十六卷一期(2000 年 2 月)，页 70–81。

[43] 《J. 科米恩斯・卡尔太太回忆录》，页 77–78；凯特・哈代致艾玛的信，星期四[1882 年 5 月？](多博)。

[44] 《哈代书信》，第一卷，页 103–104，以及 C. J. 韦伯，《哈代在美国》(1946；重印，纽约，1966)，页 62–67。

[45] 《哈代书信》，第一卷，页 108–109；小 F. B. 亚当斯，《另一个男人的玫瑰》，载《新版本记录》，二卷六期(1949)，页 107–112。

[46] 蒙塔古・哈维(援引自其母亲)，访谈，1975 年。

[47] 《哈代书信》，第一卷，页 105；《生活和工作》，页 159–160。

[48] 《哈代书信》，第一卷，页 114；珀迪，页 41–44。

[49] C. K. 保罗致哈代的信，1882 年 11 月 12 日(多博)；《星期六评论》，1882 年 11 月 18 日，页 675。

[50] 《哈代书信》，第一卷，页 109，《公众声音》，页 33，以及珀迪，页 44–45。

[51] 《圣詹姆斯公报》，1883 年 1 月 16 日和 19 日，参《公众声音》，页 35。

[52] 《塔上恋人》，页 vii，参《职业》，页 191–193。

[53] W. H. 莱丁,《诸多名人和一些其他人》(伦敦,1912),页286。

[54]《哈代书信》,第一卷,页110;E. 高斯致哈代的信,1882年12月8日和1883年1月18日(亚当斯)。

[55] 关于高斯,见安·思韦特,《埃德蒙·高斯:文学风景,1849-1928》(伦敦,1984),多处;关于高斯和哈代,尤其见页222-224。

[56]《塔上恋人》(伦敦,1895),页v;H. 霍尔德致艾玛的信,1882年11月28日(多博);《生活和工作》,页161-162。

[57]《哈代书信》,第一卷,页110。

[58] 达什伍德太太致艾玛的信,星期五[1883年?]。(多博)

第十二章　重返多切斯特

尽管1883年4月哈代夫妇尚未离开温伯恩，但他们还是在仲夏时节离开了那里，他们第二年的租约到期了。6月12日，哈代告诉高斯说："我们下半月将离开此地——这令我兴高采烈。有个人来家里看我们的家具，他'过目不忘'（他自己如是说），一边看一边心算，直到他估算出来搬走这些家具所需的费用。"[1]但是即使哈代乐意背弃温伯恩，在那里度过的时光也绝不是没有成效的。它为他提供了一个舒适而轻松的环境，使他从疾病中康复。它让他有机会再次"感受到"多塞特，而不必面对重返多切斯特所带来的种种社会压力。它允许甚至迫使他重新考虑自己过去、现在和未来的整个职业生涯，其生涯之花终将在《卡斯特桥市长》和今后几年的其他重大成就中结出累累硕果。 217

在1882年夏季的一些笔记中，隐含着哈代这样一种认识——甚至是在《塔上恋人》完成之前就认识到的——即不知何故他在前两部小说中迷失了方向，需要回到他最熟悉和最了解的素材，回到以前的叙事模式，这种叙事模式曾为其赢得早期成功，并使其在读者心目中确立了鲜明的个性。5月的一则关于"生活在习惯性孤独中的人们的慢节奏冥思生活"的评论，在8月的一个更为具体的文学构想中得到了回响："一个丰满的主题：在最普通的生命中跳动的强烈兴趣、激情和策略。"他四十二岁生日次日（即6月3日）的一则笔记，阐述了一个理论上的理由，即作为人类和自然世界的观察者和记录者，他应该更绝对地相信自己最深刻的本能："就像人在看地毯时，目光追随某一种颜色，会使人想起某种
218 图案；目光追随另一种颜色，就会使人想起另一种图案。因此，在生活中，一位先知应该在其特质驱使他去观察的一般事物中观察这种图案，并单独描述它。准确说来，这是一种回归自然的方式；然而，其结果不仅仅是照片，而纯粹是作者自己思想的产物。"[2]

在温伯恩时期，哈代对一些社会和人道主义问题的关注也开始浮现，这些关注将成为他日后生活和工作的中心。无论何时，只要有可能，他对记录和保存当地过去的口头和实物遗留物的兴趣得到了实际的体现，他与古建筑保护协会合作，试图防止破坏古旧建筑，并反对以"修复"活动来毁坏教堂，即那种他在希克斯和克里克梅的公司工作时亲身参与的"修复"活动。[3] 他特别提出要密切注意在温伯恩大教堂所做的工作，他的诗歌《在老教堂复制建筑设计》或许不是在温伯恩写的，但肯定与他当时的经历相关，与此情况类似的是《被夷为平地的墓地》中那些杂乱无章地堆在一起的墓碑所上演的粗俗滑稽的喜剧（"每一个葬在这里的正派的精灵般的少女 / 都害怕在世界末日面对上帝最后的审判，/ 唯恐她一半尸骨和更加正派的人的尸骨混合在一起，/ 而某个娼妓的尸骨却混入了她尸骨的另一半！"）[4]，尽管产生关联的方式大不相同。

也是到这个时候，动物们所忍受的痛苦开始让他觉得心如刀割（用他和玛丽最喜欢的一句话来说），他还对艾玛予以赞扬——在随后的诸多场合又多次赞扬她——因为她有"令人钦佩的勇气"，不顾他人反对，当场抗议对马和其他动物的虐待，无论是它们被殴打，被疏于照料，还是被强迫过度劳动。[5] 当地庄园对猎禽的大规模捕杀，尤其使哈代本人心情沉重。在哈代夫妇于1881年12月参加舞会的几周前，温伯恩勋爵的

客人们在一天之内就杀死了一千四百一十八只雉鸡，三十五只野兔，四十八只兔子，以及两只鹧鸪。1882 年 1 月初，在与一位他所遇到的猎场看守人谈话之后，哈代写了一则笔记，在笔记中他的痛苦明显已经上升到这样的地步，以至于看守人的话演变成了故事提纲，后来成为《德伯家的苔丝》最有力的情节之一：

> [他]告诉我，在这个季节的某一天，他们在一天之内(用三支枪)射杀了七百只雉鸡，用驱赶狩猎法，把这些雉鸡赶到了种植园的一个角落。当雉鸡们到达角落时，它们就不会越过开阔地，只是扑棱着翅膀乱飞，然后便被大批射杀。他们捡起所有掉落在地上的雉鸡，夜幕降临后，那些藏起来或飞到茂密的树上的受伤的雉鸡也跌落下来，痛苦地躺在地上，第二天看守人们来寻找它们。(在上 219
> 述场合的次日，他们发现了一百五十只)——可以看到夜景——月亮——随着时间的推移，拍打着翅膀的、气喘吁吁的飞禽——此地此刻空寂无人。[6]

当然，在小说中，苔丝和鸟儿们一起受苦受难，鸟的命运某种意义上反映了她的命运。

也正是在温伯恩时期，哈代的作品中开始出现一种对农村劳动阶级更深层次的关注，或者说是更直截了当地表达出来的关注。尽管《塔上恋人》中的乡村人物被赋予的空间有限，但他们被同情地对待，与哈代早期小说中的主人公相比，他们的经济困境更加具体。然而，这是一个敏感话题，1883 年初的几个月间，哈代应《朗文杂志》的约稿撰写了一篇长文《多塞特郡劳工》，在文章中，他有点谨慎地处理了这一话题。尽管他本人支持自由党人给予农业劳工投票权的提议，但他还是一如既往地避免在自己的著作中出现任何支持某一特定政治观点的情况，正如他跟约翰·莫利(哈代向他和格莱斯顿①寄出了自己那篇已发表的文章)所说的那样:“虽然我是自由党人,但我一直努力在不带任何政治偏见的前提下描述事态。”[7]是年晚些时候,有人约稿请他写一篇专门讨论农业工人处境的政论文,他拒绝了,甚至在按照《朗文杂志》更宽泛的要求撰写文章时,他也选择了呈现这一主题的几个不同方面,而不是讨论个案或提供全面的评估。

尽管人们经常讨论哈代,似乎他主要是一个农业衰退的编年史编撰者,但《多塞特郡劳工》一文证明,他认为十九世纪八十年代初农业的萧条状态并不是灾难性的。贯穿整个十九世纪末和二十世纪初的大萧条,现在普遍被看作没有过去认为的那么严重,多塞特对畜牧业的重视,使它在任何情况下都能逃脱从北美涌入廉价谷物的最坏后果。[8]事实上,哈代的文章并没有直接论述农业的总体状况,尽管它强烈地唤起了人们对昔日农业劳动者所面临的剥削和实际上的农奴制的记忆,不过它也表明,由于工资的提高和“田园生活的环境”,他们的现状得到了改善,相当令人满意。另一方面,文章很大篇幅谈的是流动性的增加带来的一些
220 不幸的影响,哈代认为流动性的增加既是劳动者行使更大经济权力的源泉,也是其后果。文章哀叹老一辈人失去了土地和农业劳工之间长期以来的亲密关系,也哀叹“有趣、博识的”乡村商人和手工业者阶层的消失,哈代的祖先就属于这个阶层,他认为该阶层为昔日自给自足的乡村社区作出了巨大贡献。文章尤其哀叹的或许是那种口头传统的逐渐丧失,这一传统在哈代的成长过程中发挥了非常重要的作用,并在他的小说中得到了丰富的借鉴。[9]

哈代是一个改良主义者,他不相信这一历史进程的社会后果是完全

---

① 威廉·尤尔特·格莱斯顿(William Ewart Gladstone, 1809-1898),英国政治家、经济学家,作为自由党人曾四次出任英国首相,四次出任英国财政大臣。

不好的；他还是一个现实主义者，无法想象这一进程会以某种方式逆转。但这样的认识只支持了已经得出的结论，即他作为作家的优势和需要，以及在旧的思维方式、说话方式和行为方式完全消失之前，在所有见证过他自己童年之前的那些日子的人最终逝去之前，早日重返他年轻时的故土——后来被开拓成其想象力的故土——的重要性。这些本质上消极的冲动，驱使哈代夫妇离开了温伯恩，从而为哈代自己早些时候发现的永久迁往多切斯特的许多积极的原因作了补充，或许多少有助于使艾玛与她采取的措施达成妥协，这一措施在她看来一定是重要的，而且可能是危险的。

1882 年底至 1883 年初，哈代在温伯恩创作的作品包括短篇小说《挤奶女工的浪漫冒险》和《三怪客》；1883 年夏，他为一家美国杂志完成了儿童故事《西波利村冒险记》，但它注定要近十年以后才能出版。[10]当《多塞特郡劳工》的撰写工作和《塔上恋人》的各种版本（一版二印、陶希尼茨版和单卷本第一版）的修订工作被添加进来时，这个工作列表证明哈代已经恢复活力，也证明“他天赋异禀、多才多艺”，他的这一特点以及其他优点，被哈夫洛克·霭理士①在《威斯敏斯特评论》上发表的一篇颇有鉴赏力的长篇调查报告中予以赞赏。[11]但哈代作品的范围和种类都有令人不安的一面。正如哈代所承认的那样，《挤奶女工的浪漫冒险》匆忙写就，甚至手稿中偶尔有几节是艾玛写的[12]，故事结构松散，是一篇奇幻浪漫故事的习作，其不大不小的魅力来自真实的乡村描写与冯·赞滕男爵神秘形象中隐约体现的“哥特式”元素的并置。相较而言，《三怪客》是一个结构严密的故事，故事中相当多的叙事兴奋点，直 221

① 亨利·哈夫洛克·霭理士（Henry Havelock Ellis, 1859-1939），英国散文家、医生、性心理学家。

接取决于情节与时代、背景和人物塑造等确切的相关条件的结合。

如果说《挤奶女工的浪漫冒险》中向非现实主义的屈服，代表了哈代职业生涯中一个阶段的巅峰，该阶段的主要代表作是《冷漠的人》和《塔上恋人》，那么这一职业生涯的未来，将被证明是朝着《三怪客》所指明的方向发展的，该故事后来被作为开篇故事收录进《威塞克斯故事集》。在创作日期明确被标为1883年的《他放弃爱情》一诗中，似乎被放弃的不是作为个人情感的爱情，而是“爱情是生活的唯一事务的观念”，霭理士认为这一观念是哈代作品最早、最持久的特征之一。从这个意义上来说，该诗标志着哈代的创作主题和技巧即将发生变化，以及对以爱为主导动机和以浪漫为手段的背离：

现如今我不再看好
　普通的罕有之物，
午夜的细雨露水，
　阴暗的黄金时辰，
风发出的渴望的呼啸，
　带着瑕疵的丽姝，
梦中的事物，颜色更加炫美
　比亲眼见到的还要可人！……

然而，这种放弃的含义，无论是个人的还是职业的，都在凄凉中得以承认：

但是——爱之后将会发生什么？
　一个场景变得阴沉，
几个令人悲伤、空虚的时辰，
　然后，落幕。[13]

该诗经常因其所体现的斯多葛主义①而被称赞，但诗中的斯多葛主义几乎无法与幻灭和厌世区分开来，而且把《西波利村冒险记》所传达的保守信息和这些诗句放在一起一定颇有意思，那则信息是"足够明显的道德"，此乃哈代自己的措辞。如果这则故事的年轻叙述者偶尔能让人想起青年哈代，那么在那个失败者的古怪形象中，则有更多关于成熟时期的哈代的暗示，据说失败的主人公的智慧源于他的"失败，不是因为缺乏理智，而是因为缺乏能量"（哈代经常抱怨自己缺乏能量），他最后的建议是坚决不赞成对自然和社会既定模式的干涉："通常，在明确界定的道路上保持冷静的毅力，比那些可能造成很大伤害的不稳定的冒险要 222
好。"[14] 当哈代打算重返多切斯特时，他或许已经在思索，如果他从未离开多切斯特，也从未开始他过去几年中在住所、职业和情感上不稳定的冒险，他目前的境况是否会更好一些。

哈代夫妇已经预计到他们"兰赫恩"租约的结束，并为此做了准备，1883 年春末夏初，他们花了大量时间在伦敦"欣赏绘画作品，观看戏剧和探望朋友"。他们在霍顿勋爵家与勃朗宁和罗达 · 布劳顿②共进午餐，后来拜访了普罗克特太太，勃朗宁碰巧又在那里，在与哈代的谈话中，他那为了寻找更大牌的社交"猎物"而环顾房间的习惯激怒了哈代。还有一些活动是哈代一个人参与的，譬如有一次为向亨利 · 欧文③表示敬意而举行的拉伯雷俱乐部晚宴，还有一次私人晚宴，高斯终于成功地让他和豪威尔斯见上了面，作陪的有多布森、布莱克、杜 · 莫里耶等老熟

---

① 对痛苦的默默承受或泰然处之，简言之，坚忍、苦修。该学派由古希腊哲学家芝诺（Zeno，约前 490–前 425）于公元前 300 年左右在雅典创立，因在集会广场的画廊（古希腊语转写：Stoa Poikile）聚众讲学而得名。

② 罗达 · 布劳顿（Rhoda Broughton，1840–1920），英国威尔士小说家、短篇故事作家。

③ 亨利 · 欧文（Henry Irving，1838–1905），英国演员、导演。

人,还有雕塑家托马斯·伍尔纳和哈莫·索尼克罗夫特①。[15] 尽管那个晚上他很享受,但豪威尔斯第二天告诉高斯说:"我感觉我终究只是跨过门槛和哈代握了握手。"[16] 尽管哈代不是最会交际的人,而且有时他会怀疑自己与同行接触过多是否明智,但他显然没有想过与伦敦及其交织在一起的社交界和艺术界完全隔绝。多切斯特也不会被视为一个坚不可摧的隐匿之地,哈代夫妇于 6 月底搬进小镇的房子,7 月 21 日,作为伦敦文坛典型代表的高斯本人就成了首批来访者之一。

哈代夫妇住的地方叫郡厅寓所,原来是多塞特郡学校校长的住所,位于郡厅巷(现为格莱德路)的西侧,紧邻科利顿庄园的庭院。这是一座狭长的建筑,它背对着的是西大街北侧的几栋房子,从郡厅巷进入这栋建筑的唯一通道是一个拱门和一条向上的过道。在写给索尼克罗夫特的一封信中,高斯称之为"一栋杂乱无章的房子……一个小镇上的人说:'房子只有一扇窗户,窗户对着监狱巷。'它确实像个鼹鼠洞,因为入口几乎看不见,其洞穴一直延伸到所有东西的后面"。在写给妻子的信中,他将其描述为"一栋很奇特的、杂乱无章的老房子,但可能会让你欢心,一层一层地叠加在一起,是不同时期建成的"。[17]

223 哈代去火车站接上高斯,和他一起步行去了那栋房子,在那里把他介绍给了艾玛;在写给妻子的同一封信里,高斯有点刻薄地描述了艾玛,说她就是中年版的声名狼藉、絮絮叨叨的威廉·贝尔·司各特②太太,但又没有司各特太太漂亮。"她本意是想要非常友好亲切。"他补充道。亨利·穆尔和他们一起喝了下午茶,晚上,三个人绕城散步,甚至走到了环绕小镇的乡村的边缘,就像哈代即将创作的小说中虚构的卡斯特桥一样。高斯跟他的妻子说多切斯特:

① 威廉·哈莫·索尼克罗夫特爵士(Sir William Hamo Thornycroft, 1850–1925),英国雕刻家。

② 威廉·贝尔·司各特(William Bell Scott, 1811–1890),英国诗人、艺术家。

> 非常明亮和漂亮；镇外有两个兵营，一个骑兵营，一个步兵营，所以狭窄的街道充满了色彩和活力，作为一个乡村小镇，农民和劳动者们在周六晚上涌进小镇购物，所以在黄昏时它看起来像一个明亮的、有着异域风情的小镇。穆尔先生不久后就离开了，但我和哈代继续借着月光在城内外散步，还绕着旧城墙(现在是栗树成荫的步行小径)散步，一直走到十点半。[18]

第二天是星期天，哈代带着高斯前往位于多切斯特南部的温特伯恩-凯姆教区①的教堂和教区牧师住宅，去拜访巴恩斯。高斯之前已经与巴恩斯通过信，并对他的一部诗集给予了肯定性评论，但是哈代还是事先对拜访做好了安排，他对这位老诗人很了解，因此说话带着些许附加的恭维：他说高斯不仅是巴恩斯“最真诚的崇拜者”之一，而且高斯还宣称自己准备好“随时到多塞特来拜见您”。巴恩斯的反应则略微带着一点戏剧化的特色，他以一种显得颇为突兀的一丝不苟来履行其牧师职责，并朗读了一篇标准的布道词，这绝不是为了他的文学访客的缘故而伪装出来的。仪式结束后，巴恩斯又留在教堂听唱诗班的练习，之后才和客人们一起回到自己的教区牧师住宅，他们一直谈论的是古物收藏和文献方面的问题，而非其诗歌，但是诗歌才是高斯希望巴恩斯畅所欲言的话题。[19]

就在这次拜访后的一两周内，哈代来到了多切斯特摄影师约翰·庞西家里，为巴恩斯最出色的学生托马斯·威廉·霍珀·托尔伯特送终。托尔伯特现年四十一岁，他先是在选拔考试中大获成功，后来又晋升为孟加拉政府部门的副专员，并出版了音译成“罗马字符”(正如其中一个扉页上所写的)的著作、《鲁滨逊漂流记》的波斯语译本，以及《天方夜

---

① 温特伯恩-凯姆教区(Winterborne Came)，位于多切斯特东南约一点五英里处的一个小村、教区。

谭》的乌尔都语译本。然而，八十年代初，他感染了肺炎，被迫离开印
224 度，在多切斯特度过了1882年夏天的部分时光，随后在阿尔及尔度过了冬天。1883年8月16日，哈代在《多塞特郡纪事报》上为他写的讣告为故事画上了悲伤的句号：

> 约三周前，他又重返多切斯特，虽身体状况欠佳，但仍对未来充满计划。他那可怕的咳嗽突然发作，使其脆弱的身体完全垮掉，五天后他就撒手人寰。在其生命的最后一天，那种在该疾病的患者身上普遍存在的乐观情绪，令他仅仅是稍稍怀疑自己的死刑执行令已经到来；因此，摆在我面前的这些话带着强烈的悲怆之情——这是他最后写下的文字——用铅笔（因为他无法说话）草草写下的指示，对于一个奄奄一息的人来说，笔迹非常坚定和流畅。这些话是："我敢说我会克服这一切的，但万一在我的书出版之前发生什么不测的话，我恳请你帮我将其出版。资料都放在隔壁房间的桌子上——一大摞……"[20]

那份名为"葡萄牙人在印度"的手稿被证明是不可出版的，托尔伯特的"乐观情绪"无疑鼓励他把即将完稿的事实夸大了。托尔伯特以如此残酷的方式过早结束了如此充满希望的职业生涯，这深深触动了哈代，并在他的脑海中与对穆尔的回忆交织在一起，穆尔曾帮助和鼓励过托尔伯特，而他自己的光明前途也以同样意想不到的灾难而告终。在给托尔伯特写的讣告中，哈代特别提到了穆尔，而这两个人命中注定的职业生涯，很可能促成了哈代对《卡斯特桥市长》的核心人物迈克尔·亨查德的沉浮的构思。

巴恩斯、穆尔和托尔伯特，这些名字并置在一起，表明了在重返多切斯特的最初几个月里，哈代多大程度上发现自己被驱使着回到过去——

无论他是否情愿——特别是回到他二三十年前的记忆中，那时他还是一个多切斯特的小学生，后来成为一名建筑师的学徒工，在一个教堂的讲坛上被人批评是一个野心勃勃、自命不凡的新手。当前，他和艾玛主要关心的，而且多半默默关心的，是如何以一种适合他们新中产阶级地位的方式在镇上立足。当地人对哈代卑微家庭出身的了解，为他们身份的转变带来了困难。多切斯特到处都是记得他的人，无论是他学生时代的师生，还是他在希克斯位于南街的公司工作时的同事和客户。其家人仍然住在上博克汉普屯，其父亲和弟弟仍在积极从事建筑业，做打零工的 225
建筑工人；一两年后，哈代被选为多塞特郡博物馆的理事会成员，他在理事会的会议记录中被确定为“小托马斯·哈代先生”，这一命名准则直接表明了其社会经济出身以及其生父姓甚名谁。[21]

妹妹玛丽现在是贝尔巷幼儿学校的校长，这对他在镇上立足有一些帮助，而他作为作家新确立的名声确实也很重要。如果这并没有给他在自己的家乡带来荣誉，至少意味着人们知道他是谁，即使当地爱说长道短的人的反应是——他们通常会这样做——口头毁誉和内心嫉妒，但还是有人欣赏和敬佩他的工作，珍视与他的友谊。艾玛总是觉得自己被“郡里”的人忽视了，但伊万杰琳·史密斯和爱丽丝·史密斯在她们的父亲和兄弟博斯沃斯·史密斯①的陪同下，很快就来拜访“漂亮房子里的作家哈代先生”了，还有理查德·布林斯利·谢里丹的曾孙媳妇、美国历史学家约翰·洛斯罗普·莫特利的女儿玛丽·谢里丹②，她是另一位早期来访者。[22]1883 年 9 月 27 日，圣彼得教堂教区牧师的妻子奥古丝塔·埃弗雷特邀请哈代夫妇去见奥斯卡·王尔德，时间是在王尔德在多

① 这里的父亲是英国牧师雷金纳德·索斯韦尔·史密斯（Reginald Southwell Smith, 1809–1895），兄弟是英国作家雷金纳德·博斯沃斯·史密斯（Reginald Bosworth Smith, 1839–1908）。

② 玛丽·洛斯罗普·谢里丹（Mary Lothrop Sheridan, 1844–1918）的父亲是美国外交家、历史学家约翰·洛斯罗普·莫特利（John Lothrop Motley, 1814–1877），其丈夫的祖父是英国著名作家谢里丹。

切斯特演讲协会的支持下发表了“美丽的房子”(“The House Beautiful”)的演讲之后;几周后,哈代亲自邀请布雷特·哈特①从伦敦来给协会做讲座,并热情地为他提供了免费住宿,“如果简单的住宿条件就足够了的话”。[23]哈代夫妇还和他们的律师亚瑟·亨利·洛克保持着友好关系,他的儿子后来回忆起曾去参加在郡厅寓所为艾玛的小侄子戈登·吉福德和小侄女莉莲·吉福德举行的一个聚会,他俩当时和哈代夫妇住在一起。[24]

对于哈代重返多切斯特以及获得中产阶级地位,还有更加正式的认可。1884 年 4 月,在他回到多切斯特不到一年的时间里,他被任命为多切斯特的治安法官,于 8 月宣誓就职,并于 9 月初上任。尽管他出席开庭总是不稳定,但他认真履行了自己的职责,虽然这差事有时令他感到痛苦;他给自己买了一本塞缪尔·斯通的《法官手册》,作为其典型做法,他将这一经历写进了《卡斯特桥市长》中的一个场景,即在亨查德主持镇里的即决法庭时,那个卖粥的老妇人反败为胜。[25]哈代被任命为治安法官的迅速性表明其中涉及政治庇护的因素。哈代毫不犹豫地承认自己是自由党人;他与罗伯特·皮尔斯·埃德卡姆②保持着友好关系,后者是当地一位有影响力的自由党人,也常常是自由党候选人;1885 年 11 月 3 日,也就是哈代成为治安法官十八个月后,在选举前于多切斯特玉米交易所举行的自由党
226 会议上,他与埃德卡姆以及其他一些知名人士一起端坐在主席台上。[26]

在选举那天,大家热情高涨,发言者包括一位政府的部长,据当地报纸估计,观众约六七百人,既有保守党人,也有自由党人。哈代显然没有积极参与选举,但他后来肯定对自己的做法有过疑虑,特别是当自由党在随后的选举中失利后,他在想:他公开表明自己是某一政党成员,并捞取特权以高高坐在主席台上出现在他们面前,从而疏远了大批同胞,

① 布雷特·哈特(Bret Harte, 1836–1902),美国短篇小说家,美国西部文学的代表作家。
② 罗伯特·皮尔斯·埃德卡姆(Robert Pearce Edgcumbe, 1851–1929),英国政治家、作家。

这样的做法是否明智。从此以后,哈代再也没有如此公开地摆明自己的政治姿态,虽然他仍然是一个自由党人,但作为作家,他试图完全远离政治。1892 年,有人邀请他提名埃德卡姆为议会候选人,他婉言拒绝:"因为自己的中立追求,我被迫放弃所有积极参政的机会,但如果我不能从一个完全不做承诺的角度去接近所有阶层的思想家们,放弃参政将在很大程度上是徒劳的",如果不是因为这个原因,他会很乐意去参与提名。然而,1894 年,他从镇治安法官晋升为郡治安法官,并有权在季度巡回审判中担任大陪审员,他知道自己应该主要感谢埃德卡姆。[27]

正是在哈代住在郡厅寓所的时候,他第一次被一些贵族成员所"接纳"。1884 年 6 月,他被引荐给朴次茅斯夫人①;1885 年 3 月,他被她邀请去位于德文郡的乡村宅邸埃格斯福德庄园拜访她及其丈夫——朴次茅斯第五伯爵②。艾玛因病被迫留在多切斯特,哈代独自一人前往,接待阵势让哈代受宠若惊,因为欢迎他的不仅有朴次茅斯夫人本人,还有她的一帮年轻女儿,正如他写信跟艾玛所说的那样:"我跟她们说的事情,她们认真倾听,兴致勃勃。"哈代本应在拜访期间继续写作的,夫人家的图书室也完全由他支配,但夫人家人的陪伴和当地乡村实在太吸引人了,因此他大部分时间都在与朴次茅斯勋爵(一个操着浓重德文郡口音的农民样子的男人)一起——尤其是与其家里的女性成员一起——驾车,散步,聊天。[28]

哈代后来与富贵的、有头衔的、漂亮的女人们的世界的关系模式,在他首次造访朴次茅斯时就已初见端倪——即使事实上在几年前,在他对朱莉娅·奥古斯塔·马丁和杰纳维·史密斯的反应中尚未让人察觉到。他很清楚那个世界的奢侈浮华,那种矫揉造作的高雅,使身居其中的女人们如此勾魂摄魄。"但是这些女人啊!"他在 1890 年初伦敦的一次社交 227

---

① 即伊芙琳·艾丽西娅·朱莉安娜·赫伯特(Eveline Alicia Juliana Herbert, 1834–1906)。

② 即伊萨克·牛顿·沃洛普(Isaac Newton Wallop, 1825–1891)。

聚会后惊呼道,“如果给她们穿上粗布衣裳,将她们置于萝卜地中,她们的美将焉存呢?”[29]然而,无论是这种意识,还是他对下层阶级受迫害妇女的深切同情——对那些像苔丝一样真正在萝卜地里劳动的妇女的同情——都不能阻止他享受上层阶级女人给予他的社交和智力陪伴,也不能阻止他对她们的个人魅力作出反应。在情感上,哈代仍然容易受到他人优雅身体和社交风度的影响,这在他的早期经历中是相当缺失的;在哈代拜访埃格斯福德庄园的种种情境中——在艾玛不在场的情况下,在哈代因发现自己成了一个“非常有共鸣的女性群体”的兴趣焦点而产生的喜悦中,以及在他写给艾玛的信里对那种喜悦的轻描淡写中——我们有可能进一步感受到他自己婚姻中的那些难处,而仅仅在几年之后,那些难处就将为他带来相当大的悲痛。然而,艾玛的第一反应则是庆祝,因为朴次茅斯夫妇的邀请似乎暗示着他们夫妇俩社会地位的提高。她写信给她最尊贵的亲戚埃德温·汉密尔顿·吉福德——他最近刚被任命为伦敦的会吏长——把这个好消息告诉了他,在他的回信中,出于礼貌,他希望她的丈夫与朴次茅斯夫人建立起的友谊“对他而言会是永久的有利条件”。[30]

对哈代来说,在其全新的多切斯特生活中,尤为重要的是他有机会参与特别具有地方特色的兴趣爱好和组织。他曾经是多塞特自然历史和古董野外研究俱乐部的成员,1884 年 1 月,当多塞特郡博物馆在新的(也就是现在的)馆址重新开馆时,他的朋友亨利·穆尔是时任馆长,于是他立即成了那里的常客。然而,甚至在博物馆重新开放之前,哈代就发现自己与当地一位名叫爱德华·坎宁顿的杰出古董商有着截然相反的目的;在八十年代早期,坎宁顿在多切斯特附近有许多重要的考古“发现”,根据一位近代权威人士的说法,其中包括“一个琥珀杯,据说在坎宁顿踩到它之前是完整的”。[31]哈代和亨利都不喜欢坎宁顿,也不完全信任他。在 1883 年的最后一天,亨利致信哈代,说他已经把哈代在荒野上发现一些箭头的事情告诉了坎宁顿先生,“小心翼翼地隐去了发现者的姓名和发现的地点”；坎宁顿挖掘出了一座被称为梅登城堡的罗马-凯尔特神庙，地点在铁器时代大山丘堡垒的东端，这一事件成为——人们会认为这几乎是带有诽谤性质的——哈代的短篇小说《古堡幽会》的主题，该小说于1885年3月刊登在大洋彼岸的《底特律邮报》上，但直到1893年12月才在英国本土出版。哈代已经在一篇论文中半讽刺地提到坎宁顿是“当地的施里曼”①，在1884年5月13日召开 228
的野外研究俱乐部的多切斯特会议上，他宣读了那篇论文，虽然论文微不足道，而且很业余，但大概是坎宁顿对其作者的敌意，决定了该论文在此后整整六年里都没有出现在俱乐部出版的《会议论文集》上。[32]

哈代的论文描述的是骷髅、古瓮和其他古罗马-不列颠遗物，这些东西都是在挖掘他家新房子的地基时被发现的；房子由哈代亲手设计，建在了镇郊。在从图廷迁到温伯恩之前，他就开始寻找一块宅基地了[33]，期间他与康沃尔公爵领地②进行了长期的通信，康沃尔公爵领地无疑是该地区最大的土地所有者，最后哈代以先租后买的形式，购得了一块一点五英亩的开阔地，这块地位于多切斯特东南部，自十四世纪以来一直隶属于公爵领地。然而，公爵领地最近决定将其开阔的多切斯特土地中的一部分变成建筑用地，到1882年底双方就某一特定地点的洽谈开始正式通信时，哈代和领地的官员们似乎已经非常清楚其确切的位置和面积。哈代曾私下承认，他对公爵领地用地的申请得到了威尔士亲王③的特批，亲王作为王位继承人，拥有康沃尔公爵的头衔，并以公爵领地为自己的收入来源，但目前尚不清楚特批是基于亲王对哈代作品的熟悉程

① 海因里希·施里曼（Heinrich Schliemann，1822–1890），德国考古学家，发现了普里阿姆宝藏、迈锡尼古墓等。

② 康沃尔公爵领地有大约五百七十平方千米，其中包括德文郡、多塞特郡等多地。

③ 威尔士亲王即阿尔伯特·爱德华（Albert Edward，1841–1910），史称爱德华七世，维多利亚女王和阿尔伯特亲王之子，1841年至1901年间任威尔士亲王。

度,还是基于一位共同熟人的推荐。[34]无论如何,在他最初的申请信中,哈代能够附上一个宅基地的平面图草图,并同样直截了当地说明了他打算建造什么样的房子:“一栋别墅,有住房、办公室、马厩等,设计图待批准,造价至少为一千英镑。”1883 年 6 月中旬,就在哈代夫妇离开温伯恩的两周前,在亨利·廷达尔·阿特金森的见证下,哈代签署了第一次被迫签订的租约;凯特给哈代夫妇寄去了一封信,信的结尾是:“**祝建筑计划取得圆满成功!!!**”[35]一份安装水井提升泵的预算书留存了下来,上面的落款日期是 1883 年 8 月 31 日;11 月 26 日,工地的准备工作开始了;除夕夜,哈代栽下了数以百计的树木中的一部分,主要是山毛榉树和奥地利松树,因为房子高大而且暴露在野外,这些树会起到庇荫的作用,但它们最终将把房子封闭到近乎幽闭恐怖的程度。[36]

哈代本人是这栋新房子的建筑师,房子的建筑工程则承包给了哈代
229 家族公司,公司现在主要由其弟弟负责。房子的建筑进度颇为缓慢,但哈代监督了这项工作的各个阶段。与此同时,他和艾玛仍住在镇中心的出租房中,房子离多切斯特的商店和市场很近,步行不到三分钟就可以到达新博物馆,博物馆里有个漂亮的阅览室,里面有很多关于当地历史、自然史、地质和考古学的书籍,并定期提供最新一期的主流报刊。一些刊物,如主要的季刊,会被保存和装订,那些一年一度拍卖给会员的刊物可能包括《笨拙》《素描》《伦敦新闻画报》《旁观者》《星期六评论》《钱伯斯杂志》《哈珀新月刊杂志》《英语插图杂志》《双周评论》《十九世纪》和《音乐时代》。[37]从一个伦敦人的视角来看,多切斯特似乎很遥远,但哈代从未被切断与知识分子界交流的主要报刊的定期接触。伦敦的报纸,包括晨报和下午报,当然会在出版当天送达多切斯特,从哈代的文学笔记本和他书房现存书籍中所做的标记,我们可以清楚地看出,七十年代末和八十年代初,他阅读了阿诺德、卡莱尔、孔德、麦考利、穆勒、斯蒂芬和斯宾塞(在此仅列出那些最经常反复出现的人)等人的众多作品,还

阅读了范围广泛的历史、哲学和文学主题的书籍和文章。

阿诺德对哈代的影响尤其强烈，他的最新著述一出版哈代便立刻找来阅读，譬如，他阅读了阿诺德 1879 年关于“华兹华斯”的文章，还阅读了其美国系列文章中的一篇，标题为“数字；或者，大多数与剩余者”，阅读时间就在 1884 年 6 月他第二次与阿诺德共进晚餐前不久。尽管他觉得阿诺德的理想主义有点遥不可及、曲高和寡，其特别的宗教观点“吹毛求疵”得让人厌烦，但哈代对他的伦理方法却颇有共鸣，并在分析中发现了诸如“现代精神”的系统阐述这样的现象，这些系统阐述颇有说服力地表达了哈代自己对社会和知识分子界潮流的一些最深刻和最本能的感受，而他也不可避免地卷入了这些潮流之中。阿诺德的思想在哈代的小说中是显而易见的，如在《还乡》《冷漠的人》《无名的裘德》中，但这绝不是说其思想得到了哈代毫不含糊的认可，而且阿诺德的思想还有一种真正的意义，就这一意义而言，哈代的后期职业生涯——从《德伯家的苔丝》和《无名的裘德》到那些代表性诗作——成为一种“将崇高和深邃的思想应用到生活中去”的勤勉认真的练习。[38]

同时，哈代对一些哲学作品的阅读，继续助长了他思想中更黑暗、更怀疑的禀性，阅读内容包括卡罗[①]的《十九世纪悲观主义》和 G. H. 刘易斯的《哲学史》等哲学通论著作，以及聚焦叔本华和冯・哈特曼[②]等人物 230
的期刊文章，两者的作品他此前还没有直接接触过。[39]但哈代一直反对自己被贴上悲观主义者和宿命论者这样的标签。在八十年代中期的这个时候，他仍然深受实证主义影响，他与英国实证主义领袖弗雷德里克・哈里森[③]的友谊可以追溯到这一时期；1885 年，哈代致信约翰・莫

---

① 埃尔姆・玛丽・卡罗（Elme Marie Caro, 1826–1887），法国哲学家。

② 冯・哈特曼（Von Hartmann, 1842–1906），德国哲学家。

③ 弗雷德里克・哈里森（Frederic Harrison, 1831–1923），英国法学家、历史学家、哲学家和作家。

利,他现在是杰出的国会议员,信中主要谈论的是政教分离,对于通过逐步修改英国国教会的现有结构和组织来实现伦理道德的复兴,哈代表达了后来被证明是过于乐观的希望:

> 我有时会有这样的梦想,不要没收或剥夺教会的捐赠基金,而是可以逐步调整教会(比如随着现任者被逐渐替代),将其变成一个非教条、非神学的机构,致力于提升所有诚实的人都同意的有道德的生活,人们认为什么样的组织最适合教授他们各种形式的教义性宗教,就可以自愿成立什么样的组织。[40]

虽然哈代是一个没有宗教信仰的人,但直到其生命的尽头,他个人始终保持着对英国国教仪式、语言和音乐传统的拥护,并强烈地感受到这些传统和公共仪式的社会价值——现在也许被称为社交价值——这些传统和公共仪式是价值的外在体现。

哈代取道温伯恩离开伦敦的旅程,并不是一次疯狂逃离城市的旅程,正如他于 1881 年 12 月跟萨瑟兰·奥尔太太所说的那样:“我现在似乎比我们住在伦敦郊区时更多地拜访了伦敦。我经常北上,去享受那些曾经厌倦了的城市生活的平凡之处。”[41] 搬到多切斯特是一个相当有条不紊地回到他最古老、最深刻、最可靠的创作资源上的过程。现在,他想去博克汉普屯的话每天都能去,沿着他小时候和年轻时每天走过的那些道路和小径,步行不到一个小时就能抵达,留存下来的 1883 年底和 1884 年初的笔记中,充满了从街坊四邻老一辈人那里收集来的记忆。12 月的笔记中,哈代回忆起博克汉普屯那片在其童年时被称为“鸟儿的卧室”的树林,并描述了在附近观察到的“静物场景”:“T. 洛克家附近的池塘。一头牛刚刚从池塘中走出来,池水泛起了涟漪,缓缓的波浪使其他牛在水中的倒影变得弯弯曲曲的，但并未支离破碎。浓浓的红色和暗褐色物体在倒影中和现实中一样多姿多彩。”[42]哈代这种细腻的感知是我们所熟悉的——相当于文字版的康斯太勃尔①的云彩研究——但可以说是被一种普遍存在的语境感增强了，好像这些特定的牛的地位是本地 231
的和典型的，因此从地域角度而言是自古有之的，使它们特别适合为哈代的想象力所用。当哈代住在郡厅巷时，他参加了数量多得不寻常的当地活动，并对这些活动进行了描述，包括女巡回音乐家们的街头表演、一群巡回演出的演员表演的《奥赛罗》、几个马戏团的演出、季度巡回审判的会议记录、圣彼得教堂的除夕钟声等，不一而足，数量多得好像他是在故意抓住各种机会，从方方面面重新融入城镇生活。[43]

哈代对地区性素材之兴趣的重新燃起——不仅是因为他对这些素材的熟悉，而且是为了将大众主题和普遍现象进行独特的具体化——在一本留存下来的自 1882 年底开始记录的笔记本中最为引人注目。笔记本的标题为“事实，来自报纸、历史、传记和其他编年史（主要是地方性的）”，主要用于记录已经印刷出版了的素材，这些素材可能被证明可用于未来的小说或诗歌的创作，如第一页上的一则笔记，是关于古老家族的衰落命运的，直接为《德伯家的苔丝》做了准备。正是手头有了这本笔记本，而且头脑中想着其下一部小说《卡斯特桥市长》，哈代于 1884 年初坐下来，系统阅读了当地报纸《多塞特郡纪事报》始于 1826 年 1 月的档案。他一边阅读，一边草草记下那些吸引其注意力的内容——要么是它们的古怪，要么是它们融入了一些讽刺性的曲折叙述，要么是它们对当时社会生活的阐释，尤其是多塞特本地的生活，尽管并不一定是。[44]有几个条目——其中一个是关于发生在萨默塞特的一则卖妻的

① 约翰·康斯太勃尔（John Constable, 1776–1837），英国皇家美术学院院士，十九世纪英国最伟大的风景画家。

报道——很快就将被用来作为新小说的叙事和描写元素；整个练习表明哈代有一种事先想好的意图，即建立一个虚构的卡斯特桥市，将其作为一个繁忙集镇的密集而具体的表现形式，并将可以复原十九世纪第二个二十五年间多切斯特历史的任何研究和当地记忆作为这种表现形式的基础——这第二个二十五年的大约结束时间，在《卡斯特桥市长》的第三十七章中有所指，即1849年7月阿尔伯特亲王①经过多切斯特之时。[45]

在《绿林荫下》和《远离尘嚣》这两部小说取得了非凡的，从某种意义上说几乎是偶然的成功后——这是他凭直接经验非常自然地创作出来的小说，精巧地对记忆中的传统的素材进行了重组——哈代已经太过专注地倾听了评论家们对其乡村人物的夸张表现以及他对乔治·艾略
232 特的过度借鉴的抱怨。他急于彰显自己的能力和独立性，所以在以后的每一部小说中，他都刻意着手做一些标新立异的事情。《还乡》虽然借鉴了非常个人化的素材，却被哈代雄心勃勃地打造出来，或许被扭曲了，因为他既希望它是一件艺术作品，又希望它是一个关于艺术的声明。只是随着《卡斯特桥市长》的出版，通过完全有意识地选择故事、背景和处理方式，他才重新达到其之前成就的水准，这样的水准是他在早期的最佳作品中已经自发地达到了的。

哈代对这部新小说的结构和想象力的把握主要取决于两个核心要素，尽管这两个要素不完全取决于他业已增强的专业敏锐性，但肯定是受到其影响的。要素之一是强调一个封闭而紧密联系在一起的社区的展示方式，它体现在其经济和社会生活的各个阶段，正如在《远离尘嚣》中那样；要素之二是将该社区置于一个充分发展的区域概念的中心地位。哈代认识到，他的受欢迎程度主要依赖于那些带有喜剧特色的乡村人物，他已经设法把其中一些人物分散到几乎每部著作中。但他也知

① 维多利亚女王的丈夫，1819年至1861年任亲王。

道，只有当他们出现在其自然归属的环境中时，他们才能“表现”得最好。至于威塞克斯更广阔的世界，哈代已经越来越意识到利用地区背景可能带来的好处（如在司各特爵士的苏格兰小说中，以及离哈代家乡更近的地方，在布莱克莫尔的《洛娜·杜恩》中），还有不同小说在某种叙事或地理框架内产生相互联系可能带来的好处（如巴尔扎克的《人间喜剧》或特罗洛普的《巴切斯特大教堂》系列）。回顾过去，富于想象力地飞跃到一个被全面阐述的威塞克斯似乎是不可避免的，但是，职业的精明很可能和纯粹的创造性视野扮演了同样重要的角色，它们通力合作把哈代带到了一个时刻，在这一时刻他能清楚地看到，对于这个他迄今为止仅仅开创了一半的世界，他能够做些什么，应该做些什么。因此，哈代后来带着真正的忧虑给他的一位出版商写信说：“无论何时在给我的书做广告的时候，你能否使用‘威塞克斯小说’这一称呼，并将其置于名单之首？……我是第一个在小说中使用威塞克斯这一名称的人，我认为该名称未来将会被广泛使用，如果因为我们没有主张拥有它而失去使用它的权利，那将是一件令人扼腕叹息的事情。”[46]

在《卡斯特桥市长》的页面上对威塞克斯更普遍的使用，将为哈代最后的几部小说奠定更大的保证和更持续的力量的基础。在以后的岁月中，他将大力宣称自己虚构性作品的历史真实性：“在各种各样的故事叙述所反映的岁月里，情况就和威塞克斯的情况类似：居民们以某些方式生活，从事某些职业，保留了某些习俗，正如他们在我的笔下所呈现 233
的那样。”如果他没有费心地去发现和核实这些细节，他接着说：“永远都不会有人发现这样的错误。然而，怕自己记得不准确，我就去向别人打听询问，并努力抵制夸张的诱惑，为的是相当真实地记录一种正在消逝的生活，以使我自己满意。”[47]正如哈代所承认的，对表面细节不那么小心谨慎的运用，毫无疑问会给城市读者群带来一个足够具体的乡村世界的形象，他希望自己笔下人物的生活能够以这个乡村世界为背景。但

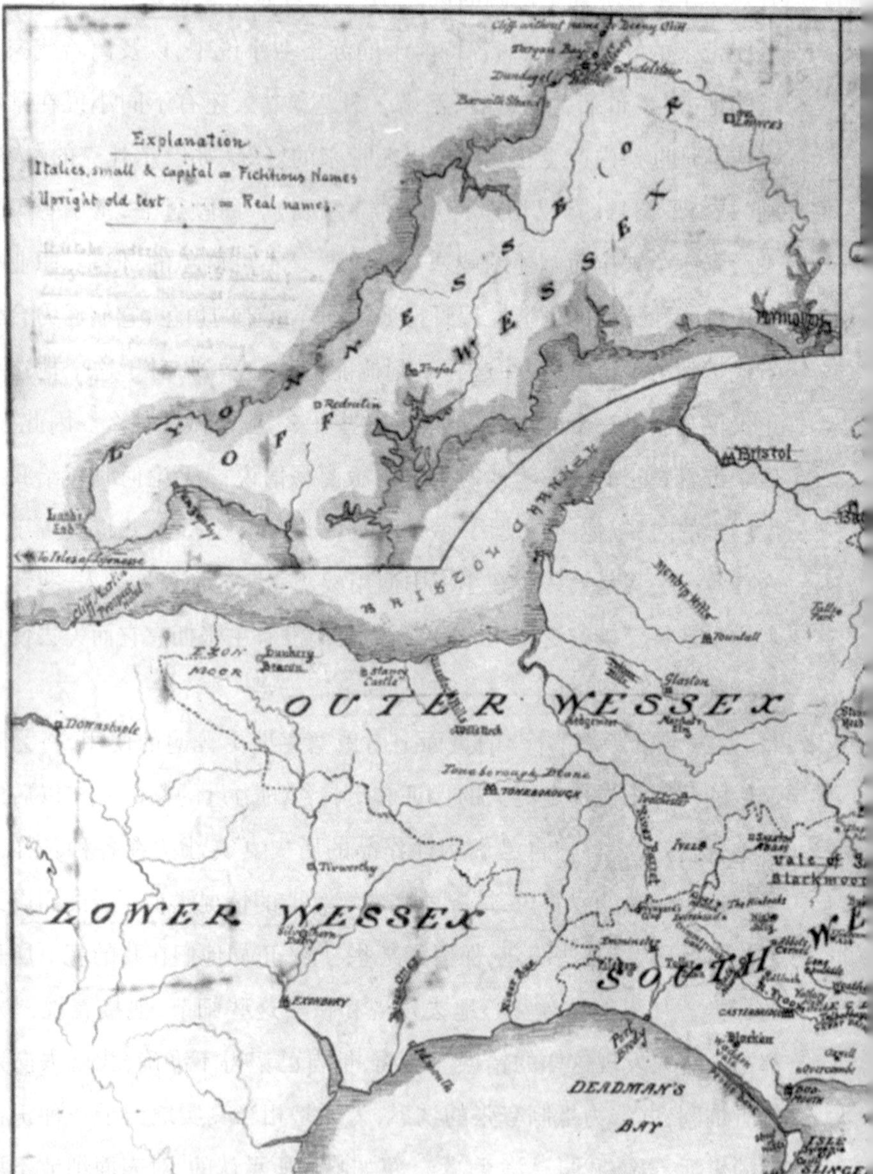

哈代自己绘制的其小说中的威塞克斯的地图

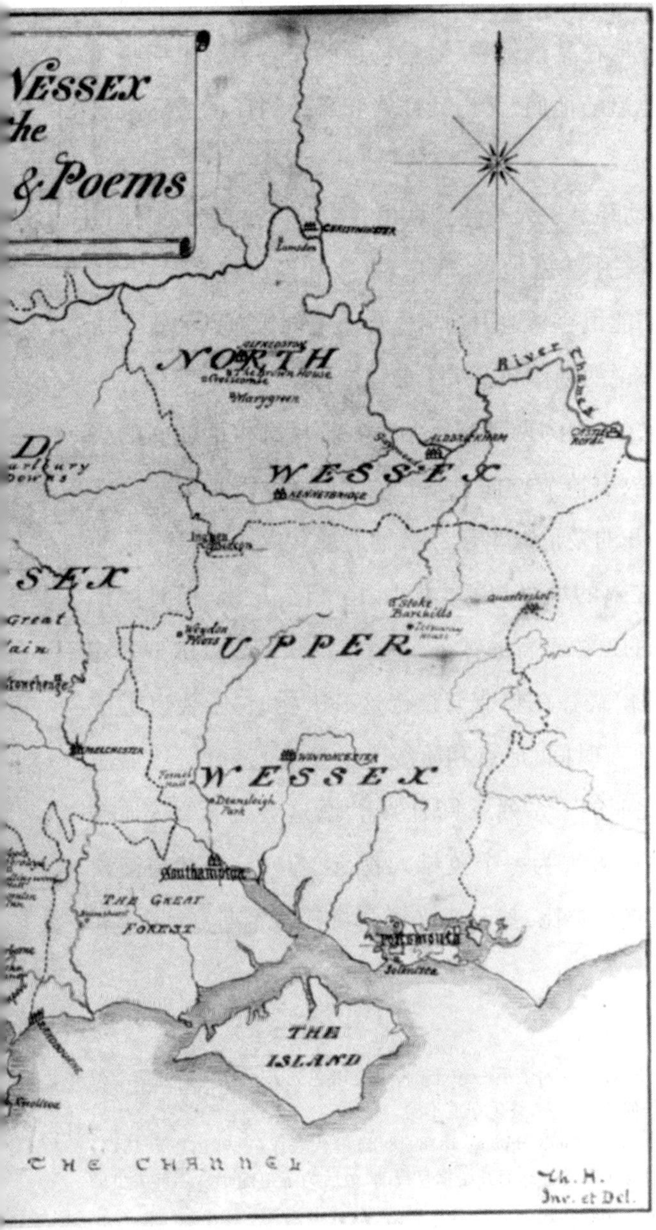

解　释

斜体、小写和大写＝

虚构的名字

直立哥特式字体＝

真实的名字

请读者们理解这只是一个想象出来的威塞克斯，这里给出的名字所描述的地方不是任何真实的地方，而是想象中的名字，它们可能或多或少近似真实的地方。

对精确性的关注,一方面源于一种非常个人化的需求,那就是要保存当地的历史,要让它活在人们的记忆中,即便事实并非如此;另一方面源于基本的清教主义,它迫使他在其最优秀、最具特色的作品中说出那些人物的真相,并毫不动摇地追随他们,无论其性格和所处的环境最终决定了他们将拥有怎样的命运。

再现当地历史的冲动和呈现人类经验真相的冲动,均强有力地体现在了《卡斯特桥市长》一书中。就地形、历史、社会和经济现实而言,从虚构城镇的呈现中,我们能很容易地识别出作为小说创作地点的真实城镇的面貌,而且实际上小说的创作和新房子的建造像孪生兄弟一样齐头并进,显然也是相互关联的,因为两者都是哈代在郡厅寓生活期间的当务之急。在人物塑造和故事情节方面,很明显自《还乡》以来那些温文尔雅、难以捉摸、异想天开的爱情故事已经被彻底取代。小说第一版的副标题是"一个有个性之人的生存与死亡",听起来比以往任何时候都更加强烈地传递出公开的道德寓言的音符,并直接反映了迈克尔·亨查德盛衰的"命运之轮"的模式。在塑造亨查德这一人物时,哈代以近乎班扬式的方式,赋予了他在时间、地点和阶级上的所有特殊性,然后用古典的、圣经的和莎士比亚的一系列意象围绕着他,这些意象要求他在复杂而可悲的职权范围内被视为一个英雄人物,让人容易将其与俄狄浦斯、撒母耳①和李尔王进行类比,甚至或许还会将其与希斯克利夫②和亚哈船长③进行类比。

---

① 应该是指圣经中的撒母耳,以色列最后一位士师,也是以色列人民立国后的第一位先知,是圣经中唯一一个没有任何罪行的人,终生守道不渝。

② 英国小说家艾米莉·勃朗特(Emily Brontë, 1818-1848)的代表作《呼啸山庄》(1847)的男主人公,因未能与挚爱的凯瑟琳喜结连理而开始报复行动,最后为了追随十六年前去世的凯瑟琳绝食而死,是一个典型的悲剧式人物。

③ 美国小说家赫尔曼·梅尔维尔(Herman Melville, 1819-1891)的小说《白鲸》(1851)的男主人公,为了追逐并杀死白鲸莫比·迪克,最终与其同归于尽。

因此，他是哈代最引人注目的人物塑造练习之一，是充分地、富有同情心地想象出来的雄心、权威、活力、暴力和性侵略性等品质的具体体现，哈代深知自己最缺乏的就是性侵略性，尽管在其外祖父乔治·汉德身上至少有一些性侵略性的“源头”。一个如此强壮的人物竟遭受如此灾难性的堕落，这对哈代来说或许是精神上的必要，但他对亨查德的崇拜仍是小说的基调。尽管亨查德有种种缺点和自我毁灭性的愚蠢行为， 236
但他显然比那些围在他身旁、追随着他的人（如法弗瑞）要伟大得多，在经历其最惨烈也是最后一次失败时，他显得最为坚强。由于卡斯特桥是如此刻意地在模仿早期维多利亚时代的多切斯特，小说的社会和经济结构也是哈代小时候所熟知的那个世界的社会和经济结构，亨查德便成了那些传统的农村信仰、态度和价值观的代表。哈代看到这一切正在自己身边崩塌，就像亨查德一样，是命中注定的，因为它们经受不住新的思维方式和行为方式的攻击，然而它们留给人们的是一种悲惨的失落感，为的是一种古老的、根深蒂固的、英国式的生活特质的消失，这种生活特质是永远无法被取代的，也是永远无法复兴的。

作为那些无法挽回的价值观的化身，亨查德势必后继无人。与此同时，亨查德意识到的自己没有女儿的痛苦——尽管后来他发现自己有能力为了伊丽莎白-简的利益而爱她——是对哈代自己没有孩子的暗示，而这一现实现在必须被认为是要相伴其一生的。但似乎同样重要的是，小说中最鲜明的哈代的声音和观点的代表不应该是亨查德本人，而是谦虚和有女人味的伊丽莎白-简。她被赋予了哈代笔下的叙述者不起眼的普遍性特征，而且只有她一个人在叙述过程中不断地学习和成长，通过平静地忍受痛苦，获得了一种幻灭的但富有同情心的领悟，读者开始承认并接受这种领悟。她的音调听起来有时接近于《计出无奈》中赛特丽亚的音调，如果也像赛特丽亚一样，伊丽莎白-简某种意义上是以伊丽莎·尼科尔斯为原型，那么哈代把伊丽莎白-简的名字和伊丽莎那背信弃义的妹妹①的名字联系在了一起，这样做似乎是不得体的。另一方面，他可能认为伊丽莎白-简是集赛特丽亚和伊丽莎·尼科尔斯的优点于一身的人。

在小说的最后，哈代允许自己充分而热情地表达亨查德最后的遗嘱的消极性（“任何人都不要记住我”），然后再对它予以控制和限定，通过伊丽莎白-简对生活可能性的谨慎而积极的评价，也通过她对“使有限的机会变得持久”的可行性的信任，使机会变得持久的方式是“以一种微观的疗法，将那些微小的满足形式巧妙地扩大，使其对每一个不是处于绝对痛苦中的人都产生影响”。[48]这是一个提议，在一部小说结束的时候，为当代读者提供了冰冷的慰藉；小说聚焦在一个已经人到中年的
237 中心人物和一个既不期望回报也未从生活中得到太多回报的女主人公身上，这无论如何都违背了传统的期待。然而，它可能包含了一个私人的家庭信息，无论是对艾玛而言，还是对哈代本人而言。

根据《生活和工作》的记载，《卡斯特桥市长》手稿的撰写工作始于1884年初，在随后的夏天“断断续续”地进行，并于次年4月中旬完成，尽管经常中断。[49]中断的原因包括：拜访埃格斯福德庄园的朴次茅斯夫人一家；1884年8月下旬与其弟弟亨利一起前往海峡群岛；至少有两次活动安排得满满当当的伦敦之行；以及持续不断的对新房子建设的监工需要，施工方是其父亲、弟弟以及他们手下的工人们。在建筑方案最终完成之前，他就开始怀疑它是否明智，这是其典型做法。当朴次茅斯夫人劝他放弃“蒙昧的多塞特”搬到德文郡时，他带着一丝苦笑说：“艾玛会愿意去的，因为那里是她的故乡；但是，唉，我在多切斯特的房子快完工了。”[50]

① 即简·尼科尔斯。

注释

［1］《哈代书信》，第七卷，页98。

［2］所有笔记，《生活和工作》，页158。

［3］关于此时期及其以后的时期，见贝蒂，《哈代：文物保护建筑师，他为古建筑保护协会所做的工作》，多处。

［4］《哈代书信》，第一卷，页95，另参贝蒂，《哈代：文物保护建筑师，他为古建筑保护协会所做的工作》，页9-10；《哈代诗歌》，第二卷，页171-173；《哈代诗歌》，第一卷，页197。

［5］《生活和工作》，页159。

［6］《布兰德福德和温伯恩电报》，1881年12月9日；笔记本碎片（多博），引自贝利，《哈代的诗歌：手册和评论》，页164。

［7］《哈代书信》，第一卷，页118-119；霍勒斯·西摩（代表格莱斯顿）致哈代的信，1883年10月29日（多博）。

［8］见《职业》，页214-220。

［9］《哈代书信》，第一卷，页121，页123-124；《多塞特郡劳工》，载《朗文杂志》，1883年7月，参《公众声音》，页37-57。

［10］关于《西波利村冒险记》，见珀迪，页301-303，以及哈代，《被排除在全集之外的短篇小说和与他人合作的短篇小说》，页155-167。

［11］《威斯敏斯特评论》（1883年4月），尤其是页356，参《哈代：批评遗产》，页103-132。

［12］《生活和工作》，页163-164；手稿（皮尔庞特·摩根图书馆）。

［13］《威斯敏斯特评论》（1883年4月），页334，参《哈代：批评遗产》，页104；《哈代诗歌》，第一卷，页289。

［14］《哈代书信》，第一卷，页123；《被排除在全集之外的故事和与他人合作的故事》，页214。

［15］《生活和工作》，页165-166；珀迪与弗洛伦斯谈话，1933年；《生活和工作》，页166；签名的菜单卡片（剑桥大学图书馆）。

［16］《跨越大西洋的对话：埃德蒙·高斯美国书信选集》，P. F. 马泰森和M. 米尔盖特编辑（得克萨斯州奥斯汀市，1965），页115-116。

［17］E. 高斯致H. 索尼克罗夫特的信，1883年7月23日，载E. 查特里斯，《埃德蒙·高斯的生平和书信》（伦敦，1931），页156-157；E. 高斯致N. 高斯的信，1883年7月22日（剑桥大学图书馆）。

［18］E. 高斯致N. 高斯的信，1883年7月22日。（剑桥大学图书馆）

［19］L. 巴克斯特，《诗人、语文学家威廉·巴恩斯传》（伦敦，1887），页343；《哈代书信》，第一卷，页120；《生活和工作》，页167；查特里斯，《埃德蒙·高斯爵士的生平和书信》，页157。

［20］死亡证明；丹尼尔·笛福，《鲁滨逊漂流记》，由喀布尔的谢尔·阿里翻译成波斯语，由T. W. 托尔伯特用罗马字符编辑（伦敦，1878）；讣告，《多塞特郡纪事报》，1883年8月16日，参《公众声音》，页57-60。

［21］多塞特郡博物馆会议记录簿，1886年1月13日年会会议记录。（多博）

［22］《生活和工作》，页413；M. E. 巴斯，《哈代和伊万杰琳·F. 史密斯》，载《哈代年鉴》，第四期（1974），页42。

［23］A. 埃弗雷特致艾玛的信，1883年9月14日（多博）；《多塞特郡纪事报》，1883年10月4日；《哈代书信》，第一卷，页122。

［24］H. O. 洛克，《麦克斯门》，载《多塞特年鉴：1962-1963年》，页34。

［25］G. 西蒙兹致哈代的信，1884年8月20日（多博），另见E. C. 桑普森，《哈代——治安法官》，载《科尔比图书馆季刊》，第十三卷（1977年12月），页263-274，尤其是页264-265；哈代藏书中的塞缪尔·斯通的《法官手册》是第25版的，日期为1889年，但是据《世界报》（1886年2月17日）报道，他已经拥有一本了；《卡斯特桥市长》，页231-232。

［26］《多塞特郡纪事报》，1885年11月5日，第4版。

［27］《哈代书信》，第一卷，页272；《哈代书信》，第二卷，页50。

［28］《哈代书信》，第一卷，页127；《哈代书信》，第一卷，页131；《生活和工

作》,页 176 –177。

［29］《生活和工作》,页 235。

［30］《生活和工作》,页 177;《哈代书信》,第一卷,页 131;E. H. 吉福德致艾玛的信,1885 年 4 月 6 日(多博)。

［31］［R. N. 皮尔斯］载 J. 纽曼和 N. 佩斯纳,《多塞特》(哈蒙斯沃斯,1972),页 485,另见页 484。

［32］《在多切斯特麦克斯门发现的一些罗马–不列颠遗物》,载《多塞特郡纪事报》,1883 年 5 月 15 日,参《公众声音》,页 61–64;珀迪,页 61。

［33］《哈代书信》,第一卷,页 73。

［34］E. 克洛德,日记,1895 年 9 月 27 日(艾伦·克洛德),另见《哈代书信》,第七卷,页 96 注释。

［35］《哈代书信》,第一卷,页 73、105;《哈代书信》,第七卷,页 95–96;《哈代书信》,第七卷,页 97–98;凯特·哈代致艾玛的信,［1883 年?］(多博)。

［36］预算书(多博);《早期生活》,页 226–227,参《生活和工作》,页 508;《生活和工作》,页 170。

［37］多塞特郡博物馆会议记录簿,1885 年 12 月 5 日会议记录(多博)。

［38］《职业》,页 142–144,页 174–177;《生活和工作》,页 173、224; M. 阿诺德,《华兹华斯》,载《麦克米伦杂志》,1879 年 7 月,页 198,另参《文学笔记》,第一卷,页 122。

［39］卡罗和刘易斯(耶鲁);另见 W. F. 赖特,《〈列王〉的形成:哈代研究》(内布拉斯加州林肯市,1967),页 38–53。

［40］《哈代书信》,第一卷,页 133–134;《哈代书信》,第一卷,页 136–137。

［41］同上,第七卷,页 94。

［42］《生活和工作》,页 169–170;"诗歌素材"笔记本(缩微胶卷,耶鲁)。

［43］《生活和工作》,页 171–176。

［44］笔记本(多博),参威廉·格林斯雷德即将出版的版本(奥尔德肖特,2004)。

[45] 见《职业》,页237–243,以及C.温菲尔德,《〈卡斯特桥市长〉中两个片段的事实来源》,载《十九世纪小说》,第二十五卷(1970年9月),页224–231。

[46]《哈代书信》,第一卷,页171。

[47]《德伯家的苔丝》,总序,页ix、x,参《哈代的个人作品》,H.奥利尔编辑(堪萨斯州劳伦斯市,1966),页46。

[48]《卡斯特桥市长》,页384;《卡斯特桥市长》,页385。

[49]《生活和工作》,页177,页174–175;见盖特雷尔,《创造者哈代》,页75–80。

[50]《生活和工作》,页177,另见页167。

第十三章　麦克斯门

1885年6月29日，哈代夫妇从位于多切斯特镇中心的古老的郡厅 238
寓所搬到了该镇东南郊的新居，他们已经称之为“麦克斯门”，从而完成了他们所有搬迁中距离最短的一次，却是最重要的一次，当然也是最永久的一次。在哈代早期为这栋房子绘制的图纸中出现的名字是“麦克之门”，显然与亨利·麦克有关，他是坐落在韦勒姆路上的附近收费站的最后一个看守人[1]，但随后房屋的名字就出现了滑稽的拉丁化和微妙的强化。就在哈代写给高斯的一封信中，他幽默地纵容自己将其称为“麦克西马门”。① 房屋所在地本身是一片开阔的田野，虽然离公路很近，亦能听到火车的声音和埃迪森蒸汽引犁厂的汽笛声，但其位置相当偏僻，而且其高度足以使它暴露在几乎所有风向的瑟瑟风中。[2]然而，在南边和西南方向，壮美的景色一览无余：从福丁屯田野到凯姆树林，有海军上将哈代的纪念碑，还有片片丘陵，可以从其背面坡上远眺韦茅斯和大海。从新居楼上的窗户（参诗歌《眺望》）向北放眼望去，目光越过弗洛姆山谷，可以看到斯廷斯福德教区教堂和教堂墓地、金斯屯-莫瓦德

① 麦克西马是Maxima一词的音译，该词是拉丁语maximum的复数，是最大值、极限、顶点、最高的意思。

庄园,以及围绕着上博克汉普屯村舍的荒野和林地。[3]

麦克斯门费时近两年才建成,部分原因是当时的建筑施工过程(如砂浆干燥时间)比现在慢得多,但是哈代把拖延的部分原因归咎于自己将这份工作自然而然地交给了父亲和弟弟。建造房屋所雇用的工人数量每次都不是很多,似乎很重要的一点是,当罗马-不列颠人的骷髅被挖掘出来时,哈代是在场的仅有的两个人之一,而关于哈代"不断监工"的
239 提法,涵盖了大量的家庭磋商、辩论和争论。[4]毫无疑问,哈代坚持一丝不苟地遵循他亲自为自己将要居住的房子绘制的图纸,但据说完工时他父亲宣布,就是给他一千英镑他也不会再建造这样一栋房子,然而我们丝毫不清楚他是在抗议所付出的辛劳之多还是所获得的报酬之少。[5]无论如何,这项工作和责任的主要负担一定是落在了亨利身上,因为老哈代年逾古稀,身患风湿病,几乎丧失劳动能力。

早期的草图显示,这栋房子位于西北-东南轴线上,主入口朝向东北,但事实上它是沿东西轴线建成的,入口门廊几乎朝向正南。正如哈代自己所描述的,按照最初的设计和建造,麦克斯门确实是一栋"别墅",但其规模并不大。一楼有一个不大的中厅,其左边是餐厅,右边是稍大一点的客厅。厨房和餐具区都在房子后部,还有一个手动水泵,每天都要用它来给家庭用水抽水。正前方的主楼梯,可能比这样大小的房子里所预期的楼梯要宽一点,这表明哈代当时已经写了《女继承人和建筑师》这首诗,并记住了建筑师最后一句凄凉的建议:"留出足够的空间(因为生命的结束令人猝不及防) / 以便将入殓的尸体从楼梯上抬下去; / 因为你终将死去。"[6]楼梯顶部是第二层,有三间卧室、一间更衣室和一间盥洗室,不过其中一间卧室曾被哈代用作书房。起初,在写《林地居民》时,书房在房子的前部,在位于一楼客厅上方的房间里;后来,在写《德伯家的苔丝》时,哈代将书房搬到了房子西北角的一个小房间里;第三个也是最后一个书房,有一个朝东的

大窗户，是在后来的几次扩建的某一次中加盖的。阁楼里住着用人，数量从未少于两个，有时多达四个。从建筑角度而言，这栋房子有一两个与众不同的特征，包括一个位于前部西侧的方形角楼——后来为了对称在东侧又加盖了一个角楼——以及在用人楼梯间的墙上嵌入的高高的玻璃隔断，它可以使外面的光线穿过玻璃隔断，照到主楼梯上和其下面的中厅里。这栋房子还有一些特别吸引人的细节，包括波特兰石窗台和橡木窗框，以及一楼特别大的南向窗户，如果想让屋子暖和，可以把这些实木百叶窗拉上，客厅的百叶窗可以横向折叠，餐厅的百叶窗则可以向上滑动。

在房子西侧的一个院子里，有一个小马车房兼马厩，可以容纳两匹马，不过哈代夫妇自己从来没有用它当过马厩，因为他们总是按需从当 240
地的马车行租用马匹和车辆。宽阔的花园是精心布局的，里面的花也是精心种植的，然而要过很多年，前一块地才会慢慢失去其原始的状态，完全呈现出一个家的样子。甚至在1895年，一位访客也会说它“仍然只是正在变得美丽”。[7]紧靠房子东面和东南面的区域大部分被草坪占据，后来被分成了两块独立的草坪。在离房子最近的那块草坪的最远端，也就是夏天哈代在室外喝茶时最喜欢坐着的地方，曾经立着（现在仍立着）一块被称为“德鲁伊石”的石头，这是在挖掘地基的过程中发现的一块整体石板，最近被认定为砂岩原砾，是古代筑有堤道的围场的边界的一部分。北部和东北部的土地变成了一个菜园、一个果园和一个晾晒衣服的地方；那里的外面是第二任哈代夫人在二十世纪二十年代为她的鸡买下的饲养场。南部剩下的区域包括连接位于韦勒姆路的前门和房屋前门的椭圆形车道，还有在椭圆形中心和花园最西南角恣意生长的茂密灌木丛，在那里如今仍然可以看到宠物墓地里那令人感伤的一个个小墓碑。

在该院落的南面和东面，围建了一堵近六英尺高的砖墙，与公路毗临，墙内种植了两排茂密的树木，相距仅够在两者之间留出一条通道。在院落外围，哈代最初种植了山毛榉树，尤其是奥地利松树，这是为了提供气候防护，其次是为了保护隐私，但他也希望在自己的一英亩半土地内种植各种各样具有英国特色的乔木和灌木。他首先列出了一系列可能种植的树木——这是很久以前其姨父安特尔写下来的，或许是为了完全不同的目的[8]——其中包括紫杉、双花接骨木①以及苹果和温柏②嫁接的树木，花园里不仅有多塞特乡下熟悉的树种，还有核桃树、冬青树和纺锤树。也有一棵山榆树，后来死于荷兰榆树病。存活下来的果树同样种类繁多，其中一两棵树的树种甚至可能源自博克汉普屯。

人们通常会指责麦克斯门外观不好看，居住不舒适，在审美品质和家居布置上均存在缺陷。1912 年，亚瑟·克里斯托弗·本森③发现“这座建筑既平庸又自命不凡，没有优雅的设计和细节，却有两个奇丑无比的低矮的角楼，尖尖的屋顶是蓝石板的”。然而，1895 年时，乔治·吉
241 辛④在那里住了一个周末后，称它为“一栋非常宜人的房子”。[9]很明显，访客形成的印象主要取决于他们在建筑和社交方面所持有的特殊的先入之见。许多作出轻蔑评论的人实际上是在嘲笑哈代本人是个**暴发户**。其他人则习惯于以更优雅的方式住在更古老、更豪华的房子里，或者像本森一样，住在剑桥大学或牛津大学周边舒适的区域。实际上，很难从任何建筑原则上捍卫麦克斯门的角楼或它的一些更加古怪的装饰，除非说它们借鉴了哥特式建筑风格，或新古典主义风格，甚至（在那些令人

① 属落叶灌木，可高达四米。

② 西班牙的木瓜树，与常见的木瓜长相不同，颇似大梨。

③ 亚瑟·克里斯托弗·本森（Arthur Christopher Benson，1862–1925），英国散文家、诗人、学者。

④ 乔治·吉辛（George Gissing，1857–1903），英国小说家、散文家。

不快的角楼中)是撒克逊风格,虽然这种借鉴与原风格相去甚远,甚至含有打趣的成分。一位豁达的客人称之为“漂亮的、安妮女王①的建筑物”。[10]

哈代几乎是从内到外全面包揽了这栋房子的设计工作,他首先决定了他和艾玛所需房间的数量、用途和面积,然后在一个合理而连贯的整体结构中去设法满足这些需求,无论在外观对称性方面会付出多大的代价。正面立面的各种元素未能相互平衡,这是哈代关心窗户设计的一个结果,他要精确地给出每扇窗户的大小、形状和位置,这都是窗户所属的房间的功能和一年中不同时期太阳的弧线所要求的。客厅的南向窗户是低矮的,便于里面的人向外看;餐厅对应的窗户则是较高的,以防止外面的人朝里看;两扇窗户都很大,为的是更好地采光。尽管后来由于周围树木恣意生长,麦克斯门变成了一栋黑暗的房子,但哈代最初是把它设计成一栋充满阳光的房子[11],当然它现在又成了一栋这样的房子。

哈代的第二任妻子曾抱怨麦克斯门那过时的照明、取暖、烹饪和水管设施,这也引起了人们的极大关注,她于 1919 年对一位美国记者说:“我们不怕严寒天气,因为房子里实际上没有水管。我们所有的用水都必须直接从井里抽上来,然后在厨房的火上用水壶或炖锅加热。我们没有锅炉,没有煤气,我们用油灯和蜡烛来照明,而且甚至连卫生间②也没有。我猜这是多切斯特面积这么大的房子中唯一一栋没有卫生间的。”[12]但这样的评论——在一定语境中是可以理解的——往往掩盖了这样一个事实,即在十九世纪八十年代初,这栋房子代表了高标准的中

① 安妮女王,斯图亚特王朝的英国及爱尔兰女王(1702–1714 年在位),其主要消遣是玩纸牌、品茗和观赏园艺。

② 这里的卫生间(bathroom)是指集如厕、洗手、沐浴等设施为一体的卫生间,不单指厕所,因为哈宅初建时只有简单的冲厕,没有洗浴设施。后面再提到的麦克斯门的卫生间指的也是这一概念。

产阶级的舒适和便利。花了那么长时间建造它,原因之一是:它必须有自己完全独立的给水、排水和污水处理系统;它所处的地势较高,又远离
242 镇中心,这使它多年来超出了市政服务的范围,甚至到现在都没有连接到镇主排水系统。家里得有一口井、一个水泵、一座污水池、蜡烛、油灯、既能烧煤又能烧泥炭的火炉,而泥炭是来自附近荒野的土产。对于每天清晨向屋顶水箱注水所花费的时间和精力,麦克斯门的用人们心生怨怼,但是水井和水泵都在房子里,水箱不仅为厨房提供了流动的冷水,而且使二楼的盥洗室得以正常使用。初建时房子里确实没有卫生间——一个有别于那个冲厕的卫生间——直到哈代对第二任妻子的抱怨作出回应后才有了卫生间,于是此前的用人们不得不把几罐热水拎到哈代夫妇的卧室,以便他们在炉火前晨浴以及坐浴,大概每周一次,当时的大多数英国人都是这么做的。在煤气热水器和自来热水出现之前,英国的房子里很少有带洗浴功能的卫生间。虽然弗洛伦斯的抱怨从当代角度而言是合理的,但这只是反映了她年迈的丈夫对科技的进步和社会期待的改变没有什么反应,而与他在四十四五岁时为自己建造的舒适(即使是有些寒冷的)房子并没有什么关系。

哈代的房子是由坚固的红砖砌成的,这让那些从伦敦南下而来的访客们感到不自在,因为他们本指望看到哈代舒适地安顿在一栋老式的庄园房屋里,抑或一座茅草屋里。尤其是他的那些大都市朋友们,他们对麦克斯门所呈现出的不成熟的现代性和令人费解的阶级炫耀感到不自在,它甚至比上博克汉普屯那传统、古雅的简单朴素更让他们不自在。但是艾玛仍然对她自认为拥有的地位的必备条件很敏感,而在八十年代,哈代本人作为那个时代的产物,则想充分利用其收入所带来的现代便利。尽管如此,麦克斯门初建成时还是一栋不太大的房子,里面的房间不多也不少,主卧、独立书房和客卧各一间。哈代并没有以一位拥有土地的"绅士"自居,而是恰如其分地将自己视为职业中产阶级的一员,

一个在社会地位上与医生、律师，或私人执业建筑师平起平坐的人。一位早期拜访过麦克斯门的新闻记者评论说，这栋房子里没有华而不实的装饰，观察完门厅后，他说“这里的陈设和其他地方的没什么两样，其特色均体现着一种朴素，真正与小说家的性格相吻合”，而哈代的书房“布置得实实在在，没有一件物品是毫无用途的，我们的大作家对**物件**不感兴趣，这一点在这里表现得淋漓尽致”。[13]

还是上述那位匿名访客，记录了关于哈代本人最早的文字肖像，描 243
述他从“写字台”前站起来时的样子：

> 一个皮肤有点白皙的人，身高中等偏下，身材瘦削，长着一张和善而带着沉思的脸，两鬓特别宽，蓄着伊丽莎白时代风格的胡子；他是一个善于交际、和蔼可亲的人，但他的神态却给人这样一种印象，即他眼中的世界有更多的悲剧而非喜剧，他倾向于这样评价生活以及它所能给予的一切：其价值寥寥。

除了胡子以外，这已经是成名后让大家熟知的哈代形象。在其丈夫过世后，弗洛伦斯在《生活和工作》中引用了上述这段话，并在提到他的身高的地方补充了“他实际上是五英尺六点五英寸”①，尽管哈代本人在 1905 年声称自己是“穿着鞋子是五英尺六点二五英寸”。[14]在照片中，他和高斯那样身高的朋友站在一起，似乎明显地是“身高中等偏下”，而他那众所周知的对被别人触摸的厌恶[15]，听起来很像是对那种用胳膊搂着别人肩膀的姿势的愤恨，那姿势既体现着熟悉亲密，又体现着含蓄的傲慢，而那种姿势正是矮个子们尤其需要面对的。

如果说晚年的哈代已经可以被清晰地识别为麦克斯门的设计师及

---

① 大约为一点六九米。

第一任主人，那么他在这个时候所采取的基本的生活和工作模式在此后没有什么变化，这同样是事实。对他来说，书房一直是房子的中心。尽管它的位置有过两次改变，但总是位于楼上，尽可能地远离家庭活动和前门的访客，而且总是不受外界影响，除非有特别受欢迎的访客被邀请入内，但这种情况并不多见。正是在书房里，哈代度过了几乎每天中的大部分时间，直到生命的尽头。上述那个早期的访谈者说："当他手头有一个故事时，他吃完早饭就马上开始写作，足不出户，直到一天结束，即使写作开始前在户外稍作逗留，也证明会给夜幕降临后的工作带来严重后果。"[16]1884 年 7 月，一位美国医学记者问了一些关于他工作习惯的其他问题，哈代给出了有趣的回答，他透露他习惯于"把脱掉靴子或拖鞋作为前期准备工作"。他还说，他更喜欢晚上工作，但他发现"白天工作通常来说是明智的"，他"不会把一天的计划列成提纲"，"只是偶尔"会违背自己的意愿，而且"他只通过喝茶来提神醒脑"。[17]哈代的个人习惯一如既往地有节制，就像童年时一样，尽管那时候是不得已而为之。1882 年，有人问他是否吸烟，他说他从不吸烟，而且作为多塞特郡
244 博物馆的成员，他一直投票支持在每天的某一时段将吸烟者逐出阅览室。1882 年，他还记述说他很少喝酒，因为"从未发现酒精在任何程度上有助于小说创作"，其效果是"使作家对自己作品的质量视而不见，而非提高其质量"。[18]尽管如此，德国啤酒的滋补作用还是得到了哈代的赞扬，《了不起的东西》一诗则暗示了他对苹果酒的喜爱，而且他认为香槟和圣拉斐尔葡萄酒可以作为补酒。无论如何，有客人前来用餐，葡萄酒都会被摆上餐桌，而且在哈代余生的最后几年，葡萄酒似乎更是经常摆在餐桌上。[19]

尽管哈代夫妇在麦克斯门从不缺厨师，但他们的烹饪技术似乎很少能超过平均水平。哈代或许对自己吃什么漠不关心，但其母亲显然是很棒的厨师，他自己的口味实际上似乎是明确而简单的，总是倾向于一些

基本的食物，如汽锅煲汤和烤培根，这些食物与儿时的记忆有关，而且能够唤起儿时的记忆。如果到麦克斯门做客的久经世故的客人们在进餐时有时会感到苦恼，那一定是由于他们对有点土里土气的菜肴不习惯，或者是由于他们势利地准备谴责一种生活方式，这种生活方式——就像房子本身一样——没有他们自己的优裕雅致。众所周知，用人是像麦克斯门这样中等规模的房屋存在的普遍“问题”，而艾玛可能也不是一个特别有手腕的管理者。至少有一位客人对她“大声斥责用人午餐时上餐晚了”[20]的方式感到忧虑。客厅女佣总是要结婚成家的，厨师们也会跳槽，毫无疑问是去其他更能得到赏识的地方。三面环绕房子的花园，在很大程度上也是艾玛的领地，尽管是哈代监管花园的维护，给园丁支付工资，并且因为害怕“伤害”树木而拒绝修剪树木。

哈代有每天锻炼身体的习惯，这使他来到了花园外面，来到了当地的小巷中和小径上，最初的几年，有一只叫莫斯的黑色母猎犬陪伴着他。但他并不是一个雄心勃勃的步行者，总体来说，他在户外待的时间似乎比其出身、职业或住所地点的选择所暗示的要少得多。初次见到他的人常说他脸色苍白，并说他看上去不像个乡下人，直到他从小说创作的纯粹辛劳中解脱出来，与此同时开始骑自行车，他才可以说是过上了特别活跃的生活。然而，从麦克斯门步行到上博克汉普屯用不了一个小时，而且哈代早期养成了一个习惯，并且一直保持着这个习惯，那就是每个星期天都在那里待上几个小时。尽管随着时间的推移，他的家人和其妻 245
子之间的关系日趋恶化，但是有几年时间，他的父母的确偶尔会造访麦克斯门，在1890年和1891年之交的那个严冬，七十七岁高龄的杰米玛曾经独自一人踏着结冰的道路从博克汉普屯一路走来。被人问及为何要在这样恶劣的条件下出行时，她反驳道：“当然是为了欣赏大自然的美景啊，我何乐而不为呢？”[21]

哈代本人在麦克斯门的生活是非常私人化的，主要集中在他的工作上，其次是维持家庭关系和恪守孝道，而这常常是以他在面对家庭反对时牺牲自己所承担的婚姻义务为代价的。其生活的特点是每天坚持刻苦工作和简朴生活，并遵守早年间从母亲那里学到的行为准则，后来他又对像弗雷德里克·帕金斯牧师那样的行为准则践行者表示出赞赏。哈代以司各特爵士建造阿博茨福德庄园①为前车之鉴，决心不因建造房子而自毁前程，而且他始终恪守自己的格言：一个作家应对成功的唯一办法，就是不让成功改变其生活方式。[22]比起博克汉普屯的村舍来，麦克斯门可能要大得多，也更加有炫耀之嫌，但对于哈代而言，把自己关在书房里，只出来用餐和锻炼身体，每天的常规工作及其收获似乎没什么太大不同。

然而，麦克斯门的生活模式中包含在每年春天和初夏正值最好的"社交季节"时前往伦敦。当哈代开始建造麦克斯门时，他对自己在七十年代只是隐约地意识到的事情看得更清楚了，即他作为一名作家的职业生涯，是建立在他能够在基本的乡村素材和以城市读者为主体的读者群之间进行调解的基础上的，这或许是因为其童年和青年时代每天的经历就是目睹"相毗邻的乡村和自治镇的种种活动"。在 1888 年首次发表的一篇题为"阅读小说之裨益"的文章中，他承认一个陌生的背景是阅读乐趣的最简单、最基本的来源之一，更具体地说，"城里人"在"乡村小说"中发现了他所寻求的东西。[23]尽管这样一种认识认可了——在很大程度上也促使他作出了——他在自己的家乡定居的决定，但它同时也证实了他早期和持续的假设，即他必须保持和伦敦的联系，与代表其主要读者的"城里人"保持联系，还要定期周旋于那些处于"社会"边缘的

---

① 阿博茨福德庄园（Abbotsford，字面意思为"男修道院院长的浅滩"），司各特斥巨资建造的私人豪宅（连维多利亚女王访问后都羡慕不已），位于爱丁堡西南三十英里外的小镇梅尔罗斯（Melrose）。他为此庄园向出版商预支版税并向银行贷款，最终陷入破产的泥沼。

文学圈,在那里,专业人士和业余人士(包括有爵位的业余人士,如霍顿勋爵和莱顿勋爵)友好会面,还会遇到过去、现在和未来的出版商、编辑和评论家们,对其职业生涯来说,这一切都不可或缺。这也是艾玛百分 246
之百赞同的安排,从八十年代初到她 1912 年去世,哈代夫妇几乎每年都会在四月至七月间去伦敦租住房子、公寓或"房间",不去的年份屈指可数。

哈代对伦敦"社会"的明显偏爱,常常被批评为纯粹的势利和攀高结贵,而且他于八九十年代在伦敦的赴会,在自传体的《生活和工作》中占据了比例超常的空间,这一点千真万确。但他和艾玛都享受并充分利用了伦敦在剧院、音乐会、博物馆和展览方面提供的服务,而且其萨维尔俱乐部会员的身份为他提供了源源不断的亲切交谈和职业利益。随着他声名鹊起,哈代受到了越来越多的仅限富贵人士的圈子的邀请,他均来者不拒,于是他发现自己往往置身于一些领域,这些领域绝非反对知识分子,也绝非不向有才能的人开放。他在这些场合受到的毕恭毕敬的欢迎,与其说是给他带来了"成功"的感觉,不如说是给他带来了被认可的感觉,因为他只是把自己看作这些场合偶尔的访客。他能出现在那里完全是因为人们对他作为一个成功作家的地位的认可,那些集地位、重要性、才智和美貌于一身的男男女女对他主动表现的兴趣,给他带来了一种恭维性的安慰,可以用来抵消那来自自己大部分家庭成员的令人讨厌的不理解、他的许多邻居心怀妒忌的不相信,以及他婚姻中与日俱增的失望情绪。与此同时,艾玛也有自己对婚姻的失望,其中包括她经常被排除在丈夫的伦敦世界之外,并屡屡被剥夺扮演成功作家妻子角色的机会,这些机会她向往已久,并为之付出了诸多努力。

除了给弗雷德里克·洛克和莱顿勋爵这样的人物写过一两封精心写就的、彬彬有礼的信件外[24],很少有迹象表明在与那些高雅的熟人的关系中,哈代是一个惯于阿谀奉承的人。然而,与富人和显赫人物混在一起是要付出一定代价的，当哈代在社会地位高于自己的圈子里周旋时，像大多数处境相似的人一样，他发现采用某种程度的保护色是很方便的。他学会了在场合需要的时候着装得体；他买了关于家谱、社交礼仪的书，甚至关于台球的书，台球是那个时期颇受欢迎的乡村庄园消遣活动。他还发现，在时尚界和政治界，难免会感到乏味和幻灭。1885 年春，他与朴次茅斯夫人的友谊使他受到了她的嫂子卡尔纳文夫人①的邀请，并因此邂逅了卡尔纳文勋爵②在保守党的主要同僚，其中包括索尔兹伯里勋爵③本人，不久后他将首次出任首相。哈代对这些人物印象不
247 佳，这与他自己对自由党的支持不无关系，但这无疑促使他对个人与历史事件之间的关系作出了一些犀利的概括：

与其说历史是一棵大树，倒不如说是一条小溪。它的形状中没有任何有机物，发展中没有任何系统性。它像雷雨形成的溪流一样在路边流淌；一会儿一根稻草将其行进路线引向这边，一会儿一个小小的沙障又将其行进路线引向那边。某些身居高位的平庸之辈在关键时刻作出的临时决定，会对事态的发展产生一百年的影响。想想在卡[尔纳文]勋爵家度过的那些夜晚，以及两三周后就将成为内阁成员的那帮普通人在那里就政治问题展开的极度平庸的谈话吧。牛津街上一排商店的店主如果被选为内阁成员的话，也会像这些人一样有能力处理国事。[25]

---

① 即卡尔纳文勋爵的第二任妻子伊丽莎白·凯瑟琳·赫伯特(1856–1929)，因为其第一任妻子伊夫林·赫伯特已于 1875 年去世。

② 即亨利·霍华德·莫利纽克斯·赫伯特(1831–1890)，卡尔纳文第四伯爵。

③ 即罗伯特·盖斯科因-塞西尔(1830–1903)，曾先后三次出任英国首相，首次为 1885 年 6 月 23 日至 1886 年 2 月 1 日。

这些评论几乎算不上是激进的，但就在其表面之下，它们表明那种在《艾塞尔伯塔的婚姻》中隐约可以听到的——但在《穷汉和淑女》之后的岁月里就销声匿迹了的——强烈的社会批评的声音，得以健康地幸存下来。它们还反映了哈代对人类事件的模式和目的所持有的更深度怀疑的稳步发展，这种怀疑在他对哲学和希腊悲剧的阅读中得以促进，并将在最后的小说中和诗剧《列王》中得到最充分的表达。

尽管每年在伦敦和多切斯特之间交替居住，构成了哈代多年来生活的基本节奏，但他并没有将这两个世界严格分离开来。他将麦克斯门贬称为他写作时所处的乡村隐居地，部分是要阻止那些不受欢迎的来访者，因为正是他们会打断他的写作，但是那里时不时会招待一些特殊朋友和因特殊原因被邀请来的客人。1886 年 9 月，当美国画家约翰·亚历山大①请求为哈代画一幅坐姿肖像时，哈代回答说："如果你无法抽身，我可以进城一天；但我建议你来这里画像。这个地方只是我用来写作的乡间小屋，但我们可以让你舒舒服服住上两三晚。"[26] 不过总的来说，哈代更喜欢在伦敦与人见面，每年的伦敦之旅，已成为其生活总体安排的一部分，这段时间专门用于开展社交活动和履行义务，维持友谊和职业上的联系，以及安抚艾玛。在试图阻止两个世界之间的任何大范围交叠时，他几乎不可能仅仅是受到势利心或社会虚荣心的驱使。他确实于 1881 年告诉过基根·保罗，他认为"人们对一个作家的世系了解得越少（直到他去世）越好"[27]，但是英国人那敏锐的听觉和视觉可以感知 248
语言和行为的细微差别，这一定使他在伦敦的熟人们对其家庭出身和养育过程有了足够精明的看法，即使不了解其童年曾是多么卑微和孤独。哈代最关心的就是其家庭隐私，随着威塞克斯在大众想象中愈发被确立

① 约翰·怀特·亚历山大（John White Alexander, 1856–1915），美国画家，以装饰性的肖像画和壁画闻名。

为一个可以参观的地方，他的家庭隐私越来越受到威胁。

1885年12月31日，哈代记录下了一种悲伤，它比以往大多数新年前夜所感受到的悲伤程度都要深："建造麦克斯门的这栋房子所耗费的精力是否明智，这要打上一个问号，如果以消极的方式来解答这个疑问，那是足够令人沮丧的。还有其他一些疑问。"[28]虽然哈代提到的其他疑问我们不得而知，但他确实对《卡斯特桥市长》的读者反应感到忧心忡忡。现在还不完全清楚他是在什么时候完成了对《素描》每周连载部分的校样修订工作，但是他对《素描》编辑实施的消毒净化（关于情节）和任意删改（关于语言）所表示出的遗憾是显而易见的，这体现在1886年1月2日（即连载第一部分刊登的时间）的一则笔记中："我担心它不会像我所期待的那么好，但毕竟重要的不是事件的不可能性，而是人物的不可能性。"[29]然而，哈代不想让《素描》的读者知道卢塞塔曾是亨查德的情妇，这使得连载版本中的一些事件变得非常不可能，因此在小说以书籍形式出版之前，哈代作了大幅修改。尽管他有足够的时间来完成这项任务，但他似乎宁愿在最后一刻匆忙完成。在预计的出版日期前不到两个月，他还在"通读校样"。史密斯与埃尔德公司同意继续担任其出版商，至于这部小说是以通常的三卷本形式出版，还是只出版两卷本，公司尚没有最后决定。[30]当年晚些时候，他向豪威尔斯承认，他没能把"在我心目中存在"的故事完全落实到纸面上，并补充说："我本应该在出版前约一年半的时间里大加改进的，因为大部分内容是在1884年完成的。但是在这段时间里，我未能全身心投入其中。"[31]

现代评论家普遍认为，哈代在修改《卡斯特桥市长》时，把它改造成了他所有小说中最有条理的一部，使其组织严密，结构流畅。然而，与哈代同时代的评论家却没有那么热情。他们确实称赞亨查德的肖像"在其丰满的表现力方面几乎是出色的"，但发现伊丽莎白-简"无趣得不只是一点点”，并痛惜小说中普遍存在的悲观主义，就其出现的境况而言，这种悲观主义似乎是不合理的，正如《蓓尔美街报》所评论的：“我们本来有可能删除结尾部分的伊诺克·雅顿主义。”①[32]然而，在小说连载仍在进行的时候，亨查德的戒酒誓言给《英国国教禁酒编 249
年史》编辑部留下了深刻印象，他们出人意料地对《素描》“公开鸣谢，因为这为我们的禁酒运动带来了友好的鼓舞”。[33]巧合的是，《卡斯特桥市长》的连载结束于1886年5月15日，小说的两卷本第一版由史密斯与埃尔德公司于5月10日出版，而《林地居民》连载第一部分刊登在1886年五月号的《麦克米伦杂志》上，这三个时间非常接近。在过去的六七个月里，哈代交叉着写这两部小说，而在1885年11月中旬，当他还在称新小说为《辛托克的菲茨皮尔斯》时，他记录说，他回到了自己的“原始情节”——显然是为了写《艾塞尔伯塔的婚姻》而“暂时搁置”的那个“林地故事”——他从上午十点半一直工作到晚上十二点，“让我在细节上做出决定”。[34]

艾玛的手迹经常出现在《林地居民》手稿中，然而，尽管很明显她仍在抄写丈夫修改得最多的书稿，并以其他实际的方式给予帮助，但是在现存的这部手稿或其他手稿中，均没有证据表明她在实际的文学创作过程中做出过重大贡献。[35]无论如何，她是出于对哈代目前所采取的方向的赞同，但他们的家庭分歧并没有因为搬到新家而减少，反而加剧了。很多麻烦都源于艾玛过度的阶级优越感——这同样也是因为格蕾丝·梅尔伯里没有认识到贾尔斯·温特伯恩的真正价值——但与此同时，她

---

① 伊诺克·雅顿（Enoch-Arden）是丁尼生的诗歌《伊诺克·雅顿》的主人公，为了给妻子和孩子更好的生活，他作为一名商船船员出海，但不幸遭遇海难，死里逃生的他在荒岛上生活了十年后回到家中，发现相信他已经死了的妻子再婚了并育有一子。深爱妻子的伊诺克不愿意破坏她的幸福，于是便没有向她透露他仍活着，最后伊诺克自己心碎地死去。而《卡斯特桥市长》的主人公亨查德的结局是身败名裂，众叛亲离，最后在一所小屋里孤独凄惨地死去。两者的结局有一定的相似性。

也很难应付她那意志坚定、尖酸刻薄的婆婆(婆婆对其儿子的控制从来没有明显放松过),还有哈代一家人(尤其是哈代本人)所表现出的顽固的家庭团结。艾玛属于"可怜的绅士阶层",一个被哈代家人所鄙视的阶层,这也是他们对她怀有根深蒂固的偏见的原因之一,这种偏见在博克汉普屯村舍里一直占据上风。性格开朗的凯特曾一度缩短这一鸿沟,但其他人则一直对这桩婚姻耿耿于怀、心存芥蒂,而麦克斯门也从未对博克汉普屯的感受产生过怀疑。事实证明,在两个家庭相隔数英里的情况下,这种紧张关系是可控的,尤其是在结婚初期艾玛为获得"归属感"而作出勇敢努力的那些年里。但是,在搬到多切斯特之后,每个人都被局限在了一个狭小的空间里,这使得一种复杂的、不愉快的境况成为可能,或许变得不可避免,正如第二任哈代夫人所言,没有人该为此事负全责,但是每个人又多多少少难咎其责。[36]

250 甚至是在刚搬到麦克斯门的时候,哈代夫妇的婚姻中已经存在的困难就被范妮·史蒂文森强烈地觉察到了——或许她的感觉过于强烈,而且她有这种感觉也是很不友善的,因为当时的境况是事出有因的——她和丈夫罗伯特·路易斯·史蒂文森曾于1885年8月下旬拜访过哈代的新居。在给悉尼·科尔文①的一封信中,范妮描述了这次拜访,她写道:"我们也看到了[哈代的]妻子——但在这里,她自然地摘下了面纱。文人们似乎会有多么奇怪的婚姻啊。"[37]对于一位女性朋友,她则愿意提供更多信息:

> [哈代]身材矮小,脸色**煞是**苍白,看起来颇有学问,乍一看还非常羞涩。他有一张非常奇怪的脸,颇似三角形,长着一个鹰钩鼻。他的新婚妻子相貌**甚是**平平,非常没有教养,且无趣至极……他身

① 悉尼·科尔文(Sidney Colvin, 1845-1927),英国学者,史蒂文森的朋友。

上有一种谦逊、温柔和吸引人的东西，以至于在人们的记忆中，他是一个相当令人怜惜的人。他们刚盖了一栋新房子，他就畏缩在那里，宁愿享受住在阁楼上的自由，如印第安纳人所言："无拘无束"（loose foot）。[38]

1886年6月，史蒂文森亲自写信称赞《卡斯特桥市长》，并问哈代是否可以将其改编成戏剧，几天后，两人与科尔文一起在后者位于大英博物馆内的公寓里共进晚餐，他在博物馆负责管理印刷品和绘画。自那以后，史蒂文森和哈代似乎就再也没有见过面，但一年后，高斯将会向哈代报告说，史蒂文森即将启程前往美国，他的行李箱里放了一本《林地居民》。[39]

对哈代来说，接受科尔文的晚餐邀请是件很容易的事，因为在5月初到7月末的几周里，他和艾玛都在布卢姆斯伯里的一系列住所里度过，之所以专门选择这些住所，是因为它们都靠近大英博物馆的阅览室：

在大英博物馆里读书［他于1886年5月写道］。一直在思考黑格尔的一些名言，如：凡是现实的都是合乎理性的，而凡是合乎理性的也都是现实的；现实的痛苦与形式上的快乐是一致的；理念就是一切；等等。但没有太大帮助。这些德高望重的哲学家似乎一开始就错了；他们无法摆脱这样一种先入观念，即世界必须以某种方式成为人类舒适居住的地方。如果我没记错的话，是孔德说过形而上学只是一种调和神学和物理学的令人遗憾的尝试。[40]

格莱斯顿提出了第一项《爱尔兰地方自治法案》，此举引发了激烈的政治活动，这让哈代感到焦虑。5月13日，可能还有其他几天，他在下议院，他长期以来的自由主义被他对地方自治的看法所动摇，他认为在人的理想和政治上的可行性之间，自治造成了不可调和的矛盾。他还认为，在这种
251 情况下，任何一方声称权利和理性站在自己这一边，这都是貌似正确，实则不然的。[41]实际上，其思想的大方向正变得越来越悲观和幻灭，以至于在关于民主的危险方面，他与阿诺德以及其他人一样担心。大约一年后，他会坚持自己既不属于右派，也不属于左派，但最好被称为“内在主义者”：“我反对因任何形式的意外而产生的特权，因此同样反对贵族特权和民主特权……机会对所有人来说都应该是均等的，但是那些不愿意利用机会的人仅仅是应该得到关照而已，而不应该成为那些确实利用了机会的人的负担，也不应该成为他们的统治者。”[42]

尽管哈代从未改变过他的基本政治忠诚（除了在二十世纪二十年代可能有一两次给工党投票之外），但他对格莱斯顿的爱尔兰自治倡议的反对，使他更容易接受这样一个事实，即他在伦敦的大多数熟人都是坚定的保守党人。1886 年春，他最新结交的保守党朋友——当然也是最亲密的朋友之一——是玛丽·热恩①，其丈夫是弗朗西斯·亨利·热恩，一位杰出的律师和离婚法庭法官，他将于 1891 年被授予爵士头衔，并于 1905 年去世前被封为圣赫利埃男爵。热恩太太的第一任丈夫曾是奥尔德利的斯坦利家族的成员之一，她对政治和社会事业兴趣浓厚，在其第二任丈夫去世后，她成了伦敦郡议会的一名议员，在八十年代，她迅速确立自己的当时最主要的沙龙女主人之一的地位。对哈代来说，她的友谊至关重要，不仅是因为他在她的庇护下遇到了那么多人，而且还因为他与她的家庭成员建立了非常愉快的亲密关系，尤其是与她和其第一任丈夫所生的孩子多萝西·斯坦利和玛德琳·斯坦利。她俩称他为“汤姆叔叔”，向他吐露心声，和他一起去看戏，表现出一种大方自然的

① 玛丽·热恩（Mary Jeune，1849-1931），上流社会女主人、新闻记者。

热情和开放，他觉得这种热情和开放是完全令人着迷的，尤其是多萝西·奥尔胡森（其婚后的姓），在他去世前一直对他保持着这种热情和开放。弗朗西斯·热恩碰巧是艾玛的会吏长叔叔的一个舅哥的名字，但这一事实似乎对建立和维持哈代与热恩和斯坦利家族的不同成员之间的友谊几乎没有什么影响，甚至完全没有影响。可悲的是，她们谁也不能“忍受”艾玛。“我们都恨她。”多萝西曾这样表明，而会吏长本人似乎也和她们一样不喜欢她，即使他从未像传闻中那样说她是“世界上最可怕的女人”。[43]

哈代还更新和扩大了其文学熟人的圈子。1886 年 6 月 6 日，在拉 252
伯雷俱乐部的一次晚宴上，他再次邂逅了亨利·詹姆斯，但无论是在这一时期还是之后，两者都没有建立起任何友好的关系。拉伯雷晚宴也是哈代再次遇见梅瑞狄斯的场合，显然这是他们二人自 1869 年讨论《穷汉与淑女》以来的第一次见面。在夏天的时候，哈代还遇到了沃尔特·佩特①，“他的举止反映出他是一个脑子里装着重要思想但不向他人吐露的人”；还有奥利弗·温德尔·霍姆斯②，“一个非常有活力、和蔼可亲、老当益壮的人”，他毫不厌倦地享受着自己在英国的名气[44]；还有乔治·吉辛，他似乎是以一个相对新手的身份接触哈代的，他与这位公认的大师对话，并期望与他建立情投意合的友好关系，但二人见面这件事并不能完全证明这一点。[45]

7 月下旬，哈代夫妇回到了多切斯特，以便哈代能够更连续、更有效地创作《林地居民》。然而，三周后，哈代向高斯发出了做客邀请，在春季和初夏期间，他曾数次到高斯家做客，高斯现在是他的伦敦朋友中最

① 沃尔特·佩特（Walter Pater, 1839–1894），英国评论家、散文家、人文主义者。

② 奥利弗·温德尔·霍姆斯（Oliver Wendell Holmes, 1809–1894），美国医生、诗人和幽默作家。

亲密的一个。哈代写道:“你现在能来吗?如你所知,我们在这里的生活是孤独的,酷似村舍生活,但我想你会有兴趣去附近一两个奇妙的地方看一看,那些地方最近刚通了火车。”为了明确表示邀请的是高斯一个人,他解释道:“我们希望明年能有一间标准的备用卧室供已婚夫妇使用,但目前我们只有一间单人间,我妻子特别希望你能向你太太提及此事,并向她转达她的爱意。”高斯于8月底抵达,而来自西斯塔福德的伊娃小姐和爱丽丝·史密斯小姐也于31日拜访麦克斯门,因此她俩可以和“讲鬼故事的亨利·穆尔先生以及诗人兼评论家高斯先生一起享用老式的冷餐茶”。[46]

哈代想让高斯去看的地方之一是布里德波特,位于多切斯特以西的海岸,理论上来说,一些新建铁路线使人们更容易进入该地区了,但实际上他们的游览却充满灾难。在随后一封信中,哈代充满歉意地提到“布里德波特小酒馆里那只可怕的水壶”,十年后,当高斯将自己题为“批评的半身画像”的散文集题献给哈代时,他饶有兴致地回忆起他们是如何被一位当地居民煞费苦心地指错方向,然后错过了从布里德波特返回多切斯特的火车。当他们在梅登-牛屯火车站候车时,高斯趁机给家人写了封信,信中描述了他和哈代前一天拜访巴恩斯的情景:

> 巴恩斯先生……将不久于人世,但和他健在的时候一样风光无限。他的书房里有一张床,四面墙中有三面摆着满是书的书架,他
> 253 身后那面墙没有摆,墙上挂着一张深绿色的挂毯。他躺在白色的床上,因为他现在已经卧床不起了,穿着一件猩红色的睡衣,头上戴着一顶深红色的柔软的四角帽,长长的灰白胡须垂在胸前,满头银发披散在枕头上。他看起来像个行将就木的教皇。他非常热情地欢迎我们,不想让我们走。但是在他身上已经发生了巨大的变化,他的记忆力严重衰退了,一遍又一遍地重复着同样的话。[47]

当这位老诗人于 10 月 7 日去世时，哈代在《雅典娜神殿》上刊发的讣告中称他“可能是英格兰现在和过去乡村生活形式之间最有趣的承前启后者”——一个来自遥远的“田园幽谷”的人，其“强大的记忆力和观察力”使他成为“一个被遗忘的习俗、语言和情感的全部保留剧目的宝库”。但是，尽管哈代可以深表同情地描述巴恩斯职业生涯的这一方面——他几乎一直是在写自己四十多年后的讣告——但他觉得有必要对其友人作为诗人的成就有所保留。他认为巴恩斯是一个天才的抒情诗人和一个从容谨慎的匠人，但在巴恩斯使用方言时，特别是在他主题的局限性上，哈代却发现了一种逃避倾向：“他完全没有雄心、自豪、绝望、蔑视以及其他使人类感动的宏大激情，无论他们是伟大的还是渺小的。他笔下的乡下人通常都是快乐的人，他们很少感受到其他现代人的痛苦——那种对宁静的渴望和使人获得宁静的力量之间的不平衡。”[48]

哈代曾在负责委托罗斯科 · 穆林斯①制作巴恩斯雕像的委员会里工作，该雕像位于多切斯特镇中心的圣彼得教堂外，随后他还编辑了一本巴恩斯诗歌选集，该诗集于 1907 年由克拉伦登出版社出版。更为个人化的悼念是其诗歌《最后的信号》，它唤起了一个时刻，即当哈代穿过田野去参加巴恩斯的葬礼时，他看到一缕阳光从其灵柩上反射出来：

这是他在走向坟墓的路上和我道别的信号，
　就像是他在挥动他的手一样。[49]

对哈代来说，他想象中的姿态和这首应运而生的诗歌代表着一种交流，不仅是告别的交流，也是致敬的交流，还代表着哈代对自己继承威塞克

① 埃德温 · 罗斯科 · 穆林斯（Edwin Roscoe Mullins，1848–1907），英国维多利亚时期雕刻家。

斯文学界领袖地位的承认。回顾往事，认为巴恩斯的天赋能够使哈代的天赋相形见绌似乎是不切实际的，但哈代始终意识到是巴恩斯第一个使他们共同居住的地区威塞克斯这个名字重新焕发活力，也是巴恩斯拥有被视为代表该地区真实声音的特殊权利。

为了让城市读者理解威塞克斯的生活和价值观，和其他诠释者一
254 样，哈代总是冒着篡改原貌的风险，以便于读者理解，尽管他知道巴恩斯对事实的扭曲远远超出了单纯排斥他们地区黑暗面的范畴，他还认识到巴恩斯在使用当地方言时毫不妥协的“纯洁性”，以及巴恩斯在专门的文献著作中对当地方言的颂扬。通过搬回多切斯特并建造麦克斯门，哈代试图在乡村环境中重新确立自己的地位，对此环境巴恩斯曾表现出更加始终如一的忠诚。在见证巴恩斯的葬礼的同时，哈代也在纪念其友人的生命和成就，并声称他继承了他们共同生活的地区的文学所有权，以及一种新的自由，以便将他自己创造的一个与现实有交叠的虚构世界强加给这一地区。

对哈代而言，再次在威塞克斯安家，并不意味着再次与当代区域意识融合。因为无论是对威塞克斯外部读者还是其内部读者来说，方言都有着特别强大的遏制力，所以他决定不受其束缚。麦克斯门的红砖——与凯姆的巴恩斯教区长住宅醇香的茅草的魅力形成了鲜明对比，巴恩斯的住宅就坐落在韦勒姆路稍远的地方——恰恰表明了这位还乡之人拒绝回到对其过去的种种假设中。尽管哈代的品位和个人习惯依然是简单朴素的，尽管他对该地区的往昔一往情深，对他最早期经历中的基本事实（从华兹华斯的意义上讲[1]）深表同情，但是通过多年刻意的自我教育和伦敦生活，他已经了解到还有其他更为复杂的、（总的来说）更好的

---

[1] 可能指的是华兹华斯的诗歌《颂诗：忆幼年而悟永生》（“Ode：Intimations of Immortality from Recollections of Early Childhood”），简称《永生颂》。

思考和行为方式——更人性化的方式,例如对待动物的方式,以及对宇宙本质的更为辽阔的视野。作为艺术家,他能够清晰地表达乡下人的思想和感情,这是因为他能够从一系列变化了的态度和信仰所提供的有利位置回顾早期的自我。

哈代从来没有感到被其多切斯特邻居完全接受,尤其是那些和他同属一个社会阶层或阶层比他高的人。弗洛伦斯曾经说过,在《致莎士比亚》①一诗中,正是她丈夫自己的处境,使他想象莎士比亚势利的邻居们听到他去世的消息后可能会说的话:

——"啊,我现在回想起来了,一个商人的儿子……
他很机智幽默,我听说……
我们并不认识他。好啦,永别了。人人终有一死。"[50]

多切斯特的"普通人"对哈代的所作所为缺乏理解,对他明显的成功暗暗感到不满,也发现他有些难以接受。诚然,在某些方面,他们对麦克斯门的树木和围墙后面发生的事情心生疑窦也并非没有道理。尽管房屋本身和其业主都不能被恰当地描述为是郊区的,但两者在重要方面都是半城市的。住在凯姆的巴恩斯,已经成为一个几乎是他自己的乡村世界所独有的先知,而哈代却是一个向由乡村世界发展而成的城市世界诠释乡村世界的人——从历史进程的角度而言,这类似于后来 D. H. 劳伦斯在其小说《虹》②中所记录的——而乡村在转变为城市的过程中失去了与原来自我的联系。麦克斯门是一个真实地方的真实房子,哈代则对该 255

① 诗歌全名为《致三百年后的莎士比亚》,参本书第二十六章。

② 《虹》(*The Rainbow*, 1915)通过叙述一家三代人的遭遇,描述了工业革命给传统乡村带来的巨变。

地方的社会、政治和经济现实作出了全面的反应。但与此同时,这栋房子也是一个占主导地位的都市文化的前哨,他从那里向他的同伴们发出有说服力的提醒,提醒他们不要忘记那些世代相传的价值观。他们可能会在必要时违背这些价值观,但是忽略这些价值观,只会给他们带来危险。

注释

[1] 图纸(多博);福丁屯人口普查统计表,1851 年;关于收费站小屋,见 E. L. 埃文斯,《哈代的家》(圣彼得港,1968),页 19。

[2]《哈代书信》,第一卷,页 217;芭芭拉·科尔,《依附在土地上:多塞特社会史,1750–1918 年》(伦敦,1968),页 241。

[3]《哈代诗歌》,第二卷,页 243–244。

[4] 弗洛伦斯致贝洛克·洛恩德斯的信,1929 年 10 月 29 日(得克萨斯);《早期生活》,页 226,参《生活和工作》,页 508。

[5] 斯帕克斯笔记和文件(伊顿),参《哈代书信》,第七卷,页 95–96。

[6]《哈代诗歌》,第一卷,页 100。

[7] G. 吉辛致 A. 吉辛的信,1895 年 9 月 22 日,载《耶鲁大学图书馆公报》,1943 年 1 月,页 52。

[8] 写在邮戳为 1868 年的开封信封上的树木单子。(多博)

[9] A. C. 本森,日记,1912 年 9 月 5 日(剑桥大学抹大拉学院);吉辛信件,载《耶鲁大学图书馆公报》,1943 年 1 月,页 52。

[10] R. 汤姆森,《托马斯·哈代(一)》,载《独立报》(纽约),1894 年 11 月 22 日,第 2 版。

[11] 参《建筑笔记》,[页 108]。

[12]《艾玛与弗洛伦斯书信》,页 158;参 A. 米契尔,《麦克斯门的厨师(1913–1914)》(圣彼得港,1970),页 401。

[13]《世界报》(伦敦),1886 年 2 月 17 日,第 6 版。

［14］《早期生活》,页227,参《生活和工作》,页509;《哈代书信》,第三卷,页162。

［15］《早期生活》,页32,参《生活和工作》,页502。

［16］《世界报》(伦敦),1886年2月17日,第6版。

［17］《哈代书信》,第一卷,页128,另见《公众声音》,页131。

［18］多塞特郡博物馆会议记录簿(多博);《公众声音》,页36–37。

［19］《公众声音》,页36–37;《哈代诗歌》,第二卷,页214;《艾玛与弗洛伦斯书信》,页194;E. E. 蒂［特林顿］,《哈代的家庭生活(1921–1928)》,页10。

［20］《伦敦与维多利亚晚期英国的文学生活：小说家乔治·吉辛日记》,P. 库斯蒂亚编辑(哈索克斯,1978),页388;另见《哈代书信》,第一卷,页149,第三卷,页151。

［21］《哈代书信》,第五卷,页216。

［22］同上,第四卷,页6。

［23］《生活和工作》,页36;《公众声音》,页76。

［24］《哈代书信》,第一卷,页69,页239–240。

［25］《生活和工作》,页179,关于“卡XXX勋爵”的身份确定,见《生活和工作》,页508。

［26］《哈代书信》,第一卷,页152。

［27］同上,页89。

［28］《生活和工作》,页183–184。

［29］同上,页183。

［30］《哈代书信》,第一卷,页142、141。

［31］同上,页156。

［32］《旁观者》,1886年6月5日,参《哈代：批评遗产》,页137;《星期六评论》,1886年5月29日,参《哈代：批评遗产》,页135;《蓓尔美街报》,1886年7月9日,第5版。

［33］《英国国教节制纪事》,1886年1月23日,页38。

[34] 珀迪,页 56–57;《生活和工作》,页 182、105、182。

[35] 手稿(多博);艾玛对哈代手稿的参与在盖特雷尔的《创造者哈代》一书中得到了很好的讨论,页 47–51;关于不同的观点,见 A. 曼福德,《艾玛·哈代作为帮手》,载《哈代批评散文集:小说》,D. 克雷默编辑(波士顿,1990),页 100–121。

[36] 珀迪与弗洛伦斯谈话,1933 年。

[37]《生活和工作》,页 181;F. 史蒂文森致 S. 科尔文的信,[1885 年 9 月上旬](耶鲁)。

[38] F. 史蒂文森致 D. 诺顿·威廉姆斯的信,[1885 年 10 月–11 月](耶鲁);关于哈代鼻子的描述,见考克雷尔,信件,载《泰晤士报文学增刊》,1953 年 10 月 4 日,页 2,以及珀迪,与考克雷尔对话的笔记,1948 年(耶鲁)。

[39]《生活和工作》,页 186,以及《哈代书信》,第一卷,页 146–147;S. 科尔文致哈代的信,1886 年 6 月 12 日(多博);E. 高斯致哈代的信,1887 年 8 月 28 日(多博)。

[40]《生活和工作》,页 185。

[41] 同上,页 184–185。

[42] 同上,页 213。

[43]《哈代书信》,第一卷,页 143–144,《生活和工作》,页 191,《哈代书信》,第一卷,页 227–228;珀迪,与 D. 奥尔胡森对话的笔记,1931 年(耶鲁);弗洛伦斯致 R. 欧文的信,援引自 M. 热恩,1915 年 7 月 17 日(科尔比),另参 D. 凯–罗宾逊,《第一任哈代夫人》,页 196–197。

[44]《生活和工作》,页 187,参《职业》,页 353–358;《生活和工作》,页 187。

[45]《乔治·吉辛书信集》,P. F. 马泰森,A. C. 杨,和 P. 库斯蒂亚编辑(九卷;俄亥俄州雅典市,1990–1997),第三卷,页 41–42。

[46]《哈代书信》,第一卷,页 151;M. E. 巴斯,《哈代和伊万杰琳·F. 史密斯》,载《哈代年鉴》,第四期(1973–1974),页 42;关于铁路延伸到布里德波特港口,见 J. H. 拉京,《多塞特的铁路》([伦敦],1968),页 32–34。

[47]《哈代书信》,第一卷,页 151;高斯,《批评的半身画像》(伦敦,1896),

页 v–vi；E. 高斯致 N. 高斯的信，星期二［1889 年 8 月 31 日］（剑桥大学图书馆）。

［48］《雅典娜神殿》，1886 年 10 月 16 日，参《公众声音》，页 66、67、70。

［49］《哈代诗歌》，第二卷，页 213。

［50］弗洛伦斯致霍尔夫人的信，1916 年 5 月 7 日（威尔特郡档案局）；《哈代诗歌》，第二卷，页 174。

第十四章 《林地居民》

256 1886年7月1日，在给吉辛回信时，哈代表达了他的忧虑，他担心《林地居民》会辜负对方“欣赏好作品的敏锐眼光”，该小说当时在《麦克米伦杂志》已经连载四分之一，他写道：“如果我能完全将自己的想法写出来，这本可以是一个美丽的故事，但不知何故，我离初衷渐行渐远，因此我担心故事与最初设计会很不一样，除非我在结尾时再回归初衷。”这段话中自我贬损的语气和传达这种语气所用的特殊措辞，在哈代对自己作品的评论中并不陌生，但他似乎确实在《林地居民》的创作过程中遇到了真正的困难，尤其是在按原计划完成方面。他很晚才开始动手写这部小说，中间又停下来对《卡斯特桥市长》做最后的修订；他总是处于压力之中，要按时完成每一期连载，以便将初校样张寄到大西洋彼岸，在《哈珀集市》杂志上同步出版；而且，不容忽视的一点是，他还没有最终认识到他在伦敦尝试认真工作是不切实际的。6月7日，他跟史蒂文森说：“我在城里要写一些东西，却不能下笔，它正在变成一场噩梦。”[1]

他还发现自己与《麦克米伦杂志》的编辑莫布雷·莫里斯的争执越来越多。3月下旬时，弗雷德里克·麦克米伦对《林地居民》的第一部分连载予以称赞，只对莫里斯在校样上写的意见中的“一两个小问题”做了评论，但他坚持认为这些“只是建议”，并说“我们不想以任何无礼的方式‘编辑’

你的作品”。然而,9 月,当连载进展顺利时,莫里斯本人致信哈代,警告他在处理苏克·戴姆森和菲茨皮尔斯之间的不正当关系时不要逾越礼节的界限。他解释说,杂志读者都是“虔诚的苏格兰人,他们很容易被冒犯”,因此,如果“人的脆弱”可以被“温和地诠释”,同时不要使苏克面对“过于 257
公开的耻辱”[2],那就好了。哈代接受了他的建议,甚至开始删除第二十章中至关重要的最后一句话(“在菲茨皮尔斯和苏克·戴姆森再次进入小辛托克村之前,天已破晓”),他现在注意到,在处理菲茨皮尔斯与苏克的关系以及后来菲茨皮尔斯与查蒙德太太的关系时,他应该保持适当的谨慎。后来,他告诉小说的两位潜在的剧本改编者,“图书馆等的惯例”使他无法更强烈地强调小说所“暗示”的结论,那就是:“与一个不忠的丈夫结婚,女主人公注定要过不幸福的生活。”[3]

和同时期的其他小说家一样,哈代也不得不学习——斯蒂芬完全有能力教他——学习成为维多利亚时代小说连载的“一把好手”的实用方法,他已经习惯于修改和改写自己的作品,以回应当代杂志和流通图书馆强加给他的武断的、常常难以预测的禁令。但作为艺术家,他受到越来越深的困扰。尽管他是十九世纪末争取更自由的文学表达的拥护者,而非公共领袖,但是在 1890 年,他的确发表了一篇题为“英国小说中的坦率”的重要文章,其中包括对一个连载小说作者所处环境的生动描述,他可能会发现自己不得不背叛其文学良知和“最具想象力的本能”,旨在设计出“一个他知道是别提有多不真实和华而不实的**结局**,然而这却是心胸狭隘者和杂志订阅者所看重的”。[4]

虽然《林地居民》多有借鉴哈代自己的家庭背景,尤其是母亲告诉他的关于她在梅尔伯里-奥斯蒙德度过的童年的故事,但在小说创作期间,他并没有试图去拜访多塞特西北部的那一地区。正如在创作有着浓厚自传体性质的《还乡》时,他故意与那些虚构出来的地方保持距离,仿佛是希望保留那些饱含着感情的印象的新鲜感和活力,那些印象已经烙印在他脑海中。他习惯于说威塞克斯是个“亦真亦幻的乡村地区”[5]，尽管他直接所指的是地形问题，但这一表达方式也带有发展演变的含意。为了寻找对建筑物、服饰和装潢风格的描述，以及对天气和风景的印象——这些分别是其小说的物质方面和自然方面——他可以翻阅笔记本，从书架上取下书籍，或者研究旧报纸和地方档案。另一方面，他笔下的人物及其行为和动机是更纯粹的努力想象的产物，而记忆，特别是儿时记忆，是这种想象力的基本的创造性资源。在其职业生涯的这一
258 刻，哈代似乎相信，疏离和保持物理距离的行为准则可以为他提供这种资源，从而使他能够塑造出这样的人物，用鲍克那雄辩的话来说，他们有能力“穿越想象力的大门，从记忆的房间里走出来”。[6]哈代有一次用更加散文式的表达跟他的第二任妻子说，一旦小说人物开始控制一个故事并将其继续下去，他知道那就万事大吉了。[7]

手稿完成后，哈代当然觉得可以再次去看一看《林地居民》所描绘的景色，正是在这样一次对梅尔伯里-奥斯蒙德的造访中，他画了一幅汤森德(Townsend)的画，汤森德是其外祖母贝蒂·斯威特曼和她父母一起居住过的房子，很明显他在小说中把这栋房子与格蕾丝·梅尔伯里及其父亲联系在了一起。[8]这种联系促使哈代后来表达了对《林地居民》的偏爱，“作为故事”，它胜过他所有其他小说。[9]激发他兴趣的有上斯托伊(High Stoy)附近优美的景色，有林地故事背景的隐秘性和有限性，还有对上博克汉普屯童年和桑科姆森林边缘的树木的个人记忆，他在桑科姆森林度过了童年的大部分时光。这部小说还让他有机会借贾尔斯·温特伯恩这一人物形象，来颂扬他在自己父亲身上发现的那些令人钦佩的品质，父亲特有的慢条斯理和谦逊内敛成了贾尔斯整体肖像的重要组成部分；整部小说都透露着一种怀旧情结，暗示着他对那些更简朴的日子和生活方式的向往，在其脑海中，它们总是和博克汉普屯密切相关。例如，在《生活和工作》中重现的一个场景，即哈代在结婚前的那个秋

天，最后一次协助父亲酿造苹果酒的情景，在对苹果酒压榨机旁的贾尔斯的描述中得到了有益补充，他四周环绕着“苹果酒的氛围……对于那些在果园中出生和长大的人来说，有着难以形容的魅力”。[10]

《林地居民》连载过程中，哈代的创作速度从来没有远远领先于印刷速度，1887 年 2 月 4 日晚八点二十，当哈代可以在笔记中记录《林地居民》的手稿终于完成的时候，《麦克米伦杂志》的十二部分连载已经出版了十部分，哈代写道：“我想我应该感到高兴，但我并不是特别高兴，——虽然松了一口气。”两天后，他去了一趟上博克汉普屯，这已经成为他每周日的例行探访；他父亲谈到 1830 年左右的某一天，他步行前往多切斯特，碰巧看到在康希尔镇的水泵旁，有三个人被公开鞭笞。另一组笔记，记录时间是本月晚些时候，暗示了哈代在这段时间一直在思 259
考的一些更加抽象的问题：“一两天前的晚上，我在想人们是梦游症患者，我还在想物质不是真实的，只是可见的，而真实的东西是肉眼看不见的。”[11]哈代完成了《林地居民》连载本的修订工作，为其著作第一次被麦克米伦出版社出版做好了准备，便于 3 月初短暂造访伦敦，出席了由作家协会组织的版权会议，之后于 3 月 15 日，即《林地居民》出版的当天，与艾玛一起踏上了期盼已久的意大利之旅。[12]

他们旅行的早期阶段并不顺利。他们出发前伦敦下雪了，他们坐夜车穿越法国时也下着大雪。当他们在第戎①停下来用餐时，艾玛在她详细的旅行日记中写道：“汤姆很烦躁，患了消化不良，以前就是这样，但现在更糟。”在从艾克斯②到都灵③的火车上，出于某种神秘的原因，列车

① 第戎（Dijon），法国东部城市，勃艮第大区首府和科多尔省省会。
② 艾克斯-普罗旺斯（Aix-en-Provence），法国南部城市，是普罗旺斯的前首府。
③ 都灵（Turin），意大利北部城市，皮埃蒙特大区首府和都灵省省会。

员拿走了他们的车票,当他迟迟不肯再出现时,艾玛写道:“我俩相互抱怨指责,对车票的下落越来越感到不安。”他们在都灵住了一晚,在热那亚住了两晚,并在那里参观了多利亚宫,这有助于抵消一开始对该城市产生的令人相当沮丧的印象,哈代后来在《热那亚与地中海》一诗中提到了这一点(“不是像美人,而是像邋遢的人”)。那天下午,哈代独自外出考察,艾玛则和一个日本孩子以及一些小猫交上了朋友,尽管她后来抱怨说意大利的猫都是短毛的,不像法国的长毛猫那么漂亮。[13]

次日,他们向南前往佛罗伦萨,他只从火车窗口看到了诗歌《雪莱的云雀》中所描绘的风景,但是他们在途中去了比萨,在那里参观了大教堂和洗礼堂,并登上了比萨斜塔。在佛罗伦萨,巴恩斯的女儿露西·巴克斯特及其丈夫迎接了他们,并用马车把他们带到了位于独立广场最北角的特罗洛普别墅。此时的别墅是一对苏格兰夫妇经营的私人小旅馆,之前属于特罗洛普家族,三十年前,安东尼·特罗洛普本人曾在那里写下《索恩医生》。接下来的几天是常规的观光,通常是他们夫妇二人自己游览,有时则是在巴克斯特太太及其姐姐的陪同之下,其中的景点必然包括美第奇家族陵墓、乌菲兹美术馆和皮蒂宫,哈代在其旅行指南中草草记下了关于卡诺瓦①雕刻的拿破仑半身像(“保存下来的阴郁的表情”)和维纳斯像(“用长袍去遮盖胸部”)的笔记,他带着怀疑的态度
260 评论了提香关于抹大拉的马利亚的油画,说这位艺术家只对画漂亮的女人感兴趣。[14]到了周三晚上,艾玛记录道:“汤姆疲惫不堪,躺在床上。”次日早晨,他们都感到筋疲力尽,但还是去了佛罗伦萨大教堂。当他们坐着马车回小旅馆时,艾玛以她平常对类似事情的敏感,注意到拉车的马很虚弱。对于她对马车夫的责备,她听到的不是像伦敦马车夫那样的“无礼的回答”,而是对她关注动物的安康表示感谢,对此她反倒感到

---

① 安东尼奥·卡诺瓦(Antonio Canova, 1757-1822),意大利画家、雕塑家。

有些尴尬。[15]

周末他们乘火车去罗马。在第一家酒店度过了两个悲惨的夜晚（“硬硬的床、嘈杂的广场、小虫子的侵扰、喷泉的噪音以及交通的噪音，后者大得就像伦敦的交通噪音一样——彻夜未眠”）之后，他们搬到了孔多蒂街的阿勒曼尼酒店中更舒适的住处，就位于西班牙阶梯①下面。因为哈代对古典罗马而非基督教罗马的兴趣与艾玛对天主教的不信任（在她看来，教堂里似乎“**充斥着垃圾**”）正好不谋而合，于是他们被反复吸引到古罗马广场的区域。有一次，在摆脱一个执着的小擦鞋匠的纠缠时，艾玛弄坏了她的雨伞；还有一次，三个小偷袭击了她的丈夫，偷了他刚买的一幅画，她勇敢地站出来把他们赶跑了。[16]有一天，他们驱车前往新教墓地，去朝圣雪莱和济慈的坟墓，这两位诗人都是哈代诗歌万神殿中的杰出诗人。同一天晚些时候，哈代把从济慈墓采撷的两朵紫罗兰寄给了高斯，并跟高斯说，城市古老悠久的部分那普遍存在的衰败感令他难以忍受，他觉得那“像是我睡眠中的梦魇”。在当代罗马，建筑活动如火如荼，他补充说：“但面对一堆堆废墟反复说的那句‘虚空的虚空’②，任何一个社区将如何继续大兴土木都是一件非常不可思议的事情。”

他在笔记本上写下了同样的内容——或许他多少回忆起了几年前读过的霍桑的《玉石雕像》对罗马的描绘——并在创作诗歌《罗马：在古老的街区建造一条新街道》时借鉴了这些内容，该诗是他后来创作的关于这座城市的四首诗歌之一。[17]4 月 1 日（星期五），哈代和艾玛第二次游览梵蒂冈，但是如艾玛所言，只是“在非常担心我们是否应该再去一次之后”。然后他们去了地下墓穴，在那里，哈代记录了充当向导的修

① 罗马的一座户外阶梯，与西班牙广场相连接。

② 全句是“虚空的虚空，一切都是虚空”，出自《圣经 · 传道书》。

士们“愤世嫉俗的幽默”;他们还去了亚壁古道,当天晚上,他用纯粹的基督教措辞向母亲描述了古道(写在一张大大的圆形明信片上,并近乎费力地让字迹显得清晰):“我们今天沿着亚壁古道去了三家酒馆,正如《使徒行传》①的最后一章所描述的那样,保罗就是沿着这条路来到罗马的。”[18]

261 4月3日,在罗马比原计划多待了一天之后,哈代夫妇回到了佛罗伦萨和特罗洛普别墅。艾玛患了感冒,在火车上感觉“烧得厉害”,但第二天就好了,于是他们去拜访巴克斯特太太,并参观了圣马可修道院,她认为那里的小室是“较大的房间,似乎非常有可能舒适地住在里面”,并断定萨沃纳罗拉②长得像乔治·艾略特。然而,弗拉·安吉利科③似乎并没有给她留下深刻印象,第二天她在日记中吐露说:“古老壁画是可怕的,这是我俩(笔记本和我)之间的秘密。”一天早上,哈代五点起床,独自一人前往锡耶纳④,但这一周剩下的几天都是在佛罗伦萨度过的,排满了观光和社交短途旅行,包括参拜伊丽莎白·巴雷特·勃朗宁之墓,拜访维奥莱特·佩吉特⑤(“弗农·李”)和她那残疾的同母异父的哥哥尤金·李-汉密尔顿⑥,以及和巴克斯特太太一起去菲耶索莱⑦旅行,当他们乘坐的公共马车的马突然受惊以后,那次旅行几乎以灾难告终。

---

① 《使徒行传》(Acts)是《圣经·新约》的一卷,记载了耶稣的使徒们传道、殉教的事迹。

② 吉洛拉谟·萨沃纳罗拉(Girolamo Savonarola, 1452-1498),意大利宗教改革家,佛罗伦萨平民起义领袖。

③ 弗拉·安吉利科(Fra Angelico, 1387-1455),意大利文艺复兴早期画家,他只为教堂作画,只画宗教题材作品,代表作为《圣母子与天使、圣徒及捐助者》《利奈奥尼圣母像》等。

④ 锡耶纳(Siena),意大利托斯卡纳大区城市,距佛罗伦萨南部大约五十公里。

⑤ 维奥莱特·佩吉特(Violet Paget, 1856-1935),又名弗农·李(Vernon Lee),英国文艺批评家、美学家。

⑥ 尤金·李-汉密尔顿(Eugene Lee-Hamilton, 1845-1907),英国诗人。

⑦ 菲耶索莱(Fiesole),位于佛罗伦萨东北八公里的小镇。

到最后一天，不出所料，哈代夫妇感到“沮丧至极”，于是他们的活动仅限于购物和拜访巴克斯特一家。[19]

4 月 13 日（星期三），他们抵达了威尼斯，当哈代发现他们在（位于斯基亚沃尼河滨大道上的）昂格勒泰酒店的房间没有朝向大运河时，他非常不悦。他们最近遇到了一些志趣相投的美国人，一开始的许多观光活动都是在这些美国人的陪伴下进行的，尽管寒冷潮湿的天气阻碍了远途旅行。星期天，艾玛不得不待在房间里休息（“我的膝盖僵硬得不能弯曲”），而哈代则拿着介绍信，拜访了这座城市的两位英美社区的领导人，即布朗森太太和柯蒂斯太太，她们因分别与勃朗宁和亨利·詹姆斯的友谊而在文学史上颇有名气。艾玛勇敢地面对了这种境况，她在日记中写道：“我大失所望”，并以强调的方式补充道：“（**永远是出于好意**）”，尽管我们不清楚这是她对失望的标准反应，还是——更令人难过的是——她在明确承认哈代独自一人前往可能会比和她一起去更受欢迎。无论如何，过了没多久，她就受到了布朗森太太和柯蒂斯太太的款待，她们的殷勤好客再加上温暖的天气，给哈代夫妇在威尼斯的最后几天带来了生气。在他的意大利之旅中，哈代本人心里一直想着雪莱和勃朗宁，现在又特别关心识别与拜伦有关的地方，他后来将沉浸在一种相当浪漫的遗憾中，因为他没有去费力寻找当地居民，而他们可能记得大约七十年前拜伦在这座城市里的风采。[20]

4 月 22 日（星期五），他们离开威尼斯，前往米兰，在那里，激发哈代兴趣的主要是该市的一些拿破仑协会。星期六，他在一个苏格兰年轻人 262
的陪同下参观了洛迪桥，那里是拿破仑曾取得的一次著名胜利的遗址；哈代夫妇是在火车上遇见那个苏格兰年轻人的，他从印度来，正在回家途中。在哈代参观洛迪桥的时候，艾玛出去买准备带回家的礼物，其中包括给小叔弟亨利的领带。第二天，他们乘火车去了卢塞恩，在那里住了一晚，次日早上前往巴黎。当他们在卢塞恩登上开往巴黎的火车时，艾玛在日记中记录下哈代和一个男人因为座位而发生的“争执”,这个男人带着三个既不安生又没有礼貌的孩子,他们夫妇俩之前曾经在离开米兰的火车上遇到过这三个孩子。哈代在交锋中败下阵来,对此艾玛负有主要责任,这一点从她对随后发生的事情的描述中可以清楚地看出来:“在巴塞尔换乘——那位绅士为没有给我让出靠里面的座位而表示歉意——他似乎真的很抱歉——毫无疑问是因为感激我站在了他的一边,感激我同情他带着三个孩子的艰难处境。”[21]星期二一大早,他们到了巴黎,艾玛腹泻,也没有休息好,因为车厢里还有另一个男人,这使她感到很尴尬,不能够按照只有她和哈代在时她所喜欢的方式去行事,即坐在座位上把双腿伸出去。不过,当天她就好多了,可以坐车和步行在巴黎四处逛逛,次日早上,也就是 4 月 27 日(星期三),他们就回到了伦敦。[22]

当哈代回到英国时,他发现《林地居民》已经得到许多热情洋溢的评论。总的来说,比起上一部作品,读者的确更多持赞同态度,其反应更加有思想深度。《泰晤士报》认为哈代能和米勒①相媲美,称赞他有能力使诗歌和贫苦的乡村生活达到和谐统一。高斯在《星期六评论》中发表评论,热情地谈到该书的“丰富性和人性”,但也提出一些批评,其中一条大意是贾尔斯“有点过于有意识地被刻画成了某一阶段乡村文明的化身”,这是源自哈代私底下说的一句话,因此高斯这样做颇有些失礼。一些评论家认为这种道德基调令人反感;有人指责哈代屈服于“法国小说”的影响;在高斯的鼓动下,甚至帕特莫尔也在《圣詹姆斯公报》上评论了该小说,一开始他对哈代此前所做的工作大加赞赏,但随后却对菲

---

① 让-弗朗索瓦·米勒(Jean-François Millet, 1814–1875),法国画家,其作品以法国乡村生活为主,是法国最杰出的以表现农民题材而著称的现实主义画家。

茨皮尔斯和查蒙德太太令人厌恶的样子以及结局的不真实性持苛刻的保留态度,因为他像当时和以后的许多读者一样,认为结局是依赖于对应该受到谴责的菲茨皮尔斯的终身改造。[23]很显然,莫里斯并不是唯一一个持敏感态度的人,但是哈代的担忧也没错,他担心自己已经使小说的结局和最终效果陷入危险境地。

然而,所有的评论都是毕恭毕敬的,没有一篇持完全否定的态度,而且在5月底之前,很明显从文学批评的角度而言,《林地居民》是自 263
《远离尘嚣》以来哈代最成功的一部作品——事实上,一位评论家在《都柏林晚间邮报》上相当敏锐地将两部作品作了对比。[24]哈代备受鼓舞,壮着胆子把第一版的赠送本寄给了萨瑟兰·奥尔太太的弟弟、皇家艺术院的院长弗雷德里克·莱顿爵士,也寄给了利顿勋爵(他回信予以盛赞),还寄给了他素未谋面的老英雄史文朋。[25]当蒂洛森父子报纸小说局(一家小说业务辛迪加)出价一千基尼①买断其下一部长篇小说的独家连载权时,他也能带着满满的信心和相当强的经济满足感给对方回信,不过当他于1887年6月29日签署合同时,内心很平静[26],因为他无法预见四年半以后这部小说出版前将经历的沧桑变迁,该小说的名字是《德伯家的苔丝》。

哈代将其小说寄给莱顿爵士的姿态,表明他在这一时期仍然保持着对绘画和雕塑的兴趣。创作《林地居民》的收官阶段,他对现实本质的思考,显然是被挂在麦克斯门客厅里的一幅风景画触发的,这幅画据称是波宁顿②的作品,哈代于1887年1月写道:"我不想看这样的风景,即风景画,因为我不想看到通过光学效果呈现出来的原始现实。我想看到风景背后

① 又译几尼,英国旧货币,相当于1.05英镑,英国第一代由机器生产的货币,1733年以后成为主要收藏货币,1816年彻底退出流通货币行列,但在少数领域仍使用基尼,如马匹买卖。

② 理查德·帕克斯·波宁顿(Richard Parkes Bonington, 1802–1828),英国画家,以水彩风景画和历史画著称。

更深层次的现实,想看到有时被称为抽象想象的表达。”他继续写道:

> 我对“简单自然”不再感兴趣了。特纳①那备受谴责的、疯狂的后期绘画是我必要的兴趣之所在。关于物质事实的确切真理在艺术中变得不再重要了,它是一种学生的风格,这是某一时期的风格,在这个时期,我心静如水,尚没有被生活中的悲剧性的神秘所唤醒;当艺术没有把任何东西添加到能与已经存在的品质相结合并将使其发生转化的物体上时——艺术可能是半遮半掩的——结合在一起的二者被描述为“全者”。[27]

哈代的形象化想象的特点是:他竟然如此经常地使用绘画中的类比,来帮助定义他试图面对的本质上是文学方面的问题。两年后,当他在皇家艺术院看到特纳的一些水彩画时,从他所认为的特纳尝试调制的一种“图像药物”中,他试图得出一个普遍的教训,这种“药物”能够在观众眼中制造出一种类似于不可再现的现实的效果:“因此,可以说,艺术是通过虚假事物产生真实效果的秘诀。”[28]

264 哈代的小说和诗歌蕴含着大量的艺术关联和视觉效果,这多少应当归因于维多利亚时期盛行的叙事文学和叙事绘画之间错综复杂的互动交流。比如说,在《绿林荫下》和托马斯·韦伯斯特②的画作《乡村唱诗班》之间的关系中,在安吉尔③在被水淹的小巷里运送挤奶女工们的情节和穆尔雷迪④的画作《穿过浅滩》之间的关系中,或者在《德伯家的苔

---

① 约瑟夫·马洛德·威廉·特纳(Joseph Mallord William Turner, 1775-1851),英国艺术家,十九世纪上半叶英国学院派画家的代表,擅长描绘光与空气的微妙关系。

② 托马斯·韦伯斯特(Thomas Webster, 1800-1886),英国风俗画家。

③ 《德伯家的苔丝》的男主人公,苔丝的丈夫。

④ 威廉·穆尔雷迪(William Mulready, 1786-1863),爱尔兰画家,其以浪漫风格描绘的乡村风俗最广为人知,他还是世界上第一枚邮票(黑便士)的设计者。

丝》遭到弃用的标题“太迟了,亲爱的!”和威廉·林赛·温德斯①的画作《太迟了》(其本身是对丁尼生的诗歌《不要等我死了的时候再来》的一种可视化呈现)之间的关系中[29],似乎不可能确定回忆和巧合的确切程度。如果《德伯家的苔丝》连续的“阶段”的标题很容易让人联想到维多利亚时代绘画的标题(如《不再是少女》《后果》《女人付钱》),那或许只是说明哈代也在刻意创作道德寓言,并在其个人作品中融入一个道德或社会的陈述,即使不总是直言不讳,但也会十分清晰。

但哈代的艺术兴趣远远超出了十九世纪的范畴,也远远超越了绘画作为说教艺术作品的功能。他对颜色特别敏感——他曾记录到他盖住了一块红色天鹅绒桌布上的一个字母,为的是它不会“如此强烈地冲击我的视线”——而且他深深地沉浸在艺术技巧的根本问题中,他于1886年宣称:“我的艺术是强化事物的表达,就像克里韦利②、贝利尼③等人所做的那样,从而使心灵和内在意义变得生动可见。”[30]他与许多著名的雕刻家、画家和插画家积极保持着熟人关系,并利用经常到访伦敦的机会来保持这种联系,还参观画廊、展览和博物馆。他与高斯的朋友、雕塑家哈莫·索尼克罗夫特以及高斯的襟弟劳伦斯·阿尔玛-塔德玛④成了特别要好的朋友,并与阿尔弗雷德·帕森斯⑤保持着亲密关系,后者在麦克斯门为哈代的短篇小说《威塞克斯第一伯爵夫人》准备插图时一直待在那里,哈代也与威廉·鲍威尔·弗里斯⑥一家保持着亲密关系。正是在1887年,在《林地居民》出版后,弗里斯作出友好的姿态,公开称哈

① 威廉·林赛·温德斯(William Lindsay Windus, 1822–1907),英国画家。

② 卡洛·克里韦利(Carlo Crivelli, 1430–1495),意大利文艺复兴时期画家。

③ 乔凡尼·贝利尼(Giovanni Bellini, 1430–1516),意大利文艺复兴时期威尼斯画派画家。

④ 劳伦斯·阿尔玛-塔德玛(Lawrence Alma-Tadema, 1836–1912),英国维多利亚时代画家。

⑤ 阿尔弗雷德·帕森斯(Alfred Parsons, 1847–1920),英国维多利亚时代画家、插画家。

⑥ 威廉·鲍威尔·弗里斯(William Powell Frith, 1819–1909),英国维多利亚时代民间风俗画家。

代是英国在世作家中出类拔萃的，因为他"对自然的绝对真理和对人类内心深处的远见卓识……他现在唯一的对手是他自己，我真诚地希望他百尺竿头更进一步，让现在的自己相形见绌"。[31]

哈代夫妇从意大利回来，哈代及时赶上了1887年4月30日的第一
265 次皇家艺术院晚宴。随后，他们在坎普登-希尔路5号的肯辛顿找到了寄宿处，并在伦敦一直待到7月下旬，维多利亚女王登基五十周年的庆祝活动使得今年"社交季节"的季末变得格外丰富多彩。他们度过了"足够快乐"的时光。普罗克特太太身体仍然很硬朗，勃朗宁仍然经常是她的座上客，尽管有一次他太"困"了，以至于他的故事讲着讲着戛然而止，"忘记了他下面要说什么"。在萨维尔俱乐部的一次晚宴上，哈代发现自己周围有不少杰出的政客，包括时任财政大臣的乔治·戈森和一位未来的首相A. J. 巴尔弗——在一次皇家艺术院的晚会上，他再次遇见马修·阿诺德。[32]热恩太太当时也在场，哈代和她的友谊之花仍在继续盛开。不过，他最常去拜访的女主人似乎还是卡尔纳文夫人，虽然对她的款待感到喜忧参半——他注意到有一次，那是"这一社交季所有聚会中最无聊、最愚蠢的一次"——但他显然很高兴与她以及朴次茅斯夫人一家保持友谊，尤其是朴次茅斯夫人的女儿们，她们几乎总是在场。即使是那次最无聊的聚会，也因他第一次见到凯瑟琳·米尔恩斯-盖斯凯尔夫人①而得到了补偿，她是"朴次茅斯夫人所有女儿中长得最漂亮的。一双杏眼炯炯有神，放射着好奇的光芒"。[33]

哈代在这一时期所做的一些笔记，是后来在其晚期小说《意中人》中有关"社会"的章节中有所借鉴的，我们可以想象得到，他之所以来参加这种社交聚会，有时是本着职业义务的精神，以及本着对小说创作"作为一

① 凯瑟琳·米尔恩斯-盖斯凯尔(Catherine Milnes-Gaskell, 1856-1935)，英国女作家。

种职业”的“顺从”的精神，而《生活和工作》把他偶尔出现在法庭上的行为亦归因于此。[34]然而，这种关联似乎与其说反映了他当时的观点，不如说反映了他对晚年时维护其诗歌至高无上的重要性的关心。尽管他无疑发现自己做笔记的任务很繁重，有时会“机械地”记笔记，但作为小说家，这种做法已成为其创作方法不可或缺的一部分，而众多的意象、场景、事件和叙事思想的纯粹积累，在后来的岁月里被证明是他作为一个创作周期长、作品数量多的诗人的主要源泉。当然，记笔记是维多利亚时代常见的活动，部分原因在于笔记是人们对科学方法论重新建立起来的尊重的衍生物，但哈代对此习惯的坚持，似乎也反映出他所怀有的某种挥之不去的不安全感——对于自己的教育背景，对于他是否有能力在目前所处的仅限富贵人士的圈子里站稳脚跟，简而言之，对于自己社会地位的“权利”。在6月2日的一则笔记中，惊讶的自我祝贺和深深的自我怀疑密不可分地交融在一起，他写道：“无价值的①托马斯四十七岁生日。”[35]

然而，7月底，当哈代返回麦克斯门时，他情绪异常高涨。8月下旬，在给高斯的回信中，他一扫往日阴霾，摆脱了曾让他不知所措、抑郁得恨不得自杀的状态，用诙谐的笔触写道： 266

> 然而，这种最黑暗的精神状态是几年前的事了，现在很少再发生。有一天，我自言自语地说：“我的心灵啊，你为何如此沉重，你为何在我的身体里如此忧虑不安？”我禁不住自问自答：“因为你走了很长一段路后，吃了那块糕点，你是不会从经验获利的。”如果没有精神上的原因的话，胃无疑是一个主要原因，但我完全不同意那些总是坚持归咎于胃的人。多年前在我最糟糕的日子里，我的消化能力和工人的一样好。

① 英文原文是 unworthy，因此也可能是“不值得尊重的”。

12 月底，他得出结论，1887 年对他总体上是友好的，让他有了新的经历，结交了新朋友，并随着《林地居民》的成功出版，他能够“在小说界站稳脚跟，不管其价值几何”。[36]

1887–1888 年秋冬之季，哈代主要在从事短篇小说创作。尽管他职业生涯伊始就创作和销售故事，也多亏这些故事增加了其收入，但他只是偶尔写写故事，通常是为了抓住特定的机会。然而，斯蒂芬曾建议他写一系列有关联的“乡村生活的散文田园诗——关于霍奇和其生活方式的小品文”[37]，哈代现在意识到，他已经出版了好几篇高质量的短篇小说，包括《心烦意乱的年轻传教士》《同乡朋友》《三怪客》和《丘顶住宅的闯入者》，至少它们的共同点是以威塞克斯为背景。因此，有一次，他放弃了《艾丽西娅的日记》的创作——这是一个拖沓冗长的故事，许多细节都取材于他最近的意大利之旅——然后投入更多的心血和想象力来专心创作《枯萎的手臂》。这是其短篇小说中最有影响力、最恐怖的一篇，这篇故事不仅从他熟悉的威塞克斯背景中汲取了素材，包括卡斯特桥市本身，还从其母亲和祖母亲口向他讲述的一些半传奇的故事中汲取了素材，这两种素材皆源自他留存下来的 1887 年 9 月的笔记。[38] 小说完成后，他首先将其投给了《朗文杂志》，几年前该杂志曾刊登他的《三怪客》，结果却被告知，对于一本读者主要是女孩子的杂志来说，这篇小说太可怕，太令人不快。于是哈代马上又将其投给《布莱克伍德杂志》，并附带评论说主要事件基本真实，他自己也认识与小说相关的两个女人。《布莱克伍德杂志》
267 录用了该短篇小说，并将其刊登在 1888 年一月号上——斯蒂芬立即写信给哈代，以温和而坚定的方式指出，枯萎本身既没有被给予科学的解释，也没有明确地被称为是幻觉。[39]

收到了《布莱克伍德杂志》付给新作品的二十四英镑稿费之后，哈代将它和他认为特别好的之前的四篇短篇小说集结在一起，作为《威塞克斯故事集》提供给了弗雷德里克·麦克米伦，并接受了麦克米伦以两卷本形式出版的提议,版税为之前谈好的单卷本《林地居民》零售价的六分之一。[40] 直到麦克米伦成为他的出版商后,哈代才开始在其作品的书籍出版上收取版税,而非现金支付。新的约定反映了作者和出版商之间的关系正在发生变化,但同时也表明哈代自己在谈判中越来越强势,麦克米伦渴望就《卡斯特桥市长》和《林地居民》的殖民地版与他签约也表明了这一点。不出几年,他就将和麦克米伦在双方所签协议的解释和适用上发生争执,但转向版税制度,给他在著作权上带来了持续的经济收益,不仅改善了他当前的经济状况,而且从长远来看大大增强了其稳定性。总的来说,这种对他来说诸事如意的感觉,不仅反映在此前他对 1887 年的友善的回顾性评价中,而且也反映在 1888 年初的一则笔记中:"对自己的职业生涯要充满好奇,而不是忧心忡忡;因为无论其智力价值和社会价值会产生什么样的结果,它对你的个人幸福并没有什么影响。一个博物学家对孵化一个奇怪的蛋或胚胎的兴趣,是你应该允许自己进行的最大限度的内省式思考。"[41]

整个冬季,哈代都在麦克斯门写作,这是依照他现在和将来的标准做法。3 月初,他又回到伦敦,一如既往地住在一家禁酒旅馆里,艾玛于 4 月下旬来与他会合时,他们搬进了寄宿处。在伦敦,他经常光顾萨维尔俱乐部和大英博物馆的阅览室("人们在这里悄悄地走来走去,有点像是在梦境中——某种程度上是在他们躯体的掩蔽下,但躯体背后的思想是可以想象得到的"),拜访了玛丽·热恩、米尔恩斯-盖斯凯尔夫人和高斯,并参加了阿尔玛-塔德玛夫妇举办的一场午后音乐会。[42] 5 月 4 日,《威塞克斯故事集》出版了;28 日,哈代夫妇又前往巴黎度假,在那里待了差不多四个星期,以各种轻松的方式自娱自乐。他们参观了圣丹尼①的画廊和皇家陵

① 圣丹尼(Saint Denis),巴黎正北面的小城。

268 墓，一起去购物和看戏，还观看了朗尚赛马场一年一度的大奖赛。带着单纯的好奇心和模糊的职业责任感，哈代参观了位于苏比斯府邸的国家档案馆（“比我预想的有趣得多”），还参观了维克多·雨果的手稿和画作展览，甚至全程旁听了一家法院对一些性质不严重的案件的审理。[43]

6月下旬，他们回到了伦敦，寄宿在上菲利莫尔街5号，这是十八世纪晚期的一系列排房之一，这些排房当时位于肯辛顿大街的北侧，就在荷兰之家的东边。住在附近的沃尔特·佩特为他们回忆说，乔治三世①曾把排房称为“抹布”，因为装饰排房的是雕刻出来的下垂的帐幔。因为哈代夫妇的卧室面向肯辛顿大街，他们常常在清晨被从乡下来的、前往考文特花园的市场货运四轮马车的噪声吵醒，每辆车都载着“沉重的蔬菜金字塔”——这在当时是一种令人恼火的经历，但是后来的短篇小说《儿子的否决权》对其有所借鉴。尽管哈代由于去巴黎度假而患上了他经常得的重感冒（《生活和工作》称之为“风湿病”），但他很快就品尝到了“社交季节”的标准乐趣，去剧院看了戏——尤其是饰演凯瑟琳的艾达·雷汉②在奥古斯丁·戴利③改编的《驯悍记》④中的表演——并享受到了像里奇太太这样的朋友的陪伴，在她还是萨克雷小姐时，哈代曾和她见过面，但后来再没有见过她；此外还有朴次茅斯夫人，他与艾玛和她一起喝了茶。哈代钦佩朴次茅斯夫人在那个场合看起来完完全全“像一个模范的伯爵夫人”，尤其是钦佩她本人：“在这一级别的女人中，让我心甘情愿为其作出牺牲者寥寥无几，她便是其中之一：她也是一个颇有才华的女人，其才华的一部分体现为她的大智若愚、静水流深。”[44]

---

① 乔治三世（George Ⅲ, 1738-1820），英国国王，1760-1820年在位。

② 艾达·雷汉（Ada Rehan, 1857-1916），美国女演员，以表演莎士比亚喜剧和欧洲喜剧见长。

③ 奥古斯丁·戴利（Augustin Daly, 1838-1899），美国剧作家、剧院经理。

④ 《驯悍记》是莎士比亚早期戏剧。

1888年7月中旬,哈代向卡尔纳文勋爵探询自己被选入雅典娜俱乐部的可能性,之后不久,他出人意料地提前从伦敦返回多切斯特,发现麦克斯门客厅的天花板有一部分掉了下来。回到他的“写作包厢”后,他开始创作两篇短篇小说,即《两个野心家的悲剧》和《威塞克斯第一伯爵夫人》,这是他跟杂志社承诺要写的。[45]他还就最终成为《德伯家的苔丝》的长篇小说做出了长期的承诺,与蒂洛森公司达成的最初协议规定在1889年6月30日前交付小说连载的前四部分,后来又推迟到9月,“其余的部分每周一部分,直到完成为止”。[46]在1888年平安夜写给小说家伊丽莎·林·林顿①的信中,哈代称:“之前某个时候曾设计出一个长篇故事的主导 269
思想,现在恰好是处于对这个主导思想作出决定的令人担忧的阶段;对生活而言什么是最真实的东西,我有我的信念,对编辑和评论家的传统原则而言什么是真实的东西,他们则有他们的容忍限度,在这两者之间,愿上帝保佑他们!”[47]

注释

[1]《哈代书信》,第一卷,页149;《哈代书信》,第一卷,页147。

[2] F. 麦克米伦致哈代的信,1886年3月29日(多博);M. 莫里斯致哈代的信,1886年9月19日(多博)。

[3] D. 克雷默,《修订和憧憬:哈代的〈林地居民〉,第一部分》,载《纽约公共图书馆公报》,第八十五卷(1971年4月),页213;《哈代书信》,第一卷,页195。

[4]《新评论》,1890年1月2日,页19,参《公众声音》,页100。

[5]《远离尘嚣》,页viii,参《哈代的个人作品》,页9。

[6] R. R. 鲍克,《伦敦作为文学中心(二)》,载《哈珀新月刊杂志》,第七十

① 伊丽莎·林·林顿(Eliza Lynn Linton, 1822-1898),英国小说家、散文家和记者。

七卷(1888年6月),页9。

[7] 珀迪与弗洛伦斯谈话,1929年。

[8] 画作。(多博)

[9]《哈代书信》,第四卷,页212。

[10]《林地居民》,页247;《生活和工作》,页99。

[11]《生活和工作》,页192。

[12] 珀迪,页57;《泰晤士报》,1887年3月3日;《生活和工作》,页193。

[13]《生活和工作》,页194–195;《艾玛·哈代日记》,理查德·H. 泰勒编辑(阿辛顿,1985),页113、117,页120–121;《哈代诗歌》,第一卷,页132;《艾玛·哈代日记》,页125、160。

[14]《生活和工作》,页195;贝德克,《意大利:意大利北部游客指南》(莱比锡和伦敦,1886),哈代藏书(大英)。

[15]《艾玛·哈代日记》,页128、130。

[16]《生活和工作》,页195、198;《艾玛·哈代日记》,页141、138、144;《生活和工作》,页196。

[17]《哈代书信》,第一卷,页163;《生活和工作》,页196;《文学笔记》,第一卷,页127;《哈代诗歌》,第一卷,页135。

[18]《艾玛·哈代日记》,页150;《生活和工作》,页197,参《艾玛·哈代日记》,页145;《哈代书信》,第一卷,页163。

[19]《生活和工作》,页199;《艾玛·哈代日记》,页156、161、164、166;《生活和工作》,页199。

[20]《艾玛·哈代日记》,页169、173;《生活和工作》,页200–203。

[21]《艾玛·哈代日记》,页190、191、188;《生活和工作》,页203–204;《艾玛·哈代日记》,页192–193。

[22]《艾玛·哈代日记》,页193–194。

[23]《泰晤士报》,1887年4月27日;《星期六评论》,1887年4月2日,页485;E. 高斯致哈代的信,1887年3月22日(多博);《约翰牛》,1887年5月7

日,页302;《圣詹姆斯公报》,1887年4月2日。

[24]《都柏林晚间邮报》,1887年3月30日。

[25] 珀迪,页57;利顿勋爵致哈代的信,1887年7月10日(加利福尼亚大学伯克利分校);《哈代书信》,第一卷,页165。

[26] 蒂洛森父子公司致哈代的信,1887年3月16日(多博);"协议备忘录"(伯德雷恩图书馆)。

[27]《生活和工作》,页192。

[28] 同上,页225–226。

[29] G.雷诺兹,《维多利亚时代之景象的画家》(伦敦,1953),页77。

[30]《生活和工作》,页219;《生活和工作》,页183。

[31] W. P.弗里斯,《我的传记和回忆录》(三卷;伦敦,1887),第三卷,页432。

[32]《生活和工作》,页207–210。

[33]《哈代书信》,第一卷,页166;《生活和工作》,页209。

[34]《职业》,页299–303;《生活和工作》,页189。

[35]《生活和工作》,页208。

[36] E.高斯致哈代的信,1887年8月28日(多博);《哈代书信》,第一卷,页167,对《圣经·诗篇》(42:11)稍有些误引;《生活和工作》,页212。

[37] L.斯蒂芬致哈代的信,1880年11月19日。(多博)

[38] 珀迪,页30–31,页58–59;《生活和工作》,页211。

[39] C. J.朗曼致哈代的信,1887年9月27日(多博);《哈代书信》,第一卷,页168、169、170;W.布莱克伍德致哈代的信,1887年12月30日(多博);L.斯蒂芬致哈代的信,1888年1月10日(伯格),参梅特兰,《莱斯利·斯蒂芬的生平和书信》,页393–394。

[40]《哈代书信》,第一卷,页174;F.麦克米伦致哈代的信,1888年3月6日(多博);《哈代书信》,第一卷,页175。

[41]《生活和工作》,页212。

［42］《生活和工作》，页215；《生活和工作》，页217；“高斯客人名册”（剑桥大学图书馆）；《生活和工作》，页216。

［43］《生活和工作》，页217–218。

［44］《生活和工作》，页218–219，页219–220，页219。

［45］《哈代书信》，第七卷，页110；《哈代书信》，第一卷，页179；《哈代书信》，第一卷，页178–179，页180。

［46］《生活和工作》，页223；“协议备忘录”，对开本页5（伯德雷恩图书馆）；《哈代书信》，第一卷，页200。

［47］《哈代书信》，第七卷，页111。

第十五章　撰写《德伯家的苔丝》

如果说到1888年底这部新小说写得还不够多的话，那它肯定已 270
经占据了哈代思想的前沿。1888年9月30日，就在第一批小说连载即将截止的一年前，他去多塞特中部进行了一次考察旅行，这直接关系到他设身处地地思考其新故事的社会风韵和情感风韵的过程，以及唤起他对历史时间和可拜访地点的感觉的过程，他正是依赖这种感觉作为其最雄心勃勃的、富于想象力的事业的根本支撑的。他坐火车去了埃弗肖特车站——实际上是位于埃弗肖特以东一英里左右的霍利韦尔村——然后向北走了一小段路，去参观伍尔科姆庄园的遗迹，这是他从哈钦斯的《多塞特郡的历史和文物》一书中了解到的一个庄园，该庄园以前的所有权归属“多塞特哈代家族”的一个支族，他愿意认为自己与这个支族有关系。在当天的笔记中，他第一次引用了“小牛奶场山谷”和“大牛奶场山谷”，这是他给布莱克莫尔山谷和弗洛姆山谷起的虚构的名字；他回忆起童年时曾邂逅伍尔科姆哈代家族的一个穷困潦倒的遗老，该家族昔日曾不可一世，这位遗老当时正在“一匹马和一驾普通的双轮轻便马车旁边”走着；他还找到了“哈代家族家道中落并衰败”的充分证据，并通过足以令人信服的忧郁性反思得出结论：“于是我们衰落，衰落，再衰落。”[1]这种情绪因他在埃弗肖特车站发现的一些槲寄生①而变得愈发强烈，这些槲寄生“自从去年圣诞节以来（是一个小姑娘送的？）”就一直在那里放着，“是一种黄色间橘黄色羊皮纸的颜色”，这显然是苔丝在向安吉尔做了灾难性的忏悔后发现的意义寥寥地挂在婚床上的槲寄生的“来源”。哈代现在离《林地居民》和《威塞克斯第一伯爵夫人》所描述的乡村很近了，第二个故事是他最
271 近根据梅尔伯里庄园的伊尔切斯特家族历史上的一个插曲改编的。在那天赶回多切斯特之前，他走到了巴布岗山的山顶，凝视着布莱克莫尔山谷，在他的脑海中，这个地方之前是和巴恩斯、河畔别墅，以及简·菲利普斯联系在一起的，现在则与苔丝联系在了一起，她是他那部尚未写就的小说中尚未被命名的女主人公。[2]

三十多年后，哈代将会意识到：一位名叫格特鲁德·博格勒②的年轻本地女演员和他心目中存在已久的苔丝在外貌上有着惊人的相似之处；他曾经承认，一个事实使这两者的联系让人更加感伤，即博格勒太太的母亲——曾在金斯屯-莫瓦德庄园做挤奶女工的奥古斯塔·韦——是他最初想象中的苔丝的形象。[3]韦一家人住在古老的金斯屯-莫瓦德庄园里，就在谷仓旁边，哈代小时候曾在那里参加庆丰收晚宴，并听到人们唱起古老的歌谣，这令他记忆犹新。1888年，芳龄十八的奥古斯塔和她的姐妹们一起挤奶，做其他杂务，牛奶场是其父亲托马斯·韦经营的，就像《德伯家的苔丝》里牛奶场场主克里克经营他的牛奶场一样。这样的联想帮助哈代确立了苔丝是挤奶女工这一观念。然而，一旦苔丝的身份确立下来，其他的意象和关联就开始叠加在上面，包括那些与斯特明斯特-牛顿的简·菲利普斯有关的意象和关联。不仅简的处境比其他任何

---

① 槲寄生（别名北寄生、桑寄生、柳寄生、黄寄生、冻青、寄生子）是一种常用于圣诞节室内悬挂的植物。

② 格特鲁德·博格勒（Gertrude Bugler，1897–1992），英国业余戏剧演员，曾作为女主角参与《还乡》《德伯家的苔丝》等剧的演出。

可能的“原型人物”更符合小说的叙述细节，而且哈代对她歌唱的记忆，使她成为最有可能拥有小说中所描述的那种嗓音的人，凡是听过其歌声的人都难以忘怀。

小说里还融入了什么元素，这是无法确定的。玛丽·海德早期的经历无疑作出了贡献，尽管其孙子①似乎更加明确地把她与《无名的裘德》联系在了一起；当然，在很大程度上，午夜洗礼的场景要归功于杰米玛记忆中其母亲私底下执行的洗礼，因为洗礼是其父亲所禁止的；哈代不止一次告诉询问者这件事是既成事实，并说自己可以带他们去当初施洗的卧室。[4]有人暗示凯特·哈代“曾是”苔丝的原型，但这并没有可信的根据，她曾经有过一个私生子的传闻，显然是源于她在临终呓语中提到“他们”从她身边夺走了一个女儿。哈代说若不是因为那样做显得“太个人化”的话[5]，他本可以将小说命名为《哈代家的苔丝》，他如是说的时候，似乎他脑海中主要想的是自己家族家道中落的经历，他的家族在这个过程中成了哈代家族，而不是哈戴家族或勒·哈代家族，正如小说中的德伯维尔家族衰落成了德比菲尔德家族，历史上的特伯维尔家族衰落成了特劳伯菲 272
尔德家族，或者飞利普斯家族衰落成了菲利普斯家族。

哈代非常注重给小说人物起名字，他特别喜欢德伯维尔和德比菲尔德这对名字组合，前者听起来像诺曼人的名字，却暗示了这个**暴发户**家族起源于城市②，这个名字被该家族挪用了；后者是一个毫不妥协的乡村和平民的名字，但听起来像是一种真正的“堕落”③。安吉尔的名字对哈代来说是一种特别大胆的姿态④——一位现代评论家曾诘问

① 即哈代本人。

② d'Urberville（德伯维尔）一词的词根 ville 是法语中“城镇”的意思。

③ Durbeyfield（德比菲尔德）一词的词根 field 是“田野”的意思，代表着乡村，从城市到乡村在这里被视为社会地位上的“堕落”。

④ 安吉尔的英文 Angel 是“天使”的意思。

道:“还有谁敢给他起安吉尔的名字,并且给他一把竖琴?”——这可能也是一个非常个人化的姿态。有时有人会认为哈代把查尔斯·穆尔当作了安吉尔的原型,但他在1892年告诉一位采访者说,安吉尔是一个“敏感而诗意的人”,有着“吹毛求疵的性情”,他“思想的强烈敏感性”使他无法跟随他的两个哥哥走进教堂。[6]这样的评论,加上安吉尔的音乐天赋和他与其父母不和谐的关系,似乎更能使人联想起霍勒斯·穆尔,而非百依百顺、信奉东正教(尽管未被授以圣职)的查尔斯;而涉及安吉尔的父亲不喜欢的书籍的那个情节,是直接根据哈代获得了两卷曼特尔的《地质奇观》的事情而写成的。将安吉尔认同为霍勒斯·穆尔,这与安吉尔和《一双蓝眼睛》中在道德和性方面很挑剔的亨利·奈特之间的明显联系是相符的,并进一步揭示了一种可能性,那就是在安吉尔和亚历克身上,哈代将穆尔那致命的分裂人格的两面性进行了戏剧化处理,即极端的文雅举止与耽于感官享受、自暴自弃的结合。

有很长一段时间,哈代新小说的女主人公都被称为苏,1889年7月,他建议把小说命名为“苏的肉体与灵魂”,结果一两周内他就改变了主意,将其改成了“太迟了,亲爱的!”,这是源自他熟悉的雪莱的诗歌《心之灵》中的一句话。但在维多利亚时代晚期的时代背景下,这听起来太夸张了,哈代选择的取而代之的标题显然是正确的——标题本身改编自“德伯家的一个女儿”[7]——该标题坚定地确立了苔丝的尊严和个性,并从一开始就强调:虽然她出生于德比菲尔德家族,却有着古老的德伯维尔血统,是与众不同的家族特征(不论好坏)的继承人。尽管如此,对于一部如此充满激情的小说来说,《德伯家的苔丝》还是一个非常不动感情的名字,而且有可能正是因为前面那些名字直截了当地表达了哈代的核心关注点,所以才遭到了他的摒弃。他毕生都被灵魂与肉体之间的
273 斗争所困扰——《无名的裘德》本来有可能被称为《苏的肉体与灵魂》,

一个非常合适的标题——并曾对 W. E. 亨里①的诗歌《不可征服》不屑一顾:“没有人是自己灵魂的主人,肉体才是灵魂的主人!”②[8]

他也同样被自己作出的不可撤销的决定和选择所困扰:失去的良机,没有说出口的话,未选择的路,太晚意识到或太晚重新赢得的心上人。他的许多小说和故事以及一些最辛酸的诗歌正是取决于那样的时刻,那些带着所有的讽刺和绝望被唤起的时刻。几乎总是有一个女人“付出代价”,她发现自己被命运的捉弄或性格上的缺陷所剥夺或背叛;摧毁苔丝的,与其说是亚历克对她的性剥削,不如说是她被自己心甘情愿倾注全部信任和爱情的男人彻底背叛。无论《德伯家的苔丝》的具体来源是什么,它是在强烈涌动的人类悲悯的推动下创作而成的,这种悲悯贯穿于整部作品,体现为叙述者几乎不加掩饰地拥护女主人公的所作所为,这样一种拥护被那个具有争议的副标题所证实,即“一个纯洁的女人,忠实呈现”[9],在最后一刻,哈代还是忍不住加上了这个副标题。

尽管哈代如今在多切斯特很有名气,在地方事务中也很活跃,但他在麦克斯门经常感到孤独。1889 年 4 月中旬,在写给约翰·艾丁顿·西蒙兹的信中,他说他自己也“在某种意义上被流放了。几年前,大病初愈的我不得不离开伦敦,我现在住的地方非常寂寥。然而我认为,虽然一个人生活在偏远的地方确实有些生疏,但另一方面,一个人可以远离那些暂时的舆论潮流而获得自由,而正是这些舆论潮流使城里人卷入其中,从而偏离其真正的轨道”。[10]然而,4 月底,人们发现他又一次冒着被舆论潮流卷入的风险,带着艾玛北上去了伦敦,在那里一直住到

① 威廉姆·恩内斯特·亨里(William Ernest Henley, 1849-1903),英国诗人、编辑、评论家。

② 亨里在《不可征服》的结尾写道:“I am the master of my fate: / I am the captain of my soul.”(我是我命运的主人: / 我是我灵魂的首领。)

7月底。他们一开始住在离罗素广场不远的西中央区禁酒酒店，但后来在贝斯沃特区的蒙茅斯路20号租住了“配有家具的两层楼”，这条路离他们曾于1875年居住过几个月的牛顿路的房子很近。[11]夏天的一切活动他们都轻车熟路，包括：听音乐会，看戏剧，参观展览，去大英博物馆阅览室读书，还有涉及拜访和款待的礼尚往来。玛丽和凯特曾谈到将于6月初去伦敦度过她们的圣灵降临节假期，但后来她们致信艾玛（显然无意冷落她），说她们已经安排好在博克汉普屯度过假期了。[12]

274 如今哈代年近半百，他开始感觉到年龄的增长以及声望的提升，伦敦也为他提供了诸多机会，让他留意在火车和公共汽车上或在城市里散步时瞥见的具有吸引力的年轻女性。5月29日，也就是哈代四十九岁生日的三天前，他提到一个在公共汽车上看到的女孩，说她长着“一张美丽绝伦的脸庞，这样的脸庞通常街上看得到，朋友中却看不到。这些女人来自何方？她们嫁作谁人妇？谁又与她们相识相知？”6月底，他评论了首席大法官的妻子柯尔律治夫人的美貌，他是在热恩太太家的宴会上与她邂逅的。7月的另外一个场合，他遇见美国小说家阿梅莉·里夫斯①，她是“一个长相漂亮、脸色粉嫩的金发女子，但还不够超凡脱俗，因为身体暴露的暗示太过明显。她经常发出少女般的，几乎是孩子般的笑声，一笑便露出两排洁白漂亮的牙齿”。[13]

5月下旬或6月上旬的某个时候，他遇到了亚瑟·格雷厄姆·汤姆森②，一位有一定名望的风景画家，还有其二十九岁的妻子罗莎蒙德③，后者在当代“美学”运动中颇负盛名，并且刚刚以格雷厄姆·R. 汤姆森的笔名，出版了第一卷诗集《鸟儿新娘》。她天资聪颖，秀外慧中——

① 阿梅莉·里夫斯（Amélie Rives，1863–1945），美国诗人、小说家。

② 亚瑟·格雷厄姆·汤姆森（Arthur Graham Tomson，1859–1905），英国风景画家、艺术评论家。

③ 罗莎蒙德·汤姆森（Rosamund Tomson，1860–1911），英国诗人，唯美主义者。

1890年的一篇文章将其描述为一个“身材高挑瘦削、一头棕色秀发的女人，长着一双灰色的大眼睛，有时看上去像是深褐色的，其举止、仪表和着装都弥漫着鲜明的个性，着装还体现着浓厚的艺术气息”——而且她还非常独立：她已经和其第一任丈夫离婚，几年之后她也将离开亚瑟·汤姆森，和出生于澳大利亚的作家H. B. 马里奥特·沃森①结婚。[14]哈代对罗莎蒙德的个人历史了解多少我们不得而知，但他一开始便受到她的文学成就、性吸引力和开放举止的影响，这样的品质很少都集中在一个人身上，在她身上，他看到了自己理想中的那种不受羁绊束缚的女人，她自信满满，甚至独断专行，但显然比他去年夏天在沃尔特·佩特家里遇到的那个“福斯汀”要少一些威胁，福斯汀被哈代归类为“那种有趣的但男人会害怕与其结婚的女人”。[15]罗莎蒙德寄给哈代《鸟儿新娘》的日期是1889年6月7日，上面题写着“由衷钦佩您的G. R. T敬赠”。哈代写给她的信留存下来的最早一封写于1889年秋，体现出不同寻常的温情——信尾的敬辞是“你永远真诚的”和“你一直真诚的”——但同时也体现出一种羞怯的迂回，这种迂回是他在接下来的几年里与他最亲密的女性朋友通信的共同特点。在其中一封信中，他坚持认为即使是一群野马的力量也不能从他口中套出“我对只是耳闻的一位女诗人的作品作出的评价——除非我亲眼见到她”。在另一封信中，他说天空飘着雨，但
“恋人们仍然成双成对地走在雨中，各自打着雨伞，或者更确切地说，两人 275
共同打着一把雨伞(这就大不一样了)”。[16]

哈代最终中断了这段关系，或许是在得知她即将提起离婚诉讼后，后来他声称罗莎蒙德只是想把他作为一长串仰慕者中的一个来加以炫耀罢了。[17]然而，罗莎蒙德既能干又美貌，因此哈代那不以为然的言论，

---

① H. B. 马里奥特·沃森(H. B. Marriott Watson, 1863-1921)，英国短篇小说家、记者、剧作家。

也暴露了些许他那被挫败的虚荣心。对她来说,这段经历可能只不过是与一位杰出长者的一次偶然的调情,这位长者或许对她一直艰难的职业生涯有所帮助。但对哈代而言,这段经历的影响却是相当大的。从后来的一首题为"一幅老肖像(忆 R. T.)"的诗歌可以明显看出,他对她的爱慕是真的,在这首诗中,她与"一个遥远的 / 爱情与缺乏理性并存的季节"[18]联系在一起。不管这段经历实际上是什么性质,似乎都标志着他与艾玛关系的转折点。和许多男人一样,或许哈代享受着性特权的公开亮相,几乎和享受其实际运用一样,虽然没有证据证明——也不大可能——他的冒险经历达到了通奸的程度,甚至在通奸的范围之内,但他对自己此时的幻想生活给予了充分的自由——就像小说《意中人》将会暗示的那样——并充分利用他为数众多的机会与漂亮的女人在一起,成为她们关注和钦佩的对象。7 月 3 日,他亲自负责作家协会晚宴的座位安排,于是他把汤姆森太太安排在了自己左手边,莫娜·凯德太太在自己右手边,梅贝尔·罗宾逊①小姐则坐在其正对面。[19]

7 月 2 日,在高斯家的晚宴上,哈代坐在阿加莎②旁边,她是高斯的雕塑家朋友哈莫·索尼克罗夫特的妻子,彼时索尼克罗夫特本人身在法国。次日,她给丈夫写信说,哈代"很会关照人,也很和蔼,不像他有时表现的那样羞涩,而且很健谈。他想说服我和高斯夫妇一道去参加今晚的作家协会的晚宴,地点是在标准酒店,参加晚宴的有大约两百人,埃德蒙[高斯]将在晚宴上发表演讲。他认为你不在身边我应该开心,这是正确的做法;这是在用可怕的伦理道德来腐蚀一个没有经验和天真无邪的人啊!"哈代已经为在作家协会晚宴上坐在自己身边的显赫人物做好

① 梅贝尔·罗宾逊(Mabel Robinson, 1865-1960),英国教师,教授音乐、美术、法语等课程。

② 阿加莎·索尼克罗夫特(Agatha Thornycroft, 1865-1958),英国雕塑家哈莫·索尼克罗夫特之妻。

了安排，这一次他想增添的这张年轻的面孔是属于这个女人的（这是几年后他告诉高斯的），他认为她是英格兰最美丽的女人，她在不知不觉中为他提供了苔丝的外貌原型。[20]哈代得有多感激阿加莎，从她幸存的照片和肖像中可见一斑，这在《生活和工作》中得到了含蓄的承认，书中 276
对她的嘴巴的赞美之词与小说中对苔丝的嘴巴的描绘非常相似。[21]

在伦敦的几个月里，哈代显然在小说创作上有一些进展，小说的标题仍然是"太晚了，亲爱的！"，在9月份的稿件提交截止期限到来前的几个星期，他像往常一样回到了麦克斯门。临行前不久，他回应了杰克·T.格雷恩①和查尔斯·W.贾维斯（他不久将成为独立剧院的合伙人）关于将《林地居民》改编成戏剧的请求。尽管这部小说两年前才出版，但哈代现在觉得，要勇敢地面对他所创造出来的但未被充分探索的虚构情境的全部含义，他觉得这从社会角度而言是有可能的，从个人角度而言是有必要的。因此，他建议仅仅在该小说最后几句话中被暗示出来的东西——作为不忠诚的菲茨皮尔斯之妻的格蕾丝未来的不幸结局——应该在戏剧中更加明确地展现出来。改编者的第一个版本的结局是在9月份寄给哈代的：

> **菲茨皮尔斯：**你会回到我身边吗？
>
> **格蕾丝：**我还有其他选择吗？我父亲是这么说的，他告诉我，所有人都告诉我——做一个不快乐的人。[22]

改编后的戏剧从未上演过，但哈代很满意自己至少读过一个版本的《林

---

① 杰克·T.格雷恩（Jack Thomas Grein，1862-1935），荷兰裔英国评论家、剧作家和剧院经理。

地居民》,其结尾直截了当地表达了他的意图。

哈代强烈坚持《林地居民》要有一个“诚实”的结局,这高度暗示了他于7月下旬或8月上旬在麦克斯门安顿下来时的情绪,当时,在高度的创作热情和道德兴奋中,他恢复了对《德伯家的苔丝》手稿的创作,决心在不做文学或社会妥协的情况下畅所欲言。到了9月上旬,新小说进展顺利,到了9日,他已经能够向蒂洛森父子公司寄去一包代表整个小说一半内容的手稿。[23]就在这时,梅贝尔·罗宾逊和哈代夫妇度过了“愉快的一周”,夫妇二人都一如既往地“**非常**亲切友好”:

> 麦克斯门那时还保持着原貌,还很新,我从来都不认为它体现了设计者的才华,但很舒适[。]哈代向我展示了他漂亮的手稿,晚饭后,艾玛在客厅里生起了炉火,火光亮堂堂的,他大声朗读了他正在写的小说的片段。他读得很差,突然感到不知所措,觉得自己的措辞不够好:“不,不,这根本不是我想象的!”他不断地翻着手稿,说着“让我们来试试这一段——”等等,但**哪一段**都不是他所期望的,于是他在别的地方翻看着,希望能找到触动自己心灵的段落,但都是徒劳的。[24]

277 与此同时,在蒂洛森父子公司,手稿的早期部分(就在苔丝到达塔尔博塞斯之前)在没有审稿的情况下就被送到了印刷厂,排好了版,准备开始连载了。公司没有要求哈代提前提供故事的细节——蒂洛森父子公司的假设是,任何一位作者都会自然而然地提交其最好的稿件[25]——只有当公司的首席审稿人收到第一批校样时,尴尬才开始出现。尽管公司的创始人威廉·弗雷德里克·蒂洛森已经于去年2月去世,但是他强烈的不信奉英国国教的信仰和态度仍然受到其继任者的尊重,他们对哈代故事的叙述内容和道德重点普遍感到惊愕。当哈代拒绝作出任何修改时,蒂洛森父子公司径直拒绝出版此书，不过他们已经准备好支付他们在最初协议中承诺的款项。对于这一很讲业界良心的姿态，哈代以同样表示尊敬的建议作出了回应，即干脆撤销合同。蒂洛森父子公司同意了哈代的建议，9 月 25 日，他们把手稿连同已经完成的校样一起寄还给他，并通过恳求他赐稿一篇短篇小说来证明他们的友好和信誉并未减退。[26]

接下来，哈代接触了《默里杂志》的编辑爱德华·阿诺德。尽管他们之间明显存在分歧——阿诺德认为年轻女性应该受到保护，不应让她们知道这个世界的邪恶，哈代则坚持认为其目的是防止那些由于无知而产生的痛苦——但哈代坚持把他才刚刚完成一半的手稿提交给了《默里杂志》，并利用接下来的时间间隔来完成短篇小说《忧郁的轻骑兵》，这是蒂洛森父子公司的约稿，同时处理了一下在麦克斯门室内出现的一些潮渍。11 月 15 日，阿诺德回了信。他说在这件事上他已经咨询过其出版商默里先生，“我们一致认为，故事虽然很有感染力，但在我们看来，并不适合在本刊发表”。[27]

哈代马上又将书稿寄给了《麦克米伦杂志》的编辑莫里斯，然而过了一个多星期，他收到了拒稿信，莫里斯的态度和阿诺德一样坚决，而且理由基本一致，即从道德角度而言，这篇小说不适合该杂志设定的读者群：

> 你不止一次用**水分多**这个词来描述弗洛姆山谷的总体面貌和状况。或许我可以说，到目前为止，读你的故事给我留下的总体印象是水分太多了。我知道所有这一切使故事“完全是现代的”，因此，我毫不怀疑这将会使其广受赞誉。然而，我必须承认我太因循守旧了——我认为我必须这么称呼这种思想——因此不能尽情享受完全现代的小说风格。[28]

根据《生活和工作》的记载，哈代这时候对小说做了大幅度修改，包 278

括删除和单独出版了其最明显的冒犯性的章节,然后将其提交给了《素描》的编辑亚瑟·洛克①。实际的事件发生顺序当然更复杂一些。早在1887年秋,在距《卡斯特桥市长》的连载结束还不到十八个月的时候,洛克就曾向哈代约稿连载另一部长篇小说,但哈代一拖再拖,或许是因为他更喜欢按月连载,而不是按周连载,亦或许是因为他觉得《素描》付的稿酬不够多。他可能也预料到了编辑任意删改稿件的可能性。然而,1889年11月13日,当哈代正在与阿诺德和莫里斯打交道时,他不仅向洛克许诺为1890年《素描》的圣诞节号撰稿,而且暗示他现在正在考虑写一部完整的连载,可以从1891年1月或者在杂志社方便的时候开始。11月18日,哈代已经收到阿诺德的回信,但尚没有收到莫里斯的回信,他便接受了洛克提出的建议,那就是,将1891年7月作为新连载的开始日期。十一天后,在收到莫里斯的回信之后,哈代告诉洛克,他现在意识到他可能很难按照约定在1890年9月之前交稿,并请求洛克批准他(后来得到批准)在9月底前提交一半的手稿,其余的部分则按连载分期提交。[29]

与洛克的这些谈判,虽然无疑很精于盘算,但似乎并没有什么不当之处。《生活和工作》提到就哈代的下一部连载而言,他已经收到了"三家约稿,即使没有更多的约稿",而且即便《默里杂志》和《麦克米伦杂志》中有一家会接受"太晚了,亲爱的!",哈代仍然有可能提交给《素描》一部完全不同的作品,比如《追求意中人》,这是一篇他几年前就已经打了"草稿"的短篇小说,事实上,该小说于1892年被《素描》的主要竞争对手《伦敦新闻画报》连载了。洛克并没有询问哈代心目中的故事的细节,而哈代则急于避免因其他杂志的进一步拒稿而导致的不宜出版的名声。而且,和同时代的其他小说家一样,哈代在杂志上连载其作品的稿酬明显高于以书籍形式出版的稿酬,因此,出版没有经过连载的新小说,

① 亚瑟·洛克(Arthur Locker, 1828-1893),英国杂志编辑,曾主编《素描》。

即使在原则上很有吸引力，但从经济角度而言则完全不可行。[30]

在1889年的最后几个星期里，或许是非常刻意地，哈代忙于处理创作“太晚了，亲爱的！”以外的其他事务。12月1日（星期日），他像往常一样回到博克汉普屯，听父亲讲述了斯廷斯福德古老的丧葬习俗。当月 279
中旬，他向古建筑保护协会的秘书透露了他对斯特拉顿教堂有将被毁坏的危险的担忧，该教堂就位于多切斯特西北部。[31]后来，显然是在罗莎蒙德·汤姆森拜访麦克斯门之后，她寄来了一些自己的靓照，哈代以礼貌得体的口吻给她回信，代表艾玛，也代表他本人。大约五周后收到的照片，或者更确切地说是第二组照片，对哈代来说具有某种个人意义，这在次年7月他在一封信的背面潦草写下的一些笔记中得到了暗示：

> 微观生活 / 心痛
> 汤姆森太太照片的故事。

尽管这听起来像是一个故事的构思，但它同样可以被推断是一首诗的萌芽，可以想得到的是那首他在将近四十年后出版的题为“照片”的诗。[32]1888年底，他告诉道格拉斯爵士，他有时认为“败于诗歌都比成于散文好”，有几个迹象表明他还在时不时地创作诗歌。例如《追随席勒的脚步》；至少《遗传》的中心思想显然可以追溯到1889年；1889年9月的一则笔记显示，他再次回到了当时被称为“国王们的戏剧”的进展中，该诗剧最终成为《列王》；而《二月的田中门》属于1889–1990年冬天的作品，是关于“长眠于地下的一群人”，即他童年时那些美丽的村姑们。[33]在《生活和工作》中的一则归于1890年3月5日的笔记中——不证自明是写于后来的某个日期——哈代记录了他在伦敦火车上写下了现在被称为《思念菲娜》一诗的前几行，他完全忽略了这样一个事实，即他那浪漫记忆中的表妹特丽菲娜实际上当时将不久于人世,就在她那位于埃克塞特附近的托普瑟姆的家中,在那里,十几年来她一直是一个名叫查尔斯·盖尔的酒馆老板的妻子。①[34] 据说为了探访特丽菲娜的墓地,1890 年 7 月,哈代和其弟弟骑车去了一趟托普瑟姆。但是,尽管哈代确实进行了这样的一次旅行,但可能是在一个较晚的日期,而且即使他确实是骑着自行车去的,时间也不可能早于 1896 年,因为他是在那一年才第一次开始学骑自行车的。[35]

1890 年的头几个月,哈代是在麦克斯门度过的,他写完了六篇短篇小说,它们之间稍微有些联系,集结在一起被称为"一群贵妇人",是他承诺发表在《素描》1890 年圣诞节号上的。[36] 尽管被小恙和两次短暂的伦敦之行打断了,但创作依然很顺利——或许是因为他的创作精力绝没有被其他事务
280 完全占据——当道格拉斯爵士来麦克斯门度过复活节周末的时候,他让人把其中两个故事朗读给他听。哈代带着道格拉斯去凭吊巴恩斯之墓,还去了波特兰岛,那里将是《追求意中人》的故事背景。一天晚上吃完晚饭,艾玛朗读了一篇刊登在杂志上的吉卜林②的短篇小说,吉卜林的名声当时尚在确立过程之中。道格拉斯后来回忆说,那一定是一篇挺差的故事,"因为我们谁也找不到可圈可点的地方。'他用意何在?'是我们的一致意见"。[37]

哈代很快学会了更加认真地对待吉卜林。几周后,在一本笔记本上,他总结了他认为在《山区故事》故事集中最好的故事,并从《歌曲类纂》故事集中做了摘抄,尤其是《渔夫寄宿之家的民谣》,他称之为"优秀的作品"。不久之后,他在伦敦遇到了吉卜林本人[38],当时人们对"现实主义小说"和"爱情小说"各自的优点存在很大争议,而当豪威尔斯等美国评论

---

① 原著中的 several 是不准确的。根据本书第五章中的信息,特丽菲娜和盖尔结婚的时间是 1877 年 12 月,到她 1890 年 3 月去世,两人结婚已接近十三年,而 several 一般表示两个以上十个以下的数量,或更精确地说是三至五个。

② 约瑟夫·鲁德亚德·吉卜林(Joseph Rudyard Kipling, 1865-1936),英国作家、诗人,诺贝尔文学奖获得者,代表作《丛林之书》《老虎! 老虎!》《基姆》。

家对狄更斯和萨克雷过度的叙事和文体风格进行严厉抨击时，毫无疑问，哈代在吉卜林的风格和素材中发现了一个令人感到慰藉的迹象，那就是有些作家和读者仍然认同他的观点，即讲故事的人本质上是老水手，只有在拥有"比普通人的普通经历更不寻常的事情"的情况下，才有理由耽搁行色匆匆的大众。① 他坚持认为豪威尔斯等评论家忘记了"一个故事**必须**足够惊人才值得讲述。这其中就存在一个问题，即如何调和平平庸庸与不同寻常，一个故事或经历将驻留在人们的记忆中并诱发重复，而只有不同寻常才能使这个过程自然发生"。[39]

5 月 9 日，他把"一群贵妇人"寄给了《素描》杂志社，比约定的交稿日期提前了两个月，哈代似乎已经完成了这项任务，于是再次与艾玛一起前往伦敦，享受"社交季节"的乐趣，并履行其带来的义务。7 月初，艾玛被召唤到其父亲的临终病榻前，但哈代则一直待在伦敦，直到月底。[40] 他在伦敦最亲密的朋友之一玛丽·热恩向他发出紧急请求，为的是支持她为城市贫困儿童设立的节日基金，她组织了一场《驯悍记》的特殊演出，需要哈代写一个诗歌收场白，于是哈代为她匆匆写就。7 月 23 日，他没有去现场听扮演凯瑟琳的艾达·雷汉朗读他仅仅称之为"诗行"的收场白，但是这次创作却是他自 1875 年出版《流动商贩斯韦特利家的大火》以来第一次以诗人的身份出现，如果不算其一两部小说中没有注明作者的诗歌片段的话。这些诗句被伦敦一份广受读者喜爱的报纸《环球报》所摒弃，认为 281
它们"从诗歌角度而言，质量差，水准低——其沉重的思想是约翰逊式的②，在言语表达上是冗长啰唆的"，此时此刻，哈代愈发恼火。为了报复，

① 指的是英国浪漫主义诗人柯尔律治的《古舟子咏》("The Rime of the Ancient Mariner"，又译《老水手吟》)，射杀了信天翁的老水手受到天罚，并连累到其他水手，致使他们丧命，后来他通过祝福水蛇得到救赎，但是他的救赎远没有完成，他需要把自己的悲惨遭遇一遍遍地讲给他人听，于是才会拦住急着去参加婚礼的路人，向他们讲述自己的离奇故事。

② 塞缪尔·约翰逊的作品风格沉重冗长，拉丁句式比比皆是，因此人们把他那种华而不实且带有新古典主义色彩的写作风格称为"约翰逊式风格"。

他在另一家报纸的编辑那里煽风点火，借他的版面对《环球报》发表了一篇温和的谴责，原因是他们竟然对出于慈善目的且短时间内创作出的诗歌进行了如此严厉的批评。[41]

或许哈代觉得，他现在已经足够年长，也已经有了足够高的地位，不必再像过去那样被动地、沉默地承受羞辱。然而，更令其痛心的是他与《素描》持续进行的交流。当报社的负责人们在6月的某个时候注意到"一群贵妇人"时，他们被触怒了，在编辑亚瑟·洛克不在场的情况下，他的儿子威廉·阿尔杰农·洛克①以助理编辑的身份给哈代写了一封信，这封信让哈代想起了去年秋天他从爱德华·阿诺德和莫布雷·莫里斯那里收到的来信：

> 许多父亲习惯于在他们的家庭圈子里读或让别人读《素描》中的故事；我想他们不会为此目的同意出版这样一系列的故事，其中几乎每一个故事都涉及生育问题，以及那些两性关系，传统惯例对此是（不论明智与否）避而不谈的……
>
> 现在，您打算怎么办？您会给我们写一个全新的故事吗？还是您会把"贵妇人"改编成适合我们口味的？也就是说，稍微修正一下第一至四篇故事，并用其他故事替代第五至六篇故事？[42]

小洛克想要哈代修改的四篇故事是（这里给出的是它们最终的标题）：《格里比庄园的芭芭拉》《巨石阵的侯爵夫人》《安娜，巴克斯比夫人》和《艾森韦夫人》；至于《乡绅佩特里克的夫人》和《莫蒂斯方夫人》，他则完全放弃了，认为它们是"毫无希望的"。争论和妥协随之而来，哈代做了幅度相当大的修改，最终，他和7月30日归来的亚瑟·洛克就所有六篇

① 威廉·阿尔杰农·洛克（William Algernon Locker，1863-1930），英国记者、杂志编辑。

故事的出版达成了协议。[43]

尽管在这件事上,哈代并没有被迫向所有专横的要求屈服,但是他却有了一次足以令他这般年纪和地位的人感到羞辱的经历。《德伯家的苔丝》和“一群贵妇人”所陷入的困境,与《林地居民》在道德基调上引发的温和分歧接踵而至,这一切突然提醒他,他依赖的不只有评论家的评价和读者的反应,还有编辑和出版商的先期审查。尽管如此,似乎非同寻常的是,哈代对当代文化氛围的意识,本不应该使他更加关注让其故事漂流到众所周知的危险水域的后果,他也本不应该为编辑可能问到 282
的问题预先准备好答案,如小洛克的问题:“坦率地说,您认为把这些故事交到一个年轻人的手上是明智的吗? 其中一则故事是关于一个妻子歇斯底里地承认一起假想出来的通奸,而另一则故事是关于一个丈夫如何把一个从以前一段不正当关系中出生的孩子强加给他的妻子。”[44]我们有可能认为哈代是在颠覆性地探索他所认为的压抑性的文化假设,但如果是这样的话,很难理解为什么麻烦的开始似乎总是会让他大吃一惊。他也很难确定多大程度上相信自己对编辑作出的保证,即无论他提交什么样的新作品,他都将使作品保持毫无瑕疵的道德基调,也不会冒犯任何人。当他被证明是错误的时候——这种情况屡见不鲜——他的反应是表面上合作,接受对连载文本的删减和修改,但对这种含蓄的挑战,他从根本上是愤恨的,因为这不仅是对其文学判断力的挑战,也是对他作为艺术家和专业人士业已取得的地位的挑战。被年轻的洛克斥责后,他的愤怒只表现为他在故事手稿中轻蔑地提到“格伦迪太太的暴政”[45],但是对于《素描》对新连载的反应来说,这一插曲是一种不祥之兆。

8 月初,哈代回到了多塞特,仍在做与小说连载相关的工作,此时其小说可能已经被称为《德伯家的苔丝》,尽管他选择最终标题的确切日期我们不得而知。然而,8 月中旬,画家兼插画家阿尔弗雷德 · 帕森斯再次来到麦克斯门;同一个月晚些时候,哈代带着弟弟去了巴黎。这个短暂的假期主要是为亨利的品位和期待量身打造的,尽管这样的安排并不一定与哈代自己的品位和期待背道而驰。兄弟俩的时间主要花在了行程相当紧张的观光上,他们参观了许多有革命协会和拿破仑协会的地方。8 月 22 日,他们在巴士底广场,23 日在凯旋门;三天后,在荣军院,在他的《巴黎及周边地区》旅游指南中,在拿破仑陵墓墙壁上的"十二幅胜利女神浮雕画①"的描述旁边,哈代写下了"非常美好"的字样。在旅游指南的背面,他还用铅笔写下了一个对马戏团、表演餐厅和舞厅(包括马比尔花园,据说是"经常被更时髦的'妓女'光顾的")等的描述的索引;在参观红磨坊时,康康舞②表演者们和从他(她)们头顶上的窗户就可以看得到的蒙马特公墓的并置现象,给哈代留下了深刻的印象[46]——人们忍不住会说,这是不可避免的。

283 哈代从法国回来大约两周后,高斯夫妇来到了麦克斯门,进行了为期五天的拜访,在此期间,高斯用他的"柯达"相机拍摄了一些圆形快照,这是哈代夫妇留存下来的最早的,也几乎是唯一的非正式照片。照片中的麦克斯门暴露在风中,哈代仍蓄着胡子,艾玛的身高被照相机扭曲到比例失调。正如高斯所说,他还没来得及"为后世拍下"哈代夫妇养的猫"眨眼就便便的小家伙"(简称"小跑")的外貌和特征,相机就"坏掉了",但他确实为他们养的狗莫斯拍下了一两张照片。[47]更令哈代夫妇痛苦的是,几天后莫斯被一个流浪汉野蛮打死,随后被葬在了花园里。这便是麦克斯门宠物墓地的发端,尽管在 1927 年"著名的家犬威塞克斯"死去之前,这里埋葬的其他动物似乎都是猫,或许是因为,这对无儿无女的夫妇越来越几乎是病态地把宠物视为自己的孩

① 每幅浮雕代表一场光辉的战役。

② 一种高踢大腿的法国式舞蹈。

子，对他们来说，失去莫斯的经历令他们痛苦不堪，他们不愿意这样的悲剧重演。[48]

是年秋，《德伯家的苔丝》的创作任务完成了。与提交前半部分手稿给《素描》的最终期限相比，哈代只晚了一个多星期，原来承诺的是9月底交稿，但到10月8日才寄送出去。另一方面，他在10月底之前可以提交剩余的部分，比预期的则要早一些。在这个过程中有许多删减或缓和措辞，最后出版的时候，《素描》上的文本显得端庄有礼，因为用假婚代替了对女主角的诱奸或强奸，随后其孩子的出生和死亡的情节也被删除了，但是这样做在叙述连贯性和逼真性方面却付出了相当大的代价。[49]该连载的两个主要删节部分被单独发表了，“午夜洗礼”发表在了弗兰克·哈里斯主编的《双周评论》上，“阿卡迪的星期六之夜”大致相当于小说的第十章和十一章，发表在了W. E. 亨里主编的《国家观察报》上。[50]艾玛抄写了提交给亨里的手稿的相当大的一部分，1892年1月，当大部分（尽管不是全部）的“阿卡迪的星期六之夜”的材料重新融入第一版的书稿时，艾玛写信给《旁观者》的编辑，解释说苔丝在提到卡尔·达奇和她的同伴时所用的“娼妓”一词“在萨默塞特、多塞特等地方已经不再带有其词根含义所传达的粗俗概念，而是被最谦逊端庄的人用来指一群邋遢懒散、吵吵闹闹、通常使人不愉快的女人”。[51]

自1880年以来，哈代在伦敦有三个不同的出版商：史密斯与埃尔德公司先后于1880年和1886年出版了《司号长》和《卡斯特桥市长》；桑普森·洛公司先后于1881年和1882年出版了《冷漠的人》和《塔上恋人》；麦克米伦公司先后于1887年和1888年出版了《林地居民》和 284
《威塞克斯故事集》。在其五十岁的时候，在出版安排上还是不稳定的，他现在把《一群贵妇人》和《德伯家的苔丝》交由一家新公司来出版，即成立于1890年4月的奥斯古德-麦基尔文公司，该公司是纽约的哈珀兄弟出版社设在伦敦的半自治子公司。在某种程度上，这是对詹姆斯·里普利·奥斯古德的友好姿态,因为他曾担任哈珀兄弟驻伦敦的经纪人。但哈代也有理由对哈珀兄弟作为其出版商感到满意,因为他几部作品的美国连载版本曾刊登在他们的各种杂志上。尤其是他们接受了"一群贵妇人"的六篇故事,而没有进行《素描》所坚持的那些删改。[52]因此,当吉卜林于1890年11月致信《雅典娜神殿》,指控哈珀兄弟的严厉行为时,在奥斯古德的敦促下,哈代觉得有必要联合贝赞特和布莱克致信《雅典娜神殿》,以证明他们个人在和哈珀兄弟公司打交道的过程中所经历的公正和慷慨。这封信并不是想要攻击吉卜林本人,吉卜林也不这么认为,但是他于12月6日首次刊登在《雅典娜神殿》上的诗歌《三位船长的诗韵》,却生动地取笑了哈代("威塞克斯海岸及其附近所有土地的领主")及其连署人,因为他们展示了

> 一个人如何在基督教港口被抢劫,当三位伟大的船长将在那里降下他们的旗帜再升起海盗的破布——以表明是在和他进行公平交易![53]

当吉卜林的民谣出版时,哈代独自一人在伦敦,因为艾玛"僵硬得不能弯曲"的膝盖造成的跛行又复发了。他在抵达伦敦后不久就拜访了奥斯古德,以了解美国众议院出人意料地通过的一项版权法案的更多细节,奥斯古德使他确信,该法案也将于1891年7月在参议院获得通过并成为法律,也就是《德伯家的苔丝》的连载计划即将开始的日子。正如哈代在当天下午写给艾玛的信中所说的,该法案给英国作家带来的长远利益目前尚无法估量,但直接的含义似乎是,《德伯家的苔丝》出版过程中的诸多延误,将使其被纳入新法律的适用范围,他惊呼道:"如果一切顺利的话,那是何其有幸啊!"[54]

注释

［1］《生活和工作》，页 223–224。

［2］“诗歌素材”笔记本（缩微胶卷，耶鲁）；《德伯家的苔丝》，页 299；《生活和工作》，页 223。

［3］哈罗德·恰尔德（援引自哈代），接受珀迪的访谈（耶鲁）。

［4］《哈代书信》，第二卷，页 8。

［5］斯帕克斯笔记和文件（伊顿）；J. 史蒂文斯·考克斯（援引自哈罗德·沃斯），访谈，1980 年；考克雷尔与哈代会面笔记，1920 年 6 月 24 日（耶鲁）。

［6］多萝西·范·根特，《英国小说：形式与功能》（纽约，1953），页 201；R. 布拉瓦特，《和〈苔丝〉的作者聊天》，载《黑与白》，1892 年 8 月 27 日，页 240。

［7］《哈代书信》，第一卷，页 194、196；《哈代档案（一）》，S. 盖特雷尔编辑（纽约，1986），页 i、1。关于手稿的进展，见 J. T. 莱尔德，《〈德伯家的苔丝〉的形成》（牛津，1975），尤其是 J. 格林德尔和 S. 盖特雷尔版本（牛津，1983）的导言，页 1–13。

［8］珀迪与弗洛伦斯谈话，1933 年。

［9］《德伯家的苔丝》，页 xxi；参珀迪，页 71 的相对页面。

［10］《哈代书信》，第一卷，页 190。

［11］《生活和工作》，页 227。

［12］玛丽·哈代和凯特·哈代致艾玛的信，1889 年 6 月 8 日。（多博）

［13］《生活和工作》，页 229–230。

［14］“马克斯·埃利奥特”，《诗人格雷厄姆·R. 汤姆森》，载《作家》（波士顿），1890 年 9 月 15 日，页 134。关于 R. 汤姆森，简要信息见《指南》，页 428–429，更全面信息见琳达·休斯，《格雷厄姆·R.：女文人罗莎蒙德·马里奥特·沃森》，即将由俄亥俄大学出版①。

［15］《生活和工作》，页 221。

［16］哈代藏书中的格雷厄姆·R. 汤姆森所著《鸟儿新娘：民谣和十四行诗

① 该书已经于 2005 年 9 月 30 日出版。

集》(伦敦,1889),现存于佛罗里达州立大学;《哈代书信》,第一卷,页199,页200–201。

[17]《哈代书信》,第二卷,页24。

[18]《哈代诗歌》,第二卷,页450–451。

[19]《哈代书信》,第一卷,页193;关于凯德,见《哈代书信》,第一卷,页208;关于罗宾逊,见第十六章,注释8。

[20] A. 索尼克罗夫特致H. 索尼克罗夫特的信,1889年7月3日(E. 曼宁太太);《职业》,页401–402。

[21] 尤其是见T. H. 沃格曼所画肖像,重印于《哈代杂志》1997年十月号封面(J. 吉布森博士);《生活和工作》,页230;《德伯家的苔丝》,页192。

[22]《哈代书信》,第一卷,页195;C. W. 贾维斯致哈代的信,1889年9月16日(多博)。

[23]《哈代书信》,第一卷,页200。

[24] M. 罗宾逊致I. 库珀·威利斯的信,1937年12月17日。(多博)

[25] 珀迪,信件,载《泰晤士报文学增刊》,1943年6月26日,页307。

[26] 珀迪,页72–73;撤销合同备忘录(伯德雷恩图书馆)。

[27] E. 阿诺德致哈代的信,1889年10月7日(多博);《哈代书信》,第一卷,页201;E. 阿诺德致哈代的信,1889年11月15日(多博),参《职业》,页283–284。

[28] M. 莫里斯致哈代的信,1889年11月25日(多博),参《职业》,页284。

[29]《生活和工作》,页232–233;《哈代书信》,第一卷,页170,页173–174,页201–204。

[30]《生活和工作》,页232;珀迪,注释94。

[31]《生活和工作》,页233;《哈代书信》,第一卷,页205。

[32]《哈代书信》,第一卷,页206;W. E. 亨里致哈代的信的背面的笔记,1890年7月17日(得克萨斯);《哈代诗歌》,第二卷,页207–208。

[33]《哈代诗歌》,第一卷,页223(参《文学笔记》,第二卷,页7),第二卷,

页 166–167（参《生活和工作》，页 226），第二卷，页 220–221（参《生活和工作》，页 233）。

［34］《生活和工作》，页 234。

［35］L. 迪肯和 T. 科尔曼，《天意和哈代先生》（伦敦，1966），页 64–65；特丽菲娜的儿子查尔斯·盖尔忆起了这一场景（访谈，1971 年）。

［36］珀迪，页 65–66。

［37］《生活和工作》，页 235；G. 道格拉斯，《散文和诗歌拾遗》，O. 希尔森编辑（加拉希尔斯，未注明出版日期），页 30。

［38］《文学笔记》，第二卷，页 11–12，页 13–14；《生活和工作》，页 236。

［39］《生活和工作》，页 268；《生活和工作》，页 251。

［40］《生活和工作》，页 235–236，页 239。

［41］珀迪，页 104；《哈代诗歌》，第一卷，页 104–105；《环球报》，1890 年 7 月 24 日，第 6 版；《哈代书信》，第一卷，页 215–216；《世界报》，1890 年 7 月 30 日，参《公众声音》，页 104。

［42］W. A. 洛克致哈代的信，1890 年 6 月 25 日。（多博）

［43］《哈代书信》，第一卷，页 215–216；珀迪，页 65–66。

［44］W. A. 洛克致哈代的信，1890 年 6 月 25 日。（多博）

［45］珀迪，页 65。

［46］藏书所在地（大英）；《生活和工作》，页 240。

［47］E. 高斯致 T. 高斯的信，1890 年 9 月 12 日（剑桥大学图书馆）；照片（剑桥大学图书馆和多博）；E. 高斯致哈代的信，1890 年 9 月 14 日（多博）。

［48］《哈代书信》，第一卷，页 217；艾玛致 C. K. 肖特的信，［1908 年］4 月 23 日（耶鲁），参《艾玛与弗洛伦斯书信》，页 38；《生活和工作》，页 469。

［49］《早期生活》，页 315，参《生活和工作》，页 511、536；珀迪，页 70；另见 J. T. 莱尔德，《〈德伯家的苔丝〉演变的新视角》，载《英语研究评论》，新序列，第三十一卷（1980 年 11 月），页 414–435。

［50］珀迪，页 69。

[51] 珀迪,页71;手稿的散页(伯格、普林斯顿、得克萨斯);《公众声音》,页115。

[52] 珀迪,页63、70。

[53]《哈代书信》,第一卷,页218–219;《雅典娜神殿》,1890年11月22日,页701,以及1890年12月6日,页776–777,参《公众声音》,页104–105。

[54]《哈代书信》,第一卷,页222。

第十六章 《德伯家的苔丝》的出版

1890 年 12 月中旬,哈代从伦敦回到了多塞特。受美国版权法所开辟的财政前景的鼓舞,他在圣诞节黎明前辗转难眠,“思考着恢复‘诗歌之无形羽翼’”①,并发现,正如他所做的那样,“新的视野似乎打开了,令其担心的鸡毛蒜皮之事似乎都消失了”。[1] 与此同时,《德伯家的苔丝》连载的校样陆续寄达,是“令人难受的小字体”,而且没有任何迹象表明每周连载止于何处,下次连载始于何处。哈代提出了一些建议,但他对连载的复杂性和相应的妥协越来越不耐烦。他跟《素描》的印刷办公室经理说:“章节结尾处连载内容的分割无关紧要,任何小节的改变都可以,只要在下一部分连载开始处注明‘接某某章’即可。”[2] 1891 年初的几个月里,他专注于修订《德伯家的苔丝》校样,随到随改,并完成短篇小说《儿子的否决权》和《在西部的巡回审判》,还为奥斯古德-麦基尔文公司准备好了《一群贵妇人》的第一版书稿内容,在刊登于《素描》的六篇短篇小说的基础上又增加先前发表的四篇。几次造访伦敦——1 月独自一人,3 月和艾玛一起——以及在多切斯特及其附近越来越繁忙的社交活动,使他的工作内容变得更加多样化。[3] 285

① 出自济慈《夜莺颂》(“Ode to a Nightingale”):the viewless wings of poesy。

4月中旬,哈代又回到伦敦,但没有艾玛的陪伴。他记述道,这很枯燥;他感到昏昏欲睡,为《双周评论》创作短篇小说《午夜洗礼》的工作进展缓慢。剧院的演出证明是令人失望的("我去看了《怪物》,感觉不怎么样"),但他又无法激发出对其他形式的娱乐的热情。他在这个月写给艾玛的信都很长,有很多细节,措辞也很热情("我最亲爱的艾""你一直深情的丈夫"),就一封丈夫写给结婚十六年并希望在一周左右后与
286 之团聚的妻子的家信而言,这也许是合情合理、意料之中的。[4]然而,哈代在性方面仍然是易受影响的——一个皮卡迪利妓女把一朵"长茎水仙花"放在他鼻子前的那一刻,随着时间的推移,会演变成精心幻想的诗歌《我遇到的女人》[5]——而且他仍然和罗莎蒙德保持着友好关系;不难想象,他写给艾玛的信的长度和详细程度,以及这些信对伦敦无聊生活的强调,可以作为他从事其他活动的烟幕弹,最好是艾玛不该知道的活动。迄今为止,在多塞特,在他自己家中,以及在伦敦,道格拉斯爵士都曾见过哈代夫妇出双入对,他认为哈代夫妇"完全和人们生活中遇到的大多数幸福的夫妻一样,都是最佳拍档。每一方都为另一方有所牺牲,但他们之间的爱足够强烈,足以让双方都甘愿如此"。他特别提到哈代对艾玛"持之以恒的顺从尊重和彬彬有礼的体贴关心",但他觉得艾玛本人对其丈夫工作的真正品质并没有什么感觉,她太渴望"知道那些名人的名字"。他补充说,艾玛"本质上属于这样一个女性阶层,她有着为自己做决定的精神和权力,这一特点在哈代成年初期就吸引了他。她有着芭斯谢芭的品质,但其机会却受限"。[6]

尽管措辞神秘,但这一评论无疑暗示了艾玛性格独立且易于冲动,这同样是她那挑战动物虐待者的"令人钦佩的勇气"的根源,也是她在巴黎之行的火车上的座位纠纷中降低身份对那个带着三个孩子的男人予以支持的根源。八十年代末,为了治疗哈代潜在的严重疾病,哈代夫妇的私人医生弗雷德里克·巴兹利·费舍尔博士曾多次赴

麦克斯门，后来回忆起当时的经历，他说他“意识到[哈代]在家里不得不应付许多困难”，并怀疑艾玛是“造成这位伟人悲观和抑郁的主要原因”。[7]大约在同一时期，梅贝尔·罗宾逊回忆道，艾玛的“思绪像小鸟一样从树枝上跳下来，然而不论是在当时，还是在任何其他时候，我都从来没有想过她的思想（尽管不过如此而已）是错乱的。也可能是错乱的吧，但正如我所见，她是一个完全正常的女人，智商不算太高，但她想成为一名诗人或小说家——我忘了具体是哪一个——然后发现那颇有难度，因为没有人认真对待她的文学成就”。她补充道，当然艾玛“既没有思想价值，也没有所需的圆滑老练，来与全世界为敌去赢得其丈夫的心，但是她深爱着他，她是一个和蔼、可爱、说话做事不合逻辑的小女人，人们会对她颇有好感”。[8]艾玛的变化无常是其魅力的一部分，这种带有撩拨性质的情绪变化，导致哈代在圣朱利奥特拜 287
倒在了她的石榴裙下。但是在现实世界的日常生活中，这样的情绪变化可能会令人恼火。哈代独揽财政大权，不管是业务上的还是家庭中的，这并不是因为他讳莫如深或吝啬小气，而只是出于必要，而且在这些年里，他要求艾玛抄写手稿和其他文件，这通常是因为她渴望有工作可做，而不是因为他迫切需要完成工作。[9]到这个时候，哈代已经养成了严格缜密的工作习惯，而艾玛曾经扮演过他不可或缺的助手的角色，并在斯特明斯特和图廷时取得了一定的成功，然而，现在每天数小时哈代都不允许她进入麦克斯门的书房，她一定发现这是一种枯燥无味且令人沮丧的经历。对艾玛来说，从事与文学相关的工作是一个得到哈代陪伴的机会，是一种暂时性的回归，回到他们曾经共同对抗一个复杂的敌对世界的早期时光。

尽管如此，他们还是一起生活，一起参观，一起娱乐。他们共同开展和维持家庭生活和社交生活中实际的、日常的事务。一直到九十年代初期，他们之间的关系至少是热情友好的，不管在当下或实际上在他们婚姻的任何时期，不管他们的性关系是什么性质的。但对哈代来说，在公开场合甚至在家里对他所娶的女人保持忠贞是一回事，而承认与她有任何真正的智识上的甚至情感上的亲密关系则是另一回事。对艾玛的忠贞并没有减少他对杰米玛的忠诚，而麦克斯门和博克汉普屯之间的长期分歧使得婆媳之间的紧张关系持续不断、消了又长，毫无疑问，哈代本可以为弥合这种分歧作出更多努力的。他可能（像艾塞尔伯塔一样）已经看到了让他生活中的两个方面——出生之地和安家之所——保持分离的好处，尽管（或正是因为）两者在地理位置上很近。然而，这样做后果严重。就哈代而言，他早年养成的习惯是把生活中的大部分时间留给自己；就艾玛而言，这是一种痛苦的、不断更新的体验，即在一片本质上充满敌意的地域，她发现自己孤立无援。哈代的家人反对她，而她永远都学不会把多塞特当成自己的家，在她嫁给哈代的时候，她无论如何都希望住在伦敦，而不是一个半农村的偏远之地。[10]

因此，一年一度的伦敦之行是他们婚姻的一环，哈代声名与日俱增，使艾玛接触到许多“名人”，这令她心满意足。然而，正是在伦敦，艾玛
288 的怪癖和冲动最显而易见。她因声称自己高贵的出身而冒犯了丈夫的家庭，在伦敦，这被视为不适当的矫揉造作。她既不会沉着，也没有智慧，甚至连保持沉默的天赋都没有，倘若她有这些品质，她本来可能会在那些哈代因其文学盛名而可以周旋其中的圈子里被人接受的。更糟糕的是，她缺乏美感和时尚感。据梅贝尔·罗宾逊回忆，她第一次在图廷见到艾玛时，艾玛“大部分柔软的金发”就已“褪变为浅褐色”。九十年代，在一个社交聚会上，美国小说家格特鲁德·亚瑟顿①和 T. P. 奥康纳②坐在一起，看见陪着哈代一起走过的是“一个相貌平平、懒散邋遢、高傲

① 格特鲁德·亚瑟顿（Gertrude Atherton，1857–1948），美国小说家，早期女权主义者。

② T. P. 奥康纳（Thomas Power O'Connor，1848–1929），十九世纪末英国新闻业先驱。

自大的女人,她的头发向后梳成一个发髻,板着脸。‘是哈代夫人,’T. P. 说,‘现在你可以理解这个可怜人的作品的悲观性质了吧’”。[11]

目前尚不清楚哈代本人对艾玛的外表有何反应。1890 年 12 月,他曾这样描述参加一个多塞特社交场合的艾玛:看上去“穿着相当考究”。[12]然而,不管他自己的感受如何,他不可能不知道她未能使她自己适应他引荐她进入的那些圈子。他知道人们认为她是一个相貌平平、愚昧无知、过分打扮的女人,而他自己也常常因为她而受到鄙视或同情。他还发现在伦敦有为数众多的女人,她们长相漂亮、头脑聪明、衣着考究,愿意甚至渴望引起他的关注,希望别人看到他和她们在一起。他的自然反应就是——即使不是特别值得赞赏的反应——只要他有得体的理由,就会把艾玛留在麦克斯门或他们在伦敦的寄宿处。艾玛一度接受了这种处境,正如她早就相当顺从地接受了丈夫偶尔的雷霆之怒。直到后来,特别是当她发现在《无名的裘德》中,哈代似乎不仅是在攻击婚姻制度,而且是在含沙射影地攻击自己的婚姻时,她那主动的、痛苦的和永久的抗议才被激发起来。

1891 年 4 月底,艾玛将麦克斯门交给玛丽·安特尔和其女儿玛丽(被称为波莉)来打理,她自己则北上伦敦,与丈夫一起去承受那一年一度的煎熬,即寻找度过春末夏初的几个月的住处,这几个月构成了伦敦的“社交季节”。在注意到“他们支付不起全年在伦敦租房的费用”之后,《生活和工作》详细描述了他们最近一次看房经历的一些恐怖之处:“肮脏的房子正面,倾斜的门柱,生锈的房门,坏掉的门铃,带我们看房的女人长得像多雷①画作中的怪物,这一切让艾玛几乎快要晕厥过去;在一个地方,客厅地板还没来得及被展示,她就待不下去了。”尽管如

① 古斯塔夫·多雷(Gustave Doré, 1832–1883),法国著名版画家、雕刻家和插画家。

此，到月底，他们还是在曼彻斯特广场东南的曼德维尔路 12 号租了
289 “一套小公寓房”。[13] 与此同时，在哈代夫妇不在家的时候，多塞特南部选区举行了议会递补选举，哈代的朋友埃德卡姆作为格莱斯顿首相领导的自由党的候选人参加了选举。

1885 年，哈代曾在多切斯特的自由党选举会议上与埃德卡姆以及其他政要一起坐在主席台上，因此他欣然宣布了他个人对埃德卡姆的支持。然而，他谢绝进一步参与当前的竞选活动，他的拒绝是基于职业的理由（“追求人们乐于称之为艺术的东西，从而赢得人们对艺术本身的没有偏见的关注，这绝对禁止作者参与任何政治活动”），同时也基于他不赞成两个政党在爱尔兰自治这一关键问题上的立场。经过一场激烈的竞选后，埃德卡姆以微弱的劣势败北。[14] 在 5 月 15 日写给哈代的信中，凯特向他报告了选举结果，接着谈到她和玛丽刚刚在学校接受的视察、博克汉普屯家猫的死亡（“母亲已经习惯了听大家说再养一只”）、麦克斯门令人满意的境况（“能离家住在麦克斯门，玛丽姨和波莉都很开心。亨利偶尔会过去看望她俩，我自己也离家外出过几次”），以及玛丽有可能在当月晚些时候造访曼德维尔路的安排——她后来的确去了。凯特以她一贯令人愉快的方式结束了这封信，献上了对艾玛的爱和对哈代本人的深情祝福。[15]

4 月下旬，有人通知哈代，作为文学领域有着“杰出功绩”的人物，他入选了雅典娜俱乐部。在哈代鼓动下，卡尔纳文勋爵约三年前就启动了这一进程，如今终于功德圆满。此后哈代经常将俱乐部作为一个他在伦敦时的通讯地址，毋庸置疑这是一个受人尊敬的地址。然而，有几年他还是那个更加自由随便的萨维尔俱乐部的成员，像高斯和格林希尔这样的朋友都是该俱乐部的成员，在这个特殊的夏天，他在那里多次遇到吉卜林。像往常一样，他去了画廊，其中包括皇家艺术院和英国艺术俱乐

部的画廊,还去剧院看了戏,包括高斯翻译的《海达·加布勒》①的首演。[16]他参观了一个大型的私营精神病院,并被深深地感动了,陪他一起参观的是医生兼精神病院的专员 T. 克利夫德·奥尔布特,他俩是最近在高斯家相识的;在两所伦敦女子教师培训学院的所见所闻也深深打动了他,其中包括其表妹特丽菲娜二十多年前就读的那所学院。在这些年轻女性群体所呈现的景象中,他发现了令人产生悲悯和共鸣的力量:"她们对环境、传统、事物正确性的笃信,你知道这不仅是错误的,而且是错误透顶,这真令人心痛,即使在她们发怒和严厉的时候也是这样。"他补充说,她们的志向比他最近在时髦聚会上遇到的那些人的志向要 290
高尚得多。[17]

6 月初,哈代乘火车来到苏福克海岸的奥尔德堡②,与一位新朋友爱德华·克洛德③共度周末,克洛德是一位银行家,他利用闲暇时间撰写科普和人类学作品,以及宣传理性主义的事业。克洛德习惯于邀请一小帮志趣相投的伙伴,在他那位于奥尔德堡海滨的家里共度周末。在未来几年中,哈代将数次出席这个特殊的场合,这一次是他的第一次,其他客人还有贝赞特和巴里。贝赞特在这一时期创建作家协会的过程中表现很积极,他已经是哈代的好朋友,而巴里则正在迅速成为哈代的朋友,正如克洛德在袖珍日记本中所记录的,周末提供了"大量'无所不谈'的愉快谈话"。[18]或许是受到了总是渴望探求新知的克洛德的影响,哈代目前正在认真通读叔本华的《悲观主义研究》、约翰·艾丁顿·西蒙兹的《思辨性和启发性散文》,以及弗雷泽④的两卷本《金枝》的第一卷。他

① 《海达 加布勒》(*Hedda Gabler*, 1890),挪威剧作家亨里克·易卜生(Henrik Ibsen, 1828-1906)的戏剧。

② 奥尔德堡(Aldeburgh),英国苏福克郡东部的海滨城镇。

③ 爱德华·克洛德(Edward Clodd, 1840-1930),英国银行家、作家和人类学家。

④ 詹姆斯·乔治·弗雷泽(James George Frazer, 1854-1941),英国哲学家、人类学家。

很快就注意到了多塞特民间传说与弗雷泽所记录的一些异国风俗和信仰之间的一致性，他记录的关于叔本华的一则笔记指向了《无名的裘德》的方向："悲剧。'只有当智力上升到使一切努力皆是徒劳这一点变得显而易见的阶段，当意志发展为自我毁灭的行为，戏剧才是真正意义上的悲剧。'"[19]

5月底，装帧漂亮的《一群贵妇人》单卷本第一版出版，读者的普遍反应是缺乏热情，还有一些直截了当的敌意。7月8日，在《蓓尔美街报》上，一位评论员特别谴责了《格里比庄园的芭芭拉》的恐怖之处，在两天后发表的一封信中，哈代反驳说，该书故事套故事的结构是有意设计的，旨在通过使情节回归"第二平面或中间距离，由一个角色向多个角色进行描述，而不是由作者直接向读者描述"，以此来保护读者的敏感性。此外，他还补充说："设计巧妙的恐怖在艺术中占有一席之地。譬如说，我们是否应该谴责《勇敢的阿隆佐》？就我个人而言，我不会放弃他颅骨中的任何一条虫子。"①[20] 正如那位评论员的回复有力地指出的那样，这一论点的问题在于，技巧上的精湛几乎未能改变叙事本身的影响，此外，在幻想故事中或在古代文学中可以被接受的东西，在现实主义小说中可能会被证明是令人难以接受的。哈代对负面批评的强烈甚至有些狂暴的反应，不是第一次，也不是最后一次，与其说这是源于他故
291 意的不真诚，不如说是源于他没有能力以他人视角来看待自己的作品，亦没有能力去领会其作品对与他自己的思想和想象力不太合拍的人的潜在影响。同一年晚些时候，他将向蒂洛森父子公司提供一份《追求意中人》的创作计划书，该计划书的结尾保证——毫无疑问是基于他自己

① 指的是英国作家马修·格雷戈里·刘易斯（Matthew Gregory Lewis，1775–1818）的叙事诗《勇敢的阿隆佐和美丽的依莫金》（"Alonzo the Brave and the Fair Imogine"）中的"虫子们在他的颅骨上爬进爬出，/ 在他的眼睛和太阳穴周围嬉戏"（The worms they crept in，and the worms they crept out，/ And sported his eyes and his temples about）。

将故事设想成了一种幻想寓言——其中不包含可能会“冒犯最挑剔的品位”的“任何一个词汇或场景”。[21] 在回应撰写评论、序言等的约稿时，哈代总是坚持认为自己的批判能力发展得很差，他那篇题为“英国小说中的坦率”的论文是发表在《新评论》1890 年一月号上的专题论文集中的一篇，其中的某些部分，与其说显示出了分寸感，不如说显示出了受迫害的感觉。另一方面，他发表在《新评论》1890 年四月号上的专题论文集中《小说的科学》一文，对当前关于现实主义和自然主义的辩论中的基本问题做了非常简明和连贯的阐述。[22]

尽管在提到《一群贵妇人》时，哈代倾向于用颇有些不以为然的词汇，但他还是把故事集寄给了他的几个朋友，包括高斯、克洛德和莱顿勋爵。哈钦斯的《多塞特郡的历史和文物》是他创作的这部故事集里准历史叙述的主要来源，但在写给莱顿的信中，他提到自己也借鉴了“我在听偏远乡村里上了年纪的人们讲述传奇时所记的一些笔记，在那里，当地家庭的传统一直存在，这些传统被相关的家庭遗忘很久之后，又被自耕农和农民们记起”。[23] 哈代没有说明的是，其中一个“上了年纪的人”是他的母亲，并且几乎可以肯定的是，她是最终写进短篇小说《威塞克斯第一伯爵夫人》中的梅尔伯里庄园的伊尔切斯特家族传统的信息来源之一。毫不奇怪的是，当时的伊尔切斯特伯爵显然对公众提及他的家族历史感到恼火，而他的不悦可能也是其他一些相关家族所共有的，甚至有传闻说《一群贵妇人》的出版导致当地社会各阶层对哈代夫妇的普遍排斥，但是这样的传闻似乎并没有什么根据。[24]

7 月底，在从伦敦返回多塞特之前，哈代夫妇与住在苏福尔克的朴次茅斯夫人的一个女儿卡米拉・戈登夫人及其丈夫一起待了几天。[25] 回到麦克斯门后，哈代重新开始已经耽误了很久的《德伯家的苔丝》以卷本形式出版的准备工作，这项工作他在伦敦时就已经开始，但是绝对还没有完成。虽然这主要是一件将之前删除的部分还原到其原来位置的事情,但实际上绝不是所有为使手稿适应连载而做出的修改都被撤销
292 了,其中一个片段——描述的是切斯伯勒的舞蹈,它构成了“阿卡迪的星期六之夜”的一部分——直到 1912 年出版威塞克斯版时才被重新吸纳进来。当哈代忙于此事时,他接待了 W. 罗伯逊·尼科尔①的来访,尼科尔急于在一本他编辑的《书商》的创刊号上刊登一篇关于“威塞克斯”的文章,并附上一张小说中虚构地点的地图。这将是第一次出版威塞克斯地图——该地图是后来远远超出哈代想象的地图的先驱——虽然哈代本人谢绝提供地图,但他向尼科尔提供了足够的信息,以确保实际印刷的地图是相当准确和全面的。同一个月晚些时候,尼科尔给一位朋友写信说:“我最近经常见到哈代,对他颇感兴趣。他无疑是我遇到过的最有吸引力的文人,与别人在一起时,他腼腆而沉默,但私下里却非常乐于沟通,也很有趣。”[26]

9 月,哈代夫妇来到了苏格兰,住在道格拉斯爵士位于斯普林伍德公园的家里,即他那栋后来被拆除了的凯尔索附近的房子,他们还参观了与司各特有关的地方。哈代总是把司各特的诗看得比其小说更重要,而且习惯于把《马米翁》说成是“英语中最具荷马风格的诗歌”,他特别渴望一睹并登上斯迈尔霍姆塔,因为该塔是《圣约翰之夜》一诗的背景;道格拉斯后来回忆说,在阿博茨福德,哈代默默地弯腰俯身在司各特的面部模型②上,这一情景特别令人心酸。[27]道格拉斯说,哈代夫妇是非常随和的客人,他们

① 威廉·罗伯逊·尼科尔爵士(Sir William Robertson Nicoll, 1851–1923),苏格兰牧师、记者、编辑和文学家。

② 死人面部模型(death mask),指用柔软的物质压在死人脸上,变硬后取出制成的模型。

> 立刻投入到了我们对家庭生活的爱好中来。我的客厅里挂着一幅奥皮太太①的丈夫给她画的画像，这启发了哈代说晚饭后我可以读她写的《简单的故事》中的一篇故事，当然我也很乐意这样做。次日早晨吃完早餐后，哈代夫人立即说“我们去看马匹吧”，于是她和我妹妹准备了几块糖，然后我们就成群结队地去了马厩，从此去马厩便成了我们日常生活的一部分。

道格拉斯还补充说，虽然少女时代的艾玛是一个女骑手，但她似乎并不具备“任何关于马的专业知识”，她一定对这样一个事实一无所知，即她在多塞特一直骑的马，大概是从当地马车行租来的马，而且通常是长途社交拜访时所骑的马，至少直到1893年秋她才知道此事——比《生活和工作》中给出的最终日期晚了两年多。[28]有一天，当艾玛试图画一幅斯普林伍德公园的素描画时，发生了道格拉斯回忆中所称的“愉快的争吵”，尽管对于此事似有其他解读：“那位昔日的建筑师②说‘现在你最好让我用轻巧的笔法勾勒出透视图’；或者他又一次抓住素描本，说：‘让 293
我先把树画上，然后山墙和栏杆几乎都会自己进入画面’。然而，尽管哈代是一个更好的绘图员，而且事实上他想自己画出整幅画，但是他的好夫人也对自己的作品颇有信心。”[29]

哈代夫妇分阶段返回英格兰东部一带，先后参观了杜伦、约克③和彼得堡等大教堂城镇，并于9月20日回到麦克斯门。[30]11月8日，哈代写信感谢道格拉斯为麦克斯门花园送来的一些树木，与此同时，他正在为《德伯家的苔丝》的第一版修改校样。正是在这最后一刻，他给奥斯

---

① 阿米莉亚·奥皮太太（Mrs. Amelia Opie, 1769-1853），英国诗人、小说家。

② 即哈代。

③ 杜伦（Durham），英国东北部的小镇；约克（York），英国东北部城市。

古德-麦基尔文公司寄去了小说的一个新扉页,在副标题中坚持苔丝的地位是"一个纯洁的女人",并用源自《维罗纳二绅士》①的题词"可怜的受伤的人啊!我的胸膛是一张床 / 让你住在那里"来宣布他个人对她的动机的支持。哈代后来宣称,副标题是在他最后一次阅读校样后插入的,"作为对女主人公性格中的坦率思想的判断——可能没有人会对这一判断提出异议"。[31]这也是一个蓄意的挑战,在愤怒和自信的情感交织中被抛了出来。三个多星期后,三卷本《德伯家的苔丝》出版了,哈代给道格拉斯、热恩夫人(由于她丈夫获得了爵士头衔,她在那一年成为热恩夫人②)和威廉·莫里斯③寄去了赠书,哈代还没有和莫里斯见过面,但莫里斯在回信中表现出对哈代早期小说颇为熟悉。[32]哈代同样也给阿尔弗雷德·奥斯汀④寄去了一本,他以微妙的恭维方式在书中写上了奥斯汀两年前寄给他的一卷诗中的一行半诗歌:"摔跤手们出生了, / 他们向残酷的环境发出挑战——却以失败而告终"。不太清楚的是,哈代是在把这段引语运用到其小说人物身上,还是运用到他自己身上,作为这些词在一定的语境中所指的"竞争的诗人们"中的一员。[33]

到年底,关于《德伯家的苔丝》,哈代收到了多封令其备受鼓舞的信。弗雷德里克·哈里森称该小说是"实证主义的寓言或布道";基根·保罗称之为"真正伟大的小说",尽管他是第一个指出没有牧师敢于坚持把苔丝的孩子葬在不圣洁的土地上的人。[34]第一批评论也颇为热情洋溢,12月26日的《演讲者》认为小说是令人痛苦的,但质量上乘;31日的《蓓尔美街报》称其为多年来最优秀的英文小说;尤其令哈代

---

① 莎剧《维罗纳二绅士》(*The Two Gentlemen of Verona*)。

② 夫人(Lady)一词在英国用在女贵族成员或爵士妻子名前。

③ 威廉·莫里斯(William Morris, 1834–1896),十九世纪英国设计师、诗人,早期社会主义活动家。

④ 阿尔弗雷德·奥斯汀(Alfred Austin, 1835–1913),英国桂冠诗人。

感到欣慰的是28日的《每日纪事报》对苔丝处境的同情看法，在写给评论员H. W. 马辛汉的信中，哈代向他及他的文章表示赞赏，“因为文章坦率地认识到，一部更具男子气概的小说的发展与健全的道德观并非水火 294
不相容”。[35]新的一年早些时候，发表在《圣詹姆斯公报》《雅典娜神殿》和《泰晤士报》等报刊上的评论，几乎是毫无保留的赞扬。然而，在1月16日的《星期六评论》中，评论员（哈代后来断定是乔治·圣茨伯里①）称在任何一个人物身上都“没有一丝一毫自然的气息”，苔丝的性吸引力被过分强调了，而且使整个故事的“可怕的沉闷”得以缓解的只是“与奶牛相处的几个小时”[36]，这仿佛是在呼应亨利·詹姆斯对《远离尘嚣》中羊和狗的赞扬。

次日，哈代告诉贝赞特，该评论是“彻头彻尾的歪曲”，对他个人而言，这也是一件尴尬的事。在遭受到这样的攻击之后，他还怎么重新踏入萨维尔俱乐部的大门呢？因为那里满是《星期六评论》的撰稿人。尤其令人恼火的是，正如他在写给高斯和克洛德的信中所抱怨的那样，这位评论员一度将一个简单的排版错误解读为作者糟糕的语法。[37]哈代的朋友们试图劝他不要太把这些不友好的评论放在心上。贝赞特同样认为《星期六评论》上的那篇评论带有诽谤性质，但是大家对它却无计可施——除了哈代像往常一样去萨维尔俱乐部，以表明他的名誉受损并未让他感到苦恼。高斯说，这篇评论明显是背信弃义的，这削弱了其全部力量，无论如何，这部小说在方方面面受到了贝赞特、汉弗莱·沃德太太、亨利·詹姆斯等多人的赞誉，因此哈代不应该关心“《星期六评论》的终身不嫁的、干瘪的老处女②的所言所思”。[38]结果，正如哈代于1月20日向高斯

① 乔治·圣茨伯里（George Saintsbury, 1845–1933），英国作家、文学史家、评论家。

② 上一段中讲哈代后来断定评论员是乔治·圣茨伯里，不理解为何高斯称这位评论员是老处女，或许他猜测是其他的某位女性评论者。

所承认的那样，自从这篇评论出现以来，该书的订单实际上是增加了。简而言之，奥斯古德-麦基尔文公司取得了成功，哈代被邀请为第一版的第二次印刷进行修订，因此他不得不致信蒂洛森父子公司，请求宽限更多的时间来完成《追求意中人》。[39]

然而，评论继续出现。在1月23日的《旁观者》上，《德伯家的苔丝》的道德观被R. H. 哈顿攻击；在二月号的《新评论》上，小说的神学，特别是最后对“众神的统领者”的乞灵被安德鲁·朗①攻击，朗争辩道：“如果有上帝，谁能认真地认为他是一个恶魔呢？”[40]但是批评意见的重心仍然对《德伯家的苔丝》有利，直到4月在《评论季刊》上发表的一篇题为“文化与无政府状态”的评论，才再次使哈代出离愤怒。除了重复人们现在已经耳熟能详的一些抱怨之外——譬如认为没有必要强调女
295 主角在角色上的“性感特质”，再如哈代在文体和语法上都没有确定的把握，故意“用粗俗而令人不快的方式，讲述一个粗俗而令人不快的故事”——评论员还轻蔑地提到了哈代“奇怪的”“鬼鬼祟祟的”出版安排，通过这种安排，小说的一些章节已经分别发表在了不同期刊上，“关于对自己的同胞们应负的责任，这些期刊的编辑们大概持更自由的意见，抑或这些期刊的读者通常是成年人”。哈代注意到——或许带有一点偏执——《评论季刊》与《默里杂志》出自同一家出版社，而《默里杂志》曾拒绝出版《德伯家的苔丝》，后来便停刊了。他似乎没有发现这篇评论本身就是出自莫里斯之手，莫里斯曾指手画脚地拒绝接受哈代的小说发表在《麦克米伦杂志》上，从而使哈代走上了一条将小说拆分出版的道路。[41]即使哈代的讽刺意识和受迫害感没有得到确认，但他对这篇评论中的“谎言”的谴责是充满激情的和毫不宽恕的。在第一次读了该文章之后，他写道：“真奇怪，一个人怎么可能在不知道自己在书中写了些

① 安德鲁·朗(Andrew Lang, 1844–1912)，苏格兰诗人、小说家、评论家。

什么的情况下——或者更确切地说,在不知道如何吸引读者读下去的情况下——写出一本书呢！唉,如果这种事情继续下去的话,我就再也不写小说了。倘若一个人故意站起来使自己成为别人射击的靶子,那他一定是个傻瓜。”[42]

因为其小说受到大众欢迎,哈代备受鼓舞,但他仍然斗志昂扬。1892 年,当《德伯家的苔丝》单卷本第一版出版时,他采取了一个不同寻常的步骤,即在新的前言中评论了迄今为止他人对这部小说的评论。哈代几乎不加掩饰地提到安德鲁·朗是一位“伟大的批评家”,他“暂时变成了基督徒,仅仅半小时就好,以表达自己对哈代竟然用了一句对众神不敬的话的悲痛”,但哈代这样做或许是不明智的。一点儿也不奇怪,朗觉得哈代这样的评论准许他自己再次重复和详细阐述其早先的苛评。不管他是否是(正如哈代所怀疑的那样)“苔丝主义”一词的始作俑者,在《朗文杂志》十一月号上刊发的随笔《船的标志》中,他严厉地批评了哈代,不仅因为哈代的悲观主义,而且因为他可疑的道德观以及风格和品位上的缺陷。尽管哈代此后一直公开保持沉默,但他对朗和圣茨伯里的敌意从未减弱。哈代去世后,圣茨伯里告诉哈代的遗孀,他认为她的丈夫已经原谅了他对《德伯家的苔丝》的批评。她后来大声惊呼道:“他知之甚少啊!”[43]

哈代在《德伯家的苔丝》出版前后的个人外貌,在罗莎蒙德三年后发表的一篇文章中被唤起了,非常引人注目:

> 至于外表,托马斯·哈代表现出一种力量和脆弱的奇妙结合; 296
> 他略低于中等身高,但身材结实,有着粗犷的容貌,鹰钩鼻,脸色苍白,下巴上蓄着修剪整齐的棕色卷曲胡须,上唇上的胡子很短,足以露出难得一见的甜美笑容;既不亮也不暗的头发,浓密而夹杂着灰

白色,两鬓的头发已经开始有些脱落;最引人注目的特征是一双明亮、深邃的眼睛,像鹰眼一样敏锐,但尽管它们很警惕,却充满了一种平静的温和。事实上,他的整个相貌都有一点像鹰,除了没有捕食者掠夺性的表情;在其他人的脸上,我从未见过如此平静但强烈的观察力。

她补充说,可惜的是,当哈代坐在那里让时髦的摄影师拍照时,他的神经很紧张,使他那平时表情多变的脸出现了"一种近乎严厉的苦行的表情,而那些有幸成为其挚友的人,觉得这完全是对真人的歪曲"。[44]

上述描述中提到的"修剪整齐的棕色卷曲胡须"也出现在了哈代本人提交给《斯特兰德杂志》并拟于1891年十一月号上刊登的一组照片中,但是从1892年3月17日哈代寄给一家美国杂志予以刊登的肖像照(是由韦茅斯一位摄影师拍摄的)来看,下巴上的胡须已经消失不见,只剩下了上唇上的胡须。[45]剃掉胡须显然是一个象征性的举动,根据第二任哈代夫人的说法,激发因素是《德伯家的苔丝》在评论上和商业上取得的成功,以及成功之后接踵而至的(或想象中接踵而至的)诸多变化。[46]来自大西洋两岸的短期和长期预期的大量版税,第一次给哈代带来了财政安全感,使其财政安全的梦想成真,并使其有可能在日常开销之外积累和持有资金。其文学生活的旧梦现在看起来是可以实现的,梦想得以实现的角度远远不同于他原先所设想的那些角度。现在他有希望成为一名退休的小说家,靠过去工作的收入来生活和写诗,诗歌有良好的机会拥有一批读者,而不是像之前那样,仅有微弱的希望拥有一栋乡村牧师住宅,在那里,他可以写诗聊以自慰。

在整个1892年,哈代对资金积累有了强烈的感受,并暗自感觉到他的小说生涯即将到达巅峰。1月,他向银行家克洛德咨询他正在考虑购买的某只股票的价值,而他向克洛德提到的一些股票,竟然是以凯特的名义购买的,这是他以家庭为中心和对两个未婚妹妹的未来表示出关心的典型做法。[47]9 月,他在拍卖会上购买了一栋位于多切斯特市中心的房子(位于西大街 51 号)。他把购房作为一项投资,并打算在未来几年将其出租
出去,这栋房子后来被证明在租户抱怨和昂贵的维修方面一直麻烦不断, 297
而且他发现房东的角色并不适合自己,投资回报也平平,遂最终将其转售。当年早些时候,他曾说过要扩建麦克斯门,即使他再次肯定自己的初衷是不要像其他文人那样,因为建一栋豪宅而自毁前程;艾玛的社交抱负与他自己对新境况的见解结合在一起,使他们一步步苦心经营麦克斯门的生活,尤其是家有访客时。[48]

毕竟哈代如今算得上是公众人物,这样的经历他以前没有过,他经常作为个人或文学上的花边新闻的对象出现在《雅典娜神殿》和《书商》等杂志上,甚至不时出现在伦敦的报纸上。文学朝圣者们开始突袭多切斯特,寻找一座真正的卡斯特桥和一个切实可见的威塞克斯,也希望能瞥见它的缔造者,即"《德伯家的苔丝》的作者",正如现在人们常常称呼他的那样。约翰·雷恩①正在为撰写哈代作品的参考书目寻找信息,俄文版的《德伯家的苔丝》要求哈代提供解释性的注解,大西洋两岸的杂志纷纷致信请求哈代提供照片和传记材料。[49]能力和诚实度参差不齐的采访者们找到了麦克斯门,一些是提前安排好的,另一些则纯粹是投机性的;接下来的几年里,许多所谓的采访,都是由那些对麦克斯门或其主人没有任何一手资料的人从业已出版的材料中捏造出来的。

雷蒙德·布拉斯瓦伊特②,当代最多产的采访者之一,提前正式请求并被安排了其拜访,大概是他负责安排了哈代坐在书房(在尚未扩建的麦克斯门二楼的西北角)中的极好的肖像画的绘制,肖像画是和原版

① 约翰·雷恩(John Lane, 1854–1925),英国出版商。

② 雷蒙德·布拉斯瓦伊特(Raymond Blathwayt, 1855–1935),英国演员。

访谈一起发表的。布拉斯瓦伊特也是为数不多的提及艾玛的几位采访者之一,他用深思熟虑的,甚至是精心设计的讽刺来描述艾玛:“如此特别地聪明,如此透彻地了解当今时代,如此明显的一个世界公民,以至于最初是其明确无误的回忆内容,即她是恪守英国国教的教会主义的,对一个陌生人来说也变得莫名其妙地令人困惑和费解,直到她将如下信息告知对方,即她与已故的沙夫茨伯里勋爵所称的‘较高层级的神职人员’有着非常密切的关系。”像许多其他来到麦克斯门的访客一样,很明显布拉斯瓦伊特要面对艾玛对她与吉福德会吏长之间的关系的强调。但他也注意到艾玛那种近乎狂热的品质:给人的第一感觉是因其活力而吸引人,但过剩的时候则令人不安。这让观察到她这一特点的人越来
298 越认为这是她古怪的迹象。与此同时,哈代仍然在努力让她接触到他的作品以及他不断增长的文学财富,例如,他告诉布拉斯瓦伊特,苔丝佩戴珠宝的场景就是艾玛的点子。[50]同年的另一位采访者注意到,在一本“小册子”里,艾玛记录了一系列哈代的威塞克斯地名以及它们或多或少对应的实际位置。[51]

但是艾玛列出的威塞克斯地名是以一种簿记形式记录的,至少可以追溯到他们在图廷的日子,也可能更早。更加能作为他们目前的关系状态的征兆的是艾玛的秘密日记(始于1891年或1891年前后,但直到她去世后才被发现),在日记中,她吐露了自己对丈夫的举止、态度和信仰的种种抱怨。[52]1892年前几个月,她身体欠佳,一直都没有从去年秋天的重度流感中恢复过来,而且哈代在伦敦(他至少在三个不同的场合待在热恩夫人家)给她写的家信中没有明显语气或内容的变化:这些信仍然以“我最亲爱的艾”开始,落款是“你深情的”。[53]即便如此,他独自一人前往伦敦,本身也许就有一定的意义,而剃掉胡须或许标志着他决心以本色示人,既在个人方面,也在文学方面。

他无疑利用了艾玛不在伦敦的机会,也利用了自己日渐显赫的声

望,与更多漂亮、聪明的女人建立了友谊。3 月,他第一次拜访了查尔斯·金斯利①的女儿玛丽·圣莱格·哈里森②太太,她以“卢卡斯·马莱特”的笔名创作小说,他发现她是一个“妩媚动人的女人:丰满、略带性感的嘴巴,红红的嘴唇,黑色的秀发和双眸;最讨人喜欢”。不久之后,他给她写了一封热情洋溢的感谢信,感谢她赠送的小说《罪恶的代价》,并对女作家在处理传统上认为她们应该一无所知的事情时所面临的困难深表同情。4 月,他们再次见面,但这段关系似乎并未维持很长时间,或许是因为哈里森太太不欣赏哈代直言不讳地告诉她,他觉得她小说书名中的“代价”——“即年轻男子跌下悬崖,年轻女子死于肺痨”——“并不是特别合乎逻辑”。[54] 在这几个月里,其他女人的名字突然出现了,包括“诺里斯小姐(芭蕾舞演员)”和希尔达·布罗德里克夫人③(“因她少女般的天真而迷人”),她声称自己曾在一次“漫长而愉快的两人之间的私人谈话”中为《德伯家的苔丝》哭得很伤心。[55]

5 月 22 日,哈代再次独自前往伦敦,参加其朋友、出版商詹姆斯· 299
里普利·奥斯古德的葬礼。葬礼结束后,他暂住在热恩夫人家,并开始以一种有点漫无目的的方式寻找他和艾玛为平衡生活而度过的“伦敦社交季”的住处。月底时,艾玛来与他会合,5 月 29 日,他们成了高斯夫妇的座上宾,但是还没等他们完全安顿下来,哈代的父亲病入膏肓的消息就将他们召唤回了多切斯特。[56] 老哈代作为一个半病废者过着冷冷清清的隐居生活已经有几年了,正如其儿子对道格拉斯爵士所说的,“除了我们谁都不见”;从他八十一岁时开始,人们似乎从一开始就预见到了这种疾病的致命后果(在死亡证明中被认定为肝萎缩和衰竭)。[57]

---

① 查尔斯·金斯利(Charles Kingsley, 1819-1875),英国牧师、大学教授、历史学家、小说家。

② 玛丽·圣莱格·哈里森(Mary St Leger Harrison, 1852-1931),英国作家。

③ 希尔达·布罗德里克夫人(Lady Hilda Brodrick, 1854-1901),圣约翰·布罗德里克(后来成为米德尔顿第一伯爵)的第一任妻子,韦迈斯十世伯爵的女儿。

然而,他一天天地慢慢衰弱,到7月20日最终离世时并没有忍受太大的痛苦。父亲咽气的那一刻,哈代并不在场,但他负责安排了7月25日的葬礼,在当地报纸上登了一份讣告,在他的祈祷书中的诗篇第九十篇第十节旁边,他写下了"托·哈 1892年7月23日",诗节的内容是:"有些人虽强壮得可以活到八十高龄,但他们的力量在那时不过是劳苦和悲伤;所以那力量转瞬即逝,然后我们便撒手人寰。"[58]同一诗篇的泰特和布雷迪①韵律诗版的四节诗,标题是"作为该教区的墓边赞美诗一直唱到1840年左右",出现在了哈代为其父亲的追悼会设计并印刷的传单上,追悼会于葬礼后的周日(7月31日)举行,地点在斯廷斯福德教堂。此外,他还在传单上用拉丁语向其父亲致敬,感谢他曾长期担任老斯廷斯福德唱诗班的小提琴手:"纪念托马斯·哈代,在该教堂里从事音乐工作二十载。讣告:公元1892年7月20日与世长辞,享年八十一岁。"人们深切地感受到,该纪念传单是一种体现孝道的行为,同时也是对那些消逝的习俗和岁月具有重要意义的致敬,在儿子眼中,父亲如此完美地体现了这些习俗和岁月。正如死亡通告上所说的那样,对哈代来说重要的是,他的父亲死在"他出生的房子里",而且他最后要求喝一口刚刚汲取的井水,以确信他确实是"在家里"。在其1855年版贺拉斯《颂诗集》第一卷第二十二首的第一行("整个人生都是纯洁无瑕的")的旁边,哈代写上了"(老)托·哈",他还把哈姆雷特对霍雷肖的赞美转用到了父亲身上,称他是"一个对命运的虐待和恩宠 / 都受之泰然的人"。[59]

早在1888年1月,在玛丽·安特尔和其儿子约翰的见证下,老哈代就签署了遗嘱,这份遗嘱的内容比人们预想的要丰富得多。几乎所有的东西都留给了他的遗孀,供其余生使用,但在她百年之后,他那数量众多

① 纳胡姆·泰特(Nahum Tate)和尼古拉斯·布雷迪(Nicolas Brady)的《新版本诗篇》(*New Version of the Psalms*, 1696)。

的财产都要传给亨利。在哈代后来对这些财产的描述中,毫无疑问含有 300
“四舍五入到较高值”的成分,财产里有“三十英亩土地和大约二十栋房子”,但其中当然包括西奈屯村①的几座村舍和哈代家雇用的建筑工人居住的院落,以及“位于斯塔福德教区的被称为‘塔尔博茨’的自由保有土地”。给女儿们的遗产则立即生效,凯特得到了数目可观的五百英镑,其社会地位更加稳固的姐姐得到了二百五十英镑,而和弟弟一起作为指定的遗嘱共同执行人的哈代本人得到了“五英镑和选择任何一件家具的权利”。[60]然而,对于哈代夫妇来说,哈代父亲的去世还有一个更为严重的后果,那就是一个愉快亲切的基本要素也随之逝去了,这一要素是用来缓和潜在的敌对情绪,并将博克汉普屯和麦克斯门的两个家庭维系在一起的,尽管其力量很微弱。现在,在永远无法被安抚的杰米玛和随着年龄的增长而愈发显露出自己的固执的艾玛之间,已经没有一个有效的缓冲器了。

具体是什么导致了艾玛和哈代家人之间有如此巨大的鸿沟,并给他们带来了永久的隔阂,我们尚不得而知,但是如果(正如第二任哈代夫人所断言的那样)玛丽和凯特在艾玛死前二十年被禁止踏入麦克斯门半步[61],那么这一关键的决裂一定是发生在1892年或其前后。哈代一如既往地把自己的忠诚一分为二。他并没有坚决维护自己的权利,让妻子取消禁令,但他也没有终止自己与弟弟妹妹们的联系,更没有中断每周去博克汉普屯看望老母亲。事实上,在其父亲刚去世后的那段时间,他比以往更频繁地朝着那个方向走去,在杰米玛丧夫之初的孤寂日子里,她对其长子提出的要求使艾玛心生怨怼,这可能进一步加速了家庭关系的破裂。8月底的一个星期三,在博克汉普屯,杰米玛告诉哈代,她觉得自己与周围的家具疏远了:“所有属于家具和这个地方的人都离开

① 西奈屯(West Knighton),多切斯特东南三英里处的一个村庄和教区。

了，家具都留在了她一个人手里，一个局外人。”但正如哈代所注意到的，杰米玛已经在这座村舍里生活了五十三年，如果连她都可能认为自己是哈代家人中的一个“局外人”的话，也难怪艾玛会觉得自己被排斥在了这个家族之外。[62]

注释

［1］《哈代书信》，第一卷，页223–224；《生活和工作》，页241。

［2］《哈代书信》，第一卷，页230；《哈代书信》，第一卷，页225–226。

［3］珀迪，页65–67；《生活和工作》，页243–245。

［4］《哈代书信》，第一卷，页230–231，页231–233。

［5］《生活和工作》，页247；《哈代诗歌》，第二卷，页360–362。

［6］G. 道格拉斯，《托马斯·哈代：一些回忆与思考》，载《希伯特杂志》，第二十六卷（1928年4月），页389–391。

［7］F. B. 费舍尔致霍尔夫人的信，1928年1月25日。（威尔特郡档案局）

［8］M. 罗宾逊，诗人兼传记作家玛丽·罗宾逊（婚后姓迪克洛①）的姐妹，致I. 库珀·威利斯的信，1937年12月17日。（多博）

［9］弗洛伦斯致H. 布利斯的信，1921年4月3日。（普林斯顿）

［10］《艾玛与弗洛伦斯书信》，页48。

［11］M. 罗宾逊致I. 库珀·威利斯的信，1937年12月17日（多博）；G. 阿瑟顿，《一位小说家的冒险》（纽约，1932），页263；T. P. 奥康纳，《我所认识的哈代》，载《生活年代》，1928年3月1日，页456。

［12］《个人笔记》，页233。

［13］《哈代书信》，第一卷，页232；《生活和工作》，页246；《哈代书信》，第一卷，页234。

［14］《多塞特郡纪事报》，1885年11月5日；《哈代书信》，第一卷，页234；

① 玛丽·罗宾逊的第二任丈夫是埃米尔·迪克洛（Émile Duclaux），原文误为Duclanx。

《哈代书信》,第一卷,页233、236。

[15] 凯特·哈代致哈代的信,1891年5月15日。(多博)

[16]《哈代书信》,第七卷,页110;《生活和工作》,页246;《哈代书信》,第一卷,页233。

[17]《生活和工作》,页247-248,页246-247。

[18] E.克洛德,日记,1891年6月20日。(艾伦·克洛德)

[19]《文学笔记》,第二卷,页28-31,页32-44,页45。

[20]《公众声音》,页111。

[21]《蓓尔美街报》,1891年7月10日,第2版;珀迪,页95。

[22]《公众声音》,页95-102;《公众声音》,页106-110。

[23] 珀迪,页67;《哈代书信》,第一卷,页239-240。

[24]《哈代书信》,第三卷,页190;S.希斯,《哈代是如何冒犯了多塞特郡的家族》,未出版,打印稿(多博)。

[25]《生活和工作》,页250。

[26] S.盖特雷尔,《哈代对威塞克斯的想象》(巴辛斯托克,2003),页93-95;《书商》(伦敦),1891年10月,页26;T. H.达洛,《威廉·罗伯逊·尼科尔:生平与信件》(伦敦,1925),页99。

[27]《生活和工作》,页51;《生活和工作》,页250-251;G.道格拉斯,《散文和诗歌拾遗》,O.希尔森编辑(加拉希尔斯,未注明出版日期),页30;道格拉斯,《托马斯·哈代:一些回忆与思考》,载《希伯特杂志》,第二十六卷(1928年4月),页385-386。

[28] 道格拉斯,《托马斯·哈代:一些回忆与思考》,载《希伯特杂志》,第二十六卷(1928年4月),页389-390;《哈代书信》,第二卷,页32,《生活和工作》,页244。

[29] 道格拉斯,《托马斯·哈代:一些回忆与思考》,载《希伯特杂志》,第二十六卷(1928年4月),页390。

[30]《生活和工作》,页251;《哈代书信》,第一卷,页243。

[31]《哈代书信》,第一卷,页246–247;手稿,对开本页1(大英),参珀迪,页71相对页面;《德伯家的苔丝》,页xxi;参《哈代书信》,第一卷,页249。

[32] 珀迪,页73;W.莫里斯致哈代的信,1891年12月15日(多博)。

[33] 珀迪,页74;A.奥斯汀,《爱情的守寡及其他诗歌》(伦敦,1889),页58。

[34] F.哈里森致哈代的信,1891年12月29日(多博);C.基根·保罗致哈代的信,1891年12月25日(多博)。

[35]《哈代书信》,第一卷,页250。

[36]《星期六评论》,1892年1月16日,页73–74,参《哈代:批评遗产》,页188–191。

[37]《哈代书信》,第一卷,页252、253、254。

[38] W.贝赞特致哈代的信,1892年1月18日(得克萨斯);E.高斯致哈代的信,1892年1月19日(亚当斯)。

[39]《哈代书信》,第一卷,页255;珀迪,页74–76;《哈代书信》,第一卷,页253。

[40]《旁观者》,1892年1月23日;《德伯家的苔丝》,页508;《新评论》,1892年2月6日,页248,参《哈代:批评遗产》,页196。

[41]《评论季刊》,第一七四卷(1892年4月),页319–326,参《哈代:批评遗产》,页214–221;《哈代书信》,第一卷,页268;另见《职业》,页284–288。

[42]《哈代书信》,第一卷,页265;《生活和工作》,页259。

[43]《德伯家的苔丝》(伦敦,1892),页xix;《苔丝主义》,载《每日新闻》,1892年10月11日,第4版;《生活和工作》,页265;《朗文杂志》,第二十一卷(1892年11月),页100–106,参《哈代:批评遗产》,页238–244;珀迪与弗洛伦斯谈话,1933年。

[44] R.汤姆森,《哈代(一)》,载《独立报》(纽约),1894年11月22日,第2版。

[45]《哈代书信》,第一卷,页260;《购书者》(纽约),第九卷(1892年5

月），页151相对页面。

［46］弗洛伦斯致考克雷尔的信，1928年4月20日。（耶鲁）

［47］《哈代书信》，第一卷，页254；以凯特·哈代的名义购买的股票的收据，1892年3月1日（多博）。

［48］《哈代书信》，第一卷，页254；《卡塞尔的星期六杂志》，1892年6月25日，页944，参《哈代：访谈和回忆》，页36；哈代写给其律师们的信件，洛克，里德和洛克（多博）；额外信息源自亨利·洛克先生。

［49］见《哈代书信》，第一卷，页256，页281–283，页260、266。

［50］布拉斯瓦伊特，《和〈苔丝〉的作者聊天》，载《黑与白》，1892年8月27日，页238–240，参《哈代：访谈和回忆》，页38–41。

［51］《卡塞尔的星期六杂志》，1892年6月25日，页945。

［52］F.达格代尔（弗洛伦斯）致E.克洛德的信，1913年1月16日。（利兹）

［53］《哈代书信》，第一卷，页269–270。

［54］《生活和工作》，页258；《哈代书信》，第七卷，页120；《哈代书信》，第一卷，页264。

［55］《哈代书信》，第七卷，页121；《生活和工作》，页259。

［56］《哈代书信》，第一卷，页268–269；"高斯客人名册"（剑桥大学图书馆）；《生活和工作》，页261–262；《哈代书信》，第一卷，页271。

［57］《哈代书信》，第一卷，页285。

［58］《生活和工作》，页262；死亡证明；《公众声音》，页119；祈祷书（多博）。

［59］哈代手稿的散页（G.史蒂文斯·考克斯）；《生活和工作》，页262；霍勒斯，《颂诗集：第一部分》（伦敦，1855），页17（耶鲁）；《生活和工作》，页262，参哈代藏书中的《哈姆雷特》（辛格版本的第九卷），页231（多博）。

［60］遗嘱；《哈代书信》，第四卷，页72，参《公众声音》，页308–309。

［61］《艾玛与弗洛伦斯书信》，页96。

［62］《生活和工作》，页263。

第十七章　弗洛伦斯·亨尼卡

301 1892年夏，精力充沛的三十四岁美国未婚女子丽贝卡·欧文①，带着一定的目的乘火车来到多切斯特朝圣，还拽着她的姐姐和她一起。[1]她拿着哈代的再版出版商桑普森·洛与马斯顿出版公司的一位董事出具的介绍信，凭借其三寸不烂之舌踏入麦克斯门，很快就与哈代夫妇成为朋友。她与哈代本人关系中更浪漫的一面，似乎只是她臆想出来的，但是在交往早期，她对哈代作品的广泛而热情的了解，无疑使他感到荣幸和欣慰。在哈代或艾玛的指导下，欧文姐妹到伍尔庄园、宾顿修道院、韦茅斯和小说中提到的其他地方作了几次旅行；9月7日，他们四人一起去了斯旺纳奇，在那里，哈代参加了野外研究俱乐部的一个会议，而艾玛则带着欧文姐妹在小镇上逛。在西区小屋，寡居的马斯特斯太太还记得十六年前的哈代夫妇，但艾玛却婉言谢绝入内，显然她将这栋房子和一段相对贫穷的时期联系在了一起，也将它和《艾塞尔伯塔的婚姻》的创作联系在了一起，她声称自己不喜欢这部小说，因为它“里面有太多关于用人的内容”。[2]作为“大西洋彼岸优秀鉴赏家”的首领，丽贝卡在文学史上占有小小的一席之地，她曾说服哈代把被饿死的金翅雀的情节

① 丽贝卡·欧文（Rebekah Owen，1858-1939），哈代的美国崇拜者。

重新放回《卡斯特桥市长》的文本中，这一情节在美国版中有，在英国版中却被删除了[3]，但她令人厌烦的持续拜访和来信最终耗尽了哈代的耐心，他让艾玛负责麦克斯门这一头的联络，后来又让弗洛伦斯负责，欧文小姐不肯放手，而哈代夫妇也不太知道该如何与她一刀两断。

9月的一天下午，哈代乘车从多切斯特回博克汉普屯，看到斯廷斯福德庄园着火了，于是他让艾玛继续坐车回家，自己则大步流星穿过中 302
间的水草地，及时帮忙搬出了一些书籍和家具。父亲刚刚过世，如今庄园又几乎毁于一旦，这进一步给他带来了“温柔记忆的伤痕”。苏珊·福克斯-斯特朗威兹夫人在与演员威廉·奥布莱恩浪漫私奔后就住在那里，哈代的祖父在斯廷斯福德教堂下面建造了一个地下墓室，因丧夫而伤心不已的苏珊夫人指定的这个墓室，应该足够她和其丈夫使用。在苏珊夫人晚年时，哈代的父亲曾在她家里为其唱歌，后来还在那里在爱德华·默里牧师的监督下练习小提琴。也正是在那里，哈代的母亲打过工，在那里或附近的教堂里，她第一次见到了自己未来的丈夫。[4]巧的是，火灾发生时，玛丽·哈代正在给父亲的坟墓献花——这种巧合几乎带有某种象征意义——于是哈代在教堂墓地遇见了她。另一方面，他并没有遇到艾玛，尽管她也在博斯沃斯·史密斯的陪同下赶到了火灾现场，哈代夫妇之前约好了那天晚上和史密斯的父母在西斯塔福德共进晚餐。[5]

那个月底，哈代在伦敦，和克拉伦斯·麦基尔文探讨将其小说的版权转让给奥斯古德-麦基尔文公司的事宜。这些版权大部分已经被桑普森·洛与马斯顿出版公司持有了好几年，但是哈代对他们再版版本的拙劣装帧不满意。与此同时，哈代正在热情地配合一个出版制作精美的珍藏版的计划，该计划最初由詹姆斯·奥斯古德提出。[6]哈代先是从伦敦到牛津，然后又从牛津到了法利，法利位于万蒂奇以南的伯克郡乡村，而万蒂奇则是其祖母玛丽·海德一百二十年前的出生地,他写道:"虽然我和活着的人在一起,但我只能看到这里死去的人,几乎没有意识到快乐的孩子们在嬉戏。"[7]在最终命名为《无名的裘德》的小说中,哈代会大量借鉴这些场景和联想,他现在正在认真对待手头的这些场景和联想。他似乎已经预见到,这将是他最后一部主要的小说,而这种与其祖先的过去富有想象力的深度接触,揭示了他努力作出个人叙述时所具备的审慎态度。

这种叙述的大方向,已经在《追求意中人》的每周连载部分中有所预示,连载于1892年10月1日至12月17日刊登在《伦敦新闻画报》
303 上,但直到1897年才以卷本形式出版,题名为《意中人》。这部小说有两个主要背景:一个是哈代从孩提时代就熟知的波特兰岛,一个与世隔绝的奇妙世界;另一个是伦敦社会人头攒动的会客厅。目前尚不清楚在波特兰情节的展示中,他多大程度上借鉴了个人记忆,但他似乎可以自由运用伦敦的各种场合和名人,这些场合和名人一定至少是那些最直接相关的人能够识别出来的。朴次茅斯夫人,其女儿格温多伦·沃洛普夫人,以及其侄女温妮弗雷德·伯格克莱尔夫人(娘家姓赫伯特),她们显然是香奈尔克里芙夫人和两位出席她虚构出来的"集会"的女士的"原型"。1891年1月,艾伦·特里出席了热恩夫人举办的一次晚宴,这为小说中描述艾里斯·斯皮德威尔夫人的一次晚宴提供了依据。哈代的朋友、画家阿尔弗雷德·帕森斯选择住在伦敦,喜欢让别人替他思考,在几个方面都与小说中的画家阿尔弗雷德·萨默斯相似。罗莎蒙德在尼可拉·派恩-雅芳太太的人物塑造中提供了一些素材,雅芳太太是一位有着文化抱负的漂亮女人,虽然她遭到了小说主人公的拒绝,但萨默斯娶了她。这种对现实的依赖性,可能暗示了哈代习惯于称之为"小说填充物"的东西的严重匮乏。[8]另一方面,它可能构成了对整部小说中自传体元素故意的承认,即使是间接的。

哈代曾在不同场合说这个故事是“一个往昔的、疯狂的浪漫幻想”，在连载之前很久就已经有了故事梗概，当时他仍然“相对而言是个年轻人”。1889 年初，他草草写下了“一张历经三代或更多代人的脸”的想法，后来他坚持认为这个“情节”是受到了一位雕塑家的叙述的启发，该雕塑家说他“经常坐着公共汽车或步行在伦敦转悠，为的是追寻美丽的耳朵、鼻子、下巴等”。[9] 哈代还对雪莱的“一种形状多种命名”颇感兴趣，此语出自其长诗《伊斯兰的反叛》，后来被哈代用作小说第一版的题词，这似乎是有意使人回想起《林地居民》，其中菲茨皮尔斯不仅以令人印象深刻的篇幅引用雪莱的话，而且为了愤世嫉俗地为自己的不忠辩护，他还援引了一个理想的意中人的概念，她能够以一系列人类思想或品质的化身来展现自己。在《追求意中人》中——与菲茨皮尔斯的名字相呼应的是其核心人物乔斯林·派尔斯顿（后来的皮尔斯顿），并将他在伦敦的住址设定为辛托克路——这方面与《林地居民》实际上是相反的。派尔斯顿对意中人的不懈追求，使他在六十岁时仍像在四十岁甚至二十岁时一样容易受到女性美的影响，这被描述为“具有悲剧性”，不管它在多大程度上可能带有“喜剧的一面”。[10]

如果说从八十年代中期开始，哈代就学会了从现实的或潜在的悲剧的角度去感知意中人的难以捉摸，那或许是因为他被迫在内心承认自己 304
受到了对一些女性的态度的影响，其中包括罗莎蒙德，以及其他在社交场合认识的，或者只是偶然瞥见的女性，如阿加莎·索尼克罗夫特、阿梅莉·里夫斯、拿着水仙花的妓女，以及 1890 年夏天在法国火车车厢里遇到的“克利奥帕特拉”①，她似乎是“一个温和多情的人，从其声音和厚厚的、湿润的嘴唇来判断的话”。[11] 哈代对这种艳遇的反应既强烈又持久，

① 克利奥帕特拉（Cleopatra，前 69–前 30），古埃及最后的女王，在位期间为前 51–前 49 和前 48–前 30，常被称为埃及艳后。

《我遇到的女人》和《思念菲娜》只是对溜走的机会的几次哀叹中的两次而已;成熟的时机稍纵即逝,他立即昂首进入一个他无法企及的领域,对这个领域,他的想象力总是最精通最熟悉的。“哦,那是真的吗?”《火车上的优柔寡断者》的叙述者喊道,“我竟在那里下车了!”那个“年近半百才成为一个青年”[12]的哈代现在已经年过半百了,他被迫认识到,他日益增长的年龄与他未减退的——或者也许是重新觉醒了的——性欲之间的反差越来越大。但和派尔斯顿的情况一样,在他年轻的时候是愉快的幻想出来的东西,或者最坏的情况下是短暂的青春期迷恋的东西,在他中年的时候则变成了反复痛苦的根源,一种持续不断上演的悲喜剧。对哈代来说,一种永久的、越来越累赘的,却不可忽视的家庭束缚使境况进一步恶化,讽刺意味进一步加强。

在这部小说的连载版本中,哈代允许自己以近乎直截了当的方式来处理这一主题。派尔斯顿和玛西娅·本科姆仓促结婚,并在几年时间内逐渐对彼此感到幻灭。她从一开始就认为自己的婚姻有点下嫁的意味;而他则觉得,“她除了可能继承一个石头商人那笔可观的遗产外,没有任何其他特殊机会,对于这样一个女人来说”,自己作为一个“以相当快的速度成名”的雕塑家,事实上并没有配不上她。尽管如此,他还是意识到,家庭恩怨将会棒打鸳鸯,在一两个月后让罗密欧和朱丽叶劳燕分飞,朱丽叶将“和她的家人住在一起,他将和他的家人住在一起”。叙述者对这对夫妇做出如下评论:“凭借着两三天的激情,他们结合在了一起,在这种错配的结合中,他们感受到了一种正式婚姻关系带来的全然厌烦,正如许多人所发现的那样。直到他们想分手时,这种正式关系的必要性才显现出来,因为一纸婚姻会将他们维系在一起,鉴于此,正式婚姻关系是一种残忍的必要。”[13]在连载的后期,在书籍版小说中将被显著修改的众多复杂情节的一个情节中,派尔斯顿向一个比他年轻得多的女人求婚,并和她结婚,她实际上是他四十年前为了追求玛西娅而抛弃的那个女人的孙女——事实上是那个女人的转世化身。然而,他很快就意识到,正如费劳孙在《无名的裘德》中所意识到的那样,她爱的是别人,从人性的角度来讲,对她放手是最好的交代,即使从合法性角度来讲不是,他宣称:“于我而言,健全的自然本能才是真正的法律,而非议会 305
通过的法案。”[14]

这种对婚姻的直接攻击给艾玛带来的痛苦,可能只是在连载的最后一部分中被加强了;在这一部分中,成功的雕塑家派尔斯顿有着一颗永不安分的心,但他的躯体却日渐衰老,他为此深受折磨,当他发现自己最终并将永久地和再次遇见的、如今已衰老干瘪的玛西娅结合在一起时,不禁发出了歇斯底里的笑声:“哦——不,不!我——我——这也太,太离奇可笑了吧——我的准浪漫史竟然是这般结局。”然后整个连载以惊呼“嗬——嗬——嗬!”结尾,但惊呼放在了引号的外面,因此大概是代表作者本人的惊叹。1892年的最后一天,丽贝卡的一个朋友写道,哈代的最后一个故事“悲惨地结束了。在我看来,这是一种作者经历过的令人失望的家庭生活,这种失望几乎是不加掩饰的”。[15]即使仅仅是熟人在用这样一种方式讨论《追求意中人》,那几乎也不可能不冒犯到艾玛本人。如果她意识到这个故事反映了其丈夫对自己婚姻的不满,那么故事的出版只会导致婚姻进一步恶化。就哈代而言,这可能是一种有意识的消除不愉快经历或记忆的行为,一种自我鞭笞的治疗过程,但这一行动后来被证明是非常无效的。

1892年10月上旬,哈代从牛津和法利回来之后,马上专程去伦敦参加丁尼生的葬礼。这一场合不可避免地会呈现出一种文人集会的特色——他和梅瑞狄斯、詹姆斯和其他人做了简短交谈,仪式结束后,高斯立即带着他离开,去和奥斯汀·多布森、西奥多·瓦茨-邓顿①以及

① 西奥多·瓦茨-邓顿(Theodore Watts-Dunton, 1832-1914),英国诗人、诗歌评论家。

威廉·沃森①共进午餐——但在其他方面，与他父亲去世后带给他的仍未散去的压抑情绪非常一致，或许有自我放任的成分在里面。他对艾玛说，他在威斯敏斯特教堂里占据了一个很好的位置，“在我们出去的路上经过坟墓时，我和其他人一起朝坟墓里看了看”。[16] 10月中旬，在写给前雇主亚瑟·布洛姆菲尔德（现为亚瑟爵士）的一封信中，哈代称他是为数不多的几个在“时间的蹂躏”下残留下来的“非常老的朋友”之一。另一则更忧郁的评论，是一首名诗的出发点，听上去透露着人必有一死的语气，既是从非常个人化的角度而言，又与当时正在进行的连载是贴合的：“吃早餐时伤到了牙齿。我揽镜自照。意识到我那世俗的圣所令人蒙羞的悲哀，意识到这样一个可悲的事实，即最优秀的父母也不能为我做得更好了……为什么一个人的思想会与他自己岌岌可危的身体产生如此亲密、可悲、耸人听闻、令人费解的关系！”[17]这里有个强烈
306 的暗示，即最近有一个年轻女人（可能是罗莎蒙德）拒绝了他，而且还有个奇怪的巧合——如果仅此而已的话——那就是，《追求意中人》的插画家画的派尔斯顿，外貌上竟然与哈代本人有着惊人的相似之处，插画以整页肖像的方式方便地印在了首期连载起始页的对页上。[18]

1892年底和1893年初，哈代忙于撰写他最精彩的短篇小说之一《拉里尔舞曲的小提琴手》，小说于1893年1月13日寄出，并在《斯克里布纳杂志》的芝加哥世界博览会特刊上发表。[19]和《斯克里布纳杂志》的协商是由A.P.瓦特执行的，他是文学代理人这一新职业的先驱，在九十年代早期，哈代与另一个这样的代理人威廉·莫里斯·科尔斯②有

① 威廉·沃森（William Watson, 1858-1935），英国诗人。

② 威廉·莫里斯·科尔斯（William Morris Colles, 1855-1926），英国文学代理人。

过一些交易,科尔斯创办的作家辛迪加①与作家协会有着密切的联系。尽管哈代发现自己对科尔斯的小说和故事约稿通常会予以否定,但他确实通过作家辛迪加出售了一些版权,尤其是发表在新创办的《蓓尔美街杂志》上的《一个富有想象力的女人》;1893 年夏,当他在和麦克米伦出版社打交道遇到困难时,他同时寻求了作家辛迪加和作家协会的建议,就像之前在把版权转让给奥斯古德-麦基尔文公司遇到困难时他向桑普森·洛寻求建议一样。[20]然而,哈代和代理人保持着一定的距离,并将作品的控制权牢牢掌握在自己手中。

1893 年春,他通过科尔斯,要求作家辛迪加准备一部独幕剧《三旅人》的打印本,这部剧是他刚刚从短篇小说《三怪客》改编而成的。[21]《远离尘嚣》和《乡绅》之间的争议使哈代之前的戏剧经历变得很不愉快,在 1893 年之前的几年里,对于当代舞台及舞台对精心设计的布景和服装的过分强调,他不止一次公开和私下表达了强烈的厌恶。1889 年 11 月,在《喜剧周刊》上刊登的一封信中,他甚至提倡一种竞技场舞台的形式:“届时观众们会坐在演员周围,就像老早以前那样看戏,但现在却因为舞台装饰太多而影响看戏。”尽管与乔治·亚历山大②、亨利·欧文以及其他人有过接洽,但格雷恩和贾维斯没能把《林地居民》搬上舞台,这只是增加了哈代对演员-经理制度的怀疑,以及对该制度保守地坚持戏剧场面和当时的道德假设的怀疑。正是因为对这种保守主义的很现实的预感,1893 年,他放弃了《马兜铃》一剧的剧本,这是一部两幕“悲
剧”,就像和其相关的一首诗《星期天早晨的悲剧》一样,是一则关于堕 307
胎未遂的故事。[22]

---

① 作家辛迪加(Authors' Syndicate),成立于 1890 年。

② 乔治·亚历山大爵士(Sir George Alexander, 1858-1918),英国舞台演员、戏剧制片人和剧院经理。

尽管如此,哈代仍然很容易受到舞台魅力的影响。从他最早来伦敦时起,他就经常去剧院,热衷于看戏。他还观看了各种类型的表演,他对道格拉斯说,洛蒂·柯林斯①在盖伊提剧院演唱的歌曲《嗒啦啦隆隆嘚哎》②是"非比寻常的演出,并不像人们说的那样愚蠢"[23],此外,他很早就充满热情地意识到易卜生的戏剧登上了英国舞台。他和欧文、艾伦·特里、乔治·亚历山大、艾达·雷汉以及其他当时的主要演员建立了友好关系,这主要归功于热恩夫人。他也并非没有意识到剧院潜在的经济回报。把已经写好的材料改编成戏剧的想法似乎颇有吸引力,也行得通,1893 年 4 月,哈代毫不迟疑地同意了巴里的建议,即把《三怪客》改编成一部戏剧,加入独幕剧演出计划,由珍妮特·阿丘奇③和其丈夫查尔斯·查林顿④联袂演出。哈代回信说,这个想法早就出现在他的脑海中了,他甚至已经着手此事:"我不知道我的故事梗概最后怎样了。不过,这项工作并不难,我愿意再尝试一次。"[24]他言而有信,不仅及时完成了剧本,而且还提供了牧羊人小屋的素描画,插入了一些古老舞蹈的曲调和身段,并表示必要时他愿意提供舞蹈的全部细节。6 月 3 日首演后的次日早晨,热恩夫人写信责骂他说:"你像之前一样逃掉了,空留我们在那里,因为大家都很渴望见到你,他们都在呼唤你的名字。"但整个演出观众反响冷淡,演到周末便结束了。[25]

直到那年春季,哈代夫妇才第一次在伦敦度假时租下了一整栋房子,并从麦克斯门带上了自己的用人。这栋汉密尔顿排房 70 号的房子位于梅达谷,距他们近十九年前举行婚礼的埃尔金大道上的教堂不远。

① 洛蒂·柯林斯(Lottie Collins,1865-1910),英国女演员和音乐厅歌手。

② 《嗒啦啦隆隆嘚哎》("Ta-ra-ra-boom de-ay")是英国杂耍和音乐厅歌曲,歌词大意为:嗒啦啦隆隆嘚哎 / 今天不用上学去 / 我们的老师归了西 / 我们把她扔进海湾里 / 她的尸体吓跑了鱼 / 她永远不会再出来 / 味道闻起来像酸菜 / 嗒啦啦隆隆嘚哎。

③ 珍妮特·阿丘奇(Janet Achurch,1864-1916),英国舞台剧演员兼演员经理。

④ 查尔斯·查林顿(Charles Charrington,1854-1926),英国舞台剧演员。

《德伯家的苔丝》的成功不仅表现在伦敦这种更富足的生活方式上,而且表现在他们社交活动范围的扩大上。通过与名人、富人和出身名门望族的人的无数次相遇,现在自己也是名人的哈代正在以较之以往更大的信心涉足这些高贵的圈子。一次晚餐,他坐在约克公爵(后来的乔治五世国王)的准新娘泰克公主梅的对面,在他的笔记本上记录了——或许是故意表现出来的不献殷勤——她“长得不算难看,一个男人可能会娶一个更难看的女人”。[26]在一次不那么高贵的背景下的作家俱乐部聚会中,他被伊斯雷尔·赞格威尔①认了出来,赞格威尔最近因其小说《贫民区的孩子》一举成名;他发现哈代“老气”,但热情而和蔼,是“一个 308
亲切、淳朴的老人”。几天后,赞格威尔参加了哈代夫妇在汉密尔顿排房70号举行的“家庭招待会”。艾玛“和蔼亲切、漂亮、有点残疾”,喋喋不休地说着完全无关紧要的事情,而哈代本人则愤怒地谈到由连载惯例造成的耽搁和种种限制。对于据说是亨利·詹姆斯在私下谈话中对自己作品的评论,他表示了不满,并对詹姆斯最近出版的短篇小说《真品》表示出了报复性的厌恶,他说,这是“如此徒劳”,人们根本不相信那两位贵族。[27]

1893年5月18日,哈代夫妇出发前往爱尔兰,在兰杜德诺②停留了一夜,兰杜德诺是那首给人不祥预感的诗《相同与不同》的背景。[28]次日,他们前往都柏林,在那里,他们成为爱尔兰总督霍顿勋爵(后来成了克鲁侯爵)的座上宾。在第一任霍顿勋爵、作家兼改革家理查德·蒙克顿·米尔恩斯1885年去世前的几年时间里,哈代一直与他保持着友好关系,并且已经认识他的儿子——现任霍顿勋爵有一段时间了。然而,

① 伊斯雷尔·赞格威尔(Israel Zangwill, 1864-1926),英国犹太作家、政治活动家。

② 兰杜德诺(Llandudno),威尔士的一个临海城镇。

哈代似乎还没有遇到霍顿勋爵的姐姐弗洛伦斯·亨尼卡①，直到她在总督府欢迎他和艾玛时才和她见上面。彼时亨尼卡夫人②三十七八岁，著有三部还算成功的小说，自1882年以来，她是亚瑟·亨利·亨尼卡少校的妻子，亨尼卡是一名职业军人，是第四任亨尼卡勋爵的小儿子。她父亲的文学和政治声誉、弟弟的政治生涯，以及丈夫的军事生活，给她带来了不同寻常的经历和人脉关系，按照绝对权利，她涉足了那些上层阶级的圈子，而哈代之所以被那些圈子接纳，仅仅是因为他那来之不易的名望。贾斯汀·麦卡锡③认为，她确实是一个沉着、聪明、有教养的女人，很有资格成为著名的"沙龙主持天才"。[29]但她却从来没有获得过这样的地位，部分原因是她不确定的健康状况，还有部分原因是她言辞尖刻，更主要的原因是她全身心地投入到了其做军人的丈夫身上，以及她后来所过的流动性的生活上面。虽然算不上是一个标致的美人，但她清秀、自信、衣着优雅，与艾玛形成了鲜明对比，据说艾玛在都柏林时穿着棉布衣服，戴着蓝丝带，甚是滑稽可笑，与其五十二岁的年龄极不相称。[30]

亨尼卡夫人即刻对哈代产生了强大的吸引力。他在二人初次见面后的笔记中写道："显然是一个迷人的、**有直觉力的**女人。"[31]"**有直觉力的**"(intuitive)一词暗示了亨尼卡夫人身上的一些品质，而这些品质很
309 快就会在描述苏性格中的某些方面时有所借鉴，同时也揭示了哈代对亨尼卡夫人的早期态度中一厢情愿的强烈因素，还有对她在性和智力方面的积极反应以及心有灵犀的假设，但似乎这些情况根本没有存在过。一段时间以来，他一直在寻找一个可以让其坠入爱河的人，事实上，他"选

---

① 弗洛伦斯·亨尼卡(Florence Henniker,1855-1923)，英国小说家、记者和剧作家。

② 之前的译者注曾解释夫人(Lady)一词在英国用在女贵族成员或爵士妻子名前，但是亨尼卡夫人并不符合这一条件，因此其英文称呼是 Mrs. Henniker，之所以将其译为亨尼卡夫人，一方面是和既有常用翻译保持一致，另一方面也可以从侧面体现她在哈代生活中的重要性。其他 Mrs. 基本都译为了某某太太，除了哈代的两任妻子。

③ 贾斯汀·麦卡锡(Justin McCarthy, 1830-1912)，爱尔兰政治家、历史学家、小说家。

择”了亨尼卡夫人，而她却几乎没有予以他任何鼓励，也几乎没有初步意识到发生了什么。作为一个有着文化抱负和成就的女人，她与社会各界人士自由而从容地交往；作为一个经常不着家、不关心文化艺术的军人的妻子，她没有孩子，年近不惑，风韵犹存；作为（绝不是最不重要的一点）积极改革家蒙克顿·米尔恩斯的女儿——在所有这些方面，亨尼卡夫人一定看起来像是哈代长期以来一直在寻找的思想解放的女人，一个他个人想象中的意中人的理想化身。

5月的最后两个星期，哈代夫妇还在爱尔兰，他们参观了都柏林的景点，参与了在总督府和哈代相当讽刺地称之为“小庭院”的地点举办的种种活动和仪式。活动包括：24日，女王寿辰当天，他和艾玛乘坐游行队伍中的一辆四轮马车穿城而过；参观凤凰公园谋杀案现场；与他的老相识——时任爱尔兰首席秘书的约翰·莫利谈话；还有各种社交场合，包括一次晚宴，亨尼卡夫人还弹奏了齐特琴助兴。还有一则笔记：在都柏林的最后一天早晨，他们去参观了吉尼斯啤酒厂，在参观过程中，有啤酒或脏水溅到了女士们的衣服上。这显然是个微不足道的记录，或许是哈代想要纪念自己与亨尼卡夫人之间真实的或想象中的亲密关系中的某个时刻，这个时刻未说出口，但也难以说出口。[32]当天（25日）晚些时候，哈代夫妇开始了基拉尼湖的短暂之旅；28日，途经都柏林回到金斯屯（敦劳费尔）①；29日，从那里返回伦敦。在驶往霍利海德②的船上，与他们会合的还有亨尼卡夫人、伦敦塔的看守人米尔曼将军及其女儿莉娜③，一位在语言学和文学方面皆有造诣的年轻女子，在接下来的几个月，哈代与她有一番略带调情意味的通信，即使内容有些东拉

① 金斯屯（敦劳费尔；Kingstown〔Dun Laoghaire〕），爱尔兰港口城市，距都柏林仅十三公里。

② 霍利海德（Holyhead），英国威尔士霍利岛上的一座城市。

③ 莉娜·米尔曼（Lena Milman，1862–1914），英国女作家。

西扯。[33]

回到汉密尔顿排房，哈代夫妇恢复了活跃的社交生活。哈代结识了珀尔·克雷吉①，一个颇有能力的漂亮女人，她以“约翰·奥利弗·霍布斯”为笔名创作，还有高斯的朋友——荷兰小说家“马腾·马腾斯”②，其真名是J.范·德·波尔滕·施瓦茨。哈代在米尔曼将军的引导下参观了伦敦塔，并陪同艾玛、莉娜、马腾斯和巴里观看了后者成功的戏剧《伦
310 敦漫步者》的表演。同一周，亨尼卡夫人也在伦敦短暂逗留，哈代和她，还有她的姐夫杰拉尔德爵士和姐姐菲茨杰拉德夫人一起去看易卜生的戏剧《建筑大师》；几天前，他们已经看过《海达·加布勒》和《罗斯蒙肖龙》。在剧院里，哈代找到了一个可以和亨尼卡夫人私下交谈的机会，甚至可以向她发表一番爱情宣言，显然得到的回应是冷淡的；6月17日，他给她写信，说他正在试图“用任何可能的方法来纠正我所提到的一厢情愿，我如今仍然敏锐地意识到这一点”，并以尴尬的礼节性的话补充道：“我真诚地希望把你列为我一生中最值得珍视的朋友之一。”[34]

哈代早期写给亨尼卡夫人的信，赤裸裸地利用了他们之间可能建立的任何联系，或像文学那样是实质性的，或像建筑史那样牵强。他寄给她一本关于建筑史的手册，建议她熟悉其中某些部分，并安排她在他的引导下参观威斯敏斯特教堂和附近的其他建筑。他说道：“在实体建筑里面予以口头讲授，这种方法当然比读书要快得多，也有效得多，你千万别以为这会给我带来什么麻烦。”此言目的昭然若揭。他建议在斯隆广场地铁站会面，离亨尼卡夫人和其姐姐暂住的卡多安花园不远；7月初，他们似乎又在那里见过一两次面，在亨尼卡夫人的另一次赴伦敦的短途旅行中，出发地是她和其丈夫在南海的房子，即他派驻朴次茅斯期间的

---

① 珀尔·克雷吉(Pearl Craigie, 1867-1906)，美国小说家、剧作家。

② 马腾·马腾斯(Maarten Maartens, 1858-1915)，用英语创作的荷兰小说家。

住处。[35]亨尼卡夫人这段时间写给哈代的信件没有留存下来——有些信被她本人销毁了，另一些或许是在她去世后被哈代销毁的——但从哈代写给她的尚存的信件中，可以清楚地看出她一直与哈代保持着一定距离，并拒绝与他进行浪漫性质的或潜在的性方面的交流："好吧，关于两个人在精神上结合在一起的故事，或许你是对的[他于6月20日写道]，就男人而言。"哈代勉强的语气表明，他在寻找比精神亲近更具体的东西，而后来的书信则提到他"拼命地"试图通过各种消遣和工作来驱散其强烈的感情，这样有所指的话出现的频率及其直接性，以及对"糟糕结果"的坦白，透露出哈代残存的希望，即坚持不懈终将得到回报，他的通信会使她态度缓和，使她心软——至少达到与他进行有共鸣的对话的地步。[36]

亨尼卡夫人也没有完全对这种含蓄的呼吁不理不睬。不管是出于什么样的动机，6月30日，她把自己翻译的一些法语和西班牙语诗歌寄给了哈代，而无论他将下面这些诗行解读成卖弄风情，还是残忍戏弄， 311
都是无可厚非的：

> 我俩在一起，——她的眼睛变得湿润，
> 但她的自尊心很强，不会潸然泪下；
> **我**也不会告诉她，我仍爱她爱得深沉，
> 一切的一切，都渴望原谅她！
>
> 那么，现在我们已经永远彼此离分，
> **她**想——"哦！多希望我那天泪水涟涟！"
> **我**徒劳地问我那颗孤寂的心——
> "啊！我究竟为什么要转过脸？"[37]

不久后,哈代开玩笑地威胁说要给其他相识的有魅力的女人上建筑课,她显然以一种令哈代心满意足的(即使是故作严肃的)醋意回应道:“我将虔诚地服从有关建筑课的命令。”7 月 16 日,哈代写信说:“你应该拥有建筑课的版权。我的承诺是不是很大方?”然而,同一封信的剩余部分写得则较为严肃,清楚地表明哈代已经意识到,亨尼卡夫人对道德总体的看法和对婚姻特别的看法,可能被证明是过于拘泥于传统的,不允许她逾越严格意义上的“柏拉图式的”关系。提及他俩都一直在读雪莱的《心之灵》,哈代写道:

> 当我读这首诗歌时,我感到甚是遗憾,因为我想到,一个在很大程度上有着雪莱传统的孩子,一个人们本指望她成为雪莱的流派和观点的热情信徒的人,竟然让自己软弱无力到去信仰老套的教会主义。你给我的印象是你不了解自己的观点。你感觉到某种情感表达的需要,但是这种表达有着传统的社会形式,在其围困之下,你已经机械地接受了它。这是那个为了当前的历史使命从剑桥奔赴牛津的人的女儿吗!我敢说除了圣母堂①的戒律清规,还有其他的情感阀门——我的圣母堂不亚于你的。

哈代提到了亨尼卡夫人的父亲早期对雪莱的拥护,这表明他对她的情感投资在多大程度上具有理论性质,而不完全出于本能。同样表明这一点的是,在同一封信中,他也含蓄地提到了他早先对罗莎蒙德的失望,以及他得出的结论,即他今后必须“只对获得解放的女人抱有幻想”。[38]

7 月上半月,哈代夫妇离开伦敦,返回多切斯特,但 19 日,哈代又独

---

① 圣母堂是基督教宗派(如天主教、东正教、圣公会等)以圣母马利亚命名的教堂建筑的统称。

自一人回到伦敦，再次与热恩一家住在一起，为了在南海与亨尼卡夫人 312
共度几个小时[39]，他走了一条迂回的路线。8 月 5 日，他在笔记本上记下了但丁·加布里埃尔·罗塞蒂①的《球形变化》中的一些诗行，摘自亨尼卡夫人刚刚赠送给他的《诗集》：

最最亲爱的，我们出生然后死亡
　每天都过着生不如死的生活，
有几个时辰我们仍然肩膀挨着肩膀
　我所在的时间和地点你也许会留下来陪我
　好好休息，无须走开，不必闪躲。
哦，最近的，最远的！最终是否能有一个
　来之不易的、用心赢得的家
在那里——流放变成了避难所——
　我们的份额也许的确会成为其总和的一部分，
　你也许会等待，但我是否会到临？[40]

在某些方面，这种情绪与哈代自己的诗歌《在酒馆里》惊人地相似，这首诗是根据他和亨尼卡夫人于 8 月 8 日一起去温切斯特②的一次游览写成的。他们在南安普顿③以北的一个铁路枢纽伊斯特利会面，亨尼卡夫人似乎立刻明确说明，也是一劳永逸地说明，事情不可能遂哈代的愿。正如诗歌《这个月的日历》所说："你让我晓得 / 有很好的理由 / 为什么你对我来说 / 可能什么都不是呢！"[41]到了温切斯特后，他们在乔治客

① 但丁·加布里埃尔·罗塞蒂（Dante Gabriel Rossetti, 1828–1882），英国维多利亚时代诗人、画家。

② 温切斯特（Winchester），英国汉普郡的首府。

③ 南安普顿（Southampton），汉普郡的港口城市。

栈吃午餐,在大教堂里参加了晚祷,走出镇外一小段路,来到了一个地点,那是在《德伯家的苔丝》的结尾处,安吉尔和丽莎-露从那里看着黑旗在监狱上空升起,这证实苔丝已被处决。[42]这是一次与哈代的悲伤心情很相称的朝圣之旅。正如《在酒馆里》这首诗所痛苦地暗示的那样,一次从表面上看完全是恋人幽会的会面——甚至到了这样的地步,即在乔治客栈,他和亨尼卡夫人被当成了夫妇,并被一起带进同一间卧室——事实上却被证明是大相径庭的:

> 我们俩独自在一起
> 　像是一对恋人;
> 但爱情之光却永远不会闪熠
> 　在我们之间!
> 而是那种使午后的风
> 　变得冰冷的光,
> 令窗玻璃上飞虫的幽鸣
> 　麻痹并消亡。[43]

在最后一节中,那种使午后的风变得冰冷的光被认为是"男人的法则",8 月 17 日的一封信——暗指他两周前写给她的一封轻率(现在已经消
313 失不见)的信——使事情变得清楚,即哈代对亨尼卡夫人那传统的思维方式近乎蔑视:"如果我再也不给你写像上次那样的信了,你一定要记住,那封信是在你表达你的观点——的确是'病态的'!相当**狭隘的——之前**写的,在我们在伊斯特利会面时的火车车厢里。"[44]

即便如此,亨尼卡夫人的观点并没有使哈代打退堂鼓。虽然《在死亡中分离》一诗在任何意义上都是一首葬礼诗,但它在肯定"把我们两个紧紧地绑在一起的永恒纽带"时,听起来有一种微弱的表示接受的调

子或至少是表示屈从的调子。在这段关系中,性因素的重要性可能已经下降,甚至对哈代来说,它可能从一开始就不占主导地位。正如诗歌《城中雷雨》所暗示的,也正如弗洛伦斯曾经证实的,哈代和亨尼卡夫人从未接过吻,尽管在事件发生三年后,在哈代向克洛德吐露真心话时,确实提到他们俩曾牵过手,地点是在温切斯特大教堂那高高的祭坛旁。[45] 我们一点也不清楚,对于他的求爱,哈代预设了什么结论,亨尼卡夫人的无动于衷有可能是使他获得解脱的一个根源,尽管这种解脱并未得到他的承认。但是这种经历,在其所有虚妄的兴奋和最终的失望中,无疑带来了个人的痛苦,也再次激发了他对那些婚姻的囚禁特征的敌意,这些特征已经在《追求意中人》中得到了残酷的描绘。对作为诗人的哈代来说,也有一种可以利用的残留物,这种残留物以强烈的感情记忆的方式存在,在情绪方面类似于他对路易莎、特丽菲娜和早期其他所有痛失的奖赏所表达的遗憾,超越这种情绪的只有他对艾玛去世的那充满悲痛和负罪感的反应,并因此创作出了"1912–1913 年组诗"。

在所有与亨尼卡夫人有关的诗歌中,最令人动容的或许是《爽约》的第二节,该节无疑最生动地表达了哈代对这段关系的长远看法:

　你并不爱我,
因为唯有爱才能让你忠于你的承诺;
——这我知晓,不论是现在还是过去。
但是,难道不值得花上一些时辰
在有实无名的人类神圣行为的宝库里
再做个补充:曾经你,一个女人
赶来抚慰一个饱受时间摧残的人;哪怕说
　你并不爱我?

该诗本身就是一个不同寻常的例子，它证明了哈代有能力将这种根本上单调乏味的材料转化成近乎古典优雅的诗句，例如，用“饱受时间摧残的”代替早期的“灵魂忧伤的”就是一次绝妙的充实化的修改[46]，但是
314 这一修改含蓄地控诉了亨尼卡夫人的冷酷和自私，她缺乏第一节所说的“仁爱”（这一直是哈代最根本的优点之一），她确实似乎有点缺乏个人热情，尽管她有魅力，也有对人道主义事业的热情支持。非常喜欢她的弗洛伦斯有一次谈道，道格拉斯爵士很欣赏亨尼卡夫人，“能这样做的人寥寥无几”。尽管哈代毫不犹豫地将此事写信告知了她，但她在摘读他的信给她的家人和朋友听时，无疑表现得毫不在意。1915 年，在向一位朋友称赞哈代时，她自诩清高地选择的形容词是“未被捧杀的”。[47]然而，她几乎不可能知道，而且大概永远也不会知道哈代对其感情的深沉和复杂的程度，以及在这么多年失望的光阴中，他将自己诸多的梦想和欲望不合理地寄托在她身上的程度。

1893 年 8 月下旬，哈代夫妇前往什罗普郡，在温洛克修道院与凯瑟琳·米尔恩斯-盖斯凯尔及其丈夫一起待了几天，在那里，哈代享受着迷人的凯瑟琳夫人的陪伴，她坦白自己曾经有过一次“行为不检的”调情，两人在此基础上谈论性政治，此外，哈代因与她讨论“自杀、悲观主义、生命是否值得活，以及类似的阴郁话题”而陷入忧郁之中。这些话题与他不久将要开始创作的新小说密切相关。他已于 6 月份访问了牛津，为的是品尝纪念活动的味道[48]，但是之前的承诺要求他 8 月底返回麦克斯门后在头几个星期致力于短篇小说的创作。

9 月 14 日，他把《一个富有想象力的女人》的手稿寄给了科尔斯，手稿讲述的是在一个出版诗人和一个有着自己文学抱负的“易受影响、内心悸动”的年轻已婚女人之间从未发生过的浪漫故事。诗人罗伯特·特鲁——在手稿中被称为克鲁，即亨尼卡夫人母亲的娘家姓——在外貌

上与哈代本人不同,但有两点和哈代明显相似,一是他对不公正批评的极端敏感("他无力反驳并阻止散布的谎言"),二是他是一个"悲观主义者,仅就那种既看到人类生活中最坏的意外事件又看到最好的意外事件的人而论"。[49]特鲁也是一首"关于'被切断的生命'的哀伤叙事诗"的作者,该诗听上去很像是和《在死亡中分离》——抑或《分离》,即同一组诗歌中的另外一首——相对应的诗歌。埃拉·马尔克米尔长得并不特别像亨尼卡夫人——除了她的眼睛闪烁着"极其明亮、清澈的光芒",据说这是具有丰富想象力的"灵魂"之人的特征——但她的姓氏的军事性①、她丈夫的"枪炮制造商"的职业,以及以索伦特海(即南海)为背景等因素,无疑在她们两者之间建立起了联系。[50]在某些限定的方面,这 315
个故事是对哈代最近的情感冒险的讽刺性改写,这一点似乎已经相当清楚了;另一方面,它与《意中人》的密切关系表明,在暗示它的基本特征已经在更早的时候被勾勒出来了这一点上,《生活和工作》或许是正确的。[51]

10 月,在纽伯里附近的乡间住宅里,和热恩一家人度过了愉快的几天之后,哈代将九篇之前出版的短篇小说集结成册,命名为《生活的小讽刺》,尚未出版的《一个富有想象力的女人》最终将被纳入其中。[52]22 日,他告诉亨尼卡夫人,这些短篇小说已经准备好寄给出版商,他宣称自己自由了,可以"转向'欲望'的创作",这一故事最终出版时题名为"真实的幽灵",他们二人已经开始联合创作该故事。[53]早在 7 月,文学合作的想法就被提出供讨论了,在哈代接受了亨尼卡夫人对他们之间的关系作出的限定后,该想法获得了动力。亨尼卡夫人更加始终如一地强调他们之间共同的文学兴趣,其主要驱动力是她急于转移哈代对其他形式的依恋的追求,但是她绝不会没有意识到他对自己事业的潜在用处。

---

① 马尔克米尔的英文名是 Marchmill,其中的 march 是行军、进军的意思。

她于9月送给他的银质墨水台本身足够实用了——哈代大胆地宣称“相当奇怪的是,我在使用墨水台方面情况很糟糕”[54]——但这也暗示了她认为的他的兴趣和活动可以发展的最佳方向。

该故事的两份打印稿和一套为其最初的杂志出版修订过的校样得以留存下来,这为其复杂的创作过程提供了丰富的证据,对那些材料的详细分析最近显示,亨尼卡夫人在合作中的作用要远远大于此前人们的猜想。[55]故事情节基本上是哈代设计的,这一点显而易见,从以下几点就可以看出来:以一对“穷汉”和“淑女”为核心人物,一个被认为已经死亡的丈夫不合时宜地回到家中,以及《追求意中人》中的其他特征,还有读者所熟悉的哈代笔下那些溺水身亡的情节,这似乎可以追溯到他在童年时听到的和他同名的人跌入弗洛姆河丧命的故事。然而,他与亨尼卡夫人讨论了故事情节,给了她两种选择,让她二者择其一[56],并接受了她在作出选择后准备的剧情梗概,仅做了一些小的改动。当时是她,而不是哈代,对故事梗概做了填充,完整地写出了这个故事。哈代不仅读了她的手稿,而且通篇做了修改,并完全重写了结局,然后把它寄给了蒂根小姐——她是一位职业打字员,这一职业已经成为出版业越来越熟悉的一个特
316 征——并指示她把手稿寄还给自己,但直接把完成的打印稿寄给亨尼卡夫人。他在同一天(10月28日)写给亨尼卡夫人的信表明,他敏锐地,几乎是内疚地意识到未经她同意就改变了故事的结局:

> 请你从头开始读好吗?(**不要**先扫一眼结尾!)为的是达到预期效果,判断是加强了还是削弱了。正如你所希望的那样,故事是非常悲惨的;这是改良版的结局二,我认为比我们之前想到的任何一种结局都要好。如果其中有什么你不喜欢,请坦率告诉我,我会继续改进。正如我上次所说的,所有的邪恶(倘若有的话)都将落在我不幸的头上,而所有温柔和得体的部分都将归于你。我不希望让你作出

什么承诺,我建议把我们两个人的具体分工作为我俩之间的秘密。我们可能会被朋友和其他人要求我们坦白所困扰,这很好笑。

哈代还要求亨尼卡夫人在她认为有必要的任何改动或补充上用铅笔做出标记,特别是关于女主人公的婚礼的早晨,在那个情节上,她也许能够提供"只有女人才知道"的细节。[57]尽管打印稿留存下来了,但许多模糊的铅笔标记或随后的擦除,使我们很难确定在哈代留下的墨迹修改中哪些实际上是由其合作者建议的。她无疑坚持要恢复几段描写蝴蝶、鸟迹和其他自然现象的段落,哈代在修改手稿时删掉了这些段落,不是"因为它们不够好",他小心翼翼地解释说,"而是因为故事的篇幅太短,不足以在不损害整体比例的情况下把它们加进来"。[58]

内容改变这么多,以至于稿子值得再重新打印一遍。最终寄给杰罗姆·K. 杰罗姆的《今日》杂志的是进一步修订的第二遍打印稿的复写本,随寄的还有哈代亲笔书写的一条明确的指令:"**致打字员**:严格按照副本插入所有**变音符号**、连字符和标点符号。托·哈。"[59]哈代通过代理人 A. P. 瓦特开展了出售《真实的幽灵》的谈判,主要是为了鼓励他今后积极地为亨尼卡夫人服务。然而,正如哈代于 12 月 1 日对他的合作者所承认的那样,瓦特给他们谈来了一个"非常公道"的价格[60],鉴于故事篇幅太短,而且,他可能还补充说,鉴于故事太过刻薄地探讨了社会地位和性方面的错配。哈代对婚姻之罪恶的耿耿于怀,自始至终都是强加于人的,其呈现方式只能使艾玛再一次感受到深深的冒犯,而两年后,亨尼卡夫人在其故事集《猩红色与灰色》中收录这篇故事时,她自己的呈现方式也有所缓和了。

注释

[1] 关于欧文姐妹,见韦伯,《哈代和来自麦迪逊广场的女士》。

[2]《多塞特郡纪事报》,1892 年 9 月 18 日;韦伯,《哈代和来自麦迪逊广场的女士》,页 67。

[3]《卡斯特桥市长》,页 vii;珀迪,页 53-54;韦伯,《哈代和来自麦迪逊广场的女士》,页 64-66,页 86。

[4]《生活和工作》,页 264;《生活和工作》,页 13-14;《生活和工作》,页 14,以及"《生活和工作》的注释"(多博);《生活和工作》,页 264。

[5]《生活和工作》,页 264。

[6] 珀迪,页 281。

[7] 哈代藏书中的奥尔登所著的《牛津指南》(大英)中的注解;《生活和工作》,页 264。

[8]《生活和工作》,页 244、226,另见《职业》,页 300-302;《生活和工作》,页 238。

[9]《哈代书信》,第二卷,页 157;《公众声音》,页 143;《生活和工作》,页 226;《哈代书信》,第二卷,页 169。

[10]《伦敦新闻画报》,1892 年 11 月 19 日,页 643,参《追求意中人和意中人》,P. 英厄姆编辑(伦敦,1997),页 117。

[11]《生活和工作》,页 240。

[12]《哈代诗歌》,第二卷,页 329;《生活和工作》,页 37。

[13]《伦敦新闻画报》,1892 年 10 月 15 日,页 481,参《追求意中人和意中人》, 页 36、39。

[14]《伦敦新闻画报》,1892 年 12 月 17 日,页 774,参《追求意中人和意中人》,页 159。

[15]《伦敦新闻画报》,1892 年 12 月 17 日,页 775,参《追求意中人和意中人》,页 168;韦伯,《哈代和来自麦迪逊广场的女士》,页 78。

[16]《生活和工作》,页 265;《哈代书信》,第一卷,页 287。

[17]《哈代书信》,第一卷,页 286;《生活和工作》,页 265。

[18] 肖像,《伦敦新闻画报》,1892 年 10 月 1 日,页 424,参《伦敦新闻

画报》,1892 年 12 月 17 日,页 773。

［19］《生活和工作》,页 267。

［20］《哈代书信》,第二卷,页 5–6,页 13;W. M. 科尔斯致哈代的信,1893 年 6 月 26 日(副本,伯格)。

［21］W. M. 科尔斯致哈代的信,1893 年 5 月 5 日。(副本,伯格)

［22］《公众声音》,页 94;C. W. 贾维斯致哈代的信,1891 年 4 月 1 日(多博);《生活和工作》,页 231;剧本手稿(多博),以及《公众声音》,页 303。

［23］《哈代书信》,第七卷,页 121–122;参《生活和工作》,页 259。

［24］《哈代书信》,第二卷,页 7。

［25］《哈代书信》,第二卷,页 9;热恩夫人致哈代的信,1893 年 6 月 4 日(多博);珀迪,页 79。

［26］《生活和工作》,页 269。

［27］B. 怀恩豪斯,《哈代:一些未出版的材料》,载《笔记和问询》,1977 年 10 月,页 433–434。

［28］《哈代诗歌》,第三卷,页 108。

［29］《生活和工作》,页 270;关于亨尼卡夫人,见珀迪,页 342–348,以及《一个罕见的美丽女人》,E. 哈代和 F. B. 皮尼恩编辑(伦敦,1972),页 xiii–xl;J. 麦卡锡,《回忆录》(纽约,1899),第二卷,页 61。

［30］I. 库珀·威利斯,袖珍笔记本,援引自弗洛伦斯。(多博)

［31］《生活和工作》,页 270。

［32］《生活和工作》,页 270–271。

［33］《生活和工作》,页 271–272;参《哈代书信》,第二卷,页 24–25,页 28,页 41–42。

［34］《生活和工作》,页 272;《哈代书信》,第二卷,页 14,信件的日期错误地写为 6 月 10 日。

［35］《哈代书信》,第二卷,页 11,页 16–17。

［36］《哈代书信》,第二卷,页 17;《哈代书信》,第二卷,页 20。

[37] F. 亨尼卡,“译自 G. 贝克尔的西班牙语诗歌”,手稿插入了哈代的“文学笔记(二)”笔记本(多博)中,参《文学笔记》,第二卷,页 57,页 58–60,另见 K. 威尔逊,《哈代和弗洛伦斯·亨尼卡:哈代的〈倘若你曾落泪〉可能的起源》,载《哈代年鉴》,第六期(1977),页 62–66。

[38]《哈代书信》,第二卷,页 23–24。

[39] 同上,页 25。

[40]“文学笔记(二)”笔记本(多博),参《文学笔记》,第二卷,页 60;图书,伯特伦·罗塔图书销售公司目录 58,第 416 条。

[41]《哈代诗歌》,第三卷,页 28。

[42] 祈祷书注解,《诗篇》41(多博);韦伯,《哈代和来自麦迪逊广场的女士》,页 85。

[43] 信息源自亨利·里德,援引自弗洛伦斯;《哈代诗歌》,第一卷,页 89,另参《分离》,《哈代诗歌》,第一卷,页 270。

[44]《哈代书信》,第二卷,页 28。

[45]《哈代诗歌》,第二卷,页 28;《哈代诗歌》,第二卷,页 18;珀迪与弗洛伦斯谈话,1931 年;E. 克洛德,日记,1896 年 7 月 18 日(艾伦·克洛德)。

[46]《哈代诗歌》,第一卷,页 172;《今夕诗集》,手稿,对开本页 79(伯德雷恩图书馆),参脚注,《哈代诗歌》,第一卷,页 172。

[47] 珀迪与弗洛伦斯谈话,1933 年;《哈代书信》,第二卷,页 32;F. 亨尼卡致 S. M. 埃利斯的信,“星期三”[1913 年 4 月?](M. 米尔盖特)。

[48]《生活和工作》,页 274–275;《生活和工作》,页 274;《生活和工作》,页 272–273。

[49]《哈代书信》,第二卷,页 32;《一个富有想象力的女人》,载《蓓尔美街杂志》,第二卷(1894 年 4 月),页 952、964、955,参《生活的小讽刺》,页 4、24、8;手稿(阿伯丁大学)。

[50]《蓓尔美街杂志》,第二卷,1894 年 4 月,页 959、953、952、966,参《生活的小讽刺》,页 14、5、4、3。

［51］《生活和工作》，页276；另一个建议，见J.里斯，《但丁·加布里埃尔·罗塞蒂的诗歌：自我表达方式》（剑桥，1981），页197–198。

［52］《生活和工作》，页276；《哈代书信》，第二卷，页38；珀迪，页60、85。

［53］《哈代书信》，第二卷，页38。

［54］同上，页30。

［55］帕梅拉·达尔齐尔关于《真实的幽灵》的研究早于其他所有相关研究，包括珀迪的研究；见她的《作为合作者的哈代：〈真实的幽灵〉的创作》，载《美国书目学会出版物》，第八十三卷（1989），页473–501，以及她编辑的《被排除在全集之外的短篇小说和与他人合作的短篇小说》，页260–298。

［56］《哈代书信》，第二卷，页38。

［57］同上，页39–40。

［58］同上，页40。

［59］打印稿，对开本页24（亚当斯）；碳带打印稿，对开本页1（亚当斯）。

［60］《哈代书信》，第二卷，页41、43。

第十八章　创作《无名的裘德》

317 尽管哈代在 1893 年秋季甚是繁忙,但他还是抽出时间为其做建筑师的弟弟提供了一些建筑方面的帮助。每当亨利有需求时,哈代总是有求必应,向他提供自己的专业知识和技能。就在一两年前,他还为塔尔博塞斯提供了设计和施工图,塔尔博塞斯是哈代家族公司建造的一栋大房子,位于麦克斯门以东约两英里处,在他们的父亲称之为塔尔博茨的那块土地上。有可能是亨利要结婚了,并将和他的新娘入住新居。抑或是家人们可能已经为他们正在步入耄耋之年的、刚刚丧夫的母亲规划了更加舒适的住所。到头来,不管是出于什么原因,亨利的婚姻计划落空了,也许是杰米玛拒绝离开上博克汉普屯,所以塔尔博塞斯一直都是被租出去的,直到 1911 年亨利最终与他的姐姐玛丽和妹妹凯特住了进去。[1] 1893 年至 1894 年间,哈代和其弟弟共同承担了一项任务,即对圣彼得教区的弗洛姆山谷小教堂进行大规模翻修,这座教堂位于西奈屯,靠近哈代家的建筑场地,甚是便利。在西奈屯,亨利是承包商,哈代是建筑师和监理,他们一起翻新了圣坛的顶部,重建了走廊,修复了一个旧拱门,并改造了一些窗户。整体的修复工作是谨慎而无害的,尽管哈代对新窗户的设计(本质上是模仿)几乎不能说是符合古建筑保护协会的信条,原则上他是该协会的拥趸。[2]

无论是否是出于偶然，哈代参与西奈屯工程的时间与创作小说《无
名的裘德》的时间重叠，小说的主人公是一个石匠，并深深扎根于哈代
自己的生活和背景。1893 年 11 月，根据西奈屯的经历，他创作了一首 318
题为“年轻的玻璃染色工”的诗歌，该诗略微暗示了一些由此产生的
联系：

染这些哥特式的窗户，让我甚是疲惫
它们有尖头和叶形饰，没有一处是方形或直线，
颜色均是天然的，边框的颜色是铅灰，
彼得①画在这里，马太②画在那边！

这是怎样的一份职业啊！我现在所画
是不规则的，我喜欢采用希腊的范式；
我画马大③，幻想的额头属于赫拉④。
我画马利亚⑤，想象着阿芙罗狄蒂⑥的样子。[3]

哈代的西奈屯经历，与他专程前往牛津和他祖母曾居住过的大法利村的旅程的目的是一致的，一是获得对不再熟悉的现实的“感觉”，他将把这

① 彼得（Peter），即西蒙彼得，又译西门彼得，圣经人物，耶稣十二使徒之一，被倒钉十字架而死。

② 马太（Matthew），圣经人物，耶稣十二使徒之一，耶稣受难后他传道并殉难。

③ 马大（Martha of Bethany），圣经人物，拉撒路和马利亚的姐姐，耶稣使拉撒路复活的见证人。

④ 赫拉（Hera），希腊神话人物，万神之父宙斯的姐姐和第七位妻子，婚姻与生育女神，奥林匹斯十二主神之一。

⑤ 马利亚（Mary），圣经人物，耶稣生母，被称为圣母马利亚。

⑥ 阿芙罗狄蒂（Aphrodite），希腊神话人物，爱情与美丽的女神，也是性欲女神和航海庇护神，奥林匹斯十二主神之一。

些现实转换成虚构的小说;二是使感知和记忆体验到任何超自然的存在,这些存在可能仍然萦绕在与过去的事件和消逝的人物相关的地方。再一次拿起铅笔和量具,使自己重新熟悉工作中的工匠的所见所闻、所用材料的气味和质地,以及锤子砸在石头上的声音,他就能够更容易地使自己的思绪回到新小说所处的时代和背景中去。

尽管《无名的裘德》的情感动力在很大程度上源于哈代的亲身经历,但它的叙事素材却有诸多来源,其中包括:其祖母早年在伯克郡的经历,安特尔和穆尔的生活及性格特点,以及他最近与亨尼卡夫人的关系带来的苦与乐。正是 1888 年 4 月在伦敦时,在英国下议院就中学教育和“从小学到大学的进阶”展开辩论之际,哈代似乎首先想到的是写一篇短篇小说,讲述一个年轻人无法上牛津大学以及他随后的奋斗、失败和自杀。根据《无名的裘德》第一版的前言,这部小说的创作计划是“于 1890 年根据 1887 年及以后的笔记草草写成的,其中一些情形是之前的一年一个女人之死而使哈代联想到的”。[4] 由于哈代的表妹特丽菲娜卒于 1890 年,人们普遍想当然地认为她是哈代意指的那个女人。但是哈代经常用“之前的”来表示“更早期的”[5],如果这么解读这一段落可能更有道理。

特丽菲娜的性格和生活与苏没有太多相似之处,除了她的大学和教学经历之外,但是在这一方面,哈代有其他可用的先例;如果那件哈代认
319 为如此令人不安的死亡事件的确发生于 1890 年,很有可能指的是当年 12 月 23 日二十四岁的玛丽·惠勒被处死一事,她也被称为皮尔西太太,三周前被判谋杀弗兰克·霍格的妻儿的罪名成立,她认识这个男人已经好几年了。这起凶杀案手段相当残忍,引起了公众的极大兴趣,而哈代碰巧在判决当天抵达伦敦,在写给艾玛的一封信中,他提到伦敦满城的人都在各大报纸上读关于这起案件的报道。《泰晤士报》的一位主笔对这起案件发表了特别评论,说它的一个显著特点是玛丽·惠勒对

弗兰克·霍格的感情似乎不带有特别的性特征，强调的是“友谊”，即维持一种亲密的同志关系，就像苏与那个基督寺大学本科生的关系，以及后来与裘德本人的关系。[6]鉴于指控玛丽·惠勒的证据纯粹是按情况推测的，鉴于她的年轻和显而易见的智慧，以及她自己的死亡的暴力性，她的故事可能已经对哈代产生影响，从而成为《无名的裘德》想象中的情感背景的一个组成部分，并成为叙事本身的一个潜移默化的存在。

虽然哈代的姨妈玛丽，即他母亲的妹妹、鞋匠安特尔的遗孀，也被认为卒于1890年，但事实上直到1891年11月她才去世，因此她的死亡几乎不可能是《无名的裘德》序言中所提及的死亡。[7]但是玛丽的死亡以及哈代似乎曾参加她的葬礼这一事实，一定会让他回忆起六十年代末屡次做客帕德尔屯的情景，吸引他去那里的原因有两个，一是他那迷人的年轻表妹特丽菲娜也会出现在那里，二是能见到他那阴郁但吸引人的姨父安特尔。一则未注明日期的笔记写道：“诗歌。《没有朋友的男人》——自传体。作者老约翰·安特尔。参见史文朋的《两位领袖》。”[8]这则笔记神秘地暗示着哈代对安特尔的性格和命运的持续迷恋，他认为他那有天赋的姨父被迫酗酒和诉诸暴力，感到孤立和自我嫌恶，并最终早早离世①，原因是他被剥夺了本可以培养其非凡才能的受教育机会和社交机会。哈代一定也注意到了死于消耗性疾病（大概是癌症，或者其死亡证明所称的“腰部脓肿”）的安特尔的愤怒，这种愤怒使他在那张引人注目的照片里摆出了这样的姿势：他站在一个标语牌旁边，直不起腰，消瘦憔悴，标语牌上写着谴责性的话“这下你满意了吧？”，显然是写给上帝或命运之神，甚至是众神之王的。威廉·哈瑟雷

① 约翰·安特尔生于1816年，卒于1878年，享年六十二岁，已过花甲之年，也不算太早去世，当然比起其夫人玛丽于七十六岁去世早了十多年。

尔①为《无名的裘德》的最后一部分连载绘制的《裘德在里程碑旁》的插
320 图,尽管显然不是根据安特尔的照片所画,却不同寻常地能使人回想起那张照片。哈代对哈瑟雷尔绘制的插图表示赞赏,称之为“本身就是一出悲剧”。[9]

《无名的裘德》第一版的序言提到:该小说最终版本的创作时间是“从1893年8月开始到次年”。但事实上,事务繁忙的1893年下半年阻止了哈代取得太多初步进展。10月22日,他写信问亨尼卡夫人:“当我着手写这部长篇小说时,我应该给我的女主人公起个什么样的名字呢?我不太清楚具体会从什么时候开始,不过一定是在今年冬天。”[10]11月中旬,当他通过科尔斯与《素描》,通过克莱门特·肖特②与《伦敦新闻画报》试探性地协商时,他对后者说,故事仍处于混乱状态,因此他无法估计故事的最终长度。12月1日,他再次写信给亨尼卡夫人,承认自己现在不情愿认真创作其手稿,但补充说:“不过,这部小说是我两三年前就计划要写的,所以我想我会继续写下去的,而且很可能即将开始预热工作。”[11]也是在12月,他与哈珀兄弟公司就所有连载权的销售达成协议,这一安排使他不必为美国版的单独印刷提供副本,并使他能够通过他的英国出版商,即哈珀兄弟公司和欧洲版《哈珀新月刊杂志》的英国代理商奥斯古德-麦基尔文公司来运作此事。[12]

手稿创作的集中紧张工作现在开始了,12月23日,他从麦克斯门给莉娜·米尔曼写信说:“我将自己活埋在这里,希望能写点东西。”到1894年1月中旬,他可以告知亨尼卡夫人,他“正在长篇小说的大路上缓步前进”,而且随着他那至今仍“朦胧”的女主人公开始具有“外形与真实感”[13],他对她越来越感兴趣了。虽然这样的进展令人鼓舞,但也

---

① 威廉·哈瑟雷尔(William Hatherell, 1855-1928),英国杂志插画家。

② 克莱门特·金·肖特(Clement King Shorter, 1857-1926),英国记者、文学评论家。

伴随着一些问题。哈代一如既往地向其出版商保证，即将出版的这部小说不会冒犯到哪怕“最挑剔的少女”，但到了 4 月上旬，他觉得应该义不容辞地告知其出版商，这部小说正在将他带入如此“意想不到的领域”，以至于他不敢预测“其未来的走势”。他主动提议——“立即、大度地”，正如 J. 亨利·哈珀后来所承认的那样——或者撤销他与哈珀兄弟公司签订的协议，或者允许他们在连载中作出任何他们认为有必要的改动。哈珀曾“承诺”出版的东西“不含有任何在家庭中不能大声朗读的内容”，于是选择了第二种方式；哈代同意做部分改写。因此 1894 年 12 月至 1895 年 11 月期间实际出版的连载本大打折扣，某些方面被荒唐地做了淡化处理。像杀猪和艾拉白拉勾引裘德这样的情节则被完全修改或删除了；裘德和苏被迫成为“近邻”，而非同居关系；被小时光老人杀害 321
的一个孩子（而非两个）只是苏收养的。[14] 在这种情况下，哈代早就学会了妥协的美德。就在最近的 1894 年 1 月，他还曾向《蓓尔美街杂志》编辑保证，他愿意删除《一个富有想象力的女人》的文本中冒犯读者的段落，并补充说：“在这些问题上，我总是让编辑**全权负责**：因为我总是会在我的小说以书籍形式出版时使用原稿。”[15] 从文本角度而言，只有在哈代允许《无名的裘德》的一些删减保留到第一版书稿的情况下，《无名的裘德》的连载才具有重要意义。但这是他职业生涯中的一段痛苦经历，事实上，也是他个人历史中的一段痛苦经历，长期以来他对小说作家这一职业心存不满，而这种不满至今仍在累加，这其中也含有苦涩的成分。

当这部连载第一部分出版时，小说标题为“傻瓜们”，但有人指出，一部名为《一个傻瓜》的小说早在十九世纪七十年代初就已经在《哈珀新月刊杂志》上出版了。哈代随后又回到了他早先放弃的标题“心灵反叛者”，连载的最后三部分正是在这个令人遗憾的、耸人听闻的标题下出版的，哈代的第三个想法是“顽抗者”，是在连载第二部分付梓以后才寄达纽约的。[16]现存手稿作为证据已经被赋予各种各样的解读，而且解读者的看法的确莫衷一是，但很明显，小说的中心主题“教育和婚姻”一开始即出现了，并且哈代一直认为他的核心人物均对这两个主题的传统态度发出了挑战。[17]在试图着手创作该小说的过程中，他所面临的问题是：要建立在叙事和主题方面都能发挥作用的相互联系。很明显，裘德不得不去基督寺求学；他与表妹坠入爱河是必要的；唯一麻烦的临时难题是要证明苏出现在基督寺的合理性，并允许有一次会面。如果说费劳孙起初在手稿开头几页没有任何戏份，这或许是因为还有其他方法让裘德踏上通往基督寺的道路，也因为只有到了后期，哈代才意识到费劳孙的潜力，他不仅是作为性四对方舞①中的搭档，而且是裘德教育抱负的原动力。

在手稿中，裘德似乎最初是叫杰克，这可能是在影射约翰·安特尔②。毫无疑问，在哈代作出修改的时候，裘德在他心目中的地位是其必败无疑的事业的守护神，因为他的书架上有一本夏洛特·M. 扬③编写的当时认为是权威版的《基督教名字历史》[18]，他在选择其主人公的名字时，显然完全意识到了这个名字与出卖耶稣的加略人犹大有着不祥的
322 相似性。④ 事实上，他故意借鉴那种联系，从一开始就让读者感觉到其主人公注定要永远无家可归并成为社会弃儿。裘德的姓氏一度是哈代祖母的姓氏海德，还一度是霍普森，即他的曾祖母的娘家姓浩普森（或浩布森）的一个颇有寓意的版本⑤，并经历了其他变化，后来被确定为法

---

① 四对方舞，亦称卡德利尔舞，四对男女面对面围成方形起舞。这里指的应该是费劳孙是他自己和苏以及裘德和艾拉白拉这两对夫妇四个人中不可或缺的一员。

② 英文名 Jack（杰克）是从 John（约翰）演变过来的，John 在中世纪有个变体叫作 Jankin，后来这个名字变为 Jackin，然后变为 Jack。

③ 夏洛特·M. 扬（Charlotte M. Yonge, 1823-1901），英国教师、作家。

④ 裘德的英文名字是 Jude，犹大的英文名字是 Judas，很相似。

⑤ 霍普森的英文 Hopeson 的字面意思是“希望之子”。

利，即哈代最近造访的那个伯克郡小村的名字，哈代到该村的原因是它和玛丽·海德及其祖先之间有联系。因此，从男主人公的名字中去掉的祖上所指又出现在了女主人公苏和玛丽格林村的名字中，裘德正是从那里出发，踏上了寻找知识和自我认知的旅程。无论是有意还是无意，裘德都成了哈代一系列个人、家庭和社会不满的化身，其中包括：他两个妹妹作为学生和教师时所遭遇的苦难，其母亲和两个祖母所遭受的贫穷和暴力，安特尔对这个世界及其造物主的愤怒，以及他自己为教育、社会等级的提升和性幸福所作出的种种努力。穆尔在理智和感官享受之间悲剧性的交替转换似乎也得到了借鉴，那个据称是穆尔在澳大利亚的儿子的孩子，可能与斯特明斯特车站那个无人陪伴的儿童合二为一了，这便构成了裘德的儿子小时光老人的“原型”。

因此，裘德与哈代的生平有着明显的联系，甚至与哈代之前的作品中那些阴暗人物也有联系，如《女继承人生活中的轻率行为》中的校长，或者更早的人物，即《穷汉与淑女》的男主人公。另一方面，苏的原型仍然不太清楚。尽管哈代的女主人公常常令人恼火，惯于调情和蓄意的或无恶意的各种形式的性调戏，然而，就她们是否适合或愿意接受传统的女性角色而言，她们很少表现出任何根本的不确定性。1895 年 11 月，在写给高斯的信中，哈代把苏描述成“一种对我一直有吸引力的女人，但是刻画这类女人颇有难度，迄今我还没有尝试过”。《冷漠的人》中具有自我压抑的苦行和性“冷漠主义”的保拉·鲍尔，强烈表明哈代早在 1881 年就尝试过刻画早期版本的这种“类型”的女人。然而，保拉与苏的显著区别在于保拉对夏洛特·德·斯坦西的感情投入之深，保拉和夏洛特“不只是姐妹般”的关系。[19] 尽管苏在与男人的关系上吹毛求疵，但她对同性别的人并没有表现出这样的补偿性偏好。

事实上，哈代本来有一个明显的机会，可以去探索苏与同龄女性之间的关系，但是他刻意避开了。苏就读的梅尔切斯特教师培训学院，是

323 直接以多年前哈代的两个妹妹就读的索尔兹伯里教师培训学院为基础的，尤其是凯特在那里过得非常不开心，她曾经表明："如果汤姆在他出版的书里描写我们曾受到的糟糕待遇，我毫不介意。"玛丽的怨恨似乎有所缓和，这是由于她对自己与安妮·兰厄姆之间的大学友谊的记忆，安妮后来成了玛丽的表弟纳撒尼尔的妻子[20]；哈代本人曾于1891年参观伦敦的两所女子教师培训学院，一想到这种友谊，他就感动不已。然而，任何一所教师培训学院的名字都没有出现在成书的《无名的裘德》中，而且如果不是因为学院与玛丽的关系，以及哈代对裘德和苏之间亲密关系的描述多半取决于他把玛丽看作自己"最早期的玩伴，一个善良的小妹妹，高兴地和他分享她所拥有的一切，为他感到自豪，其程度无以言表"[21]，学院可能根本就不会被写入小说。然而不是玛丽，而是杰米玛和他之间或许才存在一种心有灵犀的"关系"：杰米玛的思想会和他自己的思想一起"跳跃"，以至于"在长时间的沉默之后，我们两个会异口同声地说起某个人或某件事，而这个人或这件事显然五分钟之前在我俩的思想中还完全不存在"，但是他与玛丽在情感和智识上的亲密关系的核心重要性反应在《猜想》一诗中，在该诗中，她和哈代的两位妻子被相提并论："如果在我的日历中 / 没有艾玛、弗洛伦斯和玛丽，/ 我现在的生活会是什么样——"[22]他说，童年时"她几乎是我唯一的伙伴"，而且由于他们两人成长过程中地理上的与世隔绝以及性情上的孤独，他们俩早期的游戏和分享发展成了一种防御联盟，来对抗一个基本不可理解的世界，我们可以将其想象成接近裘德和苏之间两个真正心灵的结合，时间是在大威塞克斯农业展的时候，当时他们两个看起来"几乎是一个不可分割的整体的两部分"。[23]

费劳孙也提到裘德和苏就像"一分为二的一个人"，并把这种现象部分归因于他们的表亲关系。但小说中的表亲关系或许是一种手段，可以用来处理一种更为亲密的血亲关系。把裘德早期对苏的认同的正当性和效力看作是源于哈代对玛丽的感情，这至少的确为从手稿中删去一个段落提供了一个背景，在这一段落中，裘德看着熟睡的苏，在她身上看到了“原材料把自己塑造成了另外一个性别——理想化的、温和的、被净化的”。这也给费劳孙把裘德和苏比作雪莱的《伊斯兰的反叛》中的劳恩和赛纳赋予了意义。[24] 毕竟在雪莱最初的构想中，劳恩和赛纳是兄妹，哈代习惯性地用雪莱的措辞将两性关系理想化，这主要取决于他对童年时期他和玛丽之间的充分了解的记忆，这些记忆毫无疑问是被理想化了的。 324

在小说中，哈代故意强调苏的全名是苏珊娜·弗洛伦斯·玛丽·布莱德海德，这是在间接承认他对她进行的刻画的主要“来源”。新约外传中关于天真无邪的苏珊娜和淫荡好色的埃尔德斯的故事，或许对第一个名字来说有足够的意义，但苔丝曾经被叫作苏，这个名字似乎对哈代来说有着特殊的意义，或许源于苏珊·奥布莱恩夫人的浪漫史。热恩夫人的名字是苏珊·玛丽·伊丽莎白，这也许重要，也许不重要，尽管在这个时期她是哈代的特别可靠的朋友。苏全名中的玛丽无疑指的是玛丽·哈代，而她全名中的弗洛伦斯也几乎同样直指弗洛伦斯·亨尼卡。正如哈代在与克洛德的谈话中所承认的那样，亨尼卡夫人是他塑造苏最直接的“模特”，尤其是在她难以捉摸和挑逗哈代的阶段，而且当他在一封引人注目的信中告诉高斯如下内容时，他脑海中主要想的就是亨尼卡夫人：

> 在苏的本性中没有任何反常的或堕落的东西。这种异常性在于不均衡，而不在于性倒错，到目前为止，她的性本能是健康的，却是异常脆弱和挑剔的；尽管如此，她的情感仍然保持着令人痛苦的警觉（实际上这是这样的女人的本性）。[25]

把亨尼卡夫人看作本质上雌雄同体，毫无疑问给哈代提供了一种个人的解释，也为他遭到拒绝提供了借口。然而，在小说本身中，他不得不面对裘德本人所遇到的挑战,即与一个具有复杂的性本能和态度的女人交往,这个女人冰雪聪明,这使她完全有能力在任何特定时刻分析自己的处境,表达自己的观点,并根据自己的决定果断采取行动。[26]该挑战有助于塑造这部小说,哈代已经进入了那些“意想不到的领域”,因为他意识到一个最初基于玛丽的构思,一个在很大程度上旨在与艾拉白拉破坏性的性行为形成对比的构思,可以通过他最近与迷人但没有反应的亨尼卡夫人的经历得到扩展和强化,并成为裘德最终悲剧的一个关键因素。

小说的第二个标题“傻瓜们”,强调了一对年轻夫妇的理想主义的愚蠢,他们试图过一种有隐私的独立生活,与周围社会的价值观和偏见相隔绝。无论是有心还是无意,这一标题也颇带挖苦地反映了哈代本人试图创造出一片心满意足的绿洲,以逃离自己日渐沦为荒漠的婚姻。
325 “让我们出发去搜寻,觅得这样一个地方 / 在那里,你我的生活可以成为自然的生活”,诗歌《顽抗者》如是开篇,它成为《无名的裘德》另一个被抛弃的标题。[27]这是裘德和苏试图共同创造的生活的伟大动机。这一尝试注定以失败告终,这一点隐含在其虚构的前提条件中,也体现为哈代在与亨尼卡夫人会面后不久痛苦地认识到:他将不得不“只对获得解放的女人抱有幻想”。[28]如果说该小说对苏的性格和行为所隐含的评判一直到最后仍然不确定或不一致,这主要归因于哈代灵感上的模棱两可——一个妹妹身上值得钦佩的东西可能会成为一个情妇身上令人感到痛惜的东西——也归因于他在与亨尼卡夫人的整个关系中反复无常的爱恨交织。

艾玛一直痛恨《无名的裘德》,感觉自己受到了最严重的背叛,她不可避免地留意到《无名的裘德》不仅对自己的婚姻和所有婚姻发起了主要攻击,而且更糟糕的是,它在描述艾拉白拉和苏的时候,还融入了她个人经历的元素。如果说诗歌《地图上的地方》确实与哈代和艾玛的恋爱有关，那么它所隐含的叙事在艾拉白拉的假怀孕情节中得到了回应，甚至是滑稽的模仿。正如哈代曾经表明的那样，如果在他们初次见面的时候，艾玛确实是一个不可知论者，那么她的态度和信仰随后发生的转变，可以被看作是反映在了苏从辉煌的独立到黯淡的过度宗教虔诚那令人悲伤的衰退之中。[29]虽然艾玛或许不知道《无名的裘德》的创作细节，但她无疑知道其丈夫和亨尼卡夫人的友谊，事实上，他似乎很少或根本没有隐瞒，拜访温切斯特之后的几周内，他就向喜欢传播流言蜚语的丽贝卡提及此事。[30]毕竟，为了证明他俩作为文学合作者的地位，需要一定程度的宣传，而且亨尼卡夫人也没有保密的愿望和动机，她将哈代的名字写在了其 1893 年底出版的短篇小说集《提纲》的题献页上。

对于哈代对亨尼卡夫人的更深层次的依恋（不管艾玛的了解或猜测达到了何种程度），对于哈代与另一个女人的合作似乎给她自己文学上的自命不凡所带来的那种耻辱，她都感到愤愤不平。在此之前，她曾试图创作《岸边的少女》，始于七十年代，似乎已于八十年代末完成，而且在 1894 年初，她试图通过文学代理人 A. P. 瓦特将她的一些作品发表，哈代正是委托他对亨尼卡夫人的文学事业予以栽培。[31]艾玛后来将会发表几首诗和几篇文章，1894 年的主动性似乎没有任何成果，却意义重大，说明她越来越倾向于维护自己的独立，试图过一种不受丈夫的生 326
活影响的生活，甚至是与之相反的生活。

艾玛退隐到麦克斯门的阁楼中是未来某一时刻发生的事情——当时阁楼尚未建成——她仍然忠于福音主义教派，致力于防止虐待动物，并献身于各种宗教的、人道主义的和女权主义的事业。在从事这些事业的过程中，她不仅为自己旺盛的精力找到了出口，而且为骚扰其丈夫找到了便利的平台。大概是在 1894 年 11 月，她致信一位女性朋友说：“尽管他创作出了‘苔丝’这一人物，但他对女性选举权事业的兴趣为零。

他对女性问题的看法对她不利。他只了解自己**虚构**出来的女人，而不了解其他女人，他只为**艺术**而写作，尽管伦理道德问题亦有所呈现。”[32]艾玛认为，从社会角度而言，自己的婚姻是下嫁的婚姻，对此长期以来她都牢骚满腹，对此她也越来越直言不讳，1895 年，她对克洛德说：“一个有着卑微家庭关系的人，不应该居住在他被抚养长大的地方。”几年后，当她和德斯蒙德·麦卡锡①谈论其丈夫的家庭时，她会表明，一个人与“农民阶级”之间的关系越少越好[33]，显然，她与丈夫越来越疏远，但与她对那些被她视为真正敌人的人（即哈代那无法安抚的老母亲和过度忠诚的大妹妹）的公然敌意相比，这不值一提。1896 年初，艾玛在海滨度假胜地沃辛②疗养，为的是从一次令其痛苦的疾病（可能是带状疱疹）的发作中康复，这使她有时间和动力去重温和重新唤起她积郁的不满，于是她给玛丽写了一封信，信写得如此不同寻常，如此能言善辩，讲述了她的困境，体现了她的个性，值得全文引用：

哈代女士：

我谅你也不敢，或者任何人都不敢散布关于我的坏话——比如说我待你哥哥不好（实际上你曾当面对我说过），或者说我脑子有“毛病”（你也曾对我说过），我听说你对别人说起过。

你哥哥一直粗暴刻薄地待我——这完全是你的错。自从我嫁给他之后，你就竭尽全力在我俩之间挑拨离间；而且，你让你的家人与我作对，尽管你和他们都不能问心无愧地说我对你们是不公正、不体贴和不仁慈的，虽然我经常受到卑鄙的侮辱。

既然你习惯于说你不喜欢的人是“疯子”，那你就应该，或有充

① 德斯蒙德·麦卡锡（Sir Desmond MacCarthy, 1877-1952），英国记者、文学评论家。

② 沃辛（Worthing），西萨塞克斯郡的海滨城镇。

分的理由感到害怕，怕至少也会有人这样说你；善有善报，恶有恶报，我曾经亲耳听到你对别人说这句话。我不怕你或任何人说我做 327
过任何可以被称为不合理、错误、疯狂**甚至不友善**的事情！这是你邪恶的、带有恶意的和最恶毒的习惯。

好了——你有什么权利断言我对自己的丈夫没有任何“帮助”？这一表述是不真实的、诽谤性的，事实上，你在没有根据或毫不知情的情况下，翻来覆去地重复这句话。

譬如说，如果有人说你是一个非常不适合教导年轻人的人，从而使你的生活变得困难，你又作何感想？

无缘无故地，你一直是我的仇敌——无缘无故，唯一的原因就是你有着通过把我踩在脚底下而达到和你哥哥一样水平的邪恶野心，而我挡了你的路。若不是你迎合他，投其所好，且用你的诡计把他缚牢在你那一边，你就不会对我造成无法挽回的伤害。毫无疑问，因为你喜欢所有形式的权力，你因为毁了我的生活而得意扬扬，但你也毁了你哥哥的生活，对你的惩罚必然会随之而来——因为上帝的许诺永远是真实的。

你就是个巫婆，能胜任任何毒咒和诽谤——我可以想象你、你的母亲和妹妹在沃尔普吉斯之夜[1]在你们家乡的荒野上掀起一场风暴。

你已经造成了无法挽回的伤害，但如今你的法力已经罄尽。

艾

如果你愿意承认你那邪恶的傲慢和怨恨，并改变你的行为方

① 沃尔普吉斯之夜(Walpurgis night)，即五朔节前夜，五朔节是欧洲传统民间节日，用以祭祀树神、谷物神，庆祝农业收获及春天的来临。

> 式,我可以原谅你,虽然我不能忘记或相信你的本性,但我可以理解你希望别人认为你比我聪明的愿望,我承认你也许是比我聪明的。
>
> 毫无疑问,你会把这封信转寄给你哥哥,即使你这么做,但当我亲口告诉他我给你写了这样一封信,它就不会对我有任何影响——我认为这是我的本分。[34]

玛丽大概和其哥哥以及母亲和妹妹都分享了这封信。但随后她把这封信交给了家庭律师,主要是一旦有家庭内部的法律诉讼发生,该信件可以作为对艾玛不利的证据,但或许也是为了防范艾玛对她在贝尔街女子学校的校长职位提出异议。这封信展示了艾玛最为偏执的时刻,但同时也引起了人们对她艰难处境的同情——与哈代家人相比,她寡不敌众,她被排除在家庭秘密会议之外,面对家庭的团结一致,她无能为力——尽管如此,凭借自己的精力和独立性,她仍努力使自己的声音得到倾听。几年后,她向丽贝卡抗议道:"哈代总是有那么多话要说,或直接吐露,或诉诸笔端,写信是我保留发言权的一种手段,我可不想默默地听他口若悬河。"[35]她对玛丽及其同谋提出的指控——貌似有理——本质上是
328 对"毒咒和诽谤"的指控。另一方面,艾玛称其丈夫"粗暴刻薄",其原因并未详细说明,这颇令人失望。

在哈代和亨尼卡夫人最初建立友谊的那几年,他们经常交换阅读二人都感兴趣的书籍,每一本书均在两者之间传递,并在需要引起对方注意的地方做注解。1894 年 7 月,亨尼卡夫人第一次送给哈代的袖珍版勃朗宁诗集就是这样一本书,哈代大概是在《忏悔》一诗结尾处的旁边划出了一条边缘线,诗歌写道:"我们曾相爱,先生——过去常常见面在一起: / 那是多么悲伤,多么糟糕,多么疯狂—— / 但是那时候,那是多么甜蜜!"[36]同一年早些时候,另一本交换阅读的书是《基调》,一部

短篇小说集，作者是“乔治·埃格顿”①，即查维利塔·克莱蒙特太太的笔名，后来嫁给了R.戈尔丁·布莱特，即哈代在二十世纪二十年代的戏剧代理人。通过直截了当地处理两性关系，《基调》中的故事引起了一定的轰动，虽然哈代所做的旁注难免被解读为他与亨尼卡夫人之间那插科打诨式辩论的组成部分，但它们确实倾向于附和他那个时代标准的男性态度。在引文“永恒的野性，未驯服的原始野蛮性情，潜伏在最温和、最优秀的女人身上”的旁边，哈代写道：“说句公道话，这无疑是女人本性中**丑陋**的一面。”关于同一段落中“女人”一词的一则戏谑的笔记写道：“因此她觉得自己低男人一等??”亨尼卡夫人观察到了男性想象中的女性概念的不真实性，并作出了这样的回应：“**因此：真正的**女性是男人所憎恶的？由此导致了婚姻的失败??”[37]就在稍早些时候，在为1894年六月号的《新评论》的专题论文集撰稿时，哈代谈论了向年轻女性提供有关生活事实的婚前信息的愿望，他提出了“一个具有普遍性的问题，即，正如我们目前所理解的，是否像我们所设想的那样，婚姻对所有女性来说都是一个令人向往的目标；或者说，文明是否能够逃脱令其蒙羞的控告，即，尽管它能够以艺术、文学、宗教和科学上的荣耀来为自己开脱，但它从未成功地创造出那种又简单又好的东西，一个令人满意的两性结合的计划”。[38]

尽管现在哈代的家人和妻子之间存在着棘手的分歧，但他已经确立的家庭生活模式一如既往。整个1894年1月和2月，他都待在麦克斯门，撰写《无名的裘德》手稿，并在家庭和当地事务中扮演他通常扮演的角色。他也持之以恒地在每个星期天定期去上博克汉普屯；2月，在亨利的帮助下，他在斯廷斯福德教堂墓地为父亲立了墓碑，墓碑是他亲手

① 乔治·埃格顿（George Egerton，1859–1945），原名玛丽·查维利塔·邓恩·布莱特，英国短篇小说家。

329 设计的。4月,由于埃德卡姆的另一个倡议,哈代的职位从现任的地方治安法官晋升为郡法官,这是他首次就任郡一级别的职位。[39] 3月,哈代在热恩夫人家待了几天——在此期间,艾玛独自一人待在麦克斯门,一个朋友发现"她心情**非常**好"——在她家里和伦敦德里夫人家里,他遇到了几位当时主要的政治家,以及一小帮记者和军人。[40]然而,他最高兴的,还是他和女主人的女儿多萝西·斯坦利和玛德琳·斯坦利一起去看戏,正如他告诉艾玛的那样,她们俩比戏剧本身还令他开心。"'我真的希望这会是一场非常**有伤风化的**戏,'多萝西[说],'好让我们有理由留卷发!'重点在于她们会转过身来,问我**这部戏是不是有伤风化**,我不了解她们自己的判断。"[41]哈代仍然以如此愉快的措辞给艾玛写信,这表明他至少是想让他们二人的家庭生活保持平稳,也表明她的敌意很大程度上是针对外人的。

《生活中的小讽刺》是哈代的第三部短篇小说集,由奥斯古德-麦基尔文公司于2月下旬出版,受到好评。此后不久,他成功地为《无名的裘德》第一版开展了谈判,售出的所有图书的版税为百分之二十,而不是他目前在《生活中的小讽刺》的销售中获得的百分之十五。他所有小说的第一版合集的出版计划也一定有过讨论,并计划在当年夏天与桑普森·洛的协议到期后出版。在经历了一些初步的困难之后,他已经与麦克米伦出版社友好地达成和解,他们放弃了对《林地居民》和《威塞克斯故事集》可能拥有的任何权利,作为回报,哈代允许他们将所有的小说(除了不能收回版权的《绿林荫下》)都纳入殖民地版出版计划。他指出在出版商准备的初稿中遗漏了《计出无奈》,并特别补充说,该书一直很畅销,之后,5月21日,哈代签署了一份大意如此的协议。[42]

4月中旬,哈代夫妇住进了南肯辛顿的佩勒姆新月16号,又从麦克斯门带来了他们自己的用人。《生活和工作》列出了哈代在这一社交季中遇到的诸多名流中的一些人，并特别提到了作为《德伯家的苔丝》的声名狼藉的作者，他竟然被频繁地介绍给当红美女，这多少被认为是合适的。哈代并没有对那一权利的获得提出异议，而热恩夫人对他偏爱漂亮女人一事心知肚明，于是在把他介绍给肖像画家温妮弗雷德·汤姆森①时小心翼翼，坚持说她是“一个**非常**好的女孩，像你一样聪明、令人 330
愉快，但长相**不**漂亮”。[43]哈代确实发现与汤姆森小姐意气相投；次年春天，她为他画了一幅肖像，他大加赞赏；他还与她保持通信多年，采用的是那种有点优越感的、轻微挑逗式的风格，这种风格专门用于那些他喜欢但程度又没那么深的女人。[44]在 5 月下旬，毫无疑问还有在其他时候，他偶尔还能见到亨尼卡夫人；4 月 25 日，他提醒作为编辑的肖特，亨尼卡夫人的《提纲》还没有在《素描》上得到过评论，这是一种毫不掩饰的求“互相吹捧”，而肖特的回应不仅包括一篇被强求撰写的评论，而且还包括一整页的亨尼卡夫人本人的肖像。她的另一幅肖像则刊登在了《伦敦新闻画报》上，还附有哈代自己对亨尼卡夫人职业生涯的匿名描述，称赞其作品的质量，与他第一印象中她个性中的“直觉”非常相似，即“情感上的丰富想象力，在一种短暂的奇怪感觉和一些处于风趣和幽默之间的评论的作用下变得轻松”。[45]

哈代本人目前的心绪明显是黑暗的，甚至是压抑的——部分原因是因为亨尼卡夫人——能够给我们暗示的是佩勒姆新月的地址或对应的日期，有时是两者一起出现在了他的圣经读本中几个段落的旁边。在其生命的这个阶段，他习惯性地在圣经和祈祷书中做标记，只是为了记录他参加了某个特定的宗教仪式。这些 1894 年春季和初夏的经文，来自《新约》和《旧约》，准确地说，似乎他在《新约》和《旧约》中寻找他已经熟悉的段落——《传道书》的第一章（“虚空的虚空，布道者说”）旁的标

① 温妮弗雷德·霍普·汤姆森（Winifred Hope Thomson，1864–1944），英国画家。

注日期是“1894 年 5 月 7 日”——以及更漫无目的地寻找任何可能表达他目前焦虑的段落。例如，他在《雅各书纵览》第三章的开头写下了“1894 年 6 月 26 日”，其中有一段反对说别人坏话的长篇大论：“但语言不能驯服人；它是一种难以驾驭的邪恶，充满了致命的毒药。”很难说他脑海中想的是艾玛，还是伦敦或多切斯特的某种流言蜚语的高涨，还是阿切尔最近指责他把“感官享受的音符”引入了英国小说，或者其他完全不同的事情。[46]

是年春，哈代到伦敦以外的地方作了几次短途旅行。4 月 30 日，他和克洛德一起去博克斯山与梅瑞狄斯共进晚餐。5 月中旬，他与小说家格兰特·艾伦和登山家爱德华·温珀一起，又一次在周末拜访了克洛德在奥尔德堡的家，在一次秘密谈话中，他告诉克洛德关于“对他和一位女士旅行的制约因素”——这位女士可能是亨尼卡夫人——并表达了如下观点，即，一个女人应该有选择自己孩子父亲的自由，而男性则被集
331 体要求为所有孩子的抚养作出贡献。[47] 6 月中旬，他回多切斯特待了几天，安排了扩建麦克斯门的事宜，包括增加一间新厨房和餐具室，再为自己在楼上添一间新书房，书房上面再加盖两间阁楼房间，扩建工程预计秋季动工。艾玛又感觉身体不适了，于是她趁机独自前往黑斯廷斯，享受海上的空气，并将她的新独立计划付诸实施。从五十四岁开始，哈代也感受到年龄增长带来的一些影响。5 月的一天晚上，在热恩夫人家的晚宴上，他不停说话，直到嗓子累了，这是个反复出现的问题，也是后来许多见到他的人都注意到他沉默寡言的一个主要原因。7 月底，当他们搬出佩勒姆新月 16 号时，他在拖一只沉重的旅行箱下楼时伤到了后背。[48]

在伦敦的春夏时节，“傻瓜们”（当时仍叫这个名字）的创作时断时续，删改版的大部分已经提交给出版社。8 月初，在他回到多切斯特时，小说只写了不到三分之一；因为连载计划于 12 月开始，剩余三分之二的

工作开始变得有些紧迫了，而且需要他付出一定的个人代价。9 月初，他对克洛德说：“总有一天我要好好去度个假。一两天前的晚上，就在穿越英吉利海峡的船只离港前，我站在韦茅斯码头，感觉自己想走上船去，在熠熠星光下穿越海峡。”[49]在哈代为沙夫茨伯里镇的老树林街（他想象中费劳孙和苏结婚后带她去的那栋房子的所在地）画的素描上，写着一个 1894 年 9 月中旬的日期，为我们判断他当时正在接近的叙事阶段提供了可能的线索，但是根据手稿上的日期，直到 1895 年 3 月，最后几页才写成。[50]

拖延的原因是：哈代表面上隐居在麦克斯门，但事实上受到了一系列个人和职业方面令其分心的事务的干扰。10 月时，他在伦敦待了一个多星期；整个秋季，他三次出席郡即决法庭的审判；他继续定期于星期日回博克汉普屯，他的老母亲现在八十多岁了，但仍然能为儿子讲一件她以前没有讲过的趣闻轶事，或者唱一唱《上岸吧，乔利・塔，穿着你的裤子》，以及她少女时代和成年初期听到的其他流行歌曲和民谣。[51]经常带来干扰的是正在施工中的麦克斯门本身。11 月 13 日，艾玛抱怨说，她丈夫的创作使他们在施工期间不得不待在家里。十二天后，哈代向画家 H. 麦克白-雷伯恩①解释说，由于房屋正在进行改建，他们“挤住 332
在比平时更少的房间里”，因此当雷伯恩赴麦克斯门，前来讨论他受托为即将出版的奥斯古德-麦基尔文公司全集版本准备的卷首插画时，家里无法给他提供一张床。[52]

1895 年初，《无名的裘德》尚未完稿，但哈代不得不至少分一部分注意力用于撰写新的合集版十六卷书的分卷前言。第一卷书《德伯家的苔丝》的前言的撰写日期为 1895 年 1 月，比出版日期早了三个月。该版

---

①　亨利・麦克白-雷伯恩（Henry Macbeth-Raeburn，1860–1947），苏格兰画家、版画家。

本后续十五卷的文本工作很复杂,而且工作量可能是加倍的,因为哈代承诺将同样的修订纳入麦克米伦公司的殖民地系列版的相应卷册;但他现在一如既往地是一个专业人士中的完美主义者,而且他的所有承诺似乎都按时兑现了。[53]这些前言的撰写最终花了大约一年半的时间,这反映了哈代对他在过去二十五年里创造的,现在即将被永远抛在身后的小说世界作出了友善的思考。文本修订的主要目的是巩固那个小说世界,手段是使不同作品中的地形所指更加一致,从而增强总标题"威塞克斯小说"所坚持的连贯一致性,该标题是他为奥斯古德-麦基尔文公司的全集版选定的。

哈代似乎从一开始就认为威塞克斯不仅仅拥有纯粹的地区整体性,随着时间的推移和创作的进展,它成了一个独特的、内部连贯一致的虚构的实体,一个基于地理现实的富于想象力的结构体。正如他在 2 月为奥斯古德-麦基尔文公司版的《远离尘嚣》撰写序言时所回忆的:"我推出的系列小说主要是被称为乡土小说的那一种,它们似乎需要某种地域界定,从而使其场景统一起来。我发现为实现这样一个目标,用单个郡做画布面积还不够大,而且有人反对用一个虚构的名字,于是我发掘出了这个古老的名字。"[54]严格来讲,在赋予威塞克斯这个名字的当代意义方面,巴恩斯走在了哈代前面,但是在该名字被接受为"一个实际的地方性的概念"以及把一个"梦想中的乡村"转变为一个实际的、可供参观的地方("一个人们可以去参观,租一栋房子,并从那里给报纸投稿的实用的地区")这一方面,哈代无疑功不可没。到了九十年代中期,哈代笔下的威塞克斯地图已经开始出现,奥斯古德-麦基尔文公司版的一个
333 特点就是包含得到作者特别认可的第一张地图,最早的几卷书在地图上显示了与《无名的裘德》有关的位置,如玛丽格林和阿尔弗雷德斯屯,远远早于该小说的出版时间,因为它作为该版本的第八卷于 1895 年 11 月才出版。[55]

当然,哈代精明的商业头脑,使其初步认识到创造一个独立的区域世界可能带来的好处;他非常清楚司各特、巴尔扎克、布莱克莫尔,特别是特罗洛普开创的先例。但是,对威塞克斯的虚构和不断的详细阐述,也很好地回应了他作为一名区域历史学家的雄心壮志,以及他尽可能如实地记录一种正在消失的生活方式的细节的愿望,并因此证明他在1912–1913年威塞克斯版本的总序言中所表达的内容的合理性:"在各种叙事所反映的年代中,世事和威塞克斯的情况很相像:居民们以某种方式生活,从事某种职业,遵循某种习俗,正如书中所示。"[56]

毫无疑问,哈代的长篇小说、短篇小说、诗歌和自传体作品,是十九世纪英国南部诸郡乡村生活的一幅非凡而宝贵的写照。然而,与其说这幅写照是建立在直接观察的基础上,不如说它是建立在口头传统的资源的基础上,这些资源是丰富的、不可替代的,但又非百分之百可靠。1894年,关于融入《生活中的小讽刺》里的《迷信之人的故事》中的民间信仰,克洛德提出了一个问题,哈代向他保证说:"我小说中描述的每一种迷信、习俗等,也许都可以像真实记录的迷信、习俗那样去信赖(无论就其本身而论它们在民俗学家眼中有什么样的价值)——不是我凭空发明出来的。"事实上,那意味着他的那些细节以及许多其他细节,都是依赖于他母亲作为一个"老妪"对梅尔伯里–奥斯蒙德的记忆。[57]此外,杰米玛大概是1896年版《威塞克斯故事集》序言中提到的那位"年迈的朋友",她认识《枯萎的手臂》中的罗达·布鲁克的原型,并告诉哈代,他描述罗达在夜晚的时候摆脱掉睡魔①,而不是像真实发生的那样在青天白日之下,从而削弱了故事。哈代同意"这种幻觉出现在白天比出现在午夜的梦中更令人印象深刻",接着他承认自己的记忆所起到的欺骗作用:"因此,这就要求读者来纠正这种错误的关系,这便提供了一个例子,可以说明我们不完美的记忆

① 睡魔,传说中躺在睡着的人身上的恶魔,会与熟睡女性性交。

是如何不知不觉形成新鲜的原创性的生活事实,这些记忆慢慢偏离事实的模型,就像机器制造的铸件逐步偏离轮廓鲜明的手工模具一样。”[58]对哈代而言,“生活事实”是正直诚实的,小说最多可以提供一个水准较差的近似物,“生活事实”还是真实可靠的,这一点小说家则冒着风险忽略掉
334 了。因此才有了那些袖珍本和笔记本,以及那种促使他纠正已出版作品中地形细节的焦虑。但是每当“生活事实”转化为“生活记忆”时,当然也会涉及历史风险,即使记忆是一手的——而不是二手或三手的,更不必说是“口传的”——并且尚没有通过频繁的重述获得太多的“优势”。[59]

尽管哈代坚持认为威塞克斯小说的背景“源于真实地点”,但他并没有明确承认——他也没有否认——多切斯特与卡斯特桥、斯特明斯特-牛顿与斯托卡斯特尔、韦茅斯与布德茅斯等地点之间的密切关联。不论是在地图中,还是在文本中,哈代都曾使用地貌的真名——如斯托尔、弗洛姆、上斯托伊、布莱克莫尔山谷等——来确定他小说中威塞克斯的地理位置,并使其更易于辨认,甚至是可接近的,而人类建造和居住的地方被命名为梅尔斯托克、沙斯屯、梅尔切斯特等,这些则是他虚构出来的。他还保留了根据文本需要来调整地形细节的自由,正如他在谈到《列王》的历史背景时所说的:“有时候有必要绕过拐角或沿着弯弯曲曲的街道去查看,并移动建筑物,使它们彼此靠近(正如特纳在其风景画中所做的那样)”。[60]因此,《卡斯特桥市长》中那栋被想象为卢塞塔家的房子,从它在多切斯特的实际位置被移动了一段距离,实际上它位于哈代夫妇当时在郡厅巷的住址的旁边;因此,《司号长》中的磨坊,是精选并融合了位于萨屯-波因茨、莱威尔和厄普维①的不同磨坊的特点;亦因此,《远离尘嚣》中的谷仓,是借鉴了位于阿伯茨伯里和瑟尼-阿巴斯的

① 三者都是多塞特郡地名,萨屯-波因茨(Sutton Poyntz),韦茅斯附近的村庄,位于多切斯特南约八英里;莱威尔(Lewell),多切斯特东附近的一个村庄;厄普维(Upwey),韦茅斯的郊区。

实际的谷仓。

1895年3月,哈代与麦克白-雷伯恩一道参观了其小说中的一些场景,后者还去了博斯卡斯尔和牛津,以便为《一双蓝眼睛》和《无名的裘德》绘制卷首插画。复活节,哈代夫妇拜访了位于纽伯里以北的热恩夫人家的乡间别墅,这使他有机会再次回访一些与玛丽·海德有关的村庄,现在则是与裘德·法利有关的。[61]《无名的裘德》的手稿本身最终完成了,尽管其标题仍然存疑。3月,在与麦克白-雷伯恩交谈时,哈代称之为"傻瓜们"。在4月4日的一份协定书中,他给予奥斯古德-麦基尔文公司为期七年的英国独家出版权,著作名为"心灵反叛者"或"类似的其他标题",标题选择权归作者所有。[62]

是年初春,哈代仍在致力于奥斯古德-麦基尔文公司版的卷本出版工作,但他依然挤出时间,为亨尼卡夫人的故事《牧师历史中的一页》贡献了一 335
个结局情节,并与肖特协商将其出版在《英语插图杂志》上。[63]哈代还承担了将《德伯家的苔丝》改编成戏剧的任务。《德伯家的苔丝》以其明显的戏剧和情节剧的特征而广受欢迎,这引起了人们对它可能改编成舞台剧的广泛讨论,于是他被一系列著名女演员包围了,从帕特里克·坎贝尔太太①和伊丽莎白·罗宾斯②,到伯恩哈特③和杜斯④,她们通过写信、面见,或者通过中间人来敦促他,要求扮演苔丝这一角色。和其他类似场合一样,哈代发现很难马上拒绝这样的毛遂自荐,于是,他让数位专横的女性相信,在他心目中,他把她们视为这一角色独一无二的人选,这令他自己陷入了非常尴尬的境地。

---

① 帕特里克·坎贝尔太太(Mrs. Patrick Campbell, 1865-1940),英国舞台剧女演员。

② 伊丽莎白·罗宾斯(Elizabeth Robins, 1862-1952),美国女演员、剧作家、小说家和女权主义者。

③ 莎拉·伯恩哈特(Sarah Bernhardt, 1844-1923),法国舞台剧女演员。

④ 爱莲诺拉·杜斯(Eleonora Duse, 1858-1924),意大利女演员。

哈代一开始对这部戏充满热情。他与约翰斯顿·福布斯-罗伯逊①和坎贝尔太太的讨论始于4月。5月初,他写信给艾玛,向她介绍了他为"伦敦社交季"挑选的旅馆式公寓套间,将其优势罗列为:不仅临近维多利亚车站、陆海军百货商店、威斯敏斯特教堂,而且离坎贝尔太太家也很近,他说她住在"一个相邻的街区——如果戏剧能持续演下去,可能会便于她的工作"。到了7月,坎贝尔太太催促他对她未来饰演"亲爱的女人苔丝"作出承诺,哈代向她保证"在迄今为止的人选中,苔丝一角非她莫属"。[64]但是,预期与福布斯-罗伯逊达成的演出协议却陷入无休止的拖延和纠纷中。在哈代于7月下旬返回麦克斯门时,问题还没有最终解决,而当他从一场他称为"英国霍乱"的疾病发作中康复时,这件事被暂时搁置了。[65]

疾病发作时,哈代感到很痛苦,这种痛苦无疑因得知亚瑟·汤姆森对妻子罗莎蒙德提起离婚诉讼而加剧了。后者以格雷厄姆·R.汤姆森的笔名写作,最近使哈代陷入了尴尬的境地,因为她在美国一家杂志上做了这样的报道:为了购买麦克斯门的建筑用地,他在第一次与康沃尔公爵领地接洽时,受到有关官员的冷遇,而他获得这块土地,不过是由于威尔士亲王(公爵领地的世袭继承人)的个人干预。[66]在回复公爵领地的那位有关官员写来的一封忧心忡忡的信时,哈代说他同意这位官员的说法,即最初的接待实际上是完全礼貌而得体的,然后补充说:"当然了!这件事起因于一个女人。我有理由相信这篇报道的作者是一位伦敦女士,长得很漂亮,在上流社会颇有名气(我相信署名并非其真名)。我说不出她究竟为何要写这样一篇报道——我只知道这不是为了取悦我,因为这样的流言
336 蜚语令我非常恼怒,即便它们是真的。"然而,在那封信中,以及在《多塞特郡纪事报》上发表的一篇简短的否认文章中,他都没有承认他曾经轻率地

① 约翰斯顿·福布斯-罗伯逊(Johnston Forbes-Robertson, 1853-1937),英国演员、剧院经理。

对罗莎蒙德吐露过的——以及后来向他的朋友克洛德承认过的——一件事情，那就是亲王确实在批准最终决定方面发挥了一定的作用。或许哈代担心，他的名字和汤姆森太太的名字公开联系在一起，可能会导致他在她的离婚诉讼中被提及，但事实上这起诉讼案是没有辩护人的。[67]汤姆森太太以罗莎蒙德·马里奥特·沃森的名字继续其事业，直到1912年去世，哈代拥有她的一部诗集，她去世之后才出版的。她一直萦绕在他的记忆中，给予我们暗示的不仅有诗歌《一幅老肖像（忆R. T.）》，还有一则没有日期的笔记，是关于另一首可能的诗歌的："收到一封来信，是一位早已离世的女士的笔迹和邮戳（例如，我收到的那封来自格雷厄姆·汤姆森的信）。他害怕拆开这封信（比如说在邮局里被耽搁了）。"[68]

9月上旬，就在《无名的裘德》的校样涌入之前，哈代夫妇在多塞特郡和威尔特郡接壤的拉什莫尔待了几天，那里是考古学家奥古斯塔斯·莱恩·福克斯·皮特-里弗斯将军①的庄园，其妻子爱丽丝是玛丽·热恩的第一任丈夫康斯坦丁·斯坦利的妹妹。拉什莫尔惹人注目，不仅因为皮特-里弗斯在这块土地上的考古"挖掘"，而且还因为拉默树花园，一个由华丽的农场、游乐园、动物园和剧院组成的花园，这些设施是他多年来建造并免费向公众开放的。哈代夫妇9月4日的造访是提前安排好的，为的是赶上该地区一年一度的运动日；夜幕降临后，人们在月光下的草坪上翩翩起舞，除了月光，还有挂在树上的数千盏灯发出的光。这是一个浪漫的场景和时刻，在哈代和主人的小女儿、沃尔特·格罗夫（后来成了沃尔特爵士）的妻子艾格尼丝②的共同带领下，大家跳起了乡村舞蹈，气氛变得更加活跃了。[69]

此时的艾格尼丝三十出头，漂亮、优雅、聪明，在女性选举权等问题上

① 奥古斯塔斯·莱恩·福克斯·皮特-里弗斯（Augustus Lane Fox Pitt-Rivers, 1827-1900），英国考古学家，常被称为"英国考古学之父"。

② 艾格尼丝·杰拉尔丁·格罗夫（Agnes Geraldine Grove, 1863-1926），英国散文家。

有自己的想法,还有迄今为止还几乎未敢去追求的文学抱负。哈代发现她很有魅力,与自己也颇有共鸣;毫无疑问,“《德伯家的苔丝》的作者”对她的关注使她受宠若惊。二人初次见面的时间非常短暂,因为次日早晨艾格尼丝及其丈夫就前往欧洲大陆去了,但是在接下来的几年,她和哈代有比较频繁的会面和通信。实际上,她补上了亨尼卡夫人的空位,成了哈代的文学“学生”,总体而言,她在接受这一角色的时候比其前任表现出了更多的顺从。[70]根据《生活和工作》的记载,拉什莫尔之舞是“从孩提时起
337 就热情地喜欢跳舞”的哈代最后一次“在草坪上跳舞”。在他于 1926 年格罗夫夫人去世后写的《关于艾格尼丝》一诗中,他打开了记忆的闸门,回到了那天晚上“当圆圆的月亮的目光透过树枝 / 落在拉默大道上的仙女灯上时”。因为她的离世,他哀叹道:

尽管我希望,但我却不能够
　把旧情重温,
想当初跳舞结束后,
　我们分开坐于树荫
我拉着她的手的时刻,伴随着低音提琴隆隆
发出的低沉的声音,双脚仍然在远处的房间里跳动。

哈代立刻意识到他与艾格尼丝的相遇和两年前与亨尼卡夫人的相遇有相似之处。9 月 11 日,回到麦克斯门后不久,他便写信给亨尼卡夫人,信中并未提及艾格尼丝,而是把拉什莫尔的整体经历描述为“自打我在都柏林拜访你以来最浪漫的时光”。[71]

9 月 14 日至 16 日的周末,哈代夫妇在麦克斯门招待了两位访客,他们是哈代的出版商克拉伦斯·麦基尔文和小说家乔治·吉辛,哈代和吉辛成为朋友已经很久了,但吉辛在他心目中的地位仍有些不确定。

哈代和吉辛总是小心翼翼地欣赏对方的作品，在和对方在一起时，他们明显感到不自在，双方的通信始于八十年代中期，但不久后就中断了。但是在7月中旬，时隔九年之后，他们再次在伦敦南部的伯福德桥酒店见面，在那里，由克洛德担任主席的欧玛尔·海亚姆①俱乐部举办了招待梅瑞狄斯的晚宴。哈代和吉辛都在晚宴上作了简短的致辞，赞扬了主宾，哈代回忆起了梅瑞狄斯对《穷汉与淑女》手稿的令其受到鼓舞的评论，即“非常奇怪和狂野”；聚会结束时，哈代提出建议：如果吉辛愿意的话，可以写信给他。9月，吉辛接受了哈代的建议，给他写了信，而哈代的回应则是邀请他来麦克斯门做客。[72]

正如吉辛告诉他哥哥的那样，爱出风头的艾玛把他的周末给毁了——“一个愚蠢至极、不易满足的女人，毫无疑问，哈代自己表现出的奇怪的坐立不安和难以平静都要归咎于她”。正是由于这个“微不足道的女人”（他在另一封信中如是称呼她）的影响，他也倾向于把哈代那种谈论“时尚社会”以及“贵族和显要人物”的令人不安的趋向归因于她，而且确实相当清楚，哈代急于尽可能地将话题控制在艾玛可能参与谈论 338
的范围。吉辛抱怨说，尽管哈代“善良、温和、诗意盎然”，但他读的书不够多，甚至不知道一些花卉的名称；当吉辛作出这样的抱怨时，他是在按照梅瑞狄斯的“高雅文化”和格兰特·艾伦这样的博物学爱好者的专门知识的标准来评判哈代，而非从哈代与当地历史、文化和乡村的更深层次的、更本能的关系来判断他，然而那才是哈代作为一名具有独特力量的作家所依赖的东西。吉辛悲伤地总结道：哈代“是一个让人很难理解的人，我怀疑他自己的家不是了解他的最佳地方”。[73]

尽管目前哈代与艾玛之间的分歧有时会变得令人痛苦，但尚未达到

---

① 欧玛尔·海亚姆（Omar Khayyam, 1048–1131 或 1123），又译莪默·伽亚谟，古波斯诗人、数学家、天文学家、医学家和哲学家。

给招待访客带来麻烦的地步。同一个月晚些时候,克洛德和阿切尔——后者是剧作家兼评论家,也是评论哈代的“感官享受”的始作俑者——来麦克斯门待了几天,每天夜幕降临后,他俩就被哈代带到荒野上“浪漫散步”。一天下午,哈莫和阿加莎·索尼克罗夫特作为不速之客来到麦克斯门,发现哈代夫妇正在喝茶,两位客人从梅登城堡附近骑着自行车翻山越岭而来,感到很累,于是很高兴能和哈代夫妇一起喝茶。索尼克罗夫特夫妇倡导自行车运动的优点,这似乎有助于激发哈代夫妇对那种新兴的、日益流行的集娱乐、锻炼和运动于一身的活动的积极兴趣。当然,哈代夫妇现在已经到了五十五六岁的年纪,尽管如此,带着一个女骑手的自信,艾玛很快就喜欢上了骑自行车,到了次年1月,为了“陪伴她”,哈代也开始骑自行车。[74]

与此同时,哈代还在致力于《无名的裘德》书籍版的最终出版。8月,他完成了打印稿的准备工作——他向亨尼卡夫人描述这是一个将手稿“恢复”到其“原始状态”的过程——并为其撰写了一篇故意带有挑战性的序言:“为一部由一个男人写给成年男女的小说;它试图自然地处理烦恼与狂热、嘲弄与灾难,它们可能会紧跟着人类已知的最强烈的热情而至,毫不含糊地指向目标未实现的悲剧,我不知道在处理过程中有什么可以例外的地方。”[75]9月,校样寄来了,虽然他需要进一步更正的大多是小问题,却为数众多,而且有时候意义还很重大,例如:在裘德听到基督寺的历史发出的声音的场景中,加入了关于吉本①的段落;给了裘德一个含糊答案的院长所在学院的名字,由塞普科尔改为比伯里奥
339 尔②;关于性的所指倾向于变得更加明确;强调得更多的是裘德和苏的

① 爱德华·吉本(Edward Gibbon, 1737–1794),英国历史学家。

② 塞普科尔的英文是 Sepulchre,字面意思是“坟墓”;比伯里奥尔的英文是 Biblioll,和圣经(Bible)是同源词,影射的可能是牛津大学的贝列尔学院(Balliol)。

同伴关系，而非表亲关系。哈代对《无名的裘德》全面细致的审查也许并不例外，因为他向来是一个一丝不苟的校对者，但这与他在 8 月 12 日写给亨尼卡夫人的信中的自我评价是相称的，即他“对这个苏的故事比我写的任何一个故事都更感兴趣”。[76]

注释

［1］斯帕克斯笔记和文件（伊顿）；J. 史蒂文斯・考克斯，援引自哈罗德・沃斯，访谈，1980 年。

［2］《晨报》，1894 年 5 月 19 日；《建筑师》，1894 年 5 月 26 日，页 411；《建筑笔记》，页 30–34，另参贝蒂，《哈代：文物保护建筑师》。

［3］《哈代诗歌》，第二卷，页 282–283。

［4］《泰晤士报》，1888 年 4 月 28 日，第 9 版；《生活和工作》，页 216；《无名的裘德》（伦敦，1896），页 v。

［5］参《哈代书信》，第一卷，页 142、143。

［6］《哈代书信》，第一卷，页 222；《世界新闻报》，1890 年 10 月 26 日等（犯罪）；1890 年 12 月 7 日（审判），1890 年 12 月 28 日（执行死刑）；《泰晤士报》，1890 年 12 月 1 日、2 日、3 日、4 日（审判），1890 年 12 月 4 日（头条新闻）。

［7］吉廷斯所说的死亡日期是错误的，《中年和晚年哈代》，页 66、74。

［8］斯帕克斯笔记和文件（伊顿）；“诗歌素材”笔记本（缩微胶卷，耶鲁）；参《生活和工作》，页 372。

［9］照片（J. 安特尔）；插图，《指南》，页 213，以及 A. M. 杰克逊，《插图和哈代的小说》（新泽西州托托瓦市，1981），插图 16；《哈代书信》，第二卷，页 94。

［10］《无名的裘德》（伦敦，1896），页 v；《哈代书信》，第二卷，页 38。

［11］W. M. 科尔斯致哈代的信，1893 年 11 月 10 日和 13 日（副本，伯格）；《哈代书信》，第二卷，页 42；《哈代书信》，第二卷，页 43。

［12］珀迪，页 89，以及哈珀备忘录第八卷中的条目（哥伦比亚大学）。

［13］《哈代书信》，第二卷，页 45；《哈代书信》，第二卷，页 47。

[14] 珀迪，页 89–90；J. 亨利·哈珀，《哈珀出版社》（纽约，1912），页 530。

[15]《哈代书信》，第二卷，页 48。

[16] 珀迪，页 87 及其注释。

[17]《无名的裘德》手稿（剑桥大学菲茨威廉博物馆）；见 P. 英厄姆，《〈无名的裘德〉的演变》，载《英语研究评论》，新序列，第二十七卷（1976），页 27–37，页 159–169。

[18] 藏书所在地。（英属哥伦比亚大学）

[19]《哈代书信》，第二卷，页 99；《冷漠的人》，页 476。

[20] 凯特·哈代致艾玛的信，星期四［1883 年？］（多博）；玛丽·哈代致老 N. 斯帕克斯的信，1907 年 11 月 26 日（伊顿）。

[21] 弗洛伦斯致 E. 克洛德的信，星期三［1915 年 11 月 24 日］。（利兹）

[22] W. 阿切尔，《真正的对话》（伦敦，1904），页 40–41；《哈代诗歌》，第二卷，页 218。

[23]《哈代书信》，第五卷，页 137；《无名的裘德》，页 352。

[24]《无名的裘德》，页 276；手稿，对开本页 149（菲茨威廉博物馆）；《无名的裘德》，页 279。

[25] E. 克洛德，日记，1896 年 7 月 19 日（艾伦·克洛德）；《哈代书信》，第二卷，页 99。

[26] 见《职业》，页 320–321。

[27]《哈代诗歌》，第二卷，页 107；珀迪，页 87 注释。

[28]《哈代书信》，第二卷，页 24。

[29]《哈代书信》，第四卷，页 260。

[30] 韦伯，《哈代和来自麦迪逊广场的女士》，页 85。

[31] A. P. 瓦特致艾玛的信，1894 年 1 月 10 日。（多博）

[32]《艾玛与弗洛伦斯书信》，页 6。

[33] E. 克洛德，日记，1895 年 10 月 1 日（艾伦·克洛德）；D. 麦卡锡，霍夫曼访谈（霍夫曼）。

［34］《艾玛与弗洛伦斯书信》，页 7-8。

［35］同上，页 13。

［36］藏书所在地。（多博）

［37］引用自哈代和亨尼卡夫人均做过注解的《基调》一书。（耶鲁）

［38］《新评论》，1894 年 6 月，参《公众声音》，页 132。

［39］《生活和工作》，页 278；《哈代书信》，第二卷，页 50。

［40］《生活和工作》，页 278；韦伯，《哈代和来自麦迪逊广场的女士》，页 97；《哈代书信》，第二卷，页 52-53。

［41］《哈代书信》，第二卷，页 52。

［42］哈珀兄弟公司的合同簿第六卷（哥伦比亚大学）；《哈代书信》，第二卷，页 57-59；合同，麦克米伦档案（大英）；从查托与温德斯出版社租借的《绿林荫下》。

［43］《生活和工作》，页 280-281；M. 热恩致哈代的信，［1894］（多博）。

［44］肖像（多切斯特哈戴学校）；哈代信件，如《哈代书信》，第二卷，页 85。

［45］《哈代书信》，第二卷，页 55；《素描》，1894 年 5 月 30 日，页 219；《伦敦新闻画报》，1894 年 8 月 18 日，页 195，参《公众声音》，页 134。

［46］《圣经》（多博）；《哈代书信》，第二卷，页 55-57。

［47］《生活和工作》，页 280-281；E. 克洛德日记，1894 年 5 月 14 日（艾伦·克洛德），参《哈代书信》，第三卷，页 238。

［48］《生活和工作》，页 282；“生活”打印稿，对开本页 369（多博）；《生活和工作》，页 283。

［49］哈代致 E. 克洛德的信，1894 年 9 月 2 日。（迈克尔·劳尔曼博士）

［50］珀迪，页 90 注释；画作（多博）；《无名的裘德》手稿（菲茨威廉博物馆）。

［51］《生活和工作》，页 283；桑普森，《哈代——治安法官》，载《科尔比图书馆季刊》，第十三卷（1977 年 12 月），页 273；《生活和工作》，页 283-284。

［52］艾玛致 M. 哈维斯的信，［1894 年］11 月 13 日（英属哥伦比亚大学）；

《哈代书信》，第二卷，页 64。

[53]《哈代书信》，第二卷，页 63；珀迪，页 279–281。

[54]《远离尘嚣》（伦敦，1895），页 v；关于威塞克斯，见《职业》，页 95–104，尤其是盖特雷尔，《哈代对威塞克斯的想象》，多处。

[55]《职业》，页 127–128；《远离尘嚣》（伦敦，1895），页 vi；珀迪，页 91。

[56]《德伯家的苔丝》，页 ix，参《哈代的个人作品》，页 46。

[57]《哈代书信》，第二卷，页 54。

[58]《威塞克斯故事集》（伦敦，1896），页 v–vi。

[59] 莎士比亚，《亨利五世》，第四幕，第三景，第 50 行。

[60]《德伯家的苔丝》，页 xi；《哈代书信》，第六卷，页 161。

[61]《生活和工作》，页 284–285。

[62] 哈代致麦克白-雷伯恩的信件的背面的笔记（亚当斯）；协定书（皮尔庞特·摩根图书馆）。

[63]《哈代书信》，第二卷，页 71–72。

[64]《哈代书信》，第二卷，页 76；坎贝尔太太致哈代的信，1895 年 7 月 10 日（多博）；《哈代书信》，第二卷，页 81。

[65]《哈代书信》，第二卷，页 83。

[66]《每日新闻》，1895 年 7 月 29 日；《独立报》（纽约），1894 年 11 月 22 日。

[67]《哈代书信》，第二卷，页 66；《公众声音》，页 135；E. 克洛德日记，1895 年 9 月27 日（艾伦·克洛德）；离婚证书日期为 1895 年 7 月 29 日（离婚登记处）。

[68] 藏书所在地（多博）；《哈代诗歌》，第二卷，页 450–451；“诗歌素材”笔记本（缩微胶卷，耶鲁）。

[69]《生活和工作》，页 286，参《多塞特郡纪事报》，1895 年 9 月 12 日，第 10–11 版。

[70] 关于艾格尼丝·格罗夫，见 D. 霍金斯，《关于艾格尼丝：哈代的“好学生”》（格洛斯特，1982），以及《格罗夫日记：一个英国家庭的兴衰（1809–

1925)》,D. 霍金斯编辑(温伯恩,1995)。

[71]《生活和工作》,页 286;《哈代诗歌》,第三卷,页 215;《哈代书信》,第二卷,页 87。

[72] W. 罗伯逊 · 尼科尔,《一位书商的书信集》(伦敦,1913),页 7;《乔治 · 吉辛书信集》,第六卷,页 21;《哈代书信》,第二卷,页 86。

[73]《乔治 · 吉辛书信集》, 第六卷,页 27–28,页 29–30,页 21。

[74] E. 克洛德,日记,1895 年 9 月 29 日(艾伦 · 克洛德);E. 曼宁,《大理石与青铜: 哈莫 · 索尼克罗夫特的艺术与生活》(伦敦,1982),页 131;《哈代书信》,第二卷,页 106。

[75]《哈代书信》,第二卷,页 84;《无名的裘德》(伦敦,1896),[页 vi],为威塞克斯版本做了修订。

[76]《无名的裘德》(伦敦,1896),页 97、143 等;校样(爱丁堡西涅图书馆);《哈代书信》,第二卷,页 84。

第十九章 《无名的裘德》的出版

340 1895年11月1日,《无名的裘德》单卷本由奥斯古德-麦基尔文公司出版,随着最近出版和发行业务的全行业变化,维多利亚时期常见的三卷本小说出版方式已经消失殆尽。同一天,道格拉斯爵士到麦克斯门短暂拜访,当第一本小说寄达时,他正好独自和哈代待在书房里:"我记得并无吉兆,天气阴沉,而哈代夫人此前在学骑自行车时遭遇意外,正在忍受其苦。"此外,道格拉斯相信哈代并没有"因感觉工作做得好而受到鼓舞",并且"他几乎不期待其新作大获成功,同样也没料想到会受到读者的大肆辱骂,而这将会是作品的命运"。[1]哈代对《无名的裘德》的期望值或许比道格拉斯所意识到的要高,但是他过去遭遇到的负面批评,仍然让他对现在所遭遇到的敌意的深度、直接性和程度准备不足。即便是那些称赞《无名的裘德》是一部杰作的评论家,也很有可能对其并未减轻的阴郁表达惊愕,对其直截了当地处理争议性问题感到不安,并对其固执的目的性感到恼火。那些认为该小说是一场灾难的人,则随意用公开谩骂来表达自己的观点,尤其是在它惊人地背离了作者以前作品的方式和内容方面。

13日的《卫报》(英国国教会报)称其为"可耻的噩梦,人们只希望尽可能尽快彻底地将其忘掉"。刊登在12日的《蓓尔美街报》上的评论的标题为“淫秽的裘德”，作者沉湎于对哈代热情叙事的一种完全庸俗化的解读：

> 因此，在适当的时候，一个不幸的家庭出现了；很快，先前出生
> 的孩子和后来出生的孩子就开始吸引人们短暂的注意力，因为他们
> 在房间里被绳子缠着脖子吊死在了衣服挂钩上。惨剧发生后，讯 341
> 问、悔恨和一种新的罪恶意识，最终导致了所有离婚者的再婚，据我
> 们估计，两对半夫妇总共有六次婚姻和两次猥亵行为，我们认为这
> 是一个创纪录的业绩。从此以后，他们均过着不幸的生活，除了裘
> 德，因为他吐血身亡了；而艾拉白拉则用在烛火上加热过的伞骨来
> 把她的头发烫成卷发，后来又狡黠地望着她的老熟人江湖郎中。[2]

伦敦的《世界报》以“堕落的哈代”为题，收回了其早先对连载版小说中的删减的抗议[3]，并不得体地取笑了诸如杀猪这样的场景：“由于该小说最初设定的读者群是美国读者，或许所有这些关于猪肠和‘内脏’的谈论都是为了向俄亥俄州波科波莉斯的居民致意。”接着，文章以崇高、正经的口吻，指责哈代通过苏这一人物为“现实生活中为数不少的神经质的准女主人公”树立了一个不妥当的榜样，并指责他模仿了“左拉和托尔斯泰的创作手法——《土地》的作者左拉和颓废的社会学家托尔斯泰……哈代先生所设想的人性，主要是由贪婪利己和歇斯底里组成的”。[4]哈代对这些攻击的痛苦反应出现在他 11 月写的许多书信中。对亨尼卡夫人、热恩夫人、道格拉斯、克洛德和高斯这样的朋友，他一次又一次用几乎相同的话语坚持说：《无名的裘德》压根就不是一部目的小说，尤其不是一部“关于婚姻问题的宣言”的小说，杀猪场景既是一种故意的人道主义姿态，又是对艾拉白拉本质上的动物性的戏剧化体现；而且他唯一担心的是，人们不是认为该小说对道德有敌意，而是恰恰相

反,认为它过于强烈地赞同基督教对仁慈的劝诫,并认为它在强调苏最终回归正统信仰时是彻头彻尾的“高教会派的”。[5]尽管有些异议毫无疑问是夸大其词的,但它们几乎无法与一些评论家奇怪的曲解相提并论。

11月10日,哈代致信高斯,对他两天前在《圣詹姆斯公报》上发表的评论予以感谢,这尤其揭示了他对即使是最热心的文学朋友也不可靠的困惑、痛苦和愤恨。这篇评论在许多方面都是透着智慧的和表示赞同的,但是高斯和当时及以后的许多读者一样,发现这个故事是过度凄凉的,而且是非常没有必要的凄凉,他在开篇几句话中也暗示了这一点:

> 这是一个很阴郁甚至污秽的故事,哈代先生终于向他的崇拜者们展示了……这位作家的天才得到了过于广泛的认可,以至于我们无法质疑他是否有权带我们进入他喜欢的场景;但是,我们当然可
> 342 以自由地说我们是喜欢还是不喜欢。很显然,我们不喜欢这些场景。我们认为,即使是最穷苦的人,他们的命运也比哈代先生所情愿承认的具有更多样性的快乐,或者至少他们的痛苦得到了缓解。不管是不是那样,我们已经习惯于发现他比以前更能意识到美,但不是在《无名的裘德》中。我们细读该小说,为自己有一种存在的空虚感而感到震惊。[6]

哈代的信承认高斯对小说的几何结构所作的一些评论的感知力,并以“衷心感谢你的评论”结尾。但最后,由于未能控制住自己对评论第一段的语气和措辞的愤怒,他添加了一个附言,既表达了他对朋友那不冷不热的态度的不满,也表达了他自己对小说及其主人公的重大义务:

> 有一件事我没有答复。这个故事的“污秽”特征,显示了一个

> 人希望过的理想生活和他命中注定要过的肮脏现实生活之间的反差。在他年轻梦想的巅峰时刻,扔掉猪阴茎的场景,就是为了强烈地引起这一反差。但正如我所感觉的那样,如果这需要解释而非不言而喻的话,那我一定是不幸地失败了。我本打算将这个想法贯穿小说的始终。事实上,我们可以发现它存在于**每个人**的生命中,尽管或许它显现得没有在我那可怜的傀儡①身上那么明显。[7]

不久之后,一本新的国际杂志《大都会》邀请高斯再为该小说撰写一篇评论,哈代试图引导他进行一次更了解情况的阅读,并始终带着同情心去读。在其忧心忡忡的出版商的催促下,他似乎也激发了道格拉斯爵士为1896年一月号的《书商》杂志撰写了一篇题为“关于《无名的裘德》的一些批评家”的文章。[8]

后来的评论,包括豪威尔斯、H. G. 威尔斯②和霭理士的评论,显然比早期的评论对这部小说更为有利。[9]但哈代仍然不得不忍受珍妮特·吉尔德③在纽约《世界报》上[10]、奥列芬特太太④在《布莱克伍德杂志》上(《反婚姻联盟》一文)和A. J. 巴特勒⑤在《国家评论》上(《颓废的哈代先生》一文)的抨击,以及许多其他批评。[11]有可能证明的是,总的来说,正面评论和负面评论数量一样多,无论如何,哈代本应该厚起脸皮,且无须那么大惊小怪。安德鲁·朗在得知哈代对他对苔丝的批评所作出的反应后,对克洛德说:“哎呀,我们应该培养一点坦然淡定的精神。”[12]但哈代的薄脸皮与其个人品质以及他个人经历的某些方面是分不开的,

---

① 即裘德。

② H. G. 威尔斯(Herbert George Wells, 1866–1946),英国科幻小说家。

③ 珍妮特·吉尔德(Jeannette Leonard Gilder, 1849–1916),美国编辑、作家。

④ 奥列芬特太太(Margaret Oliphant, 1828–1897),苏格兰小说家、历史作家。

⑤ A. J. 巴特勒(Arthur John Butler, 1844–1910),英国学者、编辑、意大利语言文学教授。

正是这些方面使他成为一位伟大的小说家,尽管哈代陷入困境后怒气冲冲的样子一点也不招人喜欢,但也并不让人特别惊讶。

343 在这段不愉快的插曲中,哈代再次彰显了他自己能够既是“傻瓜”,又是“顽抗者”,就像裘德一样。他对编辑和评论家们对其作品的反应表现出的明显惊讶,与他的一处明显失败是一致的,即:他没能意识到他对男女关系的直接处理——由于他不愿接受把婚姻作为小说情节的必要目标和结局,这一处理方式又得到了强化——必然会遭到批评和抵制。毕竟,奥列芬特太太在“反婚姻”的背景下讨论《无名的裘德》完全有正当理由。当哈代在连载出版之前就这些问题受到质疑时,他总是准备执行战略性撤退。当时的出版体制要求连载的最后一部分发表之前以书籍形式出版一部小说,所以除了从一开始就写下他最终打算出版的内容外,哈代实在是别无选择。无论从财政角度而言连载有多么重要,它在文本上的存在都是短暂的,因此在有必要进行无限的改编甚至是毁损之前,实际上它是可利用的和可任意处理的。完整的、原始的、原计划的文本可以在小说以书籍形式出版之前予以恢复,偶尔的修订或许是在连载被接受和文本恢复过程本身涉及的重读的基础上提出来的,在压力下重新做出的删改,有时会显示它们最终给小说带来了改进。然而,一旦恢复的文本以卷册的形式出版,哈代就不太愿意让步了,即使是在纯技术性的细节上。一位读者提出异议说:安吉尔在现实生活中会作为谋杀亚历克的从犯而被判刑入狱。哈代并没有完全认为该异议是愚蠢的旁枝末节。相反,他对来信者对法律的解读提出异议,并坚持认为,即使安吉尔被送进监狱,他被判的短暂刑期也会让他在苔丝被处决的那天以自由人的身份出现——因此他就出现在了小说的最后几页。[13]

在受到不公正的攻击时,哈代没有过多或深入思考他自己的第一次自卫反击的正义感或适当性。他不愿意或没有能力区分对作品的攻击和对作者的攻击,他也不情愿忘记或原谅伤害过他的人。哈代个人对公共引文的生动运用源于一则要烧掉《无名的裘德》的声明,该声明出现在威克菲尔德教区的主教威廉·沃尔沙姆·豪①写给《约克郡邮报》的一封信中,豪是有一定声望的牧师和赞美诗作家,却被哈代认为是不屑一提的“悲惨的二等教士”。[14] 从某些方面来看,这是一个喜剧情节,《生活和工作》确实注意到,烧一本厚厚的书绝非易事,既然主教选择在 344
盛夏时节来表达他的姿态,他大概就不得不为了烧一本书而专门生起炉火。[15] 然而,哈代对一位“可怕的、教条式的教会主义——基督教的别称(但其实是保罗主义**加上**偶像崇拜)”的代表的如此具有象征性的行为深感不安,他认为这是对道德和进步的持续敌对,甚至是对宗教本身的持续敌对,因为它与“基督的真正教导”相同之处甚少。在豪去世后,哈代还愤怒地发现,豪曾煽动把该小说从 W. H. 史密斯的巨大流通图书馆中撤出。《生活和工作》记载:“哈代对这个道貌岸然者的阴谋一无所知,否则这可能已经激发一个有头脑的人发表一番关于扼杀文学的言论了,尽管烧书事件并没有激发他这么做。”[16]

对文学扼杀(一个将文学审查和经济扼杀巧妙结合在一起的术语)的抗议充分依赖于原则性和实践性的反对意见,但在《生活和工作》中,紧随其后的却完全是另一种评论:“对哈代来说,这件事唯一悲哀的特点是,如果那位主教能真正了解哈代本人,他就会发现一个在个人行为、道德观和宗教的重要事实方面与他自己几乎没什么两样的人。”[17] 这段话的显著之处,与其说在于哈代竟然想象他和主教——比如说能在雅典娜俱乐部相遇——有可能会得益于相识相知,不如说在于在这样的背景下,在这样的问题上,他竟然感觉到不仅有必要为自己的作品辩护,还有必要为其个人美德和道德感抗议。当然,在撰写《生活和工作》的时候,哈代可能已经更多地了解了豪主教以及他那绝对不可小觑的成就。

---

① 威廉·沃尔沙姆·豪(William Walsham How, 1823-1897),英国威克菲尔德教区主教。

如果哈代能够被他素未谋面的人的攻击所伤害,那么他认识的人的攻击让他感到受到了背叛,这也就不足为奇了。对于萨维尔俱乐部的其他成员可能对《德伯家的苔丝》写了带有敌意的评论,他感到甚是痛苦,这反映了他从小培养起来的一种根深蒂固的感觉,即友谊与忠诚密不可分。他可能也非常痛苦地意识到,他多年来在大都市的俱乐部和友情上的投资,终究没有在他的职业上发挥良好作用。奥列芬特太太不仅在《布莱克伍德杂志》上批评了《无名的裘德》,还写信赞扬豪主教将其付之一炬的行为,《生活和工作》相当哀伤地抱怨:她在温莎患病期间,哈代还曾特意探望过她。[18]几年后,哈代得知詹姆斯和史蒂文森曾就他们所认为的《德伯家的苔丝》那令人憎恶的文风和不自然的性行为交换过
345 意见,他称他们俩为小说家中的波洛涅斯和奥斯里克①,并惊呼道:“那两位品行端正的女性②竟以这样的方式来暴露她们赤裸裸的精神,多么有失体统啊。”哈代的老朋友高斯曾当着他的面说《无名的裘德》是有史以来最不体面的一部小说,哈代也没有完全原谅他。[19]

有人可能会说,在安德鲁·朗这件事上,哈代应该有能力将他的个人生活和文学生活分离开来。然而,许多比哈代更自信的作家都很难忽视如此亲密的朋友所说的如此伤人的话,而对于哈代来说,职业与个人、想象世界与日常世界之间的传统区别似乎并不存在。哈代的工作和个人生活如此难以区分地交织在一起,几乎别无二致。他如此执着地汲取已知的和经历过的现实,他的生活主要就是每天花大量时间待在麦克斯门的书房里,这几乎是他唯一的生活方式,对于这样一个人来说,他在接受批评时,最终受到威胁的不仅仅是经济上的成功或社会声誉。在最直

---

① 两者都是莎剧《哈姆雷特》中的人物:波洛涅斯,大臣,他趋炎附势,圆滑,自作聪明,机关算尽反误了卿卿性命;奥斯里克,大臣,也是曲意逢迎、攀龙附凤之徒。两者和哈姆雷特都是敌对关系。

② 这两位女性的所指不明确,从上下文中无法判断。

接的层面上,哈代将带有敌意的评论视为对他专业精神的直接的、故意的反应,它们是在声称就实践能力而言他不擅长创作故事连载、长篇小说、短篇小说、诗歌,因而损害了其声誉,并危及了其作品的销量。引申开来,这种批评还倾向于给他因文学上的成功而业已取得的地位蒙上一层阴影,使他受到个人的嘲弄,使他生活中的方方面面更清晰地进入人们的视野,这些方面本身往往是值得钦佩的,但当时的阶级传统教导他把这些方面视为尴尬的根源,包括卑微的家庭背景,没有受过大学教育,以及他那上博克汉普屯的出身与他现在认为的自己所处的文学和社会圈子之间的隔阂。

面对消极负面的评论或吹毛求疵的评论,哈代不加掩饰地表现出了敏感,我们要对此予以评论,实际上就是要承认两者之间的不可分割性,就是要主张一种正直,这种正直会让人紧张,亦会令人生疑,它是来之不易的,没有人会对其轻言放弃,而正是凭借这种正直,哈代努力实现了自己成为一名艺术家的目标,不是在他本希望过的那种理想生活的背景下,而是在他个人命运中的咄咄怪事和商业出版体系中的紧急情况强加给他的"肮脏的现实生活"[20]的背景下,而只有通过那种商业出版体系,他才可以赢得更充分的自我表达。哈代从一开始就珍视艺术家角色的崇高理念。他对雪莱敬慕有加,视其为英雄般的艺术家;他可以称赞亨利·詹姆斯为敬业的艺术家,"一个真正的文人"[21],尽管不喜欢其为人。作为一个艺术家,他无情地苛求自己,也苛求不能完全理解他的艾玛。当他为自己的作品辩护时,他迂回曲折,争论中或夸夸其谈,或闪烁其词,这是因为带着近乎恐慌的心情,他感受到了一种威胁,不仅是对他 346
作为文学商人的财富的威胁,而且是对他艺术家自身完整性的威胁。

到了九十年代中期,哈代获得的版税看起来数额足够大,也足够稳定,使他能够在那个非通货膨胀的时代考虑放弃小说创作,回归他长久以来一直在考虑的诗歌。因此,他似乎从一开始就下定决心,在其收官之作《无名的裘德》中，他将毫不犹豫、毫不妥协地说出自己的观点，将一劳永逸地谴责那些对教育和性别公正的否认以及对淳朴人性的否认——他认为这些否认广泛地、隐性地存在于英国阶级制度中——并最终将会表达自己的感情，这些感情自《穷汉与淑女》之前就一直在他的记忆和想象中酝酿。本已饱受争议的《德伯家的苔丝》的成功提供了一个跳板，从那里可以展开对《无名的裘德》的最后一次全面挑战。《生活和工作》援引了几次作者受到严厉批评后的虚张声势，其中有一个出自本杰明·乔维特①之手的口号："永远不收回说出口的话。永远不做解释。完成它，让他们嚎叫吧。"[22] 但事实证明，他并没有做好充分的准备，来面对如此广泛而令人痛苦的公众曝光带来的心理压力，或是面对这种压力带来的诸多影响，包括：婚姻危机，对婚外情的失望，年龄增长和可能的健康状况下降带来的抑郁，以及对被认为是文学同伴友谊的幻灭。

1895 年最后几周的黑暗并不是完全没有挽回的余地。哈代特别珍视史文朋的来信，在信中，史文朋首先感谢哈代把《无名的裘德》作为礼物赠送给他，并称赞了这部小说的美丽、恐怖和真实，此外还有克雷吉太太、艾伦·特里（然而她觉得小说的语言有时显得不必要地粗俗）和"乔治·埃格顿"发来的贺信，后者是《基调》一书的作者，她称赞苏的性格特征是对"一种比普通男性观察者所认为的更为罕见的性情"的心理上的深刻治疗。[23] 12 月初，哈代夫妇开启了短暂的伦敦之旅，观看了福布斯-罗伯逊和帕特里克·坎贝尔太太在《罗密欧与朱丽叶》中的表演，之后还与他们二人共进晚餐。哈代还见到了亨尼卡夫人和其他朋友，待到他返回多切斯特时，他能够向道格拉斯爵士保证，《无名的裘德》"进展十分顺利"，伦敦社会"根本不能被震惊到的批评家们所代表"。[24]

---

① 本杰明·乔维特（Benjamin Jowett, 1817–1893），英国学者。

1896 年初,坎贝尔太太在多切斯特的国王纹章旅馆住了几天,并花了很多时间待在麦克斯门。1 月 12 日,她写信告诉一位朋友,她一直在 347
哈代用小提琴演奏的老曲子的伴奏下跳即兴舞步。[25]关于在伦敦上演戏剧《德伯家的苔丝》的可能性,哈代再次积极征求了他人的意见。2 月初,哈代在伦敦时,曾拜访坎贝尔太太讨论此事;他与福布斯-罗伯逊以及他的合伙人弗雷德里克·哈里森开展了更多的谈判;3 月中旬,哈代就正在讨论的条款征求了亨利·亚瑟·琼斯①的意见。[26]他确实通过哈珀兄弟公司安排了该剧在纽约的上演,由米妮·马德恩·菲斯克②扮演剧名角色,正如他后来了解到的,一个名叫洛里默·斯托达德③的人对剧本作了大幅改编。该版本于 1897 年 3 月 2 日首演,并在纽约演出结束后举行了北美巡演,但预期的伦敦演出未能实现。《生活和工作》把谈判的破裂归咎于《无名的裘德》引起的公愤,但哈代于 1896 年 8 月给苦恼的坎贝尔太太写了一封信,信中含糊其词地提到其他复杂的因素,将小说改编成戏剧本身很可能就存在问题。[27]尽管如此,为了在表面上履行手续,在美国首演的当晚,也同时举行了伦敦版权的剧本的“演出”,据说在伦敦进行了一段时间的“盗版”演出,直到以菲斯克太太的名义成功地对其下达禁令才告结束,哈代于 1900 年公开否认参与过此事。[28]

1896 年 2 月,艾玛生平第一次遭受一种严重的疾病发作,这种疾病将要伴随她的余生。她和哈代称之为湿疹,但正如热恩夫人所认为的,它或许是带状疱疹。艾玛先是在家休息,后来又在苏塞克斯海岸休养——她写给玛丽的那封恶毒的信是在沃辛时写的——哈代本人则两赴伦敦,陪热恩夫人及其女儿玛德琳参加了在克拉坎索普太太家举办的

---

① 亨利·阿瑟·琼斯(Henry Arthur Jones, 1851-1929),英国戏剧家。
② 米妮·马德恩·菲斯克(Minnie Maddern Fiske, 1865-1932),美国女演员。
③ 洛里默·斯托达德(Edwin Lorimer Stoddard, 1863-1901),美国诗人。

一个假面舞会（"我最近最有趣的经历"），他让温妮弗雷德·汤姆森接着完成了去年就开始了的画像，还拜访了亨尼卡夫人及其丈夫，在写给艾玛的信中，他称亨尼卡的丈夫"真的是一个非常好的人"。[29]尽管哈代仍时不时地参与亨尼卡夫人的文学事业，但是他更积极地忙于鼓励艾格尼丝，给她建议，就其性质而言，她的抱负是撰写论辩性作品，而非纯文学创作。他向她建议了当前读者可能感兴趣的话题，阅读并修改了她的草稿，在把完成的作品发表在杂志上这方面，他也经常提供非常直接的帮助。例如，他深度参与了《我们的孩子——应该告诉孩子些什么》一文的撰写和发表，该文刊登在《自由评论》1896 年七月号上，甚至连校样都是经他的手转到艾格尼丝手上的。[30]

348 4 月初，艾玛的健康状况有所好转，他们像往常一样前往伦敦，在佩勒姆新月 16 号的同一栋房子里住了下来，这是他们 1894 年曾住过的。现在轮到哈代生病和抑郁了。在一封写给热恩夫人的信中，他提到一种风寒、风湿病（他父亲特有的苦难的根源）和其他不确定的不适，在被困在屋子里两三个星期后，他听从热恩夫人推荐的一位医生的建议，和艾玛一起努力去尝试一下布莱顿空气的功效。[31]由于苏塞克斯的气候没有被证明特别有效，大约一个星期后他们就返回了佩勒姆新月。之后不久，艾格尼丝去那里喝茶，哈代在这个"伦敦社交季"的其他一些场合也遇到过她。他们都是赫伯特·阿斯奎斯和玛戈特·阿斯奎斯①举办的宴会的客人，也是哈代所喜爱的年轻的多萝西·斯坦利和亨利·奥尔胡森的婚礼的客人，在哈代最喜欢参加的帝国研究院的一场乐队音乐会上，他热情洋溢、多愁善感，伴着《蓝色多瑙河》的音乐，拉着艾格尼丝

---

① 赫伯特·阿斯奎斯（Herbert Henry Asquith，1852–1928），英国政治家，自由党领导人之一，曾任英国财政大臣和英国首相；玛戈特·阿斯奎斯（Margot Asquith，1864–1945），英国作家、社交名媛。

跳了几圈华尔兹。[32]

7月23日,当哈代和艾玛回到麦克斯门时,他已经完全摆脱了所有病痛;8月上旬,他为《绿林荫下》撰写了序言,完成了奥斯古德-麦基尔文公司的"威塞克斯小说"版本的工作。在该序列中,《绿林荫下》并未按原来出版时间的顺序出版,这是哈代在二十五年前出售了其版权的结果,但这为该书的再版提供了一个良机,使哈代可以申明他对博克汉普屯童年时的习俗和价值观的忠诚,这一点在其父亲和祖父手写和手工装订的旧乐谱中得到了体现,这些乐谱现如今已经成为他的个人收藏:"这些摆在我面前的作品,其中一些如今仍是很好的曲子,尤其是对乐谱线、半线、半字的重复,赋格曲,以及交响乐,尽管它们很难被收录进当今时尚社会的教堂里流行的圣歌集。"[33]在哈代夫妇的生活中,音乐作为一个元素历来重要,这一点在他们于6月底写给凯特的一封信中得到了体现,信中哈代表示愿意从伦敦寄给她或带给她任何她想要的乐谱。其他的家庭分镜头剧本则不那么牢靠。从伦敦回来后,他立即去博克汉普屯看望母亲,发现她明显地干瘪了("她的脸看起来变小了"),他意识到这个与过去最珍贵的联系一定会在将来某个时刻中断。[34]

8月中旬,哈代夫妇踏上了为期八周的假期之旅,一部分时间在英国,另一部分时间在比利时。他们先去了马尔文、伍斯特、华威和基尼尔
沃斯①,在埃文河畔的斯特拉特福②住了一个星期,然后有些迂回地穿过 349
考文垂③和雷丁——即《无名的裘德》中的阿尔德布里坎和一个城镇,正如《生活和工作》所述,玛丽·海德曾在那里住过一段时间——前往多

---

① 马尔文(Malvern),英国中西部伍斯特郡的一个温泉疗养小镇;伍斯特(Worcester),伍斯特郡的一个大教堂城市;华威(Warwick,又译沃里克),英国中西部华威郡的首府;基尼尔沃斯(Kenilworth),华威郡的一个集镇。

② 埃文河畔的斯特拉特福(Stratford-upon-Avon),英国中部城市,莎士比亚的故乡。

③ 考文垂(Coventry),英国中西部西米德兰兹郡城市。

佛和欧洲大陆。[35]然而,在多佛的时候,艾玛在骑她携带的自行车(漆成绿色,绰号“蚱蜢”)时出了意外,于是他们被迫在海峡的英国这一侧停留了近两周,直到她康复。在那一时期,哈代以其特有的一丝不苟的态度重读了《李尔王》,并在他随身携带的阿诺德的《诗歌集》中,将日期连同他和艾玛姓名的首字母一起写在了《多佛海滩》一诗的旁边。考虑到假期延长这一背景,人们很容易将在《多佛海滩》旁所做的标记解读为一种阻止和扭转婚姻被侵蚀的共同尝试。另一方面,它可能只是一则旅行笔记而已,和哈代在其旅行指南中所做的标记没什么两样,给我们此暗示的是:标记与诗的标题而不是与那句著名的劝诫语并置在一起,即“啊,亲爱的,让我们忠诚 / 彼此忠诚!”[36]

9月中旬,自行车“蚱蜢”陪同哈代夫妇前往比利时,经历了许多冒险,成了累赘和麻烦,并于10月中旬与他们一起安全返回麦克斯门。他们行程中的比利时部分包括奥斯坦德、布鲁日(“一个令人忧郁的、有趣的老镇”)、斯帕和迪南特①,在迪南特,哈代非常关心他平生遇到的第一个真正嗜赌成性的赌徒的钱财和命运。在布鲁塞尔,“因为情感关联的缘故”,他们住在了邮政酒店,这是他们上次来访时的住处。不幸的是,自从二十年前“光明的日子”以来,这家酒店“变糟了”,重访旧场景的主要影响是对时光流逝和生活衰败的一种阴郁的认识,在列日②写给亨尼卡夫人的信中,哈代写道:“自打我上次来到欧洲这一地区,已经过去二十年了,细细想来着实令人悲哀。我扪心自问,为什么我又来到这里,而不是长眠于地下!”尽管如此,他还是感到愉悦,因为他参观了布鲁日和布鲁塞尔的画廊,并再次有机会(10月2日,他独自一人)在昔日的滑铁

① 四者皆为比利时地名。奥斯坦德(Ostend),最大沿海城市,位于西法兰德斯省;布鲁日(Bruges),西法兰德斯省省会和最大城市;斯帕(Spa),列日省城镇,spa(温泉疗养地)一词就源于这里;迪南特(Dinant),那慕尔省城市。

② 列日(Liège),比利时列日省省会。

卢战场上散步。关于这次旅行，我们永远也不会知道艾玛在她的“秘密”日记中说了些什么，即使她真的说过什么，而且如果她保留了一本她惯常的旅行日记的话，那日记也已经消失不见了。但是，哈代夫妇盘算，实施，并挺过了一个复杂的八周假期，这一简单事实本身似乎就足以表明，他们保持了合理的以礼相待与和平相处，或许甚至是积极的亲善友好。10月12日，在从麦克斯门写给亨尼卡夫人的一封信中，哈代对她说：总的来说，这是“一段令人愉快的和有启发性的时光，在英国的那 350
一半时间相较在国外的那一半时间或许更是如此”。[37]

是年秋，亨尼卡夫人将《真实的幽灵》收录进她的短篇小说集《猩红色与灰色》，这使得最近针对《无名的裘德》的那种攻击再一次出现，《旁观者》郑重其事地建议亨尼卡夫人：“创作后期阶段的托马斯·哈代先生几乎不是一个审慎而明智的文学顾问。”[38] 11月中旬，哈代使艾格尼丝确信，他自己“目前正沉浸于天真无邪的领域里”，除了在《伦敦新闻画报》的圣诞号上发表的短篇小说《“恐怖”的委员会成员》之外，近期没有其他将要出版的作品。然而，他将另一篇短篇小说《公爵的重现》卖给了《星期六评论》，该小说是根据十七世纪斯威特曼的家庭传统写成的；他还准备修订四年前连载的《追求意中人》，以卷册的形式出版，题名为“意中人”。三个星期后，他对艾格尼丝说：“如果圣诞节前我真去伦敦的话，恐怕我也不会在那里久留，因为我轻率地答应了我的出版商在圣诞节前准备好稿件。”[39]

11月，欧文姐妹再次出现在多切斯特，并像往常一样拜访了麦克斯门。艾玛在随后的一封信中遗憾地说，由于她在初秋时节长期不在家，欧文姐妹发现家里有点乱糟糟的。她相当心平气和地补充说，她仍在经历家庭困难，哈代又换了书房，“一点一点地挪，一本一本地搬，留下了一间不宜挪作他用的房间，直到工人们过来装修！”和往常一样，用人们也存在问题："我们的新女佣脚步声大得像地震！每天都让瓷器碰撞出巨大声响——**她却很淡定**！但她脾气很好，看起来很可爱。那个'男佣'说他曾做过侍者，可是他却对着客人打呵欠，而且几乎不引领客人进出。"这封信中同样断断续续的评论是针对她的阅读的。她刚刚看完理查德·勒·加利恩纳①的小说《金色女孩的探寻》："开篇充满了优美的诗意——中间部分新鲜而有趣，虽然有点放荡——结局很悲惨——这是很出乎意料的。"她还读了《约翰·普勃吕尔·博克曼》，其第一部英文译本刚刚出版："易卜生在该作中展现出了自己的过人之处——悲怆、强大，忠实于人物所处的位置。"[40]

艾玛惯常的热烈可能是迷人的，甚至是有趣的，这使她成为一个活跃的写信人，即使有时候会体现出惊人的不连贯性。这也使她成为一个
351 热情而强有力的社会和宗教运动的拥护者，即使言行不是特别有条理；她越来越使自己致力于这些运动，而且经常是公开的。她憎恨《无名的裘德》的众多原因之一是它对人类生存状况的阴郁的描述，到了九十年代中期，她在智识方面与哈代渐行渐远，其决心丝毫不亚于他在情感上与她渐行渐远。他对既定的制度和价值观越来越直言不讳地进行批评，这直接与她自己日益加深的宗教信仰背道而驰，这种宗教信仰以过时的福音主义为中心，其特点是对罗马天主教的敌意和对有限的人道主义事业的热忱。1897 年 2 月，她致信丽贝卡，哀叹自己的通信者是一个"裘德式的人物"，并继续表达她对作家们的"空虚的唯物主义"以及他们的"智力自豪"的憎恶，她还宣称随着年龄的增长，自己愈发致力于"改良之道和方案计划，以消除那云层般浓密的邪恶"。[41]

艾玛的侄子戈登这段时间在多切斯特上学，大部分时间都在麦克斯门度过，他一直坚持认为，虽然夫妻俩肯定在《无名的裘德》问题上"意

---

① 理查德·勒·加利恩纳（Richard Le Gallienne，1866–1947），英国作家、诗人。

见相左”，但婚姻本身不能被称为不幸。然而，吉辛于 1895 年在哈代身上所观察到的“奇怪的坐立不安和难以平静”显然与整个家庭内部的基本不安状态有关。福特·马多克斯·福特①关于艾玛恳求理查德·加内特②停止出版《无名的裘德》的故事，几乎可以肯定是虚构的，但听起来却足够真实——或者也许只是足够带有恶作剧的性质——从而得以广为流传。[42]剧作家阿尔弗雷德·苏特罗③回忆道，《无名的裘德》出版后不久，他在拜访麦克斯门时对该小说予以称赞，艾玛则尖锐地回应说，这是哈代第一部“没有先让她读手稿”就出版了的小说，“她坚定地补充说，如果她读了手稿，这部小说就**不会**出版，至少是没有经过大幅修改就不会被出版。她还补充说，这本书给他们在该郡的生活带来了改变……哈代一言未发，甚至连眼皮都没从盘子上抬一下”。[43]随着时间的推移，哈代越来越多地诉诸这样的沉默，将其视为掩饰尴尬和避免出现更令人苦恼的场面的最可行的办法。多年来，他已经习惯了艾玛言谈举止的不合逻辑性，对于她公开的斥责和公开表现出的、出人意料的对立和独立，他只能隐忍。

1896 年圣诞节前不久，亨利·穆尔及其女儿拜访麦克斯门，发现艾玛满怀柔情，哈代本人同样心情愉悦。[44]亨利当然是老朋友了，不过他 352
离开麦克斯门后，那种欢快的气氛也许并没有保存下来，虽然哈代在最深层的个性和目标上是非常稳定的，但是在一个更表面的层面上，他容易在思维、感觉和情绪上迅速转变。他最黑暗的忧郁不仅能与外表的亲切共存，还能与真正的快乐交替出现，有时候他似乎完全有能力至少是

① 福特·马多克斯·福特（Ford Madox Ford，1873–1939），英国小说家、诗人、评论家和编辑。

② 理查德·加内特（Richard Garnett，1835–1906），英国学者、图书管理员、传记作家和诗人。

③ 阿尔弗雷德·苏特罗（Alfred Sutro，1863–1933），英国作家和剧作家。

心甘情愿地屈服于忧郁,即使不是故意制造忧郁。毕竟这些阴暗的情绪常常有助于创作,从这个角度而言倒是一大幸事,这不仅体现在他为一只心爱的猫设计墓碑时表现出的"忧郁的快乐",这只猫的失踪曾使他陷入绝望[45],还体现在艾玛去世后他创作的"1912-1913 年组诗"达到了其创作巅峰。

然而,在 1895 年至 1896 年间创作的最好的诗歌中弥漫着一种凄凉的气氛,个中不带丝毫的虚假。如果说《无名的裘德》讲述的是一个人跌至人生低谷的故事,那么哈代本人在《威塞克斯高地》和《在阴郁中》三首组诗等诗中险些陷入绝望。弗洛伦斯曾说,重读《威塞克斯高地》令她心痛不已,因为她知道该诗是在《无名的裘德》遭遇负面评论之后写的,当时哈代"受到了如此残酷的对待"。该诗也是在亨尼卡夫人拒绝了他并给他带来深深的痛苦之后写的,就此而言它同样重要:

> 对于一个罕有的漂亮女人来说,我现在只是她的一个思绪,
> 我进入她的脑海,但另一个思绪接踵而至,更博得她的欢喜;
> 然而,我对她爱得如此全心全意,她自己甚至并不知晓;
> 好吧,时间能为脆弱的心灵疗伤,现在我可以对她放手。[46]

然而,《威塞克斯高地》和《在阴郁中》主要证明的是一种更普遍的绝望,"一个曾经怀疑一切的人, / 在绝望中等待",还证明一种近乎想要自杀的疏离感,不仅被人类的挚爱和信任所疏离("朋友不会变冷……对他来说没有人会变冷"),还完全被一个怪诞、无礼、乐观的时代所疏离,被一个"没有人会像我一样思考"的世界所疏离。如果这里面有自怜成分的话,那它一如既往地被无情的诚实给平衡和校正了。在《威塞克斯高地》一诗中,哈代承认了"我单纯的自我"[47]的某种错误,这反映了他承认对于生活中发生的事情自己负有一定的责任,也反映了

他不仅准备好了过一种愈发退隐的生活和更平静规律的生活，甚至也准备好了一种和解的姿态，正如他和艾玛共度长假所暗示的。怀着寂静主义者的抱负，哈代认为回归诗歌不仅提供了取得艺术成就的更大可能性，而且更通俗地讲，提供了一种间接辩论的技巧，还提供了一种让人倾听其思想的手段，这些思想如果直接表达出来，很可能会被怒吼声淹没：

> 或许[他于1896年10月告诉自己]我可以用诗句更充分地表达思想和情感，这些思想和情感与那种没有生气的、具体化的、像石头一样坚硬的见解完全不同，而很多人却通过支持那样的见解成为既得利益者。在一首充满激情的诗歌中嘶吼出一个或多个最大原动力，一个或多个主要力量，在他们看来一定是能量有限的、未被人意识到的，或是残酷的——这显而易见，而且几个世纪以来一直如此——只会令他们摇摇头而已；但若是将其置于辩论性的散文中，则会令他们嘲笑，或是愤怒，并让所有的文学柔术演员都猛扑向我，一个与人无害的不可知论者，就好像我是一个大声疾呼的无神论者，但是他们愚蠢而无知，似乎认为这两者是一码事……如果伽利略是在诗歌中说地球在转动，宗教法庭也许会置之不理。[48] 353

《意中人》(《追求意中人》大幅修改后的书籍版)的评论者们并没有完全让哈代过上平静的生活。1897年3月16日，奥斯古德-麦基尔文公司首次出版了该小说，其版式是与《无名的裘德》以及全集中的其他小说相配的单卷本，读者最初的反应是非常正面的，即使偶尔令人有点困惑。然而，3月24日，伦敦《世界报》上发表了一篇评论，题为“幽默作家托马斯·哈代”，该评论与十五个月前《堕落的哈代》一文发起的攻击如出一辙。这位匿名评论员首先表达了宽慰，说哈代在新小说中“坚决放弃了对猪舍的所有描述”，但随后便带着强烈的讽刺意味谴责情节的不可能和不恰当,并宣称:"在小说中所有形式的性狂热中,我们可以毫不犹豫地宣布,最令人不快的就是托马斯·哈代先生的威塞克斯狂热。"这显然是对《无名的裘德》引发的争议有所指,蔑视作者"全心全意地致力于真理"的"老生常谈",这篇文章以一种人身攻击结尾,而哈代上一次遭受这种人身攻击时就非常苦恼:

> 哈代先生又一次让公众感到失望和厌恶,让他们看到了天才在走下坡路的令人沮丧的景象。马修·阿诺德曾无礼地称彭斯为"一头闪着灿烂光芒的野兽"。在细读《无名的裘德》一书之后,笔者抑制不住地想起了这一描述,因为在那本书中无疑有一些灿烂的光芒。《意中人》却没有一丝光芒。[49]

无论好坏,这些都不再是那种通常发表文学分歧的措辞,为了理解哈代回应的本质,有必要了解一下这些评论的味道。哈代拒绝让自己被诸多正面的评论和小说的热卖所鼓舞和安慰,他一再向朋友和熟人表达他对
354 《世界报》上的评论者公开的恶毒评论的沮丧,以及他对如此纯真的故事竟可以被如此有悖常理地解读的惊讶。他告诉亨尼卡夫人,"可怕的刺痛"是更令人吃惊的,因为他之所以以书籍形式重新出版该小说,其中一个原因就是"它不可能冒犯到格伦迪太太①、格伦迪先生或他们的孩子们,即使对于一个像男主人公那样对理想女性有着极大的艺术狂热的男人来说,这部小说有可能被称为是不真实的、不可能的"。[50]哈代明智地拒绝了《学园》的编辑请他对《世界报》上的文章予以回应的约稿,他说回应如此带有人身攻击性质的恶语的最佳办法就是不作回应,但这

① 格伦迪(Grundy),指心胸狭窄的人、极喜挑剔的人,源于英国剧作家托马斯·莫顿(Thomas Morton, 1764–1838)的戏剧《加快耕耘》(*Speed the Plough*, 1798)中的人物。

并没有阻止他私下给《泰晤士报》的编辑写信，希望他们的评论员不要受《世界报》上的观点的影响。他也毫不犹豫地评论道："有些人的思想一定是肮脏的粪坑，需要一整辆粪车来清空它们！'[51]

尽管这篇评论的独特暴力使人们可以理解哈代本人的语言暴力，但再次值得注意的是，即使是在易卜生之后，即使是在《无名的裘德》之后，对于一个仔细地避开了如此多性禁忌并且"从摘要上"来看是如此具有喜剧特色（如一位持赞同观点的评论员所言）的故事所引发的敌对反应，他竟然没有做好更充分的准备。[52]使哈代的愤怒和苦恼加剧的原因是：他已经作出了很多努力，使这部小说的书籍版不像1892年的连载版那样直言不讳，对婚姻的敌意也不那么明显了，因此对艾玛的冒犯便也减少了，而且作为一种额外收获，也不易于受到评论者们的攻击了。那些关于时尚的伦敦生活的中立内容，基本上是像在《追求意中人》中那样保持了原样，同时还会不时地强调一下社会讽刺，比如，关于在香奈尔克里芙夫人家的政治讨论，那时候是这么说的："明智政府的任何原则在任何一个人的思想中都未能占有一席之地，鼓舞所有人的详情细节都是一种直截了当的、令人愉快的个人主义。"[53]另一方面，重写或替换的几个部分都是直接关于皮尔斯顿（其名字现在是这么拼写的）和其意中人的各种临时化身之间的关系的，以至于这部经过修订的小说几乎没有涉及婚姻，无论是在主题上，还是作为情节的一个元素。小说更为一贯地成为一个具有艺术气质的寓言，被哈代自己防御性地、合情合理地将其描述为"一个富于幻想的、半寓言式的悲喜剧故事，内容是关于一个可怜的梦想家追求幻象的过程"。[54]特别引人注目的是哈代删除了连载结尾处带有讽刺意味的"嗬——嗬——嗬！"，取而代之的是一个安静的皮尔斯顿的讽刺形象，他那雪莱式的躁动不安被治愈了，付出的代价是他作为一个艺术家的所有抱负和能力都灰飞烟灭了。他看上去比实际年龄要老，出于无性婚姻的便利，他与一位友好的老女人结了婚，提出 355

了将“岛上”的“旧天然喷泉关闭”的计划，拆掉了一些“长满了苔藓的、带有直棂窗的伊丽莎白时代的旧村舍”，因为它们太潮湿了，并建造了“带有空心墙和安装了多台通风机的新村舍”。[55]

从表面上看，这些都是代表阉割和投降的形象，意味着——如果它们确实有任何自传意义的话——哈代顺从地接受年龄的增长以及随之而来的令人熟悉的现象，如性能力的衰退和创造力的下降。就在小说刚出版后，哈代确实对高斯惊呼道：“我也正在变得像皮尔斯顿一样衰老！”[56]但与连载版的结尾相比，小说书籍版的结尾是更成熟的想象力的产物。像之前的艾塞尔伯塔和克林一样，皮尔斯顿成了一个以半同情、半讽刺的方式呈现出来的范例，提醒人们不要重蹈其覆辙。哈代确实接受了皮尔斯顿的故事中所蕴含的浪漫主义和创造性愿望的相互依赖，但他可能是从积极的角度来看待这种接受的，也就是对这两者一直可以持续到未来的不可分割性的肯定。譬如，在生活中作出了糟糕的选择——比如说在婚姻中——并不意味着精神的死亡，而且，如果说对《意中人》的修订对哈代来说构成了一次普洛斯彼罗式①的焚书事件，那是源于哈代的一种根深蒂固的期待，即从小说家的余烬中获得凤凰涅槃般的浴火重生而成为诗人。几年前，他曾向道格拉斯爵士保证说：“我的诗歌时代当然还没有到来，你一定要记住，缪斯女神们有时不得不‘在某个春天缩手不干’，或者，正如她们自己可能会表达的那样，**后退以便跳得更远**：她们最近可能一直在这样做。”[57]

注释

[1] 道格拉斯，《托马斯·哈代：一些回忆与思考》，载《希伯特杂志》，第二

---

① 普洛斯彼罗（Prospero），莎剧《暴风雨》的主人公，是米兰公爵，他会施魔法，有很多关于魔法的书。因此凯列班建议制服普洛斯彼罗的办法就是烧掉他的魔法书，没有了书，他就像个笨蛋一样。

十六卷(1928 年 4 月),页 396。

[2]《卫报》,1895 年 11 月 13 日,页 1770;《蓓尔美街报》,1895 年 11 月 12 日,第 4 版。

[3]《迎合波多斯纳普》,载《世界报》,1895 年 10 月 16 日,见《哈代书信》,第二卷,页 96。

[4]《世界报》,1895 年 11 月 13 日,第 15 版。

[5]《哈代书信》,第二卷,页 92–99,引文页 94、99;参《生活和工作》,页 287–289。

[6]《圣詹姆斯公报》,1895 年 11 月 8 日,第 4 版。

[7]《哈代书信》,第二卷,页 93。

[8]《哈代书信》,第二卷,页 99(参《哈代:批评遗产》,页 262–270);《哈代书信》,第二卷,页 105。

[9] 见《哈代:批评遗产》,页 253–256,279–283(威尔斯的评论载《星期六评论》),页 300–315。

[10] 吉尔德,《世界报》(纽约),1895 年 12 月 8 日,第 33 版,参《生活和工作》,页 296–297,以及《哈代书信》,第二卷,页 103、126。

[11] 见《哈代:批评遗产》,页 256–262(参《生活和工作》,页 287),页 284–291。

[12] A. 朗致 E. 克洛德的信,1892 年 5 月 1 日,载《罗格斯大学图书馆杂志》(1949 年 12 月),第四卷。

[13]《哈代书信》,第一卷,页 290。

[14] 关于豪的职业,见《英国人物传记辞典》;关于其声明的文本,见 L. 勒纳和 J. 霍尔斯特罗姆(编辑),《哈代和其读者》(伦敦,1968),页 138;《哈代书信》,第二卷,页 143。

[15]《生活和工作》,页 294–295。

[16]《哈代书信》,第二卷,页 143;《生活和工作》,页 294。

[17]《生活和工作》,页 295。

[18] 同上。

[19]《生活和工作》,页 259–260;《哈代书信》,第四卷,页 33。

[20]《哈代书信》,第二卷,页 93。

[21]《哈代书信》,第三卷,页 56。

[22]《生活和工作》,页 286。

[23]《生活和工作》,页 287;珀尔·克雷吉致哈代的信,1895 年 11 月 15 日,E. 特里致哈代的信,1895 年 11 月 28 日,"乔治·埃格顿"致哈代的信,1895 年11 月 22 日(皆收藏于多博)。

[24]《生活和工作》,页 289;《哈代书信》,第二卷,页 100。

[25] 坎贝尔太太致柯尔律治太太的信,1896 年 1 月 12 日。(多博)

[26]《哈代书信》,第二卷,页 109;J. 福布斯–罗伯逊致哈代的信,[1896 年 1 月]和 1896 年 2 月 14 日(多博);F. 哈里森致哈代的信,1896 年 3 月 4 日(多博);《哈代书信》,第二卷,页 113。

[27]《生活和工作》,页 293;《哈代书信》,第二卷,页 111–112;坎贝尔太太致哈代的信,1896 年 8 月 4 日(多博);《哈代书信》,第二卷,页 128;见《剧院中的〈苔丝〉》,M. 罗伯茨编辑(多伦多,1950),页 xxxiv–l,尤其是 K. 威尔逊,《搬上舞台的哈代作品》(巴辛斯托克,1995),页 37–45。

[28]《哈代书信》,第二卷,页 149;《泰晤士报》,1900 年 2 月 21 日,第 4 版,参《公众声音》,页 159–160。

[29]《生活和工作》,页 292;《哈代书信》,第二卷,页 112、109、108。

[30]《哈代书信》,第二卷,页 123。

[31]《哈代书信》,第二卷,页 116、118;《生活和工作》,页 293。

[32] D. 霍金斯,《关于艾格尼丝》(格洛斯特,1982),页 102;《生活和工作》,页 298。

[33]《绿林荫下》(伦敦,1896),页 vi。

[34]《哈代书信》,第二卷,页 124;《生活和工作》,页 298。

[35]《生活和工作》,页 298–299。

[36]《生活和工作》,页 299;藏书所在地(多博)。

[37]《生活和工作》,页 299–301;《哈代书信》,第二卷,页 130;《生活和工作》,页 301–302;《哈代书信》,第二卷,页 124。

[38]《旁观者》,1896 年 10 月 31 日,页 593。

[39]《哈代书信》,第二卷,页 137、140。

[40]《艾玛与弗洛伦斯书信》,页 9。

[41] 同上,页 10。

[42] G. 吉福德,信件,载《泰晤士报文学增刊》,1944 年 1 月 1 日,页 7;F. M. 福特,《比剑更强大》(伦敦,1938),页 128–130;参吉廷斯,《中年和晚年哈代》,页 81,以及 D. 凯-罗宾逊,《第一任哈代夫人》,页 153–156。

[43] A. 苏特罗,《名人和平民百姓》(伦敦,1933),页 58。

[44] 韦伯,《哈代和来自麦迪逊广场的女士》,页 117。

[45]《艾玛与弗洛伦斯书信》,页 65。

[46]《艾玛与弗洛伦斯书信》,页 105;《哈代诗歌》,第二卷,页 27。

[47]《哈代诗歌》,第一卷,页 207,第二卷,页 26。

[48]《生活和工作》,页 302。

[49]《世界报》,1897 年 3 月 24 日,页 13–14。

[50]《哈代书信》,第二卷,页 157。

[51]《哈代书信》,第二卷,页 155;G. E. 巴克尔致哈代的信,1897 年 4 月 10 日(多博);《生活和工作》,页 303。

[52]《学园》(1897 年 3 月 25 日),页 345。

[53]《意中人》(伦敦,1897),页 88。

[54]《哈代书信》,第二卷,页 154。

[55]《意中人》,页 388。

[56]《哈代书信》,第二卷,页 153。

[57] 同上,第一卷,页 182。

第二十章　保持距离

356 1897年2月，哈代显然已经确定了《威塞克斯诗集》的内容，比该诗集1898年12月首次出版的时间提前了近两年，他那时候无疑已经做出那个非凡的决定，那就是用自己的素描画来做插图。在创作这样一部诗集的过程中，他能够利用比同时代的那些作家可能猜想到的更丰富的资源，而且在从事小说创作的几十年间，他对诗歌的抛弃远非是绝对的。诗集中的诗歌已经写完，但尚未出版，关于《列王》的创作，哈代一直在沉思、规划和重新规划，并起草了一部分[1]，他的笔记本写满诗歌创作中可能会用到的素材。除了收录进哈代始于六十年代的“研究、样本和评论”笔记本的条目或回顾性地收集进他后来的“诗歌素材”笔记本的条目，只有少量的素材在众多袖珍笔记本被系统性地销毁的过程中得以幸存，其中一部分是哈代去世前自己销毁的，还有一部分是他去世后被悉尼·考克雷尔①销毁的。[2]但是，尽管哈代继续从事诗歌创作的现有证据匮乏得令人失望，但这些袖珍笔记本所包含的典型内容可以从幸存的少数片段中轻而易举地推断出来：关于可能的主题或标题的想法；对天

① 悉尼·考克雷尔爵士（Sir Sydney Cockerell，1867-1962），剑桥大学菲茨威廉博物馆馆长，图书收藏家。哈代的遗嘱执行人之一。

气和其他自然现象的描述;所见的地方、人物和绘画作品的草图;无意中听到的只言片语的谈话;人的困境和性格的梗概;关于可能的意象的说明;整首诗的轮廓,甚至草稿的片段。毫无疑问,哈代有着保持诗歌抱负的热情和决心。即便如此,在创作《远离尘嚣》和《德伯家的苔丝》之间的时期,也很少有诗歌能最终成形,而《威塞克斯诗集》本身中的大部分诗歌,要么是从源于六十年代的草稿修改而成的,要么是从九十年代早期到中期构思和创作出来的。

1897 年春,哈代夫妇照常去了伦敦,把麦克斯门交由一个用人负责 357
管理,哈代的信件则托付给凯特处理。姐妹二人最近都辞去了在贝尔街女子学校的教职[3],玛丽辞职是因为身体欠佳,而于凯特而言,原因有三:一是这样做合家人心意;二是她哥哥的财政支持使之成为可能;三是她很高兴离开一个她从未觉得很适合自己的职业。几年前,哈代就已经为两个妹妹在多切斯特买了一栋房子,离学校很近,这样她们就可以在工作周住在那里。然而,杰米玛现在已是耄耋之年①,需要日常照料,一旦玛丽和凯特辞职,她们就可以花更多时间待在博克汉普屯的村舍里,亨利仍住在那里。是年春夏之交,即将到来的纪念英国女王登基钻石禧年②庆祝活动使人们激动而兴奋,哈代夫妇没有找到任何适合租住的住所,于是在伦敦度过了十天不舒服的日子之后,他们采取了一个有点极端的措施,那就是去距滑铁卢约一个小时火车车程的巴辛斯托克找住处。尽管如此,他们还是设法作了一系列的伦敦一日游或两日游,去看望朋友,参观画展和观看戏剧(包括易卜生的两部作品),并再次出席帝国研究院的音乐会。6 月中旬,在官方庆祝仪式前一周左右,他们回麦克斯门作了短暂逗留,然后前往瑞士,去度过又一个欧洲大陆假日。[4]

---

① 杰米玛时年八十四岁。

② 维多利亚女王 1837 年登基,1897 年为其登基六十周年。

6月20日,哈代在他们的第一个目的地伯尔尼写信时,只提及了令人沮丧的浓密的云:“到目前为止,瑞士有山的说法似乎是无稽之谈。”两天后他们抵达因特拉肯①,那里有更好的天气和阿尔卑斯山的景观,接下来几天他们参观了格林德瓦尔德②,乘轮船游览了图恩湖,然后前往洛桑(现已不复存在)的吉本酒店。[5] 哈代很高兴自己恰逢吉本完成《罗马帝国衰亡史》一百一十周年之际住在了那里,在酒店花园里,他一直坐到午夜,“想象着那位历史学家在此地为其著作的最后一页画上句号,正如他在其《自传》中所描述的那样”。哈代在这一场合所创作的诗歌《洛桑,在吉本的老花园:深夜十一点至十二点》,不仅体现了他个人对知识分子斗争的某种感觉,而且所使用的语言说明他最近读了弥尔顿的《离婚的信条与准则》:

“仍然统治着世界上的那些精英
圣人弥尔顿向他们大声说出苦涩的语言:
‘真理像个私生子一样来到这世间
永远都不会不对给予他生命的人带来坏名声’?”[6]

358 到了月底,天气变得炎热,让人很不舒服。29日,在泽马特,艾玛骑着一匹骡子去里费尔-阿尔卑斯酒店看马特洪峰的景色,这番骑行甚是令人害怕,哈代则步行前往。到了那里,他得知一个英国人——后来被认定为詹姆斯·罗伯特·库珀,他是两位被合称为“迈克尔·菲尔德”的作家之一的父亲——几天前沿着同样的路线行走时神秘失踪了,于是

---

① 因特拉肯(Interlaken),瑞士中部伯尔尼州的一个旅游城市,位于图恩湖(Lake Thun)及布里恩茨湖(Lake Brienz)之间,又名湖间镇。

② 格林德瓦尔德(Grindelwald),因特拉肯东南边的一个小镇,也被称为“冰河村”,号称冰川上的最美风景小镇。

哈代又折返自己走过的路，但没有发现任何可疑之处，他在给《泰晤士报》的一封信中如实报道。天气如此炎热，一次心血来潮的多管闲事让哈代筋疲力尽，于是当他们行至日内瓦时，他不得不待在酒店里休息，而艾玛独自一人去探索，并成功找到了自然哲学家汉弗莱·戴维爵士①之墓，她可以称其为自己的远亲。几天后他们抵达巴黎，艾玛又一次独自去找她的侄子戈登，他一直为提高法语水平在那里求学。[7]

就在哈代离开日内瓦之前，他写信给亨尼卡夫人，声称自从他修订完《意中人》的校样之后，还没有考虑过小说的事情，不管是他自己的还是别人的。然而，他一回到麦克斯门，就开始修改一篇题为"路标旁的坟墓"的短篇小说，那是他承诺投给《圣詹姆斯汇编》②圣诞节号的稿子，并试图理清关于《德伯家的苔丝》的两个对立的法语译本所引起的混乱。[8]7 月中旬，应热恩夫人之邀，他前往伦敦并短暂逗留，旨在参加庆祝维多利亚时期妇女所取得的进步的欢庆晚宴。这是一次大型聚会，虽然海伦·阿林厄姆也在场，但很可能并没有和哈代见上面。此后不久，在麦克斯门局部施工期间，他和艾玛又作了一次短暂的度假旅行，不过仅仅是越过多塞特的边界，去了威尔斯、朗利特和弗洛姆③，最后到了索尔兹伯里，在那里待了几天。[9]8 月 7 日，哈代在那里写信给凯特，问她是否愿意"北上"一天，他注意到教师培训学院因假期而关闭，因此她将不会看到那些"引起不愉快的回忆的事物"。

同一封信也表达了他对索尔兹伯里大教堂的美丽及其宁静的夜晚的欣赏，正如诗歌《午夜的大教堂外观》中所描述的那样[10]，此外，他一

---

① 汉弗莱·戴维爵士（Sir Humphry Davy，1778-1829），英国化学家、自然哲学家。

② 《圣詹姆斯汇编》（*St James's Budget*）是《圣詹姆斯公报》（*St James's Gazette*）的每周文摘版。

③ 威尔斯（Wells），英国西南部萨默塞特郡中部的一个大教堂城市；朗利特（Longleat），英国西南部威尔特郡沃敏斯特小镇上的一个豪华古宅；弗洛姆（Frome），萨默塞特郡东部的一个城镇和教区。

如既往地在他的圣经、祈祷书以及最近购买的《大教堂诗篇集》中所作的注释,说明在索尔兹伯里游览期间他和艾玛在大教堂参加了两三次晚
359 祷。作为一个表面上参加礼拜的不可知论者,在听了耶利米书第六章的一段经文后,他突然觉得第二十节的内容很适合用在自己身上——"示巴①制造的香,远方国度出产的甘蔗,奉来给我有何用呢? 我不接受你焚烧的祭品,也不认为你的供奉是甜美的"——而且显然在创作《无知觉者》一诗和为其绘制插图时,他脑海中也想着这一点,这是一个令人感伤的证据,证明他执着的渴望信仰与坚定的不能信仰的矛盾并存。[11]同一个月晚些时候,哈代又去了索尔兹伯里,与罗曼·罗兰的妹妹玛德琳·罗兰②短暂会面,他最近一直试图在《德伯家的苔丝》翻译权的争论中保护她的利益。玛德琳近期写给他的信件中使用的出色英语给他留下了深刻印象,而初次见面的结果是双方将保持长久的友谊,但几乎完全靠通信,艾玛也积极参与其中,而且还时不时地敢于用生动但不准确的法语写信。[12]

虽然哈代夫妇最近到萨默塞特郡和威尔特郡旅行都是乘火车去的,但他们现在越来越多地骑着自行车观赏多塞特的乡间风光。据邻居们回忆,艾玛爱穿布卢默夫人③倡导的那种绿色套装,她被认为是夫妇二人中自行车技巧更娴熟的那一个,1897 年 4 月的一个星期六下午,她似乎甚至参加了在多切斯特举办的一场"自行车追逐赛"。[13]但她的自信使她陷入了一种性急冲动的状态,这一点她过去常常在写作或与人交谈

---

① 示巴(Sheba),阿拉伯南部古国。

② 玛德琳·罗兰(Madeleine Rolland, 1872–1960),法国翻译家,她是法国作家、思想家、诺贝尔奖获得者罗曼·罗兰(Romain Rolland, 1866–1944)的妹妹。

③ 布卢默夫人(Mrs. Amelia Jenks Bloomer, 1818–1894),女权运动初期的美国女权主义者,倡导妇女权利,提倡改变妇女的着装风格。

时有所体现,9 月上旬,她与丈夫外出骑行时发生了意外,导致她脚踝严重挫伤,有一段时间不能正常活动。然而,整个秋季,哈代都一直在骑他那辆心爱的绰号为“矮脚马”的罗孚牌自行车。他花了几天时间陪着吉卜林在韦茅斯地区找房子,却无果而终,看房过程中他们遇到一个上了年纪的住户,事实证明她从来没有听说过她的这两位著名访客,在那一刻哈代感到很有趣,或许还带着一丝懊恼。[14]其他的骑车旅行,无论是他独自一人,还是和其弟弟一起,都远至多塞特北部的谢伯恩,甚至越过萨默塞特边界到了威尔斯和格拉斯顿伯里①。还有一次,哈代对道格拉斯爵士说,骑自行车对文人的好处是:“你可以骑出去很长一段距离而不必接触另外一个人的思想——甚至是一匹马的思想——也不必消磨一个上午专心致志地工作所产生的任何一点精神能量。”[15]

11 月,哈代以“总是妨碍我发表演讲,差点儿就妨碍我外出赴宴的
身体原因”为借口,谢绝了在英国皇家建筑师学会即将举行的晚宴上对 360
“文学”祝酒词作答谢致辞的邀请。尽管如此,当他在同一封信中重申他与这个行业的情谊时,他心里一定是在想着他参与了西奈屯教堂的修复和塔尔博塞斯房屋的建造,以及他最近以提供技术报告的形式对古建筑保护协会给予的支援,报告是关于东拉尔沃斯②的一座破败的教堂和梅登-牛屯的一家状况岌岌可危的老客栈的。[16]他正在为《威塞克斯诗集》准备的一些插图也是带有建筑特征的,他可能已经利用到东拉尔沃斯的机会,沿着海岸继续前行,走到了伊丽莎在金梅里奇(Kimmeridge)的故居,并画了克莱维尔塔(Clavel Tower),在诗集出版时,将其用作《她对他说》一诗的插图。他显然很喜欢 1897 年和 1898 年之交的冬天的这些短途旅行,无论这些旅行带来了什么样的回忆。他对自行车运动

---

① 格拉斯顿伯里(Glastonbury),萨默塞特郡中部的城镇和教区。
② 东拉尔沃斯(East Lulworth),多切斯特东九英里处的一个村庄和教区。

的发现、对小说的放弃、对诗歌的回归不约而同地到来,仿佛是经历了一场解放和复兴运动,让他充满活力。“至于一部我写的小说,”他告诉阿切尔,

> 我不倾向于任何一部。没有一种开明的文学观点足以让一位作家倾听并被吸引,因为他知道,在认识事物的本质方面,他总是无法达到真正的卓越。我的意思是,我们所听到的声音很小,但是公正的意见被那些洪水般的无知和唯利是图的意见给淹没了,就好像它们根本没有被说出来一样。当一个人得知如果他出版一部试图诚实地、艺术地处理生活事实的小说,就需要忍受任何一个认为可以通过谎言来为其文章增加卖点的流氓的谩骂,那他的热情之火就被浇灭了。[17]

哈代从这种压力中得到解脱的感觉,几乎是愉快地从他于肯辛顿的温斯泰花园9号写给凯特的一封信中流露出来了,这封信是在他和艾玛为度过1898年的“伦敦社交季”住进那里之后不久写的:“年轻人似乎比以往任何时候都更喜欢在这里的街道上骑车。我问一位公交车售票员,这些年轻的女子(她们鲁莽地在车流中间骑车)有没有遇到过交通事故。他说:‘哦,有有过,她们的性别罩着她们啊。俺们可不敢开车轧她们,甭管她们咋骑车;她们想咋样就咋样。你瞧,就是因为她们的性别;俺管这叫卑鄙地钻空子。没人敢去她们去的地方。’”为撰写《列王》做准备,哈代在大英博物馆读了一些书,他又继续忠实地惠顾在帝国研究院举办的音乐会,即使天气恶劣。音乐对他毕生都至关重要,伦敦之行不仅为他提供了观看戏剧,参观博物馆和美术馆的时机,而且提供了
361 几乎是他听到优质音乐演奏的唯一机会。他的音乐兴趣广泛,军乐团的演出以及管弦乐和室内乐音乐会均能给他带来满足感,正如他对一位朋友所说的:“实话实说,对于音乐,我乐此不疲。”[18]

是年夏天，艾玛的侄女莉莲住在麦克斯门，在哈代夫妇鼓动下，莉莲的哥哥戈登于9月抵达，但是也得到其父母的默许。两个人都住到了年底，尤其是戈登，在接下来的几年里，因为在当地的学校上学，他在麦克斯门待了很长时间，刚开始他在多切斯特本地的哈戴文法学校，后来去了查明斯特的多塞特郡学校，艾玛更喜欢后者，因为有“更好的班级”。[19]尽管戈登忠于哈代，但对他姑妈却不那么依恋，而且据说在艾玛愤怒声讨时，家里的两个男性成员都惺惺相惜、默不作声地坐在那里，像极了哈代和其父亲在上博克汉普屯对待杰米玛情绪爆发时的表现。后来，戈登通过自己的经历否认哈代夫妇的婚姻是不幸的，但是他的确承认其姑妈是“一个非常热心的女教徒，相信女性普遍具有的美德和品质”，而且她强烈反对《无名的裘德》以及其中一些人物的观点。[20]

就哈代而言，他喜欢所有安安静静、规规矩矩的孩子。高斯的女儿西尔维亚说，哈代很了解小孩子，当他去她家做客的时候，总是在睡觉前上楼向她和她哥哥道晚安。[21]戈登和莉莲待在麦克斯门是有助于维持正常家庭关系的几个因素之一，但那并非完全是给人虚幻印象的正常关系。尽管哈代夫妇有诸多不同之处，但他们对孩子、动物和植物的喜爱是一致的。他们仍然一起用餐，一起娱乐，一起去伦敦，一起骑车，一起度假。他们的家庭生活多半保持在可控的水平上，与此有很大关系的有两点：一是艾玛能够在日记中发泄其大部分怨恨，二是哈代发现沉默的忍耐而非无望的竞争才是对妻子的愤怒声讨最有效的回应。诚然，他没有读过艾玛写给他人的信，也不知道她那些日记，在日记中，她正在言辞激烈地记录着她对他的种种牢骚和不满。

艾玛进一步分居和独立的计划大大缓解了麦克斯门的局势。她现在已经完全准备好独自一人前往伦敦，此前在那里她加入了一个叫亚历山德拉的妇女俱乐部，并准备好在身心条件都允许时去苏塞克斯海滨旅行。由于麦克斯门后部得以扩建，哈代把书房搬到了二楼新建的朝东的房间,艾玛则认领了三楼的两个阁楼房间,其中一个位于新书房的上方,362 另一个位于(扩建前)房子西北角的旧书房上方。她对丽贝卡惊呼道:"我睡在一个**阁楼房间里——或者说是两个!** 我的闺房是我甜蜜的庇护所,它给我带来慰藉,这里任何声音都难以穿透。我看到太阳、星星和月亮升起,在飓风还未将鸟食架吹跑时,鸟儿们就来这里觅食。"[22]

在这个隐居处,艾玛花了很多时间缝纫、阅读和绘画。1899 年初,她在尝试画一幅戈登的肖像画,"他现在是一个头发是栗色的可爱年轻人"。她还写散文和诗歌,并试图发表。《埃及宠物》是一篇关于猫的简短文章,偶尔也会令读者感动("总是要让猫自由进出,要留意它的声音,记住它除了叫声之外没有语言"),于 1898 年刊登于《动物之友》,艾玛在自己手头的那本杂志上记录道,该文后来作为"在都柏林等地流通"的传单被再次印刷。在其他方面,除了偶尔有信件成功发表在报纸上之外,她几乎没有发表什么东西,其中大多数信件是抗议虐待动物的,例如,一封关于"百灵鸟的毁灭"的信件刊登于《泰晤士报》,另一封关于公开鞭打老虎的信件则刊登于《每日纪事报》。[23]1898 年 3 月,《素食主义者》的编辑通知她,她投稿的一篇短篇小说很可能已经被销毁,因为她没有随信附上邮票来支付退稿费用。7 月上旬,一篇题为"启发灵感者"的短篇小说被《圣殿酒吧》的编辑拒稿,哈代曾建议艾格尼丝把一篇短篇小说投给这家杂志。[24]

上述这些遭遇都没有阻止艾玛批评其他人的出版物。其丈夫仍然是她最常攻击的目标,但是在 1897 年 3 月,她攻击了克洛德最近出版的《进化论先驱》一书中提出的理性主义论点:"我极其反对的章节是那些你似乎煞费苦心地表述的章节——世上没有上帝——没有基督。"她坚持说这些章节使那些"信仰薄弱"的人陷入绝望,尽管她个人的立场依然坚定而明确:"尽管有进化论,但就我个人而言,我仍然相信人一直都是人。"她接着说:"我不明白我们为何要怀疑不朽,或者说,怀疑我们不应该有能力在我们肉眼凡胎看不见的无数事物中复活。在创世的计划中，没有任何形式、大小、时间或数量是永恒的，一切都是无限制的。”[25]

待到1898年12月中旬哈珀兄弟公司出版《威塞克斯诗集》时，哈代本人已经淡出公众视线一段时间了。这部诗集刚一出版，他就又一次成了一个有争议的人物。这是他首次以诗人身份出现，对他来说意义重 363
大，因此其中收录了他迄今为止创作的所有诗歌，他似乎更关心全面地展示其作品，而非在最有利的情况下展示作品和他自己。但让这部诗集显得如此有特质的是，哈代使用了自己画的三十二幅插图，无论是从构思还是从完成角度而言，有些插图的效果令人难以忘怀，另一些则相对粗糙。开篇诗歌为《一切皆为暂时》，不仅在其顶部有一幅谜一般的图画，而且它立即给读者带来了挑战，这些挑战将在整部诗集中反复出现，现在被认为是典型的哈代特色——密集的重音、严格而陌生的诗节形式、倒装的句法、古词和奇怪的造词，以及极度悲观的情绪充斥于事情没有进展和愿望未能实现的情境，既不浪漫，又不时尚：

情人、朋友、住所、目标，这些都是需要立即改善的，
命运或我的成就亦没有得到改善；
它们是我前进的尘世道路上的唯一表现形式——
　但是从未慷慨出现！[26]

这首诗带有争论性质的变化从充满希望的过去延续到忧郁而保守的现在，预示着整部诗集大致（绝非一成不变）遵循时间顺序排列：从六十年代的诗歌（如《阿玛贝尔》《偶然》和《灰色调》），到七八十年代的一些罕见的诗歌（它们大多数直接或间接地与这一时期的小说有关），再到近年来创作的《另一个世界的朋友们》《思念菲娜》《在酒馆里》和《无知觉

者》等诗歌。作为“补充诗歌”被奇怪地分组并置于诗集最后的诗歌包括：充满喜剧特点的《流动商贩斯韦特利家的大火》（与它之前的出版稿相比有所修改），艾达·雷汉代表玛丽·热恩的慈善事业所朗读的单调乏味的《诗行》，带有讽刺意味的说教诗《女继承人和建筑师》和《两个男人》，最后是《揽镜自照》，这是后面这些诗歌中写得最好的一首，显然也是最私人化的一首：

我揽镜自照，
看着我的身体日渐憔悴，
说道：“但愿上帝让我的心
也变得一样枯萎！”

因为那时候，我将不再悲哀
即便你们的心变得冷淡，
我可以孤独平静地等待
那无尽的长眠。

364 但是时间啊，让我泪湿衣襟，
偷走了一半，把另一半留给我；
用正午时分悸动的心
来摇动这黄昏时刻脆弱的躯壳。[27]

对于他第一次以诗人的身份出现可能会得到的反应，哈代并不乐观，尤其是，正如他跟高斯所说的，在诗歌被普遍认为是“语言流畅、过分讲究却言之无物的艺术”之际，他将内容提升到了形式之上。这种在私下里已经深思熟虑的转向，在公开场合却完全出乎大家的意料，他的几个朋友和崇拜者不仅感到惊讶,而且感到沮丧,梅瑞狄斯惊呼道:“是什么诱使哈代投身于诗歌!”[28]有些评论是野蛮而轻蔑的,《星期六评论》谈道:“这部奇怪而令人厌倦的诗集,这些懒散、草率、粗鄙的诗句,在情感上不自然,构思拙劣,粗制滥造。很难理解为什么该诗集中的大部分诗歌会得以出版——为什么他自己没有烧掉这些诗,以免它们落入鲁莽无礼的文学刽子手的手中,在他去世后有损其声誉。”[29]那些插图——如果被提及的话——通常是作为一种间接的、有时是讽刺性的评论诗歌本身的手段被提及的。《威斯敏斯特公报》宣称,插图产生的影响“像哈代先生最优秀的诗歌一样,大于它们本身的技巧价值,这颇令人费解”。[30]但是在大多数情况下,评论家们与其说是敌对的,不如说是困惑和不确定的。正如 E. K. 钱伯斯①在《雅典娜神殿》中所承认的那样,“很难说出恰当的词”,即使是像莱昂内尔·约翰逊那样持赞同意见的评论家,也是最早撰写关于哈代小说的著作的作者之一②,仍有所保留地称赞了他那“吸引人的、奋发的,有时是令人钦佩的”诗歌,遗憾之处在于它们几乎是一致地阴郁和缺乏幽默感。约翰逊抱怨说,整部诗集的标题本来可能是“一切皆为暂时”,称之为《威塞克斯诗集》似乎“对威塞克斯有点残酷,因为威塞克斯并不完全等同于莱奥帕尔迪③的土地”。[31]实际上,哈代一直在阅读莱奥帕尔迪的作品——例如,他注意到了他对古老习俗的观察,包括为家庭中一个孩子的出生表示哀悼,为一个人的去世感到高兴——并乐意向约翰逊承认,他的批评可能颇有几分合理。[32]

在《生活和工作》中,哈代花了几页的篇幅对《威塞克斯诗集》得到

---

① E. K. 钱伯斯爵士(Sir Edmund Kerchever Chambers, 1866-1954),英国文学批评家。

② 英国诗人莱昂内尔·约翰逊(Lionel Johnson, 1867-1902)于 1894 年出版了《托马斯·哈代的艺术》(*The Art of Thomas Hardy*)一书。

③ 贾科莫·莱奥帕尔迪(Giacomo Leopardi, 1798-1837),意大利诗人、散文家、哲学家。

的评论发了一通牢骚,但最后似乎他既没有也未感到有任何重大的不
满,他真正抱怨的与其说是批评家们的不友好,不如说是他们的全面缺
乏感知力,体现在他们将“实际上是在充分了解后作出的选择(作者喜
365 欢艺术贵在含蓄这一点并没有被觉察到)”“无可避免地归因于无知”,
对诗歌形式的无知。无论如何,更重要的是——也更令其感到慰藉的
是——来自斯蒂芬、瓦茨-邓顿和史文朋等朋友的贺信。作为一个诗人,
他相当虚荣地——或者也许是相当缺乏安全感地——给亨尼卡夫人寄
去了一份史文朋特别称赞的诗歌清单。[33]

对《威塞克斯诗集》最持续不断的负面反应似乎来自艾玛,她认为那首直接写给她的诗《小曲(E. L. G.)》不足以弥补她在《常春藤妻子》中觉察到的对自己的批评,也许她知道、猜测抑或怀疑许多诗歌对其他女性有所指,其中包括伊丽莎、特丽菲娜和亨尼卡夫人。她可能也对哈代在插图中融入的一些个人所指有所警觉。然而,当她把自己的不快向阿尔弗雷德·普雷托倾吐时——普雷托是一位在多塞特出生的古典主义者和小众小说家,也是剑桥大学圣凯瑟琳学院的董事,艾玛最近与他建立了一种半文学性质的友谊——她被告知,她那忧郁的恐惧完全没有根据。普雷托谨慎地写道:“托①一次又一次地对我说过,一些偶然的小事绝对可以证明,他所有的回忆都是源自他年轻时的小幻想,与他生活中真正的快乐绝对没有关系。”艾玛并没有被这番话说服,坚持反对说:哈代对待她的方式,无论是在作品中,还是生活中,都表现出了极大的忘恩负义。普雷托的另一封信建议她满足于自己作为一位天才的贤内助的命运,并让她放心,人们确实相信她在其丈夫的著作中参与了抄写工作,甚至部分段落的创作工作。他模棱两可地补充道,毕竟“像勃朗宁

① 原文为 T.,即 Thomas 的简称,指代哈代。

1. 上博克汉普屯哈代家村舍，珀西·巴特勒拍摄

2. 多切斯特南街，拍摄时间不详。右侧是救济院外悬挂的钟表，左侧是希克斯公司和巴恩斯学校所在地

3. 杰米玛·哈代，多切斯特的 W. 庞西摄于 1876 年

4. 老托马斯·哈代，1877 年摄于巴斯

5. 年轻时的凯特·哈代

6. 玛丽·哈代，摄于其在登奇沃斯教书时

7. 霍勒斯・穆尔

8. 托马斯・哈代，多切斯特的 W. 庞西摄于约 1856 年

9. 亨利・穆尔牧师及其妻子（两位就座者）和家人，约 1860 年摄于福丁屯教区牧师住宅外。左起第三位是亨利・约瑟夫・穆尔，站在右侧窗户正前方的正是霍勒斯・穆尔

（左上）10. 路易莎 · 哈丁
（右上）11. 特丽菲娜 · 斯帕克斯
（左下）12. 被认定为哈代的姨妈玛莎·夏普，芭斯谢芭·伊芙丁的“原型”

13. 来自帕德尔屯的鞋匠约翰·安特尔（1816–1878）

14. 托马斯·哈代，约1862年，摄于伦敦，是他送给伊丽莎·尼科尔斯的照片

15. 伊丽莎·布莱特·尼科尔斯

16. 简·尼科尔斯

17. 哈代的芬顿教堂素描，源于其建筑笔记本

18. 哈代为源于《威塞克斯诗集》（1898）诗歌《她对他说（其一）》所画的插图

19. 多塞特金梅里奇海湾，图中可见位于岬角的克拉维尔塔以及其右侧树林中的海岸警卫队小屋

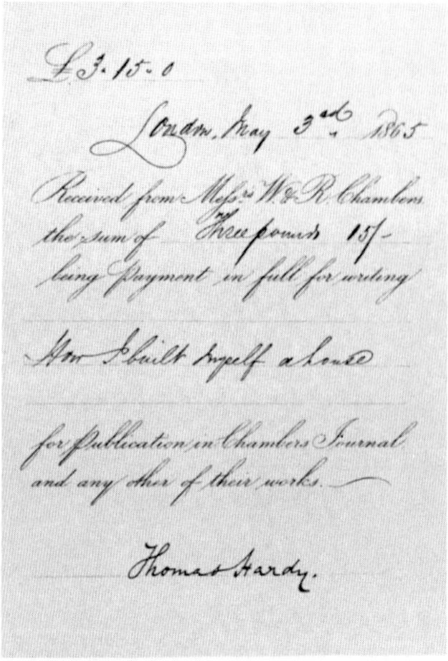

£3.15.0

London, May 3rd 1865

Received from Messrs W. & R. Chambers the sum of Three pounds 15/- being payment in full for writing

How I built myself a house

for publication in Chambers Journal and any other of their works.

Thomas Hardy.

20. 哈代第一笔文学收入的收据

21. 哈代从威斯特伯恩公园别墅 16 号俯瞰所画的素描

22. 多塞特特恩沃斯教堂，由哈代于 1869 年修复

23. 艾玛・拉维尼亚・吉福德的盒式项链坠中的小画像，约 1870 年

24. 托马斯・哈代，约 1870 年

25. 卡德尔・霍尔德牧师、海伦・霍尔德（就座者）和艾玛・吉福德，约 1870 年摄于圣朱利奥特教区

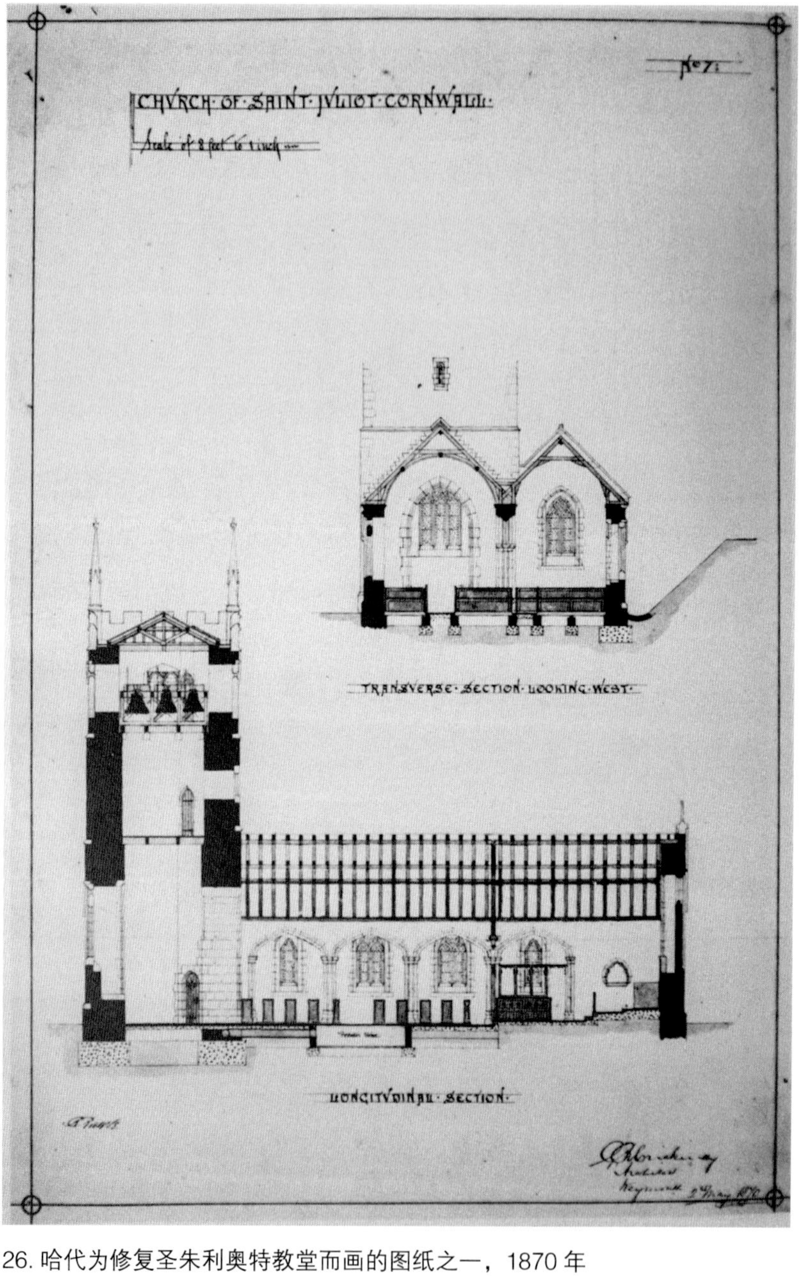

26. 哈代为修复圣朱利奥特教堂而画的图纸之一，1870 年

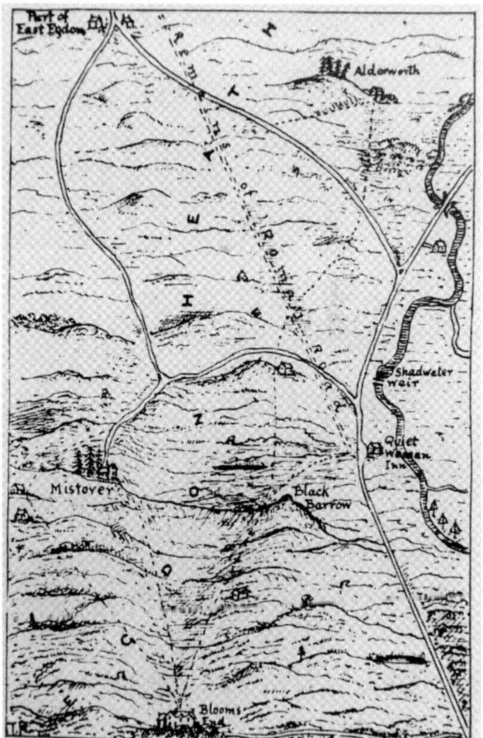

（上）27. 斯特明斯特-牛顿“河畔别墅”，1875 年至 1877 年，哈代夫妇居住于两栋半独立别墅的靠前一栋
（左）28. 哈代为《还乡》的故事背景所绘制的地图草图

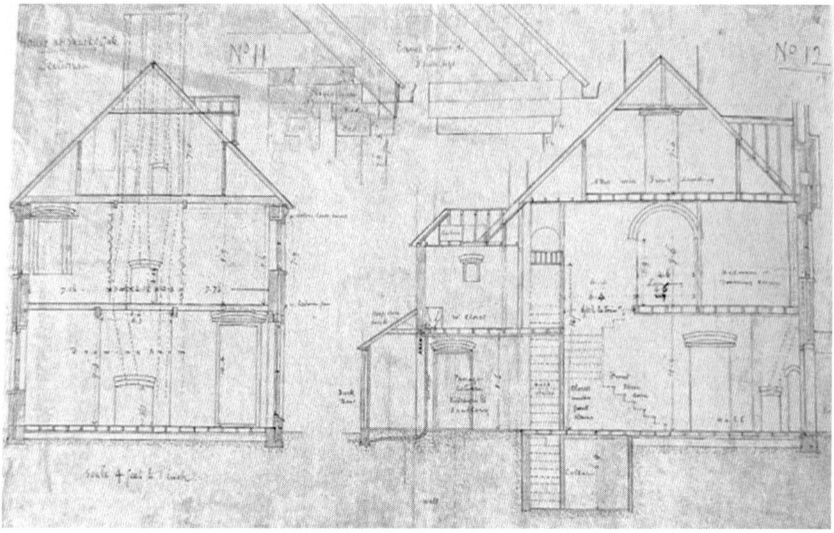

29. 哈代为“麦克之门的房子”绘制的剖面图

30. 初建好的麦克斯门

31. 画作：哈代坐于写作《德伯家的苔丝》时的书房，源于《黑与白》杂志，1892 年 8 月 27 日

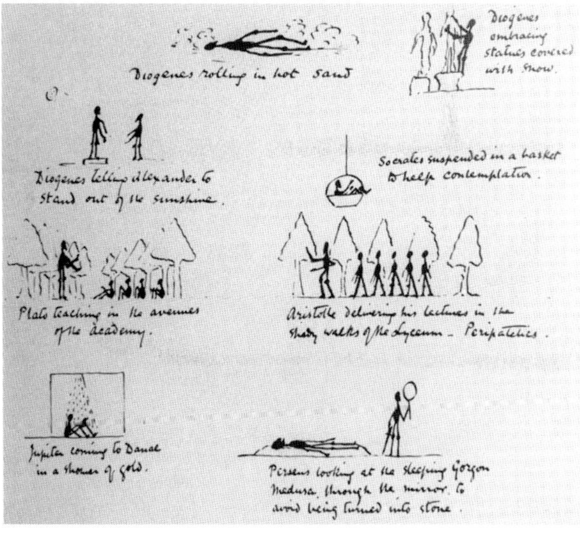

32. 哈代为其妻子的侄女莉莲·吉福德画的古典历史和神话场景，旨在为孩子带来消遣

33. 艾玛·哈代（面对镜头）、内莉·高斯和哈代在韦茅斯码头，埃德蒙·高斯用针孔相机摄于1890年

34. 哈代和他的狗莫斯在麦克斯门的花园，埃德蒙·高斯摄于1890年

35. 弗洛伦斯·亨尼卡，都柏林的议长拍摄，源于其著作《提纲》（1894）卷首插图

（左上）36. 罗莎蒙德・汤姆森，后更名为罗莎蒙德・马里奥特・沃森，源于其《诗歌集》卷首插图

（右上）37. 艾格尼丝・格罗夫，源于其著作《社交物神崇拜》卷首插图

（右下）38. 哈莫和阿加莎・索尼克罗夫特

39. 麦克斯门，1901 年；推自行车的是哈代，位于画面前方的是艾玛・哈代和戈登・吉福德；建筑右侧远端可见艾玛所住阁楼和哈代最后一间书房的窗户；克莱夫・霍兰德拍摄

40. 哈代最后一间书房，1900 年

41. 托马斯·哈代，约 1886 年，巴劳德拍摄

42. 签名的托马斯·哈代照片，约 1900 年

43. 中年早期的艾玛·哈代

44. 即将去世的杰米玛·哈代坐于轮椅中

45. 威尔・戴森（1880–1938）画的哈代漫画原图：“但是哈代先生，哈代先生，但愿您知道所有的境遇”

46. 麦克斯门宠物墓地

47. 艾玛·哈代，约 1905 年

48. 雅克-埃米尔·布兰奇画的哈代画像，1906 年

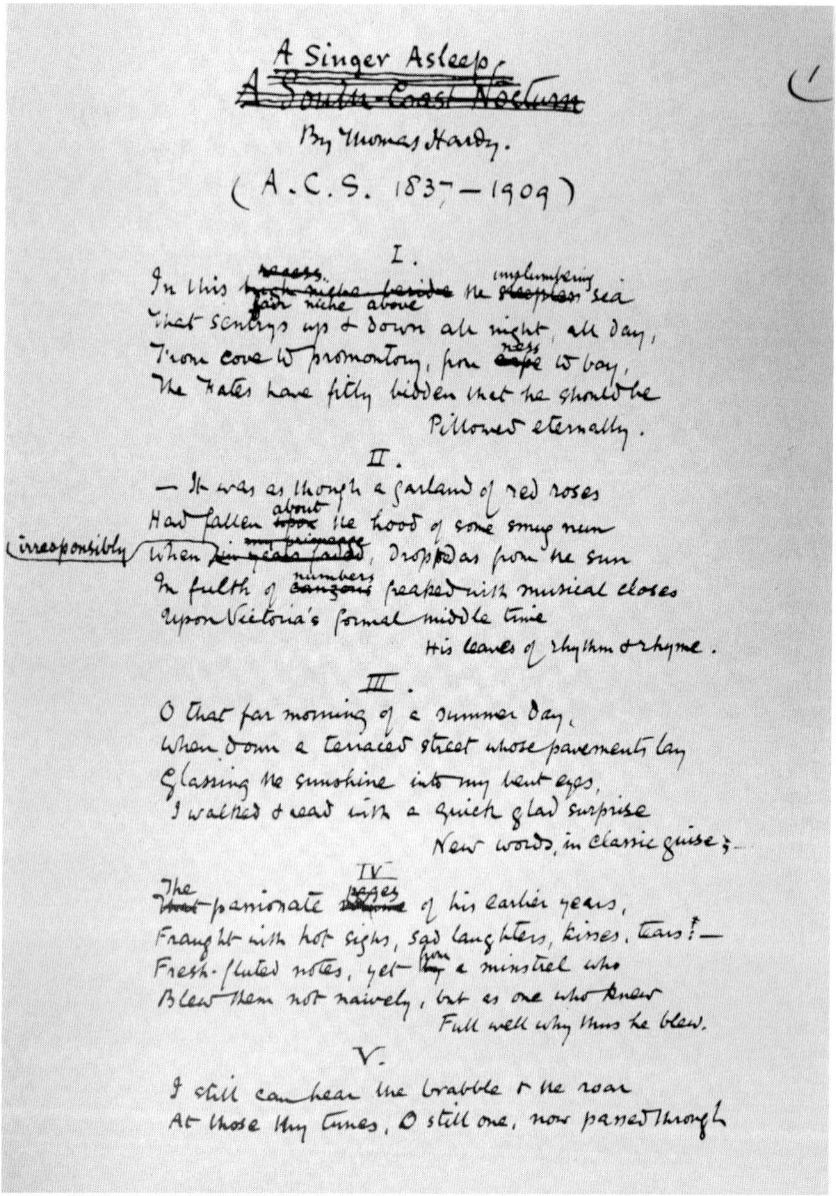
A Singer Asleep

~~A South-Coast Nocturne~~

By Thomas Hardy.

(A.C.S. 1837–1909)

I.

In this ~~recess~~ fair niche above the ~~sleepless~~ unfaltering sea
That sentrys up & down all night, all day,
From cove to promontory, from ~~cape~~ ness to bay,
The Fates have fitly bidden that he should be
Pillowed eternally.

II.

— It was as though a garland of red roses
Had fallen ~~upon~~ about the hood of some smug nun
When irresponsibly dropped as from the sun
In fulth of ~~canzons~~ numbers freaked with musical closes
Upon Victoria's formal middle time
His leaves of rhythm & rhyme.

III.

O that far morning of a summer day,
When, down a terraced street whose pavements lay
Glassing the sunshine into my bent eyes,
I walked & read with a quick glad surprise
New words, in classic guise;—

IV

~~That~~ The passionate pages of his earlier years,
Fraught with hot sighs, sad laughters, kisses, tears!—
Fresh-fluted notes, yet ~~by~~ from a minstrel who
Blew them not naively, but as one who knew
Full well why thus he blew.

V.

I still can hear the brabble & the roar
At those thy tunes, O still one, now passed through

49. 哈代的《长眠的歌者》手稿的首页

50. 弗洛伦斯·艾米莉·达格代尔，十九岁

51. 在奥尔德堡海滩上的托马斯·哈代和弗洛伦斯·达格代尔，1909 年 8 月

52. 哈代获得多切斯特自治镇荣誉市民的称号，1910 年

53. 亨利・哈代和凯特・哈代在哈代在塔尔伯塞斯住所前，1914 年

54. 新婚后的托马斯·哈代和弗洛伦斯·哈代与家犬威塞克斯在麦克斯门，1914 年

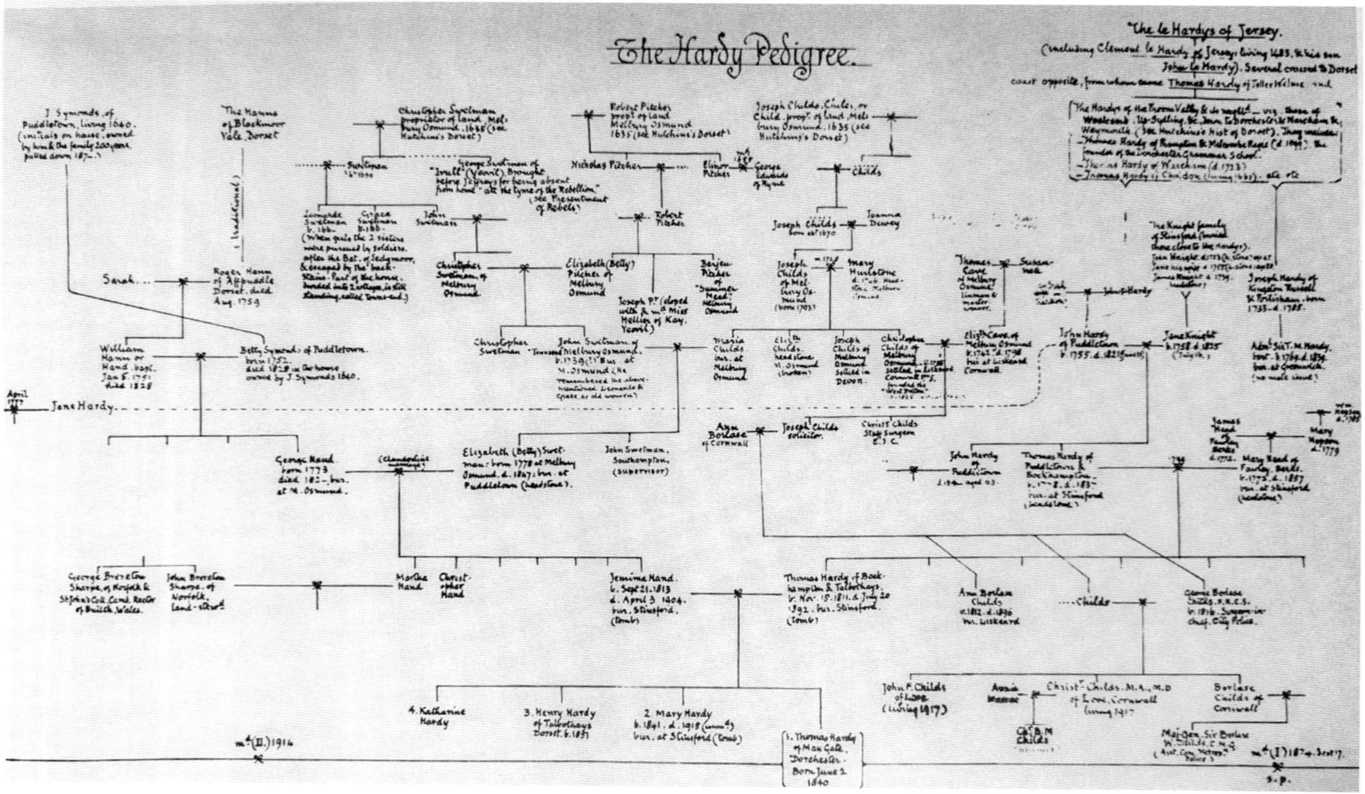

55. 哈代手书的家谱，约 1917 年，该图未显示左侧和右侧的吉福德家谱和达格代尔家谱

56. 格特鲁德·博格勒在《林地居民》中饰演马蒂·苏斯，1913 年

57. 老年哈代，韦茅斯的惠勒拍摄

58. 托马斯·哈代和弗洛伦斯·哈代与格温·弗兰肯－戴维斯、菲利普·里奇韦；哈代手中拿着《德伯家的苔丝》的剧本

59. 弗洛伦斯·哈代，约 1930 年

60. 哈代与埃德蒙·高斯站在麦克斯门的走廊，1927 年

61. 斯廷斯福德教堂墓地，画面前方是哈代家族的坟墓，教堂右侧是斯廷福德庄园的一部分，莱斯利·格林希尔拍摄

夫妇这样天作之合的伉俪（我敢说）是独一无二的，至少是在两个如此有天赋的人之间是这样的”。[34]

艾玛惯于怨气满腹、顾影自怜，且正在迅速积累一些常用辞藻，而勃朗宁夫妇如何如何便是经常挂在她嘴边的。她认为自己在家庭出身、家族人脉和教育背景等方面均在其丈夫之上，仅仅在文学天赋方面稍稍逊色于他，其丈夫的朋友们——越来越多地是他本人——对她本人和她的意见缺乏足够的关注，她因此觉得受到了极大的冒犯。她还反对哈代将他们生活和家庭的管理权越来越多地握在自己手中，因为他显然觉得有必要这样做。1899 年 4 月，她轻率地向丽贝卡抱怨道：“他是最不应该蔑视婚姻的人！我做一个忠心耿耿的妻子至少二十年或更长时间了——但是最近的四五年，唉！真没想到今年是我们的银婚纪念日！我仍感到**芒刺**在背。”[35]出于自我保护意识，哈代一直在将他与亨尼卡夫 366
人、玛丽·热恩和艾格尼丝等人的会面和通信情况告知艾玛，然而她的醋意非但未消，反而愈演愈烈。对于哈代鼓励这些女性的文学抱负以及他明显忘记了他俩早期的并肩作战，艾玛甚是愤慨，如普雷托的评论所示，对于她在威塞克斯小说创作中所扮演的角色，她继续夸夸其谈。

毋庸置疑，艾玛过去曾给予丈夫很多帮助。她提出的事件和细节融入了哈代的小说中，先是在《一双蓝眼睛》中，后来又在《德伯家的苔丝》中；在《冷漠的人》（或许还有其他作品）创作期间，她不厌其烦地将他口述的内容记录下来；她把许多条目抄写进“事实”笔记本、“文学笔记”笔记本，以及哈代其他积累性质的笔记本，而这些条目只是他在其手头任何一小片纸上草草记下的东西；她记录了哈代虚构的和偶尔改变的“威塞克斯”地名；通过重新抄写那些被哈代大幅修改的手稿，她在一些小说和故事的完成和提交方面起到了实质性的作用；此外，她还时不时地代表丈夫写信、写文件。尽管她在婚后的早期阶段比在后期阶段参与了更多这样的任务，但是至少这种参与以某种形式持续到了九十年代早期。[36]然而,这从来不是一种独立的创造性参与,也不像艾玛习惯于向邻居、访客和新闻采访者所作的夸大其词的描述那么重要。她坚持不加选择地在私人场合、社交场合甚至是专业场合提出这种主张,这显然令哈代本人大为光火,而他的反应之一就是销毁了《冷漠的人》手稿,以及其他小说手稿中有她的笔迹的那些页。[37]

当然,艾玛对事情的看法有些不同。对雄心勃勃的年轻人德斯蒙德·麦卡锡的母亲伊萨·麦卡锡,艾玛承认"对作家们抱有偏见——活着的作家们!——如果不成功的话,他们常常会用自己那消化不良的呻吟来耗尽别人的生命——如果他们出名了,他们则会把助手隔着护墙扔给下面的敌人,倘若此举招致任何反对意见,他们就会以笔为戈予以报复"。[38]温妮弗雷德·汤姆森的姐姐埃尔斯佩斯,人到中年时与《柳林风声》的作者肯尼斯·格雷厄姆结婚,但婚姻初期就感到了幻灭,艾玛之前曾向她发出更令人惊恐的讯息:

367 我几乎不认为适当和持久的爱存在于男人的本性之中——通常来说是这样——或许没有一个女人"不会因为丈夫对她习以为常而失去新鲜感"。我们甘于奉献,得到的回报却少得可怜,还有爱——他们的爱就像孩子的爱一样——一种不费吹灰之力的感情——五十岁的时候,一个男人的感情往往会完全发生改变。东方的婚姻观念悄悄地渗透进他的思想中,他厌倦了自己早年所选择的最完美、最合适的妻子。当然,他通常都能以某种方法解决这一问题,或者对其讳莫如深,或者交上桃花运!

来自其他人的干涉是非常可怕的——双方的家庭成员经常是夫妻反目的根由。与其说一个女人反对被其丈夫制约,不如说是她反对被他背后的亲属制约——在他掌权的时候,一个男人很少去控制这样的事情,而是顺其自然,或者很少会让自己失去平衡,站到错误的一边，那一边简直是一种可怕的事态，并最终可能会对自己不利。

在危机四伏中保持一定的距离不失为一个明智的计划——双方都得到了自由——**几乎不期待**感激、关注和爱情，也不期待**公平正义**，或者**任何**你放在心上的**事情**。爱情趣味——爱慕，所有那一类的情感通常都是以**失败**而告终——**彻彻底底的失败**——最后有人走过来，打翻了你的牛奶桶①。如果无论如何他注定要成为公众人物，那么多年的奉献便一文不值。随着岁月的流逝，可以施加的影响几乎荡然无存，**成百上千**的妻子会经历一个幻灭的阶段——在婚姻伊始抱有任何理想真的是一种遗憾。[39]

艾玛对整个丈夫群体的控诉基本上是对她自己丈夫的控诉的精编版，"背后的亲属"一词显然暗指玛丽，或者更有可能是杰米玛，她在博克汉普屯仍然活得好好的，而且她那依然忠心耿耿的儿子仍然经常去那里探望她。不久后，艾玛对伊萨说："他人(农民阶级)无知的干涉让我深受其苦。"[40]即便如此，也不可能完全准确地揭示出艾玛给艾尔斯佩斯提出破坏性建议背后的痛苦的身世根源，或许是心理根源，也不可能负责任地推测出谁可能是被责备的对象。鉴于我们对情况如此缺乏了解，也鉴于哈代和艾玛在圣朱利奥特初次见面的纯属意外和直接影响，我们很容易把那次邂逅及其后果看作是带有讽刺意味地隐含在了《合二为一》一诗中，即哈代那首关于**泰坦尼克号**及其命中注定要撞上的冰山的名诗：

它们看似陌生而遥远：

---

① 原文中的 upsets your pail of milk 源自习语 to upset a pitcher of milk(打翻一陶罐牛奶)，意思是 to disturb mentally or emotionally(在精神上或感情上打扰)。

凡人的眼睛无法预见
未来历史中它们结合得亲密无间，

他们亦无法预见
巧合的路径让它们毅然决然
要成为一个威严事件的两半，

368 直到岁月的纺纱工
说“好了！”每个人都侧耳倾听，
圆满时刻来临，两个半球为之震惊。[41]

1900年3月，哈代夫妇的一位艺术家朋友伯莎·纽科姆①到麦克斯门拜访了他们，并在给内莉·高斯的一封信中说，她对艾玛“与其苦难抗争”的方式深表同情和遗憾，“她尽可能地坚持自己的权利或意见，因此是一个令人厌烦的人，但同时她又是如此和善，心肠好，人们不禁意识到对其丈夫而言她一定会是一个什么样的人。她给我们看了一张她年轻时的照片，非常有魅力”。艾玛还给纽科姆女士讲述了——就像她之前给梅贝尔·罗宾逊讲述的那样——她自己版本的和哈代邂逅的故事，那就是她在康沃尔初次遇见那位“发育不良、身材矮小的年轻建筑师”，发现了他的天赋，并鼓励他写作。纽科姆女士接着说：“既然她的丑小鸭已经长成了一只如此迷人的白天鹅，那么她对所有人都冷落怠慢她而感到愤愤不平，这并不令我感到诧异。但是她真是太傻了，享有做一个如此伟大的男人的妻子的特权难道不应该感到高兴吗？”[42]艾玛可能会把这种观点称为局外人的观点。如果嫁给一个天才男人是她的特权，那

① 伯莎·纽科姆(Bertha Newcombe, 1857-1947)，英国艺术家。

也是她的不幸。哈代的生活——表面上风平浪静，内心却如此强烈地专注于创作——其表现形式就是一个忙于工作的艺术家所必须具备的冷酷无情，多年来，他变得越来越不愿意或不能以艾玛所需要的耐心来对待她，或成为她所渴望的倾诉对象。经过一个无情的作用力与反作用力的过程，随着其丈夫作品中的无宗教信仰和不道德行为在她眼中变得越来越明显，她个人对宗教和道德的痴迷反而一步步加深了，结果是，尽管在九十年代，她仍然满足于让人们相信其丈夫在这些事情上所说的话实际上和他想的并不是一个意思，但是在她去世前，她却把他看作是活生生的邪恶的化身，而她如此虔诚地要消灭的恰恰是那些邪恶。

1899 年 6 月 2 日是哈代五十九岁生日，艾玛送给他一本圣经做生日礼物。那年 11 月，或许是在她自己五十九岁生日的时候，她在玛丽·沃斯通克拉夫特①的《女权辩》一书中写上了自己的名字。[43] 不管哈代在家中如何解读艾玛这样的姿态，他和她的公共生活依旧照常。5 月，他们回到温斯泰花园（尽管住在不同的公寓里），月底，哈代前往诺福克海岸的奥尔德堡，与克洛德和其他客人（包括贝赞特和埃及古物学家弗 369
林德斯·佩特里）共度圣灵降临节周末。[44] 他又到博克斯山拜访了梅瑞狄斯，并在多萝西·奥尔胡森（之前叫多萝西·斯坦利）毗邻斯托克-波吉斯教堂庭院的房子里待了一两天。在这次拜访多萝西期间，曼彻斯特公爵夫人在格雷的墓前完美无缺地朗诵了《墓园挽歌》，给他留下了深刻印象，不仅因为这位年轻貌美的公爵夫人让他想起了一个挤奶女工——他年轻时在斯廷斯福德主持主日学校时，这个挤奶女工曾不用心地跟读圣经中的段落——还因为对他作为一个偏远地方的小说家和诗

---

① 玛丽·沃斯通克拉夫特（Mary Wollstonecraft, 1759-1797），英国作家、哲学家、女权倡导者，雪莱的妻子玛丽的母亲。

人的自我感觉来说,《墓园挽歌》一直极为重要,以至于他在后来的一个场合声称斯廷斯福德,即《绿林荫下》中的梅尔斯托克,**就是**斯托克-波吉斯。[45]

7月中旬,哈代回到了多塞特,又满怀热情和活力地重新恢复了自行车骑行,然而由于天气炎热,和亨利一起穿过新森林去南安普顿的旅行太辛苦,于是两天后行程被缩短了。8月的一个星期天,哈代夫妇骑车来到多塞特北部的特恩沃斯村,拜访了教区长托马斯·帕金斯牧师,作为代表古建筑保护协会的一位勇敢的活动家,他与哈代志趣相投,而作为长期坚定不移地反对活体解剖运动的参与者,他又与艾玛志趣相投。哈代夫妇继续待在那里,参加了一个在教堂——三十年前,在这座教堂的修复过程中,哈代曾发挥了重要作用——举办的丰收节,然后在月光下骑行了十七英里左右的山路,返回麦克斯门。[46] 8月下旬的一天,当哈代又穿上他的骑行灯笼裤准备外出时,《每日纪事报》的詹姆斯·米尔恩突然来访,想就巨石阵的话题采访他,有消息称巨石阵所在地点的土地所有者即将把巨石阵推向市场。哈代同意在这话题上引述他的话,尽管正如他告诉亨尼卡夫人的那样,这似乎很奇怪,他竟然可以作为巨石阵方面的权威人士接受采访,仅仅是凭借《德伯家的苔丝》中的一个场景,其中有一个像格罗夫夫人①的父亲皮特-里弗斯将军的人,他"专心地在石头中间爬行,检查兔子洞等"。[47]哈代的观点是纪念碑应该由国家收购,在陈述自己观点的过程中,哈代实际上显示出他在遗迹、保护遗迹不受天气侵害以及预防它们被运输到美国的威胁等方面——他认为被运到美国后,它们会因为失去所有的关联而变得毫无意义——具有令人钦佩的知识。于是哈代对巨石阵的兴趣又被重新激发,他利用下个月受邀参加在热恩夫人家举办的家庭聚会的机会,安排邀请他做客

① 自此以后艾格尼丝被称为格罗夫夫人。

的主人们在巨石阵与他见面,并和他一起探索这个地方,然后再开汽车将他送回阿灵顿庄园。[48]

这可能是哈代第一次体验这样一种交通工具,但如果他被它的现代性和巨石阵的古旧性的并置所触动的话,令他更为不安的是在南非逼近的战争状态所带来的影响,无论是直接的还是历史的,这一直是他的同行者们谈论的主要话题。随着对布尔人发动的战争①,一场英国帝国主义的危机逐渐成为现实,正如哈代直率地承认的,他感到左右为难,一方面是原则性的对战争的憎恶,另一方面是对军事活动产生的兴奋的反应,这一反应是不可抗拒的,和童年时一样。10 月 11 日,他在给亨尼卡夫人的信中写道:"我一直为之痛惜的是这样一个事实,即这么多个世纪过去了,'文明'国家还没有学会比古老野蛮的国家更好地解决争端;但当我觉得战争一定是不可避免的时候,很少有人比我更尚武,或者更喜欢以散文和诗歌的形式来描写战争。"[49]哈代得知亨尼卡少校将要随科尔德斯特里姆警卫军团的一个分遣队前往南非,于是写信祝他"好运"和"尽快凯旋",哈代带着信前往南安普顿,站在码头目送军队离开。他本希望在那里见到亨尼卡少校,结果发现科尔德斯特里姆警卫军团是次日才离开;因此,次日一早,哈代就叫醒了戈登,早餐给他做了一些强化可可,然后骑车驮着他去观看这一场景,并亲手把书信交给了亨尼卡少校。[50] 370

哈代的经历,再加上其内侄的经历,成为《离别》(后来更名为《登船》)一诗的基础,该诗于 10 月 25 日发表在《每日纪事报》上。尽管他被南安普顿的景象所感动,但他仍然对用"这种最近时期的思想、契约和法典"而非古代的"完全相同的血腥模式"来解决争端的失败持批评

---

① 这里指的是第二次布尔战争(Second Boer War),即 1899 年 10 月 11 日至 1902 年 5 月 31 日英国同荷兰移民后裔建立的德兰士瓦共和国和奥兰治自由邦为争夺南非领土和资源而进行的一场战争。布尔人是指在南非以荷兰人为主的白人殖民者的后裔。

态度。事实上,几天后,哈代看到一个炮兵连在夜间冒着倾盆大雨离开多切斯特兵营前往南非的情景,这引发了《炮兵连的出征:妻子们的哀歌》一诗,该诗本身不是一首明显的反战诗,而是不带有任何浪漫色彩地,甚至是悲怆地坚持描写了那一特定场景的凄凉,以及留在后方的亲属的丧失感和焦虑。[51]毫不奇怪,哈代对10月中旬《泰晤士报》上刊登的史文朋的十四行诗《德兰士瓦》中绝对的沙文主义感到悲痛,并写信称赞吉辛公开批评了史文朋最后的劝诫:"袭击啊,英国,击中要害",因为它不负责任地迎合了"过去的嗜血性"。哈代告诉吉辛,吉辛所表达的异议是"在正确的时候所说的正确的话"。[52]

371 年底前,第一次军事交战在南非展开,第一批伤亡名单也开始陆续传回英国。哈代在《死去的鼓手》《血战后的作战办公室》等诗中再次迅速回应——正如他对亨尼卡夫人所说的,虽然他没有目睹战争场景,但很容易想象出来——还有那首壮丽的《阵亡者的灵魂》,对于后来的战争历程而言,该诗具有先见之明,这是基于作者高度发展的历史意识。[53]这表明,哈代的思维和写作习惯发生了深刻的变化,现在他的诗歌创作速度竟然如此之快,而且总的来说,内容是如此之丰富,尽管在11月和12月,他在完成最后两篇短篇小说时遇到了一些困难,一篇是给《哈珀新月刊杂志》写的《进来一个龙骑兵》,另一篇是给肖特做主编的《环球》周刊写的《一个改变了的人》。[54]1899年圣诞节当天主要是用来给《每日纪事报》的编辑写信,为他最近发表的诗歌《圣诞节的鬼故事》辩护,那天早上的《每日纪事报》上,有人批评了该诗的核心人物——一个"困惑的"军人的幽灵,诘问基督的和平信息是什么时候被"制约而变得无能,被搁置在了一边",但他的英雄气概还不足以与"一个在图盖拉河的枪林弹雨中高声叫喊着'让我们为自己立名!'的都柏林燧发枪士兵"相提并论。[55]哈代以其论点、博学和幽默("哈姆雷特的父亲,莎剧中暗示他在生活中是尚武的,但作为一个幽灵也不是特别勇

敢")来辩论,他温和地坚持认为,他的人物刻画,无论是在逻辑上,还是在文学先例上,都有充分的正当理由,其结论是:

> 因此我斗胆认为,一个被杀士兵的幽灵,既不是英国人,也不是布尔人,而是一个复合的、典型的幽灵,它可能一直会在圣诞前夜(根据我童年时的一个传说,即使是田野里的野兽在那时也会跪下)或其前后,对他一生中的战斗和普遍的战争感到遗憾,尽管他活着的时候可能曾经以令人钦佩的热情和自豪喊道:"让我们为自己立名!"[56]

至少在战争问题上,麦克斯门夫妇俩说话的声音几乎是团结一致的。在其丈夫给《每日纪事报》寄去公开信两天之后,艾玛给丽贝卡写了一封私信,其声音听起来更为尖锐一些:"但是布尔人为家园和自由而战——而我们为德兰士瓦的资金、钻石和黄金而战！不是吗?……为什么非洲不能像美国一样自由?我的想法是,要以不惜牺牲任何骄傲自满和权力扩张为代价来换取和平。"[57]

哈代热心地关注着战争新闻,在得知另一支地方部队即将开赴战区后,他于1900年2月上旬参观了多切斯特兵营,并含蓄地同意战争一旦开始就要成功地进行下去。然而,他从根本上不赞成把武器作为执行政 372
策的工具,也不赞成政策力求维护的帝国主义思想,而且对事业本身正确性的怀疑以及对人和马遭受的痛苦的认识令他深感不安。甚至在战争爆发之前,他就竭力主张不要"雇用马匹参加战斗,除了运输以外";战斗一开始,他就对"那些被严重损毁的动物"所处的困境更加痛心疾首,"它们除了身体上的痛苦之外,一定还有精神上的恐惧"。[58]是年2月,他惊呼道:"这一切是多么可怕啊！我对战争的战略和战术津津有味,仿佛战争是国际象棋游戏;但一直以来,对战争关于人的一面,我不得不视而不见,一想到那一点,我与战争的畸恋就显得不道德,甚至更糟。”他还补充说，他最近建议由于有着近两千年历史的基督教未能使各国懂得“维持和平的基本美德”，似乎没有充分理由不放弃它，转而去支持某种其他宗教，如佛教，这一建议震惊了穆尔兄弟中的一个。[59]随着战事在年底逐渐减少，第一批军队开始返回家园，哈代创作并发表了《士兵妻子之歌》，这是他关于布尔战争的诗歌中最广为接受的一首，因为是最不具争议性的一首。他在圣诞前夜向亨尼卡夫人保证说，这是他最后一首“关于战争的诗歌的迸发，对于这些诗歌，我很高兴地说，没有一首是沙文主义的或帝国主义的——我敢说，根据目前大多数英国人的判断，这是一个致命缺陷”。[60]

这种他自己的观点与整个国家的观点相脱节的感觉，加剧了哈代与潜在读者意见不一致的感觉。10 月，他写道：“我很困惑该如何处置一些诗歌，它们是在不同日期写的，有最近写的，也有很久以前写的，如果将它们发表，我完全知道人们会怎样评价：‘你和我们意见相左，所以你闭嘴吧。’”他接着说，英国评论家们“探究作品并评论作者”，这对那些本来会给英语小说带来“发展”（“可能在很多情况下是沿着错误的方向，但最终会走向卓越”）的人来说，后果是“无法正常工作”。[61]他自己的文学精力现在完全投入到诗歌创作上，其小说只从回忆角度与他有关，作为财务上的重要“财产”加以管理，并使它们处于公众视线内。是年初，他放弃小说后不久，哈珀兄弟公司就面临破产的威胁——该公司之前兼并了奥斯古德-麦基尔文公司，结果是它们成了他在大西洋两岸的主要出版商——这让他对自己的财务状况焦虑起来。然而，又一次重
373 组之后，哈珀兄弟公司不仅摆脱了困境，而且还试图通过出版价格为六便士的平装本《德伯家的苔丝》和《远离尘嚣》来促进哈代小说的销售。尽管哈代在这些作品上的版税很少，但令其欣慰的是，仅在英国，就有不少于十万册的六便士版《德伯家的苔丝》被印刷和出售。[62]

哈代仍然时不时地为格罗夫夫人提供写作建议，现在她从一次不成功的小说之旅中回归，转向了撰写关于当代社会行为的略带讽刺意味的文章，她在这方面有着更坚实的基础。女主人艾玛曾强加给她一些小册子让她阅读，她却批评了其中的内容，之后她于年初两次拜访麦克斯门，这或许在激发嫉妒心强的艾玛与她展开文学竞争方面曾推波助澜。[63]丈夫在《威斯敏斯特公报》上发表的诗歌刺激了艾玛或惹恼了她，于是她也提交了自己的一首诗，结果却从编辑那里得到一个建议，那就是可以把它改得“再简单一点，格律上再统一一点”。[64]她最近开始和肖特通信，事实证明他的反应更为积极，甚至答应把她的一首诗刊登在 4 月 14 日的《环球》社论栏：

春之歌

四月为什么哭泣？
　四月为什么微笑？
为什么我们看起来既悲伤又甜蜜
　一直都想知道？

如果冬天的夜晚已经逃离，
其黑暗的日子如此孤寂，
夏天的爱温暖如红日，
像蜜蜂一样蜂拥而至

太阳之心不会把光线
投射在我们的心间？
带着源源不断的喜悦和欢畅，

带着崭新的行为，和强大的思想

但是没有人知道夏天会带来什么。
这就是为什么我们哭泣和微笑，春天来了。

艾玛的十四行诗（如她自己所称）发表后不久，在写给丽贝卡的信中，她说如果报社给她寄来校样的话，在最后一节中有两个词——信中没有特
374 别说明是哪两个——就会被修改。于肖特而言，他向其读者解释说，他之所以出版艾玛的诗，是因为他自己是“她丈夫作品的最热情的仰慕者之一”[65]，这在某种程度上削弱了他出版她的诗歌的姿态所展现出的勇气。一年之后，当艾玛的另一首诗《园丁的诡计》刊登在《学园》的文学闲聊版块上，肖特也用稍加掩饰的轻视措辞介绍了该诗：“托马斯·哈代夫人用以下有趣的诗行告诉我们，在威塞克斯是如何种植玫瑰的。”然而，更为有趣的是，玫瑰在多大程度上依赖于埋在其根部的洋葱来汲取营养，艾玛打算以此来比喻她自己在丈夫成功过程中所扮演的不被赏识和感激的角色：

在大地的深处，隐藏着它的价值，
　洋葱，粗糙但谦和，
滋养玫瑰的根，给花儿带来芳香，
　让颜色变得灿烂——怪物一个！[66]

早在3月中旬，哈代就告诉道格拉斯爵士，在“伦敦社交季”期间，他和艾玛不愿意在伦敦租房子或公寓了。战争尚未结束，艾玛觉得自己“被摧毁了”，并坚持说她无论如何都不太“关心伦敦社交季以及社交圈的奢侈和消耗”。然而，6月，他们确实在南安普顿街的西部中心酒店住

了几周。[67]哈代比艾玛先去伦敦，也比她早离开一周，他不时去看望莉莲，尤其是她的哥哥，他已经开始在亚瑟·布洛姆菲尔德爵士的老公司学习建筑，公司现在由爵士的两个儿子经营管理。一段时间以来，哈代一直在给戈登上建筑理论和实践的课，带他参观当地的教堂和其他重要建筑，并不遗余力地鼓励和开发他作为制图员的技能。戈登将自己绘制的一些关于塞尔内修道院遗迹的建筑绘图发表在一本专业杂志《建造者》上，这不仅是在哈代鼓动下实现的，而且还附有他匿名贡献的描述性文字。1 月时，哈代与查尔斯·布洛姆菲尔德安排戈登在伦敦接受更加系统的培训，同时指出他可以按照公司的传统来教育其内侄。那年春天，在伦敦，他检查了戈登的进展情况，并向他展示了如何在维多利亚和阿尔伯特博物馆中使用艺术和建筑历史藏书室。哈代还见到了亨尼卡夫人，并又和多萝西在斯托克-波吉斯共度了一个周末。[68]

6 月底，哈代夫妇回到麦克斯门，接下来的几周里，他们接待了几拨
访客。戈登应邀作了短暂探访；莉莲待的时间较长，一直待到了新年，她 375
经常与哈代夫妇一起，有时候是分头行动，骑着自行车去厄普维、塞恩-阿巴斯、布尔巴罗山①，以及其他吸引人的地方，或是因为其风景，或是因为这些地方和他的联系。[69]7 月下旬，哈莫和阿加莎带着他们的自行车来访；8 月的第一个周末，A. E. 霍斯曼②、克洛德和亚瑟·西蒙斯③同时来访——这几个人碰在一起是一个有点令人讶异的混搭。克洛德于星期五抵达，先于其他二人，他记录了这次拜访的一些细节。星期六早上，他与哈代和莉莲在屋前的草坪上打槌球④，和哈代一边绕着花园散

① 塞恩-阿巴斯（Cerne Abbas），多切斯特北约六英里处的一个村庄和教区；布尔巴罗山（Bulbarrow Hill），多切斯特北约十英里处的一座山。

② A. E. 霍斯曼（Alfred Edward Housman，1859-1936），英国学者、诗人。

③ 亚瑟·西蒙斯（Arthur Symons，1865-1945），英国诗人、文学评论家。

④ 一种源于法国的室外球类游戏，在平地或草坪上用木槌击球穿过铁环门，又称门球。

步一边聊天,然后又和他一起步行前往温特伯恩-凯姆去参拜巴恩斯之墓。霍斯曼和西蒙斯于当天下午抵达,星期天早晨下起了雨,克洛德大部分时间用来和莉莲下国际象棋,雨停后,哈代带着他的三位客人参观了毛姆布里圆形表演场和梅登城堡。那天下午茶后,他们又打了槌球,但晚饭后,西蒙斯读了一些霍斯曼的诗,霍斯曼读了一些西蒙斯的诗,克洛德则读了一些罗伯特·布里奇斯①的诗,谈话全是关于诗歌的。星期一是银行休假日,四人乘火车去了韦茅斯,然后步行到波特兰去看海峡舰队集结的船只。星期一一大早,克洛德就动身前往伦敦了,他日记中的记录——即所有这些细节的来源——结束语是“哈代夫人像从前一样和我聊天,聊的是关于汤姆的事情”。[70]

10月,有消息传来,说霍尔德牧师的遗孀海伦病重,于是艾玛动身前往汉普郡的海滨小镇李昂索伦特去看护其姐姐,并试图让她的财政事务恢复正常。随着海伦的病情进一步恶化,艾玛离家的时间又延长了,因此哈代有些不耐烦了。虽然莉莲是一个讨人喜欢的骑行伙伴,但她待在家里时却有点讨人嫌,特别是她自己没有真正的经济来源,也不准备承担任何家务。11月6日,在一封消息量很大的信(署名为“你的亲爱的”)中,哈代强烈暗示——但没有明确坚持——艾玛应该回家待一段时间,照看她的侄女并料理一般的家务事。11月中旬,艾玛确实回家作了短暂逗留,并在月底又回来待了一两天,但除此以外,她一直都待在李昂索伦特,直到12月头两周海伦去世并举行完葬礼。当艾玛写信说她姐姐已经过世时,哈代在回信中表达了对艾玛本人身体的关切,或许是对其情绪状态的关切:“我感到相当焦虑,怕你太辛苦而身体垮掉。现在你不需要再付出持续不断的努力了,因为在结清死者的账单、遗嘱认证评估等方面,法律允许亲属有合理的时间采取行动。所以,常言道:

① 罗伯特·布里奇斯(Robert Bridges, 1844-1930),英国诗人,1913-1930年桂冠诗人。

‘节哀顺变吧’——现在的情况已经不再是一个病人依赖于你的所作所为了。”[71] 376

哈代当初急着让艾玛于11月初回家，部分原因可能是丽贝卡又回到了多切斯特，接下来的几周里，她的存在有时候让哈代感到很有趣味，但经常是令其烦恼的，她不停地迫切要求哈代和她一起散步、骑行，要求拜访麦克斯门，要求哈代在她购买的他的著作中题词。丽贝卡仍然喜欢想象她与哈代的关系有着强烈的浪漫成分，她认为莉莲在上述场合是一个“行为监督人”，并在11月27日的一封信中生动地(即使有所夸张)描述了莉莲的肖像：“胖嘟嘟的，像个瓷娃娃，长着浓密、卷曲的深色头发，红扑扑的圆脸蛋，双颊之间夹着一个几乎看不到的小鼻子。”同一封信引用了关于哈代夫妇最新的流言蜚语，包括谢里丹太太说的“她给他带来了地狱般的生活”。[72]12月31日，艾玛本人写信给丽贝卡，热情地谈到了莉莲(“她是一个聪明伶俐的小孩子，我们可不想让她离开我们回到她父母身边”)，但沮丧地谈到了她自己的处境以及整个世界的处境：

> 新诗你读得多吗？——如此复杂难懂、含混晦涩，叶芝写了一首神秘的诗——《阴暗之地》，这首诗是什么意思？任何女人的爱都不配献给一个男人，一个像上帝一样的男人吗？……假如女人一直掌控着这个世界，那岂不是——到如今就接近了幸福的目标了吗？这是一个**男人的世界**——尽管他们的智慧在科学上表现得最为突出！事实上，在和平与乐趣方面却是可怕的**失败**——[73]

这段文字太具有艾玛特色了：她劲头十足的文学抱负，其结果通常是可悲的，但其本身绝不是可鄙的；她真诚的女权主义，不仅源于她对丈夫的怨恨，也源于她真知灼见的灵光一现；她的信仰既困惑又急切，她信仰的不仅仅是一个更美好更幸福的世界的可能性，而且是绝对的必要性，新世界优于那个充满战争、残酷和不公的旧世界，她自己就出生于那样一个世界。

就在艾玛于新年前夜给丽贝卡写信的两天前，哈代竟然发表了一些诗文，在这些诗文中，他自己强烈的互相矛盾的冲动，被证明是颇能令其做出决定的，即使不是理智的决定，至少也是富于创造力的决定，这两件事在时间上如此巧合，这似乎有点残忍。诗歌《本世纪临终之际》刊登在了《素描》上，是对十九世纪末到二十世纪初过渡时期的一种沉思。该诗后来被更名为《黑暗中的画眉》①，它仍然雄辩地证明了
377 情感在哈代所有思想中的作用，也证明了他的推理的“想象性”，这使得他能够在对最坏的情形深信不疑的情况下，对最美好的事物仍抱有执着的希望：

几乎没有什么原因
　为尘世间的万物
无论是远还是近
　把如此欣喜若狂的颂歌写出，
我能想到在那愉快美好的夜晚
　它用颤抖的声音来讴歌
某种带来福祉的希望，它了然
　而我却无从晓得。[74]

注释

［1］《生活和工作》，页302；珀迪，页121–122。

---

① “The Darkling Thrush”，另译为《黑暗中的鸫鸟》或《薄暮听画眉》。

[2] M. 米尔盖特,《与遗嘱相关的行为：勃朗宁、丁尼生、詹姆斯、哈代》(牛津,1992),页156–161;另见L. 比约克,《笔记本》,载《指南》,页290–292。

[3]《哈代书信》,第二卷,页166,页192–193;《多塞特郡纪事报》,1897年4月8日,第4版。

[4]《生活和工作》,页310;《哈代书信》,第二卷,页165。

[5]《哈代书信》,第二卷,页166;《生活和工作》,页310–311;《艾玛·哈代日记》,理查德·H. 泰勒编辑(阿辛顿,1985),页200–203。

[6]《生活和工作》,页311;《艾玛·哈代日记》,页203;《哈代诗歌》,第一卷,页138。

[7]《生活和工作》,页313;《艾玛·哈代日记》,页205–207;《泰晤士报》,1897年7月8日,第10版,参《公众声音》,页145–146;《艾玛·哈代日记》,页208。

[8]《哈代书信》,第二卷,页169、171,页170–172。

[9]《哈代书信》,第二卷,页171,参《个人笔记》,页248,以及《每日纪事报》,1897年7月15日,第7版;《生活和工作》,页314。

[10]《生活和工作》,页314;《哈代书信》,第二卷,页172;《哈代诗歌》,第三卷,页9。

[11]《圣经》和祈祷书(多博);诗篇(耶鲁);《生活和工作》,页315;《哈代诗歌》,第一卷,页87–88。

[12]《生活和工作》,页315–316;《哈代书信》,第二卷,页173–174;艾玛信件(罗兰女士)。

[13] C. M. 费舍尔,《哈代的多切斯特生活(1888–1908)》,页17;请柬(多博)。

[14]《哈代书信》,第二卷,页174;《鲁德亚德·吉卜林书信集》,T. 平尼编辑(伦敦,1990),第二卷,页316–317;《生活和工作》,页316;C. E. 卡林顿,《鲁德亚德·吉卜林：生活和工作》(1955;伦敦,1978),页208。

[15]《哈代书信》,第二卷,页180;《哈代书信》,第二卷,页182。

[16]《哈代书信》,第二卷,页 182;《哈代书信》,第二卷,页 176–177,页 178–179;参贝蒂,《哈代：文物保护建筑师》,页 21–26。

[17]《哈代书信》,第二卷,页 206。

[18]《哈代书信》,第二卷,页 193;《生活和工作》,页 317;《哈代书信》,第二卷,页 285。

[19] W. 吉福德致艾玛的信,1898 年 9 月 7 日和 10 月 24 日(多博);埃塞尔·斯金纳太太(G. 吉福德的女儿),访谈,1978 年。

[20] 埃塞尔·斯金纳,访谈,1978 年;G. 吉福德,信件,载《泰晤士报文学增刊》,1944 年 1 月 1 日,页 7。

[21] K. 费舍尔,《与西尔维亚的对话：画家西尔维亚·高斯(1881–1968)》(伦敦,1975),页 27。

[22] 艾玛致 R. 欧文的信,1899 年 4 月 24 日。(科尔比)

[23] 艾玛致 R. 欧文的信,1899 年 4 月 24 日(科尔比);《动物之友》,1898 年 3 月,页 108–109;艾玛收藏的传单(多博);《泰晤士报》,1895 年 2 月 26 日,第 3 版;《每日纪事报》(1899 年 9 月 4 日),第 4 版,参《艾玛与弗洛伦斯书信》,页 16–17。

[24] E. H. 贝格比致艾玛的信,1898 年 3 月 8 日(多博);《圣殿酒吧》编辑致艾玛的信,1898 年 7 月 8 日(多博);《哈代书信》,第二卷,页 189、190。

[25]《艾玛与弗洛伦斯书信》,页 11–12。

[26]《威塞克斯诗集》(伦敦,1898),页 3,参哈代修订的文本,《哈代诗歌》,第一卷,页 8。

[27]《哈代诗歌》,第一卷,页 106。

[28]《哈代书信》,第二卷,页 208;《乔治·梅瑞狄斯书信集》,C. L. 克兰编辑(三卷;牛津,1970),第三卷,页 1338。

[29]《星期六评论》,1899 年 1 月 7 日,页 19,参《哈代：批评遗产》,页 319,其中的日期标注错误。

[30]《威斯敏斯特公报》,1899 年 1 月 11 日,第 3 版,参 P. 达尔齐尔,《插图

与撤销：〈威塞克斯诗集〉的变迁》，载《目录学研究》，第五十卷（1997），页 390–400。

［31］《雅典娜神殿》，1899 年 1 月 14 日，页 41，参《哈代：批评遗产》，页 325；《展望》，1899 年 1 月 28 日，页 823。

［32］《文学笔记》，第二卷，页 53；《哈代书信》，第二卷，页 212–213。

［33］《生活和工作》，页 323；L. 斯蒂芬致哈代的信，1899 年 1 月 3 日，T. 瓦茨–邓顿致哈代的信，1899 年 2 月 23 日，A. C. 史文朋致哈代的信，1898 年 12 月 26 日（均收藏于多博）；《哈代书信》，第二卷，页 209。

［34］A. 普雷托致艾玛的信，两封无日期的信件［1899 年？］。（多博）

［35］艾玛致 R. 欧文的信，1899 年 4 月 24 日。（科尔比）

［36］参艾玛致斯伯丁·埃文斯的信，1892 年（M. 米尔盖特）；《追求意中人》的简介，艾玛字迹的手稿（珀迪，页 95 及其注释）；《阿卡迪的星期六之夜》，部分是艾玛字迹的手稿（珀迪，页 71）。

［37］珀迪与弗洛伦斯谈话，1913 年；珀迪，页 38、56。

［38］《艾玛与弗洛伦斯书信》，页 26。

［39］同上，页 15。

［40］同上，页 27。

［41］《哈代诗歌》，第二卷，页 12–13。

［42］B. 纽科姆致 N. 高斯的信，［1900 年］3 月 8 日。（多博）

［43］《圣经》（多博）；沃斯通克拉夫特的著作（耶鲁）。

［44］《哈代书信》，第二卷，页 222。

［45］《生活和工作》，页 326–327；奥鲁克，《托马斯·哈代：其秘书的回忆》，页 7。

［46］《哈代书信》，第二卷，页 226；《哈代书信》，第二卷，页 227。

［47］《哈代书信》，第二卷，页 228。

［48］《每日纪事报》，1899 年 8 月 24 日，第 3 版，参《公众声音》，页 153–155；《哈代书信》，第二卷，页 229。

[49]《哈代书信》,第二卷,页232,另见《哈代书信》,第二卷,页229。

[50]《哈代书信》,第二卷,页233及其注释;埃塞尔·斯金纳致珀迪的信,1973年1月1日(耶鲁),以及访谈,1978年。

[51]《哈代诗歌》,第一卷,页116;《哈代诗歌》,第一卷,页119–120。

[52]《泰晤士报》,1899年10月11日;G. 吉辛,《提尔泰奥斯》,载《每周评论》,1899年11月4日,参《吉辛通讯》(1974年7月),[十卷]三期;《哈代书信》,第二卷,页235。

[53]《哈代诗歌》,第一卷,页122,页120–121;《哈代书信》,第二卷,页241;《哈代诗歌》,第一卷,页124–127。

[54]《哈代书信》,第二卷,页238;《哈代书信》,第二卷,页240。

[55]《威斯敏斯特公报》,1899年12月23日,第5版,参《哈代诗歌》,第一卷,页121;《每日纪事报》,1899年12月25日,第4版。

[56]《每日纪事报》,1899年12月28日,第8版,参《公众声音》,页156–158。

[57]《艾玛与弗洛伦斯书信》,页19。

[58]《反对战争的战争》,1899年1月20日,页21,参《公众声音》,页151;《哈代书信》,第二卷,页248。

[59]《哈代书信》,第二卷,页248。

[60]《晨报》,1900年11月30日,参《哈代诗歌》,第一卷,页128–129;《哈代书信》,第二卷,页277。

[61]《哈代书信》,第二卷,页269–270。

[62]同上,页265。

[63]《哈代书信》,第二卷,页226;A. 格罗夫致艾玛的信,1900年3月20日(多博)。

[64]《威斯敏斯特公报》的编辑致艾玛的信,1900年3月27日。(多博)

[65]《环球》,1900年4月14日,页393;《艾玛与弗洛伦斯书信》,页21。

[66]《学园》,1901年4月27日,页355。

［67］《哈代书信》,第二卷,页 251;《艾玛与弗洛伦斯书信》,页 21;《生活和工作》,页 328。

［68］《公众声音》,页 171–172;《哈代书信》,第二卷,页 245、257;《哈代书信》,第二卷,页 257–258。

［69］利,《镜头下的哈代》,页 23。

［70］《生活和工作》,页 329;《哈代书信》,第二卷,页 263–264;A. E. 霍斯曼致哈代的信,1900 年 7 月 11 日(多博);克洛德,日记,1900 年 8 月 3 日–7 日(艾伦·克洛德)。

［71］《哈代书信》,第二卷,页 272;《哈代书信》,第二卷,页 276。

［72］韦伯,《哈代和来自麦迪逊广场的女士》,页 136–137。

［73］艾玛致 R. 欧文的信,1900 年 12 月 31 日。(科尔比)

［74］《素描》,1900 年 12 月 29 日;参《哈代诗歌》,第一卷,页 188。

第二十一章　悲观的社会向善论者

378 《威塞克斯诗集》的评论家们与哈代后期小说得到的评论相呼应，反复引用了“悲观主义”一词，似乎在这样做的时候，他们既在定义一种独特的哲学立场，又在施行一种不利的批评判断。哈代对自己被如此粗鲁地归类大为光火，而他更强烈的感受是，在这样一个极端不完美的世界里，“乐观主义”奢望是无法想象的。在高斯撰写的一篇以《威塞克斯诗集》为文本的关于“诗歌形式”的文章中，哈代发现高斯提到了勃朗宁，于是他惊呼道：“我活得越久，就越发现勃的特点像是十九世纪文学中的一个不解之谜。一个持异议的杂货商自鸣得意的基督教乐观主义，如何能在一个站在中立立场上的、如此强大的预言家和试探者身上找到立足之地呢？”在后来的一则笔记中——该笔记拟用在《生活和工作》中，实际上并没有使用——他把勃朗宁的观点和他自己的观点具体作了对比：“想象一下，你不得不沿着一条画在开阔旷野上的粉笔线行走。勃朗宁沿着这条线走过去了，他不知道还有其他路线。但在同一条线的左边一码处，地形陡转直下，有一个五百英尺深的垂直悬崖。我知道它在那里，却走了同样的路线。”[1]

1901 年 2 月，在麦克斯门，阿切尔采访了哈代，哈代对存在的本质和邪恶问题的思考显得尤为直接。哈代试探性地提出了如下观点：

可能存在"一种无限遥远的意识,存在于现象链的另一端,它总是努力去表达自己,却总是感到困惑和笨拙"。他接受了阿切尔的建议,即,这也许可以被视为新版的"过去美好的摩尼教[①]的异端邪说,其中事件扮演着邪恶原则的角色——撒旦、阿里曼[②],不管你怎么称呼它"。然而哈代坚持说,他不一定相信阿切尔所说的"邪恶原则"最终会大行 379
其道:

例如,人们称我为悲观主义者;但如果悲观主义是和索福克勒斯联系在一起的,认为"没有出生是最好的",那么我不拒绝这一称呼……然而我的悲观主义,如果它是悲观主义的话,并不包含如下这一假设,即,世界终将走向毁灭,而阿里曼将在这条道路上赢得胜利。相反,我的实践哲学明显是社会向善论的。我的著作完全就是对"人对人的不人道"的抗辩,对人对女人不人道的抗辩以及对人对低等动物不人道的抗辩,除此之外还能是什么呢?……不管生活中有什么固有的善与恶,人们肯定会毫无必要地使之变得更糟。在我们消除了上千种可以补救的邪恶之后,我们就有足够的时间来确定那不可补救的邪恶是否比善行更有价值。

当阿切尔挑战性地问他是否真的相信人类正在摆脱战争这样的邪恶时,哈代自信地宣称:

哦,是的,战争注定是要消亡的,因为人类的内省能力在逐渐提

① 摩尼教(Manichaeism),起源于古代波斯,由摩尼(Mani)于公元三世纪中叶创立,后经传播成为世界性宗教,公元七世纪后渐渐衰亡。

② 阿里曼(Ahriman),古波斯琐罗亚斯德教中的恶神。

> 升，他们设身处地地替他人着想的能力以及换位思考的能力也在逐渐提升。另一方面，这可以被称为幽默感的提升。不是今天，也不是明天，而是在适当的时候，战争将会结束，不是因为道德原因，而是因为其荒谬性。[2]

“一战”期间和战后，哈代对未来的憧憬变得更加黯淡，但在世纪之初，他不同寻常地公开阐述自己的思想，这使得调和他思想中原本看似不一致的部分成为可能。从他认为出生和具有意识是一种原始厄运的意义上而言，他对人类境况根本上是持悲观态度的，尽管如此，他仍然能够对人类（和动物）所遭受的痛苦表达同情，并以一种改革主义者的热情去影响那些邪恶，它们被认为是社会性的，因而可能是易于得到改善甚至根除的。尽管他是一个不可知论者，但他也可以对某种“带来福祉的希望”的可能性持续保持警觉，不管这种可能性有多小，但是迄今为止最勤奋的探索也还是使他“无从晓得”那种希望。[3]抽象地说，从理论上来说，总的来说，他只能看到一个不可理解的、可能毫无意义的宇宙；具体地说，从实际上来说，有针对性地说，他深切关注人类境况，感知个人生命的价值，坚持传统和正式的基督教价值观，譬如慈善和他喜欢称之为“仁爱”的东西，并认为事情可以变得更好，而且确实会变得更好。

哈代与同时代许多人的不同之处在于其绝对性和直白性，带着这种绝对性和直白性，他认为人没有出生是最好的，认为具有意识是一种祸根，还认为尽管死亡可能使丧亲者痛苦，但死者本身却不需要同情。在
380 他那本《平信徒祈祷书》的封底上，哈代用拉丁文写道：“**我的命好苦啊，我在尘世逗留的时间延长了！**”同时他也在这段话及其译文在书中出现的位置做了标记。1896 年 2 月，在与克洛德的谈话中，他坚持说希望自己从来没有出生过，“倘若不是死去太费力气，宁愿死去也不愿活着”。1890 年圣诞节，他为一首诗的创作写了一则笔记：“**死者的乐趣**——在

于我们的错误，或在于我们的生存欲望。”[4] 他告诉悲痛的哈格德夫妇①，对于一个孩子的死亡，“当我们细细思忖他已经摆脱掉的东西时，永远不必真正感到遗憾”；当他写信给亨尼卡夫人讲述南非的战事时，她丈夫仍在那里服现役，他任由自己说：“想一想四万人会在那里安息，不知道以你的视角来看这是否是一件令人伤心的事。我们能否问问他们是否希望再次醒来？你认为他们会给予肯定的回答吗？”[5] 尽管在它们的接受者看来，这样的意见一定是不礼貌的，但是对于哈代而言，它们是显而易见的陈述，在他对人类命运的悲观看法中是固有的，这种悲观看法赋予了他勇气——抑或是赋予了他残忍——来处死苔丝，毁灭裘德。

不管哈代的观点在形式上如何体现苦行，它并没有教会他坚忍克己者的超然物外。在日常生活层面，这种赋予了小说《德伯家的苔丝》如此强大力量的非凡想象力，其呈现方式很有可能是对他人的苦难，尤其是对动物的苦难表现出近乎病态的敏感。毫无疑问，没有孩子与哈代夫妇对宠物表现出的极端的、放纵的喜爱有很大关系，但这或许是一种保护性的温柔，完全符合哈代对大千世界更大的憧憬。1901 年 4 月上旬，他最喜欢的猫——“**我的**猫，我第一只‘为了我自己’养的猫”——像其他养于其前后的麦克斯门的猫一样，在附近的铁路线上被火车碾死，哈代大声疾呼道：“无法言语的动物的暴亡总是令我痛斥这尘世的意外事件，在这个世界上，在诸多案例中，动物因其受到种种局限，是最值得可怜的。”对布尔战争中的马匹和骡子那不情愿的、无法被理解的痛苦，他已经表达了自己的悲痛；是年夏，当他受邀去分享皇家猎鹿活动②被废止的喜悦时，他宣称对于任何一个像他一样相信如下这一点的人来

---

① 哈格德夫妇的长子亚瑟·约翰·莱德(乔克)于 1891 年殒命，年仅九岁。

② 皇家猎鹿活动始于 1711 年，1901 年爱德华七世登基后废止，有着近两百年的历史。

说——即在任何情况下,“通过狡诈的手段来预谋我们那些弱小而单纯的同类的死亡,并从中追求快乐,而不是学会(如果必要的话)将它们的毁灭视为一项可憎的任务,比如说,类似于普通刽子手的任务,都是不道德、没有男子气概的”——“猎杀驯服的鹿”只不过是“一个细节而已”。[6]

381 尽管他痛失爱猫,南非战争时间被拉长,以及他感受到的其他特别的或一般性的痛苦,哈代还是感觉到新世纪的开始和新国王的登基可能使他重新振作了起来。尽管为了纪念维多利亚女王于 1901 年 1 月的逝世,他写了一首严肃的赞美诗——他声称,该诗写于他严重头痛的时候,写完就立即投给了《泰晤士报》,而且在出版之前没有修改——他说“那种我们周围满是未知事物的普遍感觉,本身就是一件新奇的事……当我觉得自己有乐感的时候,对于法国编辑们称之为《天佑女王》的歌曲,我不得不唱得跟他们有点不一样,而且新的钱币即将被铸造,我的钱都显得过时了”,但是对此他的反应却是本能地感到高兴。6 月 2 日是其六十一岁生日,他写信给亨尼卡夫人,谈到了上一个周末在奥尔德堡,他与克洛德以及《曾达囚徒》的作者安东尼·霍普·霍金斯①和《金枝》的作者詹姆斯·弗雷泽等客人共度的“快乐时光”。身体上,他仍在遭受流感早期发作的影响,一整天都“躺在床上,全然无精打采”,但他的精神状况却是这样的,即他无法回忆起有哪一年过生日的情景能比今年“更加平静”。[7]

在这一年的大部分时间里,这种较为轻松的情绪一直持续着,这或许反映了他与艾玛达成了某种可行的妥协,即使是暂时的。年初,她身体状况不好,情绪低落,连续两年都不愿意为了度过“伦敦社交季”而不

① 安东尼·霍普·霍金斯(Anthony Hope Hawkins,1863–1933),英国小说家、剧作家。

辞辛劳地去找房子或公寓。然而，他们确实在5月和6月进城住了几个星期，寄宿在牛津排房27号，位于现如今是苏塞克斯花园的地方的南边。[8]哈代习惯性地参观了皇家艺术院展览的预展，这一直是“伦敦社交季”的一个重要社交活动；他和艾玛一起去听了小提琴家伊萨伊和库贝利克的音乐会，可能还看了其他演出。在他每年去伦敦的动机中，音乐继续排在前面；正是在4月，他提到约翰·斯坦纳爵士和亚瑟·沙利文爵士最近去世了，并承认他对音乐厅的历史比对剧院的历史更感兴趣。几年后，他又对散文家兼记者亨利·W. 内文森①发表了同样的评论，并补充说，他认为柴可夫斯基的音乐“完全具有现代的动荡音符”，但他最喜欢的是“去圣保罗大教堂听圣歌”。[9]

6月中旬，哈代夫妇返回多切斯特后不久，一个名为白衣修士俱乐部的伦敦记者协会就前来拜访，约有一百位俱乐部会员来到多塞特参加“威塞克斯朝圣”，并在麦克斯门草坪上搭起来的大帐篷下喝茶。这次拜访主要是由一位名叫查尔斯·J. 汉金森（“克莱夫·霍兰德”）②的记 382
者安排的，多年来，他的持续关注和大量文章激怒了哈代，以至于哈代最终拒绝他进入麦克斯门。这群访客的领导者，也就是当天的“会长”，是肖特，在留存的照片中，他坐在哈代旁边，他们二人处于中间位置。哈代逐渐认识到，肖特也是一个不可信任和让人生厌的人，尽管作为偶尔互相吹捧的人和哈代“借助于灵感创作”的短文的出版商，肖特的多重编辑身份使他对于哈代来说还有可用之处。事实上，在白衣修士俱乐部来访之后不久，哈代就让肖特把他对美国报纸上一篇报道的简短反驳文章发表在《环球》上，那篇美国报道的大意是：白衣修士俱乐部的会员们发

① 亨利·W. 内文森（Henry W. Nevinson, 1856-1941），英国（战地、竞选）记者、政治评论员和妇女参政论者。

② 查尔斯·J. 汉金森（Charles J. Hankinson, 1866-1959），笔名克莱夫·霍兰德（Clive Holland），英国记者、摄影师。

现威塞克斯乡村本身单调乏味,人们对它的兴趣只源于“小说家对它的解读”。正如哈代尖锐指出的那样,事实上大家只参观了威塞克斯很小的一部分:“朝圣者们离开伦敦的时间总计都不超过十二个小时,当天晚上便打道回府;以这样一种方式来深入欣赏该郡的风光是完全不可能的,更不用说那些毗邻的风景了。”[10]

当白衣修士俱乐部的会员们从帕德尔屯沿着公路驶入多切斯特时,他们没有意识到,那位站在路边向他们挥舞手帕致意的老太太就是哈代的母亲——尽管遭到女儿们的反对,杰米玛还是决定去向远道而来向她现在著名的儿子致敬的客人们致意。[11]她一直特立独行,现在已是八十八岁高龄,变成了一个非常“有个性的女人”,正如几年后哈代在她去世时所说的那样:意志坚强,言辞尖酸,固执己见,独断专行。1903 年夏,来自西斯塔福德的史密斯姐妹在拜访博克汉普屯的哈代家人时,发现“向我们展示了其珍爱之物的女儿们的谈话,以及九十岁的老哈代夫人那饶有风趣的谈话,使得普通的聚会谈话相形见绌”。几个月后,玛丽写信给一位亲戚,转达了她母亲“以她依然故我的果断态度”提出的一条忠告。玛丽补充说:“我希望她的信息不会冒犯您,但您只会觉得她是一如既往地直言不讳。”[12]杰米玛智力水平尚未衰退,但脸颊已经干瘪,腰也弯了,背也驼了,并逐渐被困在床上。她的健康状况一直是家人焦虑的一个根源,她对自己被迫不能活动的不安是家庭摩擦的常见原因。她的女儿们不再教书,她们随时准备专心照料她,尽管她们在多切斯特有房子,但她们待在博克汉普屯的村舍的时间越来越多。尤其是凯
383 特,在表姐波莉(在其母亲去世后被带到老哈代夫人家)的帮助下,她几乎完全忙于护理母亲和操持家务。亨利已经把他在塔尔博塞斯的新房子租了出去,现在仍然和母亲住在村舍里,而哈代一如既往地经常来这里。她的孩子们应该在其晚年时坚定地团结起来赡养她,这完全符合杰米玛个性中的统治支配欲,也符合她一直以来所灌输的家庭忠诚。

在此期间，来到博克汉普屯的其他亲戚中有詹姆斯·斯帕克斯和纳撒尼尔·斯帕克斯，他们是杰米玛的外甥、哈代的表弟纳撒尼尔的儿子，他去了布里斯托，成为小提琴制造者和维修者。1902 年 8 月，沿着哈代为他们规划的一条风景优美的路线，两个年轻人从布里斯托一路骑车过来。在他们出发之前，玛丽写信告诉詹姆斯，他和他弟弟应该先到她在多切斯特的家里落脚，“因为老母亲岁数太大，不能在博克汉普屯接待任何人，而且她的房子也小，这一点你父亲会向你解释的。你知道我的家位于沃拉斯顿路 12 号，我应该是住在那里，但我会在博克汉普屯待很长时间，尤其是在夏天”。在 1903 年 11 月的一封信（寄信人的地址是“在母亲的卧室里”）中，玛丽向詹姆斯的父亲描述了当时村舍里的事态：

> 亨利不着急不着慌，对接下来将会发生的事情不太担心。凯蒂和波莉尽其所能，对这里相当平静的生活随遇而安，因为母亲年事已高又身患疾病，她们很少外出……母亲想下床，但我们担心，如果她试图下楼，我们再把她弄回来可就有点麻烦了。[13]

后来纳撒尼尔回忆说，在他们兄弟俩拜访博克汉普屯的时候，杰米玛用浓重的多塞特口音说艾玛是个“了不起的婆娘”，坚持说“她不适合俺”，言外之意是不适合她儿子。兄弟俩回到布里斯托后，在写给詹姆斯的信中，凯特还温和地取笑了她母亲对方言顽固不化的使用：“一个星期天，因为风琴手去了布里斯托，我在教堂里演奏风琴。母亲说：‘俺滴个娘唉——整个布里斯托都疯咧吗？’”[14]凯特与斯廷斯福德教堂在音乐上的联系由来已久——后来她还会给教堂捐钱来买一个新的风琴——这一点在这一时期尤为重要，因为她偶尔会从村舍那狭促而有些困难的处境中出来作短途出行，这为她提供了正当理由。在某一时刻，据说她和来自帕德尔屯的查尔斯·米奇·哈代结婚了,他是凯特爷爷的弟弟的孙子,斯帕克斯兄弟俩于1902年来访时,曾和他在一起住过一段时间。哈
384 代喜欢查尔斯,有时会雇他在西大街51号的房子做建筑工作,但似乎哈代也是不赞成查尔斯做凯特丈夫的人之一,或许是因为他有酗酒的坏名声,因此这场婚姻从未实现。[15]尽管如此,凯特和查尔斯之间的某种订婚或"协议"似乎仍在断断续续地流传——她的日记提到他时经常以一种(容易破解的)密码的方式——直到1916年查尔斯与伊丽莎白·维尔结婚后才告终,时年查尔斯五十七岁,凯特六十岁。[16]

斯帕克斯兄弟俩都有着非凡的艺术天赋,詹姆斯成为埃克塞特的艺术教师,纳撒尼尔则是杰出的雕刻家,其作品定期在皇家艺术院展出。哈代在两个年轻亲戚身上看到了这些品质,在他们的职业生涯中时不时给予帮助,并且多年来与他们保持着联系,尽管他们1902年到麦克斯门的一次拜访被艾玛给搞砸了,因为她拒绝与他们有任何瓜葛。[17]老纳撒尼尔从儿子那里得知哈代想要一把大提琴,他找到了一把,并以非常公道的价格出让,就是现如今摆在多塞特郡博物馆仿造的哈代书房中的那一把。哈代在感谢信中说:"毫无疑问,这把旧六弦提琴曾多次为《莉迪亚》或《伊顿》等曲子伴奏。"挖掘半个世纪前他们二人对帕德尔屯的共同记忆,哈代补充说:"后一首是星期天晚上他们几乎可以用来掀翻戈达德小教堂屋顶的曲子。"哈代没有料到的是,小纳撒尼尔最终将扮演一个颇有争议的角色,即家庭信件、纪念品和流言蜚语的收藏者和诠释者。[18]

哈代迎接新世纪的喜悦,与他期待的第二卷诗集的筹备和出版带来的满足感有着很大关系。然而,与哈珀兄弟公司的谈判进展缓慢,直到1901年5月底,双方才达成协议,出版一千册诗集(其中一半在英国销售,另一半在美国销售),暂定名为"感觉、梦想和行动诗集"。此时白衣

修士俱乐部再次来访,直到 7 月初才离开,之后他才重获自由,将全部精力放在最后的选诗和修改上。11 月中旬,诗集最后以“今夕诗集”为题名出版,尽管有几位评论家表示不确定哈代写的是不是诗歌,但诗集普遍受到好评,并在两三周内接到了加印五百册的订单。[19] 哈代已经在全
国性报纸上发表过一些关于战争的诗歌,这有助于他诗名更盛,或许正 385
是这个原因,他才把它们放在诗集开头,只有一首为维多利亚女王逝世所作的《幻想曲》放在战争诗的前面。

与其之前的那部诗集相比,《今夕诗集》几乎在所有方面都明显有进步。尽管其诗歌类型仍然极其混杂,组织上有点古怪,质量上也良莠不齐,但是那些特征的展现方式没有《威塞克斯诗集》那么生硬。更重要的是,它包含了一些非常卓越的诗歌和一系列与主题相关的诗歌文本,冠名“杂诗”,在这一部分诗歌中,哈代坚持不懈地、反复地,但是循序渐进地主张和强化其世界观的核心信条,这些诗歌包括:《大地母亲在哀叹》《我对爱说》《月食》《缺乏意识》《厄运与她》《部下》《健忘的上帝》《卧床不起的农民》《在地球的尸体旁》《致一个未出生的穷孩子》等。[20] 在这样的诗歌中,以及在《在阴郁中》三首组诗中(与其他诗歌分开放置,以反映更直接的个人悲伤),哈代一劳永逸地确立了他的哲学诗的特点和主导情绪,即沉思、痛苦和不安。上帝是“不知情的”,自然是盲目的或沉睡的,控制欲强的厄运对人类苦难漠不关心,诗歌叙述者本人是“一个曾经怀疑一切的人, / 在绝望中等待”。[21] 在其 1902 年 1 月发表在《书商》上的评论中,道格拉斯爵士敏锐地观察到,被归为“杂诗”的诗歌实际上具有“最明确的共同特征”,它们有着最强烈的“累积”效果。对道格拉斯来说,这些诗歌所具有的美在于它们所表达的苦行,但是尽管他意识到哈代勇敢地表达出了他对宇宙本质极其悲观的结论,他依然拒绝接受这样一种观点,即生活本质上必然是毫无意义的,他说:“世界上绝大多数人并非不快乐。”[22]

尽管哈代对哈珀兄弟公司处理《今夕诗集》的方式没有任何怨言，或者实际上对处理他以前任何一部著作的方式也没有过怨言，但令他不悦的是，他们对奥斯古德-麦基尔文公司的兼并，导致在伦敦出版他的诗集的是“纽约总公司的一家附属公司”。2月，克拉伦斯·麦基尔文代表哈珀兄弟公司致信哈代，邀请他续签最初他与奥斯古德-麦基尔文公司签订的“威塞克斯小说”版的协议，但哈代已经决定另找一家英国出版商，尽管他继续把哈珀兄弟公司作为他在美国的出版商。麦基尔文抗议
386 说哈代的背叛会损害公司的声誉。想到自己昔日的忠诚行为，哈代便很重视从作家协会的官员 G. 赫伯特·思林和安东尼·霍普·霍金斯那里获得保证，即哈代与奥斯古德-麦基尔文公司签订的是一份有限期合同，因此他完全有权终止合同，不论是从专业角度，还是从道义角度。哈代急于缓和显然被麦基尔文公司视为一个沉重打击的局面，在最初的合同期结束后，他又多给了哈珀兄弟公司六个月，在此期间他们可以继续担任他的独家出版商，尽可能多地消化库存。他还承诺，将设法说服新的出版商——不管他们会是谁——就购买印版和手头的任何存货图书与哈珀兄弟公司开展谈判。[23]

在与麦基尔文公司的交易结束后，哈代才开始接洽麦克米伦公司，但很显然，他早就打算择机与他们合作。他一直很感激亚历山大·麦克米伦对其早期作品表现出的兴趣，尽管他后来与该公司的合作并非一帆风顺，但他对他们对其小说殖民地版本的处理很满意，并对现任总裁弗雷德里克·麦克米伦评价很高，不论是从个人方面，还是从专业方面。弗雷德里克以可以理解的热情回应了哈代的主动性，保证如果双方真的可以合作，哈代永远不会有理由感到后悔。公司起草了一份全面的协议，对于售价六先令及以上的图书给予哈代售价四分之一的版税，对于售价四至五先令的图书给予他售价五分之一的版税，对于所有售价更便宜的图书给予他售价六分之一的版税；此外还重新确认现有协议，即对

于所有殖民地图书馆版本的图书，每本给予他四便士的版税。哈代于4月签署了这份协议，麦克米伦建议，尽管出版商要到10月份哈代与哈珀兄弟公司延长的合同到期后才能正式变更，但是有理由现在就开始以新的麦克米伦公司的版式印刷图书。哈代表示同意，但只是明确要求公司允许他做一些小改动，包括把他对哈珀兄弟公司最近出版的六便士版《远离尘嚣》的序言的修改添加进去，以及对备受批评的《无名的裘德》中猪阴茎的场景作淡化处理。[24]

作为《无名的裘德》最不肯妥协的反对者之一，艾玛也不赞同《今夕诗集》中的许多诗歌。虽然她没有明确指出是哪些诗，但是她向丽贝卡将它们笼统地描述为“个人的呻吟和幻想等”。她坚持说，要是“他后来的作品更忠实、更真实、更有益”就好了，那么她和丈夫之间的麻烦就不 387
会那么令人厌烦。毫无疑问，在哈代六十二岁生日那天，她对他收到一份摘自《每日邮报》的剪报感到幸灾乐祸，尽管剪报是开玩笑寄来的，但是如果多切斯特的某家报纸报道了这个故事，就可能会引起流言蜚语，剪报的内容是：“因为用已故的W. E. 格拉斯顿的半身像袭击了其年迈的岳母，来自伦敦伍德-格林区的托马斯·哈代先生昨日被罚款十先令，并支付了相关诉讼费用。”[25]生日那天，恰逢旷日持久的布尔战争终于结束的消息传来，麦克斯门悬挂起了一面旗子来庆祝。不幸的是，这一天艾玛又遭遇了一次意外，哈代夫妇此前本就因为情绪低落和精力不足而取消了任何长期造访伦敦（预计国王加冕礼年的伦敦会异常拥挤，食宿费用高昂）的计划，艾玛的这次意外更是雪上加霜。事实上，1902年的整个“伦敦社交季”他们都没有去伦敦，整个春季和夏季都待在麦克斯门。[26]然而，10月，他们去巴斯过了一个短假。10月26日（星期日），他们一起去巴斯修道院参加早祷，然后哈代骑着自己带来的自行车去了布里斯托，在圣玛丽-雷德克利夫教堂参加完晚祷后便踏上了返程之旅。

在另一次从巴斯到布里斯托的旅行中——可能是为了拜访老纳撒尼尔及其家人——因为“被一个温和的运煤工人车上的一个麻袋剐蹭到了”,他从自行车上摔了下来,因此成了令人怜悯的对象,以至于当他想从一家书店买一本老版的霍布斯的《利维坦》时,女店主根本不忍心向他要价六便士以上。后来他很尴尬地发现那本书竟然是第一版,正如他向亨尼卡夫人所承认的那样,如果当时他知道是第一版,他“几乎不会昧着良心花这么点钱把书买下来”。[27]

二十九年前,哈代和艾玛恋爱期间,二人曾在巴斯共度一周美好时光;1877 年,哈代又和父亲去了那里;他告诉亨尼卡夫人,1902 年 10 月的这次巴斯之旅“非常愉快,上一次来这里是来看那些现在已故的人”,显然他回忆起的是第二次巴斯之行。巴斯还充满了其他更著名的魂灵:“我就住在[他告诉道格拉斯]皮特曾居住过的地方的附近,他住在这里时接到了从奥斯特利茨传来的消息,据说这一消息要了他的命①;深夜向窗外望去,我能想象自己看到了他那憔悴的样子。”[28]尽管强烈吸引着哈代夫妇前往巴斯的是他们与该城的个人关联,但皮特的显灵表明,哈代本人也考虑到了创作《列王》手稿的需要,他才刚刚开始认真地创
388 作这部作品。尽管早在 1875 年,一部关于拿破仑时期的鸿篇巨制就已在酝酿,但是《列王》出版稿的最终写作计划,显然是在 1897 年晚些时候才起草的。[29]哈代一直打算把它写成诗歌,并逐渐把它构思成诗剧,不过并非为了舞台表演,尽管如此,在其水平不同的情节方面,以及偶尔对“合唱”人物的使用方面,哈代的诗剧还是隐约模仿了莎士比亚的历史剧。在这种情况下,为核心历史组诗选择无韵诗的形式几乎是必然

① 1805 年底,俄奥联军在奥斯特利茨战役中大败,这场战争使拿破仑成了欧洲大陆的主宰者。据说这一消息使在巴斯养病的英国首相小皮特遭受重创,他说:“把[欧洲]地图卷起来吧;十年之内不用看了。”他回到伦敦后不久便于 1806 年 1 月 23 日去世。

的，但没有现成的办法来解决以任何诗歌形式来处理这样的素材所涉及的基本困难。幸运的是，他摆脱了作为小说家所面临的那些压力，能够按照自己的节奏来创作，可以随心所欲地拿起或放下手稿。

这段时间，哈代的脑海里总是想着过去，因为《列王》的创作，因为他母亲身体越来越虚弱，还因为他对自己的年迈有了更敏锐的认识。夏天他已经给《多塞特郡纪事报》写了三封信，关于多切斯特早期的剧院及其与演员埃德蒙·基恩①的关联。几个月前，哈格德请求他对多塞特农业劳动者的历史做观察评论，作为回应，他对最近劳动者经济状况的改善表示欢迎，但也在其《多塞特郡劳工》一文中表达了遗憾，因为他们不断增加的流动性破坏了口述传统的延续性："我能回忆起那些埋葬人的地方——即使是穷人被埋葬的地方和没有墓碑的地方——被人们记得的时候；乡绅一百五十年前的家族史也有人知道；与某某地方有关的某某民谣；与特定地点有关的鬼故事；人们可以轻而易举地指出那些生长着野生药草的秘密角落，这些药草可以治疗各种各样的疾病。"[30]哈代越来越将自己出版的作品视为这种正在消失的信息的储存库，在1902年初写给弗雷德里克·麦克米伦的一封信中，他谈及出版注解版作品的可能性，有点像按照司各特的代表作版，这将为"真实的地点、风景等提供真正值得信赖的描述"。[31]

他声称作为一种文学现象的威塞克斯是他自己的财产，并在写给麦克米伦的同一封信中抗议道，"竟然用我的材料去捞取资本，其程度远远超过了当初的承诺"，这是多么不公平。有人指控他通过把不符合历史事实的威塞克斯地名和多塞特地名等同起来，使它们变得流行从而引起混乱，他公开表示强烈反对，并坚持认为，在他的著作和地图中，总是

① 埃德蒙·基恩（Edmund Kean, 1789-1833），英国莎士比亚舞台剧演员。

389 包括其他五个郡;他还对《德伯家的苔丝》的校样的扉页标题中遗漏了“威塞克斯小说”这几个字感到心烦,作为麦克米伦新版全集的第一卷,该书于1902年10月出版。正如他对弗雷德里克所说的:“出于商业原因,更不用说出于文学原因了,我认为这些字应该保留下来。许多不知道全集每一卷名字的人都听说过威塞克斯小说。此外,这一总括性的标题也是版权,因为自从我开始使用这个术语以来,有几位作家也在他们的作品中使用了‘威塞克斯’一词,如果我们不再使用该词,他们可能会把‘威塞克斯小说’据为己有。”[32]

来自伦敦和其他地方的“朝圣者”不断蜂拥而至,这是对哈代(针对威塞克斯的)所有权意识的支持和认可。1905年9月,记者学会两百名会员来访,麦克斯门的草坪上再次搭起一个大帐篷。一年后,在伦敦多塞特人协会的会员们进行类似拜访时,正赶上哈代不在家,但是他写信表明,从某种意义上讲,他已经对他们来到他家附近一带表示了欢迎,“在一篇大约有二十卷书那么长的长篇演讲中,我希望你们能把它当作是我在现场发表的”。[33]在二十世纪的早期也出现了大量的地形指南,如伯特伦·温德尔①的《托马斯·哈代的威塞克斯》(1902)、威尔金森·谢伦②的《浪漫的威塞克斯》(1902)、查尔斯·G. 哈珀③的《哈代的乡村》(1904)、弗雷德里克·特雷维斯爵士④的《多塞特的公路和偏僻小路》(1906)、克莱夫·霍兰德的《威塞克斯》(1906)。[34]对自己所激发的图书出版热,哈代既感到有趣,又略带震惊——他这样评论哈珀的《哈代的乡村》:“对英国这一地区的土地所有者们来说,这些旅游作家竟然如

---

① 伯特伦·温德尔爵士(Sir Bertram Coghill Alan Windle, 1858–1929),英国解剖学家、行政长官、考古学家、科学家、教育家和作家。

② 威尔金森·谢伦(Wilkinson Sherren, 1875–?),英国记者、作家。

③ 查尔斯·G. 哈珀(Charles George Harper, 1863–1943),英国作家、插画家。

④ 弗雷德里克·特雷维斯爵士(Sir Frederick Treves, 1853–1923),英国医生、作家。

此称呼他们的地产，这是他们难以接受的”——哈代非常精明，足以认识到这些书的流通只会提升他自己著作的销量。[35]部分是因为上述原因，部分是为了限制错误的传播，他与温德尔及其插画家埃德蒙·纽合作，为多切斯特的一本指南写了一个简短的序言；他对沃尔特·廷代尔①的画作产生了浓厚的兴趣，这些画作被用作克莱夫·霍兰德作品的插图。然而，他与热情洋溢的多塞特摄影师赫尔曼·利②的合作最为密切，利先是于1905年出版了一本薄薄的《托马斯·哈代小说和诗歌中的威塞克斯乡村手册》，后来又于1912年出版了权威版本的哈代地形图，即插图丰富的——即使不是很生动的——《托马斯·哈代的威塞克斯》。[36]

当然，哈代会被那些购买和使用这类书籍的游客和文学朝圣者所烦扰。他向利抱怨说，他在回上博克汉普屯的村舍探亲时被偷拍了，并坚持认为，无论是《托马斯·哈代的威塞克斯》中的地形细节，还是其中的照片，都不应如此具体，这实际上是在主动邀请别人来侵犯自己或其他家庭成员的隐私。[37]尽管哈代对他于1902年1月向曼彻斯特威塞克斯 390
协会推荐的格言深信不疑，即“任何能增强地方依恋的东西都能增强个人性格和民族性格”③，但他无意使他的家庭隐私受侵犯，也无意公开透露他对自己所在地的依恋和依赖的准确性质和程度。起初，他并不愿意为新版的多切斯特镇指南撰写序言，他害怕这样做会阻止威塞克斯朝圣者们相信他们“正在看透一种我不希望他们看透的伪装（一种非常真实的伪装）”。[38]然而，利已经成为值得哈代信赖的朋友，可以指望他来保

① 沃尔特·廷代尔（Walter Tyndale，1855–1943），英国水彩画画家，以其关于风景、建筑和街景的画作而闻名。

② 赫尔曼·利（Hermann Lea，1869–1952），英国作家、摄影师。

③ 引自英国浪漫主义诗人罗伯特·骚塞（Robert Southey，1774–1843），但与原文有出入，骚塞的原文是：任何能增强地方依恋的东西对个人性格和民族性格都是有利的。

守秘密，于是哈代甚至在《手册》中提供了两段文字的实际措辞，专门用来解释虚构的威塞克斯对应的不只是多塞特，而是“历史上的威塞克斯”，此外，被赋予虚构名字的城镇、村庄和房屋只是“由某某真实的地方所**启发**”，它们实际上很容易被识别出来。[39]这是哈代在采用作者伪装方面迈出的又一步，这种做法始于他在报纸和杂志上发表匿名短评，并以他多年以后为自己的官方传记捉刀代笔作为终结。

1903 年的第一周，为了参加热恩夫人的大女儿玛德琳·斯坦利的婚礼，哈代夫妇去伦敦待了一两天，玛德琳的丈夫是圣约翰·布罗德里克（后来的米德尔顿子爵），当时是由 A. J. 巴尔弗领导的保守党政府中负责战争的国务卿。[40]除此以外，他们整个冬天都在麦克斯门度过，哈代继续创作《列王》第一部分。2 月，他退出了监督福丁屯的圣乔治教堂修复工作的委员会，抗议说设想的改变远远超出了他认为合理的范畴，这些改变从实际角度看没必要，从美学角度看不可取，从历史角度看不合适。几周后，他代表古建筑保护协会视察了教堂里的一个圣洗池。在随后的几年里，他继续尽其所能提出类似抗议，譬如反对对教堂做华而不实的大规模重建，而后来 1906 年至 1927 年间的重建使教堂规模扩大了一倍多。[41]

哈代仍然时不时地担任地方法官，尽管自 1894 年被提升为郡法官以来他只参加过郡法庭审判，此外，在新世纪的早些年间，他作为大陪审团的陪审员多次出现在每年三次的多塞特巡回法庭上。大陪审团的任
391 务不是审判案件，而是决定是否存在审判的初步证据，因此哈代不需要宣判被告是否有罪，也不需要在判决公布时参与其中，甚至不一定要在场。举例来说，当被要求“找到一份用来证实两名杀人犯有罪的真实法案”时，他和陪审团成员们被要求仅根据起诉书本身的技术有效性来作出判断。[42]哈代对戏剧表演的品位因巡回法庭的盛况和庄严而得到满

足，而且，尽管他无疑享受着其地位赋予他的当地声望，但反过来说也同样正确，即他通过出席法庭使诉讼有了声望。哈代去世后，多切斯特的一位神职人员说，他看见“当点名点到‘托马斯·哈代’的时候，有个声音低沉地喊‘到’，于是不止一位国王陛下的法官猛然间好奇地抬起头来，想找出那个声音的主人”。[43]这样的场合使哈代有一种满足感，他既可以负责任地履行社会和法律职责，又不必处理生死攸关的问题；正是在这一背景下，4月，在一个美国人询问他对死刑的看法时，他给出了相当具有逃避性的回答：“作为一个正在发挥作用的地方法官，我认为死刑是对危及生命的蓄意犯罪的一种威慑，其程度是任何其他形式的惩罚都无法匹敌的。但是，我无法在一次简短交流中深入讨论这样一个问题，那就是一个社区是否有道德权利来实施这种惩罚。”[44]

是年春，艾玛又一次身体欠佳，在这个季节，她犹豫要不要为了度过“伦敦社交季”去那里住宿。艾玛致力于恢复体力和鼓起勇气，哈代则独自一人去住了“圣约翰森林别墅的两三个单人间”；5月底，他接受克洛德邀请，在奥尔德堡与肖特、佩特里、内文森、人类学家阿尔弗雷德·科尔特·哈登①以及最近刚从婆罗洲任职归来的殖民地行政长官休·克利福德②等人一起共度了圣灵降临节周末。克洛德在其日记中记录道，有一天晚上的谈话主要涉及“种族问题”；第二天晚上，谈话内容太杂，难以总结，引得他“唉声叹气地说应该找个留声机来处理这一问题”。大约一周后，克洛德、肖特和哈代在伦敦杜莎夫人蜡像馆下班闭馆后去参观，作为现任老板约翰·杜莎的客人，他允许他们用手触摸拿破仑遗物。五年后，在读了《列王》第三卷（也就是最后一卷）之后，肖特

① 阿尔弗雷德·科尔特·哈登（Alfred Cort Haddon, 1855–1940），英国人类学家、民族学家。

② 休·克利福德爵士（Sir Hugh Charles Clifford, 1866–1941），英国殖民官员。

会使克洛德回想起:“在那本书的孵化期,我们三个人是如何在夜里大摇大摆地走在杜莎夫人蜡像馆里的,哈代戴着他那顶滑铁卢三角帽!”[45]

6 月初,艾玛终于来到伦敦,麦克斯门由哈代的老朋友亨利·穆尔
392 掌管,他当时正在从一场重病中康复,于是可以享受进入周围乡村的便利。亨利的妻子玛格丽特和哈代夫妇的用人贝西·丘吉尔不断向艾玛通报她的猫的安全与健康以及麦克斯门的总体情况,不过,是在给哈代写信时,贝西谈到一个关于“软化水泵”的问题。然而,寒冷的天气和持续不断的降雨迫使艾玛回家去了,在她离开后,雨还是一直下个不停,甚至更大了。在写给家里的一封信中,哈代说:“我已然经历了大约三十个伦敦的六月,但从不记得有哪一个六月是现在这个样子的。”[46]快到月底时,天气转好,虽然哈代不愿意在他住的地方被其他人认出,但他还是坚持待了足够长的时间,一直到 7 月初陪着莉莲去参加皇家艺术院的晚会。第二天他写信跟艾玛说:“这对她[莉莲]来说真是一件新鲜事和高兴事,我很高兴自己不嫌麻烦带她去了;可怜的孩子,她以前从来没有经历过这样的场合,尽管它对我已经完全失去了原有的效用,但通过她的眼神,我又间接享受了一把。”[47]

当哈代回到多切斯特度过夏季余下的日子时,他发现他在伦敦所经历的名声给他带来的不便,在他自己家门口会变得愈发严重。他写信跟亨尼卡夫人说:“夏季通常都会鱼贯而来的游客又前来拜访了。我得罪了一些人,因为上午没有时间见他们。我让人传信说他们下午四点以后才能来,他们似乎就怒气冲冲地走了。”但是他话锋一转,描述了他上周被人领着参观萨默塞特的蒙塔库特庄园的经历:“有趣的是,住在里面的人都像雕像一样坐在他们的图书室里看书,当我端详他们时,他们一言不发,仿佛他们也是建筑的一部分。我承认,他们是一个非常古老的家族。”[48]像往常一样,麦克斯门还有其他一些访客,比如,9 月初,詹姆

斯·斯帕克斯前来完成哈代的一枚铜质奖章，他上一次来访时就开始这项工作了，但是哈代目前正在集中地——甚至是紧急地——创作《列王》第一部分的最后内容。几个月后，他告诉克洛德，他原本不打算单独出版这一部分，而是要等到整部作品准备就绪；然而，当他从伦敦回到麦克斯门时，他说："我突然觉得我再也不应该继续写下去了，于是就将它寄给了出版社。"不管是否出于冲动，9 月 28 日，他将手稿寄给了显然毫无思想准备的弗雷德里克·麦克米伦，并指出——毫无疑问这使麦克米伦愈发恐慌——尽管手稿本身已经完成，但它只不过是一个三部曲的第一部分。[49]

麦克米伦出版社此时已经重新发行了——有时有修改，有时则没有——它从奥斯古德-麦基尔文公司接手的哈代全集的所有著作，包括 393
《威塞克斯诗集》和《今夕诗集》。但是，出版厚厚的三卷本《列王》绝非一桩有吸引力的生意。尽管如此，在哈代提交了第二部分手稿后，正如弗雷德里克写给公司纽约办事处的信中所说的："当然必须出版，尽管第一部分是一个灾难性的失败，但是，违背像哈代先生这样地位的作家的意愿，我们可承担不起。"[50]哈代大概并不知道，其出版商对他多年来为之投入大量时间、精力和感情的这部作品缺乏热情。对他来说，《列王》是一个令他如醉如痴的项目，他对其创作的细节投入程度非同寻常。他建议第一卷的书脊上应该有一颗星星，而不是"第一部分"的字样，因为后者可能"对潜在的购买者来说，太不完整了"，而他在写给弗雷德里克的信中对样张的评论，也证明了他多年来培养起来的对排印和装帧设计的眼光：

> 我注意到打印页的尺寸是五又四分之三英寸高，三又八分之三英寸宽，因此我猜想你打算在以后将这本书重新设置成六英寸高、三英寸宽的同型版，但是调整成那样的尺寸一定会显得颇为难看。

> 倘若避免重新设置是可取的,那么我建议将版面规格保留为旧书设置中的五又四分之一英寸高,三英寸宽——主体部分为老式的西文十一点活字,舞台指导部分为八点活字——以便将问题控制在更小范围内。[51]

10月中旬,校样被寄送给哈代予以修改,但美国版印刷的耽搁,使出版推迟到次年1月。尽管与酝酿多年的创作相比,拖延的时间不算长,但是焦急的哈代发现这使他心烦意乱。文学记者们催促他提供新书的标题和主题的信息,于是他于11月写信对弗雷德里克说:"让他们知道一点点信息有什么坏处吗?"圣诞节前,他写信给亨尼卡夫人,说很遗憾没能像他所希望的那样给她寄去一本"戏剧的早期版本"。他补充说,1月初戏剧就将出版,"然而它是否会引起你或任何人的兴趣,我一无所知,因为以前从未尝试过这种艺术表现形式"。[52]

注释

[1] E. 高斯,《诗歌的形式》,载《文学》,1899年3月4日;《哈代书信》,第二卷,页216–217;笔记(亚当斯)。

[2] W. 阿切尔,《真正的对话》(伦敦,1904),页46–47。

[3] 哈代,《黑暗中的画眉》,《哈代诗歌》,第一卷,页188。

[4] 藏书所在地(耶鲁);E. 克洛德,日记,1896年2月3日(艾伦·克洛德);"诗歌素材"笔记本(缩微胶卷,耶鲁)。

[5]《哈代书信》,第一卷,页235;《哈代书信》,第二卷,页269。

[6]《哈代书信》,第二卷,页283,页282–283;《人道》,第四卷(1901年8月),页155–156,参《公众声音》,页166–167。

[7]《哈代诗歌》,第一卷,页115;《哈代书信》,第二卷,页280、288。

[8]《哈代书信》,第二卷,页282、287。

［9］《哈代书信》，第二卷，页286；《生活和工作》，页331–332；《哈代书信》，第二卷，页283；亨利·W. 内文森，《变化越多，机遇越多》（伦敦，1925），页165，参《哈代书信》，第三卷，页131。

［10］《生活和工作》，页332；信息源自珀迪，援引自弗洛伦斯；照片，见奥沙利文，《哈代：插图版传记》，页143；《环球》，1901年9月7日，页288，参《公众声音》，页168–169。

［11］《晚年》，页89–90，参《生活和工作》，页517、539。

［12］《公众声音》，页205；M. E. 巴斯，《哈代和伊万杰琳·F. 史密斯》，载《哈代年鉴》，第四期（1974），页44；玛丽·哈代致老N. 斯帕克斯的信，1903年11月（伊顿）。

［13］哈代规划的路线图（伊顿）；玛丽·哈代致J. 斯帕克斯的信，1902年8月7日（伊顿）；玛丽·哈代致老N. 斯帕克斯的信，1903年11月（伊顿）。

［14］斯帕克斯笔记和文件（伊顿）；凯特·哈代致J. 斯帕克斯的信，1902年12月2日至12日（伊顿）。

［15］《哈代书信》，第三卷，页290；J. 安特尔，访谈，1974年。

［16］凯特·哈代，日记，1916年7月3日、4日、5日、9日和15日。（多博：洛克）

［17］斯帕克斯笔记和文件。（伊顿）

［18］斯帕克斯笔记和文件（伊顿）；《哈代书信》，第三卷，页38；另见巴克莱，《纳撒尼尔·斯帕克斯：哈代的雕刻家表弟的回忆录》。

［19］珀迪，页118–119。

［20］《哈代诗歌》，第一卷，页144–148，页149–164。

［21］同上，页206–210，页207。

［22］《书商》（伦敦），1902年1月，页131–132。

［23］《哈代书信》，第三卷，页11、6、7、10。

［24］《哈代书信》，第三卷，页12–14，页15–16，页27；关于麦克米伦的回信，见摩根，《麦克米伦出版社（1843–1943）》，页155–159。

［25］艾玛致 R. 欧文的信，1902 年 3 月 4 日（科尔比），参贝利，《哈代的诗歌：手册和评论》，页 22；《哈代书信》，第三卷，页 23 及其注释。

［26］《哈代书信》，第三卷，页 23。

［27］祈祷书中的注解（多博）；《生活和工作》，页 340–341；《哈代书信》，第三卷，页 40。

［28］《哈代书信》，第三卷，页 40、41。

［29］珀迪，页 121–122。

［30］《生活和工作》，页 339–340，参《公众声音》，页 176–180；《生活和工作》，页 335–337，参莱德·哈格德，《英格兰乡村》（伦敦，1902），第一卷，页 283，以及《公众声音》，页 183。

［31］《哈代书信》，第三卷，页 16。

［32］《哈代书信》，第三卷，页 16；哈代信件，载《卫报》，1902 年 4 月 16 日，页 551，参《公众声音》，页 173–174；《哈代书信》，第三卷，页 36。

［33］《生活和工作》，页 350；《哈代书信》，第三卷，页 212。

［34］见 W. J. 基斯，《哈代和文学朝圣》，载《十九世纪小说》，第二十四卷（1969 年 6 月），页 80–92，以及盖特雷尔，《哈代对威塞克斯的想象》，页 236–238 等。

［35］《哈代书信》，第三卷，页 151；内文森，《变化越多，机遇越多》，页 165。

［36］《哈代书信》，第二卷，页 131–134；E. 纽致哈代的信，1900 年 4 月 1 日（多博）；《哈代书信》，第三卷，页 181；《哈代书信》，第三卷，页 171–172，第四卷，页 223 等。

［37］《哈代书信》，第三卷，页 145、146。

［38］《哈代书信》，第三卷，页 1；《哈代书信》，第三卷，页 17，参《公众声音》，页 226–227。

［39］《哈代书信》，第三卷，页 171–172。

［40］《生活和工作》，页 341；《哈代书信》，第三卷，页 46–47。

［41］《哈代书信》，第一卷，页 50；贝蒂，《哈代：文物保护建筑师》，

页 27–37。

［42］桑普森,《哈代——治安法官》,载《科尔比图书馆季刊》,第十三卷(1977 年 12 月),页 273;《哈代书信》,第三卷,页 23。

［43］《多塞特郡纪事报》,1928 年 1 月 19 日,第 4 版。

［44］《哈代书信》,第三卷,页 58,参《公众声音》,页 190–191。

［45］《哈代书信》,第三卷,页 62;E. 克洛德,日记,1903 年 5 月 31 日,6 月 8 日(艾伦 · 克洛德);C. 肖特致 E. 克洛德的信,1908 年 2 月 16 日(利兹)。

［46］《公众声音》,页 235;M. 穆尔致艾玛的信,[1903 年]6 月 2 日(多博);B. 丘吉尔致艾玛的信,[1903 年 6 月](多博);《哈代书信》,第三卷,页 64;《哈代书信》,第三卷,页 65。

［47］《哈代书信》,第三卷,页 65;《哈代书信》,第三卷,页 69。

［48］同上,页 74。

［49］《哈代书信》,第三卷,页 73–74;奖章(伊顿),参《哈代杂志》,十七卷一期(2001 年 2 月),页 14,误认为是其弟弟纳撒尼尔;《哈代书信》,第三卷,页 116;《哈代书信》,第三卷,页 75。

［50］F. 麦克米伦致乔治 · P. 布莱特的信,1905 年 10 月 12 日。(纽约公共图书馆手稿分馆)

［51］《哈代书信》,第三卷,页 85–86;《哈代书信》,第三卷,页 77。

［52］珀迪,页 122–123;《哈代书信》,第三卷,页 86;《哈代书信》,第三卷,页 94–95。

第二十二章 《列王》

394 哈代的另一种新身份是专门为阅读而非表演而创作的诗剧的作者，他对自己即将以这种身份出现在公众面前的不确定，被家庭事务带来的忧虑加剧了。莉莲又一次住进麦克斯门，1903 年 11 月中旬，艾玛带着她去了多佛旅行，然后，纯粹是心血来潮，穿过英吉利海峡去了加莱①。艾玛和麦克斯门的客厅女佣贝西之间的信息交流，主要是关于四只家猫的健康和安逸。当得知其中一只猫在兽医诊所治疗一段时间后被带回家时，艾玛建议说："让马基离皮克希远一点，或许也要离白鸽②远一点，它们会试图把它赶走的。"[1]经常写信的哈代也提到了这些猫，但他在信中会加进一些当地的流言蜚语和家庭新闻，这表明他主要关心的是让艾玛与家庭和现实保持联系。当她在多佛的时候，他还可以平静地接受她不在家的现实，但是当她和莉莲前往法国时，他就开始表现出焦虑的迹象，并透露出更加明显的暗示，希望她早日归来。他担心她会有进一步出人意料的举动，于是提醒她钱别不够用了，因为从英国寄钱是需要时间的，并强烈要求说："信封上的地址要精确到城镇的名字，因为我有

① 加莱(Calais)，与英国隔海相望的法国港口。

② 这里的马基、皮克希(英文 Pixie 是"小精灵"的意思)和白鸽都是猫的名字。

时候不确定你在哪里。当你离开一个地方的时候,也要给酒店留下你即将前往的新地址,以防我的信寄到旧地址的时候你已经离开了,但是最好的安排是一直待到你说你要离开的那一天。无论你去哪里(如果你还去别的地方的话),最好靠近大海,因为你在内陆可能会感冒,特别是在巴黎。”[2]

在 11 月 21 日这封信的结尾处,哈代祝愿艾玛渡过英吉利海峡的旅途愉快,但一个多星期后,他自己到了伦敦,又像往常一样患了感冒,而她仍然没有回家的迹象。他现在信写得更加急切,但依然没有表现出专横,好像害怕惹她作出对立的反应:

> **我认为你明智的做法是不要**在那里**待得太久**,因为冬天的天气 395
> 可能会引发疾病,从我周五晚上和昨天的经历来看,我知道在一家旅馆生病的痛苦——病得比较严重,身边又没人照顾,看病的还是一位陌生的医生。……或许你的计划可能会被贝西告诉我的消息所影响,即她终究不会结婚了,而是会留在我们家。这样我们能够在圣诞节后到任何地方去,不是去伦敦,而是去流感不盛行的地方。[3]

贝西于同一天写信给艾玛,以确认如果艾玛愿意付更高的工资,并雇一个客厅女佣来做其他家务的话,她愿意留下来,负责做饭。不管艾玛起初逃离麦克斯门是否是因为即将到来的用人危机,她现在确实画了最后一幅加莱素描,落款日期为 11 月 30 日,并于 12 月的第一周返回了麦克斯门。在写给亨尼卡夫人的信中,哈代装作一副满不在乎的样子描述了整个事件:“艾玛在多佛、加莱待了一个月,那里的空气使她精神焕发,但我并没有像原来打算的那样加入她的旅程。”尽管如此,很明显其妻子的逃避行为令他不安,而他信中相对平静的语气是颇为难得的。[4]

《列王》第一部分最终于1904年1月13日出版,早期评论家的评论毕恭毕敬,但态度含糊。他们态度难以明确的根源是显而易见的:尽管它的形式是戏剧式的,但它并非为舞台表演而创作;尽管它是用诗句写成的,但许多诗句显然带有散文体的性质,甚至故意用散文体;尽管它被分为了许多幕,但第一卷有六幕,而不是大家熟知的、经典的五幕,全部三卷很可能会有十九幕;尽管大部分篇幅都是用来重现重大历史事件的,但哈代在第一部分的前言中明确指出,读者应具有足够的知识和富有想象力的共鸣,通过补充性的信息和理解力来使呈现的材料变得更加充实:

> 像现在这样的一个全景展示是一系列历史的"纵坐标"(借用几何学的术语):主题是所有人都熟悉的;需要用预知来填充曲线,再用曲线将整个不起眼的框架连接成一个艺术统一体。处于思考中的观众无论何时被召唤,都会成为一个表演者,并愉快地使自己成为演出间隙的勤杂工。[5]

哈代的意思可能仅仅是,对随后的历史事件的模式(例如,纳尔逊将在胜利时刻死去)的"预知",可以使读者对那些本身并不是特别戏剧化或
396 动人的场景作出强烈的情感反应。尽管如此,许多评论家还是对这种明显把责任从作者转嫁到读者身上的做法表示反对,而其他一些评论家则感到愤怒,或者仅仅对评论"空想的智慧"的奇怪机制和整部作品的基本假设感到困惑,这一假设为——最终控制宇宙的力量就是开篇诗行援引的盲目的、无意识的力量:

> **地球的阴影**
>
> 内在的意志和它的设计是什么?

岁月的精神

它无意识地工作，一如既往，
环境中的永恒艺术，
它们的图案，以全神贯注的死记硬背的美学技巧绘制而成，
似乎它们本身就是一个无精打采的目标，
而不是它们的结果。[6]

早期评论者中最敏锐的两位是马克斯·比尔博姆①和 A. B. 沃克利②，他们一致认为，展示的规模和方式起到了使历史人物成为提线木偶的作用。沃克利在提议把《列王》作为木偶戏来上演时，牵强地显示出淡淡的幽默；虽然比尔博姆的最终判断比沃克利的更为有利，但他容许自己论及更多：

我承认，在读到纳尔逊之死的场景时，我抑制不住地想起了我以前在布莱顿通过西洋镜的孔眼所看到的同样场景，西洋镜的老板努力使我看到的画面更加真实，于是压低了声音说："阿迪，阿迪，我受伤了，阿迪。——我希望不是致命伤，大人？——我担心是致命伤，阿迪。"这里的对话是一种不同的、更有价值的对话；然而，那些人物似乎并非那么渺小和虚幻。他们怎么可能是真人大小的、活灵活现的，被塞入如此小的罗盘里，置于如此遥远和多样的场景之间？

比尔博姆也同意沃克利的观点，认为威塞克斯农民是唯一真实的人物，他们的活力破坏了作品整体的效果统一性。[7]然而，恰恰是沃克利深思

① 马克斯·比尔博姆爵士(Sir Max Beerbohm, 1872–1956)，英国漫画家、作家。
② A. B. 沃克利(Arthur Bingham Walkley, 1855–1926)，英国戏剧评论家。

熟虑后拒绝将"书斋剧"①作为一种艺术形式,这促使哈代向《泰晤士报
文学增刊》撰文进行辩护,总体上是为了那些"无法演出的像戏剧一样
的诗歌",如雪莱的《解放了的普罗米修斯》和拜伦的《该隐》,特别是为
397 了《列王》。他不仅认为艺术精神"实质上是善变的精神",因此艺术家
可以相当合法地"借用姊妹艺术的方法",而且认为沃克利的断言——
以戏剧形式撰写的作品不适合私人阅读——是错误的:

> 他当然本应该能想到,这种戏剧形式,本质上——如果不是字面上的话——与本能的、原始的、叙述性的形式是一致的。在传说和古老民谣中,冬夜里,在即将熄灭的炉火旁,在乡下人讲述的"一个过于真实的故事"中,几乎所有故事的地点和时间都是在开始的时候就简单地指明了;然后故事的主体按照男女主人公所说的话推进,而行动常常只是由话语暗示出来的。关于阅读戏剧,在我采访过的六个人中,有四个人说他们在阅读戏剧时比在阅读小说或史诗时更能想象到其被演出的样子。这是一个关于戏剧的特质的问题。[8]

因此,通过坚持《列王》的叙事特征,哈代强调了该作品与他的小说世界的根本的连续性,并且,事实上,他的小说起源于其童年时期的故事讲述,正如他在《列王》第一部分出版之前所表达的希望,即它将被证明是"像小说一样可读的"。稍晚些时候,他同意亚瑟·奎勒-考奇②的建议,越来越感到小说作为一种"表达生活是如何冲击我们的"的手段是

---

① 书斋剧,又称案头戏,即只供阅读而不适合上演的剧本。

② 亚瑟·奎勒-考奇爵士(Sir Arthur Thomas Quiller-Couch, 1863-1944),英国诗人、小说家和文选编者。

不足的，这促使他找到了一种新形式，而且或许他认为《列王》的多重观点及其无所不在的评论声音，为他在《德伯家的苔丝》和《无名的裘德》等小说中所遇到的哲学矛盾问题提供了一个解决办法。精神的系统与戏剧独白传统的结合也提供了一种可能的方式，来表现那些“迄今被称为抽象事物的真实的生活现实”，这些东西一度在《林地居民》中令他着迷但又不是很理解。[9]近年来，无线电广播的资源使读者能够更充分地理解文本，优于哈代所在的时代的私人阅读或偶尔尝试的公开演出的方式。人们也有可能认为，那些在二十世纪头几年看起来非同寻常的战场鸟瞰和整个大陆的全景扫视是潜在的电影手段，而且当哈代在寻找一种比小说更广阔、更灵活的叙事形式时，他知道自己正朝着一种尚未完全诞生的“姊妹艺术”的方法摸索前进。事实上，在 1914 年至 1915 年的格兰维尔-巴克①的舞台演出之后，就有人提出了一个关于拍摄电影版《列王》的建议，但哈代不同意这一制作，或许他担心电影只会简单地复制它。[10]

在随后的评论中，沃克利成功地展示了哈代所采取的理论立场的一些瑕疵，哈代在给《泰晤士报文学增刊》的第二封信中反驳道：在批评家 398
眼中，《列王》“真正的冒犯行为”不在于其形式，而在于其哲学思想，在于其不时尚的世界观。[11]就沃克利本人而言，该指控当然是不准确的，而且对一般的评论家来说也只是部分正确，但它代表了一种策略和一种理性化，完全符合哈代长期以来养成的一个习惯，即把敌对的批评归咎于某个与所讨论的作品的文学质量没什么直接关系的特殊原因，例如《德伯家的苔丝》中“纯洁的女人”的问题，或《无名的裘德》中的“婚姻问题”。他可能真的相信，评论家们对《列王》的反应“尽管名义上是文

① 哈利·格兰维尔-巴克（Harley Granville-Barker，1877–1946），英国演员、导演、剧作家、剧院经理、评论家和理论家。

学性的,但实际上核心是狭隘的、不懂文艺的,甚至是带有通神学①性质的”。然而,在私人信件中,他坦率地承认这部作品缺乏“最后的精细加工”。1 月31 日,他告诉高斯,让他感到“震惊”的是,他在印刷文本中看到了一些不恰当的言语,而且诗文的质量,一行行,一段段,将成为出版时及之后几年在对《列王》的批评方面最严重、最具破坏性的话题。[12]

3 月,哈代写信给他的理性主义者朋友克洛德,坚持认为在那些身份不明的观察者和评论员身上没什么神奇的东西:“他们不应该是他们所处的时代最优秀的人类智慧的典范。我提到了‘岁月’。当然,‘怜悯’只是人性,有着所有弱点。”话锋一转,他提到了梅瑞狄斯的疾病和斯蒂芬的去世(“他们先于我们变得越来越弱”),并谈到最近失去了一位四十七年的多切斯特老朋友,“在大多数问题上,他的观点几乎与我完全不同,但他是一位真诚的好朋友,现任达拉谟大主教的兄弟因他对福音派的传统看法而喜欢他”。哈代提到的这位老朋友就是亨利·穆尔,穆尔兄弟中的老大,也是哈代回到多切斯特生活二十年来和他最亲近的人。两天前,哈代向亨利的弟弟亚瑟②描述了他的葬礼,当时亚瑟正在中国从事传教工作,此外哈代还补充了一些他观察到的非常私人化的东西。他记述道,就在那天下午,他母亲用微弱的声音告诉他,早在1830 年,她就第一次看到亨利牧师在多切斯特兵营组织实施了一次战地临时法庭。她已经认识亨利本人六十多年了,并为他的葬礼送去了一个用博克汉普屯的“老式鲜花(他经常来欣赏这些花儿)”制作的花圈。[13]

---

① 通神学,又称神智学,是一种倾向于神秘主义的宗教哲学,它认为人的灵魂深处存在一种灵性实在,人可以通过直觉、冥想、聆听启示或进入超乎人的正常知觉的状态而与这个实在直接相通。

② 亚瑟·穆尔即传教士、汉学家慕雅德,他在华生活了近半个世纪。

就在两周后,4 月 3 日的复活节,杰米玛本人也寿终正寝了。死亡 399
证明上写的死因是“老年机能衰退”和“心力衰竭”,在过去的几年里,她耳朵越来越背,卧床不起,“看不见大千世界了”。但从哈代最近写给亚瑟的信以及他对朋友们致哀的回应中可以明显看出,相对而言,他母亲的思想和记忆一直没有受到影响。他告诉伦敦的一位熟人说,在给克洛德的信中,他写道:“一直到三四周前,她对《列王》的命运都非常关心”,最后他写道:她“在我看来并不老,因为她在精神上一直都是正常的,和我最初记忆中的并无二致”。[14]不清楚在其母亲咽气的那一刻哈代是否在场——是亨利作为一个“在死亡现场”的人通知了登记官员——但是可以在其诗歌《咽气之后》中捕捉到母亲去世时他那惋惜和解脱交织在一起的情感:

再也无事可做,再也没有恐惧,再也没有希冀;
再也不需要人照看,低声说话,侧耳倾听,疲惫辛劳;
再也不需要把烦人的皱痕弄平整,再也不需要把枕头斜倚
　她再也不需要。

我们茫然地凝视着。我们自由了,想走则走,欲留则留;
我们明天焦急的计划已经没有了目标和方向;
不管我们是今晚离开,还是等到翌日白昼
　都被看作是没什么两样。

印有文字的药剂瓶
似乎在问我们为何把它们放在这里,
治标药物带着一幅愚蠢的面孔
　均已无用武之地。

然而,我们感觉到某种东西味道甚是不错;
我们注意到了一种麻木的解脱,曾一度被束缚;
我们深爱的人永远不再需要做
　关在时间牢房里的囚徒。

我们现在逐渐视她的死亡为大功告成
借此她逃脱了所有的不公正待遇,
鉴于此,我们短暂的丧亲之痛
　只不过是不值一提。[15]

杰米玛的遗像大概是赫尔曼·利拍摄的,他之前曾拍下了玛丽为晚年的母亲画的肖像,哈代现在将其提供给了一些国家报刊予以复制刊登,包括《素描》和《环球》。他还给《图书月刊》寄去一张玛丽早些年间为母亲画的肖像。[16]哈代跟玛丽说,《德伯家的苔丝》的插画家休伯特·冯·赫
400 科默①在报纸上看到了肖像画的复制品,并对他自己没有获得给杰米玛画像的机会而深表遗憾:"'像画那样一幅肖像的机会,我们这些当画家的可不是天天都有。这本可以是一个良机的!'他用手指在空中画出她的轮廓,就仿佛在为她作画一样。"[17]在几家报纸上,哈代发表了几篇未署名的短文来缅怀母亲,并将简短的讣告刊登在了《泰晤士报》和《多塞特郡纪事报》(略有删减)上,他还通过《每日纪事报》回应他人对他的指控(说他让母亲继续住在相对简陋的博克汉普屯村舍里,对她疏于照料),他说:"尽管她在不远处拥有几间舒适的自由保有房屋,但她宁愿住在原来不太方便的住所里。"[18]

杰米玛享年九十岁,她的辞世早就在人们意料之中,她在生命最后

① 休伯特·冯·赫科默爵士(Sir Hubert von Herkomer, 1849-1914),德裔英国画家。

阶段所忍受的痛苦,使人们没有理由为她的离去感到惋惜。然而,正如哈代向克洛德所承认的那样,“人们确实感到惋惜”。[19]这不仅仅是因为杰米玛是他的母亲。正如他在《生活和工作》中带着一点浪漫的笔触所写的那样,她一直是个“对地方记忆有着非凡储备的女人,可以追溯到一个到处都能听到古老歌谣的年代,在乡村宴会上,在纺织品商店里,在纺车旁;她自己对文学的良好品位体现在她为孩子们所选的图书,在当时的境况下,可选择的机会并不是很多”。[20]但即使是在4月10日,也就是她下葬的那一天,无论是背景还是前景,都无法完全摆脱阴影。《多塞特郡纪事报》只是在杰米玛讣告的结尾处简单地报道说,葬礼已经“在斯廷斯福德教堂悄悄地举行了……主要哀悼者是逝者的儿女们”。哈代的祈祷书中一则注释同样表明,只有玛丽、亨利、凯特和波莉和他一起参加了仪式,很显然,艾玛——无论是出于无法平息的怨恨,还是其丈夫的坚持,抑或是出于真正的机智——待在了家里。[21]

母亲的去世使哈代敏锐地意识到,世世代代的家族队伍即将土崩瓦解。他和艾玛无子女;其弟弟和两个妹妹均未结婚成家;杰米玛没有孙子女。在给克洛德的信中,哈代写道:家母的去世造成了一个鸿沟,这个鸿沟是“巨大的、难以填补的”,他还说:“我想如果一个人有一个有孩子的家庭的话,那么他的感觉就不会如此明显了。”这样的认识似乎并没有使哈代和艾玛之间的怨恨加剧,而是使紧张局势得以缓和,体现出的是二人关系走向正常化的姿态,至少短期内如此。另一方面,6月,与哈代夫妇在肖特家共进晚餐后,克洛德在日记中记录道:艾玛吹嘘说十二个剑桥大学的人“称赞了她的作品”,她还对其丈夫“一如既往地略微 401
挖苦”了一番,而其丈夫似乎“学会了沉默和耐心的美德”。[22]

是年夏天,哈代夫妇近几年来第一次在伦敦租了房子,地点位于梅达谷的阿伯科恩街13号,离他们三十年前举行婚礼的教堂很近,并在那里住了近两个月。然而,这个地址是艾玛的弟弟沃尔特的,也就是戈登和莉莲的父亲的,不清楚这两个家庭之间有什么财务协议或其他商定,也不清楚沃尔特本人健康状况的恶化是不是一个因素。6月和7月,高斯几次款待哈代,而艾玛的名字也罕见地和其丈夫的名字一起出现在高斯专门用来记录客人的"高斯客人名册"中。[23]他们在伦敦的时候,麦克斯门遭受来自弗洛姆山谷新污水处理厂的难闻气味的侵扰,尽管哈代觉得有必要回家,但是艾玛留在了伦敦,直到她确信一切至少暂时好起来后才回了家。[24]她刚一回到家,哈代就施以援手,帮助她履行她作为《闲谈者》杂志举办的竞赛的评委(与柯南·道尔夫人①一起)的职责,评选任务是根据照片来决定谁是英国最漂亮的三个婴儿。1月,在写给威廉·罗森斯坦的妻子爱丽丝·罗森斯坦②的信中,哈代说他和艾玛对来麦克斯门的婴儿颇感兴趣,这或许是因为他们没有自己的孩子。9月,当《闲谈者》举办的竞赛的结果尘埃落定以后,艾玛向《闲谈者》的编辑肖特报告说,在麦克斯门,他们夫妇俩都觉得三等奖的得主"不完全算得上是漂亮的孩子——他看上去有点乖戾——但四肢长得蛮好看的"。[25]尽管这件事看起来微不足道,但哈代的参与似乎有力地说明了如下两点:一是对他婚姻中没有孩子的挥之不去的遗憾,二是对婚姻本身的某种持续投入。

哈代夫妇对他们的家猫的爱是一致的。大约在这段时间,一位访客记述说,在一件家具和另一件家具之间都铺有木板,这样猫就可以在房间里自由自在地走动,而不用下到——或屈尊下到——地板上。哈代穿着袜子来到门口的场景让另一位访客大吃一惊,艾玛告诉他:"在小猫三周大之前,我从不让他在家里穿靴子,以防伤到它们。"10月,发生了一连串的猫科动物灾难,始于名为白鸽的猫在铁路线上被火车碾成两半,正如许

① 柯南·道尔夫人(Lady Conan Doyle),《福尔摩斯探案集》作者亚瑟·柯南·道尔(Arthur Conan Doyle, 1859–1930)爵士第一任妻子路易丝·霍金斯(Louise Hawkins, 1857–1906)。

② 威廉·罗森斯坦爵士(Sir William Rothenstein, 1872–1945),英国画家、版画家、制图人、讲师;爱丽丝·罗森斯坦(Alice Mary Rothenstein, 1867–1957),英国演员。

多其他麦克斯门的猫的遭遇一样。艾玛把这个不幸的消息转达给了朋友们,哈代则写信问雕刻家哈莫·索尼克罗夫特,当他拟在一块波特兰石上 402
刻下白鸽的名字时,哪里能找到一把足够结实的凿子来保证它有锋利的刃,他打算把石碑立在麦克斯门花园里宠物墓地的白鸽的坟墓上。[26]

同一个月,维奥莱特·尼科尔森①自杀的噩耗从印度传来,她是《我爱的苍白的手》以及其他以"劳伦斯·霍普"为笔名的浪漫情歌的作者。哈代似乎只和她见过一面,而且对其诗歌持保留意见,但是他非常钦佩她是一个"热情而美丽的女人"。因此,当他被告知她的自杀是由比她年长许多岁的丈夫马尔科姆·尼科尔森将军的去世引起的,他被这种导致了如此绝望而浪漫的姿态的忠诚深深打动了。在一篇刊登于《雅典娜神殿》的未署名讣告中,他写道:"作者尚没有达到其生命、活力和美丽的鼎盛时期,她香消玉殒的悲惨境遇,似乎只不过是为她的激情澎湃画上了一个句号。"[27]令哈代烦恼的是,他为霍普去世后出版的诗集撰写的序言完全被出版商忽略了,可能是因为序言包含了他在讣告中已经提到的诸多内容,并且没有为"激情澎湃"一词提供任何替代词来描述作者或其作品的特征。[28]

10 月,艾玛的弟弟,即戈登和莉莲的父亲沃尔特也去世了。这是一个分担悲痛的时刻,但也是一个令人担心的时刻,担心莉莲和她哥哥现在的处境:沃尔特几乎什么遗产也没留下,他从邮局(他以前的雇主)领取的养老金也随着他的去世而突然停止发放了。[29]戈登的建筑培训——哈代为之作出了贡献——将证明他能确保自己在地方政府谋得一份合适的职业。事实上,到 1902 年 11 月,他已经离开布洛姆菲尔德

① 维奥莱特·尼科尔森(Violet Nicolson,本名 Adela Florence Nicolson,笔名 Laurence Hope, 1865-1904),英国诗人,在其丈夫去世两个月后服毒自尽。

公司，在伦敦郡①议会建筑师部做了一份相对有安全保障的工作，并在那里——沉默、友善、拘礼地——一直干到四十年后退休。[30] 但莉莲随着年龄的增长，性格总是不稳定，加之她受教育程度低，虚荣心强，让人很难和她生活在一起，她也几乎找不到工作。她成了一个可怜的人物，从一个廉价的住处漂泊到另一个，一直是其哥哥的负担；她是麦克斯门的常客，也是哈代的永久接济对象。

尽管 1904 年发生的令人悲伤的事件多于往年，但是在其最后的几个月里，哈代精神很好，主要是因为他正在创作《列王》第二部分。9 月下旬，
403 他告诉亨尼卡夫人："我现在正在写耶拿之战部分——一场屠杀，而非一场战斗——参战者们距离很近；与现代战争截然不同，现代战争中的距离和冰冷的精准度摧毁了那些使古老战争随着激情和浪漫而悸动的特征。"[31] 尽管《列王》第一部分销量很差，但它受到了大量公众的关注，而且无论它有什么瑕疵，它都被认为是一部哲学上严肃而道德上不乏真诚的作品，一部引起举国欢庆和拥有几乎史诗般规模的作品。它至少给公众对哈代的认知增加了一个新层面，而且它与——加之他年龄的增长，以及思绪上相应地退回到了读者对《德伯家的苔丝》和《无名的裘德》怀有公愤的过去——在爱德华时代②开始加在他身上的种种荣誉有很大关系。

其中第一个荣誉是阿伯丁大学③的荣誉法学博士学位，这是一个他从年轻时就不了解的正规教育世界表现出的姿态，作为学位接受者，他对其尤为欣赏。虽然北上之旅颇为漫长，"几乎是远至比利牛斯山脉"，但他决定亲自去参加学位授予仪式。在向阿伯丁大学的修辞学教授

① 伦敦郡（County of London），存在于 1889 年至 1965 年间的英格兰。
② 爱德华时代指的是由爱德华七世执政的历史时期，即 1901 年至 1910 年。
③ 阿伯丁大学（University of Aberdeen）位于苏格兰北部城市阿伯丁。

赫伯特·格里森报送订购博士服所需的尺寸时，他表现出了一种与其身份相称的学究气的精确性，具体说明他的身高（“穿着鞋”）为五英尺六又四分之一英寸，肩宽（“穿着外套”）为四十五英寸，胸围（“穿着外套从腋下测量”）为三十八英寸，头围为二十二又二分之一英寸。[32] 1905 年 4 月初，他抵达阿伯丁，立刻对这座城市和他在大学里受到的热烈欢迎感到陶醉。最重要的是，他对与学位授予典礼本身有关的仪式和服装感到欣喜，尽管那天授予了十几个荣誉学位，但是当地一家报纸说，大多数大学生观众对哈代接受学位的反响是最热烈的：“当读到这位杰出作家的名字时，欢呼声响亮而持久，紧接着他们纵情歌唱《因为他是一个快乐的好人》。”[33]

在是年同一个春季的两个月里，哈代夫妇住在海德公园大厦 1 号的公寓房里——位于马里波恩路，靠近它和埃奇韦尔路的交叉口——一起或各自追寻他们在八九十年代所熟悉的那种社交圈：在女王大厅和其他地方的音乐会；戏剧演出，包括萧伯纳的《英国佬的另一个岛屿》和《人与超人》；在皇家学会举办的一场座谈会；欧玛尔·海亚姆俱乐部的一次晚宴聚会；伦敦市长为即将离任的美国大使举行的告别晚宴；等等，不一而足。[34] 6 月，哈代拜访了他的老英雄史文朋，史文朋当时和瓦茨-邓顿一起住在其位于帕特尼的房子里，哈代发现史文朋的言行看起来跟个孩子似的，甚至有些顽皮。他们很容易就达成了一致意见，即他们是被辱骂最多的现代作家，分别因为《诗歌和民谣集》和《无名的裘德》。史文朋说他在苏格兰的一份报纸上看到了一段话，这段话表达了对哈代获得阿伯丁大学学位的不满：“史文朋栽种，哈代浇水，撒旦让其生长。”史文朋本人没有获得过任何荣誉，但是就在当年，哈代支持了一项提名史文朋获得诺贝尔文学奖的提议，这是在 1902 年 1 月英国诺贝尔奖委员会决定支持赫伯特·斯宾塞①时，作为委员会成员的他显然不敢做的

404

---

① 赫伯特·斯宾塞（Herbert Spencer，1820–1903），英国哲学家、生物学家、人类学家。

事情。[35]7 月上旬,在回到多切斯特之前,哈代前往博克斯山拜访梅瑞狄斯——另一位在他自己事业刚刚起步的那些年里表现非常突出的文学大师。梅瑞狄斯虽然很高兴见到其访客,但后来承认,他"对他[哈代]昏暗的人生观感到困扰",觉得不得不隐藏自己对《列王》的真实看法,即哈代本可以"以散文形式使其更有效,因为他在散文创作上比诗歌更得心应手,尽管在诗歌方面他也不时会有优秀的作品产出"。他告诉克洛德,哈代"没有想象力",因此其诗句根本不能被称为诗歌。[36]

9 月中旬,应克洛德之邀,哈代前往奥尔德堡参加乔治·克雷布①诞辰一百五十周年的庆祝活动。像往常一样,艾玛没有陪同丈夫去萨福克郡,这一次她的解释是,她和哈代永远不能同时离开麦克斯门,"除非有个好心人充当看管人"。法国学者雷内·胡琴②出现在了奥尔德堡,还有肖特及其妻子朵拉·西格森③,她是一位发表了大量诗歌的爱尔兰诗人,有着强烈的民族主义观点。肖特试图让哈代畅所欲言,但正如另一位客人所回忆的那样,哈代"仍然保持着不张扬的个性,在有话要说的时候,就用温和文雅的声音说话,但从来不是出于礼貌或任何其他传统的原因"。[37]尽管几乎不能说哈代是被克雷布的现实主义"影响"了,但他无疑承认克雷布是一位重要前辈,并在一则关于这一天的笔记中写道:"'丑'中之美或'平凡'之美——例如一条尘土飞扬的道路。这一点在散文中得到了认可(我经常举例说明这一点),但在诗歌中却运用得不多。克雷布拥有这些素材,却没有恰当地使用它们,也就是说,使它们变得美丽。——在绘画中,英国艺术俱乐部做了尝试。"[38]

正如这则笔记所表明的,诗人哈代绝没有忘记他作为小说家的过

---

① 乔治·克雷布(George Crabbe, 1754-1832),英国诗人、韵文故事作家、博物学家。

② 雷内·胡琴(René Huchon, 1872-1940),法国学者。

③ 朵拉·西格森·肖特(Dora Sigerson Shorter, 1866-1918),爱尔兰诗人、雕刻家。

去。7月,他给F. W. 梅特兰[①]寄去了他缅怀斯蒂芬的文章,内容是关于他在创作《远离尘嚣》时所认识的斯蒂芬。10月,在对亚瑟·西蒙斯的 405
一卷短篇小说和散文小品文做出回应时,他相当沉重地质疑道:为那些虚构人物撰写无定论的"反映现实"的小品文是否合适,因为他们毕竟只存在于作者自己的想象中。尽管西蒙斯那不重要的、不太宝贵的作品,与左拉那厚重的"纪录片式的"小说相去甚远,但是哈代对"现实主义"、对"反映现实"的流派的普遍不信任,恰恰是建立在他认为这一流派放弃了全部创造性责任的基础上的。特别是左拉,虽然他是一个出色的社会改革者,但哈代坚持认为他"不是艺术家,因为他太物质化了"。[39]

在这一年中,在一些社会问题上,甚至是政治问题上,哈代本人公开表明了立场,在一份抗议俄国政府监禁高尔基的电报上,以及在刊登于《泰晤士报》上的一封呼吁加强英德之间相互了解的信件中,他都加签上了自己的名字。11月,在写给赞格威尔的信中,他强烈支持在巴勒斯坦最终建立一个犹太国家,这封信还是为了发表而写的。哈代承认,如果他是犹太人,他几乎肯定会是一个"狂热的犹太复国主义者",他表现出了一种浓厚的兴趣,感兴趣的对象是"一个具有如此非凡历史和品格的民族,此外,该民族造就了一个年轻的改革家,尽管他出身于最卑微的社会阶层,却成为迄今为止世界上最有名的人"[②][40],这种兴趣或许是源于童年时其教父送给他的一本《犹太人的历史》。这些事情哈代和艾玛所见略同,当丈夫的信和其他人的信一起出现在1906年4月的《双周评论》上时,艾玛自己也给赞格威尔写了一封信,回忆起她童年时对犹太

① F. W. 梅特兰(Frederic William Maitland, 1850–1906),英国法学家。

② 这位"年轻的改革家"应该指的是西奥多·赫茨尔(Theodor Herzl, 1860–1904),赫茨尔是奥匈帝国一位卓越的犹太复国主义者和改革家,他创立犹太人的政治组织"世界犹太复国主义组织",并提出一系列改革犹太教和犹太民族的主张,在世界上颇有影响力。前文提到"哈代承认,如果他是犹太人,他几乎肯定会是一个'狂热的犹太复国主义者'",鉴于此,哈代所指应该是赫茨尔。

人的兴趣,并提供了她认为自己力所能及的资助(七先令):

> 在过去的几个星期和几个月里,我一直在想着捐一点儿钱,(鉴于我个人因为救济亲戚手头也不宽裕)这是一笔数额很小的钱,但是如果你能够从我所说的话中想象到我捐钱时的感受,那不只是一种感情、一种强烈的愿望,我希望你会在精神层面接受它,是的,一种成为一个如此宏大的计划的一员的强烈愿望。我也经常发现我是他人的幸运星,但愿我现在也是如此!我以前不喜欢写信,但在昨天看了你的文章和那些信之后,我决定给你写信,但我是云层下的一粒原子,而你可能会认为我在云层上面。请将此信**严格保密**。

在行动方面,哈代夫妇彼此愈加独立,但在某些方面,他们却比前几年有了更加紧密的智识联系,这可能只是说明,他们在生活中彼此更加疏远了,这使得他们不像以前有那么多的机会来探究和激化彼此的不同观
406 点。关于他们婚姻状况的直接证据一如既往地非常贫乏,但在爱德华七世统治的中期,他们似乎的确保持了相当稳定的关系。艾玛大多数时间都待在她那"可怕的"阁楼上——她如是称呼它——写作,每天阅读三份报纸,并对英国和法国当前的政局保持警觉,她说法国是"除了我的祖国以外我最热爱的国家,或许有朝一日当这里燃起战火时,或是当我们美丽自由的国家的性质发生改变时,我将会想要逃到那里去"。但至少晚餐时她会下楼用餐,她一如既往地和丈夫去了伦敦,而且似乎觉得越来越没有必要轻视他的作品。1905 年圣诞节,哈代对肖特说,他和艾玛在麦克斯门的家里"过得既愉快又无聊",显然他不是完全在开玩笑,也并非是不真诚的。[41]

是年底,哈代对即将于新年初出版的《列王》第二部分翘首以待,该

部分主要是关于半岛战争①的，并使史料停留在了拿破仑致命的俄国战役开始前不久的某一个时间点上。9 月底手稿就已经完成，随后不久便被寄给麦克米伦公司，得到的反应是无奈的顺从，而非积极的热情，原因是第一部分在英国销量明显不佳。11 月初，校样寄来了，但是和第一部分一样，由于美国出版安排的不确定性，英国出版也被推迟了。预计销售会再次低迷，公司最终决定不再单独印刷第二部分的美国版，而只是跨越大西洋寄送二百五十本未装订的英国版。[42]

对于哈代而言，他从未期待自己的任何一部诗集会大卖特卖，正如他告诉亨尼卡夫人的那样，完成第二部分就意味着他肩上的“一副重担”被卸下了，因为他现在已经完成任务的三分之二，不再感到面前有“如此巨大的工作量”。接着，他提到那天的特拉法加战役一百周年的庆祝活动，在那场战役中，来自波西沙姆的托马斯·哈代上将发挥了突出的作用；哈代声称：他在博克汉普屯的弟弟和妹妹们是“在该郡这一地区，我们能找到的唯一仍在一百年前战争当天先辈们居住的同一所房子里住着的人（是直系血统的后裔）”。[43] 这种居住的连续性可能并没有他所说的那么不寻常，但这一观察评论表明，他对过去的思考在多大程度上继续与他对自己的家族和地区的思考密不可分。尽管《列王》第 407
二部分没有威塞克斯的场景，但它同样肯定是源于他从孩提时代起对拿破仑和拿破仑时代的迷恋，这一迷恋是由他的长辈们的谈话、当地农村幸存下来的可见的遗迹以及他和纳尔逊的“胜利号”旗舰的舰长有一样的名字所激发出来的。

然而，哈代深知，那些讲述了许多关于过去的故事的长辈，并不像他那样对过去如醉如痴。他明白他们的歌曲、他们的传说、他们的轶事，无

① 半岛战争（Peninsular War, 1808–1814），拿破仑战争的一部分，发生在伊比利亚半岛，是法国和英国、西班牙、葡萄牙作战。

论是个人的，还是继承下来的，都只是在岁月长河中他们自然而然、不假思索地记住的东西的一部分，就像他在《司号长》开头一章中所提及的那样。一则日期为 1906–1908 年的笔记记录了他从博克汉普屯穿过他小时候经常穿越的母羊牧场时的所思所想："想想在博克汉普屯，我们是如何总是回顾那些先于我们而去的人，而他们在他们那个时代却没有回顾过去，因为发现当下的一切都足矣。"[44] 在《老宅之夜》一诗中，叙述者向其祖先的魂灵称自己是一个"对凋萎的生活抱有扭曲想法的思想者"，被告诫要培养一种更为明智的被动性：

"——哦，对缘由听之任之！不要让我们的年华如此狂热：
不要质疑，生活给予我们什么就索取什么！"他们似乎在给
　我答案。
"享乐，受苦，等待：像我们一样在这里自由地摆放餐桌，
而且，心满意足，心平气和，无烦无恼，笑容满面地看着时光
　荏苒！"[45]

很少有人比哈代更能对"缘由"(the Wherefore)听之任之。对他来说，就像《吉卜赛人学者》一书中的阿诺德一样，这种"无烦无恼"似乎如田园诗般难以实现，而随着他自己年事已高，他的想象力越来越集中于一个理想化的过去，那里住着一群完美无缺的人。尽管这样的保守主义——甚至是复活主义——会让他周围的人感到恼怒甚至悲伤，但对于哈代来说，这是他步入老年后具有的持续创造力的重要源泉。由于他之前的几代人都一个接一个地逝去了，因此他们的位置不得不被像斯廷斯福德教堂的家族墓穴这样的象征物和图腾形象所取代，为的是记忆和颂扬的仪式能够延续。甚至从老纳撒尼尔那里买来的大提琴，注定也不是用来弹奏的，而是用来纪念的；在他于 1905 年平安夜所画的题名为"寂静的圣诞之声。书

房,麦克斯门(小提琴角落)"的素描画中,提琴占据着显著位置,旨在向其父亲和祖父的音乐才能致敬,向他自己的童年记忆致敬,以及向那个已经失去,从来都不曾完全存在的叫作梅尔斯托克-奎尔①的世界致敬。[46]

注释

[1] 艾玛致 B. 丘吉尔的信,1903 年 11 月 23 日。(M. 米尔盖特)

[2]《哈代书信》,第三卷,页 82–83,页 83–84,页 85,页 86–87。

[3] 同上,页 90。

[4] B. 丘吉尔致艾玛的信,1903 年 11 月 29 日(多博);艾玛的素描(多博);《哈代书信》,第三卷,页 91–92,页 95。

[5]《列王》(第一部分)(伦敦,1904),页 ix。

[6]《列王》(第一部分),前景。

[7] 马克斯·比尔博姆,《作为全景画家的哈代》,载《星期六评论》,1904 年 1 月 30 日,页 137。

[8]《泰晤士报文学增刊》,1904 年 2 月 5 日,页 37,参《公众声音》,页 198–200;关于哈代和沃克利双方的意见交流,见《哈代诗歌》,第五卷,页 385–396。

[9]《哈代书信》,第三卷,页 91、221;《生活和工作》,页 343–344。

[10]《哈代书信》,第五卷,页 130–131;但是,见大卫·洛奇,《作为电影小说家的哈代》,载《五十年之后的哈代》,兰斯·圣约翰·巴特勒编辑(伦敦,1977),页 78–89。

[11]《泰晤士报文学增刊》,1904 年 2 月 12 日,页 46,1904 年 2 月 19 日,页 53,参《公众声音》,页 198–200。

[12]《哈代书信》,第三卷,页 102。

[13] 同上,页 117,页 114–116。

[14]《生活和工作》,页 344–345;《哈代书信》,第三卷,页 120;《哈代书

① 《绿林荫下》中的虚构地点。

信》,第七卷,页135;《哈代书信》,第三卷,页119,另参第三卷, 页115。

[15]《哈代诗歌》,第一卷,页326–327。

[16]《哈代书信》,第三卷,页116,页118–119,页125。

[17] 同上,页123。

[18]《泰晤士报》,1904年4月6日,第4版;《多塞特郡纪事报》,1904年4月7日,第4版;《每日纪事报》,1904年4月9日,第4版,参《公众声音》,页204、205,另见页205–208。

[19]《哈代书信》,第三卷,页120。

[20]《生活和工作》,页345。

[21]《多塞特郡纪事报》,1904年4月7日,第4版;祈祷书(多博)。

[22]《哈代书信》,第三卷,页119;克洛德,日记,1904年6月22日(艾伦·克洛德)。

[23]"高斯客人名册"。(剑桥大学图书馆)

[24]《哈代书信》,第三卷,页131–132,页132,另见《公众声音》,页224,以及桑普森,《哈代——治安法官》,载《科尔比图书馆季刊》,第十三卷(1977年12月),页271–272。

[25]《闲谈者》,1904年5月25日;《哈代书信》,第三卷,页98;艾玛致C.肖特的信,1904年9月15日(耶鲁)。

[26] H. C. C. 穆尔(援引自其父亲,C. W. 穆尔),访谈,1975年;D. 斯蒂克兰,《哈代在凯蒂斯托克》(圣彼得港,1968),页95;《艾玛与弗洛伦斯书信》,页29–30;《哈代书信》,第三卷,页137。

[27]《雅典娜神殿》,1904年10月29日,页591,参《公众声音》,页212–213,《哈代书信》,第三卷,页142、144。

[28]《哈代书信》,第七卷,页140;哈代撰写的拟随诗集出版的序言文本,见《公众声音》,页221–224;参《个人笔记》,页290。

[29] 死亡证明;《哈代书信》,第三卷,页141。

[30] 信息源自C. J. P. 贝蒂博士,亦源自G. 吉福德的前同事C. J. 诺里斯和

F. 兰普顿。

[31]《哈代书信》,第三卷,页135。

[32]《生活和工作》,页347;《哈代书信》,第三卷,页161-162。

[33]《生活和工作》,页347-348;《阿伯丁晚间公报》,1905年4月7日,第2版;参《公众声音》,页217,以及M. 雷,《哈代在阿伯丁》,载《阿伯丁大学评论》,第五十六卷(1995年春季号),页58-69。

[34]《生活和工作》,页348-349。

[35]《生活和工作》,页349-350;G. H. 斯林致哈代的信,1905年11月(多博);A. C. 本森,日记,1902年1月24日(剑桥大学抹大拉学院)。

[36]《乔治·梅瑞狄斯书信集》,第三卷,页1529;E. 克洛德,日记,1905年9月28日(艾伦·克洛德)。

[37]《生活和工作》,页351;《艾玛与弗洛伦斯书信》,页31;E. 夏普,《未完成的冒险》(伦敦,1933),页96。

[38]《生活和工作》,页351-352;"诗歌素材"笔记本(缩微胶卷,耶鲁)。

[39]《公众声音》,页258;《哈代书信》,第三卷,页183-184;《哈代书信》,第二卷,页157。

[40]《清晨社论》,1905年2月1日,第4版,参《公众声音》,页214;《泰晤士报》,1906年1月12日,第15版,参《公众声音》,页228;《双周评论》,1906年4月,页638-639,参《公众声音》,页236-238,《生活和工作》,页352-353。

[41]《艾玛与弗洛伦斯书信》,页33;《艾玛与弗洛伦斯书信》,页34;《哈代书信》,第三卷,页191。

[42] F. 麦克米伦致G. P. 布莱特的信,1905年10月12日(纽约公共图书馆手稿分馆);珀迪,页126,页128-129。

[43]《哈代书信》,第三卷,页185。

[44]《司号长》,页4;"诗歌素材"(缩微胶卷,耶鲁)。

[45]《哈代诗歌》,第一卷,页326。

[46] 素描。(多博)

第二十三章　来访之后

408 1906 年 1 月 2 日，哈代致信一位年轻女子，感谢她送给他的“一盒芬芳的鲜花”。他说：它们“此刻已被置于水中，放在桌子上，虽经一路奔波，但看起来状况还不算糟”。[1] 其收信人是弗洛伦斯·艾米莉·达格代尔，她出生于 1879 年 1 月 12 日，比哈代四十岁生日早六个月。① 她是家中五个女儿中的二女儿，父亲名为爱德华·达格代尔，是伦敦恩菲尔德区一所学校的校长，母亲叫艾玛，曾做过家庭教师。弗洛伦斯是在坚实的下层中产阶级的舒适环境中长大的，并受到一套完全传统的宗教、道德和家庭价值观的熏陶。无论是在童年，还是在少女时代，她都性格文静，勤奋好学，“脾气温和”，但身体总是很虚弱；她先是在恩菲尔德的圣安德鲁（英国国教）女子学校就读，十二岁时转学到了当地的高年级学校，在那里，她的“作文”在班里名列前茅，十五岁时，考虑到其家庭背景以及当时女性就业面的狭窄，她几乎自动采取了下一步行动，即成为小学教师。到 1897 年，在她小时候就读的同一所圣安德鲁女子学校里，弗洛伦斯已经度过了四年紧张的教学生涯，期间经常身体不适；她以

---

① 此处是作者的一处时间计算错误，哈代的生日是 6 月 2 日，因此实际上弗洛伦斯 1 月 12 日的生日并没有比他早六个月，只早不到五个月。

一级优等的排名通过了教师培训学院的女王奖学金入学考试,结果却因健康欠佳而被拒绝入学[2],这令她大失所望,黯然神伤。这次挫折迫使她通过获得代理教师证书来寻求专业认证,这是更加严苛而耗时的一个过程,需要她在圣安德鲁男校(其父亲是该校校长)额外教学,并在伦敦市中心的库萨克走读教师培训学院参加非全日制的学习。虽然弗洛伦斯经常生病,尤其是咽喉感染,而且经常因教学、学习和往返于恩菲尔德与市中心之间的多重负担而感到筋疲力尽,但她很喜欢库萨克的课程——正如其姐姐后来回忆的那样,“相比做教师,她一直都更愿意做学生,而且表现更为出色”——并最终获得她梦寐以求的证书。但是直到 1906 年,在她二十七岁时,反复发作的咽喉炎才充分证实了九年前的 409
医学评估,即她的健康状况不足以承担艰苦的小学教学任务。[3]

此外,她在性格上也不适合这份工作。她腼腆而忧郁,甚至达到了抑郁的程度,她宁愿退隐到文学的世界,也不愿面对教室里的现实。她小时候家里总是有书,因为其父亲曾在恩菲尔德开过一家小书店,还做过基督教知识传播协会的地方代理人;她早年的读书爱好逐渐发展成当作家的志向,既是为了写作本身,也是为了给作为谋生手段的教学工作找一个替代品。大约在世纪之交的时候,她开始偶尔向当地的《恩菲尔德观察报》投稿,稿件包括文章、故事和戏剧评论,该报的编辑是她家的一个朋友。她还与一位名叫阿尔弗雷德·海厄特①的当地作家成了好朋友,深切同情他与身体残疾和经济困难所作的悲惨抗争,并钦佩他勇于面对这些艰难困苦,有能力作为一名记者和文选编者维持生计,甚至一直怀有成为一名诗人的志向。[4]尽管当弗洛伦斯于 1905 年初次见到哈代时,她仍在教书,但她已经摆出了经济独立的姿态,具体体现在:她在《环球报》和《每日邮报》等伦敦报纸上刊登了几篇文章,并开始了她

① 阿尔弗雷德·海厄特(Alfred Henry Hyatt, 1871-1911),英国作家、记者、文选编者。

作为儿童故事作家的积极的职业生涯，即使从未获得过特别丰厚的报酬。1906 年至 1908 年间，柯林斯出版了她的《旧时故事集》《克里斯汀表妹》和《乡村生活》，而其他几本书，如《杰克·迪恩的奖赏》《爱睡懒觉的小孩及其他故事》和《不喜欢过圣诞节的珍妮》，都是由基督教知识传播协会出版的。想当年哈代自己在建筑和文学之间作出最后抉择之前，也是处于同样不确定的境地。正是对弗洛伦斯的抱负的赞同和对其困难的同情，以及对她个人和个性的积极反应，在第一时间吸引着哈代去接近这个未来将成为自己第二任妻子的女人。

长期以来，弗洛伦斯对哈代的作品敬佩有加，这种敬佩第一次油然而生的时刻，是她在一本名为《最受欢迎作家拾遗》的书中读到配图引用的《一双蓝眼睛》中的悬崖场景，于是她于 1905 年 8 月致信哈代，问是否可以赴麦克斯门拜访。哈代的回信，称呼是“亲爱的女士”，署名为“谨启，托·哈代”，既正式又公式化，信中写道：“由于你此次来访不是抱着要写些什么东西发表的目的，我将很高兴在本月的某个下午在家里接待你，但愿你能在来之前一两天寄一张明信片告知我。”[5] 正如弗洛
410 伦斯多年以后告诉理查德·珀迪①的，她的第一次拜访是在亨尼卡夫人的陪同下完成的，她认识亨尼卡夫人大概是因为她们二人均是当时在伦敦盛极一时的一个或多个妇女俱乐部和专业组织的会员。按照礼节，两位来访的女士已经安排好去拜访麦克斯门的女主人，但当她们抵达那里时，却看见一匹马拉的轻便马车正在前门候着，她们马上意识到艾玛显然已经把她们的约会给忘到九霄云外去了，正准备出门去办自己的事情呢。一个穿制服的侍者将她们领进餐厅，并宣布哈代夫人不在家，然后便把马车打发走了，于是把艾玛困在了楼上的某个地方。几分钟后，哈

① 理查德·利特尔·珀迪（Richard Little Purdy，1904–1990），耶鲁大学教授、维多利亚文学研究专家。

代本人出现了，他热情地向亨尼卡夫人打招呼，然后用他那“一双巧手”亲自给她们沏茶。艾玛没有出现，哈代自由自在地聊着天，正如弗洛伦斯后来所知道的那样，这与他在艾玛滔滔不绝的讲话面前习惯性地保持沉默大不相同。到了她们离开的时候，他陪着她们走出家门，当他们站在车道上时，弗洛伦斯引起了大家对 8 月下半月仍然开着花的女贞木散发出的香味的注意，这给他留下了深刻印象，也令他颇为感动。在那之前，他自己从未注意到这种现象，他们俩此后一直都铭记着这一时刻，在 1910 年 8 月首次发表的一首献给弗洛伦斯的诗歌《来访之后》中，哈代写道：“在那之前，路旁花儿那淡淡的香味 / 兀自飘走，无人理会。”[6]

从一开始，哈代就被弗洛伦斯所吸引——她娴静的严肃、她那双凝重的大眼睛、她的文学抱负，尤其是她对他作为一位伟大作家的公开钦佩。两人的熟悉程度逐渐加深了。1905 年底前，她显然又一次拜访了麦克斯门。在 1906 年 1 月 2 日的一封信中，哈代向她保证说：“我丝毫也不认为你上次待太久了，希望你改日再来。”[7]那年 9 月，他送给她两张自己的签名照，到了年底，拿着一张由恩菲尔德名人约翰·麦克尤恩赞助的阅览室通行证，她每逢周六和节假日就前往大英博物馆，以便帮助哈代查找他完成《列王》第三部分（也是最后一部分）所需的参考资料和历史细节。她后来承认，其中一些任务可能是哈代编造出来的，“知道我在‘帮助’他时可以获得快乐”。[8]

2 月 9 日出版的《列王》第二部分广受欢迎，哈代把赠送本寄给了众多朋友和熟人（包括高斯、克洛德、亨尼卡夫人、亚瑟·西蒙斯、亨利·411
纽博特①和悉尼·李②，李接替斯蒂芬做了《英国人物传记辞典》的编

① 亨利·纽博特爵士（Sir Henry Newbolt, 1862–1938），英国诗人。
② 悉尼·李爵士（Sir Sidney Lee, 1859–1926），英国作家、传记作家、评论家。

辑),这无论如何保证他自己收到了一些积极的(即使是私下的)回应。尤其是高斯,他热情地甚至是过分热情地表达了感谢,称这一卷是“伟大的成功”,表明哈代现在的想象力比创作第一部分时“更加自由”,并告诫他的朋友:“不要松懈,要为这部辉煌的诗作画上一个宏伟而激动人心的句号。”[9]在给朋友写信时,哈代往往会就某些仓促之举表示歉意,就像他在第一部分出版后所做的那样,有时他会接着作出承诺,即在整部作品出版时,他还会大幅修改。但当西蒙斯冒昧地认为用诗歌形式来创作历史题材的作品基本上是不恰当的时候,哈代坚定地为自己辩护:“未要求以诗歌形式呈现的感情色彩没有那么浓的写作内容,可能会因为它们在同一作品中与感情色彩浓厚的诗歌相毗邻而被其吸引,也适当地以诗歌形式呈现出来。连我们一些最美的抒情诗也并非每时每刻都在抒情,就更别说戏剧了,但中性的台词却感受到了其他台词的暖意。”[10]

1906年春季和初夏,即从4月中旬到7月中旬,哈代夫妇在去年曾租住的海德公园大厦的同一套公寓房中入住。哈代和亨利·亚瑟·琼斯一起去看了H. B. 欧文①主演的《奥赛罗》,被西蒙斯劝说去出席了一场王尔德的《莎乐美》的私人演出,并在一天下午独自溜进剧院去看了一场高尔基的《别斯谢苗诺夫一家》②的演出。在那里,和他邂逅的内文森注意到,他“心情一如既往,温和、理智、不张扬”,但是演出结束后,一想到要去一家里昂茶馆喝茶,他就变得“有点忧虑”,“因为他只习惯于去充气面包公司③开的茶馆喝茶”。当他们从茶馆出来时,一张海报突然使哈代停下脚步,上面写着“一家人被人用一把小折刀杀害”。内文

① H. B. 欧文(Harry Brodribb Irving,1870–1919),英国舞台剧演员。

② 《别斯谢苗诺夫一家》(*The Bezsemenoffs*),高尔基的戏剧处女作,创作于1901年,更常见译名为《小市民》(*The Petty Bourgeois*)。

③ 充气面包公司(Aerated Bread Company,简称A. B. C.),英国一家茶馆连锁公司。

森回忆说："他无法从中恢复过来，小刀的景象似乎将他吸引住了。"[11]或许是因为他把它与很久以前发生但从未被忘记的穆尔的死联系在了一起。

哈代告诉内文森，他更喜欢音乐会，而非戏剧，在那个时期，他似乎对柴可夫斯基和瓦格纳特别感兴趣。1906 年春，他去听了瓦格纳的一系列音乐会，并承认无论时下的品位如何，他都偏爱晚期瓦格纳，就像他偏爱晚期特纳一样，"每一位大师的特质都在这些旋律中表现得更加强烈"。他补充道，这或许反映了他在创作《列王》时的努力意识，"当一个人对自己成功的基础感到不满意，遂不断进取，并试图完成一些不可能的事情时，我就会对他产生浓厚的兴趣。今天演奏的曲目大部分是瓦格纳的早期作品，虽然音乐很优美，但并不是他独具特色的音乐，缺乏正在 412
运转中的大脑内核——就像一个蜂巢的内部那样——带来的精彩表演"。对于"伦敦社交季"更为明确的"时尚的"方方面面，他没有太关注，6 月，他告诉亨尼卡夫人，伦敦"社交季的老消遣正在一如既往地进行着；但我和它们没有任何关系"。[12]

尽管每年春季哈代似乎都会在伦敦受到重感冒的侵扰，但他总体上还是很健康的。然而，这并没有阻止他被法国画家雅克-埃米尔·布兰奇①描绘成早已衰老的样子。6 月的一天，伦敦异常炎热，哈代坐在那里让人画肖像，布兰奇或许更关心如何证明他在画布上所画的肖像是正确无误的，而不大关心哈代真实的面容，他后来描述道，在画室里过热的情况下，"闷热天气下的蓝天，透过穹顶投射下冷色调的光，为我这位新结交的伟大朋友的脑袋、消瘦的脸颊和下垂的八字胡都染上了尸绿色"。②

① 雅克-埃米尔·布兰奇（Jacques-Émile Blanche，1861–1942），法国画家，以画巴黎和伦敦富有的社会人士的肖像而闻名。

② 这一部分原文为法语。布兰奇后面所说的话也是法语，不再另行作注。

当有人跟哈代说布兰奇让他看起来比实际年龄大了十岁时,哈代说:"时间将会弥补这个错误。"[13]8 月,无论如何他身体足够健康,可以和弟弟亨利一起骑车游览林肯、伊利、剑桥和坎特伯雷;9 月的一天,他骑车去了耶奥维尔,可能是去拜访住在那里的一些远房表亲,回程时妹妹和他一道。[14]

7 月中旬,从伦敦回到麦克斯门后不久,哈代就告诉高斯,他正在"试图进入"《列王》第三部分。他没有特别的紧迫感,允许自己中间停下来,偶尔骑车去旅行,但是到了 10 月底,他称自己"正在试图清晰地描绘出极度混乱的莱比锡战役①,但精力又不够集中"。[15]第三部分出版所需的时间将会比前两部分都要长得多,但是,哈代似乎很容易就写完了那些密集的事件,包括波罗迪诺、莫斯科撤退、维托利亚、莱比锡、拿破仑的流亡和回归等,并正在展望对高潮部分——滑铁卢战役的描述,这一直是他前进的动力。正如高斯在读完第二部分后所说的那样,哈代的想象力现在似乎洋溢着更大的自由和自信,他对自己的哲学立场也更有把握了,无论是在《列王》的结构和论证中,还是在独立阐述的能力方面。5 月,他表现出(对他而言)不同寻常的主动性,致信哲学家 J. McT. E. 麦克塔格特②,对麦氏的《一些宗教信条》表达了钦佩之情,称在该书中,他找到了对《列王》所采取的哲学立场的支持。正如哈代于 1907 年 6 月在
413 写给一个向他问询的评论家的一封信中所解释的那样,他构思《列王》时的核心问题就是:"宇宙的无意识意志力"可能正在"逐渐意识到自己的存在",并最终可能不仅变得有意识,而且变得富有同情心。[16]正是在这种意义上,他能够将自己视为一个"社会向善论者",并以适度的乐观

---

① 莱比锡战役(Battle of Leipzig),1813 年 10 月发生于德国莱比锡附近的战役,亦称"民族会战"。拿破仑率军与俄罗斯帝国、奥地利帝国、普鲁士王国等各国联军苦战,最后败阵。

② J. McT. E. 麦克塔格特(John McTaggart Ellis McTaggart, 1866–1925),英国哲学家。

主义基调结束了这部戏剧的第三部分,即最后一部分。

然而,这并不是一种有助于短期快乐的乐观主义。正如他于10月对他那位实证主义的老朋友弗雷德里克·哈里森所说的:

> 我也自称为一个“社会向善论者”,但是,我发现自己无法像你那样一想到未来就情绪高涨。以狩猎运动为例,绝大多数人类——平庸和堕落最容易滋生在人身上——会看到其不道德的一面吗?更糟糕的是,假设他们看到了,那么,什么时候对更多的不可胜数的陆生动物——我们那有着共同祖先的同族——才能学会仁慈呢?事实是,当你弄清楚事情的真相时,你会发现没有正义的基石可以依靠——大自然是**没有**道德观念的——我们微不足道的努力,就是那些试图通过擦去天花板上的水滴来使他们漏水的房子保持干燥的人的努力。

对一些读者来说,哈代对虐待动物的特殊关注似乎总是有点不合常规、偏离要点。然而,是年秋,内文森与哈代又长谈了一次,内文森的看法肯定是正确的,他认为哈代对动物的感情是他对所有形式的痛苦不加掩饰的反应的一种外延,既是逻辑上的外延,又是情感上的外延。内文森回忆起了哈代讲述的在多切斯特不算遥远的过去屠杀供捕猎用的鸟的故事,以及对人类施以绞刑、鞭刑、火刑和其他残忍惩罚的故事,他说:“这些主题对他来说有一种可怕的魅力,源于他对其他人遭受的痛苦的极度敏感。我认为如果我们都能有那样强烈的同理心,我们就永远不应该伤害任何人、任何动物、任何鸟类,当然更不应该施加虐待。”[17]

11月底,在展示出其所谓的情感极端主义的基础上,哈代又添加了其更为广阔的社会政治观中持续的激进主义,在他身上这种激进主义难得一见。当时,妇女选举权运动的领军人物米莉森特·加勒特·福塞特[①]请求他为一本规划中的有关选举权问题的小册子撰稿,哈代回答说,他向来"支持妇女选举权",但或许不是因为通常的原因:

> 我支持妇女选举权,因为我认为妇女投票的趋势将在很多方面打破目前极为有害的传统,包括生活方式、习俗、宗教、非婚生子、定
414 型的家庭模式(即家庭必须是社会单位)、一个女人的孩子的父亲(即这是女人自己的事情,和其他任何人无关,除非她身患疾病或精神错乱)、狩猎运动(即应该鼓励所谓受过教育的人通过卑鄙的计谋来骚扰和杀害弱小的动物以取乐)、屠宰场(即它们应该是残忍的黑暗场所),以及其他我多年前因触碰而惹上麻烦的事。
>
> 我并不是说我认为所有妇女,或甚至大多数妇女,都会积极地给这些观点中的某些或任何一个施加压力,而是说,如果她们能够表明立场,那些男人就会开始大放厥词,而当妇女是他们无助的依附者时,他们是不愿意在这些问题上发表意见的。

毫不奇怪,福塞特太太感谢哈代的来信,但表示很遗憾不能按原计划使用它:"约翰牛[②]目前还没有做好读这封信的准备。"[18]

在整个冬季和1907年的头几个月里,哈代继续创作《列王》第三部分,并于3月29日晚十一点半完成了第一份完整的草稿。从4月中旬到7月中旬,他和艾玛待在伦敦,又一次住在海德公园大厦的公寓房,

---

① 米莉森特·加勒特·福塞特(Millicent Garrett Fawcett, 1847–1929),英国政治领袖、作家、女权主义者。

② 约翰牛(John Bull),英国的拟人化形象,源于苏格兰作家约翰·阿布斯诺特的讽刺小说《约翰牛的生平》(1727),主人公约翰牛为人愚笨且粗暴冷酷、桀骜不逊、欺凌弱小。该形象原是讽刺辉格党内阁在西班牙王位继承战争中的政策,后来逐渐成为英国人自嘲的形象。

见到了萧伯纳夫妇、格罗夫夫人及其丈夫、布兰奇夫妇、高尔基夫妇、威尔斯、约瑟夫·康拉德以及巴里等人，从这一时期起，巴里成为他最亲密的朋友之一。6月7日，他和艾玛一起去了高斯家，三天后又在上议院和他共进午餐，高斯在上议院享有图书管理员的特权，他是在1904年被任命这一职务的。[19]6月底，哈代夫妇去温莎参加一场皇家花园聚会，他们和布兰奇一起乘火车去了温莎，布兰奇后来记述说艾玛（"戴着维多利亚式的绿色头纱"）坚持认为哈代还是应该步行上山去城堡，而不是坐在等候在那里的马车上，尽管当时骄阳似火。事实上，这并不是一个特别长的行程，但布兰奇认为艾玛的专横是其丈夫众所周知的悲观主义的根源，并用残酷的语言描绘了她作为一个老女人的形象，早已没有了往昔的魅力和清新："瘦骨嶙峋，老态龙钟，装腔作势，保持着昔日刻板的微笑，仿佛摄影师已经一劳永逸地给她定了型。"[20]

7月中旬，哈代从伦敦回到了麦克斯门，开始将《列王》第三部分润色成可付梓的书稿。8月上旬，他试图删减手稿，但10月10日，当他将手稿寄给弗雷德里克·麦克米伦时，他不得不承认，手稿比前两部分要长，使《列王》有可能成为"现存最长的英国戏剧"。[21]12月校样寄达，到了年底，哈代几乎完成了对校样的修订；在长期接触拿破仑时期的种种事件后，他感觉自己"就像是一个老兵，就好像我曾经参加过半岛战争 415
和滑铁卢战役（正如他们说乔治四世想象自己参加过战争）一样"。尽管哈代很高兴自己的鸿篇巨制近乎完成，但他承认自己会"想念这项工作"，而且随着年底的临近，他向亨尼卡夫人和高斯描述了一种残余时间带来的空虚感和虎头蛇尾的感觉，但他坚持对高斯说自己不是"习惯性忧郁，这一点你是可以证明的"。[22]即使在其生命和职业生涯的这一刻，他也还是为遭遇到的困难而气馁，因为他打算发表《星期日早晨的悲剧》一诗，但该诗在10月被《双周评论》的编辑以他的杂志"在家庭中流传"为由拒稿了，或许还因为他获悉诺贝尔文学奖颁给了吉卜林，他虽然钦佩吉卜林的天才，却痛惜其政治观点。正如他对亨尼卡夫人所说的："把他与'和平'联系在一起，好奇怪。"[23]

1908年2月11日，《列王》第三部分出版，几乎得到了普遍赞誉。尽管评论家有时会质疑该作品的某些细节，比如其诗句、其历史准确性和哲学观点，但人们普遍认为这是一项伟大而独特的成就。然而，后来的评论家则倾向于认为，整体设计的宏伟被细节上的弱点、松散的节奏和无生气的语言给严重削弱了。直接从原文本入手或通过一个介于中间的散文草稿，哈代发现很容易将他的素材"诗化"，变成技术上正确和最低限度上可用的无韵诗[24]，而且没有了押韵的义务，这便消除了他作为诗人通常受到的所有行为准则的限制中最富有成效的限制，也是对愉快的创造和变化的最有激励作用的限制。然而，《列王》的确增强了哈代的自信心，使他相信自己有能力以广泛的文学形式进行有效的创作，并加强了公众对他的认知，即他不仅是一个伟大的作家，而且是他那个时代的伟大作家，明显优于詹姆斯和康拉德等只以散文形式表达自己的作家，能向他发起挑战的只有不那么受其尊敬的吉卜林，后者获得诺贝尔奖并不能完全弥补他缺乏任何可以与哈代在描写、叙述和抒情方面的能力相媲美的东西。

1907年4月29日，在到达海德公园大厦后不久，哈代写信给弗洛伦斯，提到她在大英博物馆为他做的一件工作，并建议她可以在下周六下午和他一起去南肯辛顿博物馆"寻找一些东西"，因为她那个时候不
416 需要教书。他写道："四点钟我会在建筑陈列室里等你，譬如在图拉真柱旁，如果下雨，就请不要来了，因为今年冬天你患了重感冒。"对于学校教学对弗洛伦斯柔和声音和虚弱体格造成的压力，他表示担忧；对于她作为儿童故事作家受到的盘剥，他感到悲痛，并建议她出版下一本书时争取一笔比出版商的报价高得多的稿费："你应该同意的最低数额是

二十一基尼——每千字一基尼。这已经是很低廉的稿酬了。”[25]虽然他们的关系似乎还有些正式——一本含有《威塞克斯诗集》和《今夕诗集》的袖珍版诗集上写着：“赠 / 弗洛伦斯·达格代尔小姐。/ 作者谨致问候。/ 1907 年 6 月”——但是哈代开始尽力以各种实际的方式为弗洛伦斯着想，不仅偶尔亲自给她提供工作，而且还把她推荐给《每日邮报图书副刊》的编辑——她此前已经向该杂志投了一些稿件——并将她推荐给自己的出版商麦克米伦。哈代告诉莫里斯·麦克米伦，达格代尔小姐是一名持有教师资格证的教员，但她最好能从事文学工作，包括编辑儿童读物和课本，她的品位和能力能够起到推动作用。“我可以提及的是，”他补充说，“她在速记和使用打字机方面很娴熟。”[26]他还帮助她完成了短篇小说《被神化了的轻佻女子》，并成功地代表她将其提交给《康希尔杂志》，因此该作品在结构上和主题中融入了一些独特的哈代元素。[27]

与弗洛伦斯不断发展的关系再次唤醒了——或许只是强化了——哈代昔日对女性伴侣的敏感，并使他对自己的婚姻给他带来的种种限制再次感到烦恼。这些限制在一定程度上是合法的，但更重要的是它们符合道德规范，至少从如下这种意义上说是这样的，即他与艾玛结婚是故意违背了他们双方家庭的意愿的，现在公然与她决裂的话，不仅会被看作是个人的不忠行为，而且也是在宣布他生命中一个决定性行为的失效。此时此刻和在以后的日子中，一想到迈出这样一步会不可避免地招致敌对宣传，他肯定也已经打退堂鼓了。与此同时，当哈代知道其他比艾玛更年轻、更漂亮、更聪明的女人仍然珍视与他的友谊，知道让自己对她们具有吸引力并不完全是一件荒唐可笑的事情，年近古稀的他有点虚荣心也是可以理解的。8 月底，在写给肯尼斯·格雷厄姆太太的一封信中，哈代顺便提到他有一次坐在双层马车顶层上时，一些身着“宽松衬衫”的年轻女性分散了他的注意力。[28]

尤其是格罗夫夫人，她偶尔出现依然还是会让哈代分心。是年“伦

417 敦社交季”期间,她是海德公园大厦的常客——毫无疑问,布兰奇以他一贯的夸张方式提到她曾主持艾玛的小型“家庭招待会”——秋天的时候,她给哈代寄去了自己撰写的《社交物神崇拜》一书的校样,该书是一本关于当代礼仪的评论,无足轻重但轻松有趣。他非常认真地阅读了校样,偶尔也非常严厉,纠正了她的语法和惯用法问题(“如果你把一个法语单词斜体了,就必须把另一个法语单词也斜体”),并提出了避免语言重复的方法。在一个描述信件结语之递增的热情的段落旁边——从“你忠实的”,直到“你亲爱的”,最后到“你挚爱的”——他赞同地写道:“这是令人愉快的!但愿某个仁慈的人能把后面的几种结语献给我!”早些时候,他曾为《社交物神崇拜》一书的献词的精确形式而焦虑,正如他自己所言,为了“月光下在拉默树的绿地上跳舞”的回忆,他允许自己变得相当“浪漫”。在信尾,他坚称对他来说“所有这些情感都已成往事”,但似乎很明显,恰恰相反,这些情感总是会令他不知所措,“用正午时分悸动的心 / 来摇动这黄昏时刻脆弱的躯壳”。[29]

艾玛对《社交物神崇拜》一书的反应再一次向哈代强调的是:本来可能会是怎样的和实际却是怎样的之间的痛苦对比。考虑到那年春季格罗夫夫人在海德公园大厦过于引人注目的表现,同时也考虑到其著作的主题、书名、献词,以及该书卷首插画页的作者的漂亮照片,或许艾玛不可避免地要对它评头论足。在写给格罗夫夫人本人的信中,她提出的批评既宽泛——“本世纪普遍存在的令人不安的生活因素是如此浩瀚而重要,以至于语言的使用或滥用终究是不可同日而语的问题”——又具体:

> 或许你已经在新版本页12上发现了一个需要更正的错误。在“**inculcate**”①一词的使用中,其后面应该搭配介词“**into**”,而不是

① “教诲;反复灌输”之意。

> "with which"和过去分词。"wit"[①]一词后面的句子有一个不恰当的地方,"wit"一词的意思不同于它在"unwittingly"[②]一词中的意思——顺便提一下,"witting"一词是个漂亮的词,但很少被人使用——或许永远不会被使用,你也不要使用。你也许认为我太吹毛求疵了,但我喜欢词汇,因为我早年就习惯于一头扎进句子中寻找用词错误和印刷错误。每天的报纸上有多少错误啊!我父亲不允许我们使用**俚语**和过时的词语,也不允许我们使用**矫揉造作**的词语——要使用"通俗易懂的英语"。不论是**在家里**,还是在外面,他都是一位优秀的古典学者和一个彬彬有礼的人!在当时,良好的教养意味着举止简单却不失庄重——而这两者的结合现如今却缺失了——一切都发生了变化——文化甚至被一些自学成才的人所憎恶。他们说:"'举止'是个什么东西?"每种方式都有很多灵活性——但旧时代对那些了解它的人来说似乎是最好的。然而,我必 418
> 须承认我喜欢一种"茶具保温罩",在它的作用下产生的**温性单宁酸**使我受益匪浅,正如圣拉斐尔的葡萄酒之于病人的功效一样——不过**它的单宁酸**是寒性的。我知道很少有人真正关心茶的成分,所以我**不给**客人准备茶具保温罩![30]

尽管这封信绝非缺乏才智,但它完全具有艾玛那种固执己见、欠缺思考的随意性的特点,而这正是长期以来令其丈夫非常尴尬甚至陷入困境的根源。

9月,哈代不辞辛劳地对亨尼卡夫人的最新小说《我们致命的阴影》详加评论,他先是作了必要的赞扬,然后又通过描述他自己会如何处理

---

① "智慧;才智;〈古〉知道"之意。

② "不知不觉地;不知情地"之意。

同一个女主人公的境遇来缓和自己的赞扬：

> 当然，如果是**我**的话，就不会把她刻画成一个受人尊敬的人，并在最后把她塑造成一个友好和蔼、稳重端庄、沉闷乏味的女人，但是我会让她去赴那场约会——为了那个男人。我的理论是，一个人拥有卓越的职业生涯，仅此一点就足以证明书写其个人经历（即小说）是有正当理由的。但是，温柔的 F. H. 自然没有勇气去这么做。我唯一不太在乎的是，她嫁给了她不爱的公爵之子；在我看来，这是一种非常不道德的行为，甚至比和她爱慕的已婚男人私奔还要不道德。当然，在这些事情上，还是传统说了算。[31]

虽然哈代对小说的兴趣减弱了，但仍然很有活力，这一点在如下举措中得到了证实，那就是在《社交物神崇拜》一书中，他大胆地用自己写的一个简洁的段落替代了格罗夫夫人的一段相当凄凉的叙述，这段叙述是关于她遇到的一个不配合的店员的故事，他自己的段落充满富于想象力的同情："在她身上发生过什么事情？不得而知。很可能社会、财富或客观环境使她蒙受了许多不公正的待遇，她有充分的理由表达愤慨，却受到了压抑，碰巧这些愤慨都一股脑地发泄在了我身上，尽管她受的委屈与我毫无干系。"[32]

哈代也发现自己再次被拉回到戏剧事务上，虽然是地方和业余水平，而非大都市和专业水平的。1907 年秋，多切斯特记者兼讲师哈里·庞西①将《远离尘嚣》中的部分情节做了戏剧化处理，并将其搬上了舞台。接着，在 1908 年初，《司号长》中的一个场景得以上演，作为在多切

① 哈里·庞西（Harry Pouncy，1870–1925），英国多切斯特记者。

斯特市政厅举办的一场关于“拿破仑和入侵英格兰”的演讲的说明性伴演，此外《列王》中的三个威塞克斯场景也得以上演，作为镇上“五月集市”庆祝活动的一部分。[33] 作为这些尝试的一个或许不可避免的续篇，《司号长》被多切斯特化学家 A. H. 埃文斯——其儿子莫里斯将成为一位著名的莎剧演员——改编成了完整版的戏剧，并于 1908 年 11 月由多切斯特辩论和戏剧协会表演，该协会是由一群当地业余演员组成的。这是所谓的“哈代戏剧”的第一部，引起伦敦评论家颇多关注，尽管正如哈代对《泰晤士报》的哈罗德·恰尔德①所说的，演出本身并不复杂，其主要兴趣点在于这样一个事实，即这么多演员实际上是在重演他们自己的曾祖父母的生活。[34] 419

结果，在多切斯特版的《司号长》上演时，哈代得了重感冒，艾玛不得不独自前往观看。[35] 1908 年早些时候，艾玛患了严重的支气管炎，还因视力下降而忧心忡忡，以至于她觉得无法辛苦地去找公寓房度过“伦敦社交季”了。尽管如此，哈代还是独自一人进行了一系列的短途旅行，住在西区中心酒店，并把雅典娜俱乐部作为其根据地。当艾玛提到 6 月底或 7 月初来伦敦时，哈代就在西区中心酒店订了一间双人间。然而，他对她的健康状况、伦敦的炎热、酒店的不舒适等提出了许多问题，以表明他并不渴望她出现。[36] 在这段时间，哈代大概正在与弗洛伦斯交往，7 月和 8 月，他向两家不同的杂志推荐了她的两篇故事，或许是同一篇故事，但没有证据表明，在艾玛于 5 月对丽贝卡说“如果我杰出的伴侣再我行我素地继续下去，他的头脑就会变得迟钝，世界上其他人都会这样”[37] 这句话时，她脑子里想着其丈夫任何性方面的过失行为。

然而，艾玛坚持于 6 月来到伦敦，主要是因为她渴望参加一场大规

---

① 哈罗德·恰尔德（Harold Child, 1869–1945），英国作家、戏剧评论家，著有《托马斯·哈代》（1916）一书。

模的示威活动,以支持定于6月21日举行的妇女选举权运动。作为伦敦妇女选举权协会的积极会员,她曾参加1907年3月9日的伦敦示威活动;与米莉森特·福塞特、安妮·肯尼①和其他主要人物一起,她为1907年三月号的《家庭妇女》杂志上关于选举权问题的“专题论文集”投了稿;最近,1908年3月6日,《国家》杂志在其读者来信专栏刊登了她一封充满激情的长信,在信中,她以极大的精力和力量促进了妇女权利的总体进展。[38]然而,由于她反对一些更加好战的“参加争取妇女选举权运动的女人”所采取的暴力行为,她于1909年9月暂时辞去了在伦敦妇女选举权协会的职务,并再也没有完全积极地参与这场运动。她确实继续提供少量捐款,但此后其主要注意力热情地集中在了“新教事
420 业”上,她认为该事业越来越受到威胁,“因为罗马天主教统治集团带有侵略性地企图干涉我们单纯的宗教仪式,并企图颠覆自由繁荣的英国,这是罗马天主教徒们普遍的侵略性态度”。[39]

哈代对艾玛参加1908年集会持犹豫态度,不是因为他反对这项事业,而是因为担心她参与集会可能会给其健康和安全带来危险。是年秋,麦克斯门要实施相当大规模的建筑施工计划,其中艾玛所居住的阁楼房间的改造也是施工的主要目标。哈代现在已经达到了中等富裕水平的稳定阶段,因此这样一项工程在其财力范围之内。尽管《列王》和诗集的销量仍然不高,但小说和故事集的版税继续源源不断涌入,既有来自现有版本的,也有来自麦克米伦公司成功营销的“袖珍”新版本的。[40]这种感觉与他出售多切斯特西大街51号的房子的行为也不矛盾。现在他的收入相当稳定,其他形式的投资也变得切实可行,哈代很高兴再也不需要从事寻找合适的租户并与他们协商租约的工作,这种工作枯燥乏味,有时甚至令人厌恶。为了使租户满意而做的房屋维护,结

① 安妮·肯尼(Annie Kenney, 1879-1953),英国工人阶级妇女参政权论者、女权主义者。

果常常是，他们要求的不仅仅是单纯地保证房子是伫立在“坚固的白垩岩上”的“特别干燥的房子”。[41]

麦克斯门的建筑施工刚一开始，艾玛就突然离开了，她取消了之前安排的一个园会，却忘了通知其中的两位客人，害得这两个人在约定的日子从多塞特西北一路赶来。虽然她似乎计划只去多佛，但她与丈夫的第一次通信——9 月 10 日从加莱寄来的一张明信片——宣布她刚从伦敦直接到达那里，已经过了多佛，而且在穿越英吉利海峡时风平浪静，一切顺利。哈代回想起了艾玛上一次的加莱之旅，或许是故作镇静地接受了这个消息。他又一次频繁地写了一些长篇大论的信，告诉她马基、基特西和康菲这三只猫的消息，汇报建筑施工的进展，并加上了一两条警示：“你一定注意不要对陌生人太友好，因为在那个城市里，你不知道谁是谁，当天气对人们来说热得受不了的时候，世界上最坏的人（以及无疑最好的人）就会途经那里离开我们的国家。”[42]麦克斯门的施工进展很顺利，但艾玛房间里的新石膏根本干不了。10 月 19 日，哈代提出建议，或许她应该在外面待到 11 月初。然而，就在三天后，她出人意料地出现在了麦克斯门，是在收到一封警告电报后赶回来的。[43]

艾玛回来后不久，就写了一篇生动但缺乏条理的文章《加莱赞》，于 421
12 月底发表在了《多塞特郡纪事报》上。她欣赏这座城市的色彩和活力，特别是其港口周围地区，但也坚决反对它的一些社会缺陷：

> 排水系统仍然不完善，从房屋中流出的污水注入排水沟是最大的缺陷，这可能会妨碍它受到英国人的青睐，然而英国人却认为它是健康的。东风把一切都吹散了。当地人可以忍受这个缺陷，他们已经习以为常；但令人惊讶的是，市政委员会并没有看到允许它继续存在的不利因素，以及其他一些过时的做法，例如，允许打开地窖的活板门，没有必要地鞭打马，把狗作为役用动物，以及有轨电车在

> 一条主要街道的人行道旁边，而不是在更远的地方行驶——然而，铃声不断地响着，对行人发出警告，此外，没有给为数众多的钟上发条的规定。

这些抱怨反映了艾玛熟悉、专注的事情，正如她唐突无礼地对加莱大教堂不屑一顾，认为它“不重要：它保留了一个欧洲大陆罗马天主教国家通常的繁文缛节”。[44] 她的宗教偏见总是强烈的、新教徒式的，她现在开始呈现出痴迷的状态，6 月，在得知丽贝卡皈依罗马天主教后，她感到非常悲痛和不满。她回信说：“我不理解，1900 年左右的世界怎么会因为基督教而再次转向罗马天主教，并接受这样一个对基督的诞生、传道、死亡进行拙劣模仿的作品！尽管修女、主教、牧师等大量涌入，但它秘密地伸出双手以控制我们自由开明的英国人民的人身和财富的行为竟然会取得成功，这一事实是不可思议的。”尽管她没有回避具体的神学论点，但她主要强调的是她所看到的天主教压迫人的一面：“想想看，你是否忍心看到一个近亲作为‘异教徒’被残忍迫害，说这是你对上帝的责任。要从你的手中夺走圣经，取而代之的是传统、法规、人为的禁令。不去读上帝的真理，不被允许进入新教教堂去听真理——不去听，也不去读。啊，如果你带着祷告读圣经，真理的圣灵就会向你显现，撒旦的诡计就会消失。”[45]

艾玛突然回到多切斯特，这使哈代无法参加当晚在斯廷斯福德教堂举行的教区委员会会议，也无法将自己的建筑专业知识用于讨论教堂建筑的修复问题。在关注哈代非凡、多产的文学生涯以及他与伦敦文学界和社交界名人的关系时，他向来积极的对当地事务的参与以及与当地人
422 的交往很容易被忽视。通过面对面的会面而维持的友谊也同样重要，因为留下的通信记录很少，而深感遗憾的亨利·穆尔只是哈代在多塞特的

几个朋友中最亲密的一个，在自己去世前，或在他们去世前，哈代一直和他们保持着联系。赫尔曼·利就是其中一个，阿尔弗雷德·蒲柏①是另外一个；在哈代晚年时，由于对当地历史的共同兴趣，他们拉近了彼此之间的距离。其他朋友还包括：哈代的律师亚瑟·洛克②及其儿子 H. O. 洛克，来自多切斯特附近的伯金庄园的银行家雷金纳德·桑顿③和来自巴多尔夫庄园的伍德·霍默一家。

至少在二十世纪最初几年里，哈代是在断断续续地履行其治安法官的义务，后来他担任了多切斯特文法学校的几任董事，始终铭记着与他同名的伊丽莎白时代的托马斯·哈戴在学校的早期历史中所发挥的重要作用。[46]他对自己的作品在当地被改编成剧本表示赞同，并给予积极的支持，特别是当收益将被用于慈善事业时；为了保护当地建筑，他视察并撰写报告，斯廷斯福德教堂只是其中之一。在这种情况下，他总是试图将其联想价值和审美价值与简单的现实主义相调和。1908 年 9 月，他对古建筑保护协会的秘书说，他对阿伯茨伯里的圣凯瑟琳教堂的想法是："为了防止它倒塌，左右为难的选择是，要么砌入新的石头，要么在旧石头外面抹上水泥，因为长期暴露在外已经使旧石头碎裂了。"[47]

哈代还承担了一项文学任务，在这项任务中，对当地的情感加强了其职业责任感。1907 年 1 月，当哈代第一次受邀为克拉伦登出版社编辑巴恩斯的诗歌选集时，他恳求出版社让他先完成《列王》。然而，一年之后，他同意至少可以对诗歌进行筛选。他认为，大约一百首诗就足以涵盖巴恩斯最优秀的作品，或许还绰绰有余，甚至其中一些优秀作品，由于出现了"一两节无趣的说教性诗节"，也不必整首印刷。在这个可疑

---

① 阿尔弗雷德·蒲柏（Alfred Pope，1842–1934），英国律师，曾做过两任多切斯特镇长。

② 亚瑟·洛克（Arthur Henry Lock，1845–1900），英国律师，曾任多切斯特镇长。

③ 雷金纳德·桑顿（Reginald Thornton，1821–1895），英国银行家。

的原则的指导下,有几首诗中的几节就被删除了,而版权方面的困难使这项工作变得比哈代预想的更加乏味,并迫使他只能从诗选的早期版本中选择诗歌,但他认为这些选诗在巴恩斯后来的修订中有了很大改进。[48]当文本的校样被更正以后,他才同意为诗集撰写序言,并借此机
423 会强调他的参与是一种针对地方和个人的虔诚行为,几乎是本着翻译一种死语言的精神来进行的:“我碰巧(我认为是这样的)成为少数几个健在的实际熟悉该文字的人之一,我们熟悉了解巴恩斯写作的时候人们所说的多塞特方言,或者也许亦了解现在人们所说的多塞特方言。”因此,他试图明智地选择,热情地介绍,必要时做注释,从而使巴恩斯在某种意义上的品质和魅力能够传达给“一些人,对这些人来说,威塞克斯文字(R 和 Z)是粗鄙而不幸的,而一种拥有垂死词汇的语言是无人哀悼的,不需要留下揭示其秘密的语法,也不需要打开其坟墓的钥匙”。[49]

在《威廉·巴恩斯诗选》于 1908 年 11 月 24 日出版后的六个月内,又有两位作家相继去世,他们以截然不同的方式影响了哈代早期的文学抱负和后来文学生涯的模样。新闻界对 1909 年 4 月史文朋去世的消息的反应,使哈代愤怒地回想起了四十多年前他对《诗歌和民谣集》受到的评论表达出的愤慨:“许多报纸表现出了带有善意的怯懦,他们正在用如此的宽容、如此具有神学性质的判断、如此虚伪的同情和如此被误用的颂词来淹没[史文朋],再一次用他自己的话来说,‘这会使人恶心得想去角落里呕吐’,或者如我们在威塞克斯这里所说的,‘这足以让每一只小狗跑去粪堆’。”[50]次月,在那年春季几次对伦敦的突访中的一次中——艾玛再次拒绝在“伦敦社交季”去那里住——哈代突然在街上看到一张海报,上面宣布梅瑞狄斯去世。尽管哈代认为史文朋是迄今为止更优秀的作家,但梅瑞狄斯离开文学舞台对他来说有着更直接的个人意义,即这使他在活着的英国作家中处于明显的优势地位。6 月上旬,他几乎不可避免地被请求接替梅瑞狄斯成为作家协会的主席,然而,尽管

他最终接受了这一职位，但他质疑协会任命一位作品饱受争议的作家是否明智："在近代英国作家中，没有一位曾像我一样受到过新闻界如此全面的恶劣对待，除了史文朋，但他已经作古。"他补充说，他也不能"保证永远不再一次摆脱约束，因为在某一点上，我决心去展示我认为应该展示的关于生命的东西，以表明我们所称的不道德、反宗教等往往是真正的道德、真正的宗教，并且直到生命的尽头都非常自由自在地去展示"。[51]

7 月上旬，哈代再次来到伦敦，参加了弗雷德里克·德兰格男爵①改 424
编的歌剧《德伯家的苔丝》的排练和随后在考文特花园的首演。德兰格和伊利卡（《波希米亚人》和《托斯卡》的共同剧本作者）的改编当然是意大利语的，由于结局是苔丝在向安吉尔坦白后立即消失了——很明显是去自杀了——哈代觉得它和自己的小说没有什么关系也就不足为奇了。对于艾美·德斯廷②作为剧名主角的表演，报纸评论家们给予了特别的赞扬，然而，尽管哈代也认为她的声音很出色，却很难将她肥胖的身材和他想象中的苔丝联系起来。[52]显然，他想带弗洛伦斯去看《德伯家的苔丝》，但他觉得有义务问一下艾玛，看她是否认为值得从麦克斯门赶来出席这个场合。这个问题是在一封冗长含糊、话语反复的信中提出来的，这样的行文不是哈代的特色，信的不连贯性或许在向收信人暗示，她最好能露上一面。正是在这个时刻，在哈代的敦促下，克洛德主动提出陪弗洛伦斯去看歌剧，以使哈代能够自由照顾艾玛，尽管据称弗洛伦斯和她的陪同者提早离开了剧院，以免被艾玛发现，但似乎克洛德唯一

① 弗雷德里克·德兰格男爵（Baron Frederick A. d'Erlanger, 1868–1943），英国商人和音乐家。

② 艾美·德斯廷（Emmy Destinn, 1878–1930），捷克女高音歌剧演员。

关心的是不要错过他回家的末班列车。[53]

哈代发现自己和克洛德那怀疑主义者的心思非常投合,于是与他的关系逐渐变得比其他任何男性同伴都更亲密(可能除了他弟弟亨利以外,尽管这一点不得而知),尤其是他们在奥尔德堡开心地共度周末的时候。高斯是一个交往时间更久的朋友,但哈代早就对他散布流言蜚语的倾向有所戒备,并且他还没有看出克洛德本人有言行失检的能力。7月2日至5日的周末,他一直在奥尔德堡;在回伦敦的火车上,他比以往任何时候都更坦率地跟克洛德谈论他与艾玛的“紧张关系”,还提到了有朝一日他可能会带其“文书助理”①到奥尔德堡。克洛德在看歌剧的那天晚上与弗洛伦斯会面后,在给哈代的信中对她予以称赞,并建议他们二人尽快一起到奥尔德堡来。哈代心存感激地接受了邀请,说他认识其“年轻的朋友和助手”已经数年,一直关心她的健康和幸福,并想带她去海边,以免她“完全垮掉”。他补充说,如果她真的前往奥尔德堡,就会有“你家以前从未有过的打字机的嗒嗒声(她并不真的是所谓的‘打字员’,但是她学什么东西都快,于是就学会了打字,尽管我告诉过你,她也写原创作品,是一个出色的校对员和优秀的评论者,她对诗歌的鉴赏力是无可挑剔的——她只是把替我打字当成一种爱好而已)”。[54]

425 弗洛伦斯身体不适,因此8月初无法按原计划去奥尔德堡,但在8月中旬,她和哈代在那里待了一个星期。有一天,当他们乘着克洛德的小船在奥尔德河上航行时,他们陷入了泥滩,并被落潮困在了那里。克洛德升起了一面遇险信号旗,哈代则使劲地挥舞着手帕,最后,一艘平底船前来救了他们。当地报纸报道了这起事件,标题是“泥滩上的杰出作家”,哈代对这篇报道可能会被国家级媒体捕获而感到恐慌。[55]但是,倘若艾玛尚不知道弗洛伦斯在其丈夫的生活中扮演着越来越重要的角

① 即弗洛伦斯·达格代尔。

色，这段关系几乎不能说是什么秘密。克洛德的许多朋友，包括戏剧评论家威廉·阿切尔、历史学家 J. B. 伯里①教授和罗伯特·弗鲁牧师，在哈代的八月之行期间也在奥尔德堡；弗洛伦斯从克洛德的家中给她的家人写了信；10 月，她和哈代一起参观了奇切斯特大教堂，然后他们又和亨利一起去了约克、达拉谟和爱丁堡。[56]

是年夏季和秋季，弗洛伦斯可以参加一系列共同的短途旅行，这是因为她于 1908 年初在恩菲尔德其父亲担任校长的学校上了最后一节课后，不再需要做持续性的工作，后来靠写作和打字维持生计，她为哈代和亨尼卡夫人，或许还有其他人都打过字。[57]尽管细节不详，她似乎也曾在各种场合为桑利·斯托克爵士那患有精神病的妻子做过陪护，桑利是都柏林著名的外科医生、《德古拉》一书的作者②的哥哥。弗洛伦斯可能是通过与爱尔兰作家凯瑟琳·泰南·辛克森③的友谊结识了斯托克夫妇，辛克森于 1911 年 10 月将其《新诗集》题赠给她："献给我亲爱的弗洛伦斯·达格代尔，亲爱的 K. T. H. 敬赠，1911 年 10 月"。辛克森在恩菲尔德住了很多年，认识弗洛伦斯的文学朋友阿尔弗雷德·海厄特，与《环球》的编辑肖特及其妻子——爱尔兰诗人朵拉·西格森关系友好。[58]

甚至在弗洛伦斯放弃教书之前，她就已经开始做斯托克夫人的临时陪护人了：1906–1907 年的新年期间，她肯定是待在斯托克夫妇雅致的都柏林别墅里，或许是因为斯托克夫人固定的护理者正在度假。[59]这样的安排似乎总是维持在友好、灵活和非正式的基础上，但这大概不仅给弗洛伦斯带来了一些与都柏林社交界和艺术界人士的有趣接触，而且也带来了一些她急需的酬金。不管怎样，她对斯托克夫妇都是全心全意

① J. B. 伯里（John Bagnell Bury，1861–1927），爱尔兰历史学家、古典学者、文献学家。
② 即布莱姆·斯托克（Bram Stoker，1847–1912），爱尔兰小说家。
③ 凯瑟琳·泰南·辛克森（Katharine Tynan Hinkson，1861–1931），爱尔兰作家。

的——“我在都柏林失去的亲爱的朋友”，她在晚年时这样称呼他们——
426 而她的感情显然也得到了回报。当她试图放弃教职时，他们给她买了一台打字机；1912 年桑利爵士去世时，她继承了一笔两千英镑的遗产。[60]弗洛伦斯为肖特的《环球》所做的新闻工作者的杂务则完全不同。有人认为从 1908 年 6 月开始的六个月里，她担任了《环球》的时尚记者，虽然证据被高明地组合在一起，但完全是旁证，目前尚不清楚她在那个日期之前是否已经结识了肖特。然而，她确实为该杂志写过几年书评，此外，1909 年至 1910 年间，她曾为伦敦《旗帜报》做过几个月的新闻记者，后来提到这一经历时，她说它是“任何人都能做的最有辱人格的工作”。[61]

尽管哈代和弗洛伦斯之间的友谊现在已经很深厚和亲密，然而，是否存在积极主动的性关系仍然存疑。如果哈代一直在和弗洛伦斯私通的话，那么他就几乎不会那么急于陪着她去克洛德家了，因为他独自一人到访伦敦本来可以为他提供更现成的机会。去克洛德家有很大的吸引力，这仅仅在于他们可以作为被认可的一对在一起，而不会严重损害弗洛伦斯的声誉。弗洛伦斯对哈代的吸引力当然含有一种性的因素，在这些年里，当她向他朗诵他的诗歌《重游》的最后一行（“五十岁的爱情是蹩脚的”）时，他大声说这不是真的。[62]但是她与一个温暖而完全传统的家庭背景有着紧密的联系，那么她是否是他于九十年代初一直在寻找的那个思想解放的女人，这一点似乎值得怀疑；多年以后，她承认了自己没有能力“进入”玛丽·斯托普斯①的小说《爱的创造》中所描述的性事：“我想是我个人缺乏真实的感觉吧”[63]，这一点或许颇有意义。对于六十九岁的哈代来说，克服一生的含蓄也绝非易事。

但无论是在这个时候，还是在任何时候，哈代都没有受到任何程度的

① 玛丽·斯托普斯（Marie Charlotte Carmichael Stopes, 1880–1958），英国作家、优生学家、妇女权利活动家。小说《爱的创造》（*Love's Creation*）是其 1928 年的作品。

含蓄情感的束缚，写给弗洛伦斯的诗，就像十五年前写给亨尼卡夫人的诗一样，充满了世事无常的痛苦，在令人不自在的公共场所会面的痛苦，以及离别的痛苦，离别来得如此之快，以至于幸福时刻几乎还没来得及被意识到，譬如在《在离别的站台》《来访之后》和辛酸的《见或不见》（“通过最简短的会面，肯定会有某种收获；／将会有收获”）中。[64]然而，尽管它们肯定是情诗，就像写给亨尼卡夫人的那些诗一样，是向“我的梦中女孩”“亲爱的少女”“比我的生命还可贵的她”致意，但是它们永恒的主题是“人类的柔情”，是爱人“对一个人和所有人默默的援助 ／ 超越了一个男人的甜言蜜语”。[65]哈代最珍视的弗洛伦斯的品质是其温柔、平和，甚至是平静，这在以前他与其他女人的关系中几乎看不到。她对哈代佩服得 427
五体投地，渴望为他服务并讨他的欢心；她有自己的文学抱负，可以得到他的帮助和鼓励，就像在她之前的亨尼卡夫人和格罗夫夫人一样；与她们不同的是，她既没有美貌和个性，也没有上流社会阶层的意识，因为这种意识会使她对这种庇护感到不满并对自己的独立感到坚定而自信。

尽管 1909 年下半年哈代有机会在伦敦、奥尔德堡以及其他地方和弗洛伦斯见面——10 月末，他们二人和克洛德在奥尔德堡共度了一个周末——但哈代还是非常沮丧，因为他有一种强烈的感觉，觉得生命中错过了什么，而生命本身也正在从他身边悄悄溜走。11 月，他对亨尼卡夫人说：“说实话，我的精神状态不佳。更有甚者，到了我这把年纪，竟然连个可以吸引我兴趣的孩子都没有。”[66]虽然弗洛伦斯已经受到他的珍爱，但这只会加重他的沮丧，因为他想不出任何方式可以使她成为他日常生活的一部分。麦克斯门是他必定要在那里度过大部分时间的地方，却是她不能来的地方。他在《区别》①一诗中写道：“若是我的灵魂伴侣偶尔出现

① J. O. 贝利在《托马斯·哈代的诗歌：手册和评论》一书中认为该诗中的“灵魂伴侣”可能指的是特丽菲娜·斯帕克斯。

在这里，譬如当下 / 歌曲将会快乐，月亮将会欢愉； / 但她永远看不到这扇门、小径或树之枝桠， / 我在这景象或曲调中也找不到一丝乐趣。"[67]

尽管新诗集的筹备和出版通常是一个需要全神贯注的过程，但即将出版的《时光的笑柄》却几乎没有给哈代注入活力，也没有缓解他的忧郁。自从1901年以来，他还没有在出版任何一部诗集后，对于可能出现的批评回应感到不确定，但现在这种不确定性再次出现，特别是因为他不仅收录了《荡妇的悲剧》和《星期天早晨的悲剧》——这两首诗都曾被杂志编辑认为可能会引起道德上的冒犯——而且还收录了《潘瑟拉》，曾有人建议他基于宗教原因删除该诗。正如哈代于1909年9月告诉弗雷德里克·麦克米伦（现在是弗雷德里克爵士）的那样，学者们对他引用的传说都非常熟悉——那个关于罗马百夫长的传说，他认为十字架上的人物是他的儿子，一个大约三十年前无意中生下的孩子——他甚至到了重写该诗的地步，以这样一种方式，即对所叙述的事件的真实性表示怀疑。即便如此，他不想"为了一首诗，无论好坏，而挑起善良但狭隘的人们之间的争执"，因此，他让麦克米伦来决定是否将其从诗集中删除。[68]麦克米伦，带着那种哈代已经学会依赖的果断，认为该诗当然应该出版。尽管12月上旬《时光的
428 笑柄》出版时，《潘瑟拉》确实给几位评论家带来了苦恼，但是人们对这部诗集的普遍反应于哈代非常有利。就连哈代自己也承认，读者反响"非常好"，销售也相当火爆，第一次印刷的两千册很快售罄，有必要在新年初加印一次。[69]

1910年3月，哈代与弗洛伦斯一起去祭拜位于怀特岛邦彻奇的史文朋墓。尽管放在坟墓上的十字架令哈代非常不快，但他还是在《长眠的歌者》一诗中把这次祭拜视为向这位诗人致敬的机会，这位诗人的早期作品令人不安地冲击到了"正统的维多利亚中期"，并且当哈代第一次"带着迅即而至的惊喜朗读 / 那些打着古典的幌子的新词"时[70]，这位诗人抓住了他的想象力。不久之后，哈代和弗洛伦斯就到了奥尔德堡；那年春天，

他们经常一起在伦敦，哈代把她介绍给了格雷戈里夫人，称她为他的“小表妹”；在哈代的积极合作下，弗洛伦斯在伦敦《旗帜报》（她或许还在为这家报社工作）上发表了一篇文章，以纪念1910年6月2日他七十岁生日。克洛德自己的七十岁生日是在同一个月月底，哈代说服他为一篇类似的文章“当模特”，也是由“我的秘书达格代尔小姐”撰写。[71]

注释

［1］埃塞尔·理查森（姐姐），弗洛伦斯回忆录手稿（D. 伍德）；《哈代书信》，第三卷，页193。

［2］教育部，《女王奖学金考试》（1897年12月），页44。

［3］E. 理查森，弗洛伦斯回忆录手稿（D. 伍德）；R. 吉廷斯和J. 曼顿，《第二任哈代夫人》（伦敦，1979），页22；另见“达格代尔家庭”和“哈代，弗洛伦斯·艾米莉”词条，《指南》，页102，页157–160。

［4］E. 理查森，弗洛伦斯回忆录手稿（D. 伍德）；吉廷斯和曼顿，《第二任哈代夫人》，页25–28；海厄特讣告，载《恩菲尔德观察者》，1911年12月15日，第5版。

［5］珀迪与弗洛伦斯谈话，1935年（耶鲁）；《哈代书信》，第三卷，页179。

［6］珀迪与弗洛伦斯谈话，1931年（耶鲁）；《哈代诗歌》，第二卷，页15；园艺信息，佩内洛普·莱弗利。

［7］《哈代书信》，第三卷，页179。

［8］照片（多博）；阅览室通行证申请（大英图书馆档案），额外信息，大卫·帕姆；《哈代书信》，第三卷，页249；弗洛伦斯致卡罗尔·A. 威尔逊的信，1937年3月20日（副本，耶鲁）。

［9］E. 高斯致哈代的信，1906年2月26日，载查特里斯，《埃德蒙·高斯爵士的生平和书信》，页299。

［10］《哈代书信》，第三卷，页199。

［11］《生活和工作》，页355；《哈代书信》，第三卷，页209、210；内文森，《变化越多，机遇越多》，页165。

[12] 内文森,《变化越多,机遇越多》,页 165;《生活和工作》,页 354,参米尔盖特,《与遗嘱相关的行为:勃朗宁、丁尼生、詹姆斯、哈代》,页 110;《哈代书信》,第三卷,页 212。

[13] J. -É. 布兰奇,《我的模特》(巴黎,1929),页 82;《哈代书信》,第三卷,页 265。

[14]《生活和工作》,页 357;《哈代书信》,第三卷,页 224。

[15]《哈代书信》,第三卷,页 218、233。

[16] 同上,页 207、255。

[17]《哈代书信》,第三卷,页 231;内文森,《变化越多,机遇越多》,页 181。

[18] 内文森,《哈代书信》,第三卷,页 238–239;M. 福塞特致哈代的信,1906 年12 月 4 日(多博)。

[19]《生活和工作》,页 359–360;"高斯客人名册"(剑桥大学图书馆);查特里斯,《埃德蒙·高斯爵士的生平和书信》,页 292–293。

[20] 布兰奇,《我的模特》,页 85、84。

[21]《哈代书信》,第三卷,页 277。

[22] 同上,页 287、282。

[23] 同上,页 282、288。

[24] 见珀迪,页 130–131,尤其是翻印的草稿,页 131 的相对页面。

[25]《哈代书信》,第三卷,页 253、249。

[26] 藏书所在地(亚当斯);《哈代书信》,第三卷,页 261–262,页 261。

[27]《哈代书信》,第三卷,页 274;《康希尔杂志》,1908 年 5 月,参吉廷斯和曼顿,《第二任哈代夫人》,页 32–33。

[28]《哈代书信》,第三卷,页 270。

[29] 布兰奇,《我的模特》,页 83–84;格罗夫夫人,《社交物神崇拜》(伦敦,1908);《社交物神崇拜》校样(耶鲁);《哈代书信》,第三卷,页 269;《揽镜自照》,《哈代诗歌》,第一卷,页 106。

[30]《艾玛与弗洛伦斯书信》,页 36–37。

[31]《哈代书信》,第三卷,页 273。

[32]《社交物神崇拜》校样。(耶鲁)

[33]《哈代书信》,第三卷,页 279–281;威尔逊,《搬上舞台的哈代作品》,页 55–57;《多塞特郡纪事报》,1908 年 5 月 7 日。

[34] 威尔逊,《搬上舞台的哈代作品》,页 59–67;《哈代书信》,第三卷,页 356。

[35] 威尔逊,《搬上舞台的哈代作品》,页 64;《多塞特郡纪事报》,1908 年 11 月 26 日。

[36]《哈代书信》,第三卷,页 322–324。

[37]《哈代书信》,第七卷,页 147;《哈代书信》,第三卷,页 329;《艾玛与弗洛伦斯书信》,页 42。

[38]《艾玛与弗洛伦斯书信》,页 39–41。

[39]《艾玛与弗洛伦斯书信》,页 49、53、54;《艾玛与弗洛伦斯书信》,页 51。

[40] M. 米尔盖特,《哈代和麦克米伦出版社》,载《麦克米伦:一个出版传统》,E. 詹姆斯编辑(巴辛斯托克,2002),页 78–79;S. 盖特雷尔,《创造者哈代》,页 246–253。

[41] 信息源自亨利·洛克;《哈代书信》,第三卷,页 158。

[42]《哈代书信》,第三卷,页 334;艾玛致哈代的信,1908 年 9 月 10 日(伊顿);《哈代书信》,第三卷,页 334。

[43]《哈代书信》,第三卷,页 347、350。

[44]《多塞特郡纪事报》,1908 年 12 月 31 日,第 11 版。

[45]《艾玛与弗洛伦斯书信》,页 42–43。

[46] 桑普森,《哈代——治安法官》,载《科尔比图书馆季刊》,第十三卷(1977 年 12 月),页 273–274;《生活和工作》,页 370。

[47] 威尔逊,《搬上舞台的哈代作品》,页 99–100,页 105;《哈代书信》,第三卷,页 337,参贝蒂,《哈代:文物保护建筑师》,页 41–42。

［48］《哈代书信》，第三卷，页245、292；关于哈代的编辑程序，见W. J. 基斯，《哈代编辑威廉·巴恩斯的诗集》，载《维多利亚诗歌》，第十五卷（1977年夏季号），页121–131。

［49］序言，《威廉·巴恩斯诗选》（伦敦，1908），页iii、xii，参《公众声音》，页292、297。

［50］《哈代书信》，第四卷，页15。

［51］《生活和工作》，页372；《哈代书信》，第四卷，页28。

［52］《生活和工作》，页374；路易吉·艾力卡，《苔丝：一部四幕戏剧》（伦敦，1909），页50；D. 霍金斯，《苔丝戏剧》（哈代协会专著，三部，1984），多处。

［53］《哈代书信》，第四卷，页30、32；吉廷斯和曼顿，《第二任哈代夫人》，页49；E. 克洛德，日记，1909年7月14日（艾伦·克洛德）；《哈代书信》，第四卷，页35–36。

［54］E. 克洛德，日记，1909年7月5日（艾伦·克洛德）；《哈代书信》，第四卷，页35–36。

［55］E. 克洛德，日记，1909年8月16日（艾伦·克洛德）；克洛德致C. 肖特的信，1909年8月13日（利兹）；《奥尔德堡、莱斯顿和萨克斯蒙德姆时报》，1909年8月21日，第3版。

［56］E. 克洛德，日记，1909年8月14日，21日和23日（艾伦·克洛德）；F. 达格代尔致E. 理查森的信，1909年8月18日（帕梅拉·理查森）；亨利·哈代致凯特·哈代的信，1909年9月30日（M. 米尔盖特）；《生活和工作》，页374–375。

［57］吉廷斯和曼顿，《第二任哈代夫人》，页33。

［58］关于肖特夫妇，见吉廷斯和曼顿，《第二任哈代夫人》，页38–45；藏书所在地，麦格斯兄弟图书销售公司，（1938年）目录664，第207条；K. 泰南·辛克森致F. 达格代尔的信，关于海厄特，1911年12月17日（伯格）；K. 泰南，《朵拉·西格森：致敬和回忆》，载《观察家报》，1918年1月13日。

［59］"所有家人"寄给F. 达格代尔的明信片，1906年12月31日。（伊顿）

［60］弗洛伦斯致R. 欧文的信，［1915年12月17日？］（科尔比），另见《艾

玛与弗洛伦斯书信》，页 66，页 78–79，页 110–111；吉廷斯和曼顿，《第二任哈代夫人》，页 66。

［61］《哈代书信》，第三卷，页 329；吉廷斯和曼顿，《第二任哈代夫人》，页 35–37；《托马斯·哈代先生与前〈旗帜报〉职员结婚》，载《旗帜报》，1919 年 2 月 11 日；弗洛伦斯致 R. 欧文的信，［1916 年 3 月 8 日？］（科尔比）。

［62］《哈代诗歌》，第一卷，页 243；珀迪与弗洛伦斯谈话，1936 年。

［63］《艾玛与弗洛伦斯书信》，页 283。

［64］《哈代诗歌》，第一卷，页 271；第二卷，页 14–15，页 15–16。

［65］《哈代诗歌》，第二卷，页 15、16；第一卷，页 271；第二卷，页 16、14。

［66］E. 克洛德，日记，1909 年 10 月 30 日（艾伦·克洛德）；《哈代书信》，第四卷，页 61。

［67］《哈代诗歌》，第二卷，页 16。

［68］《哈代书信》，第四卷，页 47–48。

［69］《哈代书信》，第四卷，页 73；珀迪，页 149–150。

［70］《生活和工作》，页 376；《艾玛与弗洛伦斯书信》，页 152；《哈代诗歌》，第二卷，页 31，参《公众声音》，页 309–310。

［71］《哈代书信》，第四卷，页 95；《旗帜报》，1910 年 6 月 2 日，第 8 版，参《公众声音》，页 312–316；《哈代书信》，第四卷，页 98。

第二十四章　一场葬礼

429 艾玛也已年近古稀，近些年来，她身体状况一直不佳。1906 年5 月，当她在麦克斯门干园艺活儿时，心脏病突然发作："我的心脏似乎停止了跳动；我倒在了地上，过了一会儿，一个用人来到我的身旁。"[1]她将其描述为"第一次奇怪的晕厥发作"，这表明后来又有其他昏厥情况出现，但是到 1910 年的时候，她的健康状况明显好转。那年春天，她感觉身体很棒，又可以陪丈夫去伦敦，可以重新对文坛发起私人攻击了，于是那年夏天，她又开始骑自行车了。和往常一样，哈代在梅达谷的布洛姆菲尔德排房 4 号找到了一套公寓房，这后来被证明是他们在伦敦租住的最后一套公寓房。5 月初，艾玛跟着住了进来，还带着一个从麦克斯门来的女佣，负责开门迎客和购物。[2]正是在这个时候，爱德华七世驾崩了。站在雅典娜俱乐部的有利位置，哈代观看了送葬队伍的通过，两周后，在其七十岁生日那天，想到自己比故去的国王还年长一岁，他感触颇深。[3]

现在他已经正式步入老年阶段，他暗下决心要找到一个办法，把弗洛伦斯更直接、更永久地拉进他生活的基本节奏中。严格来说这段关系并没有将他卷入对艾玛的"不忠"，因此他为自己不得不小心翼翼地处理这段关系而大为恼火。他能很好地利用弗洛伦斯的秘书技巧，而她——她有着复杂的感情，包括个人的爱慕、文学理想主义和对新闻业的极度厌恶——又非常渴望为他效劳，可笑的是他却不能更经常地利用她这种帮助。弗洛伦斯和艾玛都是成立于 1904 年的莱西姆俱乐部的成员，该俱乐部是一个有着文学和其他智识兴趣的女性的聚会场所，显然是在这个时候，或许是在哈代建议下，在莱西姆俱乐部的一次活动中，弗洛伦斯讨好了艾玛，当艾玛把自己要发表的演讲的讲稿页码搞乱了时，她站出来帮了艾玛一个忙。无疑是在 6 月初，弗洛伦斯收到一份请柬， 430
邀请她前往布洛姆菲尔德排房参加艾玛组织的一个“家庭聚会”。哈代亲自出马，以确保格罗夫夫人和小说家梅·辛克莱①被邀请在同一天参加聚会——或许是基于这样一个原则，那就是有艾玛已经知道是他友人的女人们在场，可能不会让她猜测他与弗洛伦斯关系的真实性质。[4]

对于弗洛伦斯那文静的魅力和乐于效劳的主动性，艾玛的反应是有一种渴求的冲动。下一周星期四“家庭聚会”时，弗洛伦斯有幸负责沏茶倒水；7 月初，艾玛已经离开伦敦，返回了麦克斯门，弗洛伦斯写信让她放宽心，她已应她的请求拜访了布洛姆菲尔德排房公寓，发现那里一切安好；同一个月晚些时候，作为艾玛的客人兼助手，她亲自去了一趟麦克斯门。[5]这时候，她和艾玛关系密切，她鼓励艾玛的文学抱负和新教徒的偏见，将她的手稿打印出来——其中有关于宗教的散文和诗歌，有她后来作为《忆往昔》出版的童年记忆，甚至还有她那老掉牙的康沃尔郡爱情故事《岸边的少女》——并竭尽全力使它们得以出版。她俩还谈到合作创作一部小说；弗洛伦斯完全不信教，而且相当反对天主教，因此她能够惺惺相惜地参与到艾玛反对罗马宗教势力渗透进英国教会的“运动”中。[6]弗洛伦斯在 1910 年下半年写给艾玛的信中，对于她明明知道

① 梅·辛克莱（May Sinclair, 1863-1946），本名玛丽·阿梅莉亚·圣克莱（Mary Amelia St. Clair），英国女作家，作品包括小说、故事和诗歌。

并没有什么价值的作品赞不绝口,对于她本来认为极端甚至偏执的态度大加推崇,因此她很容易被人指责为虚假伪善和无情欺骗。但很明显,她对艾玛有一种真挚的感情和同情,她被艾玛那活泼的、并无条理的闲聊逗得煞是开心,偶尔也会被她所吸引。弗洛伦斯相信使艾玛沉溺于其计划和抱负之中不失为一种仁慈的做法,尽管这些计划和抱负不切实际,但并没有给任何人带来伤害。毕竟艾玛已经是古稀之年的老太太,比弗洛伦斯年长四十岁;严格来说,她也是赞助人,而弗洛伦斯则是被庇护者。无论从哪一个立场而言,后者都不会觉得冒险去批评指责和制造矛盾是恰当之举。

弗洛伦斯当然知道,为了延续她和哈代的关系,她与艾玛保持良好关系变得至关重要。但她可能从来没有容许自己对她正在做的事情以及自己未来何去何从进行深入思考。她几乎不能沉溺于关于嫁给哈代的任何念头——没有理由让她认为艾玛会先于哈代去世或者将不久于人世——如果她不是哈代的情妇,她便没有缘由觉得自己犯了什么特别的过错。不管怎样,很明显,当她对哈代和艾玛都有了更深入的了解,并
431 亲眼见到麦克斯门的家庭内部状况之后,她对双方的同情一度变成五五开。6 月 23 日,她和克洛德会面,谈论一篇她写的关于哈代的文章,彼时她已经作出判断:哈代是"一位伟大的作家,但并不是一个伟大的男人"。[7]

到那年秋季,弗洛伦斯几乎已经成了哈代家的常客。11 月 15 日,哈代告诉克洛德:达格代尔小姐,"我的勤杂工,我习惯这么称呼她",前一天带着打字机来了;同一天,在写给亨利·纽博特的信中,他提到一位暂住在麦克斯门的"朋友",前一天晚上,她给艾玛和他读了一些纽博特的诗。[8]然而,实际上在那次拜访之前,弗洛伦斯曾向克洛德吐露——她出言不够谨慎,因此倘若被哈代知道,他一定会大吃一惊的——她已经学会了带着一种有点滑稽和讽刺意味的眼光来看待"麦克斯门家庭"。

尽管哈代曾对外宣称,他对自己最喜欢的猫基特西的死感到痛苦绝望,但是他那时写的信件却表明,对于由自己的小说《绿林荫下》改编而成的戏剧即将在多切斯特上演,他仍然感到“甚是愉快和兴奋”,而且他正在为基特西位于麦克斯门宠物墓地的墓碑设计碑文,他称这种感受为“忧郁的乐趣”。[9]哈代曾在诗歌中这样描述基特西:“那只小白猫是他唯一的朋友。”见哈代竟然敢写出这样的话,弗洛伦斯指责他忘恩负义,而哈代则只是微笑着反驳说:诗歌中的那个他并非他自己,而是某个“想象出来的与他处境相似的人”——该诗最终的成品是我们现在所知道的《罗马墓穴》。据弗洛伦斯讲,艾玛一如既往地“善待我,我无以言表”,她变得比以往任何时候都更加亲切。她补充说:“我**非常**对不起她,真的愧对他们夫妇。”[10]

是年秋季,弗洛伦斯多次拜访麦克斯门,哈代则想出种种办法把她和自己绑得更紧。他带她去上博克汉普屯看望他的两个妹妹;9 月,当威廉·斯特朗①前来为哈代本人画像时,哈代也让他为她画了一幅素描;25 日,一小束干花上悬挂着的“梅登城堡”的字样,显然是为了纪念某个具有特殊感情意义的场合。[11]然而,这些举措都没有让弗洛伦斯在麦克斯门的生活变得更加轻松。正是由于她对哈代夫妇的同情,要她去见证夫妻间的敌对情绪——有时候她是这种敌对情绪的导火索——使她感到越来越痛苦,而且这种敌对情绪总是有可能演变成激烈的争吵。在弗洛伦斯 11 月来访期间,艾玛不仅向她建议他们仨应该一起去博洛涅②,因为那会“对哈代有好的影响”,而且坚持说哈代看起来很像克里彭(Crippen),一个经常在当时新闻中出现的臭名昭著的杀人犯。她补充说,她真盼着自己某一天早上死在地窖里。一个月后,当弗洛伦斯回 432

① 威廉·斯特朗(William Strang, 1859-1921),苏格兰画家、版画家。

② 博洛涅(Boulogne),法国北部一海港。

到麦克斯门过圣诞节时,她不得不忍受圣诞节当天哈代和艾玛之间爆发的一场令其惊骇的争吵,因为哈代想带弗洛伦斯去博克汉普屯看望他的妹妹们,而艾玛则断言他的妹妹们会说她的坏话,从而毒害弗洛伦斯的心灵。最后的结果是,哈代独自一人前往,而艾玛则"到阁楼书房去写她的回忆录",剩下弗洛伦斯独自一人待了好几个小时,她发誓说:"世界上没有任何力量能够诱使我在麦克斯门再过一个圣诞节。"[12]打那以后,当哈代和艾玛都在家的时候,她似乎避免去拜访麦克斯门。尽管如此,她还是继续保持着与艾玛的友谊,但是她避开了博洛涅之旅,理由是她那讲话颇有权威性的父亲说冬天去那里度假太冷了。[13]

正是在这段痛苦的时期,哈代获得了他最珍视的一些公共荣誉。1908 年 11 月,他婉言谢绝了首相 H. H. 阿斯奎斯授予他的爵士头衔,尽管如此,1913 年议会法案危机期间,阿斯奎斯仍将他归入自由主义支持者之列,这些支持者被列为潜在的贵族爵位受封人。然而,1910 年 6 月,托马斯·哈代的名字出现在了新国王乔治五世继位后首个"国王生辰受勋者名单"上,他获得了"功绩勋章"①,这是一份更伟大、更适当的荣誉,而且从社会角度来看,它也没有那么令人反感或遭人嫉妒。在哈代收到的为数众多的贺信中,伊万杰琳·史密斯的贺信听起来是最令他愉悦的:"要是您亲爱的母亲仍健在的话,她该有多高兴啊!"[14]艾玛本来很想成为哈代夫人(Lady Hardy),但是后来她抱怨道:其丈夫的特点就是自私自利,他将所有荣誉都据为己有。在 7 月 19 日授勋仪式之前,哈代很紧张,他的妹妹们和艾玛本人(她留在了麦克斯门)都分别请求弗洛伦斯好好照看他,务必使他衣着得体。一切都很顺利,尽管哈代担

① 功绩勋章(Order of Merit,简称 O. M.),亦称荣誉勋章,该勋章于 1902 年由国王爱德华七世设立,旨在认可受勋者在军事、科学、艺术、文学或促进文化方面取得的杰出成就。

心自己“未能遵循惯常的礼节”，于是他回到弗洛伦斯身边时非常慌乱，以至于一开始他找不到荣誉勋章的徽章了，事实是他的徽章没有别牢，掉进了自己衣服的一个口袋里。[15]

四个月后，在 11 月 16 日，哈代获得了“多切斯特自治镇荣誉市民”的称号。虽然他早就应该得到这样一份荣誉，但是即使是现在获此殊荣或许也有些攫取的成分，因为最近王室给他颁发了荣誉勋章，那些满腹狐疑的议员才不得不给他追加这一荣誉，然而这份荣誉对他来说却有着更加重大的意义，因为它代表的是他获得了地方的认可，这一点是任何国家认可甚至国际认可都无法比拟的。他对这一荣誉心满意足，这反映 433
在了他那不同寻常的致谢辞的篇幅和措辞上，在致谢辞中，他既谈及保护当地物质文化遗产的必要性，也谈及他意识到他曾经认识的那个“有人情味的多切斯特”未能保存的悲痛。他说他现在不得不去墓地找寻“我最熟悉的多切斯特了。白色墓碑上刻着的一个又一个的名字，让人回想起那些声音，有欢快的，也有悲伤的，有关切的，也有冷漠的，那些声音如今在住宅里和人行道上再也听不到了”。该演讲本身就是他对当地的认同感的一个有力佐证，当晚接下来发生的事情就愈发使他感到酸楚。《梅尔斯托克-奎尔》上演了，这是一部由多切斯特化学家 A. H. 埃文斯根据哈代的小说《绿林荫下》改编而成的戏剧，完全由当地演员表演。这一场合的特殊感情意义进一步得到加强，原因是这可能是哈代平生唯一一次和下列这些人同在一个屋檐下：他的弟弟和两个妹妹，坐在他身旁的、穿着精致晚礼服的艾玛，还有弗洛伦斯。[16]

虽然弗洛伦斯在哈代居家时不再拜访麦克斯门，但她仍然经常见到他。韦茅斯之行使她能够在上博克汉普屯参加他的七十一岁生日（1911 年 6 月 2 日）庆祝会。当年早些时候，她曾陪同哈代、他的弟弟和她自己的妹妹康斯坦斯参观利希菲尔德、伍斯特以及赫里福德的几个大教堂。① 在哈代生日后不久,她还参加了另一次类似的旅行,目的地是卡莱尔②和湖区,哈代的计划是将其作为另外一种选择,以替代去伦敦暂住并体验将会为他带来兴奋和不安的国王乔治五世的加冕礼,其实哈代得到了加冕礼的官方邀请,但他却以“不可避免的情况”为借口缺席了典礼。[17] 参加湖区聚会的还有弗洛伦斯的父亲,他早就知道弗洛伦斯和一个比他自己还要年长得多的男人保持着朋友关系。在设计这样的小圈子聚会时,哈代一如既往地留心避免使弗洛伦斯陷入危险境地,但在此时此刻,他似乎有了一个新目标,那就是促成康斯坦斯和他那六十岁的单身汉弟弟的婚事,部分原因是他认为这样的婚姻对双方均有好处,但也因为这样能够保证为弗洛伦斯提供机会和借口,让她拜访多塞特的次数更多一些。[18]

7 月下旬,弗洛伦斯陪同艾玛去了沃辛海滨度假胜地,她跟玛丽说那是“愉快的两周”,这样的描述颇有些令人惊讶。在那两周里,她每天
434 去游泳一次,有时候去两次。她似乎没有陪同哈代和凯特去萨默塞特郡北部和德文郡南部旅行,因为天气炎热,兄妹俩的行程被缩短了。[19] 但 10 月初,她肯定在韦茅斯待了一两个星期。12 月初,哈代的一个妹妹——大概是凯特,因为近一段时间玛丽的身体每况愈下,已经引起家人的忧虑——陪着他去了巴斯、格洛斯特③和布里斯托旅行。不久之后,哈代给弗洛伦斯寄去了一张卡片,上面写着源自《加拉太书》④的一句话“你们已经被召入自由的殿堂”,含义颇为模糊;这句话听起来很有

① 利希菲尔德(Lichfield),英格兰西部斯塔福德郡的一个教区和大教堂城市;赫里福德(Hereford),英格兰西部赫里福德郡的郡首府,也是一个教区和大教堂城市。

② 卡莱尔(Carlisle),英格兰西北部坎布里亚郡首府、大教堂城市。

③ 格洛斯特(Gloucester),英格兰西南部格洛斯特郡的一个大教堂城市。

④ 《加拉太书》(Galatians),《圣经·新约》的一卷。

意义，也许的确如此，鉴于同一诗篇的其余部分写道："只是不可将自由当作放纵情欲的机会，而是要用爱心互相服侍。"另一方面，它可能只是记录了哈代感觉到弗洛伦斯获得的解脱，即从不断陪伴凯特的束缚中得到的解放，凯特那热情洋溢的性情和乡下人的行为举止，可能让弗洛伦斯感受到了一些压迫。回到家，弗洛伦斯写信跟克洛德说，哈代看起来很健康，甚至轻松愉快，而且她得出结论说——因为亨尼卡夫人最近拜访多切斯特时，也发现他精神状态甚佳——不应该把他的忧郁情绪太当回事。[20]

弗洛伦斯，哈代现在称呼她为"我最亲爱的弗"，仍然时不时地为艾玛、为哈代本人，尤其是为亨尼卡夫人打字。但她自己也在搞创作，虽然她为自己写的大多数儿童故事找到了一个现成的、报酬低廉的市场，但是在成人小说的冒险尝试方面，她在很大程度上还是要依赖哈代的帮助。他再次积极争取让她的故事《学者的妻子》得以出版，还有一个明显质量不高的幽默短剧《特拉法加！纳尔逊的死是如何激励裁缝的》。他密切参与了故事《盗马贼蓝吉米》的创作和出版——该故事以弗洛伦斯的名义刊登在《康希尔杂志》1911 年二月号上——这一点最近通过对该故事残存的校样的仔细分析和一些可追本溯源的材料得以揭示。[21]

在某些方面更值得注意的是，哈代在三本儿童读物中与弗洛伦斯有过合作，这一点虽未经证实，但几乎是确凿的，这三本书的插图作者是 E. J. 戴特莫德，即 C. M. 戴特莫德①的孪生兄弟，他本人也是一位备受推崇的动物画家。这三本书都是大开本的，而且设计款式相同，题目分别为《野兽宝宝》(1911)、《小鸟宝宝》(1912)和《宠物宝宝》(1915)，弗洛伦斯·达格代尔是为全页插图所配的简短散文"描述"的署名作者。然

① E. J. 戴特莫德(Edward Julius Detmold, 1883-1957)，英国插画家；C. M. 戴特莫德(Charles Maurice Detmold, 1883-1908)，英国画家。

而,每一篇这样的散文作品,前面都配有一首短诗,同样能唤起人们对插图中生物的记忆,但这些诗的作者不详。无论是过去还是现在,都存在
435 这样一个合理的假设,即,既然这些诗显然不是戴特莫德对这些书所做的贡献,那它们一定是出自弗洛伦斯之手。但是其中三首诗,每卷一首,早就被公认为是哈代自己的作品[22],而且由于它们在种类和技能上与其他五十四首诗非常相似——它们的共同特点是活泼,有趣,有时辛酸,有时随意,但总的来说都是技巧娴熟的儿童诗——因此推测哈代是所有这些诗歌的作者也不无道理,例如《野兽宝宝》中的《美洲驼》一诗:

美洲驼

虽然我只是一只负重的野兽
我却为自己能派上用场感到骄傲;
因此感到沮丧实在不应该
尽管有一个事实我需要坦白:
作为一只美洲驼我很平凡——
是大自然戏剧中的候补演员
我们家族的首领是骆驼,
和我相比块头大得多,
(我只能驮百余磅
他却能驮一千磅)——
我觉得自己被人瞧不起
相形见绌,可怜兮兮
好像,不管我被用来做什么,
我都只是一个模仿者。

然而，现在，我听到一种说辞
无须伤悲，更受青睐的是骡子。[23]

毫无疑问，这样的诗歌不主动要求被纳入哈代的正典作品是需要予以辩驳的。从另一个角度看，这些诗歌中的大多数至少和已经被认定的那三首诗是一样成功的，而且它们都有兴趣成为潜在的见证人，来证明他的幽默、他对动物的同情（如《北极熊》《大象》和许多其他作品）、他的基本诗歌技巧、他对佚名写作的喜爱，还有最后不能不提的他对弗洛伦斯的依恋。完全没有迹象表明弗洛伦斯自己写过诗歌，更不用说把简单和灵巧如此有机地结合在一起的诗歌了，但另一方面，有充分的证据表明，哈代可以轻而易举地写出一首这样的诗歌。有人也发现了他在“宝宝”丛书项目中积极参与合作的具体证据。哈代给弗洛伦斯写了一封短笺，附在了他为《小鸟宝宝》而写的《黄鹀》一诗的铅笔手稿上，短笺中称他想知道这首诗从鸟类学的角度而言是否有不准确的地方，然后补充说：“倘有不准确之处，我将再写一首不同的诗。”档案研究尚需进一步证实哈代是这些诗歌的真正作者，但是这些诗歌的想象式同情和娴熟的技巧 436
无疑倾向于支持颇有洞察力的丛书编辑伯纳德·琼斯的观点：“在阅读所有这些诗歌时，要意识到它们的原始（即‘**宝宝**’丛书）背景，那就忍不住想要得出这样的结论：它们不可能是别人的作品。”[24]

完成《列王》后，哈代的创作进展颇为顺利，作为诗人，他的创作越来越轻松自在、得心应手了。无论出于什么原因——诸如他在诗歌和散文文体方面的长期学徒生涯，他那不写出完美诗句就决不罢休的纯粹的创作毅力，以及他那简洁明快的假设，即，诗歌是人类表达的一种完全自然的媒介，因此，完全适合几乎任何人类境况——哈代发现诗歌从他的笔下流出，或许不是随心所欲的，但肯定是频繁发生的。期刊编辑们经常向他约诗稿,1910 年 9 月,他对弗雷德里克·麦克米伦爵士说:“悲剧叙事诗,如《荡妇的悲剧》,似乎是最受欢迎的,我可以轻松地写出来。”[25]结果,1910 年至 1912 年被证明是更加非凡的年月,因为哈代创作出了如下类型的诗歌:有诸如《见或不见》这样的爱情诗,有《向人哀诉》和《上帝的葬礼》这样的沉思哲学之旅,还有关于泰坦尼克号沉船事件的《合二为一》这样的诗作,它能够展示哈代那创作偶成作品的非凡天赋,这样的天赋使他具备成为杰出桂冠诗人的条件。[26]然而,他的宗教观点和社会观点并非符合所有人的口味,于是当 1913 年桂冠诗人的职位出现空缺时,被选择的诗人是罗伯特·布里奇斯,正如哈代本人彬彬有礼地指出的那样:“总的来说,他是一个非常好的人,更为重要的是,他是一个安全的人。”[27]

1911 年 9 月,在麦克斯门举行了一场园会。是年秋季,哈代积极支持即将由多切斯特业余演员上演的连场戏剧,一场是由他的短篇小说《三怪客》改编而成的戏剧《三旅人》,另一场是 A. H. 埃文斯改编的戏剧《心烦意乱的传教士》。[28]哈代还深度参与了他所有作品(包括诗歌和散文)的英美豪华版的筹备工作,这些都是最近商定的。当 1912 年初与美国出版商的协议意外谈崩时,哈代欣然接受了麦克米伦爵士提出的备选方案,即,由他自己的公司出版一个“最权威的”版本,第一次印刷一千套,每卷价格为七先令六便士,其中一先令六便士将是作者的分成。[29]在写给亨尼卡夫人的信中,哈代谈到了美国出版商最初的提议,他曾形容自己“并不十分高兴”,因为想到读者即将“重读我之前写过的
437 作品,那是我的精神比现在活跃的时候写的,充满了无法改变的艺术错误”。尽管如此,他还是深切、积极地关注着自己文本的准确性,这一点从他几乎是同时对麦克米伦所说的话中得到了强烈的体现,1911 年 6 月 28 日,他写道:“昨晚彻夜未眠,我一直在想,除非我亲自改正那些校样,否则文本中就会有错误——那种很细小的(最糟糕的)错误——这

将危及我们的评论者对该版本的接受，先是损害其文学价值，继而损害其商业成功……事实上，美国读者的文学洞察力是指望不上的。”[30]尽管他很失望，但他仍然没有像史蒂文森、詹姆斯和吉卜林所做的那样，准备接受“体面的豪华版”[31]，不过他对麦克米伦提出的备选方案、相关的设计和出版安排非常满意。

对于这套威塞克斯版（这是麦克米伦建议的名称），哈代花了数周甚至数月的时间来开展集中工作，彻底修订了所有文本，更新了作者自序，增加了全新的“总序”，并将散文卷予以归类，这样做的效果是将主要作品和次要作品区分开来，与此同时，正如他告诉麦克米伦的那样，让评论家来写一些东西。[32]他还向麦克米伦提供了其小说中的威塞克斯地图，建议既可以原封不动地使用，也可以让专业人员重绘，就像老一辈地图绘制者所喜欢的那样，添上船只、游鱼、树木以及其他装饰性图案。麦克米伦选择了第二个方案，威塞克斯版每一卷书的地图上都适当地画上了挤满鲸鱼和海豚的海洋。哈代本人指定了摄影师（赫尔曼·利），并把每一卷单独的照片作为连续卷的卷首插图。[33]

总体而言，通读他自己作品的经历是非常令人满意的。在修订《还乡》校样的过程中，他于 1912 年 4 月 22 日对弗洛伦斯说：“在我和克林一刀两断之前，我又开始喜欢上他的性格。我认为他是我所有男主人公中最好的一个人，**一点**也不像我。”多年来他第一次重读《林地居民》，发现自己喜欢的这部作品“**作为一个故事**，是所有故事中最好的。或许这是由于情节的地点和风景，这是我非常喜欢的一部分”。[34]虽然这几乎并不等同于詹姆斯在其纽约版《大使》序言中那如此迷人地洋溢着的自鸣得意，但这却表明，哈代在晚年倾向于对自己的小说发表不以为然的评论，这主要是一种策略，旨在坚决主张其不太得到普遍认可的诗歌的 438
优秀。9 月上旬，在与高斯的一次谈话中，哈代甚至详细讨论了《计出无奈》的优点。据高斯说，哈代曾如是说：“当然，这是一部情节剧，但作为故事,它比人们想象的要好。你最近又读过这部小说吗?你不觉得作为故事它很好吗?当然,我做这一切都是出于对乔治·梅瑞狄斯的忠告的服从,他曾说一定要有故事。以前我并不在意。”高斯回忆道,哈代说起这部小说,“就好像这是很久以前的一本书,是一个不再重要的人写的”。[35]

在前一年,哈代也表现出同样的谦逊,当时他允许甚至鼓励剑桥大学菲茨威廉博物馆馆长考克雷尔拿走他的几本最重要的手稿,让考克雷尔将它们赠送给大西洋两岸的机构图书馆。哈代把这项任务交给他刚刚结识的考克雷尔,不仅仅是因为考克雷尔本人以及他过去曾担任威廉·莫里斯和克尔姆斯科特出版社秘书的角色给哈代留下了深刻印象,还因为哈代真诚地(这确实也是他做事的一贯特点)觉得“一个作家凭自己的判断把自己的手稿送到博物馆是不妥的”。因此,他明确指出,协商应在私底下进行,并且手稿的配给应全权由考克雷尔负责,而不是由他自己负责。结果,考克雷尔的安排的确得到了哈代的认可,《德伯家的苔丝》和《列王》的手稿赠送给了大英博物馆,《司号长》的手稿赠送给了温莎城堡的皇家图书馆,《一群贵妇人》的手稿赠送给了国会图书馆,《威塞克斯诗集》的手稿(连同其插图)赠送给了伯明翰市博物馆和美术馆,不出所料,《无名的裘德》和《时光的笑柄》的手稿则被赠予菲茨威廉博物馆本身。[36]

然而,谦逊并没有阻止哈代对他所获得的更多荣誉感到高兴,特别是那些由文学同仁授予的荣誉。事实上,这种认可的出人意料似乎增加了他的快感,仿佛他从来没有停止感到惊奇,不知何故,他成了世人眼中的伟人,而在他自己看来,他始终是个微不足道的人物。1912 年,当英国皇家文学学会决定在其七十二岁生日之际为他颁发金质奖章时,他要求这一场合不要是公开的,于是亨利·纽博特和 W. B. 叶芝适时来到麦克斯门,代表学会向哈代授予了奖章。由于没有其他客人,再加上午餐

时的尴尬——其间哈代和纽博特只谈论建筑，而艾玛则向叶芝讲述了趴
在餐桌上她盘子旁的两只猫的生活习性——两位客人感到不舒服，而哈 439
代决定不让其妻子参加奖章授予仪式，此举促使他俩提出了抗议。艾玛起初也“表示抗议”，但看到哈代坚持己见，她就默默离开了房间，然后授予仪式继续进行，并遵循了在公开场合举行的仪式的所有程序。到了他致谢的时候——致辞的表现形式是对英语日益堕落的一种警告——哈代坚持要大声朗读这篇致辞，并解释说，他已经向伦敦各家报纸提供了致辞的副本，这些报纸将报道他已向代表团发表了获奖感言，而把他们都变成骗子是不妥的。[37]

艾玛经常抱怨丈夫想把一切荣誉据为己有，而不愿与她分享一丝一毫，哈代在上述场合的行为使她的抱怨显得更为可信。几年前，她曾警告过肖特，最好不要在《环球》上刊登她的肖像：“我认为这张照片必须归还给我——因为我担心哈代不喜欢这张照片和他的私事产生联系，他有一种**无法摆脱的思想**，即，我必须远离他的私事，以免他那至高无上的故事的哪怕是最微弱的光芒照射在我身上——‘**这是为了取悦他的家人**’，主要是这样。他与众不同——或者说现在的他与‘**过去的**’他不同。”[38]另一方面，尽管艾玛经常声称自己很大程度上参与了哈代小说的创作，但他或许有理由觉得这个奖章确实是授予他个人的，而且也担心这一场合可能会被她某种令人尴尬的干预给搞糟了。到1912年夏，她的古怪行为已经变得非常明显，她在偏执的抗议、孩子气的嬉闹和强势的宗教信仰之间来回切换，这不仅体现在她的公共行为和家庭行为中，而且体现在她现在投入大量时间创作的诗歌和散文作品中。

1911年初，艾玛完成了《忆往昔》，那是她对其童年和与丈夫初次见面的迷人回忆，在最后一段，她不仅宣布了自己的宗教信仰，而且还宣布了她那基本上乐观甚至快乐的生活态度，这与她丈夫的世界观大相

径庭：

> 我有一些人生哲学和神秘主义，对基督教和来世有着强烈的信仰，所有这些使任何存在都变得奇妙而有趣。如果基督是我们至高无上的理想，那么当一个人观察**发生的事情**（即使发生的会是**不愉快的事情**），外在环境便不那么重要了。在我们的道路上，闪耀着一种奇异的超自然的光辉，它的温暖和光芒穿透和驱散重重困难。[39]

440 艾玛信仰中更快乐的一面，一定要和她更阴暗、更执迷的一面对照来看。她对天主教的强烈仇恨，反映在她对许多不同新教组织的支持上。她在1909年的慈善捐款对象，除了一些帮助动物和儿童的协会外，还包括全国教会联盟、新教联盟（“反对一切罗马天主教的侵犯行为”）、福音派教会联盟、新教儿童、议会中的新教、陶尔-哈姆莱茨布道所和英国基督教宗教书籍贩卖协会。宗教书籍贩卖是艾玛从事的福音派教会事业的一个特殊领域。她非常相信小册子的功效，一年到头都习惯于把小册子留在她去过的商店和住宅里。正如她于1911年10月对一位年轻亲戚所说的那样：“我一直在散发一些漂亮的小册子——我希望这些小册子有助于在这片土地上营造纯净的新教氛围，使我们再次复兴——在**真理**上——正如我所相信的。所以我也寄给你一些小册子。一定要读啊，并**将它们传递下去**。”[40]

1911年底，艾玛安排一位多切斯特印刷工私下印刷了一本薄薄的诗集，题名为《小巷》，里面有她写的十五首诗歌，从短篇的自然诗《春之歌》到冗长沉闷的爱国诗《天佑吾王》，该诗集的结构是印度和大不列颠之间的一首“轮流吟唱之歌”，落款时间为最近的1911年11月。《十个月亮》是一组或许被称为幻想诗的组诗中最有趣的一首，由于印刷错误而显得过于神秘，特别是其中的一个错误，将第二行中的“world”（世界）印成了“whirled”（旋转），在下面的引文中已经予以纠正：

> 在痛苦中旋转着
> 这个世界只有月亮一个，
> 但在那个强大的星球上
> 那里没有黑暗和悲伤
> 那里没有夜晚。
> 十个月亮一直在转动
> 每一个都至关重要，年复一年
> 带来甘甜和光明。[41]

在以类似方式印刷的散文集《空间》中，出现了对其宗教信仰更全面的阐述，该散文集的副标题是“伟大真理的新阐述”，落款为：1912年4月，麦克斯门。其内容包括：一篇关于《天堂的极大欢乐》的狂想曲，一篇关于有必要成为上帝救赎的“接受者”而非“拒绝者”的布道词，一篇关于最后审判日的景象的文章，以及一段描述撒旦被逐出天堂的简短戏剧对白。该散文集第三部分，标题为“新的火元素”，包含了最后审判日的一个非常具体的时间表：

> 最后审判日不应该被看作是一个字面上的二十四小时左右的 441
> 日子，而应该被看作是任何时间的延长，号角的声音——那可怕的召唤——也一定不能被看作是一个突然发出的叫喊，因为神圣的秩序通常是缓慢的、漫长的，从一个几乎看不见的开始达到高潮。因此，地球上所有人的末日都将遵循这样的秩序——尘世上的一天，按天上的标准来计算，可以说是一百年或更长的时间……然后，太

> 阳、月亮和星星会被最黑暗的云层遮住,变得黯淡无光,就像耶稣受难时一样,那可怕的号角的力量迅速增强,直到吹出最后一声,凌晨四点时,东方蓦地出现了一点光亮,这是西半球时间——东半球时间是黑夜或大约是那个时间,因为距离不同,那里酷热的阳光完全消失了,然而却留下了低纬度热带地区午后炎热的疲倦和沉闷。[42]

艾玛绝对真诚的信仰是一种不受外来影响的宁静的主要根源,使她能够追求自己所关注的事物,完全不受她对他人所产生的影响之影响,因为她无视这种影响。然而,《空间》主要表达的是一种心灵的感悟,该心灵是执迷、困惑和天真的。就连剑桥大学基督圣体学院的现任院长、和善的查尔斯·穆尔也曾建议艾玛不要出版该书[43],因此可想而知哈代本人的尴尬。

依哈代看,艾玛年迈时笃信宗教,这是三十年婚姻困境和不适的最终结局,就其本身而言,可以用以证实长期以来他所持有的一些观点,1911 年 10 月,在回应亨尼卡夫人对 H. G. 威尔斯的《新马基雅维利》一书的批评时,他对这些观点做了一个总结:“你知道我多年来的想法:婚姻不应该阻碍天性,如果它确实阻碍了天性,那它就不是真正的婚姻,因此,合法的契约就应该尽快被废除。如果这一切变得容易,我认为人类生活中一半的痛苦就会消失。”他承认实施这样一项政策可能会困难重重,尤其是涉及孩子时,但不久之后,在为一个关于“我们如何解决离婚问题?”的杂志专题论文集撰稿时,他重申了自己的立场,该文于 1912 年初出版。[44]

哈代看不到任何改善他现世处境的希望,所以他早就下定决心,尽其所能用坚忍克己的态度来忍受命运,只要这一方法证明是可行的,就可以避免向公众暴露其家庭困境,同时也可以在社会方面和经济方面保护他的妻子——以她有权期待的方式。在任何情况下,他保持这种立场的决心和尊严都是令人钦佩的。然而，正如他自己后来所看到的那样，这是一种基于原则而非基于同情的立场，是一种基于义务而非基于忠诚
或感情的立场。哈代在思想上长期坚持一种特定的婚姻观，他或许太倾 442
向于在自己的经验中使这种观点得到证实，于是他对艾玛的判断太过僵化，当他被命运和环境如此残酷地挫败时，他太容易放弃希望（作为他的一种性情来说，这总是一个诱人的选择）而舒服地安顿于一种自我辩白的满足中——这些挫折包括：肉体的背叛，意中人的难以捉摸，以及盛行的社会秩序的不公正。他也很好地学会了父亲在与母亲打交道时长期锻炼出来的消极抵抗技巧。令哈代晚年最后悔、最自责的，恰恰是他对艾玛的行为缺乏弹性，他未能将她视为一个共同的受害者，以及他背弃了那道德和感情的试金石，即“仁爱”，这一点如此感人地蕴含在其最优秀的作品中。

然而，我们没有必要比他的自我评判更严厉地去评判他。毕竟他有工作要做，一种创作的需要和义务向他发出命令，使他不得不作出必要的、适当的回应。对哈代这些年间行为的批判，有时似乎忽略了这样一个事实，即他是一个艺术家。就好像如果他像拜伦或奥古斯塔斯·约翰那样以传统的艺术家的方式铸成大错[1]，他就可以被原谅，但如果他缺乏试图承认自己大错的热情，他便不值得同情。在同情艾玛的同时，低估她状况恶化的程度或这种恶化所带来的公共和私人后果的严重性也是不妥的。1912 年 9 月上旬，A. C. 本森在与高斯一道拜访麦克斯门后，立即在其日记中带着令人难过的生动性记录了艾玛的虚荣、笨拙、不可预测性和令人恼火的愚蠢。

---

① 英国浪漫主义诗人拜伦风流成性，一生中曾有多位情人，其中甚至包括其同父异母的姐姐奥古斯塔·李；威尔士画家、蚀刻师奥古斯塔斯·约翰（Augustus John，1878-1961）在和妻子艾达的婚姻存续期间，和其模特多萝西发展成了情人关系，后多萝西为其育有二子。

本森之前从未见过艾玛,她给他的印象是“一位身材矮小、长相漂亮、头发蓬松、身着奇装异服、忸怩作态的老太太”,高斯握着她的双手,向她“大献殷勤,令她甚是感激”。高斯如是记录下了同一次拜访,艾玛热情洋溢地迎接他们,“着装滑稽可笑,就像一个没有朋友的乡下女人着装的样子,其脑海中应该是依稀记得波提切利画作中的某个仙女吧”。午饭后——据吹毛求疵的本森说,吃的是粗茶淡饭,地点是在“相当邋遢”的餐厅里,紫色的墙面上有斑纹和污渍——高斯恶作剧式地坚持让艾玛吸一支他敬的烟。哈代当然不吸烟;艾玛说她也从来没有吸过
443 烟,尽管如此,她还是“点了一支烟,不时地咳得厉害,偶尔把烟放下,说‘我可受够了’,但又总是接着吸,直到我[本森]害怕酿成大祸而让她停下来。哈代恶狠狠地、轻蔑地看着她,于是我赶忙打圆场说,我也曾劝我母亲吸过烟”。那天下午,艾玛在和高斯谈话时,又一如既往地抱怨,说哈代自以为是,越来越难相处,只接受属于他自己的荣誉,而且拒绝让她拥有一辆汽车。后来,她领着本森在餐厅里转了转,“说话声音低沉而急促,好像在自言自语,根本不考虑我的存在”,接着又带着他逛花园,她全神贯注地捏着水金凤的豆荚,让它们弹出种子,她捏个不停,“幅度不大地蹦跳着,还高兴得轻声尖叫了起来”。[45]

本森已经习惯了剑桥大学各个学院那修剪齐整的优雅景观,因此对麦克斯门本身有一些相当尖刻的评论,认为它是一座既简陋又自命不凡的房子,既不舒适又破旧,深陷在一个丛林般的种植园中,幽暗而缺少新鲜空气,由于哈代不愿意“伤害”任何生长的植物,即使修剪也不行,因此这里的乔木和灌木无可救药地疯长。他发现哈代本人其貌不扬(“有人会认为他是一个退休的半薪军官,来自一个不太气派的军团”),认为其举止虽然肯定是和蔼可亲、彬彬有礼的,却缺乏开放性,显示出他农民出身的某种本能的自我保护意识。然而,那种缺乏“开放性”主要由极度恐惧引起,这种恐惧是他面对妻子的怪异言行时作出的反应,而且当

本森回顾这次拜访时，一想到“老狂想曲作家”不得不“与那位荒唐可笑、不合逻辑、脾气暴躁、爱闲聊瞎扯的老女人日日夜夜生活在一起”，一种“无法忍受”的感觉就使他感到压抑。诚然，哈代待艾玛的态度也不是很好，但是“他的耐心一定是经受了令人难以置信的考验。她是如此地古怪，但又不得不被看作是理智的，而我猜想她对哈代充满了猜疑、嫉妒和侮辱，这一定是半疯半癫之举”。[46]

当然，本森是一个可怕的势利小人，根本不喜欢女人，因此他对艾玛的厌恶也必须在这个背景下加以解读。然而早在 1883 年，艾玛就给高斯留下了古怪而难以相处的印象（他告诉其妻子，艾玛本意是想要很友善），而且几乎每个遇到她的人都得出了类似结论。即使是那些说她天真可爱的人也常常得出那样的结论，措辞暗示着傲慢或怜悯。毫无疑问，哈代本可以对她更加仁慈和体贴一些；由于他几乎每天都要把自己关在书房里那么长时间，他也本可以更加主动和富有想象力地考虑到她所忍受的孤独。但是，自己曾深爱的对象无论出于何种原因走向堕落，都会激起烦躁、愤怒和绝望，这很常见。在他们早期在欧洲大陆度假时， 444
每当艾玛觉得累得跟不上他时，哈代就会生气。因此，在晚年的时候，当她行动笨拙、衣着不得体、乱说蠢话时，他就会生气，而她对这种怒气的自然反应，无论是出于反抗，还是纯粹出于紧张，都会进一步触怒他。艾玛提出了保持距离的计划，并被其丈夫欣然接受，这无疑有助于缓解日常的紧张关系，但也使他们二人之间的基本分歧变得根深蒂固，以至于他们最终不再彼此倾听。

早在 1912 年以前，这种境况就已经没有任何破镜重圆、重归于好的真正希望。哈代的朋友克利福德·奥尔布特爵士①是一位精神病事务

---

① 克利福德·奥尔布特爵士（Sir Thomas Clifford Allbutt，1836–1925），英国内科医生，因于 1889 年至 1892 年间在英格兰和威尔士担任精神病事务专员（Commissioner in Lunacy）而闻名。

专员，他曾经根据当时的标准和惯例给出过非官方的意见，认为艾玛很可能可以被证明患有精神疾病，哈代的诗歌《闯入者》——题词是“我看到了疯癫的身影和面容在寻找栖身之所”——表明他相信若是他早有能力识别出该疾病的症状的话，那么从他们初次见面的时候起，艾玛的症状应该就已经可见了（“最美好的生命也会在这种情况下被腐蚀”）。[47] 如果哈代更有耐心和同情心一些，如果他没有对弗洛伦斯产生感情上的依恋，如果他作为艺术家没有如此非凡的献身精神和漫长的艺术生涯，甚至如果他没有带艾玛到一个她从未感到舒适自在的地方生活，那么她的晚年生活可能会更快乐一些。但不管艾玛选择了什么样的人生道路，她个人的悲剧很可能还是会降临到她头上。

无论是在高斯的描述中，还是在本森的描述中，都没有暗示艾玛罹患疾病抑或有任何生理缺陷或心理障碍。相反，他们所强调的是，她表现出了相当多的甚至是过剩的精力，用本森的话来说，“反复无常的、乖戾的行动”。[48] 1912 年的前八个月，艾玛确实在多切斯特及其周围忙碌。2 月，多年来她第一次与丈夫一起参加了多塞特野外研究俱乐部的会议，相当感伤地展示了一幅关于古代金颈圈的彩画，是她婚前在康沃尔画的；7 月中旬，在一个炎热的日子里，她在麦克斯门举办了一场园会。[49] 7 月晚些时候，她雇了一驾两匹马拉的敞篷四轮马车，带着福丁屯圣乔治针线活行会的年轻会员们去了海边，她为聚会提供了海滩野餐的食品，回到麦克斯门后，又为她们准备了更多的点心，并赠送给每个孩子一套杯碟。莉莲又被邀请在麦克斯门度过这个夏天的大部分时
445 间——直到她和艾玛吵架之后被赶走了——大概是因为需要招待他们那感到无聊而没精打采的侄女，哈代夫妇于 8 月带她去韦茅斯看了《邦

蒂拉绳子》①的演出,这是哈代本人两个月前在伦敦看过的一部当时流行的喜剧。[50]

然而,艾玛明显身体欠佳已经有一段时间了,尽管没有那么引人注目。在《生活和工作》中,哈代说她在夏季的几个月里一直保持着"她惯常的健康和活力",但是"后来秋季时却变得比以前虚弱了,尽管没有生病",有时还抱怨她的心脏病。[51]她现在有一个女佣,即十四岁的多莉·盖尔,睡在她隔壁的阁楼卧室里,端给她早餐和午餐(她还是下楼去吃晚餐),此外还要完成一些私人的任务,有时是令人讨厌的任务,比如给她梳头发和头皮,以缓解湿疹给她带来的痛苦。[52]在令人烦恼的秋季的几个月里,艾玛似乎是饱受(有时是很严重的)心绞痛发作和胆结石之苦,胆结石可能是艾玛背疼的根源,多莉会试图通过拍打或揉搓其后背予以缓解。虽然艾玛似乎没有咨询过医生,但她确实偶尔会求助于一种常规的止痛药,即**酒类鸦片镇静剂**,其主要成分是鸦片、雪利酒和酒精。星期天,她有时会让园丁用巴斯轮椅把她推到福丁屯教堂,不是因为她已经完全丧失了活动能力,而是因为对任何一个身体状况欠佳或较差的人来说,步行的路途太远了——还因为哈代坚持拒绝为自己配汽车和司机。

11 月中旬的一天,艾玛租了一辆汽车载着她到比帕德尔屯更远的地方去看望其朋友伍德·霍默一家。那天晚上,她严重发病,哈代自认为是消化不良。在接下来的几天里,她的后背很疼,觉得非常不舒服,吃不下饭,但仍然拒绝看医生。11 月 22 日,她身体好得足以用工整的字迹抄写出一首欢快的小诗,名为《冬天!》("看啊,看那些青苔! / 在没

---

① 一部于 1911 年上演的喜剧,全名为《邦蒂拉绳子:一部三幕的苏格兰喜剧》(*Bunty Pulls the Strings: A Scottish Comedy in Three Acts*),作者为威廉·格雷厄姆·莫法特(William Graham Moffat, 1866–1951)。

有花儿的冬日里给人们带来愉快”)，她更加笨拙可怜地写下六行诗，首行是“哦！但愿我是一个在舞蹈的孩子”。[53]25 日(星期一，她七十二岁生日的次日)，艾玛像往常一样待在房间里，直到在丽贝卡和凯瑟琳姐妹的强求下才到楼下喝茶，她俩是来多切斯特看下周三的《司号长》演出的，这是 1908 年改编的戏剧的修订版。丽贝卡后来回忆说，艾玛行动非常迟缓，还落了泪，显然很沮丧，但是她以恐惧手术为借口，拒绝去看
446 医生，以至于欧文姐妹“认为这很可能是神经质和抑郁症的表现”。次日，当戈林医生登门问诊时，据说艾玛拒绝让他检查身体；无论如何，据哈代说，医生只是为她的体虚做了些治疗，病因主要是营养不良。[54]

次日(27 日)早上八点左右，当多莉去看她的女主人时，她被发生的变化吓坏了，只见艾玛面部扭曲，并发出痛苦的呻吟。艾玛让她去叫哈代，彼时他已经开始在阁楼楼梯脚下的书房里工作了，多莉(据她自己的说法)很难说服哈代认识到情况的严重性。“你的领子歪了。”他说。当他的确跟在她身后回到楼上时——这或许是许多周来他第一次爬上这段楼梯——他发现艾玛已经说不出话来了。几分钟后她就咽了气，在她桌子上还留下了一张用铅笔写的便条，指示一个用人去药房拿她常用的止痛药：“哈代夫人发现她必须要服用酒类鸦片镇静剂——她知道该如何服用。”随后，死亡原因被证实为胆结石和心力衰竭，或者，像戈林医生跟哈代所说的，“由于某种内穿孔”导致的心力衰竭。[55]哈代意识到这一诊断清楚地表明“损害已经持续了一段时间”，但似乎没有理由质疑其如下陈述的真实性——在当时写给熟悉艾玛并在最近见过她的人的很多信中，他都是这么说的——她的死亡“完全出乎意料”，医生和他本人都是这样认为的；还有，虽然她身体不好肯定已经有一段时间了，但他并未怀疑她有什么大毛病，除了不认为她“强壮健康并有可能活到很老的年纪”。她的娘家人当然对她的死讯感到震惊，因为在她最近写的信件中，没有任何迹象使他们猜想她生病了。[56]

11 月 30 日，下一个星期六，艾玛被安葬在斯廷斯福德，在哈代已经为她和自己划定的墓地里，旁边是他的父母和祖父母的坟墓。尽管艾玛本人是在福丁屯和多切斯特的教堂里做礼拜，而且无论如何都会选择和哈代家人以外的人葬在一起，但是哈代几乎没有考虑过其他可供选择的地点。他对艾玛的一切行为都是建立在这样一个原则上，即，她是他当着世人的面所选择的妻子，倘若两人死后不葬在一起，那是不可想象的。但是毕竟把艾玛和杰米玛葬在一起，无论是对前者的记忆来说，还是对后者的记忆来说，带来的同样是冒犯和侮辱。玛丽没有参加葬礼，毫无疑问，她把自己的疾病当作可以利用的借口，可能也是真实的借口，但是 447
放在艾玛灵柩上的花圈中，确实有一个是她那些哈代家的亲戚敬献的，上面的挽词是“深情缅怀”。此外还有其他一些具有讽刺意味的事情：艾玛的堂弟查尔斯（当时正患有“神经衰弱症”）和侄子戈登均未出席葬礼，而其侄女莉莲在葬礼结束后才赶到教堂墓地。那些十五年后挤满其丈夫葬礼的文学界朋友和伦敦的显要人物，也没有前来为艾玛送葬。然而，她死后获得的胜利已经在哈代敬献的花圈的挽词中得到暗示：“她**孤独寂寞的丈夫**敬献，携着**昔日的爱情**。”[57]

注释

［1］《生活和工作》，页 356，援引自已经失存的艾玛日记。

［2］《生活和工作》，页 377–378；《哈代书信》，第四卷，页 86–87。

［3］《生活和工作》，页 377。

［4］珀迪与弗洛伦斯谈话，1935 年；《哈代书信》，第四卷，页 92。

［5］F. 达格代尔致艾玛的信，1910 年 6 月 18 日，7 月初，7 月 23 日。（多博）

［6］F. 达格代尔致艾玛的信，1910 年 10 月 27 日，11 月 11 日（参《艾玛与弗洛伦斯书信》，页 67），11 月 20 日。（多博）

［7］E. 克洛德，日记，1910 年 6 月 23 日。（艾伦·克洛德）

［8］《哈代书信》，第四卷，页128、129。

［9］《艾玛与弗洛伦斯书信》，页66、65。

［10］《艾玛与弗洛伦斯书信》，页68、66；《哈代诗歌》，第二卷，页117。

［11］《艾玛与弗洛伦斯书信》，页64；斯特朗的素描（多博）；干花（耶鲁）。

［12］《艾玛与弗洛伦斯书信》，页68；《艾玛与弗洛伦斯书信》，页234。

［13］F.达格代尔致艾玛的信，1910年11月20日。（多博）

［14］《哈代书信》，第三卷，页353；《生活和工作》，页378；E.史密斯致哈代的信，1910年7月21日（多博）。

［15］A.C.本森，援引自艾玛，日记，1912年9月5日（剑桥大学抹大拉学院）；《生活和工作》，页378；珀迪与弗洛伦斯谈话，1936年。

［16］《生活和工作》，页378–381；《艾玛与弗洛伦斯书信》，页68；珀迪，页352，另见威尔逊，《搬上舞台的哈代作品》，页70–72。

［17］F.达格代尔致E.克洛德的信，1911年6月3日（利兹）；《生活和工作》，页382–383；帕梅拉·理查森，手稿，"弗洛伦斯·艾米莉·哈代"（D.伍德）；哈代致马歇尔伯爵的信，1911年3月2日（草稿，多博）。

［18］亨利·哈代致M.安特尔的信，1911年6月19日（伊顿）；珀迪与康斯坦斯·达格代尔谈话，1948年（耶鲁）。

［19］《生活和工作》，页383；《艾玛与弗洛伦斯书信》，页72；合影，载乔·德雷珀，《哈代：照片人生》（温伯恩，1989），页101；《生活和工作》，页383；《哈代书信》，第四卷，页168。

［20］《生活和工作》，页384；《艾玛与弗洛伦斯书信》，页73；《哈代书信》，第四卷，页195。

［21］哈代，《被排除在全集之外的短篇小说和与他人合作的短篇小说》，页332–347；关于《蓝吉米》，尤见页336–342，另见《哈代书信》，第四卷，页114。

［22］珀迪，页314、316、317；《哈代诗歌》，第三卷，页295、297、304。

［23］《哈代的五十七首诗歌》，伯纳德·琼斯编辑（多塞特郡吉林厄姆市，2002），页20。

[24] 珀迪,页 316;《哈代的五十七首诗歌》,页 vi。

[25]《哈代书信》,第四卷,页 117;《哈代诗歌》,第一卷,页 243–247。

[26]《哈代诗歌》,第二卷,页 15–16,页 33–34,页 34–37,页 11–13。

[27]《哈代书信》,第四卷,页 287,另见 C. 哈索尔,《艺术赞助人爱德华·马什传》(伦敦,1959),页 226 注释。

[28]《生活和工作》,页 383;《生活和工作》,页 384;威尔逊,《搬上舞台的哈代作品》,页 74–77。

[29]《哈代书信》,第四卷,页 123–124,页 198。

[30] 同上,页 168,页 162–163。

[31] 同上,页 7。

[32] F. 麦克米伦致哈代的信,1912 年 1 月 9 日(麦克米伦信笺簿,大英);《哈代书信》,第四卷,页 198;《哈代书信》,第四卷,页 209。

[33]《哈代书信》,第一卷,页 184–185;F. 麦克米伦致哈代的信,1911 年 10 月26 日(麦克米伦信笺簿,大英);《哈代书信》,第四卷,页 209。

[34]《哈代书信》,第四卷,页 212,参《生活和工作》,页 520。

[35] E. 高斯,手稿,"1912 年对哈代的拜访"。(普林斯顿)

[36]《生活和工作》,页 384;《哈代书信》,第四卷,页 178,页 180–181,页 184,页 186–187。

[37]《亨利· 纽博特爵士的晚年生活与书信》,M. 纽博特编辑(伦敦,1942),页 166–168,参《公众声音》,页 334–336。

[38]《艾玛与弗洛伦斯书信》,页 38。

[39] 艾玛,《忆往昔》,页 61。

[40] 受捐对象名单(多博);《艾玛与弗洛伦斯书信》,页 52。

[41] 艾玛,《小巷》(多切斯特,1911),页 2;艾玛藏书,有史止(伊顿)。

[42] 艾玛,《空间》(多切斯特, 1912),页 25–26;《小巷》和《空间》皆重印于艾玛的《诗歌与宗教情感流露》(圣彼得港,1966)。

[43] C. H. 穆尔致艾玛的信,1911 年 10 月 3 日。(多博)

［44］《哈代书信》，第四卷，页177；《纳什杂志》，1912年3月，页683，参《公众声音》，页331–332。

［45］A.C.本森，日记，1912年9月5日（剑桥大学抹大拉学院），参D.纽瑟姆，《在天堂的边缘，A. C.本森：日记作者》（伦敦，1980），页283–284；E.高斯，“1912年对哈代的拜访”（普林斯顿）。

［46］A.C.本森，日记，1912年9月5日。（剑桥大学抹大拉学院）

［47］珀迪，援引自弗洛伦斯的妹妹马乔丽·桑迪；《哈代诗歌》，第二卷，页230、232。

［48］E.高斯，“1912年对哈代的拜访”（普林斯顿）；A.C.本森，日记，1912年9月5日（剑桥大学抹大拉学院）。

［49］多塞特自然历史和古董野外研究俱乐部的会议记录（1912年），页xi、xiii；《生活和工作》，页386。

［50］D.凯-罗宾逊，《第一任哈代夫人》，页225–226，另见《福丁屯每月信使》，1912年8月；爱丽丝·哈维（娘家姓盖尔），访谈，1973年；《生活和工作》，页386。

［51］《生活和工作》，页386。

［52］爱丽丝·哈维（娘家姓盖尔），《我曾是艾玛·拉维尼亚的贴身女佣》，载《哈代年鉴》，第四期（1974），页6–9，以及访谈，1973年。

［53］《哈代书信》，第四卷，页246–247；《哈代书信》，页243–244；诗歌手稿（伯格）。

［54］韦伯，《哈代和来自麦迪逊广场的女士》，页161–162；《哈代书信》，第四卷，页246。

［55］哈维，《我曾是艾玛·拉维尼亚的贴身女佣》，载《哈代年鉴》，第四期（1974），页9；艾玛写的便条（伯格）；死亡证明；《哈代书信》，第四卷，页246。

［56］《哈代书信》，第四卷，页246、243；C.吉福德致哈代的信，1912年11月28日（多博）。

［57］莱奥妮·吉福德致哈代的信，1912年10月28日（多博）；《多塞特郡纪事报》，1912年12月5日。

第二十五章　再　婚

艾玛刚一去世，凯特就搬进了麦克斯门去给她哥哥做管家。弗洛伦 448
斯已经在韦茅斯了，她和欧文姐妹一样，是前来观看《司号长》的演出的，当哈代把她叫到麦克斯门时，那些在多切斯特的流言蜚语熏陶下的、忠于艾玛的年轻女佣，把弗洛伦斯看作是哈代的"情妇"，似乎他俩的举止被认为是轻浮和不得体的。死亡当然会引起生者的复杂反应，对于艾玛的暴病而亡，很可能哈代和弗洛伦斯的第一反应都是一种获得自由和机会的感觉。但极度兴奋愉快的时刻很快就过去了。弗洛伦斯回恩菲尔德住了几天，12 月初，当她再次回到麦克斯门时，她发现不仅凯特仍然在掌权，而且莉莲也搬进来了。无论如何，她要处理业务上的事情，要写信，还要面对恶语相向的挑战，可能的话，她还要让这些人住嘴。因为允许《司号长》在其妻子去世当天继续演出，哈代受到了人们的指责，于是他给《泰晤士报》寄去了一份艾玛去世的补充讣告，其中包括一份声明，大意是"哈代先生"没有干涉这出戏的演出，仅仅是出于为远道而来的观众考虑。[1]

就在艾玛去世后不久，哈代开始了一个富有想象力的再创造过程，这一过程的结果就是"1912–1913 年组诗"。12 月 13 日，他致信克洛德，讲了一个人在丧亲后往往会忘掉最近的所有分歧，并回忆起"那些早期的时光，那时候一对情侣于彼此来说都很重要——于她和我的情况而言就愈发重要”。四天后，他告诉亨尼卡夫人，他正因没有对艾玛的健康予以更多关注而自责：

449 尽管我俩之间有诸多分歧，否认这一点就是矫情，尽管她有时会出现痛苦的错觉，但没有了她，我现在的生活实在可悲。最令人黯然神伤的时刻莫过于当我走进花园时，以及当我走在通往你所知道的那个山顶的那条长长的、笔直的小路上时，她每天晚上黄昏前都在那里散步，那只猫忠实地跟在她后面小跑；有时候，我几乎希望像往常一样看到她手里拿着一把小铲子从花坛里走出来。[2]

哈代悔恨辞令的语气，甚至其中一些词汇，在那封信中已经可见一斑。正如他后来所回忆的那样，1912 年底和 1913 年初，他写的诗歌比他之前在相同的时间段内写得要多。所有的诗都是关于艾玛的，激发他写这些诗的原因有两个：一是他渴望弥补自己近些年来对她的忽视，他现在认识到了这一点；二是他更辛酸地感受到他俩初次见面的魔力和最后这些年相处的凄凉的对比。当他开始翻阅艾玛的文件时，这两种情绪都因为他所发现的东西而愈发强烈，他不仅发现了回忆录《忆往昔》，还发现了她婚后一直在记的秘密日记，他发现在她生命的最后二十年左右的时间里，绝大部分日记记录的是她对丈夫的行为、性格和天赋的苛评。

虽然我们并不总能知道诗歌创作的确切日期，但哈代最早创作的悼亡诗似乎是那些反映丧亲之初的失落和自责的诗——《你的最后一次出行》《坟上雨》《哀歌》《不拘礼节》（“亲爱的，这是你的行为方式，／一声招呼也不打便消失得无影无踪”）和《散步》：

你近来没有同我一起散步
走近山顶生长的那棵树

沿着长廊似的小道，
像在过去的暮暮朝朝；

你身体孱弱难以举步，
不能和我一同上路，
我独自前往，但我毫不介意，
因为并未觉得你被抛在家里。[3]

这些特别回溯到他们早期浪漫恋情的出色诗歌，几乎都是哈代于 1913 年 3 月初赴圣朱利奥特的忧郁的朝圣之旅的产物，正值他俩在教区牧师家门前的初次见面四十三周年之际。乍看起来，哈代选择其弟弟作为这次情感之旅的同伴是令人惊讶的。然而，亨利的直率豪爽和明白事理，以及他对艾玛的强烈厌恶，无疑可以使哈代轻松地想起过去和现在的现实，同时在哈代蓄意要使自己沉浸于他恋爱时期的场景和记忆中时， 450
他也是一种健康解药。

哈代已经表露出了一些与往日不同的情绪，有时甚至是相互矛盾的情绪。1913 年 1 月 16 日，弗洛伦斯在麦克斯门致信克洛德，说哈代恢复了凯特所说的年轻时的快乐笑声，在下一句话中，她接着描述他每晚读艾玛日记给他带来的令其沮丧的影响，她后来称其为“恶魔日记”。她惊呼道：“对他来说，没有什么比这更糟糕了。”她的惊呼是可以理解的，但不一定是正确的。当哈代去康沃尔时，她觉得如此沉湎于痛苦之中只会对他造成伤害：“他说他去那里是为了那个和他结婚的女孩，但她二十多年前就已不在人世。他的家人说**那个**女孩从来就不存在，但对于他而言，她的的确确是存在的，这一点毋庸置疑。”弗洛伦斯用这样的想法来自我安慰，即，“只要他不在那里找到另外一个吉福德”（如凯特所言），那便无大碍。在从博斯卡斯尔写给她的信中，哈代本人承认这次造访是非常痛苦的一次经历,他无法想象是什么力量支配着他做出此举的[4],闻听此言,弗洛伦斯感到自己此前的想法是正当合理的。

但是,从这一时期关于艾玛的诗歌的语言和节奏的控制上,我们可以清楚地看出,哈代最终还是控制着自己的情感。和以前一样,给他带来痛苦的东西正是为他的艺术提供推动力的东西;尤其是对最终作品(无论是散文还是诗歌)所体现的强烈感情起决定作用的东西,是原始的创作冲动的强度——是他的想象力被一种表示同情的认同感所控制的程度,包括对猜测中的或实际目睹的痛苦的认同,对被认为是具有丰富象征意义的某个地方或个人的认同,以及对被重温和强化的关键个人经历的认同。他在《一次旅行之后》一诗的首行写道,"我来这里是为了看一个无法言语的幽灵",整首诗是他对自己于1870年遇到的那个艾玛的一次有意的召唤和面对,但在那之后,在实在太短的时间里,他就和她渐渐疏远了:

我终于又回到了你的故地,是的;
　在过去的岁月中,在消逝的场景中,我追寻你的踪迹;
对于我们的过去,你现在想说些什么?
　在那黑暗的空间中,我失去了你
夏天给予我们甜蜜,但秋天却制造了分离?
　还是你想说对于我们两个而言
　　事情的结局不及事情的开端?
但现在一切均已结束,尽管时光在揶揄。[5]

451 这种强化在一定程度上是可以被有意识地追求和实现的,几乎是由沉思性训练引起的。对艾玛的悔恨,就像对基特西的悔恨("小白猫是他唯一的朋友")一样,在极度忧郁的情况下滋长,这种忧郁在某种程度上是有主观意愿地、有意识地培养出来的——它是一种封闭的精神花园，在这里，哈代的创造力可以独放异彩，不过他可以随意进出花园。然而，有时候这种想象的技巧并没有完全奏效，有时候奇妙的诗歌手法——思想的直接性、语言模糊不清的自然状态和形式的优雅性之间固有的平衡——在少许的病态和纯粹的自我鞭挞的影响下变得粗糙。有一首这样的诗歌题名为“她的声音”，讲的是哈代听到艾玛的棺材盖子上的螺丝被拧紧的声音，有人劝说他不要出版该诗。[6]

1913 年 3 月，哈代从康沃尔回来之前做出了如下安排，即把一座由他亲手设计的艾玛的纪念碑，安放在圣朱利奥特教堂的一面内墙上；次年 8 月，戈登对其检查并认可。4 月底以前，哈代负责在斯廷斯福德教堂的墓地里给艾玛立墓碑，这也是他亲手设计的。[7]对弗洛伦斯来说，哈代对亡妻的痴迷既令她痛苦又令她困惑。令她痛苦，是因为她从亲身经历中知道他和艾玛在一起的最后几年是什么样子的，还因为在将艾玛神圣化的过程中，他似乎低估了她自己作出的奉献。而令她困惑，是因为在他的心目中，他似乎没有理清他对艾玛的感情和对弗洛伦斯的感情之间的关系。在给弗洛伦斯的一封信中，他认为艾玛在其秘密日记中对他的辱骂“完全是出于她的幻觉，可怜的人啊，她不是有意的”，在同一封信中，他接着告诉弗洛伦斯，一旦她回到麦克斯门，他就会把她留在那儿直到春天：“如果我再次把你召回这里，难道我不会紧紧抓住你不放吗。”当他造访博斯卡斯尔时，他是在故意追寻他新近迷恋上的事情，但他可以同时保持对弗洛伦斯待在他身边的持续需求：“回顾往事，这似乎完全是一件残酷的事情，一开始如此吉祥的事情，结果竟成了那般模样。现在假使你身体上出了什么问题，就像她精神上出了问题一样，那结果会怎样！我不敢去想，但我可以肯定地说如果能避免的话，你是不会冒险的。我告诉亨利说我严格责令你待在室内，他嘲笑我的想法，认为你只会一时听我的话。”[8]

4月,哈代拜访了亨尼卡夫人位于萨福克的家,当时弗洛伦斯正在给她做秘书和陪伴。然后他独自一人去了奥尔德堡,在那里,他和克洛
452 德详细谈论了艾玛,说她那关于被人跟踪和被人密谋反对的妄想,与他所认为的“其家族血统中的疯癫倾向”是一致的。他还谈到艾玛认为她是威塞克斯小说的作者,并提到了一个她写的故事,题名为《启发者》,讲的是一个妻子启发了她丈夫的小说。不完全清楚他是否知道这篇故事是1910年秋弗洛伦斯为艾玛打印的手稿之一。[9]

那年春天晚些时候,弗洛伦斯回到麦克斯门,她或多或少是持续待在那里的,尽管哈代(完全有理由)担心,如果多切斯特那些流言蜚语制造者发现了她的存在,他们又会制造出怎样的花边新闻,即便她是在凯特、玛丽或莉莲的“陪伴”下。哈代还担心爱打听别人隐私的肖特——他还不知道弗洛伦斯经常把他的家庭私生活的细节告诉克洛德,而克洛德则习惯于将这些趣闻传给肖特。或许是试图收买人心,让肖特谨慎行事,控制他那强烈的好奇心,7月中旬,哈代邀请他和克洛德一起到麦克斯门共度一个长周末。这两位访客被带着去了博克汉普屯、艾玛之墓和塔尔博塞斯,亨利和他的两个姐妹最近搬到了那里住。克洛德发现亨利是一个“身体结实、通情达理的人”,而姐妹二人“和达格代尔小姐告诉我的完全一样,是文静、优雅、博识的人”,他说哈代允许“他那半疯半癫的妻子”禁止她们和她们的母亲踏入麦克斯门,真是件令人惋惜的事。他认为同样令人惋惜的是,哈代没有让他“早点认识这些好人。他应该为他们感到骄傲”。[10]也许哈代很难让克洛德和肖特理解,正是因为他为自己的家人感到如此骄傲,对他们是如此地忠诚,他才如此执着地力求保护他们不受公众的关注。

哈代对家人态度的这种轻微转变,与玛丽、凯特和亨利最终搬离博克汉普屯的村舍有直接关系;是年1月1日,当哈代为最后一个季度的

租金开具支票时,他注意到哈代家族已经在那里居住了一百一十二年。哈代的父亲去世后,旧的终身租约已于 1892 年到期,虽然金斯屯-莫瓦德庄园的主人不愿意出售这处房产,却允许哈代的家人以非常低廉的租金继续住在那里。搬到塔尔博塞斯是与过去的骤然决裂,在许多方面是与过去的悲伤决裂,然而一旦杰米玛去世,她的三个未婚子女,特别是开朗外向的凯特和亨利,已经不可避免地屈从于对现代便利设施的渴望。正如玛丽跟他们的表弟纳撒尼尔所说的,离开博克汉普屯是件令人痛苦的事,但是那里的房子已经年久失修,因此不住亨利那“舒适的新房子” 453
似乎是件憾事。到 6 月,他们已经在塔尔博塞斯安顿下来,玛丽能够向她的哥哥报告说亨利的花园长势很好,一畦畦的蔬菜已经使花园看起来颇似他们的父亲“旧时”的花园。[11]

与此同时,弗洛伦斯正在帮助哈代处理大量信件——打印出或抄写出他起草的信件,有时还作为“秘书”签上她自己姓名的首字母来寄出这些信件[12]——并开始使这个杂乱无章的家庭变得井然有序。正如本森在前一年所说的,麦克斯门本身正处于令人难过的破败状态,于是那年秋季,哈代把它里里外外翻修了一遍,并在东侧加盖了一个直通客厅的小温室,正如弗洛伦斯向克洛德所说的那样,这些工程让他“非常”开心。他的确和她最初认识他时一样性格开朗、充满深情,而她则努力使自己适应——虽然不乐意,但又不得已而为之——他对一个过度理想化了的艾玛的诗意痴迷。然而,当他向弗洛伦斯建议她要永远穿灰黑色衣服,以示对艾玛的纪念时,她开始怀疑“在麦克斯门的空气中,是否有什么东西让我们都有点疯狂”。[13]

让她觉得最难以忍受的是莉莲的持续存在。莉莲早就学会了把麦克斯门当作自己的第二个家,虽然她不久前和艾玛吵过架,但她显然把姑妈的去世看作是一个机会,使她能更长久地重新融入哈代的家庭生活,作为他失去的妻子和他从未有过的女儿的替代者。在艾玛一周年祭日之际，莉莲向哈代献上了一盏灯，称他为“爸爸-姑父”，并宣称她一直是用这样的方式来看待他的。[14] 与其说弗洛伦斯将莉莲视为一个对自己地位产生威胁的人，不如说是将其视为一个持续存在的、令人恼火的提醒者，因为一看到莉莲，她就会想起一个女人，而她正在试图驱除这个女人挥之不去的存在，在她的生活中，这种存在比以往任何时候都更强大而可怕。12 月，她向克洛德抱怨说，虽然莉莲为了讨好哈代，会多愁善感地谈起艾玛和圣朱利奥特，但她拒绝帮忙做家务，摆出一副高人一等的架子，并轻蔑地提及弗洛伦斯的家庭背景——有一次弗洛伦斯的妹妹康斯坦斯拜访麦克斯门，莉莲挑起了事端，而这样的一幕弗洛伦斯以前只在艾玛活着的时候她暂住麦克斯门时才遇到过。[15] 哈代与莉莲相识已久，他对她表示同情，正是因为她孩子气的言行使他想起了艾玛，但到 1914 年初，弗洛伦斯已经明确表示，如果莉莲不离开，她自己就既不
454 能留在麦克斯门，也不能使她和哈代已经签订的婚姻“协议”获得通过。弗洛伦斯知道，婚姻会带给她自己所需要的地位和体面，但她也意识到，如果她没有管理家庭的明确权威，婚姻就毫无意义。凯特和亨利都支持她的观点，亨利说这是避免悲惨生活的唯一办法，于是莉莲被送走了，她第一次被给予一定程度的经济保障，以年金和一些股票的形式。[16]

在这个家庭剧变、情绪波动和创造力非凡的时期，哈代过着一种甚至比以往更平静的公共生活。然而，1913 年 6 月，他去剑桥大学接受了荣誉文学博士学位。他和考克雷尔住在一起，后者很大程度上促成了这一荣誉的实现，并与副校长 S. A. 唐纳森在抹大拉学院共进午餐。正是在剑桥大学，A. C. 本森看到他错穿了一件法学博士的学位服，看上去“非常虚弱和紧张，但不可否认他很高兴”。玛丽写信祝贺他，提醒他在六十年代放弃了就读剑桥大学的雄心壮志：“现在你终于如愿以偿了，这比你沿着当初摆在你面前的那条路走下来还要光荣。”弗洛伦斯已经

开始像一个妻子那样关心他的健康，她与考克雷尔之间后来被证明是延续时间很长、数量很多的通信就是从此时开始的，在这封信中，她警告他说哈代正深受静脉曲张的困扰，因此必须要让他的腿保持水平休息，以防止凝血进入心脏或大脑。11 月，哈代再次前往剑桥大学，担任抹大拉学院的名誉研究员，他很高兴能与克利福德·奥尔布特、A. E. 霍斯曼和其他人一起获此殊荣，并再一次穿上了华丽的（大概是更合适的）礼袍。[17]

1913 年初，麦克米伦出版了威塞克斯版二十卷原著中的最后两卷，该套全集是从 1912 年 4 月开始出版的。同年夏天，哈代相当犹豫不定地把之前未收集过的一些短篇小说集结成册，称之为《一个改变了的人》，标题源于其中一篇小说，他认为总体而言它相当于"羊群中的骆驼"。由于他坚持说，如果不是这些短篇小说便宜的美国版本如此频繁地重印，他就决不会将它们重新出版，因此，他对这部短篇小说集在 10 月下旬出版时受到的好评感到心满意足。高斯写信说："该书是一簇小行星，它们在你的行星系统中占据了适当的位置，与你的长篇小说的区别仅在于篇幅长短。它们一致地、绝妙地配得上你，而且是弥足珍贵的。"[18] 毫不奇怪，麦克米伦爵士提出了重印《女继承人生活中的轻率行 455
为》的可能性，这是一部未被收进短篇小说集的中篇小说。哈代回答说，这篇故事从《一个改变了的人》里删掉了，因为它只是一部长篇作品的影子，是一个摘要版故事，但他补充说："我想在我年老的时候，在我的记忆的帮助下，基于一篇题为'穷汉与淑女'的故事现存只有几页的片段，努力通过修改使作品恢复原貌，这可能是一件颇有趣的事情。"[19]

哈代对《穷汉与淑女》重新燃起的兴趣，或许是被 1913 年的某个时候伊丽莎的一次（明显发生过的）拜访所激发的，她在六十年代与他的关系是小说情感背景的一个重要因素。她终身未嫁，也从未丢弃哈代送给她的戒指或肖像，似乎在听到艾玛去世的消息后，她已经说服自己，她长期以来的忠心耿耿可能会得到应有的回报。不管是出于礼貌，还是出于好奇，或者是因为他感觉她是另一个他本可以更加善待的女人，哈代同意在麦克斯门和她见面，但她来了以后，他却告诉她，他打算和达格代尔女士结婚。[20]他早年生活中的另一个人物路易莎，诗歌《致小巷中的路易莎》的主人公，已于1913年9月去世，被安葬在斯廷斯福德教堂墓地；而他最近的爱慕对象罗莎蒙德·汤姆森（后更名为罗莎蒙德·马里奥特·沃森）也已于1911年12月去世。最后一个小小的哈代式的讽刺是，1912年2月，也就是在艾玛去世前不到一年，亨尼卡夫人也丧了夫。哈代写了一首短诗来纪念亨尼卡将军，但似乎从未想过要向亨尼卡夫人求婚。毫无疑问，他觉得属于他们二人的时刻——像他的短篇小说《等待的晚餐》中的情人那样的时刻——已经一去不复返，但他也意识到，她从来没有对他的爱恋予以过回应，于是他自己无论如何都已经深深地、快乐地移情别恋了。而弗洛伦斯则变得更乐意考虑嫁给一个比她大三十八岁的男人，因为她似乎深爱过的绝无仅有的其他两个男人——阿尔弗雷德·海厄特和桑利·斯托克爵士，最近也都去世了。

很可能早在1913年4月16日，哈代就向弗洛伦斯求婚了，这一日期连同简单的题词"致F. E. D."一起被附在了一束干花上，这只是一束束干花中的一束，这些干花似乎标志着他们关系的重要阶段。7月中旬，当克洛德拜访麦克斯门时，弗洛伦斯当然能够自信地告诉他，哈代已
456 经向她求婚，而且她至少是暂时接受了。1914年2月10日的婚礼本身显然是仓促的安排——迟至2月6日才获得了一张特别的结婚证书——只不过反映了将此事秘密进行的愿望。非双方家庭直系亲属的人都没有被通知这一即将到来的事件，结婚典礼于早上八点在恩菲尔德教区教堂举行，参加婚礼的只有亨利以及弗洛伦斯的父亲和最小的妹妹。婚礼结束后，这对新婚夫妇立即动身前往多切斯特，赶在一群不知从哪里风闻此事的记者到来之前。一个小时左右之后，记者们就来到了

达格代尔先生的家门口。[21]他们二人抵达多切斯特火车站后也是一帆风顺,因为当时那里还没来得及组织让他们特别害怕的、正式的市民欢迎活动。

尽管在写给格罗夫夫人的信中,哈代坚持说婚礼并非不浪漫,但他还是以非常实事求是的方式向他的大多数朋友描述了此事。他对考克雷尔说:"看到弗洛伦斯已经成为我的得力助手,我们认为走向婚姻的殿堂是最明智之举。"他对弗雷德里克·哈里森说,这一步是清醒地迈出的,希望"两种相当忧郁的性情结合在一起能够产生快乐,因为负负得正"。[22]对考克雷尔和哈里森,他都谈到了弗洛伦斯以前与艾玛的友谊所提供的令人满意的连续性,为了照顾亨尼卡夫人的感受,他在一封信中提出了同样的观点,这封信因为其中相互冲突的记忆和情感而显得有些行文笨拙:

> 我相当惊讶,**你**竟然惊讶于我俩迈出了这么一步,因为我是如此孤独和无助,于我而言,这似乎是一条显而易见的道路。我想我在上一封信中告诉过你,我很高兴她很了解艾玛,甚至艾玛在其余生的几年中也很喜欢她,那时艾玛的精神时有错乱,会表现出不合理的厌恶。如果我说根据我自己的经验,第二次婚姻并没有或没有必要抹去旧爱,尽管人们普遍认为,在二婚的情况下,第一任妻子会被忘得一干二净,我想知道我的想法会不会令你感到讶异。

他对圣朱利奥特的现任教区长宣称,即使他长命百岁,圣朱利奥特的浪漫也仍将持续下去。[23]

倘若第二任哈代夫人得知她丈夫谈到他们婚姻时的措辞,她可能会在一定程度上体会到一种不祥之兆。无论如何,她的处境并不容易。她结婚不仅是为了逃避成为一个靠各种形式的秘书工作和文学苦差事勉强度日的老处女的可能性，而且也是出于对哈代的天赋的钦佩以及对于
457 他对她的善意的不尽感激。当年晚些时候，她向一位女性朋友倾诉了他那“温柔的、保护式的爱”，就像“父亲对孩子的爱”。正如她所承认的那样，这是一种“与激情完全不同的感情”，与之相平衡的是源于她自身的一种类似的、与性无关的保护和关心。1923 年 9 月，弗洛伦斯致信玛丽·斯托普斯，在信中提到了她和哈代曾有生下自己孩子的可能性：“他说十年前我们刚结婚时，他会欢迎一个孩子的到来，但现在，再让他和她孕育一个孩子会让他万分焦虑的。”但那年弗洛伦斯已经四十四岁了，她只从哈代年龄的角度而不从她自己年龄的角度来讨论这个问题，似乎是在抗拒自信心，而不是在表达自信心，因此，无论是她与玛丽·斯托普斯的交流，还是据说哈代对自己老年时性能力的吹嘘，都不能作为他们婚姻关系的可靠证据。[24]

但是，尽管在结婚时，弗洛伦斯能够正确地看待她的处境，能够认识到从那一刻起，她的角色就是为其丈夫这位伟大的人物服务，成为他的秘书、伴侣、管家，必要时还要成为他的护士，但是她那时才三十五岁，还是个年轻女人。正如哈代所认识到的那样，她也拥有一种几乎和他的抑郁气质一样的气质，多年来，事实证明她能够深陷于忧郁地、冲动地向她认为富有同情心的人吐露秘密之中，以及深陷于有时合理但有时不合理的猜疑、嫉妒和怨恨之中，其对象是那样一些人，他（她）们似乎威胁到了她的地位或她有效执行该地位所涉及的诸多不同任务的能力。其丈夫纪念艾玛的持续柔情和对艾玛亲戚的持续和善，正是这样一件她不愿看到、令其恼火的事情。正如艾玛在世时对哈代拒绝把她的感情和兴趣凌驾于他家人的感情和兴趣之上而感到恼火，对于戈登和莉莲在她结婚第一年多次短暂拜访麦克斯门，弗洛伦斯的反应是不情愿，尤其是戈登坚持说艾玛答应过他麦克斯门和家里的东西会留给他——艾玛的承诺

有何根据不得而知,除非她指望自己比丈夫活得长。[25]

婚礼结束后,哈代和弗洛伦斯首先回到了麦克斯门,他们俩都忙了好几天,忙着回复纷至沓来的贺信和贺电。1914 年 2 月晚些时候,他们在泰恩茅斯、达特茅斯和托基①度过短暂的"蜜月",在随后的春季里,弗洛伦斯得以享受作为如此赫赫有名的男人的妻子所应得的一些公共回报。5 月初,他们一起去了剑桥大学;在伦敦,他们受到了高斯和圣赫利埃夫人(前热恩夫人)的款待,出于对他们的敬意,后者为他们举办了盛大的晚宴,宾客中的显要人物有温斯顿·丘吉尔夫妇;他们还在斯托海 458
德与亨利爵士和霍尔夫人共度周末,斯托海德是亨利夫妇所拥有的位于威尔特郡边界的宏伟庄园。[26]尽管哈代对在麦克斯门接待访客的兴趣远不如弗洛伦斯那么浓厚,但还是有足够多的客人偶尔会给他们带来愉快的消遣:6 月份是美国小说家艾伦·格拉斯哥②;7 月上旬是查尔斯·狄更斯最后一个仍健在的儿子亨利·狄更斯;同月底是美国诗人、济慈传记作家艾米·洛威尔③。与此同时,哈代正怀着愉快而紧张的心情对一部诗集作最后一次修订,其中将包含"1912-1913 年组诗",他还与麦克米伦爵士讨论出版其作品的豪华限量版的计划,他坚持认为,这套书必须包括这些诗歌,即使它们不得不用较小的字体印刷。[27]

尽管哈代于 1914 年春写下了《海峡炮火》一诗,其中含有现在回顾起来似乎是预言性的诗节,但他始终宣称他对即将到来的战争丝毫没有预感。的确,正如在《生病的战神》等诗歌中所体现的,他所有的哲学假设都倾向于最终改善人与人之间、国家与国家之间的关系,尤其是随着人们越来越普遍地意识到现代战争的无意义性。[28]是年 8 月,如此大规模的战争

① 泰恩茅斯(Tynemouth),泰恩-威尔郡东部村庄;达特茅斯(Dartmouth),德文郡南部的城镇;托基(Torquay),德文郡南部的海滨城镇。

② 艾伦·格拉斯哥(Ellen Glasgow, 1873-1945),美国小说家。

③ 艾米·洛威尔(Amy Lowell, 1874-1925),美国意象派诗人、评论家。

的爆发似乎完全削弱了他所有这些观点,他被迫重新考虑即使是那种有限定条件的长期乐观主义的调子,这种乐观主义是他在《列王》结尾处所表达出来的,该剧是他对上一次欧洲战火的探讨。8 月 15 日,弗洛伦斯对考克雷尔说,其丈夫似乎让战争搞得一下子衰老了十岁:“我认为他对战争的恐惧感是如此强烈,以至于他对生活的兴致全无。”到了 8 月底,哈代自己沮丧地对考克雷尔说,被迫承认这个时代的残酷无情“并不能激励一个人创作充满希望的诗歌,甚至是推测性的散文,而只是让人冷漠地坐在那里,看着时钟倒转,想知道当它倒退回到黑暗时代①,回到罗马之劫②,它是否会再次走向一个新的文艺复兴,一种新的文学”。[29]

随着 1914 年秋季的临近,哈代对战争消息的沮丧与弗洛伦斯对她自愿承担的任务之性质和难度的日益增加的沮丧倒真是相配得当了。哈代不愿意改变自己的生活方式,或改变他周围的任何事情,这极大地限制了她在家庭事务中的行动自由。正如他不忍心伤害麦克斯门的树木一样(即使是小心翼翼地修剪也不行),他也对那些效率低下的用人心慈手软,似乎他们的效率低下是由于某种不该受责备的不利条件或不幸造成的。他们的客厅女佣说服他们雇用她那又聋又哑的,但吸引人且长相漂亮的
459 妹妹,她起初对家务的贡献甚微,正是哈代坚持要把她留下来的。相对而言,弗洛伦斯对用人和家庭管理不习惯,她发现这种让人发愁的事是“**非常枯燥单调的**”③,10 月中旬,当格兰维尔·巴克来访时,厨子奉上了一顿“简直让人难以下咽”的饭菜,这令她近乎绝望了。[30]

对于 11 月 17 日出版的诗集《命运的讽刺》,她的反应是一种深深的

---

① 黑暗时代(Dark Ages),即欧洲中世纪,欧洲史上约为公元 476–1000 年。

② 罗马之劫(Sack of Rome),发生于 1527 年 5 月 6 日,是神圣罗马皇帝查理五世属下的军队哗变后,在罗马进行的军事行动。

③ 英文原文是 soul-destroying,除了“非常枯燥的”“十分单调的”的意思(在上下文中比较吻合),还有“消磨精神的”“摧毁灵魂的”的意思,也就是字面译法,其实在语境中也可以有这一层意思。

痛苦,这是可以理解的,因为哈代在这部诗集中收录了“1912–1913 年组诗”,那些诗最辛酸地表达了他对自己第一次婚姻的衰败的遗憾,并且人们普遍认为这可能是其诗歌成就的巅峰:

日思夜想的女人啊,你在把我呼唤,呼唤
说现在的你已不像往昔
那时你已经不再是那个对我来说就是一切的人,
而是像我俩初次见面时,那时我们的日子是如此美丽。

我听到的是你的声音吗? 那么让我再看你一眼,
站在那里,正如我当时靠近那座城镇时
你会在那里等我:是的,我认识的那个你,正如从前,
甚至还穿着原来那件天蓝色的裙子!

或者只是微风的声音,它无精打采
穿过湿漉漉的草地来到我身旁,
而你已经意识全无,面色苍白,
无论远近,再也听不到你的声响?

　因此我举步前行,踉踉跄跄,
　落叶纷纷在我的周围飘散,
从荆棘中缓缓吹来的风来自北方
　那个女人还在呼唤。[31]

对于这些娓娓动人的诗,弗洛伦斯并非充耳不闻,但她发现自己在它们面前毫无抵抗力,无法阻止自己把它们解读为一系列最负面的个人陈

述。她致信霍尔夫人说："在我看来，如果我丈夫能出版一本**如此如此悲伤**的书，我就是一个彻头彻尾的失败者。他告诉我，在过去的十八个月里，他没有写过一首沮丧的诗，但我无法摆脱这样一种感觉，即写了其中一些诗的那个人完全厌倦了生活，对这个世界上的一切都漠不关心。假如我是另一种类型的女人并且更适合做他的妻子，我想知道他还会出版那部诗集吗？"霍尔夫人非常明智地指出，许多诗歌基本上都是戏剧化的，哈代这个人一定不能对诗人哈代的言辞负直接责任，弗洛伦斯感
460 谢霍尔夫人使她恢复了正确的判断力。[32]然而，这样的安慰并没有完全消除她因诗集收录了这么多献给艾玛的诗而感受到的委屈，也没有改变她对现在展现在她面前的生活更根本的看法。

尽管弗洛伦斯一直都敬佩和爱戴自己的丈夫，也一直把能够为其服务和珍视其天赋视为一种特权，但是她婚姻中的许多日常现实却是缺乏生气的。这倒不是因为麦克斯门因其繁茂的树木而变得昏暗阴郁，因其家庭烦恼而变得负担沉重，因其地理位置而变得偏僻荒凉，甚至也不是因为或许哈代随着年龄的增长而表现出一种不可避免的倾向，即变得更加僵化、固执和爱发牢骚，尽管他为人淳朴和富有同情心；而是因为当她还是一个相对年轻的女人的时候，她不得不眼睁睁地看着自己余下的青春年华和自己最初的雄心壮志日渐衰退，却只能袖手旁观。虽然她继续写书评和故事，但很明显哈代宁愿她不要写，特别是当它们以诸如《"没有人有更博大的爱……"：一个乡村无用之人的故事》那样不成熟的爱国故事的形式呈现时。她以托马斯·哈代夫人的身份将该故事发表在了1915年6月13日的《星期日画报》上——随后立即感到"相当惭愧"。[33]虽然她喜欢离开麦克斯门去作短暂的伦敦之行并看望其家人，但是她一离开，哈代就会变得非常烦躁，因此她越来越不愿意离开他，哪怕只有一天。即使她承认自己的婚姻不会给她带来性满足，但诗集《命运的讽刺》中对艾玛的颂扬，现在似乎将其婚姻的最后一丁点浪漫

也剥夺了。1914 年 12 月上旬，弗洛伦斯致信丽贝卡，对其姐姐最近去世表示同情，她在信中明确提到了大约三年前她失去的朋友阿尔弗雷德·海厄特，她任由自己惊呼道，他对她来说“比世界上任何事情都重要……他是唯一一个爱过我的人——因为我是不招人爱的”。[34]

弗洛伦斯个人将《命运的讽刺》解读为一部完全悲观主义的诗集，客观而言，这得到了大多数评论家的响应。就连其中一个洞察力较强的人，即利顿·斯特拉奇①，也将该诗集的普遍情绪说成是忧郁的情绪——“充满懊悔的回忆带来的忧郁、痛苦的猜测带来的忧郁，以及未得到满足的永恒的渴望带来的忧郁；用吉本那辛酸的话来说，这是一个遭受过‘希望的减少’之痛的人的忧郁”。[35]诗集中的“命运的讽刺”组诗本身，即哈代曾犹豫要不要收录在内的一系列极具讽刺意味的叙事诗，对该诗集的读者反响造成了很大的扭曲。因为书名使它们看起来不
言而喻地成为整部诗集的中心，评论家们觉得有义务对它们作出回应， 461
在予以回应的时候，他们倾向于重复已经成为老生常谈的观点——毕竟哈代的上一部诗集题名为“时光的笑柄”。即使是那些认识到了“1912-1913 年组诗”的柔情和辛酸的人，比如《书商》杂志社的劳伦斯·宾雍②，也几乎没有对这些诗作全方位的解读，而那些对哈代怀有敌意的人发现，可以轻而易举地用之前一些《无名的裘德》的评论家所采用的语气来提出这样一个问题：一个一直将目光停留在“事物阴暗面”的人是否有权利被称为诗人。幸好或许高斯还保留着他从《命运的讽刺》的作者那里得到的那句典型的自嘲式的题词：“埃德蒙·高斯惠存：一如既往，这部诗集是多变的幻想、猜想和矛盾的混合物。托马斯·哈代敬赠。”[36]

---

① 利顿·斯特拉奇（Giles Lytton Strachey，1880-1932），英国作家、评论家。

② 劳伦斯·宾雍（Laurence Binyon，1869-1943），英国诗人、剧作家、艺术史家。

事实上,那是一个非常令人沮丧和痛苦的时期。随着战争范围的扩大和暴力程度的升级,哈代感到他整个设想的框架——无论是抽象的,还是日常的——都被严重动摇了。他从根本上是敌视战争的,甚至,正如1913年的诗歌《他的国家》似乎暗示的,他对任何狭义的民族主义意义上的爱国主义本身也是敌视的,而且他对英国昔日的帝国主义侵略记录的不信任,使他开始质疑他的祖国起初在导致战争的事件中所起的作用。[37]然而,他不久就被说服,英国"至少这一次是无辜的",冲突的根源是德国统治者的权力意志,而英国不得不加入战争,因为德国已经让它别无选择。出于单纯的同情,他很快加入了代表比利时难民的呼吁,后来他响应了亨利·詹姆斯的请求,为了伊迪丝·华顿①的利益,又为这一事业创作了一首诗歌。[38]

但他对盛行的战争狂热绝非是完全免疫的。战争伊始,他就创作并立即发表了《"行军者"》,还专门将其设计成了一首行军战歌,其爱国主义精神仅限于将诗人自己称为"带着沉思的目光的朋友","带着怀疑和忧伤的叹息"注视着行军者。[39]1914年9月上旬,因希望能对国家利益作出一些贡献,他与巴里、高尔斯华绥、切斯特顿、阿诺德·本涅特②、H. G. 威尔斯以及许多其他作家一起,参加了兰卡斯特公爵领地大臣C. F. G. 马斯特曼召集的一次会议,旨在研究知名作家在制定和宣传英国的原则和战争目标方面可能发挥的作用。会议记录显示,哈代只是说应该公布"一份德国错误陈述清单","并以简洁的语言予以回应",但他无疑是在一份英国
462 战争目标声明上署名的五十二位作家之一,该声明发表在了9月10日的

① 伊迪丝·华顿(Edith Wharton, 1862–1937),美国女作家。"一战"期间,她在法国参加了救护工作,为法国红十字会服务,协助收容难民,曾获法国荣誉十字勋章。

② 高尔斯华绥(John Galsworthy, 1867–1933),英国小说家、剧作家;切斯特顿(Gilbert Keith Chesterton, 1874–1936),英国作家、评论家;阿诺德·本涅特(Enoch Arnold Bennett, 1867–1931),英国小说家、剧作家、批评家。

《泰晤士报》和《纽约时报》上，并附有传真签名。[40]

10 月上旬，哈代写了一封抗议德国炮击莱姆斯大教堂的信，刊登在了几家英国报纸上[41]；到 11 月时，国民强烈要求有更多志愿兵，这促使他写信给时任陆军大臣的基奇纳勋爵①和 H. H. 阿斯奎斯首相，并就从拿破仑战争时期采纳的征兵方法中可以得到的教训提出了具体建议。“我想，”他致信基奇纳说，

> 如果某种古老的征兵方式——去掉酒的因素——可以被普遍采纳的话，可能会产生富有成效的效果。我指的是在城镇的街道上系统性地、持续不断地“召集”，有一个由横笛和小鼓组成的乐队奏乐；（无法继续服役的）老中士们排成两列纵队，每列四人，手持出鞘的剑，身穿全套军装，彩带和旗帜迎风飘扬，后面跟着一队已经入伍的新兵，帽子上也佩戴着彩带，每到拐角和空地时就停下来，由一名中士做简短的演讲。一百年前，还有一张一英镑的钞票插在他们的剑尖上，但这并不是必不可少的。

在随后写给下议院书记员科特内 · 伊伯特爵士②的信中，哈代谈到了在类似“拿破仑时代的民兵抽签”的基础上征兵的可能性。据他回忆，老一辈人曾说，如果那些被抽中的人的经济条件允许的话，他们往往会找到替代者并付给他们一笔钱；他说如果要重新引入任何一种这样的制度，“关键一点在于是否应该允许有替代者”。他最后的建议是：通过引入一种“征兵制度，只须支付之前的志愿入伍制度的一半或三分之二的

---

① 基奇纳勋爵（Herbert Kitchener，1st Earl Kitchener，1850–1916），英国军官和殖民地行政长官。

② 科特内 · 伊伯特爵士（Sir Courtenay Peregrine Ilbert，1841–1924），英国下议院书记员、印度行政长官和法律作家。

奖励金”,可能就可以刺激“志愿入伍热潮”。[42]

正是在这种紧张和高度情绪化的背景下,9 月下旬,哈代准许了在伦敦金斯威剧院举行的舞台剧版《列王》的演出,剧本是由格兰维尔·巴克改编的。当然,哈代原本并没有打算将《列王》搬上舞台,而且他强烈反对实际演出体现出的几个特点,但当时的境况让他别无选择,只能欣然接受巴克的建议,并尽其所能提供帮助。到了 10 月上旬,他积极参与了可演出情节的挑选和偶尔的修改,并撰写了一个新的序幕,旨在通过抢先行动来阻止——并在可能的情况下消除——人们明显的反对意见,即法国现在不是英国的敌人,而是英国的盟友。[43]

463 无论是对是错,英国都在进行又一场生死攸关的战争,作为《列王》的作者,哈代不得不希望英国在困境中求得生存,并亲身为之作出努力;他也不赞同那些以政治或和平主义为由直接反对战争的人。然而,作为《圣诞节的鬼故事》《阵亡者的灵魂》《生病的战神》和《海峡炮火》等诗歌的作者,他却不能完全屈服于民族战争的歇斯底里。其诗歌《写在“列国分裂”时》源于 1870 年在圣朱利奥特所记的笔记,于 1915 年创作完成,此外,他在 1915 年四月号的《双周评论》上发表了《真遗憾》一诗,酸楚地坚持认为在德语和多塞特方言之间存在相似性:

然后,似乎有一颗心在哭泣:“到底谁是
引起战争的根源,是谁将战火
在亲戚之间点燃,即使我们使用的语言源自同一个语系,

他们的名声是邪恶、丑陋、可怕的;
愿他们的熟人对他们的名字会有意闪躲,
愿他们这一伙人永远地死去。”

正如他在给亨尼卡夫人寄去该诗的校样时所说的："和你一样，我也认为德国人作为一个民族是快乐和满足的，但那群以战争为兴趣的寡头政治执政者和军火商，却为实现自己的目的而煽动德国人民的情绪——至少从表面上看是这样的。"[44]在该诗的结尾处，我们能听到使语气缓和的怀疑论的调子，但即使如此，那也只是哈代的布尔战争诗歌的遥远回响。但他现在年纪大了，思维也不那么灵活了，他认为，与本世纪初的境况相比，这次战争失败的可能性更大，其潜在后果也更严重。在战争的头几个月里，他对德国的入侵表现出了强烈的恐惧，因为他自始至终都相信德国是不太可能被打败的——正如弗洛伦斯于 1916 年告诉一位朋友的，这是一种"全面审视最坏情况"的典型做法，使他能够在战争带来的军事灾难和其他灾难面前保持相对平静。[45]

战争也绝不是哈代此时唯一的焦虑根源。年初的时候，弗洛伦斯曾饱受坐骨神经痛之苦，1915 年 5 月下旬，她不得不前往伦敦，接受一项旨在治愈其"鼻黏膜炎"的手术。手术是由一位名叫麦克劳德·耶斯利①的外科医生做的，这位医生后来成了她的朋友。手术结束后，她在威尔贝克街的一家疗养院住了一个星期，疗养院是由哈代在多切斯特的同时代名人弗雷德里克·特雷夫斯爵士建立的。然后在回家前，她在圣赫利埃夫人家待了一两天。因为弗洛伦斯自始至终都受到了很好的照料，而且家人也常去探望她——也因为哈代非常害怕看医生和进医院， 464
而且无论如何，他最近在造访伦敦时发生了严重的腹泻，身体仍然很虚弱——所以哈代决定留在麦克斯门。[46]由于担心她可能会试图过快地恢复正常活动，他写信力劝她在疗养院多待些时间，并补充说，"我一点也不介意多付几天的费用"，这一提议似乎符合——即使不一定与之相

① 麦克劳德·耶斯利（Macleod Yearsley, 1867-1951），英国医生，英国皇家外科学院院士。

矛盾——弗洛伦斯不慎重地向丽贝卡发出的抱怨,那就是她将要自己支付全部的手术费。[47]

弗洛伦斯术后在伦敦康复期间,哈代的妹妹们告诉他,他应该立一份有利于一个“哈代家族嫡系”之人的遗嘱,她们更喜欢哈代的堂兄奥古斯塔斯的孙子巴兹尔·奥古斯塔斯·哈代,奥古斯塔斯是哈代的伯父詹姆斯的三儿子。对于此建议,哈代似乎不为所动,因为他既没有见过讨论中的这个年轻人,而且对其父亲、英国国教牧师亨利·哈代的评价也不是很高。但这一讨论确实促使他开始认真考虑麦克斯门可能的继承人。他最后将目光锁定在了弗兰克·乔治身上,他是比尔-里吉斯①的一个旅馆老板和查尔斯·米奇·哈代的姐姐安吉丽娜②的儿子,因此严格地说,是他自己隔一代的堂亲。弗兰克在多切斯特和布里斯托的银行工作了几年后,被召唤到了格雷旅馆的酒吧工作,在哈代偶尔的帮助下,他似乎正在朝着一份体面的法律职业迈进。然而,“一战”开始时,他志愿加入陆军部队,并被任命为多塞特军团的中尉。弗兰克最近对麦克斯门的一次拜访证实了哈代对这位年轻人的喜爱和敬意,弗兰克下定决心要追求上进,是极少数对教育和精神生活表现出兴趣或拥有这方面天资的哈代族人之一。[48]

戈登仍然抱着继承麦克斯门的希望,他于1915年初夏订了婚,而哈代对这桩婚姻似乎没有表现出多少热情,因此戈登更加失宠了。弗洛伦斯对这一形势的变化幸灾乐祸,半开玩笑地建议给这对年轻夫妇赠送“吉福德家族遗物”,包括会吏长的肖像,但哈代回答说,他已经以公道合理的价格从吉福德家买下了所有遗物,并打算保留它们。[49]谈到继承人,弗洛伦斯想起了自己膝下无子的境况,也想起了当地的

---

① 比尔-里吉斯(Bere Regis),多塞特的一个村庄、教区,位于多切斯特以东十一英里。

② 安吉丽娜是哈代的祖父托马斯的弟弟约翰的三儿子威廉·詹金斯·哈代的四女儿。

母亲们带着“一种慈悲之心”给她看她们的孩子，她似乎从爱惜她的刚毛猎狐㹴威塞克斯①方面找到了一些补偿——这一点非常像艾玛，她在哈代的怂恿下宠坏了她的猫——这只狗于 1913 年 12 月刚刚来到麦克斯门时才四个月大。威塞克斯爱叫唤，脾气暴躁，而且通常举止 465
无礼，永远让人感到麻烦和焦虑，但哈代待它比弗洛伦斯待它还要更温柔更纵容。[50]

尽管哈代对不断恶化的战争深感沮丧，但那年夏天他身体非常健康。他花钱请赫尔曼·利开车带他和弗洛伦斯去兜风，和凯特或亨利一起去海边，到德文郡去拜访小说家伊登·菲尔波茨②，并在麦克斯门接待了几位访客。即便如此，在弗洛伦斯看来，他变得越来越像个隐士了。他仍然沉湎于过去——现在他正在和艾玛的远亲们保持通信联系，询问吉福德家族墓地的所在地——他不仅拒绝前往伦敦，还拒绝邀请人们来麦克斯门做客。[51]

1915 年 8 月底，弗兰克·乔治在加里波利③阵亡的噩耗暂时掩盖了来自家庭的忧愁和烦心事。[52]哈代非常震惊，虽然他对一个事实上并不十分了解的人所表现出的悲痛似乎有些许过度，甚至有点虚假，但无疑这个年轻人的殒命令他有所触动，不论是从个人角度而言，还是从哈代王朝的角度而言，因为他认为弗兰克可能是麦克斯门的继承人，正如他告诉亨尼卡夫人的那样，弗兰克“大约是下一代血亲中唯一（即便不是唯一）令我感兴趣的人”。[53]“血亲”这个别扭的措辞——不禁让人联想起杰米玛对家庭排他性的痴迷——在这种情况下就概括性地排除了艾

① 㹴犬的名字和哈代著作中的地名威塞克斯是同一个名字。

② 伊登·菲尔波茨（Eden Phillpotts，1862-1960），英国小说家、诗人、剧作家，作品以多塞特郡相邻的德文郡为创作背景，会让人想起哈代的风格。

③ 加里波利（Gallipoli），土耳其的一个半岛，现在一般称盖利博卢。

玛的侄子戈登和侄女莉莲，尽管哈代对他们俩当然也很感兴趣[54]，而“即便不是唯一”这句最低限度地考虑到了他对纳撒尼尔·斯帕克斯和詹姆斯·斯帕克斯的艺术生涯的真正兴趣，即使是断断续续的兴趣。然而，事关紧要的是，弗兰克是哈代家族的人，而不是一个从某种程度上而言不是那么重要的汉德家族的人。哈代拜访了弗兰克的母亲和姊妹们，向他们提供了经济援助，并在随后的几年里对任何来麦克斯门拜访的弗兰克的家庭成员都来者不拒。[55]他为《泰晤士报》写了一篇简短的讣告，到9月底，他已经完成《行军前后(纪念 F. W. G.)》一诗，并将其投给《双周评论》以待发表。[56]

一位关系更近的亲人的去世，即将给他带来更为严重的丧亲之痛。自1912年9月以来，玛丽和凯特开始逐步安置进亨利在塔尔博塞斯的房子里，她们先是腾空了博克汉普屯的村舍，最后又腾空了她们以前一
466 起居住的位于多切斯特沃拉斯顿路的房子。1915年6月，沃拉斯顿路的最后一批残余的家具在拍卖会上被拍卖了，姐妹俩便与亨利和波莉在塔尔博塞斯这个偏远之地①安顿了下来，至少玛丽觉得这个地方很宜人[57]，而且只有亲密的朋友和家庭成员才会前来打扰，包括几乎每个星期天他们的哥哥及其年轻的妻子的来访，偶尔会有弗洛伦斯的某个姊妹的陪伴。弗洛伦斯最小的妹妹是玛格丽特·桑迪，她回忆起自己对塔尔博塞斯的一次拜访，她记得玛丽一直坐在一个长软椅上，只是带着钦佩的目光注视着哈代的脸庞，一言未发。早在1906年，哈代就称玛丽“几乎是个隐士”，尽管她仍继续绘画，但体质越来越弱，她外出的次数也越来越少；唯一一个重要的旅行，一个直到她七十多岁时还在有规律地重复的旅行，就是一年一度的伦敦一日游，去看皇家艺术院的夏季展览。[58]1915年11月初，玛丽患上了严重的肺气肿，痛苦不堪；24日——

① 其实只能说是相对偏远而已，因为前文提到塔尔博塞斯离麦克斯门只有约两英里。

几乎是在艾玛去世的三周年，在玛丽过完七十四岁生日还不满一个月的时候——她就去世了。哈代敦促肖特在《环球》上刊登了一张玛丽几年前画的自画像的照片，并为刊登在当地报纸上的讣告的撰写作出了很大的贡献，讣告特别强调了玛丽在音乐和绘画方面的天赋："她捕捉肖像的才能非同寻常，因此，关于画布上的家庭记录，她卓有成效地予以描画，无论描画有什么缺陷，都因为它与我们复制的那些我们希望记住的面孔相符合而得到我们的重视。"关于玛丽的性格，他言简意赅地说："在通常不露声色的外表下，隐藏着温暖而深情的性格。"在《生活和工作》中，他谈到她——或许他心里想着艾玛过去对她的敌意——是"非常谦逊而不武断的，即使她是有理的那一方，而且也有可能很容易就证明她是有理的"。[59]

在上次生病期间，玛丽吃了不少苦头，但在凯特看来，她去世时的面部表情似乎是非常愉快的，这使她想起了她们一起住在登奇沃斯时她一贯的样子。然而，在接下来的几天，塔尔博塞斯几乎是家无宁日。凯特一开始对其姐姐的去世感到"完全不知所措"，亨利则和他哥哥吵了起来，因为哈代在葬礼后就不愿意再去塔尔博塞斯了，而弗洛伦斯不习惯乡村的生活方式，已经被她所看到的哈代家族的死亡仪式给吓坏了，尤其是凯特一再坚持要她亲吻玛丽的尸体。[60]然而，同样令弗洛伦斯吃惊的是生者的讨价还价和争吵，原因是玛丽没有留下遗嘱或其他指示来处理她所拥有的一笔相当可观的财产——这主要是归因 467
于哈代提防性的慷慨解囊。当凯特确信这笔钱会留给她时，紧张关系就解除了；但是，1914 年春，亨利遭受了轻微中风，12 月时，他又患了重病，这又一次把整个问题摆到了显著的位置上来，那就是当现在这一代完全没有后代的哈代族人都过世了，最终应该由谁来继承家族的财产。兄妹三人最关心的问题是：继承人应该是"**一个哈代家族的人**"；尽管在某种程度上，弗洛伦斯可以理解农民的本能和对家庭的忠诚是如何与个人记忆相结合来产生这样的感觉的，但从凯特的不屈不挠中，她也第一次真正洞察到了艾玛在与哈代家人打交道的过程中所面临的困难。[61]此外，她自己的处境也绝非完全不同，因为既然哈代家人鄙视艾玛的出身（“贫穷的绅士阶层”），他们也同样怀疑中产阶级下层的达格代尔家人和弗洛伦斯的亲戚们——个人也好，集体也罢——对哈代的未来财产可能怀有的不良企图。她对丽贝卡说：“我会非常非常怀念玛丽的，因为她比其他人更和蔼可亲、平静温和，而且她或多或少地抑制了他们。”[62]

对于玛丽的去世，哈代显得很平静，似乎对她不再继续忍受痛苦感到宽慰，但他对塔尔博塞斯的暂时回避，表明他内心痛苦有多深；到了月中，他患了重感冒，开始闭门不出。虽然患感冒一事不假，但它的严重性被夸大了，旨在为一种主要是情感上的退缩提供正当理由。他向弗洛伦斯宣布，他再也不想去任何地方，再也不想见任何人，只想静静地待在麦克斯门，把自己关在书房里，而圣诞节也因为他仍拒绝见弗洛伦斯以外的任何人而变得很凄凉，尽管如此，她还是向丽贝卡保证，能充当哈代的护士这一角色让她感到非常快乐。[63]凯特为玛丽的去世而伤心，又因照顾亨利而疲惫不堪，有一种孤寂和被抛弃的感觉。然而哈代对这个在其童年和成年初期对他如此重要的妹妹的去世深感震惊，显然他还没有准备好去面对另一个妹妹，因为见到她就会强烈地使他想起玛丽，但是，与玛丽相比，凯特对于他的重要性则相去甚远。1916 年 2 月 10 日是哈代结婚两周年纪念日，凯特来到麦克斯门向他道贺，却发现他似乎并不想见她。[64]她写信给老纳撒尼尔，说自从玛丽去世后，她的哥哥发生了很大的变化，也苍老了许多，即使在 4 月初，当哈代终于恢复了他每周日去塔尔博塞斯的老习惯时，凯特觉得她们之间的谈话也比玛丽在世时单调乏味多了。[65]

注释

[1]《哈代书信》,第四卷,页244–245;爱丽丝·哈维,《我曾是艾玛·拉维尼亚的贴身女佣》,载《哈代年鉴》,第四期(1974),页9;《泰晤士报》,1912年11月30日,第9版,参《公众声音》,页338–339。

[2]《哈代书信》,第四卷,页239;《哈代书信》,第四卷,页243。

[3]《哈代诗歌》,第二卷,页48–49,页50–51,页53–54,页53、49。

[4]《艾玛与弗洛伦斯书信》,页78、75、78、80,另见《哈代书信》,第四卷,页260。

[5]《哈代诗歌》,第二卷,页60。

[6] 同上,页304,另见页338。

[7]《生活和工作》,页389–390;《哈代书信》,第四卷,页261、270,另见《公众声音》,页478–479。

[8]《艾玛与弗洛伦斯书信》,页76;《哈代书信》,第四卷,页260。

[9]《哈代书信》,第四卷,页267–268;E.克洛德,日记,1913年4月25日和27日(艾伦·克洛德);见《艾玛与弗洛伦斯书信》,页63、64。

[10] E.克洛德,日记,1913年7月13日。(艾伦·克洛德)

[11] 支票存根(多博);玛丽·哈代致老N.斯帕克斯的信,1913年2月15日(伊顿);玛丽·哈代致哈代的信,1913年6月12日(多博)。

[12] 信件,致H.V.麦克阿瑟,[1910年8月2日](M.米尔盖特),麦肯兹·贝尔,1912年12月24日(T.怀特曼),以及G.H.斯林,1913年3月26日(大英)。

[13]《艾玛与弗洛伦斯书信》,页88、86。

[14]《艾玛与弗洛伦斯书信》,页86–87;L.吉福德致哈代的信,1913年11月27日(多博)。

[15]《艾玛与弗洛伦斯书信》,页87。

[16]《艾玛与弗洛伦斯书信》,页92;《个人笔记》,页33。

[17]《生活和工作》,页390;A.C.本森,日记,1913年6月10日(剑桥大学

抹大拉学院)；玛丽·哈代致哈代的信，1913年6月12日(多博)，参《哈代书信》，第一卷，页7；弗洛伦斯致考克雷尔的信，1913年6月9日(耶鲁)；《生活和工作》，页391。

[18]《哈代书信》，第四卷，页397；《哈代书信》，第四卷，页300；E.高斯致哈代的信，1913年11月7日(剑桥大学图书馆)。

[19]《哈代书信》，第四卷，页306。

[20] 莎拉·赫德利太太致珀迪的信，1956年7月7日。(耶鲁)

[21] 干花(耶鲁)；《生活和工作》，页392；《哈代书信》，第五卷，页10–11，页13。

[22]《哈代书信》，第五卷，页13、9、16。

[23] 同上，页19、15。

[24]《艾玛与弗洛伦斯书信》，页105，页203–204。

[25] 弗洛伦斯致R.欧文的信，1914年6月1日。(科尔比)

[26]《生活和工作》，页392；"高斯客人名册"(剑桥大学图书馆)；《哈代书信》，第五卷，页38。

[27] 弗洛伦斯致R.欧文的信，1914年6月1日(科尔比)；弗洛伦斯致霍尔夫人的信，1914年7月7日(威尔特郡档案局)；弗洛伦斯致A.洛威尔的信，1914年7月27日(哈佛大学霍顿图书馆)；《哈代书信》，页36–37。

[28]《哈代诗歌》，第二卷，页9–10；第一卷，页129–131。

[29] 弗洛伦斯致考克雷尔的信，1914年8月15日(耶鲁)；《哈代书信》，第五卷，页45。

[30] 弗洛伦斯致霍尔夫人的信，1914年7月26日(威尔特郡档案局)；弗洛伦斯致R.欧文的信，1914年10月14日和17日。(科尔比)

[31] 珀迪，页169；《呼唤》，《哈代诗歌》，第二卷，页56–57(从第一版修订)。

[32]《艾玛与弗洛伦斯书信》，页104，页104–105。

[33] 同上，页108。

［34］同上，页 101–102。

［35］《新政治家》周刊，1914 年 12 月 19 日，页 271。

［36］《书商》，第四十七卷（1915 年 2 月），页 143–144；《学园》，1914 年 11 月28 日，页 476；珀迪，页 172。

［37］《哈代诗歌》，第二卷，页 290–291；《哈代书信》，第五卷，页 43。

［38］《哈代书信》，第五卷，页 86–87；珀迪，页 191–192。

［39］《哈代诗歌》，第二卷，页 289。

［40］《威斯敏斯特议院会议纪要》，1914 年 9 月 2 日（副本，多博）；《公众声音》，页 349–350；见 P. 比滕赫伊斯，《伟大的言语战争：文学作为宣传手段，1914–1918 年及以后》（伦敦，1989），尤其是页 12–15，页 19，以及 S. 海因斯，《想象中的战争：第一次世界大战与英国文化》（纽约，1991），尤其是页 25–29。

［41］《曼彻斯特卫报》，1914 年 10 月 7 日，第 7 版，《每日新闻》，1914 年 10 月7 日，第 5 版等，参《公众声音》，页 350–353。

［42］哈代致基奇纳勋爵的信，1914 年 11 月 8 日（草稿，多博）；H. H. 阿斯奎斯致哈代的信，1914 年 11 月 11 日（多博）；《哈代书信》，第七卷，页 157。另见《公众声音》，页 363。

［43］《哈代书信》，第五卷，页 51，页 53–56，参《生活和工作》，页 397，另见威尔逊，《搬上舞台的哈代作品》，页 85–95。

［44］《哈代诗歌》，第二卷，页 294；《哈代书信》，第五卷，页 86。

［45］弗洛伦斯致 R. 欧文的信，1914 年 10 月 17 日（科尔比）；《哈代诗歌》，第一卷，页 208；《艾玛与弗洛伦斯书信》，页 117。

［46］《哈代书信》，第五卷，页 87、99、105、99。

［47］《哈代书信》，第五卷，页 104；弗洛伦斯致 R. 欧文的信，［1915 年 6 月 6 日？］（科尔比）。

［48］弗洛伦斯致 R. 欧文的信，［1915 年 10 月 1 日？］和 1915 年 9 月 1 日（科尔比）；F. 乔治致哈代的信，1915 年 5 月 19 日和 10 月 27 日（多博）；《多塞特郡纪事报》，1915 年 9 月 9 日；《生活和工作》，页 400。

［49］弗洛伦斯致 R. 欧文的信，1915 年 6 月 23 日（科尔比）。

［50］弗洛伦斯致 C. W. 萨利比的信，1915 年 10 月 2 日（亚当斯）；弗洛伦斯致考克雷尔的信，1923 年 8 月 3 日（耶鲁）；弗洛伦斯致 R. 欧文的信，1915 年7 月 17 日（科尔比）。

［51］弗洛伦斯致 R. 欧文的信，1915 年 6 月 23 日（科尔比）；《生活和工作》，页 401；弗洛伦斯致 R. 欧文的信，1915 年 7 月 17 日（科尔比）。

［52］《生活和工作》，页 401。

［53］《哈代书信》，第五卷，页 121。

［54］比较一下《生活和工作》页 19 中“血亲侄子（外甥）或侄女（外甥女）”这一被误解的提及。

［55］《艾玛与弗洛伦斯书信》，页 109；弗洛伦斯致 R. 欧文的信，1915 年 9 月1 日（科尔比）；T. W. 杰斯蒂，访谈，1979 年。

［56］《泰晤士报》，1915 年 9 月 3 日，第 6 版，参《公众声音》，页 361–362；珀迪，页 174；《哈代诗歌》，第二卷，页 297–298。

［57］凯特·哈代，日记，1915 年 4 月 4 日和 6 月 9 日。（多博：洛克）

［58］信息源自珀迪，援引自 M. 桑迪；《哈代书信》，第三卷，页 196；柯林斯，《在麦克斯门与哈代的谈话（1920–1922）》，页 58。

［59］《环球》，1915 年 12 月 25 日，页 344；《多塞特郡纪事报》，1915 年 12 月 2 日，第 8–9 版，参《公众声音》，页 366–368；《生活和工作》，页 402。

［60］凯特·哈代，日记，1915 年 11 月 25 日（多博：洛克）；凯特·哈代致 E. 克洛德的信，1915 年 11 月 26 日（利兹）；《艾玛与弗洛伦斯书信》，页 110。

［61］弗洛伦斯致 R. 欧文的信，1915 年 12 月 30 日（科尔比）；《艾玛与弗洛伦斯书信》，页 110。

［62］《艾玛与弗洛伦斯书信》，页 110；弗洛伦斯将“amiable”（和蔼可亲的）打成了“aimable”。

［63］《艾玛与弗洛伦斯书信》，页 110、111；弗洛伦斯致 R. 欧文的信，1915 年12 月 26 日和 17 日（科尔比）。

［64］凯特·哈代,日记,1915 年 12 月 31 日,1916 年 2 月 10 日和 18 日。(多博: 洛克)

［65］凯特·哈代致老 N. 斯帕克斯的信,1916 年 2 月 22 日(伊顿);凯特·哈代日记,1915 年 4 月 2 日(多博: 洛克)。

第二十六章　传记撰写

468 玛丽的去世使哈代更加深入地思考自己去世的问题，1916 年 2 月，他开始安排弗洛伦斯和考克雷尔成为他的文学遗嘱联合执行人，他们服务的报酬从版税中支取。他完成了斯廷斯福德教堂墓地玛丽墓碑的设计，留心墓碑制作是否得当，并确保它与两座相伴坟墓的相对位置正确无误，其中一座是老哈代和杰米玛的，另一座是艾玛的——正如哈代所打算的，最后也是他和弗洛伦斯的。5 月，当弗洛伦斯的朋友埃塞尔·英格利斯被带着前往斯廷斯福德时，哈代拿出一把刷子来打扫家族的坟墓，并用一把小刀刮去了罗伯特·雷森墓碑上的苔藓，他是《绿林荫下》中的彭尼先生的“原型”，哈代一边这样做，一边说他感觉自己就像修墓老人①一样。[1]

他对艾玛的迷恋也尚未退去。他与戈登和莉莲保持联系，并要求弗洛伦斯也这样做，这颇违背她的意愿。他还与其他的吉福德亲戚建立了关系，甚至包括那些在艾玛有生之年根本不认识她的人，并于 9 月在与弗洛伦斯短暂造访圣朱利奥特时拜访了其中一些人。尽管此行的目的

---

① 修墓老人一说源于司各特于 1816 年出版的历史小说《修墓老人》（*Old Mortality*，又译《清教徒》）。

是忧郁的，但弗洛伦斯至少能够把它看作是哈代愈加隐遁的生活习惯的一次非常必要的中断。[2]对圣朱利奥特的实际造访已经相当愉快地过去了，他们在教堂里察看了艾玛的纪念碑，并在教区长住宅与现任教区长及其妹妹一起喝茶，但是当他们参观廷塔杰尔教堂时——为了看一看自从艾玛画了素描画以来教堂发生了多大的变化——牧师却以专横的语气让哈代离开唱诗班列队行进的路线，别挡着道儿，这让他感到震惊。弗洛伦斯后来回忆说，这是她几乎唯一一次看到他真的很生气。在廷塔杰尔写给考克雷尔的信中，她表达了其丈夫“找到了一首关于伊索尔德①的诗歌的萌芽”的希望，这一希望于七年之后在《康沃尔王后的著名悲剧》中结出了硕果。[3]

这一年，弗洛伦斯对考克雷尔的感觉波动很大，而且这种波动还会 469
持续很久。一方面，考克雷尔对哈代帮助非常大，几乎像个儿子一样；但另一方面，他却专横得吓人。弗洛伦斯自己与考克雷尔的大量通信也因此摇摆不定，从极端亲密到极端敌对，最后到沉默无语，但是，像丽贝卡、霍尔夫人、英格利斯以及弗洛伦斯的其他通信者一样，多年来，他成了哈代诸多个人信息的接收者，这些信息哈代一定是本打算严格控制在麦克斯门之内的——而且想象自己已经做到。当个人死亡意识的增强与家庭悲伤和战时灾难结合在一起时，他自我封闭起来，这还促使他将吊桥升起，而吊桥以前是允许外部世界的人进入的，尽管有一定的限制。在这个特殊的时刻，他是非常关心隐私问题的。他正在逐步缩小他可以信赖的朋友的范围，对流言蜚语比以往任何时候都更加敏感，即使是在鸡毛蒜皮的小事上。克洛德曾是奥尔德堡时期乐于助人的主人，但当哈代发现他乐意和肖特分享秘密，他就不再向他倾吐任何秘密了，当消息传

① 伊索尔德(Iseult)，亚瑟王传奇中的女主人公，是爱尔兰公主，嫁给了康沃尔国王，却与国王马克的侄子、骑士特里斯坦(Tristan)误喝下爱情魔药。

来说克洛德将要出版其回忆录时,哈代大为恐慌。在其丈夫的吩咐下,弗洛伦斯发出了一封严厉的警告信,但克洛德的《回忆录》寄来时,却被证明是最谨慎的一种回忆录,没有任何内容——正如弗洛伦斯让其作者保证过的——让"哪怕是超级敏感的人可以表示反对"。[4]

有一段时间,肖特本人的行为举止也是令哈代难以接受的,尽管弗洛伦斯喜欢肖特,并对他心存感激,因为他在她婚前给她提供了文学工作并使她从此成为《环球》的一位评论员。在战争年代,肖特喜欢发行哈代诗歌的私人印刷品,这无疑是有利可图的,从而使他越来越不招人待见。5 月,肖特请求哈代允许他对《致三百年后的莎士比亚》一诗进行类似的限量版重印,哈代终于被激怒了,他回信表达了否定意见,并鼓励弗洛伦斯亲自来发行该诗。曾建议采取这一行动的考克雷尔,监督了小册子在奇斯威克出版社的印刷工作,在未来几年里,该出版社将印刷十几种类似的小册子。[5]考克雷尔和弗洛伦斯在这些项目中的积极合作有助于拉近他们二人之间的距离,至少目前是这样的。

除了短暂的康沃尔之行,整个 1916 年,哈代都待在麦克斯门。12 月,他对高斯说,他曾经是半个伦敦人,但今年竟然一整年都未去伦敦,
470 这真是令人吃惊。他现在的日常安排是:每天花很长时间在书房里工作,只有用餐和少量运动才能打断他。他会在下午茶时间从房间里出来,特别是如果有客人在场的话,直到他下楼来吃晚饭才最终到了一天的真正休息时间;晚饭后,弗洛伦斯会大声给他念东西听,直到他十点半左右就寝。当工作进展特别顺利时,他根本不想打断它,一如既往地认为当车轮正在转动时,让它们停下来是错误的,以免无法再重新启动。因此,在有些日子里,他会一日三餐都在书房里吃,包括晚餐,甚至会放弃每天的散步。[6]

作为一位诗人,哈代持续保持高产,并且比以往任何时候都更加坚持认为其诗歌优于散文。对于那些没有提到其诗歌的有关他的书籍和

文章，他显得不耐烦；1915 年 6 月，他以一种似乎出于极端的虚荣心或出于最适度的实用性的姿态，请考克雷尔去大英博物馆，安排在图书馆的主目录中他名字后面的“小说家”之后加上“诗人”的字样。[7] 1916 年没有新诗集出版，但哈代对 10 月 3 日编辑出版的《托马斯·哈代诗选》①颇感兴趣，其中有几首是以前未发表过的，但主要的设计是为了使他的诗更容易被范围更广的公众所接受，一来是诗集的定价不高（两先令六便士），二来是它排除了哈代认为可能会冒犯读者的诗。当考克雷尔对删除了《荡妇的悲剧》一诗表示遗憾时，弗洛伦斯表示同意他的看法，但她解释说哈代想要一部可以送给“一个中小学女生，或者最特别的人”的诗集。[8]

是年秋季，哈代还完成了托马斯·汉弗莱·沃德主编的《英国诗人》第五卷（也是最后一卷）之威廉·巴恩斯部分，包括传记性评述、批评性序言和一小部分诗歌。哈代只不过是从 1908 年出版的克拉伦登出版社版本的诗集中摘录了一些材料，但是他愿意承担该任务，这反映出他在此事和许多其他事情上坚持对巴恩斯保持长期的忠诚。地方忠诚的一个重要元素融入其《〈列王〉中的威塞克斯场景》的剧本，该剧于 6 月由多切斯特的业余演员们表演。尽管《威塞克斯场景》是根据 1908 年在多切斯特的演出改编的，但哈代还是在新演出筹备过程中予以大量的修改和扩充。例如，在第一场加入了一点浪漫的主线，是关于一个年轻的侍女和其军人丈夫的故事，并在第三场和最后一场为故事画上圆满的句号。除了给侍女这一角色加戏之外，这样的改编没有非常明显的原因，侍女是由当地一位名叫格特鲁德·博格勒的年轻女演员扮演 471
的，她曾在 A. H. 埃文斯于 1913 年改编的《林地居民》中扮演一个引人

① *Selected Poems of Thomas Hardy* 于 1916 年由麦克米伦公司出版，是其英诗金库系列（Golden treasury series）之一。

注目的角色马蒂·苏斯。哈代积极参与了整部剧的制作,1916 年春末的大部分时间都致力于此,他还出席了韦茅斯首演的大部分排练,他坚持认为,该演出的兴趣点“并不在于这部剧的艺术效果,因为该剧实际上是一部临时拼凑的作品,而是在于我们私下里认识的那些实际上是店主和职员的演员们所扮演的人物的幽默”。[9] 值得注意的是,一个像他如此高龄的人——他时年七十六岁——竟然愿意并且能够为这样一个项目投入如此多的精力,但弗洛伦斯注意到,一开始是一种令人愉快的兴奋的来源,到最后却成了一种令人不断担心的原因,因此她决定今后不再让他参与制作。她抱怨说:“他年纪太大了,承受不了担心和责任,当然啦,如果演出不成功,还是会对他造成影响的。这部剧已经让他忧心忡忡了。”[10]

由于演出的收入捐给了红十字会,哈代能够把自己的辛劳看作是对战争的一种贡献。然而,战争的消息大多仍然是坏消息,1916 年复活节发生的都柏林叛乱,只是让哈代坚信对一切与爱尔兰相关的事务的偏见。另一方面,他对被关在离多切斯特不远的一家战时医院里的德国战俘的困境表示同情。弗洛伦斯对考克雷尔说:“哈代善良的心融化了,一看到伤员,他就用富于表现力的手势表达了对他们的同情,而他们则以最友好的方式对他作出了回应……现在,他正把他的一些德文书寄给他们的图书室。”不可避免地,哈代对附近另一家医院表达了含蓄的讽刺,在那里,许多英国伤员处于同样无助的状态,“每一个痛苦的场景都是因为看到对方的伤情造成的!”[11] 在次年早些时候,一些德国囚犯在警卫的押解下来到麦克斯门,帮忙从菜园里移走树木,以便腾出地方来种更多的土豆。哈代写信给亨尼卡夫人说:“他们是和蔼可亲的年轻人,成千上万这样的年轻人被宫廷和王朝的野心所屠杀,确实让人义愤填膺。世界上要是没有君主政体就好了,这是一个多么好的改善的机会啊!”[12]

在1917年俄国革命的初期，哈代犹豫不决，因为虽然他大体上同情这场革命，但毫无疑问，俄国对德国的松懈，大大加重了盟国的负担。在整个战争的黑暗时期，他试图保持一种平衡的观点。3月，在政府的要求下，付出了巨大的辛劳后，他发表了一篇诗意的但给人印象不深的文章，题为"国民兵役的号召"，劝告所有阶级的男男女女挺身而出，"无所 472 畏惧的、平安的英国仍然可以屹立不倒"，但是他对祖国生存的必要性的信念以及其事业的基本正义的信念，并没有阻止他公开捍卫《剑桥杂志》出版德国和其他外国报纸的翻译摘要的政策，因此，正如他所说的，让人们看到的英国"是赤裸裸的、未加装饰的——她在战争中获得的机会是摆脱了扭曲的爱国主义魅力的"。正如他告诉高尔斯华绥的那样，他发现写爱国主义诗歌是很困难的，因为他太清楚地看到了战争的另一面。[13]他人生观中占主导地位的阴郁，反映在了他对诗集《瞬间幻象》的预期评论中，该评论准备年底刊发："我不指望这些诗歌会受到太多的关注，因为它们显示或暗示人类在这个冷淡的宇宙中无关紧要，也没有可观的价值，这会使自尊自大的人类蒙受羞辱。"[14]当他努力从历史的角度看待现在时，和以往一样，在其脑海中挥之不去的是漫长而痛苦的拿破仑战争。他注意到了夸特布拉斯战役和滑铁卢战役的周年纪念日的到来，并拒绝了与巴里和约翰·布坎①一道前往当代法国战场的邀请，因为他认为如果他想"感受军事场景"，他就只好在过去的战争中获得满足感。[15]

虽然他在七十七岁高龄时不愿意去作这样一次旅行是完全可以理解的，但这似乎是近年来在他身上不断出现的更为普遍的懒于活动的重要组成部分，此外，这也是弗洛伦斯为了他——肯定也是为了她自

① 约翰·布坎(John Buchan, 1875–1940)，苏格兰小说家、历史学家。

己——急于与之战斗的一点。然而,7月底,他们确实和巴里在阿德尔菲排房住了两个晚上,当时,关于哈代在布洛姆菲尔德的日子的往昔记忆,与观看探照灯扫过伦敦南部天空搜寻德国战机的新奇经历融合在了一起。早些时候,弗洛伦斯赢得了一个小小的胜利,当时她不仅被允许去恩菲尔德参加妹妹玛格丽特与一位名叫雷金纳德·桑迪的年轻飞行员的婚礼,还被允许邀请这对夫妇到麦克斯门度蜜月。“好极了!!!!!”凯特大声叫道,这是她多年来第一次来伦敦,就是为了参加婚礼。[16] 6月份,弗洛伦斯再次赴伦敦让麦克劳德·耶斯利看病,并咨询了另一位专门医生,后者开了一个疗程的细菌疫苗接种,来治疗现在已经确诊的慢性咽炎。她再次向丽贝卡抱怨说她必须自己支付医疗费:“当然,如果我是莉莲·吉福德的话,哈代会很开心地为我开一张支票。”[17]

473 弗洛伦斯对怨恨的表达,就像在许多其他场合一样,似乎有点超出了情况的实际需要。和凯特、亨利一样,哈代不喜欢并且不信任医疗行业,每当弗洛伦斯担心他的健康时,他都会习惯性地喊道:“如果你请医生来,我一定会生病的。”他显然不相信接种疫苗会有任何效果,弗洛伦斯自己也曾表示担心这笔钱会打水漂。然而,他觉得不应该阻止妻子在她认为合适的时候花她自己的钱。从对桑利·斯托克爵士遗产的投资中,她获得了一小笔私人收入;她还从新闻业中获得了一些收入;虽然在她结婚时没有签订正式的协议,但似乎很早就确定了她将用自己的资金来处理她丈夫让她买衣服、支付家庭开支等补贴范围以外的个人开支。[18]即便如此,哈代也许已经支付了他妻子的医疗费,这是不可否认的,而且他在老年时广为人知的吝啬名声,似乎很大程度上可以追溯到这样一个事实,即他很晚才变得生活富足,因此不能完全感到轻松惬意。尽管哈代被教会了——有人可能几乎会说是被这样安排的——总是毫不犹豫地支持其父母和弟弟妹妹的习惯,但是他亦会转而依赖他早年精打细算的习惯和后来谨慎克制的处事原则,旨在为潜在的灾难未雨绸缪,这种灾难是他和其妹妹们从他们的母亲身上和从几代人过去的经验中认识到的,是一种种族记忆。此外,还必须留出一定的额度来应对以下情况:令人绝望的战时境况,投资价值的下跌,对节衣缩食必要性的持续意识(特别是在德国潜艇战的高潮时期),以及哈代对他自己的家庭可能会沦落到的境地的恐惧。4 月时,他想知道如果真的沦落到了那一步田地,他和弗洛伦斯是否可以用在麦克斯门长得如此茂盛的欧芹来喂养威塞克斯,甚至他们自己也会以它为食。[19]

弗洛伦斯坚持给丽贝卡和考克雷尔写抱怨信,这使她陷入了一种轻率的行为——如果哈代注意到她这些行为,他是决不会赞成的——并使她陷入了一种不忠,这与他前任的不忠令人不安地相似。然而艾玛显然有意让自己的怨言外泄,但弗洛伦斯至少要求她的通信者们不要把她透露的秘密告诉他人。她恳求丽贝卡说:"我亲爱的贝蒂①,倘若我遭遇什么不测,我**恳求**你把我写的信全都烧了,一片纸都不要留。我写得太漫不经心,太不明智了,我担心你还保存着我的信,那些信我不愿意再看到。"[20]毫无疑问,那些信是她心理系统中的一个重要因素,就像艾玛的 474
心理系统中的抗议一样——在她孤独地等待哈代从他的书房里走出来的漫长时间里,这种抗议是一种消遣、释放,甚至是一种报复;在一个总是他说了算而妻子说了不算的世界里,这种抗议是一个说话的机会;这种抗议还是一个发泄怨气的途径,这种怨气既是由料理家务和与哈代的亲属打交道的恼怒激起的,也是由哈代自己的行为激起的。结婚之后没几个月,弗洛伦斯就更强烈地意识到,在没有朋友,没有盟友,甚至没有自己故土的根基的情况下,艾玛要面对哈代家族坚固的方阵是何其难。然而,根本原因还是弗洛伦斯自己忧郁的性情。正如她自己完全认识到的那样,这种性情不仅使她倾向于"抱怨连连"——她声称这些抱怨并

① 贝蒂(Betty)是丽贝卡(Rebekah)的昵称。

非真的“很重要”——而且使她陷入极度抑郁，以至于几乎无法控制——有时也不力图去控制——她那些不计后果的过度抱怨和指责。[21]由于她的恼怒或绝望情绪常常是在仅仅用文字表达出来后就消失了，所以有时她会惊讶于她的通信者们对她匆忙写完又很快就忘掉的信件的反应。

10月，弗洛伦斯与哈代一道前往普利茅斯和托基，进行了为期三天的旅行，但旅行却被搞糟了，一是由于天降大雨，二是由于哈代坚持参观已故的吉福德家人那破败的房屋和杂草丛生的坟墓。11月30日，《瞬间幻象》的出版是一个更严峻的考验。哈代以颇高的热情完成了该诗集，弗洛伦斯说9月初他在修改校样时，心情非常愉快，当一部作品到达那个阶段的时候，他的心情总是很好。然而，她觉得该诗集像《命运的讽刺》一样，使她处于背光之中，它对艾玛的不断纪念，暗示着“哈代的第二次婚姻是一桩非常灾难性的婚姻，他唯一的愿望就是在她的坟墓里找到避难所，因为只有和她在一起，他才能找到幸福。好吧，总有一天一切都会结束的”。[22]早在该诗集出版之前，弗洛伦斯就已经熟悉了它的内容——8月时，她曾和考克雷尔联手劝哈代不要收录《她的声音》一诗——或许哈代在送给她的那一部诗集中的题词应该会让她得到安抚：“此乃第一版第一本，谨献给女人中排名第一的弗洛伦斯·哈代。托马斯·哈代题赠。1917年11月。”[23]她可能还记得《命运的讽刺》出版时霍尔夫人曾告诉过她的那条明智建议，即把诗人和现实生活中的男人等
475 同起来是危险的。但是这一次，这样的事情她一概没有做，直到她赴伦敦进行又一轮的对专业医生的拜访时，她在看一场名为《亲爱的布鲁特斯》的日场演出时崩溃了，哭了起来，那是一出关于生活中“可能已经发生的事情”的辛酸戏剧。于是一位“我丈夫的老朋友”不得不劝慰她，几乎可以肯定是《亲爱的布鲁特斯》的作者本人，即巴里爵士。[24]

新诗集比之前任何一部诗集都要厚，确实包含了很多献给艾玛的诗，在情绪上——即使不一定在质量上——和“1912–1913 年组诗”一脉相承。然而，这些后来的诗歌的情景和场合，现在已经超越了圣朱利奥特时期，延伸到了婚姻的其他阶段，从艾玛精神恶化的角度开始，诗歌第一次直面浪漫的衰落，特别是在《闯入者》一诗中，而且在《在拉尼维特附近，一八七二年》一诗中也得到了暗示。与艾玛无关的自传体主题也在众多的例子中发声，被置于该诗集之前遭弃的一个标题下，哈代曾称之为“岁月中的瞬间”[25]——这些诗都是对过去经历的生动回忆所激发的。这些时刻常常是由一些触发记忆的视觉、听觉、触觉或嗅觉事件而自然而然地被哈代想起的。它们也可能会出现在有意刺激产生的记忆中，哈代很有意识地沉溺于这些记忆，譬如当他的视线从麦克斯门穿越田野，望向金斯屯-莫瓦德和遮蔽了上博克汉普屯的树林时；当他走在帕德尔屯的荒野上，或走在通往温特伯恩-凯姆的小径上时；当他在斯廷斯福德教堂墓地的坟墓之间漫步时；或者当他翻阅其旧笔记本，思考他过去多年来见过、想过、画过或写了一半的东西时。

1916 年 9 月，当哈代走在荒野上的时候，站在旧马车路上的时候，“想象”乔治三世和其宫廷、哈代上将以及他童年时期的母亲的时候，他正是在进行这样一种演习。[26]1917 年 10 月，他引用了《写在“列国分裂”时》一诗——该诗是他最近根据 1870 年在圣朱利奥特所记的笔记创作的——作为一个例子来展示他的“能力……能把一份情感深埋在我的心中或脑海里四十年，时间一到再挖掘出来时，新鲜如初”。强烈的自传体材料的复原的确几乎是他所有最佳作品的核心，无论是诗歌还是小说，而且尽管弗洛伦斯非常痛恨那些对斯廷斯福德教堂墓地的忧郁拜访和罕有的圣朱利奥特之旅，但它们为哈代晚年那非凡的诗歌创造力和异常的快乐作出了至关重要的贡献，弗洛伦斯得意扬扬地写信跟考克雷尔说，哈代异常快乐地迎接了 1917 年岁末的到来。除夕之夜，她又把这个好消息告诉了丽贝

476 卡，仍是用她典型的表达方式，并加上了一句她自己的忧郁评论："我丈夫身体甚好，而且令人惊讶地快乐，尽管他的诗很忧郁。我希望人们知道他是真的快乐，因为陌生人一定会猜想他唯一的愿望就是死去，和唯一一个给过他幸福的女人一起长眠在坟墓里。"[27]

整个1917年持续不断的怀旧情绪与传记叙事工作的开始密切相关，传记大部分是哈代自己撰写的，但在他去世后，在最终出版的两卷本官方传记《托马斯·哈代的早期生活》和《托马斯·哈代的晚年》的扉页上，署名作者是弗洛伦斯·艾米莉·哈代。目前尚不清楚该计划最初是何时、以何种方式构思和决定的。玛丽去世、亨利重病、哈代年事已高都是一部分原因，毫无疑问，考克雷尔写的关于十九世纪早期激进的制靴者托马斯·哈代的第三人称自传也是一部分原因——其主人公和哈代毫无关系，但在某些方面却是一位与他志趣相投的人——考克雷尔在前言中解释说，他之所以选择使用第三人称而非第一人称来写作，是为了"不必一直呼唤那个伟大的**我**来帮助我"。[28]如果这只是一个暗示的话，考克雷尔很快就会变得更加明确，在1915年12月的一封信中，他敦促哈代"写下一些关于您自己的东西，尤其是关于那个我拥有其照片的年轻人，您曾跟我说，您能够以一种近乎完全客观超然的方式回想起他"。考克雷尔接着说，在弗洛伦斯的帮助下，哈代可以对其童年进行丰富多彩的描述，"即使正如您所打算的那样，只记录晚年有重大意义或影响的事件和特殊的经历"。[29]在这场特殊的战役中，考克雷尔和弗洛伦斯似乎成了盟友，而且正如在《早期生活》的前言中所主张的那样，很可能是在弗洛伦斯的"强烈要求"下，这项计划才第一次谨慎实施。[30]毕竟，这给了她一个机会，使她能够成为对丈夫直接有用的人并帮忙保护他去世后的名誉，与此同时，为她自己没有得到充分利用的文学能量找到一份有目的的、适意的、持续性的工作。

哈代一如既往地是一个私密感非常强的人,他觉得(和许多其他作家一样)世人应该只关注其作品,而不是作家本身的生活或个性。但到1917年,他已年近八旬。他成名多年,曾面对过文学朝圣者的强求拜访、新闻记者的追求轰动效应,以及学术界的著书立说。尤其令他记忆犹新的是阅读F. A. 赫奇科克①的《托马斯·哈代:思想家和艺术家》一书的痛苦经历,该书是于1911年在巴黎出版的。赫奇科克是一位严肃的学者,他的著 477
作主要是批判性的研究,但其开篇是一个传记性的章节,哈代对这一章表达了强烈的反感,并在他拥有的那本书的空白处写下了这样的评论:“这一切太私人化了,而且没有品位,即便假设其所言为真,其实不是真的……这暴露了‘采访者’的邪恶本性。”哈代有效地阻止了赫奇科克著作的英文译本的出版,并试图强求后来的采访者许下承诺,即他自己所说的任何话都不会在出版时被引用。[31]他不得不承认,这种对隐私的侵犯将在其余生持续,直到他去世后的岁月。他最终相信,如果各种传记注定要存在的话,可以对它们予以阻挠,抵制,或至少给它们提供一个有利的方向,其最佳方式就是在它们出版之前先出版他自己版本的生平大事记。鉴于他自己的处境,尤其是鉴于有一个已经创作并出版了自己著作的合作者的存在,从写第三人称自传的想法转变为写一个“官方”自传的想法是相对容易的,该自传是由被撰写对象本人所写,但注定要在他去世后以其合作者的名义出版。

该项目的认真工作始于1917年灾难性的战时夏天,随后的诸多进展可以在弗洛伦斯写给考克雷尔的数量众多、言辞轻率的信中看到。7月23日,她对他说:“我一直在做笔记,但发现如果不经常向哈代求证的话,就会有相当大的困难,他现在手头正在做的工作——修改其笔记(实际上是日记)——几乎就要收尾了,接下来我们就将一起工作。至少我们谋划要

① F. A. 赫奇科克(Frank Arthur Hedgcock, 1875–1954),法国文学评论家,大学讲师。

这样做。谋事在人——"[32]9月,她写信说,哈代正在愉快地修改《瞬间幻象》的最后一批校样,待他一完成这项工作,他就打算"继续向我提供他生活的事实。我已经得到了截至他开始在伦敦工作时的内容,但还有很多待填补的。他现在对写传记这个想法似乎很热心,当然我也喜欢做这件事"。[33]

哈代似乎首先写完了——或者说是向弗洛伦斯口述完了——他早年生活中截至他在伦敦第一年左右的时间的描述。在最初的回顾性练习的刺激下,他翻阅了他至少从六十年代开始保存的所有关于观察、情节和偶尔的图画的袖珍笔记本,剪下或从中抄写出了一些关于个人的条目,以便融入他正在构建的复合叙事中。他还整理了——并在很大程度上销毁了——多年来积累的大量来信。就他本人寄出的信件而言,出于隐私的需要,他不可能从收到他信的朋友们那里再把信要回来,因此他唯一的办
478 法就是找出他所保留的特别重要的信件的草稿或副本,虽然这些信不是个人交流,而是为了在报纸和杂志上发表而写。在麦克斯门,"素材"是指那些留出来待融入传记的条目的总称,在任何情况下,它们都不会被视为是完全神圣而不可侵犯的,哈代已经做好充分准备,必要时他会修改那些他如今认为措辞已不再恰当的旧笔记和信件,或者根据随后发生的事件,稍微整修原始的日记条目。这种对历史记录的调整,完全符合维多利亚时代已被认可的"生平和信件"传统的灵活性,而且只因许多原始文件后来被销毁了,这种调整变得尤为重要。

"传记"的实际写作是在一定程度的保密的情况下进行的,这被认为是为了表面上的作者弗洛伦斯的利益,也为了哈代本人的名誉,无论是目前的,还是去世后的。哈代的亲笔手稿是在他的书房里在最隐私的状态下撰写的,每当有人进来时,稿纸都会被顺势藏掖到吸墨纸下面,他每写完一页就交给弗洛伦斯,让其先后打印出三个副本:一份色带打印版,两份碳带打印版。哈代会先更正修订其中的第三份副本(即第二份碳带打

印版），然后将其交给妻子，让她将修改的内容誊到第二份副本（即第一份碳带打印版）中，然后，在修改稿得到他的最终认可后，再打印成待付梓的色带打印版，这样从理论上来讲便不含有他参与写作的痕迹。到 1919 年底，传记的完成进度似乎已经截至 1918 年 5 月底，然后撰写工作暂时被搁置在了一旁，哈代手书的一则笔记证明到那个时间截点，传记“大致处于可付梓状态”。[34]然而，他后来确实又回到了传记撰写的工作中，加了一些东西，做了大量修改，并且继续在“素材”中添加日记条目、信件副本和各种各样的笔记，以便弗洛伦斯在写最后几章的时候加以利用。

这么说来未免有些残酷，但是可以说哈代“传记”的撰写和最初出版所处的境况，可能会（而且已经）被搞得让人感到异乎寻常、荒诞不经和有点不光彩，而哈代和弗洛伦斯均不能完全免于不真诚的指控。然而，在哈代去世后出版的第一本传记《托马斯·哈代的早期生活》的扉页上有一则声明，内容是：该书主要是由弗洛伦斯“根据现存的笔记、信件、日记和传记备忘录以及多年来在谈话中获取的口头信息”加以“编撰”而成，这一声明是非常严密而准确的。对哈代和弗洛伦斯来说，在当时那样的境况下，
这是一项非常明智而实际的工作，因为它将弗洛伦斯置于一个授权传记 479
作家的位置上，使她有幸可以无限地接触一个理想的、具有合作精神的撰写对象，同时在第三人称所蕴含的真实性和非个人化的光环的笼罩下，也使哈代能够畅所欲言。对他而言，这种直接的带着忏悔和揭露性质的冲动完全是陌生的，他无论如何都已经把自己最丰富的自传体经历编织进了其小说和诗歌的结构之中。他在风烛残年所关心的，只不过是要把自己职业生涯的基本记录陈述出来，向其先辈们致敬，获得最后一次发表意见的机会，来表达他对生存本质、虐待动物和其他喜爱的话题的看法，并将他长久以来认真地罩在其灵感的源泉和极其私密的自我内心深处的防护罩投射到未来。

尽管大多数评论家对《瞬间幻象》的反应是积极的，但也有一些人承认自己对它忧郁和非常规的特质感到困惑甚至反感。《雅典娜神殿》提到哈代的诗歌写作显示了“一个正在学滑冰的年轻人某种程度上的优雅”，这也是促使他匆匆写下苛评的诗评之一，其评论是关于评论者的缺乏感知力和他们没有能力领会到艺术可能会被故意用于隐藏艺术。他向亨尼卡夫人抱怨说，尽管其出版商寄给他的五十篇左右的评论无疑是“足够友好的”，但除了五六篇之外，所有的评论都“令人可叹地无能、有眼无珠，价值远远低于杂货商或窗帘商的意见……我总是觉得我能在一卷诗中指出最好和最差的诗歌，但这些评论均未做到。但或许这是我的自负，因为我没有做评论家的经验”。他还被固执的传统浪漫主义观点所激怒，这种观点认为“真正的诗人”必然是这样的：“他们在处理个人事务时都一定是不切实际的；不，他们几乎必须像雪莱或马洛那样，溺水而亡或被刺身亡，或像济慈一样，殒于肺结核。”尽管他自己曾在《早期与晚期抒情诗集》中发表过诗歌《古人向古人的致辞》，但人们常常忘记的是，一些最伟大的古代作家，如荷马、埃斯库罗斯、索福克勒斯和欧里庇得斯，均是在晚年时创作出了他们最优秀的作品，他们“诗歌的火花”总是蛰伏的，但它“突然冒出……在冻结并延迟了半生之后”。[35]

尽管哈代作为小说家的成功生涯为他提供了推出《威塞克斯诗集》的跳板，但后来证明某种程度上这也是一个妨碍，它允许甚至鼓励评论家们
480 将他们自认为的其诗歌的散文特质，视为一个哀叹他放弃散文的理由。哈代本人认为，在年龄上，他年事已高却“无诗意”，在习惯上，他毫无趣味地拘泥于家庭生活，这进一步阻止了批评家们严肃地将其视为一个艺术家，因此，这就越来越有必要坚持他在威塞克斯版本的总序言中所描述的“我的文学成果中更为独特的部分”。[36] 1918 年 2 月，当他向高斯提供一些关于《哈代先生的抒情诗》（这是高斯为《爱丁堡评论》撰写的一篇文章）的信息时，他详述了这一困境：“正如祈祷书中所说，为了缓解生活的

迫切需要，我开始创作小说，并使其成为一种职业；但昨晚我发现我花在诗歌写作上的时间比花在小说写作上的时间还要长（二十五年半的小说，二十六年的诗歌）！但是我的诗歌总是被人们认为是一个副产品，我想这是印刷机导致的奇怪事故。”[37]在其文章的第一段中，高斯适时地强调了这一主题，然后接着概括论述了哈代从1860年到《瞬间幻象》的整个诗歌生涯，他强调对于非同寻常的事物与普普通通的事物，悲剧性的事物与平凡的事物，他的朋友具有加以辨别和戏剧化处理的能力：“对哈代先生来说，绝对没有任何事物是太微小而观察不到的，也没有任何回忆是太模糊而回忆不起来的，他都可以将其作为一首玄学派①抒情诗的主题……他似乎不做选择，而且虽然他谦逊到卑微的地步，但其领域实际上却是无边无际的。”然而，令人惊讶的是，高斯对包含“1912-1913年组诗”的《命运的讽刺》并无好评，认为它是哈代诗集中最可有可无的一部，这一判断充分证明了哈代在对高斯的文章予以致谢时隐晦地提及此事是事出有因的，他说高斯读该诗集的感受是“好像诗集是一个我完全不认识的作家写的”。[38]

1918年的时间几乎全部用于完成《生活和工作》，以及与之相关的各种清理和整理工作。到6月11日，弗洛伦斯的打印稿的时间已经截至1895年。同一个月晚些时候，哈代校对打印稿的时间已经截至1892年；令弗洛伦斯非常苦恼的是，他坚持要烧掉整个1840年至1892年间的亲笔手稿。在秋季，他花了很多时间浏览这些年来积累起来的成堆的评论，清除了几乎所有带有“轻视或诽谤性质”的内容，把他希望保存下来的东西

① 玄学派（Metaphysical Poetry）是指十七世纪英国的一个独特的诗歌流派，该流派试图从伊丽莎白时期传统的爱情诗歌中分离出去。约翰·多恩（John Donne，1572-1631）是这个流派的代表人物之一，其诗歌的一个主要特点是精妙地运用“奇思怪喻”（conceit）的比喻手法。

粘贴到如今仍然幸存的大剪贴簿上。[39] 这些剪贴簿中包含了相当多的有些敌意的评论,这样看来,哈代说的“轻视或诽谤”的意思与其说是批评性的蔑视,不如说是人格上的冒犯。

481 哈代以极大的精力和热忱来完成这些任务,他坚持认为即使不辞辛劳地修改、重写,有时重新打印弗洛伦斯认为已经完成的工作,也要把它们做好。尽管她时不时地提出抗议,但她知道,一旦哈代做出决定,就不会再出尔反尔。2 月,弗洛伦斯向丽贝卡致歉,因为哈代拒绝为她在他的新书上签名,弗洛伦斯解释说,在哈代这个年纪,某种程度上自然会“固执己见”。然而,她告诉考克雷尔,哈代却异乎寻常地保留了“他内心的光辉:一个真正带来阳光的人”,虽然战争新闻让人深感沮丧,但他们夫妇俩均未“料到我们竟然会打败德国”。[40] 对于弗洛伦斯的妹妹玛格丽特可能会在麦克斯门生孩子的建议,哈代的反应是惊恐,但事实证明,他非常乐意让玛格丽特在妊娠期和他们住在一起,尽管正如弗洛伦斯所承认的那样,他更希望过二人世界的生活。分娩时间到了的时候,他不反对为了对他表示敬意而给这孩子取名叫托马斯,毫无疑问,他心里想着弗洛伦斯所说的话——在过去的岁月里,在麦克斯门会多么欢迎一个孩子的降生啊。然而,在给亨尼卡夫人的信中,他对此事的评论有点酸溜溜的,他说如果他是一个女人,他会“在这个一切都对两性开放的解放时代,在结婚前三思而后行”。[41]

在 1918 年的大部分时间里,哈代都保持着健康和身体活跃的状态,除了 10 月偶染小疾和 3 月一次严重的疾病发作,后者要归咎于吃了一个由瓶装罐头李子做的馅饼。4 月的一天下午,他和弗洛伦斯对上博克汉普屯(现在的住户是赫尔曼·利)进行了一次伤感的拜访,哈代发现骑车对他来说有点费力了;与此同时,最近重新发现的《远离尘嚣》手稿,正在伦敦的红十字会拍卖会上接受拍卖。但这是他当年的第一次出行,在春夏两季中,他又多次踏上了这样的旅途,其中大部分是去塔尔博塞斯——他和弗洛伦斯是那里的常客——有些则是去更远的地方。[42]此外，他还继续适度地参与当地事务。尽管自1894年担任郡治安法官以来，哈代很少在多切斯特法官席上做治安官，但在1917年至1919年间，他曾五次回到那里工作，主要是为了对一些牟取食品暴利的案件作出裁决。他似乎将这看作是另一种形式的战争工作，但在食品严重短缺的时期，弗洛伦斯面临着日常购物的困难，而哈代却对他们惠顾的杂货店老板作出罚款十五英镑的判决，因为他以每磅半便士的价格销售了大量米粉，弗洛伦斯对此判决大为光火。[43]1918年1月，哈代对《梅尔斯托克-奎尔》在当地的新版演出产生了浓厚的兴趣，在最后一次排练编入演出中的舞蹈时，他还拿起一把 482
小提琴演奏了其中一首曲子。弗洛伦斯对考克雷尔说："他没有跳舞，但我能看出来他是渴望跳舞的，他本可以像任何人一样勇敢地跳起舞来的。"[44]

这一年，考克雷尔两次拜访麦克斯门，此时他已几乎成为家庭的一员。也有来自实际家族成员的探访，包括弗兰克·乔治的兄弟姊妹和克里斯托弗·汉德①的一个孙女，克里斯托弗早年有酗酒的坏名声，晚年逐渐被他在当地的帕德尔屯农舍花园和园艺展获奖常客的名声所取代。[45]然而，麦克斯门仍然处于哈代网络的边缘，而非中心，其主人的习惯和惯例倾向于阻止那些不速之客。上博克汉普屯村舍曾一直是家庭新闻和当地流言蜚语的交流中心，也是保存和口述家庭记忆和当地传说的中心，但由于目前没有哈代的家人居住在那里，它的作用——不可避免地有某种程度的减少——已经转移到了塔尔博塞斯，特别是转移到了凯特身上，她这些年的日记经常提到亲朋好友的来访。因此，通过自己对塔尔博塞斯的造访，哈代与一些亲戚和熟人保持着直接或间接的联系，其中包括几个堂(表)兄弟姊妹的子女和孙子女，正如他继续与弗洛伦斯的父母和姊妹

① 哈代的三舅。

以及艾玛的几个亲戚保持着联系一样。

哈代买下了查尔斯·米奇·哈代在帕德尔屯居住的房子,以避免他被驱逐出去。查尔斯去世后,他的遗孀离开了帕德尔屯,哈代还写信帮助她被一家救济院接收。[46] 1923 年初,戈登跟哈代说他担心失去自己在伦敦郡议会建筑师的职位,哈代托议会议员圣赫利埃夫人向戈登的部门负责人打听情况,人家很快向其内侄保证,他的职位是相当安全的。他还对威廉·詹金斯·哈代的外孙女、弗兰克·乔治的嫡亲表妹莉莉·惠特比①的前程感到担忧,尽管他对当弗洛伦斯不在家时让她待在麦克斯门的建议感到不自在。虽然弗洛伦斯本人怀疑哈代的某些财务姿态是否明智和恰当,但她并没有否认或贬低其丈夫对那些远亲表现出的仁慈和慷慨,"即便是他不喜欢的人"。[47]尽管哈代强烈地意识到自己和其弟弟妹妹均没有孩子的事实——"我的大家庭在我这里走到了尽头,"他于 1919 年给艾玛的一个堂(表)兄(弟姊妹)②写信时如是说——但是他执着地相信
483 家庭是凝聚人心的力量,是忠诚的中心,他告诉道格拉斯爵士,他很遗憾"家人带着轻松愉快的心情把家庭搞得四分五裂"。[48]

大约在这个时候,哈代绘制了一份家谱,但把他大多数的叔叔(伯父、姑父、舅舅、姨父)、婶婶(伯母、姑妈、舅妈、姨妈)和堂(表)兄弟姊妹都从中删掉了,这常常被认为是故意混淆或势利的迹象,或者两者兼而有之。但从未打算出版的"哈代家谱"和大多数类似的传统做法一样,是源于哈代对自己家世的兴趣,以及对自己的祖父母、曾祖父母和其他祖先的身份的兴趣,家谱很自然地以倒金字塔的形式呈现,他的名字在页脚,左右并置的分别是他两个妻子的家谱,标题是"吉福德家谱"和"达格代尔家谱"。

---

① 弗兰克的妈妈安吉丽娜和莉莉的妈妈罗莎是亲姐妹。

② 英文是 one of Emma's cousins,因性别和年龄不详,无法准确翻译,故采取括号夹注的方式。该译著其他地方一词多义的亲属称谓翻译也参照此翻译原则。

哈代在适当的地方指明了他父母家庭中兄弟姊妹的数量，但记录每一个名字及其配偶的名字的任何企图——更不用说记录所有孩子和所有孩子的孩子的名字了——都会导致一个令人绝望的混乱和拥挤的页面。毕竟，他有将近六十一个堂（表）兄弟姊妹；虽然玛莎·（斯帕克斯）·达菲尔德①的一个孙子于1902年被带回英国，在麦克斯门受到夸赞，并在帕德尔屯教堂受洗[49]，但是尽管哈代真心愿意，他也不可能与玛莎·达菲尔德和她姐姐艾玛·（斯帕克斯）·卡里的所有澳大利亚后裔相认，亦不可能追踪他小姨妈玛莎在加拿大的家庭的多触角的分支，更不可能与分散到伦敦、布里斯托、温莎和不列颠群岛其他地区的汉德和哈代家族的多代人保持联系。哈代还被指控只关心那些属于或达到中产阶级的家族成员和亲戚，事实上，那似乎不是一个站得住脚的概括，但是即使它是，那也只是说，他对少数亲属有着完全自然的兴趣，像他自己一样，在世代相传的职业和阶级界限内，他们在某种程度上脱离了原本单调的家庭就业模式和婚姻模式。如果他特别关注像恰尔兹家族②那样的远亲，那部分原因是他们表现出了一些文学兴趣——在他的家庭背景中几乎没有发现这样的人——但也是因为他可以获得该家族在世成员自愿提供的家谱信息。

注释

［1］《哈代书信》，第五卷，页147；《哈代书信》，第五卷，页180；E. 英格利斯致其姐姐［或妹妹］的信，1916年5月30日（多博）。

［2］弗洛伦斯致霍尔夫人的信，1916年9月5日（威尔特郡档案局）；《生活和工作》，页403—404。

［3］《生活和工作》，页404；珀迪与弗洛伦斯谈话，1935年；《艾玛与弗洛伦

① 哈代的大姨妈玛利亚的三女儿，1870年与威廉·达菲尔德结婚后移居到了澳大利亚。

② 恰尔兹家族是哈代的外曾祖母玛丽亚·恰尔兹所属的家族。

斯书信》,页119-120。

[4]《艾玛与弗洛伦斯书信》,页115;《艾玛与弗洛伦斯书信》,页121。

[5] 珀迪,页349-350。

[6]《哈代书信》,第五卷,页190;《艾玛与弗洛伦斯书信》,页118。

[7] 考克雷尔与哈代会面笔记,1915年6月30日。(耶鲁)

[8] 珀迪,页187;弗洛伦斯致考克雷尔的信,1916年7月25日(耶鲁)。

[9] 威尔逊,《搬上舞台的哈代作品》,页98-102;《哈代书信》,第五卷,页166。

[10] 弗洛伦斯致R.欧文的信,1916年6月5日。(科尔比)

[11]《艾玛与弗洛伦斯书信》,页126;《生活和工作》,页404。

[12]《哈代书信》,第五卷,页204。

[13]《哈代书信》,第五卷,页218;《哈代诗歌》,第二卷,页300;《公众声音》,页374,参《生活和工作》,页405;《哈代书信》,第五卷, 页275。

[14]《艾玛与弗洛伦斯书信》,页117;《生活和工作》,页408-409。

[15]《哈代书信》,第五卷,页218、219、220。

[16]《生活和工作》,页407;凯特·哈代,日记,1917年3月25日(多博:洛克)。

[17] 弗洛伦斯致R.欧文的信,[1917年7月29日?]。(科尔比)

[18] 珀迪与弗洛伦斯谈话,1933年(耶鲁);弗洛伦斯致R.欧文的信,1917年6月24日和1915年12月30日(科尔比)。

[19]《艾玛与弗洛伦斯书信》,页131。

[20] 同上,页136。

[21] 弗洛伦斯致R.欧文的信,[1916年2月16日?](科尔比);《艾玛与弗洛伦斯书信》,页135。

[22]《艾玛与弗洛伦斯书信》,页134;弗洛伦斯致考克雷尔的信,1917年12月8日(耶鲁)。

[23] 弗洛伦斯致考克雷尔的信,1917年8月19日和22日(耶鲁);藏书

所在地(多博),参珀迪,页207–208。

［24］《艾玛与弗洛伦斯书信》,页135。

［25］《哈代诗歌》,第二卷,页230–232,页168–170;珀迪,页207。

［26］《艾玛与弗洛伦斯书信》,页120–121。

［27］《生活和工作》,页408;弗洛伦斯致考克雷尔的信,1917年12月25日(耶鲁),另见弗洛伦斯致R.欧文的信,［1917年12月30日?］(科尔比)。

［28］《托马斯·哈代回忆录……自己撰写》(伦敦,1832),页viii;关于这位哈代(1752–1832),见《英国人物传记辞典》。

［29］考克雷尔与哈代会面笔记,1915年12月7日。(多博)

［30］《早期生活》,页vii,参《生活和工作》,页3。

［31］哈代注释本,页33(多博);弗洛伦斯致V. H.柯林斯的信,草稿,1922年7月2日和9日(多博)。

［32］《艾玛与弗洛伦斯书信》,页133。

［33］弗洛伦斯致考克雷尔的信,1917年9月9日。(耶鲁)

［34］《生活和工作》,导言,页xvi–xvii。

［35］《雅典娜神殿》,1918年1月12日,第三十三卷;《哈代书信》,第五卷,页250;《生活和工作》,页414;《哈代诗歌》,第二卷,页481–484。

［36］《德伯家的苔丝》,页ix,参《哈代的个人作品》,页48。

［37］《哈代书信》,第五卷,页253。

［38］E.高斯,《哈代先生的抒情诗》,载《爱丁堡评论》,第二二七期(1918年4月),参《哈代:批评遗产》,页459、450;《哈代书信》,第五卷,页260。

［39］弗洛伦斯致考克雷尔的信,1918年6月11日和27日(耶鲁),《艾玛与弗洛伦斯书信》,页143;弗洛伦斯致考克雷尔的信,1918年11月15日(耶鲁);剪贴簿(多博)。

［40］弗洛伦斯致考克雷尔的信,仅存片段［1918年1月20日］(耶鲁);弗洛伦斯致R.欧文的信,1918年2月18日(科尔比);《艾玛与弗洛伦斯书信》,页140。

［41］弗洛伦斯致 L. 伊尔斯利的信，1918 年 7 月 26 日和 25 日（伊顿）；《哈代书信》，第五卷，页 283。

［42］弗洛伦斯致考克雷尔的信，1918 年 3 月 22 日和 4 月 22 日（耶鲁）；关于拍卖，见《生活和工作》，页 416；凯特·哈代，日记，1918 年 7 月 9 日和 19 日等（多博：洛克）。

［43］桑普森，《哈代——治安法官》，载《科尔比图书馆季刊》，第十三卷，1977 年 12 月，页 271；《生活和工作》，页 417。

［44］弗洛伦斯致考克雷尔的信，1918 年 1 月 27 日（耶鲁），参《一生的朋友：致悉尼·卡莱尔·考克雷尔的信》，页 297，其中文本被缩写并重新排序。

［45］T. W. 杰斯蒂，访谈，1979 年；L. M. 法里斯，《哈代和汉德家族回忆录》（圣彼得港，1968）；《多塞特郡纪事报》，1884 年 8 月 14 日。

［46］弗洛伦斯致 L. 伊尔斯利的信，1922 年 9 月 17 日（伊顿）；C. A. 贝克致哈代的信，1923 年 8 月 28 日（多博）。

［47］圣赫利埃夫人致哈代的信，1923 年 1 月 7 日（多博）；弗洛伦斯致考克雷尔的信，1918 年 10 月 26 日（耶鲁）。

［48］《哈代书信》，第五卷，页 338、136。

［49］凯特·哈代致 J. 斯帕克斯的信，1902 年 12 月 2 日（伊顿）；帕德尔屯教区档案（多档）。

第二十七章　在麦克斯门喝茶

哈代的声望和名气，再加上威塞克斯本身的诱惑，吸引了越来越多 484
的访客来到麦克斯门，哈代把每天下午茶的时间作为日常接待来访的时间。早在 1918 年，弗洛伦斯就曾在日记中写道：“今日无人来喝茶——有幸可以轻松一下。”次年夏，约翰·考珀·鲍伊斯①发现哈代很乐意“愉快地”谈论“各种各样的小事”，从自行车爆胎到“波特兰-比尔附近的墓地里的人名”。在跟其弟弟卢埃林谈起这次拜访时，鲍伊斯说弗洛伦斯看起来像是“一个严肃、苦行的艺术学生或是切尔西的社会主义者，威廉·莫里斯的追随者”，“她头发分开的发型颇似圣母马利亚，此外她给人一副很负责任的样子”。[1] 肖特最近丧妻，在弗洛伦斯眼中显得很凝重，但是他在麦克斯门的主人七十八岁生日之际不请自来，并且在整个拜访过程中表现得很不好，使弗洛伦斯对他没有了好感，也证实了他是哈代评价不高的人之一。当文学记者亚瑟·康普顿-里克特②来喝茶时，哈代怀疑他有写传记的企图，于是推迟了一个多小时才从书房

---

① 约翰·考珀·鲍伊斯(John Cowper Powys，1872–1963)，威尔士小说家、散文家和诗人。

② 亚瑟·康普顿-里克特(Arthur Compton-Rickett, 1869–1937)，英国文学记者，著有《英国文学史》(*A History of English Literature*, 1912)一书。

里下来。[2]

在麦克斯门的新访客中,西格弗里德·萨松①和夏洛特·缪②给哈代留下了最深刻的印象。萨松是哈莫·索尼克罗夫特的外甥,正如弗洛伦斯于1918年初告诉一位美国记者的那样,哈代"总是渴望遇到一位伟大的新诗人",因此他对萨松的作品早就产生了强烈的兴趣。他们通过飞鸿传书交往了一段时间,但是直到11月6日才得以见面,萨松立即成了哈代的"忘年之交",而对弗洛伦斯来说,他是"我认识的最才华横溢、最英俊帅气、最讨人喜欢的年轻人之一"。[3]缪女士最初是由考克雷尔引荐的,后来证明她几乎没有什么独特的个人魅力,也根本不是哈代所喜欢的那种类型的女人。[4]但是其谈吐和诗歌均给哈代夫妇留下了深刻印象,他们俩都对她的工作和幸福产生了浓厚的兴趣。

485 另一位受欢迎的访客是埃利奥特·费尔金③,他是驻扎在附近战俘营的一名中尉,他很快便确立了自己作为麦克斯门宠儿的地位,成为哈代观察和回忆的对象。一天,哈代带着费尔金参观了斯廷斯福德教堂墓地,并指给他看艾玛的坟墓:

> 当他谈到她的坟墓和她本人时,他的声音变得颤抖起来,他的眼中噙着泪水,在我们围着那地方转时,他说着说着就会失去头绪……他说:"如果你想立一座你认为将来可能会疏于照管的墓碑,就要立一座像艾玛那样的,而不是一个十字架形状的,因为十字架的会倒下来,而且刻字效果也不佳。艾玛那样的墓碑将存在数百

---

① 西格弗里德·萨松(Siegfried Sassoon, 1886–1967),"一战"时期英国著名战争诗人。

② 夏洛特·缪(Charlotte Mew, 1869–1928),英国女诗人。

③ 埃利奥特·费尔金(Arthur Elliott Felkin, 1892–1968),英国外交官,曾在战犯营担任口译员,后来被聘为巴黎赔偿委员会秘书长索尔特勋爵的私人助理,再后来担任国际联盟秘书处经济部门的负责人。

年。我之所以这么想是因为我没有后代,这一点你是知道的。"他说他一时无法决定碑文的内容——"谨此纪念",一部分来自莎士比亚①,一部分来自圣经②——以及该把碑文刻在哪里,在墓碑顶部还是一侧。起初听到这些私人问题时我感到颇为尴尬,但是他率直地继续说着,这样我也可以坦诚地予以回答。

费尔金注意到,哈代有一种非凡的能力,"对待年轻人,好像不是出于礼貌而假装让自己显得年轻,也不是好像在用经验和智慧指引年轻人,而是好像您真的觉得老年人和年轻人可以互惠互利……我希望自己晚年时也能像您那样"。[5]虽然哈代确实老了,对最近发生的事情变得健忘了,但他身体却很好,正如弗洛伦斯告诉考克雷尔的那样,他对童年的记忆仍然是"奇迹般的"。她补充道:"我初次见到他时,他太棒了,他当时正在创作《列王》,头脑很清楚。不过,即使是现在,他也不比一般的年轻人差多少。"[6]

11 月的停战协定在麦克斯门受到欢迎,哈代感到宽慰,但并非很乐观。这件事甚至在《生活和工作》中都没有被提及。但在 1919 年 5 月初,和平的回归,加之春回大地,确实使哈代活跃了起来,他甚至带着弗洛伦斯作了短暂的伦敦之行,他们住在巴里位于阿德尔菲排房的公寓里。哈代和巴里一起参加了皇家艺术院的晚宴;他和弗洛伦斯一起去皇家艺术院看了非公开展览,拜访了莫里斯·麦克米伦和高斯夫妇,接受了圣赫利埃夫人的宴请,并与弗雷德里克爵士和麦克米伦夫人共进午

① 可能指的是莎士比亚的第 30 首十四行诗《追忆》("Remembrance"),其中第二句为"唤起我对往事的追忆"(I summon up remembrance of things past)。

② 耶稣与十二门徒共进最后一次晚餐时说道:"这是我为你们牺牲的身体;你们今后也要这样做来纪念我。"(New King James Version: This is My body which is given for you; do this in remembrance of Me.)

餐。[7]尽管此次伦敦之行是借赴皇家艺术院晚宴之机,但与麦克米伦爵士讨论几个问题的必要性或许是哈代的主要动机。不久将出版一部威塞克斯版本的新诗集,其中包含《命运的讽刺》和《瞬间幻象》(同一个月晚些时候,哈代阅读了校样);一部单卷本的《诗歌集》,包括迄今为止出
486 版的所有诗集,也将于是年秋季出版,以与单卷本《列王》相匹配的版式出版;麦克米伦最近已着手安排出版三十七卷本的梅尔斯托克版本,以取代因战争爆发而未能如期出版的规划中的豪华版。[8]

虽然相对来说战争的结束意味着 1919 年没有了死亡和哀悼,但那年 8 月带来了一个特别令人不安和辛酸的消息。2 月丧母的莉莲被诊断为偏执狂,作为“精神不健全的人”,被送到埃塞克斯郡克莱伯里的伦敦郡议会精神病院。想起自己过去对莉莲的敌意,弗洛伦斯心里甚是难过,遂去克莱伯里看望了她。她还看望了戈登及其妻子,而且既然莉莲似乎一点也没有精神错乱到危险的地步,在麦克斯门和莉莲的一些亲戚的经济和其他担保的基础上,弗洛伦斯得以安排她在一年左右的时间后被解除监禁。[9]尽管当时莉莲是以“靠救济度日者”的身份被克莱伯里的精神病院收容的,但事实上,哈代对她的供养比弗洛伦斯想象的要慷慨得多,他以莉莲的名义购买了一些金边证券①,莉莲后来用这些证券换取了更多的投机性股票。由于莉莲和艾玛的关系,以及哈代对莉莲儿时和年轻时充满深情的记忆,他起初提出她一获释就住在麦克斯门,但亨利、凯特,当然还有弗洛伦斯,都反对这个想法,而他自己——正如弗洛伦斯带着挖苦的语气对考克雷尔所说的,他的习惯是在人们遥不可及的时候就将他们理想化——认识到了莉莲那蛮不讲理的贪得无厌会使

① 金边证券(gilt-edged securities)亦称“金边债券”或“优等证券”,英国金融术语,最初是指由英国政府发行的公债券,因其带有金黄边而得名,其安全性高,因此被认为是最稳定可靠的债券。

他想起艾玛曾给他带来的苦恼，也认识到了如果让自己再次面对这种曾经造成巨大痛苦的经历，那也许不是明智之举。[10]

10 月，萨松来到麦克斯门过周末，带来了《诗人的敬献》，这是一卷装帧精美的诗集，里面收录了四十三位诗人亲笔抄写的诗歌，包括从布里奇斯、吉卜林和叶芝，到格雷夫斯、萨松和 D. H. 劳伦斯等。哈代颇为感动，他很高兴以这样的方式受到尊敬，他还为自己安排了一项并非无足轻重的任务，即亲自特别地向每一位参与其中的诗人致谢。[11] 12 月 2 日，在博克汉普屯阅览室和俱乐部的启动仪式上，他作了简短致辞，致辞的撰写也比预想的要费心得多；阅览室和俱乐部作为当地的战争纪念馆建在了下博克汉普屯，几乎就在罗伯特・雷森的鞋匠店曾经坐落的地方。如今，哈代已习惯于沉湎过去，而且难以自拔，几乎要把现在压得喘 487
不过气来；是年圣诞前夜，就在他把一根冬青枝插在他那素未谋面的祖父①的坟墓上之后，他就在斯廷斯福德教堂墓地里看到了一个鬼魂，此事似乎并没有让弗洛伦斯和他自己感到惊讶。一个穿着十八世纪服装的人说："一个绿色圣诞节"②；哈代回答说："我喜欢绿色圣诞节"；但当他跟着这个奇怪的人走进教堂时，却发现那里空无一人。[12]

1920 年 6 月 2 日是哈代八十岁生日，奥古斯丁・比雷尔③、安东尼・霍普・霍金斯和高尔斯华绥来到麦克斯门，代表作家协会向他致贺词。是年夏天，巴里——4 月哈代参加哈罗德・麦克米伦和多萝西・卡文迪什夫人的婚礼时，曾和他住在一起——也在麦克斯门，他对哈代的感觉更加强烈，认为哈代"身上有一种我几乎在任何其他人身上都找不

① 哈代生于 1840 年，其祖父卒于 1837 年。

② 绿色圣诞节（Green Christmas），此处指没有下雪的圣诞节。

③ 奥古斯丁・比雷尔（Augustine Birrell，1850–1933），英国政治家、律师、学者和作家。

到的吸引力——一种真正配得上用‘神圣’一词来修饰的简单朴素——我可以想象耶稣的一些门徒就是这样的”。[13] 2 月时,哈代访问了牛津大学,去接受荣誉文学博士学位,并观看了牛津大学戏剧协会演出的《列王》的某些场景,期间身为协会经理的查尔斯·摩根和他多次见面。在摩根看来,哈代决心要“不引人注目”,这其中有自我保护的意味,“在他的举止中,有一种刻意‘平凡’的意味,但其背后却隐藏着非凡的热情”。与此同时,哈代既不故作年轻,也不倚老卖老,既没有明显的努力,也没有用显著的手段,便与年轻人建立了一种轻松自如的关系,埃利奥特·费尔金对此羡慕有加。也正是在这一年,考克雷尔的朋友凯瑟琳·韦伯说,在三十年的时间里,哈代从“一个外表粗犷、衣着与同伴们迥然不同、脸上写着敏锐和警惕、操着某种明显口音的人”,转变成了“一个文雅、虚弱、温柔的小老绅士,有着……温和悦耳的声音和优雅的举止”。[14]

从八十岁的有利位置回顾这个世界和他自己的事业,哈代几乎找不到欣喜的理由。在他出生后的岁月中,巨大的物质进步并没有伴随着“真正文明”方面的任何相应的进步——在人类的仁慈善良方面,在对他人和低等动物的关心方面。战争是结束了,但是在他看来,1919 年 6 月在凡尔赛达成的和平协议是灾难性的,这一观点在他读约翰·梅纳德·凯恩斯的《和约的经济后果》一书时得到了支持。对取决于“年轻
488 而软弱的国际联盟”的未来,他也没有看到太多希望。对其老朋友埃德卡姆,他做了如下推测:“在接下来的六十年时间里,我们可能会倒退到我们的起点(更不用说倒退的步伐更大)——到收费公路旅行、高昂的邮资、稀缺的报纸(因为缺乏印刷用的纸张)、一个阶级被另一个阶级压迫,等等,不一而足。”他认为艺术和诗歌将是即将到来的文明衰落的第一批牺牲品,而这种看法是由别人对他作品的持续的不理解(他有些过度地注意到了这一点)所支撑的。[15]

1919年7月,哈代给罗伯特·林德①写了一封言辞激烈的信,说他在评论《瞬间幻象》时未能认识到《在斯特明斯特人行桥上》一诗中的拟声元素。哈代对1920年二月号的《双周评论》感到更为沮丧,在这期杂志中,弗雷德里克·哈里森以个人的以及文学和哲学的理由抨击了他的悲观主义:"拜伦、雪莱、济慈都是背井离乡的人,都受到责难,注定英年早逝,客死他乡,可是他们的悲观主义只是偶尔的。但是托马斯·哈代却拥有人类所能企盼的一切——长久的寿命、安逸的生活、完美幸福的家庭、热情的朋友、君主所能给予的最高荣誉以及令人引以为傲的广袤乡村。"哈里森总结道:显然,他诗句中"单调乏味的忧郁""不是人类的,不是社会的,也不是真实的"。哈代花了两天时间起草回信,但最终在弗洛伦斯的劝阻下一封也没有寄出;然而,他认为他与哈里森长期以来的友谊已经彻底结束。[16]当年晚些时候,一个远没有那么亲密的熟人阿尔弗雷德·诺伊斯②对哈代的"哲学思想"发起了类似的攻击,哈代确实作出了相当详尽的回应,他坚持认为,和许多其他思想家一样,他认为宇宙背后的力量并不像诺伊斯所说的那样是邪恶的,而只是没有任何感觉、目的或道德性,而且无论如何都是不可知的:

> 在我的幻想中,或者在想象的诗歌中,当然我赋予了这种力量各种各样的名字——从来没有想到它们会被人认为是幻想以外的东西。我甚至曾在诸多前言中警告读者只把它们视为幻想——当作仅仅是瞬间的印象,实际上是感叹。但我总是不幸地预设一个过于聪明的读者群,毫无疑问,人们会继续认为我真的相信原动力是

---

① 罗伯特·林德(Robert Lynd, 1879–1949),爱尔兰作家、诗歌编辑。

② 阿尔弗雷德·诺伊斯(Alfred Noyes, 1880–1958),英国诗人、短篇小说家、剧作家。

> 一个恶毒的老绅士，一个达荷美国王①那样的人——这个想法远远不是我所持有的，我不可抗拒地认为它是滑稽的。“一个人为这样的公众写作，他一定是个愚蠢的人！”这是一个人生命结束时不可避免的反思。[17]

在哈代的许多朋友看来，他坚持认为当代批评是不公正的，这似乎是不合理的，与他的身份也不相称。但是哈代并没有统计调查过有利和
489 不利的评论，也没有随着年龄的增长而丧失早年的敏感性。二十世纪二十年代的这位著名公众人物和五十年前的那个人是同一个人，他当时被一篇匿名发表的针对《计出无奈》的评论搞得苦恼至极。尽管他已经习惯了新闻评论的琐碎和粗鲁，但是“严肃的”评论家表现出的不理解仍可能令他近乎绝望，尤其是那些多年来一直和他是朋友的评论家。是年春天哈代参观埃克塞特和威尔斯的大教堂时，它们的平静和安宁给他留下了深刻印象，因此他觉得他宁愿做大教堂的风琴手也不愿从事世界上任何其他职业，这种想法或许不足为奇。[18]

凯瑟琳·韦伯认为弗洛伦斯是她遇到过的“最忧郁的人”，弗洛伦斯满腹牢骚地抱怨自己无法离开麦克斯门，尤其是在严冬的几个月里，“枯叶粘在窗玻璃上，风在呼啸，天空灰暗，你甚至看不到公路”。麦克斯门的树确实比以往更浓密更高大了，这使得成功地种花变得越来越困难，弗洛伦斯想知道，哈代一生中这么多时间都被树木团团围住，这有没有可能是他作品中“阴郁色彩”的一个原因。[19]与此同时，用人的问题又变得尖锐起来，而且威塞克斯的凶残——它不仅咬伤了邮递员，吓坏了用

---

① 达荷美共和国（Dahomey），中西非国家贝宁（Benin）的旧称，达荷美国于十七世纪建立，于1899年为法国所灭。历任国王都加强武力建设，对外用兵，扩张国土。

人，而且在一场漫长而血腥的战斗后咬死了一只白鼬——激起了人们（既不是第一次，也不是最后一次）关于将其杀死的议论。然而，哈代坚持自己对狗的溺爱，让它躺在书房里的羽绒被上，在圣诞节喂它鹅肉和李子布丁吃，但是在它生病的时候（这是可以预见的），哈代并没有主动提供帮助来把它弄乱的东西整理好。1921 年，辛西娅·阿斯奎斯夫人陪同巴里拜访麦克斯门，她或许有点夸张地说，在整个晚餐期间，威塞克斯——她遇到过的"最专横的狗"——"无拘无束地到处走动，不是在桌子下面，而是在桌子上，从盘子上到嘴里的每一叉食物，它都和我抢着吃"。[20]

在弗洛伦斯看来，哈代不愿采取主动或不愿花钱是一个持续的障碍。当她第一次谈到用一个新的更高效的厨房炉灶取代旧炉灶时，他向她哭穷；然而，几个月后，新炉灶还是安装上了。诚然，弗洛伦斯似乎最终总能如愿以偿，至少在家庭事务方面是这样。为了方便弗洛伦斯并讨她欢心，哈代让人在麦克斯门安装了一部电话（号码是多切斯特 43 号），不是为自己装的（他声称自己"不擅长使用电话"）；她还经常抱 490
怨这栋房子的原始风格，特别是缺少卫生间以及楼上的水龙头没有热水，1920 年 5 月，哈代终于予以回应，于是在楼上安装卫生间的工程开始动工了。[21] 尽管他在生活方式上是如此地固化，在他喜欢和不喜欢的事情上都雷打不动，但他仍然能够偶尔具有灵活性，甚至有点自嘲。7 月 8 日，弗洛伦斯写信说："我们在读简·奥斯汀的小说，我们已经读完了《劝导》和《诺桑觉寺》，现在正在读《爱玛》，哈代发现他和伍德豪斯先生①有许多共同点，感到很有趣。"[22]

晚餐后，弗洛伦斯常常会为其丈夫连续朗读一个小时或更长时间的小说，这对她来说是一项常规性的任务，有时也很难熬，因为她的咽喉一直很虚弱。此外，她还有其他责任。围绕哈代八十岁寿辰的宣传，终于

---

① 《爱玛》同名女主人公的父亲。

证实了他作为公认的英国文学巨擘的地位,这种地位的一些含义很快就向麦克斯门的这对夫妇显现了出来。6 月初,信件和电报纷至沓来,在很大程度上,回信的重担落在了弗洛伦斯肩上。另有一种令她不快的责任,那就是让那些哈代不想见到的人见不到他,还有就是保证那些被允许进入麦克斯门的人不要待得太久。哈代身体虽然健康,却越来越虚弱,也容易疲劳,特别是在他试图扮演和蔼可亲的主人的角色时。是年,一位以拳击手著称的军官前来拜访时,哈代脱下夹克,进行了模拟拳击;约翰·米德尔顿·默里①曾经谈到过哈代的一种非凡的运动记忆行为,这位八旬老人的膝盖上坐着默里九个月大的女儿,他准确地回忆起其童年时把手帕折叠成兔子形状的方法。[23]

访客们见到这位伟人时,他是充满活力、笑逐颜开的,他们并没有意识到他是在为了他们的利益而耗费自己的精力,因为他已经在书房里工作了一整天——1921 年,一位获得进入哈代书房的特权的访客将其描述为"没有装饰,简单朴素,像一个工匠的房间,破旧寒酸但舒适",它的"褪色的墙……涂的是一种不寻常的珊瑚粉红色"。[24] 正是在那里,哈代度过了每一天中的大部分时间,而且常常是绝大部分时间,用来写作,阅读校样,回信,并密切关注着他许多已出版作品的销售状况以及是否热卖。任何事情都不能妨碍他上午的工作,午饭时他总是很累,不愿交谈。不过午休之后他又恢复了精神,准备好了回到书房再工作一段时间,四点半左右,又出来接待下午茶时间的访客。令弗洛伦斯感到遗憾的是,
491 这个日程安排意味着他们永远不可能接受他人的午餐邀请,但她意识到,只是通过抵制这样的诱惑和干扰,其丈夫迄今为止才能在晚年一直积极地工作。是年夏天,哈代亲口对一位来访者说,不管他心情如何,他

① 约翰·米德尔顿·默里(John Middleton Murry, 1889-1957),英国作家、记者、评论家,短篇小说家凯瑟琳·曼斯菲尔德(Katherine Mansfield, 1888-1923)第二任丈夫。

每天都会去书房写些东西,写的是什么倒无关紧要:“日复一日,我笔耕不辍。仅仅是握住笔就会激发出我的情感;事实上,没有笔我就无法思考。重要的是不要等待合适的心情。如果你这样做,它就会越来越少。”[25]

1920年春季和初夏,哈代的任务之一是修改梅尔斯托克版本的校样。利用此机会,他修改了《一双蓝眼睛》里的一些地形名称,以使小说更直接地与圣朱利奥特地区产生联系,从而与艾玛联系起来。对其他小说卷的唯一改动是早期威塞克斯版本中的一些小错误,这些错误是读者提请他注意的,或者是他自己时不时发现的,结果他只是在《一双蓝眼睛》的校正页上做了校对。诚然,他没有对文本予以系统的重新考虑,也不认为新版在任何意义上可以挑战他所认为的威塞克斯版本的“权威性”。另一方面,他的确读了七卷诗集(包括三卷本《列王》)的校样,理由是“没有一个肉眼凡胎的印刷工,即使是天赐的印刷工,在印刷诗歌方面可以信赖”。[26]尽管他对自己诗歌的评价仍然比小说更高,甚至有时候在提到后者时还会用贬损的措辞,但是他清楚,小说仍然是其收入的主要来源。

5月,哈珀兄弟公司宣布,由于成本上涨,他们提议减少作者在美国印刷的某一版本的版税,哈代因此变得有些焦虑。他详细总结了自己过去与哈珀兄弟公司的交易,然后将其寄给麦克米伦爵士,这使我们对哈代的仔细记录以及他在监视出版事务时所表现出的焦虑和热情有了深入了解。[27]在后来的这些年里,麦克米伦爵士和麦克米伦公司的其他合伙人一直愿意就技术问题为哈代提供建议,若他有需求,还愿意协助他与外国出版商、未来的翻译者、寻求重印权的文选编者以及电影公司的代表开展谈判,后者从早期起就把《远离尘嚣》和《德伯家的苔丝》视为有吸引力的“财产”。[28]尽管如此,一直到其生命的尽头,哈代都亲力亲为地执行许多棘手的任务,而后来在二十世纪,按照惯例这些任务通常会交给代理人和会计去做。

492 尽管哈代在经济上仍然依赖于其小说持续不断的甚至是与日俱增的流行度——这要归功于麦克米伦公司将其以一系列吸引人且价格适中的版式出版——但是他有时候谈到这些小说时,就好像它们作为文学作品具有纯粹的古董利益一样。当亨尼卡夫人对《塔上恋人》表现出兴趣时,哈代给她寄去了一本,并说:"读进去以后,似乎你就会觉得这部小说挺精巧的。"当亨尼卡夫人问及小说结尾发生了什么事时,他带着同样不装腔作势的简单明了或深邃的自知之明说,历史并没有记载斯威辛·圣克利夫是否与塔比莎结婚了:"或许当C夫人去世后,他又再次对她产生了强烈的感情,正如人们经常做的那样。"对其朋友菲尔波茨的一部小说戛然而止的结局,哈代轻微表示不满,他说如果他自己再写一部小说的话——因为他无意再写了——他就会回到"菲尔丁时代及其以后的时代"经常使用的老式风格,即告诉读者所有人物的最终结局,这定会令他的读者大吃一惊的。[29]

相反,在诗歌中,他仍然渴望捕捉到新鲜而独特的声音。埃兹拉·庞德的《休·塞尔温·莫伯利》和《贫穷时我爱过》的赠送本寄来后,哈代起初以礼貌和谨慎的态度相待:"我不会试图表达我对诗集内容的欣赏,因为我是一个阅读速度很慢的读者;此外,还因为你的缪斯女神要求我在评价她的时候经过深思熟虑。"但是哈代后来努力阅读了这些诗歌,提出了庞德所称的"不切实际但极其宝贵的建议",即把"向塞克斯特斯·普罗佩提乌斯①致敬"重新命名为譬如"塞克斯特斯·普罗佩提乌斯的独白"可能会让人更容易理解。8月,由萨松引荐的罗伯特·格雷夫斯及其妻子南希·尼科尔森在麦克斯门度过了一个周末。哈代询问了他的创作方法,格雷夫斯告诉他说某一首诗的初稿现在是第六稿,定稿前可

① 塞克斯特斯·普罗佩提乌斯(Sextus Propertius,约前50–约前15),古罗马诗人。

能还需要再改两稿，哈代说他自己的诗稿从来没有超过三稿，或者最多是四稿，因为他唯恐这首诗“失去新鲜感”。对于自由诗或诗歌技巧上的其他激进转变，他几乎没有表示同情，他宣称：“我们唯一能做的就是用旧的风格写旧的主题，但是要尽力做得比我们的前辈稍好一些。”[30]

在格雷夫斯夫妇拜访的时候，哈代一直在愉快地忙于修复斯廷斯福德教堂废弃的诺曼圣洗池，尽管他自己是在十八世纪的大理石圣洗池受洗的，该圣洗池是由洛拉·皮特赠送给教堂的，但后来被移除了。[31]他
拿出其旧建筑笔记本，不仅带着它去了斯廷斯福德教堂，还带着它去了 493
马丁斯屯的教堂，在那里他画了一幅相似的圣洗池的画，最后又带着它去了三座多切斯特的教堂，在每一座教堂里，他都测量了圣洗池从地板算起的高度和主持宗教仪式的台阶的高度。[32]从乡村舞蹈和哑剧中，他获得了相似的回顾性乐趣，哑剧演的是改编成戏剧的《还乡》中“圣乔治”的故事，多切斯特的业余表演爱好者们用这部戏来复兴“一战”前一年一度的哈代戏剧的“传统”。在改编自己的小说方面，哈代几乎没有插手，但其童年的记忆使哑剧本身的近似再现成为可能。圣诞节时，哈代剧演员们（他们现在如是称呼自己）穿着戏服出现在麦克斯门，并在客厅里表演了这部戏，观众包括：哈代、弗洛伦斯、凯特、亨利和麦克斯门的用人们。颂歌的歌手们在屋外唱着古老的博克汉普屯颂歌，正如弗洛伦斯写信跟考克雷尔所说的，整个场面使哈代“兴高采烈”。在《生活和工作》中，哈代简略地提及了《圣乔治》这部戏，说它表演得“正如他在童年时所看到的表演那样”，这一表述为他直接参与《生活和工作》一书的撰写适时地画上了句号[33]，尽管他手稿撰写的时间截点是1920年底，但是他对打印出来的文本的小修改和对弗洛伦斯最终使用的“素材”的补充都还远没有结束。[34]

格特鲁德在哈代剧演员们演出的《还乡》中饰演游苔莎，她也在麦

克斯门的演出中扮演了乔装打扮后的游苔莎的角色,哈代对她的魅力的反应是他享受这一场景的一个重要因素。弗洛伦斯则勇敢地面对这一局面,她向考克雷尔承认,格特鲁德“穿上戏服看上去比以往任何时候都要漂亮。哈代已经完全对她倾心了,但是,她马上就要结婚了,因此我并没有让这件事把自己搞得太沮丧”。然而,哈代对格特鲁德的感情要比一个老人对孩子的喜爱更复杂。尽管格特鲁德的父亲平淡无奇——他是一个多切斯特糖果店的老板,把自己的房子提供给了哈代剧演员们进行排练——但她的母亲一直是住在金斯屯-莫瓦德老庄园的挤奶女工,她在不知不觉中成了哈代创作《德伯家的苔丝》的灵感“源泉”之一。格特鲁德本人如出水芙蓉般美丽,急切的时候就会微微张大嘴巴,让人格外想起阿加莎以及赫科默在《素描》中所画的苔丝的形象。格特鲁德已经扮演了哈代最吸引人的一些女性角色,毫无疑问,她对哈代的真正
494 敬畏以及对赢得别人钦佩和关注的自然渴望,迫使她让自己对哈代来说显得尽可能地迷人和讨人喜欢,尤其是伦敦多家报纸对《还乡》作了宣传报道,这使她在戏剧上有了更远大的抱负,尽管尚没有明确的目标。

哈代八十岁时仍然对女性的美丽很敏感,他觉得博格勒小姐非常迷人。在她看来,他似乎永远是一个父亲般的人物;而在一个方面,她是他从来不曾拥有过的理想女儿的化身。但就她“曾是”苔丝的演员而言,她也体现了哈代在其所有角色中最个性化的角色身上所投入的不可分割的联想和情感。博格勒小姐的确于1921年9月(在斯廷斯福德教堂)嫁给了她的一位堂兄(弟),他是一位农场主,也姓博格勒,但她的身份变化并没有像弗洛伦斯所希望的那样使她完全从场景中消失。她的新家在多塞特西北部的比明斯特,在接下来的两三年里,她非常专注于自己的婚姻,并最终成为一位母亲;但她继续与哈代剧演员们保持着联系,她是其中的“明星”,而且她并没有忘记在《还乡》的收官演出结束后,哈代曾建议她有朝一日扮演苔丝。[35]

1921 年初，弗洛伦斯经历严重的抑郁和一些疼痛，但是一旦她离开麦克斯门，这两种情况似乎就都消失了；4 月，依照当时令人惊恐的正统做法①，她去伦敦拔了六颗牙。哈代在亨尼卡夫人家给她写信说："我相信拔牙是迄今为止治疗牙疾的最佳疗法，可是令我不解的是，消除一种疾病的表面症状怎能治愈该疾病呢。"她还担忧妹妹玛格丽特·桑迪的前程，在 4 月底远赴加拿大之前，桑迪和儿子汤姆暂住在麦克斯门。弗洛伦斯写信对考克雷尔说："一个两岁半男孩的恶作剧让我们忙得不亦乐乎，我们无暇去想其他事情了。"[36]哈代本人身体非常健康，仍然完全有能力步行至斯廷斯福德或骑自行车到塔尔博塞斯。虽然偶尔会受到眼疾的困扰，但他拒绝看眼科医生，坚持不离不弃地佩戴那副廉价眼镜，那是多年前他在公务员商店柜台挑选的。7 月下旬，他竭力让自己相信患上了心脏病，但当医生最终被叫来时，令人放心的是——即使是不浪漫地——他诊断哈代患了消化不良。于是哈代不再谈论他的心脏，而是让弗洛伦斯去做更多关于"素材"的工作。[37]

4 月，哈代和弗洛伦斯出席了《远离尘嚣》的"勇士节"特别演出，格特鲁德已经把芭斯谢芭加入其哈代女主人公的保留剧目中；6 月，他们与金斯屯-莫瓦德庄园的现任主人（因此也是上博克汉普屯村舍的主人）塞西尔·汉伯里②一起驾车前往斯特明斯特-牛顿的城堡遗址，在那 495
里再次观看了哈代剧演员们表演关于芭斯谢芭的情节。哈代在河畔别墅和演员们一起喝茶——七十年代他和艾玛曾租住在那里——并坚持说被邀请回来并住在那里的格特鲁德应该睡在他昔日创作《还乡》的那

---

① 英国二十世纪早期治疗牙痛和龋齿的常见办法就是拔牙，但当时的拔牙技术还没有现在成熟，工具也没有现在先进，病人承受的痛苦相对比较大，尤其是此前的维多利亚时期，连正规的牙医都没有，是理发师和铁匠兼职做牙医，甚至是在没有麻醉剂的条件下拔，因此给人们留下了不好的印象乃至阴影。

② 塞西尔·汉伯里（Cecil Hanbury，1871–1931），英国保守党政治家，北多塞特议会议员。

间屋子里。一两天后,哈代带着弗洛伦斯坐车去拜访住在内瑟顿会馆的巴克夫妇;7月,他在多切斯特组织了一场义卖游乐会,旨在援助郡医院,在简短的致辞中,他说他"几乎"记住了这座建筑的原始结构,而且他本人认识其建筑师本杰明·费里。[38]

不过,上述这些都是例外的旅行。在大多数日子里,哈代只是出门到麦克斯门附近的地方,刚好足够给威塞克斯和他自己一些锻炼。但这样的生活方式并不是真正的隐居,至少在一年中较为暖和的几个月里不是。越来越多的人开始使用汽车,这大大增加了麦克斯门的访客人数,使它看起来"几乎是位于郊区的"①[39],而且在这一年的春夏和秋季,下午茶时间来访的队伍一直保持稳定:巴里、萨松、E. M. 福斯特、G. 洛斯·迪金森②、考克雷尔、米德尔顿·默里、高尔斯华绥和许多其他人。既有大名鼎鼎的,也有寂寂无名的;既有老朋友,也有陌生人;既有近在咫尺的邻居,也有远道而来的朝圣者。被维尔·H. 柯林斯③如此坚持不懈地记录下来的谈话就发生在这一时期。也是在这一年,沃尔特·德·拉·梅尔初次来到麦克斯门,马上就得到了哈代的喜爱。梅斯菲尔德④带着一个令哈代感到有点尴尬的礼物来访,是他亲手制作的一艘装备完整的船只模型。弗洛伦斯向福斯特透露,这正是哈代童年时梦寐以求的东西,但是如今他却不确定该拿它怎么办。一份明显更为合适的礼物是济慈的《拉米娅、伊莎贝拉、圣艾格尼丝之夜及其他诗歌集》(第一版),是由一群"从事文学创作的年轻朋友"在哈代八十一岁生日之际送给

---

① 这里的郊区应该是相对伦敦而言的。

② E. M. 福斯特(Edward Morgan Forster, 1879–1970),英国作家,代表作为《看得见风景的房间》《霍华德庄园》;G. 洛斯·迪金森(Goldsworthy Lowes Dickinson, 1862–1932),英国政治学家、哲学家。

③ 维尔·H. 柯林斯(Vere Henry Collins, 1872–1966),英国作家。

④ 约翰·梅斯菲尔德(John Masefield, 1878–1967),英国诗人、小说家和剧作家。1930年被任命为英国第二十二届"桂冠诗人"。

他的。[40]

7月，哈代跟亨尼卡夫人说："我正在结识很多乔治五世时代①的年轻人，对他们有一种父亲般的感情，或者说是祖父般的感情。"[41]这些来访者在回忆中一致提及哈代的和蔼与温和，即一种呈辐射状散发出的亲切，其表现形式为良好的举止和带有恭维性质的专注，而非明确表达出的智慧。这一年，H. J. 马辛厄姆②和其父亲一起拜访麦克斯门，他后来几乎记不起当时的具体谈话内容了，但哈代留给他的印象却令其记忆犹新：

> 一个行动迟缓、带有根深蒂固的思想的人，内心充满了财富，却 496
> 隐藏在窥探的眼神中。一个可能会被误认为是乡村医生的人，他是老派的，谈吐中带着幽默，双眸中透着悲伤，但倘若不仔细观察，这两个特点都不会显露出来，不过出于敬畏和礼貌，人们一般不会加以仔细观察。一位和蔼亲切的主人，说话方式温和，声音低沉，也是一个专注的倾听者，头像鸟儿一样微微歪向一边。谈话（在他那一边）是回忆性的，并无任何光彩照人的内容，所有真正的乡村事物皆是如此吧。

同年，哈代极其亲切地接待了伯明翰大学的两位年轻人，同他们畅所欲言，但这并不意味着他说的话不是他之前已经说过很多次的话。他晚年的谈话确实非常具有反复性，因此，作为一个常客，考克雷尔曾在日记中提到，关于莎士比亚、济慈和雪莱的谈话"像往常一样"进行。[42]福斯特

---

① 乔治五世（George V，1865–1936），英国国王，1910–1936年在位。

② H. J. 马辛厄姆（Harold John Massingham，1888–1952），英国作家，作品多和乡村、农业相关。

曾说："啊，是的，哈代，真是个大好人。他总是想知道你茶喝够了没有。"[43]

哈代已经年逾八旬，而且是一位名人，因此他在某种程度上放松了对某些原则的关注，这些原则之前对他来说意义重大。1920 年的一位访客说哈代在《无名的裘德》中竭尽了"全力"，对此他回应道："你这么认为吗？我对生活的看法是如此极端，以至于我通常不表达自己的看法。"[44]这样的回应令那位访客感到非常困惑。哈代的意思或许是，自从《无名的裘德》出版以来，他已经学会了不改变他对世界和宇宙状况的看法，而是要避免在公开场合说出这种看法时所带来的一些损耗。在他这把年纪，还有这么多的工作等着他去做，若一年到头再继续忙着去证明些什么的话，似乎不再有必要，不再有利可图，或不再适宜，而且有一段时间，他采取的是这样的立场，即在一项有益的事业中，我们有可能会过于直言不讳。他有全方位看问题的才能，但这种才能有时候会令他感到不安，这使他无论如何不得不承认，那些持有截然不同观点的人，可能完全是真诚的和值得尊敬的，而且他们在自己的职权范围内，可能完全正当有理。早在 1912 年，在修改完威塞克斯版的《无名的裘德》之后，哈代就曾告诉考克雷尔，说当考克雷尔读到新的序言和后记时，"你会自言自语地说（就像我将校样付梓后自言自语地说的那样），'那些因循守旧、谨小慎微的人对一个会写出那样一本书的人心怀忌惮，这是多么自然，甚至是多么令人称道啊！'"1918 年，当他重读一篇反对《德伯家的苔丝》的布道式文章时，他开始相信那个"布道者"可能是个好人。[45]

在哈代最后的几年时光里，他对批评家和评论家的直接挑战均减少了，无论是公开的，还是私下的，对某些社会和宗教形式的故意不遵守也
497 不那么执拗了。他时不时地去教堂，主要是因为他喜欢唱歌和谙熟已久的仪式，但也因为教堂曾经是乡村生活的中心，在一个巨大的社会和政

治动荡时期，它仍然可能发挥凝聚作用和“训诫”作用。他对 J. H. 摩根①说：“我相信去教堂做礼拜的作用，这是一种道德操练，人们定会有所收获。若一个乡村没有教堂，那它便一无所有了。”金斯屯-莫瓦德庄园的汉伯里太太请求哈代为其女儿卡罗琳当教父，倘若是在过去，他会拒绝这样的请求，但现在，在 1921 年，他不仅同意了，而且还为这一场合写了一首小诗，题写在一张羊皮纸上，装在一个银盒子里送给了孩子。[46]在同一年，当格雷夫斯夫妇告诉哈代他们的孩子还没有受洗时，他只是说“他的老母亲在谈到洗礼时总是说，无论如何，洗礼并没有什么害处，她不愿意她的孩子们在来生责怪她，说她没有尽到对他们应尽的义务”。他又补充说：“我通常会发现我的老母亲所言极是。”[47]

弗洛伦斯发现其丈夫的祖先崇拜有时候令人感到非常压抑，她把自己写给考克雷尔的一封信的忧郁调子归咎于“梅尔斯托克教堂墓地的气氛”。但那些去斯廷斯福德的散步仍然在为一种不寻常的诗如泉涌作出贡献，而且这股泉水丝毫没有干涸的迹象。《教堂墓地里生长的植物发出的声音》创作于 1921 年，灵感来源于哈代通读斯廷斯福德教区的一些旧登记册的经历[48]；11 月，哈代告诉麦克米伦爵士，他已经有足够的诗作来出版一部新诗集。在同一封信中，他建议出版薄纸版的《诗歌集》和《列王》，也许可以提高其单卷本的销量，这是他坚持不懈地关注自己的文学事务时的一个特点；麦克米伦公司立即接受了诗集，这反映了他们尽可能迎合该公司最著名的签约作家的愿望，即使不是最畅销的作家，也一定是销路最好的作家之一。[49]

弗洛伦斯写信告诉考克雷尔（当然哈代不知情），1920 年麦克米伦的版税超过了三千四百英镑，电影和其他附属版权也带来了一千多英镑的收入。“但我认为，”她补充说，“哈代真的相信贫穷和毁灭就在眼前。

① J. H. 摩根（John Hartman Morgan, 1876–1955），英国律师、作家。

争论并不能使他信服,只会让他恼火。"哈代记得他从城里和乡下的有钱朋友那里得到的慷慨款待,因此有访客来麦克斯门吃午餐或晚餐时,他觉得自己有义务以某种方式款待他们,即使并非每次都很体面。诉诸
498 他的同情或他对家庭的忠诚往往能让他慷慨解囊。但是他在其他方面却过着极其节俭的生活,一部分原因是习惯使然,另一部分原因是他长期以来的信念,即,一个作家在取得成功后,只有继续以他刚开始写作时的生活方式生活,才能保持一种分寸感,才能与他的基本素材保持联系。[50]

关于"哈代在老年时吝啬"的一般性概括,本质上是可疑的,因为那几乎完全是基于麦克斯门用人们那带有偏见的评论,以及那些只是在他晚年时才认识他的其他人的证据,包括弗洛伦斯本人在内,而事实是许多人会在老年时变得舍不得花钱。在麦克斯门的用人中,很少有人对他们的雇主有什么特别的爱戴或钦佩。早年时,他从不习惯用人的存在,也不知道自己该以什么样的方式去和他们相处。他整天都待在家里,并对自己的工作受到干扰极为不满,这让用人们感到很不方便。基于当地关于他不信教和不道德的流言蜚语,他一直是被人怀疑的对象,此外,他不能理解,为什么在十九世纪八十年代可能足够的小费在二十世纪二十年代肯定就不够了,因而冒犯了职员和商人们。

诚然,哈代晚年的收入非常可观,他本可以给弗洛伦斯更多的钱来支付家庭开支和其他方面的开支。但是到那个时候,他的习惯早就养成了,其中包括对浪费的深恶痛绝——他不是唯一一个从堆积着高高煤块的火炉中移走煤块的维多利亚时期的老人——以及居安思危、防患于未然的观念,这源于其童年的记忆、其职业的风险、"一战"带来的现实困难和预期危险,以及战后时期威胁英国和欧洲的社会和经济危险。哈代所经历过的一切都教会他花钱要小心谨慎。他自己曾经穷困过,仍然清楚地、痛苦地意识到缺乏社会和经济地位意味着什么。在他三十出头的时候,他

冒着巨大的经济风险，从最初来之不易的建筑事业，转向了一份成功机会寥寥亦没有永久安全保障的事业；当他于九十年代放弃小说创作时，他在赌他的小说仍会有足够的销量，以支持他沉溺于作为诗人的又一个新的事业，他预测自己从这份事业中得到的将是经济损失，而非经济优势。

相当重要的是，他是其母亲的儿子，从她那里接受了贫穷的家庭历史和节俭谨慎的农民传统。他还从她身上学到了强烈的、近乎痴迷的家庭忠诚感，即照顾“自己人”的必要性和义务。尽管他没有孩子，但有两个一直未婚的妹妹，他觉得自己有责任照顾她们，此外还有很多贫穷而 499
又常常心怀嫉妒的亲戚，对他们的无理要求，他自然会退避三舍，但他试图对他们真正的困难作出回应。弗洛伦斯相当不情愿地写道：“他为别人做了那么多，有一小群从他那里领养老金的人。”在那些谴责哈代捂紧钱包的人中，弗洛伦斯受到的影响最直接，也是迄今为止最直言不讳的一个，不过，她坦承，虽然他对先令和便士这些小钱精打细算，但他对数额较大的钱常常漠不关心，当然对以钱生钱的理财之道也毫无兴趣。[51]

1922 年 1 月，因患严重的伤寒，哈代卧病在床，并伴有急性腹泻。他吃得很少，只是偶尔以半瓶香槟为食。弗洛伦斯以为是流感——不久后她自己就得了流感——但事后他自己将其描述为“膀胱的老毛病”。曾有一两天的经历是痛苦而难忘的，因为他们的家庭医生及其助手诊断哈代患了癌症，弗洛伦斯顿时陷入慌乱，她赶紧叫来妹妹伊娃，一位训练有素、经验丰富的护士。[52]尽管这种恐惧很快就消除了，但哈代花了好几个星期才完全恢复体力。不过，到了 2 月上旬，他已经可以下床，为即将出版的诗集撰写序言，这是他生病期间所决定和沉思过的。他后来告诉高斯，是疾病“引发”了序言。有一天，弗洛伦斯和他谈论批评家的不公正，这影响到了他的情绪，后来他突然大声说：“我写诗是为了给西格弗里德·萨松这样的人看的。”[53]现在被称为《辩护》的序言完成后，他急切地想确保它对批评家和评论家的抨击不会过于严厉——用他自己的话来说太“牢骚满腹”。弗洛伦斯认为整个序言就是个错误，但是犹豫要不要说出来，于是就把决定权交给了考克雷尔，他则竭力主张出版序言，认为只需要做一些小的修改。哈代接受了他的建议，同时考克雷尔也主动提出帮忙修订该诗集的校样，《辩护》也被适时地包括在内。[54]

虽然《辩护》某种程度上重申了哈代对当代世界有不祥预感的看法，但它主要反映了他对那些坚持认为其诗句拙劣、哲学悲观的人的积怨。正如弗洛伦斯所承认的那样，它本身是一篇很好的议论文，但其语气和内容自然而然地引来了它主要针对的那一类批评家和评论家的抗议。就连高斯也声称读了它“感到惊讶，甚至有些痛苦”，并指出，只有
500 哈代自己似乎不知道现在人们对他的崇敬。他还提到，哈代是借此机会，对哈里森之前发表在《双周评论》上的那篇文章以及约瑟夫·M.霍恩①最近发表在《双周评论》上的一篇文章表达了他特别的怒气：

> 似乎[高斯在《星期日泰晤士报》上写道]一位信奉罗马天主教的年轻人指责他“思想的黑暗引力”。把那个年轻人在一个玻璃盒子里展示出来吧，因为他是个稀有的标本。某个年轻的天主教徒（或者某个老的新教教徒，假如是那样的话）愚蠢到发表他的见解，这究竟有什么关系呢？总有人愿意用愚蠢的悖论来吸引别人的注意力。毫无疑问，敏感是哈代先生天资的一部分，但我很苦恼地发现，在我们用敬佩铺就的七张床垫下，他却感觉到了一颗豌豆的存在。

---

① 约瑟夫·M.霍恩（Joseph Maunsel Hone，1882-1959），爱尔兰作家、文学史家、评论家和传记作家。

实际上,从逻辑上讲,高斯的劝告是无可争辩的。但是,哈代那种极端的、微妙的、总是令其不安的敏感是无法辩解的,而且它是构成其“天资”的更大的一个因素,凭高斯的资历是考虑不到的。正如哈代自己所言,重要的不是打击本身的力度,而是被打击物的性质。[55]

5 月,《早期和晚期诗歌集》出版了,诗集普遍受到好评;哈代说服自己,《辩护》对保证它的成功起到了很大作用。无论如何,对于一个八十二岁高龄的人来说,这部诗集是一本非同凡响的出版物,正如《辩护》所声称的,大约有一半诗歌是“最近”才写的。其他一些诗歌所附的日期始于六十年代,尽管很明显,哈代收录了一些被认为不够深刻或尚未“完成的”而不足以收录在之前的诗集中的作品,有的修改过了,有的则没有,但整部诗集并没有显示出任何显著的水准下降。开篇是令人消除怒气的、欢快的《天气》一诗,显然这是最新创作的诗歌中的一首;总体而言,这部诗集的情绪没有《命运的讽刺》或《瞬间幻象》那么阴郁,尽管如此,亨尼卡夫人却大胆地认为,它的语气要比哈代自己悲伤得多。[56]有几首关于艾玛的诗,包括《威塞克斯西部的女孩》《一个男人正向我靠近》(灵感来自艾玛的《忆往昔》)、《大理石街小镇》以及《钢琴二重奏者致其钢琴》,这些诗的感情多半是有点怀旧的。[57]此外,这些诗也被纪念其他女性的诗所抵消了,如海伦·帕特森(《机遇》)、路易莎·哈丁(《过客》),以及马什小姐,她于 1878 年在斯特明斯特-牛顿的音乐会上演唱了歌曲(《基恩屯-曼德维尔的少女》)[58],而弗洛伦斯这一次似乎并没有像前两卷诗集出版时那样有这样一种感觉,即,通过回顾性地歌颂他 501
的第一次婚姻,《早期和晚期诗歌集》使人怀疑他第二次婚姻的有效性和幸福感。弗洛伦斯和考克雷尔都希望这部新诗集中能有一首关于威塞克斯的诗,但哈代宣称,只有狗死了,他才能写一首诗——狗的死是一系列用人和邮递员的终极愿望,但离它的死还有几年光景呢。与此同时,弗洛伦斯向考克雷尔保证,威塞克斯的表现很好,继续“用它惯有的精神和可爱向人们狂吠、咆哮和猛扑”。[59]

在《辩护》这篇有节制而又简洁的散文中,显而易见的是一种心智的机警和灵活,在很大程度上,这要归功于络绎不绝地到麦克斯门来喝茶的客人们。就像上个世纪住在法令福德①的丁尼生一样,哈代对那些潜伏在大门外的“朝圣者”感到非常恼火;为了方便他,他家的信箱被安置在了正门处花园的内墙上,每当他走到信箱前时,他们就偷偷窥视他,或是紧紧地贴在那堵墙的矮护墙上,企图往墙内张望。但以礼貌的方式与他接洽的访客——最好是通过写信的方式——则很少被拒之门外,不管他们是有名气的,还是不知名的,是本地的,还是外国的。在这些通常是下午茶时间的场合,哈代会习惯性地融入一种流畅的回忆往事的节奏,有时在“三流人物”面前,他在叙述上的不谨慎会让弗洛伦斯甚是恼火,因为她怀疑这些人有获取传记信息的意图。她向考克雷尔抱怨说:“哈代告诉他们我书中的各种事情,当我看到他们贪婪地吸收自己所听到的话,显然是在做心理笔记时,我便感到不寒而栗。把他们都拒之门外确实是明智之举,但这样做很难。”但是在 8 月,她使考克雷尔确信,“传记”本身现在已经“尽可能地完成了,并被暂时搁置在一边了”;像萨松、巴里、考克雷尔、巴克夫妇这样的老朋友也出现在了麦克斯门,这给哈代和弗洛伦斯带来了快乐。时不时会有一个新来的人给他们带来欢乐,例如埃德蒙·布兰登②,他令哈代想起济慈,在弗洛伦斯看来,埃德蒙是一个彻头彻尾的诗人,甚至连威塞克斯也对他献出了摇尾乞怜式的爱慕。[60]

是年夏,年近七旬的亨尼卡夫人在多切斯特待了一个星期,和哈代

① 法令福德(Farringford)是丁尼生的住宅,位于怀特岛的弗雷什沃特村,他于 1853 年至 1892 年居住在那里。

② 埃德蒙·布兰登(Edmund Blunden, 1896-1974),英国学者、诗人,曾在“一战”中服役。著有《托马斯·哈代》(1941)一书。

夫妇一道驱车前往布莱克莫尔山谷和当地乡村的其他一些地方。11月，多萝西·奥尔胡森带着女儿来了，她也不得不被要求住在镇上，而不是在麦克斯门，这显然不礼貌，使弗洛伦斯感到难堪，因为她回想起了昔日奥尔胡森太太及其母亲很乐意款待她，但是哈代的年龄令这样的尴尬变得不可避免。麦克斯门并非一栋大房子，其卫浴设施有限，而且 502
哈代的身体和神经均缺乏快速恢复的能力，无法一天到晚都面对访客。随着时间的推移，甚至他在下午茶时间的表现也在某种程度上成了一种负担，在最后一位客人告辞后，他几乎累得筋疲力尽，这也给了弗洛伦斯一些机会和线索，让她对丈夫给人们展现出的身体健康和富有活力的虚幻形象进行啼笑皆非的反思，对于丈夫在一天中剩下的时间所需的照料和关心，那些人一无所知。[61]

注释

［1］《生活和工作》，页417；弗洛伦斯，日记片段，1918年1月30日（耶鲁）；《约翰·考珀·鲍伊斯致其弟弟卢埃林的信》，M. 埃尔温编辑（伦敦，1975），页258–259。

［2］弗洛伦斯致考克雷尔的信，1918年6月11日（耶鲁）；弗洛伦斯，日记片段，1918年1月28日（耶鲁）。

［3］《哈代书信》，第五卷，页171；弗洛伦斯致P. 莱姆珀利的信，1918年3月10日（科尔比）；《哈代书信》，第五卷，页201、214；《艾玛与弗洛伦斯书信》，页150。

［4］弗洛伦斯，日记片段，1918年12月4日（耶鲁）；《艾玛与弗洛伦斯书信》，页151–153，另见佩内洛普·菲兹杰拉德，《夏洛特·缪和她的朋友们》（马萨诸塞州雷丁市，1988），尤其是页170–174。

［5］E. 费尔金，《和哈代在一起的日子》，载《文汇》，十八卷四期（1962年4月），页32、30。

［6］弗洛伦斯致考克雷尔的信，1919 年 2 月 18 日（耶鲁），部分文本参《一生的朋友：致悉尼·卡莱尔·考克雷尔的信》，页 302。

［7］弗洛伦斯致考克雷尔的信，1919 年 5 月 1 日和 9 日（耶鲁）；《生活和工作》，页 421。

［8］珀迪，页 287、288。

［9］莉莲·吉福德的入院令，盖章日期 1919 年 7 月 26 日（克莱伯里精神病院档案）；弗洛伦斯致考克雷尔的信，1919 年 8 月 7 日（耶鲁），《艾玛与弗洛伦斯书信》，页 161；弗洛伦斯致迪克小姐的信，未注明出版日期（R. 格陵兰）；弗洛伦斯致考克雷尔的信，1921 年 4 月 18 日（耶鲁）。

［10］弗洛伦斯致考克雷尔的信，1919 年 8 月 7 日（耶鲁），以及《艾玛与弗洛伦斯书信》，页 161。

［11］《哈代书信》，第五卷，页 326，参《生活和工作》，页 142，其中萨松的拜访日期被误写。

［12］《生活和工作》，页 427–429，参《公众声音》，页 398–400。

［13］《生活和工作》，页 434–435；《J. M. 巴里书信集》，V. 梅内尔编辑（伦敦，1942），页 175–176。

［14］《晚年》，页 209、206，参《生活和工作》，页 534–535；《生活和工作》，页 528、525；《最好的朋友：更多的致悉尼·卡莱尔·考克雷尔的信》，V. 梅内尔编辑（伦敦，1956），页 25。

［15］《生活和工作》，页 435；C. 汉伯里致哈代的信，1920 年 1 月 17 日（多博）；《哈代书信》，第六卷，页 28。

［16］《哈代书信》，第五卷，页 318；F. 哈里森，《最后的话》，载《双周评论》，新序列，第一〇七卷（1920 年 2 月），页 182；弗洛伦斯致考克雷尔的信，1920 年 2 月 24 日（耶鲁）；珀迪与弗洛伦斯谈话，1933 年（耶鲁）。

［17］《哈代书信》，第六卷，页 54，参《生活和工作》，页 439。

［18］《生活和工作》，页 434。

［19］《最好的朋友：更多的致悉尼·卡莱尔·考克雷尔的信》，页 25；弗洛

伦斯致考克雷尔的信,1918 年 8 月 27 日(耶鲁);弗洛伦斯致 R.欧文的信,1920 年 7 月 23 日(科尔比)。

[20] 弗洛伦斯致考克雷尔的信,1918 年 4 月 24 日(耶鲁);弗洛伦斯致 R.欧文的信,1920 年 5 月 25 日(科尔比);《艾玛与弗洛伦斯书信》,页 164–165; C.阿斯奎斯,《巴里肖像》(伦敦,1954),页 108。

[21] 弗洛伦斯致考克雷尔的信,1920 年 3 月 17 日(耶鲁);《哈代书信》,第六卷,页 253,另见第六卷,页 1–2,页 56;弗洛伦斯致考克雷尔的信,1920 年 5 月 4 日(耶鲁)。

[22]《艾玛与弗洛伦斯书信》,页 167。

[23] M.莉莉,《我所认识的哈代先生》,载《哈代协会评论》,一卷四期(1978),页 101;默里,英国广播公司家庭服务广播播音稿,1955 年 2 月 20 日(M.米尔盖特)。

[24] 阿斯奎斯,《巴里肖像》,页 110。

[25]《艾玛与弗洛伦斯书信》,页 165–166;莉莉,《我所认识的哈代先生》,页 103。

[26] 珀迪,页 288;《哈代书信》,第六卷,页 6。

[27] 弗洛伦斯致考克雷尔的信,1920 年 4 月 14 日(耶鲁);《哈代书信》,第六卷,页 20–21。

[28] 关于哈代和麦克米伦公司,见米尔盖特,《哈代和麦克米伦出版社》,载《麦克米伦:一个出版传统》,页 70–82,尤其是页 77–80, 以及盖特雷尔,《创造者哈代》,页 175–186,尤其是页 184–186。关于哈代和电影,见《指南》,页 49,页 517–518。

[29]《哈代书信》,第六卷,页 35,页 44–45,页 57–58。

[30]《哈代书信》,第六卷,页 49;E.庞德致 F. E.谢林的信,1922 年 7 月 8 日, 载《埃兹拉·庞德书信集(1907–1941)》,页 178;《哈代书信》,第六卷,页 77;格雷夫斯,《和一切道别》,页 376、379。

[31] 经 T. W.杰斯蒂最近(2004 年)定位,该圣洗池位于圣卢克教堂,一座基督教教堂。

［32］《建筑笔记》,［页 115–117］。

［33］《生活和工作》,页 442;《艾玛与弗洛伦斯书信》,页 171;关于戏剧本身,见珀迪,页 212–213,以及 W. 阿切尔,《真正的对话》(伦敦,1904),页 34–36。

［34］《生活和工作》,导言,页 xvii–xix。

［35］《艾玛与弗洛伦斯书信》,页 171;格特鲁德·博格勒,访谈,1974 年,另见她的《关于哈代的个人回忆》(多切斯特,1964)。

［36］《艾玛与弗洛伦斯书信》,页 173;《哈代书信》,第六卷,页 81;弗洛伦斯致考克雷尔的信,1921 年 4 月 18 日(耶鲁)。

［37］ 弗洛伦斯致考克雷尔的信,1921 年 7 月 28 日和 8 月 10 日。(耶鲁)

［38］《多塞特郡纪事报》,1921 年 4 月 7 日;《生活和工作》,页 447;弗洛伦斯致考克雷尔的信,1921 年 6 月 12 日和 7 月 28 日(耶鲁);《多塞特郡纪事报》,1921 年 7 月 21 日,第 5 版,参《公众声音》,页 410–411。

［39］《哈代书信》,第六卷,页 93。

［40］ 柯林斯,《在麦克斯门与哈代的谈话(1920–1922)》;《艾玛与弗洛伦斯书信》,页 177;《晚年》,页 224–225,页 221–222,参《生活和工作》,页 448,页 445–446。

［41］《哈代书信》,第六卷,页 93。

［42］ H. J. 马辛厄姆,《回忆:一部自传》(伦敦,1942);E. 奥斯汀·辛顿,访谈哈代,载《哈代:访谈和回忆》,页 168–170;考克雷尔与哈代会面笔记,1927 年 1 月 12 日(耶鲁)。

［43］ E. M. 福斯特,谈话,1969 年。

［44］ 莉莉,《我所认识的哈代先生》,页 102。

［45］《哈代书信》,第四卷,页 214;弗洛伦斯,日记片段,1918 年 10 月 23 日(耶鲁)。

［46］ J. H. 摩根,信件援引自哈代,载《泰晤士报》,1928 年 1 月 19 日,第 8 版;《晚年》,页 224,参《生活和工作》,页 448;银盒子(多博);关于哈代不同的反应,见《哈代书信》,第三卷,页 273,《艾玛与弗洛伦斯书信》,页 209。

［47］格雷夫斯,《和一切道别》,页375。

［48］弗洛伦斯致考克雷尔的信,1921年7月28日(耶鲁);“备忘录(二)”笔记本(多博),参《个人笔记》,页43–44;《哈代诗歌》,第二卷,页395–397。

［49］《哈代书信》,第六卷,页104。

［50］弗洛伦斯致考克雷尔的信,1921年2月3日(耶鲁);《哈代书信》,第四卷,页6。

［51］弗洛伦斯致约翰·莱恩的信,1922年10月15日(普林斯顿);珀迪与弗洛伦斯谈话,1934年(耶鲁)。

［52］弗洛伦斯致考克雷尔的信,1922年1月11日(耶鲁);“备忘录(二)”笔记本(多博),参《个人笔记》,页55;弗洛伦斯致霍尔夫人的信,1922年1月13日(威尔特郡档案局);《艾玛与弗洛伦斯书信》,页190–191。

［53］《哈代书信》,第六卷,页131;《艾玛与弗洛伦斯书信》,页180。

［54］《哈代书信》,第六卷,页116;《艾玛与弗洛伦斯书信》,页181–182;《哈代书信》,第六卷,页116–117;《哈代诗歌》,第二卷,页317–325。

［55］《艾玛与弗洛伦斯书信》,页181;《星期日泰晤士报》,1922年5月28日,第8版;《晚年》,页225,参《生活和工作》,页448。

［56］弗洛伦斯致考克雷尔的信,1922年6月18日(耶鲁);《哈代诗歌》,第二卷,页317;《哈代诗歌》,第二卷,页326;F.亨尼卡致哈代的信,1922年6月17日(打印稿,多博)。

［57］《哈代诗歌》,第二卷,页337,页345–346,页465,页353–354。

［58］同上,页392–393,页444–445,页326–327。

［59］《艾玛与弗洛伦斯书信》,页182。

［60］弗洛伦斯致考克雷尔的信,1922年10月22日和8月25日(耶鲁);《艾玛与弗洛伦斯书信》,页186。

［61］《哈代书信》,第六卷,页132;《晚年》,页227,参《生活和工作》,页450;弗洛伦斯致R.欧文的信,1922年10月29日(科尔比);弗洛伦斯致考克雷尔的信,1926年6月21日(耶鲁)。

第二十八章　戏剧和戏剧演员

503 1922年9月初，弗洛伦斯邀请其姐姐埃塞尔·理查森在麦克斯门小住了几日，而她自己则去恩菲尔德看望了父母。理查森太太用钢琴给哈代弹奏了很多曲子，从教堂圣歌到现代舞曲无所不包，她发现尽管他外表孱弱，但言谈举止“像个年轻了二十岁的人”。一天早上吃早饭时，她有幸目睹了哈代作为一名艺术家那清教徒式的绝对忘我精神。在回应巴克夫妇打算在意大利过冬的消息时，他宣称巴克显然已经放弃了写作的念头，他说：“因为一边写作一边保持其他兴趣爱好是不可能的。在写作中，就像在所有工作中，只有一种方法，那就是——**持之以恒**。”[1]

1922年10月的一天，哈代步行往返塔尔博塞斯，这是弗洛伦斯始料未及的。在11月初的市政选举中，他们夫妇俩一起投了工党的反对票，尽管弗洛伦斯至少“觉得这样做很卑鄙”；他对一项新的荣誉感到欢欣鼓舞，即牛津大学女王学院的荣誉研究员。[2]随着冬天的临近，他又一次坠入抑郁的旋涡，尽管他已经有几年几乎完全摆脱抑郁情绪的束缚。艾玛11月24日的生日——如弗洛伦斯带着厌倦的情绪所说的那样，在艾玛活着的时候总是被遗忘——现在是麦克斯门日历上的一个重要日期，尤其是因为它与玛丽去世的日子正巧是同一天。11月27日，艾玛十周年祭日的到来,使这一天普遍存在的忧郁情绪得以延续和加强。哈代的笔记本上写着:"艾十周年祭日。和弗一起去扫墓,为她的坟墓和其他两个坟墓献花。"12 月,流感的轻微发作剥夺了他残存的活力和精 504
神。17 日,弗洛伦斯告诉考克雷尔说:"他说他一生中从未感到如此沮丧。他告诉我,倘若我有什么不测,他就会出去自溺而亡,这是一种恭维,不是吗?"然而,哈代恢复得很快,弗洛伦斯认为是因为他喝了"两瓶香槟,不是一次喝完,而是一天喝两次,每次两杯。这似乎总是比任何东西都对他有好处"。[3]

虽然弗洛伦斯和艾玛在诸多方面有所不同,但哈代的两段婚姻也有一些奇怪的相似之处,其中突出的一点是弗洛伦斯坚持不让自己的写作掉队。哈代当然非常支持她的写作生涯,但是从弗洛伦斯与她一些女性朋友的通信中可以清楚地看到,他对两位致力于出版的妻子的看法迥然不同。与艾玛不同的是,弗洛伦斯似乎明智地避免了诗歌,但是《战争的觉醒:独身女孩的使命召唤》和其他毫不掩饰的爱国主义作品在战争年代投稿给了《星期日画报》[4],后来她又为另一家名为《每周快讯》的周日小报撰写了一系列文章,至少延续到二十世纪二十年代初。她被典型地宣传为"我们最伟大小说家的妻子",1922 年和 1923 年,她以《一个女人最幸福的一年》《没有多余的女人》和《妻子们的衣服账单》等作品的作者的身份出现,正巧是在她时不时地在《环球》上对肖特选寄给她的新小说发表匿名评论的时候。[5]尽管在哈代的任何已知信件中均未出现对弗洛伦斯从事写作的抱怨,但他一定会对她为《每周快讯》写的东西皱眉蹙额,而且必须说明的是,对于弗洛伦斯同意评论的小说的普遍的毫无价值以及她的批评本身普遍的索然无味,他感到遗憾。弗洛伦斯对这种尝试的坚持,就像她之前的艾玛一样,可以被充分肯定地解读为一种部分独立的宣言,但哈代对妻子这些尝试的容忍,无论多么勉强,似乎也应该得到我们的一些赞同和敬意。

在8月27日发表的《一个女人最幸福的一年》一文中，弗洛伦斯描述了女人可以“从自愿地对他人的忍让和奉献中”获得巨大回报。不幸的是，她自己选择的那种自我克制的角色并不总是轻轻松松地俯首帖耳的。就在两个月前，她还央求萨松对她可用“任何称呼，就是不要哈代夫人。这个称呼似乎是属于别人的，我认识她已经好多年了，一想到我现在是住在**她的**家里，使用**她的**东西，我就感到甚是压抑，最糟糕的是，
505 我甚至盗用了她的称呼”。11月，回首多年前艾玛去世的那一刻，她觉得这是她自己生活中的“一个明显的分水岭”，“因为那天我似乎突然从青年时期一跃进入了沉闷枯燥的中年时期”。她承认在那之前没有任何认真的责任需要她承担，但是这句沮丧的话清楚地反映出——当她四十出头，面对疾病和手术，应付与她那年过八旬的丈夫生活中日益增加的困难，带着恐惧预见到又一个麦克斯门冬天的痛苦的时候——一种深刻而熟悉的感觉，作为一个女人，她此前从未有过这种感觉。12月中旬，她坐在那里给考克雷尔写信，听到丈夫“用那架最可怜的旧钢琴”弹奏出圣诞颂歌的声音，她也不怎么高兴，因为这架钢琴本身就是他第一次婚姻的余烬和让人睹物思人的东西。[6]

1923年1月初，亨尼卡夫人受到疾病和长期陪伴她的女佣兼同伴去世的双重打击，遂拍电报问弗洛伦斯能否来陪她一段时间。弗洛伦斯安排她的两个妹妹来到多塞特，康斯坦斯到麦克斯门，伊娃到塔尔博塞斯，而她自己则去了亨尼卡夫人那里；亨尼卡夫人已经把她在伦敦的房子租了出去，现居住在埃普索姆①那寒冷而潮湿的环境中。弗洛伦斯来访时，亨尼卡夫人已经身心俱疲，她于4月上旬死于心脏衰竭；亨尼卡夫人将哈代写给她的信遗赠给了弗洛伦斯，当弗洛伦斯毫无戒心地当着哈

① 埃普索姆（Epsom），英国东南部萨里郡的一个主要城镇。

代的面打开这些信时，麦克斯门出现了一个引起情绪激动的时刻。尽管在亨尼卡夫人去世后，哈代仅存的一则笔记足够简短——“在三十年的友谊之后！”——但他和弗洛伦斯都感到这是一个巨大的损失，亨尼卡夫人在哈代值得信赖的朋友和令人心情舒畅的通信者队伍中留下的空位将永远无法填补。[7]

在过去的几年里，也曾有过其他哀悼的场合，单个而言不那么令人痛苦，累积起来却令人悲痛。“七兄弟”中的最后一位查尔斯·穆尔于1921年去世，艾玛的堂弟查尔斯·埃德温·吉福德于1922年去世，查尔斯·米奇·哈代于1923年去世。1923年晚些时候，弗雷德里克·特雷夫斯爵士去世，他是王室的外科医生，是“象人”①的救星，也曾和玛丽·哈代在多切斯特就读同一所学校。1922年3月时，哈代曾严肃地对亨尼卡夫人说：“因此，朋友和熟人们都一个个离我们而去，我们这些留下来的人必须‘抱团取暖’。”他早就不把死亡看作是一场灾难了，他是如此地习惯于对自己离开尘世的那一刻进行思忖和早期展望，并如此地专注于将自己因艾玛和玛丽而感受到的悲伤加以仪式化，以至于最近这些亲朋好友的逝去，只是他自己持续不断的朝圣之旅中的一些小插曲，令他暂时停下脚步来表达惋惜和敬意。1921年9月22日，他在斯宾塞 506
诗集的如下诗行旁边写下了当天的日期：

> 辛苦劳作之后安眠，在惊涛骇浪中航行之后靠岸，
> 战争之后的安逸，生存之后的死亡，令人甚是欣然。[8]

---

① 约瑟夫·凯里·麦里克（Joseph Carey Merrick，1862–1890），被称为象人（Elephant Man），他五岁后头部、面部和四肢发生了巨大的畸形变化，其疾病一直被认为是一种极其严重的神经纤维瘤病，但也很可能是一种极其罕见的疾病，即普洛提斯综合症（症状包括大头、颅骨增生、长骨变形、肢体膨大、皮肤及皮下组织肿瘤等）。1883年，二十一岁的他加入了一个畸形秀展览，1886年，在展览期间，他被伦敦医生弗雷德里克·特雷夫斯爵士发现，并安排他住进了伦敦医院，直到他去世。

更令人焦虑不安的是他于1923年6月前往牛津大学女王学院的远行，以及7月份威尔士亲王大张旗鼓地莅临麦克斯门。在女王学院的两天访问中——这是他作为荣誉研究员第一次也是唯一一次到那里——他和弗洛伦斯乘汽车前往牛津大学，途经索尔兹伯里和万蒂奇，中途转道赴法利短暂逗留，以便在其小教堂墓地寻找祖坟。在牛津大学，他们有点受到过度招待，但是，就他想再次看到的牛津景点，哈代已经提前做出了决定，并确保它们包含在他的行程之中，包括高街的弯道、烈士纪念馆、雪莱纪念馆等。回程时他们取道温切斯特——他所挚爱的另一个大教堂城镇，他们还经过了新森林，并在那里“以哈代最喜欢的简单方式”野餐。[9]

7月20日亲王来访的准备工作并不简单。麦克斯门不得不额外请些用人来负责伙食，还要购买雪茄烟，因为其厕所设施有限，弗洛伦斯非常慌张：“他会想在这里上厕所，这太可怕了。你知道我们家的房子是个什么样子的。”但哈代自己，她有点困惑地补充说，“很**高兴**”。在焦虑中等待的那一天到来时，一切都进展得很顺利，弗洛伦斯决心要表现得正常，以至于哈代后来责备她太冷淡了。然而，这种谈话在本质上不可能很生动，是萨松后来把亲王最引人注意的一句话传开了：“我母亲告诉我，您写了一本书，名叫《德伯家的苔丝》。将来有时间我一定拜读。”[10]凯特、亨利和波莉被告知，如果他们愿意的话，他们可以在亲王访问期间躲在麦克斯门楼上的一个房间里，但是凯特和波莉满足于观看亲王的车子驶进城，而亨利则只是在塔尔博塞斯的旗杆上升起一面英国国旗。次日，哈代和弗洛伦斯去了塔尔博塞斯，但在凯特看来，他们两个都“高度紧张”，亨利的一些朋友一登门，他俩就匆忙离开了。[11]

是年春，弗洛伦斯曾向耶斯利咨询过她脖子上的肿胀问题。哈代也写信给耶斯利，在信中清楚地表明了他对弗洛伦斯充满深情的担心，以
507 及对外科医生的手术刀的一成不变的恐惧。从耶斯利的回信中，他得到

了一个暂时令人放心的消息，即由于“小腺体”的肿大并不“明显”，因此弗洛伦斯没有立即考虑手术的必要。[12]那一年她特别活跃，尽管在麦克斯门草坪上她坐在哈代和威尔士亲王之间的照片中，她习惯性的忧郁与平时相比并未减少，但可以公平地说，亲王的表情似乎同样是郁闷的，而哈代也只是稍微好一些而已。大概是由于亲王的个人赐福，弗洛伦斯后来从康沃尔公爵领地获得了毗邻麦克斯门地产的一块田地，作为她饲养家禽的额外围场，这是一种让她恪守本分、一心只管家务的姿态，为轻松愉快地将这一姿态抵消，她说服 T. E. 劳伦斯让她坐在他的摩托车挎斗里去兜风。[13]

劳伦斯当时在伍尔①附近的军营里以“列兵萧”的身份秘密服役，他致信格雷夫斯，而格雷夫斯又致信弗洛伦斯，这才追寻到了哈代；4 月，当他第一次出现在哈代夫妇的茶几旁时，双方立即对对方产生了强烈的喜爱和钦佩之情。后来，只要劳伦斯的职责允许，他就会重返麦克斯门——他努力避免与其他可能认识他的访客见面，但并不总是能够成功。他写信跟格雷夫斯说，哈代“面色苍白，沉静寡言，举止文雅”，全神贯注于拿破仑时代的多塞特。在拜访完麦克斯门之后回到营地，就像从安睡中醒来一样，他说：“哈代有着令人难以置信的尊严和成熟：他正如此平静地等待着死亡的来临，在我所能感觉到的范围内，他的精神里没有任何欲望或野心；然而，他却对这个世界抱有如此多的幻想和希望，而处于幻灭的中年时期的我觉得这些都是海市蜃楼。他们过去常说这个人是悲观主义者，但实际上他的头脑中充满了富于幻想的期待。”[14]

那一年，还有许多访客来到麦克斯门。有一天，萧伯纳夫妇和劳伦斯一起在这里共进午餐。约翰·德林克沃特②及其未婚妻——小提琴

① 伍尔（Wool），多切斯特以东约十三英里处的一个村庄、教区。

② 约翰·德林克沃特（John Drinkwater, 1882–1937），英国诗人、戏剧家。

手戴茜·肯尼迪①一起来到这里，戴茜用哈代的小提琴为他们演奏了乐曲。圣赫利埃夫人的来访后来被证明是她的最后一次。玛丽·斯托普斯是从波特兰的灯塔驱车过来的。[15] 一些访客的反应与其他访客截然不同。H. G. 威尔斯和丽贝卡·韦斯特②发现麦克斯门及其居住者们是无限地阴沉而令人沮丧的，但是当罗曼·罗兰及其妹妹（《德伯家的苔丝》的法语本译者）一起前来拜访时，哈代身体的敏捷和头脑的机敏给他们留下了深刻印象（“他的记忆是精确的，他的头脑坚定而清晰，没有模糊或感伤的痕迹”），他被描述为“一副瑞士老医生的样子”。6 月，美国学者罗杰·L. 卢米斯来访，多年后他回忆说：“面对我这样一个完全
508 陌生的人，没有人能比他更友好，更开朗，更愿意交流。”当另一位访客，班克斯家的一个女儿开车离开时，哈代带着赞赏的目光注意到她是一个身材很好的女人。[16]

卢米斯能够权威地谈论特里斯坦的传说，在那个时期，该传说和康沃尔相关的方面在哈代心目中占据着非常重要的位置。他最近推出了《康沃尔王后的著名悲剧》的完整手稿，这是一部诗剧，其主题和背景来源于如下情感和地理环境：其一是 1870 年他与艾玛在康沃尔相遇，其二是 1916 年他在第二任妻子的陪同下重游了这些地点。该诗剧令麦克米伦爵士和其他几乎所有人都大吃一惊。11 月 15 日，该剧刚一出版，哈代就将其称为“五十三载的沉思，结果只是八百行的诗剧，唉！”[17]

关于《康沃尔王后的著名悲剧》的诗句缺乏任何丰富的隐喻或韵律的活力这一问题，需要根据哈代在标题页上对它的描述来加以判断和理解，他认为它是“被设计为一部哑剧的”——就好像它之前已经以一种

① 戴茜·肯尼迪（Daisy Fowler Kennedy, 1893–1981），澳裔英国小提琴手。
② 丽贝卡·韦斯特（Rebecca West, 1892–1983），英国作家、记者、文学评论家。

更具诗意和文学性的形式存在了，现在将以在《列王》第一部分的序言中提到的某种方式呈现出来：

> 单调的台词，梦幻般的传统舞台动作，过去圣诞节哑剧演员们所坚持的一些传统的方式，奇怪的催眠印象，机械的风格——演员们不能随心所欲地说话——可能会被所有经历过它的人所记住。[18]

这种对哑剧表演传统的召唤和对舞台演出的绝对简单性的坚持，显然是为了强调该剧的爱情、嫉妒和死亡的基本要素，也是为了解除那些对该剧的期望值可能高得离谱的评论家们的武装。廷塔杰尔的背景和哈代早先提到的艾玛是“我自己的一个伊索尔德”，都表明了我们可以追溯到1870年作者的强烈个人感情的投入。如果该剧没有留给我们进行自传体或寓言式解读的空间，那或许是因为哈代将其发掘出来并为其演出做了专门的修改，拟定参与表演的是哈代剧演员们，由格特鲁德扮演伊索尔德，但是结果她却因为有孕在身而未能参演。[19]

和哈代对该剧的创作一样引人注目的，是他在将其搬上舞台的过程中所给予的关注和付出的努力。7月，在将文本提供给当地演出团体之前，他先给格兰维尔·巴克寄去了一份，后者回复了一封长信，表达了感 509
谢，并提出建议。10月，巴克参加了早期的一次彩排后，向多切斯特演出的导演、市议员T. H. 蒂利提出一系列的具体建议。关于演员，巴克说：“我认为他们大体是正确的。他们只是需要更多的勇气和精确性，还有一两件事是需要避免的。”[20]哈代关心背景音乐，听演员们通读他们角色的台词，并向将在《泰晤士报》上撰写剧评的哈罗德·恰尔德提供了对技术方面的长篇解释说明，特别是对统一性的保护，如使用英语术语“吟唱者”代替希腊语“合唱队”，以及试图使剧中人物尽可能成为永恒的角色。尽管评论家们对这部剧的评论不吝誉美之词，但很少有人能注意到哈代自认为是最显著的结构特征：“紧凑而连续，情节一刻也不间断。”[21]

哈代对《康沃尔王后的著名悲剧》的投入一直延续到 1924 年。1 月，作曲家拉特兰·鲍顿①就该剧的音乐剧版本与他通信，询问是否可以加入更多的歌曲，以缓解已出版文本的悲剧性调子。哈代欣然同意，他说他“一直打算稍微修改一下剧本，使它大致达到希腊戏剧的平均长度”。他自己提供了一些增加的内容，并同意了鲍顿的提议，即把他现有诗集中合适的抒情诗纳入其中；在会见鲍顿之后，哈代对演出更加热情高涨了，尽管鲍顿直言不讳地表达了对共产主义的支持，但哈代还是非常喜欢他。[22]是年夏，哈代决心去观看格拉斯顿伯里音乐节上的一场《康沃尔王后的著名悲剧》的演出，但一想到要坐汽车走这么长的路，在最后一刻陷入极大的焦虑。弗洛伦斯现在已经习惯了丈夫的惊慌失措和优柔寡断，她告诉考克雷尔，唯一的补救办法就是自己要保持冷静，并让他镇定下来。事实上，在她写完信之前，她就可以说哈代已经忘记了格拉斯顿伯里的事，正忙着写一首诗：“他问我哪个措辞更好，‘温柔的眼睛’还是‘温顺的眼睛’？我指出，圣经中‘温柔的眼睛’（指的是利亚的眼睛）的意思是‘眼睛酸痛’——这正是雅各不想娶她为妻的原因。②因此，圣经中的一些知识有时会派上用场，‘温柔的眼睛’很快就被弃用了。”[23]

正如这一小插曲所暗示的，哈代愤怒或焦虑的情绪往往会像突然
510 爆发时一样突然平息下来，但情绪本身可能是很强烈的。是年春，鲍顿

① 拉特兰·鲍顿（Rutland Boughton，1878-1960），英国歌剧作曲家。

② 利亚（Leah）是以色列族长雅各（Jacob）的原配妻子，但雅各真正爱的却是她的妹妹拉结。据说利亚的眼睛没有神气，而拉结则生得美貌俊秀。对 tender 的另一种常见解读是“脆弱的，柔弱的”（weak），而非弗洛伦斯所说的“酸痛”（sore）。

惊恐地向哈代报告说，带背景音乐的《康沃尔王后的著名悲剧》在未经授权的情况下进行了演出，这似乎威胁到了哈代的地位和作品，闻听此言，哈代“几近疯狂”。然而，当弗洛伦斯建议其丈夫把所有这些业务上的事情统统交给考克雷尔，或麦克米伦公司中的某个人，甚至交给最近结交的朋友默里来处理时，他就渐渐不那么焦虑不安了，然而，一两天之后，他再次陷入绝望，起因是乔治·摩尔①年初时《埃伯利街谈话录》中对哈代的风格和声誉进行的野蛮攻击引发的公众争议，现在又死灰复燃了。摩尔在文学上对哈代的敌意至少可以追溯到《伊丝特·沃特斯》的出版，就在《德伯家的苔丝》出版一两年之后；他更具体的个人敌意似乎起源于高斯最近告诉他，哈代不想在高斯家再遇到他了。[24]《埃伯利街谈话录》出版之后，默里在《阿德尔菲》杂志上撰文坚定地支持哈代，此举赢得了哈代的赞同；正如哈代痛苦地注意到的，其他朋友本可以为他辩护，却都明哲保身，三缄其口。4 月，哈代告诉默里：“至于那个可笑的无赖乔治·摩尔，我所关心的是那些不幸的绅士们，他的门徒们。他们真丢脸！他们一定是一群胆小如鼠的人，不敢抗议，这让我想起了在一场演出中表演节目的狗，胆战心惊地对主人俯首帖耳，它们战战兢兢，唯恐自己在幕后被主人用热熨斗烫。”于哈代而言，他对反对虐待动物充满激情，因而这些都是可以唤起的、强有力的意象。但是他的愤怒使他又开始使用更加强硬而粗鲁的语言。3 月时，他告诉默里，他对摩尔的作品知之甚少，在思想上把摩尔归为那些微不足道的作家，因此不需要阅读其作品，也不明白为何英国媒体如此认真地对待他：“有人曾称他为一个腐烂的文学雌雄同体人，我觉得颇为有趣，但这可能是一种夸张的说法。”[25]

---

① 乔治·摩尔（George Moore，1852–1933），爱尔兰小说家、诗人、戏剧家、批评家。

1923年,哈代同意让R.G.伊夫斯①和奥古斯塔斯·约翰同时为他画坐姿肖像,过程中有时他有点焦躁不安。据说他看到约翰画的一张肖像后说道:“好吧,如果我看起来是那个样子的话,那我越早入土为安越好。”那年晚些时候,有人谈到让萨金特②给他画肖像画,然而,尽管哈代被这个想法所吸引,但他却不会考虑前往伦敦。正如弗洛伦斯告诉考克雷尔的那样,哈代的耐心是有限度的;1924年,苏联雕塑家谢尔盖·尤里维奇③来麦克斯门待了几天,这给哈代带来了不小的麻烦,因为谢尔盖让哈代在午餐时间他在场的时候不要说话,要把他的脸一直藏在《泰晤士报》后面。弗洛伦斯伤心地说:“现在才画这些肖像画和制作半身像,似乎相当晚了。”[26]

511 1923年秋,哈代在回应最近陪同丈夫拜访了多切斯特的海伦·格兰维尔·巴克的请求时,描述了奥古斯塔斯·约翰曾隐隐约约地出现在他的梦境中:

> 1923年10月21日清晨,我梦见自己站在一个靠在阁楼边上的长梯子上。我右手扶着梯子,左手抱着一个身穿蓝白相间衣服的婴儿,裹在一个包裹里。我要努力把它举过阁楼的边缘,搁到一个安全的地方去。阁楼上坐着乔治·梅瑞狄斯,他穿着短袖衣服,抽着烟;但他的举止有点像奥古斯塔斯·约翰。这孩子是他的,但他似乎对孩子的命运漠不关心,不管我是不是会让他(她)跌落。我说:“跟我上次举起这孩子相比,他(她)变得更重了。”他表示赞同。我费了好大劲儿才把孩子托举过阁楼边缘,把他(她)放在了阁楼的

---

① R.G.伊夫斯(Reginald Granville Eves, 1876-1941),英国画家。

② 约翰·辛格·萨金特(John Singer Sargent, 1856-1925),旅居英国的美国肖像画家。

③ 谢尔盖·尤里维奇(Prince Serge Yourievitch, 1876-1969),俄裔法国雕刻家、作家、政治家。

地板上，然后我就醒了。

尽管此梦在性方面的解释颇有说服力，但考虑到梅瑞狄斯和约翰同为艺术家的事实，至少有可能这个婴儿在某种程度上"代表了"被感知到的创造性责任的负担。1919 年 12 月 15 日，哈代曾对考克雷尔说："我的梦没有你的那么连贯。它们更像是立体派的画作，通常以我因台阶消失不见而从一座老教堂的塔楼楼梯上摔下来而告终。"[27] 维奥莱特·亨特①曾记录了她所描述的哈代"唯一反复出现的梦"："我被人追逐，像天使一样升上天堂，逃出了我那尘世的追逐者们的手心……我很焦虑不安，也很狼狈不堪，我想一个天使不会是这个样子的——我几乎赤裸着身子。"但是如果哈代的确讲了这样一个故事，那他的语气中无疑带着怀疑和娱乐的成分。正如他于 1923 年 4 月告诉弗洛伦斯的那样，他曾有一次以为自己听到了母亲的呼唤声，但因为后来什么事情也没有发生，他便得出结论说，不必理会做的梦。[28]

1924 年 6 月 2 日，哈代八十四岁生日那天，他收到的信件和电报比以往任何时候都要多，回复的任务一如既往地落在了弗洛伦斯肩上。十年前她嫁给哈代时，不仅承担了管理麦克斯门的常规责任，这在当时看来也是不可避免的责任，而且还接受了——或明确或含蓄地——担任哈代本人的全职秘书或至少是永久秘书的角色。她仍在为哈代的手稿打字——包括诗歌、序言、对《生活和工作》书稿的部分修改——但主要还是每天帮助他及时了解纷至沓来的信件的内容，这些信件都是写给他这位那个时代最著名作家的。寻求亲笔签名者尤其让人恼火，特别是当

① 伊索贝尔·维奥莱特·亨特（Isobel Violet Hunt，1862–1942），英国女作家，以创作女权主义小说为主。

他们寄来签名册或哈代写的书，希望他能在上面题字，于是这似乎成了麦克斯门的一个原则，那就是把这些签名册或书暂时扣留，直到寄信人
512 再次写信请求返还，到这时候，它们就会被翻找出来，然后打包寄走，但依旧没有签名。就在哈代八十岁生日后不久，弗洛伦斯给丽贝卡写信说：“唉，恐怕亲笔签名的追求者们是不会满意的。时不时地有人请求在他（或她）的签名册（或书）上签好名后再寄还给他们。要妥善处理这一切，就需要有一位常任的带薪秘书。”[29]

然而，有一段时间，一个名叫梅·奥鲁克的年轻打字员（亦是一位诗人）在麦克斯门兼职工作，主要是为了在处理信件的任务特别繁重的时候给弗洛伦斯打下手。哈代的大部分私人信件仍然是他自己亲笔写的，但对于那些被认为是不太重要的信件，通常会遵循不同的程序。在来函的背面或页面底部，哈代会草拟或简要勾勒出一封回信，通常寥寥数语就足矣，然后把文件交给弗洛伦斯或梅打印出来，在大多数情况下，还要由她们签名或签上姓名的首字母。原始的来函，因为加上了哈代回信的草稿而使内容变多了，将会被保存下来用作档案。这一基本制度虽会有变化，但其根本目的始终是掩盖作者身份，以挫败那些系统性和随意性的搜集亲笔签名的人，从而在不造成重大失控或不错过需要真正的委托授权的情况下，节省一些时间，避免一些麻烦。多年以后，梅将她的回忆记录在案：麦克斯门是一个充满活力、善良和幽默的地方，哈代是一个总是沉思，有时严厉，但从不郁郁寡欢的人，弗洛伦斯是一个具有年轻人的快乐的人，而威塞克斯的行为异常只是源于一种“明显的要尽可能近似人类的决心”引起的神经紧张。哈代喜欢梅，但怀疑她是否足够谨慎；在哈代去世后，弗洛伦斯会有机会抗议梅公开发表的文章，在这些文章中，她作为虔诚的天主教徒，试图解释并在某种程度上原谅哈代写作中的不信教的方面，她称之为他的“不信教的疯狂爆发”，认为这是心照不宣地值得可怜的“痛苦中的男人的胡言乱语”。[30]

尽管梅减轻了弗洛伦斯作为秘书的负担，但是弗洛伦斯仍需要负责大部分信件和所有更机密内容的打字工作——她偷得浮生一日闲，赴伦敦见了考克雷尔，并和他一起看了《圣女贞德》①。[31]7 月初，哈代很高兴看到贝列尔学院剧团的演员们来访，他们是牛津大学的本科生，在麦克斯门草坪上表演了一部英文版的《俄瑞斯忒亚》②，名为《阿特柔斯家族的诅咒》，观众包括哈代、弗洛伦斯以及哈利和海伦·格兰维尔·巴克。T. E. 劳伦斯本想出席，但是当天下午无法从军务中脱身。然而，十天 513
前，他曾在其云山小屋里请哈代夫妇和福斯特喝了一顿奢华的茶；他仍然是麦克斯门的常客，也是一位尊贵的客人，受到弗洛伦斯的赞赏，尤其是作为"世界上屈指可数的完全令人满意的人之一"。[32]

然而，是年初秋对弗洛伦斯来说是一个令人焦虑的时期，甚至是有危机感的时期，对哈代来说亦是如此。弗洛伦斯此前被诊断为颈部腺体肿大，现在被宣布为潜在的癌症肿瘤；9 月 30 日，她再次前往伦敦，在韦茅斯一位书商的儿子、外科医生詹姆斯·谢伦③的主刀下接受了肿瘤切除手术。次日早上，谢伦向哈代报告说，整个肿瘤成功切除，弗洛伦斯的状况相当令人满意。在同一天，住在伦敦的考克雷尔给哈代写了两封信，竭力让他放心，并在菲茨罗伊广场疗养院为弗洛伦斯提供了愉快的陪护。梅在手术当天早上到达麦克斯门，发现哈代的外貌令她大吃一吃，即使手术成功的消息传来，他仍然像是"精神恍惚的"。他感到额外的痛苦，还有些内疚，因为他本人不在伦敦，不在弗洛伦斯身边，但是倘若他在场的话，她只可能会被他那虚弱和焦躁的外表所打扰，哈代坚持说，"如果我们俩都离开了麦克斯门"，威塞克斯会"伤心欲绝的（不夸张

---

① 《圣女贞德》（*St. Joan*，或 *Saint Joan*），萧伯纳于 1923 年创作的戏剧。

② 《俄瑞斯忒亚》（*Oresteia*），古希腊作家埃斯库罗斯根据神话故事改编的戏剧，约首演于公元前 458 年，讲述的是血亲之间冤仇相报的悲剧。

③ 詹姆斯·谢伦（James Sherren，1872–1945），英国外科医生。

地讲)”。[33]

到了10月9日,弗洛伦斯感觉很好,可以回家了,于是亨利用他那年夏天刚买的汽车去伦敦接她,车主要是由多切斯特当地的一个司机驾驶的,据弗洛伦斯说,这辆车使亨利年轻了十岁。哈代为往返伦敦的行程制订了详细的计划,他为司机提供了路线图,为病人准备了地毯,亨利则热情地接受了整个计划。凯特给她哥哥写信说:“我敢肯定,他确实很高兴执行这一任务,他一次又一次把出发时间提前,就像父亲过去那样,以相当无情的方式。你还记得吗?”行程一路顺风,诸事平安,但天黑之后一行三人才抵达麦克斯门,哈代(正如他在诗歌《无人来临》中所动人地描写的那样)在家门口焦急地站着等待了一两个小时,而一辆又一辆的汽车疾驶而过,都未曾停下,“与我毫无关系”。[34]

弗洛伦斯仍然对自己未来的健康状况忧心忡忡,事实上,梅认为,在很大程度上,对癌症的持续恐惧是她后来出现“莫名其妙的抑郁”的原
514 因。正是在术后她仍然虚弱的时候,她不得不忍受哈代参与他那改编成戏剧的《德伯家的苔丝》在本地的演出所带来的兴奋、焦虑,以及偶尔的尴尬;该作品最早写于十九世纪九十年代,但事实上,无论是在当时还是此后都没有被演出过。哈代对该作品演出历史的描述是:1924年,在议员T. H. 蒂利的带领下,哈代剧的演员们设法从他手中得到了这部戏,尽管他还有更好的意见。其他证据表明,哈代早有意将该剧搬上舞台,并由格特鲁德扮演苔丝,但由于蒂利和其他一些人对该剧的得体性表示怀疑,质疑它对保守的多切斯特观众来说是否合适,他便打消了念头。现在既然演出的事情终于确定下来,哈代用在上面的心思比一年前用在《康沃尔王后的著名悲剧》上的心思还要多。当弗洛伦斯不在家的时候,蒂利赴麦克斯门拜访了哈代——他是哈代在那一时期会见的唯一客人——并带来了舞台的微缩模型。10月,剧组在麦克斯门进行了讨论

和彩排,甚至在伍尔庄园(想象中苔丝和安吉尔的灾难性蜜月的现场)彩排,由格特鲁德扮演苔丝,E. W. 斯默顿医生扮演谢顶的安吉尔,诺曼·阿特金斯扮演阴暗邪恶的亚历克,彩排的场景包括:苔丝和安吉尔之间的忏悔,以及苔丝随后与亚历克的重逢。[35]

哈代对格特鲁德的兴趣一直未退。1922年,她正在从流产中康复,这使她没能出现在当年《计出无奈》的演出中,哈代送给她一个银质花瓶,里面装满了康乃馨,为避免引起公众关注,他让另一位哈代剧演员做了中间人。[36]然而,自从她扮演苔丝以来,他对她的关注变得越来越明显,越来越引人注目。到该剧于11月26日在多切斯特首演时,当地已经产生大量的流言蜚语,主要是源于其他剧组成员因来访者和记者以及哈代本人对格特鲁德的关注而心生嫉妒。在日场和晚场的演出间隙,演员们喝茶时,她就坐在他身旁,格特鲁德后来责怪哈代对她说了一些关于奥古斯塔斯·约翰的悄悄话(这是为了不让坐在哈代另一边的约翰听到),弗洛伦斯则把这一举动解读为亲密的窃窃私语。12月11日,在韦茅斯的演出中,哈代在后台指出格特鲁德戴着她的结婚戒指,并表示愿意先替她保管;后来,就在苔丝应该结婚的场景之前,哈代把戒指戴回她的手指上,就像在结婚典礼上一样。[37]

弗洛伦斯对自己的(无论是真实的,还是想象的)委屈和嫉妒的忍耐是基于这样一种假设,即,演出行将结束,格特鲁德将永久地回到她在 515
比明斯特的家中,与其孩子和丈夫团聚。但是,像苔丝一样,格特鲁德美丽的容貌、平静的消极状态、脆弱的纯真一直以来都深深打动着观众,因此一些自伦敦来访的评论家的热情反应,使人们开始谈论该剧在伦敦的演出(由格特鲁德担任题名主角)。哈代对她说,他不太喜欢她远赴伦敦的想法:“我们为你在这里取得的成绩感到骄傲,所以我们希望把你留在我们身边,这样你就能够以威塞克斯女演员的身份而著称,这样的女演员不屑离开这里,她要让伦敦人来这里观看她的演出。”然而,他认识到她已经萌生了去伦敦发展演艺生涯的雄心壮志,他觉得自己没有权利挡住她的去路,而且他确实尽其所能,安排次年春天该剧在干草市场剧院的一系列日场演出。与此同时,他向干草市场剧院的经理弗雷德里克・哈里森明确表示,他还与刘易斯・卡森讨论了一部由西比尔・桑代克①饰演苔丝的戏剧在伦敦长期演出的可能性。[38]

1925 年 1 月 10 日,当考克雷尔来到麦克斯门时,由于哈代对格特鲁德的持续迷恋,他发现房子上方笼罩着一团阴云。次日,考克雷尔告诉弗洛伦斯,鉴于哈代的高龄,她应该从乐观的角度来看待这一境况,她则回答说,她曾试图这样做,但哈代对她说了"粗"话,嫌她碍事儿。第二天情况就更糟了。弗洛伦斯告诉考克雷尔,她夜里一直在担心,直到她觉得自己会发疯才算罢了。她痛苦地抱怨说,哈代没有意识到今天是 1 月 12 日,也就是她的生日,他完全忙于和哈里森以及格特鲁德讨论提议的干草市场剧院的日场演出事宜,现在这被认为是板上钉钉的事情了。[39]

干草市场剧院的彩排计划于 4 月开始,但 2 月初,弗洛伦斯突然出现在格特鲁德位于比明斯特的家中,说她在丈夫不知情的情况下去了那里,并恳求格特鲁德为了哈代着想退出整个计划。她辩称,尽管哈代年事已高,身体欠佳,但他会坚持去伦敦看演出的,他还会去格特鲁德的更衣室,由此引起的公众关注对他的神经和名声均不利。为了向惊愕不已的格特鲁德表达哈代对其迷恋的真实性和深度,弗洛伦斯告诉她,他曾给她写过诗,在其中一首诗里,两人被想象成一起远走高飞了。"但我把那首诗给销毁了。"她补充说。[40]格特鲁德对这样的打击感到震惊,她
516 也已经意识到其丈夫和孩子宁愿她不去伦敦,于是她致信哈里森,要求

---

① 刘易斯・卡森(Lewis Casson, 1875–1969),英国演员、剧院经理;西比尔・桑代克(Sybil Thorndike, 1882–1976),英国悲剧戏剧女演员。二人是夫妻关系。

退出她所签订的协议。在回信中，哈里森对她的决定表示遗憾，但承认这可能是个明智的决定。她还致信哈代，解释说她不忍心和女儿分开，而且其丈夫对她去伦敦一事也缺乏热情，因此她无权牺牲他们的幸福。尽管哈代也接受了她的决定——显然他相信这一决定是她自愿做出的——但是他也允许自己使用了真正遗憾的语气："尽管你另有所想，但我相信任何伦敦女演员都不能像你一样代表我想象中的苔丝。"[41]

格特鲁德从来没有原谅弗洛伦斯剥夺了她在 1925 年出现在伦敦西区的机会。哈代去世后，在弗洛伦斯的积极鼓励下，她终于在伦敦扮演了苔丝，但她觉得自己年龄已经太大①，不能再作为一名浪漫女演员踏上职业生涯之旅。在整个事件中，弗洛伦斯当然也不愉快，这是她唯一一次情绪失控，迫使她不公正地——甚至是残酷地——干涉了他人的生活和事业。显然，哈代的行为方式让弗洛伦斯不知道如何应对或提出异议，而已经充斥多塞特的流言蜚语一旦进入伦敦媒体，就很可能会发酵成全国性的丑闻。弗洛伦斯也可能真地相信，在格特鲁德的表演中，天然的魅力多于成熟的技巧，因此她希望坚持的演艺道路很可能会以失望而告终。然而，从本质上讲，弗洛伦斯已经陷入了忧郁症，其早期症状是头痛和严重的神经紊乱，诱因有三：其一是她的手术；其二是她对婚姻的焦虑，特别是外人可能察觉到的；其三是照料本身就过度紧张的哈代带来的压力。她也时时刻刻被一种感觉所淹没，她不只感觉到自己的年龄在增长，还感觉到格特鲁德所富有的年轻、漂亮、已为人母等特点恰恰是她自己所欠缺的。1924 年 12 月，她曾试图向格特鲁德解释说，她的个人生活完全被束缚在自己的婚姻之中："与你不同的是，我没有孩子来保证将来的幸福，在我面前也没有事业——一切似乎都被落在了后面。"[42]

---

① 格特鲁德时年二十八九岁。

一旦格特鲁德退出了干草市场剧院计划,哈代就可以自由地去与卡森和桑代克达成协议。但他们希望改变剧本和结构,他觉得无法接受,于是该项目最终被一位名不见经传的经理菲利普·里奇韦接手,演出地点在偏僻的巴恩斯剧院。哈代很感激里奇韦能够积极地攻击那些过去
517 令许多人畏缩的障碍,因此准备在版税和表演权等问题上慷慨地与他打交道。然而,在巴恩斯剧院首演之夜之前,哈代还没有准备好如何应付美国版和殖民地版小说对该剧版权的持续要求,他自己直接或通过弗洛伦斯与里奇韦进行了一番令人困惑的通信,内容是关于里奇韦可能被允许拥有什么,不能拥有什么,以及可以做什么事情,不可以做什么事情。在里奇韦寻找合适的苔丝演员时,哈代曾建议,如果没有伦敦女演员适合该角色的话,里奇韦应该考虑格特鲁德。巴里似乎也提到过格特鲁德;甚至在哈代最终选择了格温·弗兰肯-戴维斯①之后,弗洛伦斯那重新觉醒的恐惧还是促使她采取措施,确保至少在多切斯特不会再上演哈代的戏剧了。[43]

尽管在外形上,格温并不像格特鲁德那样接近哈代心目中苔丝的理想形象,但她是一位高智商的女演员,对该剧的结构和演出的兴趣都很浓厚,并且能够对其改进提出合理化建议。8 月,她和里奇韦以及制作人 A. E. 菲莫一起来到麦克斯门,仔细研究了剧本的细节;在剧本交付给菲莫时,他曾对其“戏剧表演的不可能性”感到惊慌,当哈代让他自由地做任何他认为合适的实际修改时,他这才大大松了一口气——一些问题后来被菲莫自己描述为不涉及对文本本身的重大删改,而主要是“重建(主要是给每个场景提供有效的开幕落幕)和重新调整台词提示的问题”。[44] 12 月,在该剧成功上演后,全体演员来到多切斯特,在麦克斯门的客厅里演出,原因是哈代谨遵医嘱,也遵循了自己的意愿,拒绝去伦敦

---

① 格温·弗兰肯-戴维斯(Gwen Ffrangcon-Davies, 1891-1992),英国女演员。

看戏，不管是在巴恩斯剧院，还是在它转到伦敦西区的加里克剧院之后。另一方面，弗洛伦斯去看了在巴恩斯剧院的一场早期演出，并被人拍到她戴着一顶大大的双层礼帽，向格温献了一束花。[45] 在麦克斯门的演出在伦敦媒体上引起了很多意想不到的关注，显然是里奇韦打着"群众演员"的幌子，让一两个喜欢传播流言蜚语的作家混进了来访的演员阵容。弗洛伦斯现在嘴里所称的"那个里奇韦"，后来说服哈代接受了减少一个星期的版税的提议，以支付多切斯特之旅的相关费用，尽管——正如弗洛伦斯所言——此举是为了宣传这部剧，而不是为了给哈代带来乐趣。即便如此，这一场合的确令哈代感到心情愉悦，兴趣盎然，甚至使他在来访者准备离开时试图作一番简短的致辞。[46]

注释

［1］E. 理查森致其家人的信，1922 年 9 月 5 日。（帕梅拉·理查森）

［2］弗洛伦斯致考克雷尔的信，1922 年 10 月 22 日（耶鲁）；《艾玛与弗洛伦斯书信》，页 192；《晚年》，页 229，参《生活和工作》，页 452。

［3］《艾玛与弗洛伦斯书信》，页 193；《晚年》，页 229，参《生活和工作》，页 452，尤其是《个人笔记》，页 64；《艾玛与弗洛伦斯书信》，页 194。

［4］《星期日画报》，1915 年 8 月 22 日，第 7 版；以及《"没有人拥有更伟大的爱……"》，载《星期日画报》，1915 年 6 月 13 日，第 7 版。

［5］见她对 S. C. 莱斯布里奇的《任其自然》的未署名评论，载《环球》，1916 年 4 月 1 日，页 viii，以及对 R. 普赖斯的《大卫·彭斯蒂芬》的未署名评论，载《环球》，1916 年 4 月 29 日，页 iv，并在如下信件中得以确认：弗洛伦斯致 R. 欧文的信，1916 年 2 月 9 日和 3 月 22 日（均收藏于科尔比）。

［6］弗洛伦斯，《一个女人最幸福的一年》，载《每周电讯》，1922 年 8 月 27 日，页 8；弗洛伦斯致 S. 萨松的信，1922 年 6 月 30 日（伊顿）；《艾玛与弗洛伦斯书信》，页 193、194。

［7］弗洛伦斯致L.伊尔斯利的信,1923年1月6日(伊顿);弗洛伦斯致考克雷尔的信,1923年1月7日和5月13日(耶鲁);《晚年》,页230,参《生活和工作》,页452。

［8］《哈代书信》,第六卷,页120;藏书所在地(多博)。

［9］《晚年》,页232-234,参《生活和工作》,页453-455。

［10］弗洛伦斯致考克雷尔的信,1923年6月30日(耶鲁);珀迪与弗洛伦斯谈话,1933年(耶鲁)。

［11］《哈代书信》,第六卷,页204-205;凯特·哈代,日记,1923年7月20日和21日(多博:洛克)。

［12］《哈代书信》,第六卷,页197-198;M.伊尔斯利致哈代的信,1923年6月14日(多博)。

［13］弗洛伦斯致L.伊尔斯利的信,1923年10月11日(伊顿);T.E.劳伦斯致弗洛伦斯的信,1923年11月14日和20日(得克萨斯)。

［14］R.格雷夫斯致哈代的信,［1923年3月21日?］(多博);T.E.劳伦斯致弗洛伦斯的信,1923年3月25日和4月4日(得克萨斯);《T.E.劳伦斯书信集》,页429。

［15］《晚年》,页236,参《生活和工作》,页457;“备忘录(二)”笔记本(多博),参《个人笔记》,页77、74、76。

［16］G.N.雷,《H.G.威尔斯和丽贝卡·韦斯特》(纽黑文,1974),页94-95;R.罗兰,手稿杂志,1923年5月5日(罗兰夫人);R.卢米斯致F.B.亚当斯的信,1953年6月8日(亚当斯)。

［17］珀迪,页228-229;《哈代书信》,第六卷,页224。

［18］《列王》(第一部分),页xii。

［19］《哈代书信》,第六卷,页178-179;弗洛伦斯致考克雷尔的信,1923年9月4日(耶鲁)。

［20］H.格兰维尔·巴克致哈代的信,1923年7月4日和10月28日(多博),参《格兰维尔·巴克和他的通信者》,E.赛门编辑(底特律,1986),页374-

377，页378–379。

［21］《哈代书信》，第六卷，页221–222，页232；另见威尔逊，《搬上舞台的哈代作品》，页120–130。

［22］威尔逊，《搬上舞台的哈代作品》，页130–131；《哈代书信》，第六卷，页232；弗洛伦斯致考克雷尔的信，1924年6月21日（耶鲁）；《晚年》，页237–238，参《生活和工作》，页459。

［23］《艾玛与弗洛伦斯书信》，页209–210，参《创世记》29：17。

［24］弗洛伦斯致考克雷尔的信，1924年4月11日（耶鲁），参不完整的文本，载《一生的朋友：致悉尼·卡莱尔·考克雷尔的信》，页310–311；珀迪与弗洛伦斯谈话，1929年。

［25］J. M. 默里，《把我裹在我的奥布森地毯里》，载《阿德尔菲》，1924年4月，页951–958；《哈代书信》，第六卷，页246；《哈代书信》，第六卷，页242–243。

［26］弗洛伦斯致考克雷尔的信，1924年2月7日和9月7日（耶鲁）；《晚年》，页239，参《生活和工作》，页459。

［27］哈代的铅笔笔记（多博），参吉廷斯，《青年哈代》，页29，以及W. 阿切尔，《真正的对话》（伦敦，1904），页38；《哈代书信》，第五卷，页351。

［28］V. 亨特，《慌乱的岁月》（伦敦，［1926］），页69；弗洛伦斯致考克雷尔的信，1923年4月25日（耶鲁）。

［29］弗洛伦斯致R. 欧文的信，1920年7月23日。（科尔比）

［30］《艾玛与弗洛伦斯书信》，页145；奥鲁克，《托马斯·哈代：其秘书的回忆》，页7、33；奥鲁克，《功绩勋章获得者哈代（1840–1928）》，载《月刊》，第一五二卷（1928年9月），页207；《艾玛与弗洛伦斯书信》，页282–283。

［31］弗洛伦斯致考克雷尔的信，1924年6月8日。（耶鲁）

［32］《晚年》，页238–239，参《生活和工作》，页459；弗洛伦斯致考克雷尔的信，1924年6月24日（耶鲁）；弗洛伦斯致考克雷尔的信，1924年4月11日（耶鲁），参缩略文本，载《一生的朋友：致悉尼·卡莱尔·考克雷尔的信》，页310–311。

［33］弗洛伦斯致考克雷尔的信,1924 年 9 月 19 日(耶鲁);“备忘录(二)”笔记本(多博),参《个人笔记》,页 84;J. 谢伦致哈代的信,1924 年 10 月 1 日(多博);奥鲁克,《托马斯·哈代: 其秘书的回忆》,页 32;《哈代书信》,第六卷,页 277。

［34］“备忘录(二)”笔记本(多博),参《个人笔记》,页 94;弗洛伦斯致考克雷尔的信,1924 年 7 月 7 日(耶鲁);《哈代书信》,第六卷,页 280;凯特·哈代致哈代的信,1924 年 10 月 5 日(多博);《哈代诗歌》,第三卷,页 55–56。

［35］《晚年》,页 240,参《生活和工作》,页 460;格特鲁德·博格勒,访谈,1974 年;弗洛伦斯致考克雷尔的信,1924 年 9 月 25 日(耶鲁);《哈代书信》,第六卷,页 280;N. J. 阿特金斯,《哈代,〈苔丝〉和我自己》(贝明斯特,1962),页 11–16。

［36］格特鲁德·博格勒,访谈,1974 年。

［37］同上,1980 年。

［38］《哈代书信》,第六卷,页 297;《哈代书信》,第六卷,页 295–296。

［39］考克雷尔,日记(大英),参 W. 布兰特,《考克雷尔》(纽约,1965),页 214–216。

［40］布兰特,《考克雷尔》,页 216;G. 博格勒,《关于哈代的个人回忆》(多切斯特,1964),页 9–10;格特鲁德·博格勒,访谈,1974 年。

［41］布兰特,《考克雷尔》,页 216;F. 哈里森致 G. 博格勒的信,1925 年 2 月 4 日(G. 博格勒);G. 博格勒致哈代的信,1925 年 2 月 4 日(多博);《哈代书信》,第六卷,页 308;关于整个事件,见威尔逊,《搬上舞台的哈代作品》,页 132–140。

［42］考克雷尔的注释,关于弗洛伦斯致考克雷尔的信,1925 年 1 月 16 日,信件本身已被销毁(耶鲁);《艾玛与弗洛伦斯书信》,页 214–220,页 218 引用。

［43］《哈代书信》,第六卷,页 342;弗洛伦斯致考克雷尔的信,1925 年 8 月 20 日(耶鲁);威尔逊,《搬上舞台的哈代作品》,页 141。

［44］引自 E. 布兰登,《托马斯·哈代》(伦敦,1941),页 170–171。

［45］《晚年》,页 243–244,参《生活和工作》,页 462–463;《每日画报》,

1925 年9 月 11 日,第 15 版。

［46］ W. 麦奎恩 · 蒲柏,《脚灯闪烁: 二十世纪二十年代剧院的故事》(伦敦,1959),页 146;弗洛伦斯致考克雷尔的信,1925 年 12 月 22 日(耶鲁);《每日快报》,1925 年 12 月 7 日。

第二十九章　最后的事

518　在这一时期，哈代的创作精力主要集中在另一部诗集的编纂、修订和出版上，起初，该诗集被不乐观地称为“富于想象的和偶然性的诗歌：附带歌曲和琐事”，后更名为《人生百态：幻想、歌曲和琐事》，正如哈代对麦克米伦爵士所说的，这是一个不那么平庸的书名，也更容易让人记住，因为实际上它只是被简称为《人生百态》。手稿是1925年7月底寄给麦克米伦的，校样一经寄达，考克雷尔就又毛遂自荐，要帮助他阅读和修改，哈代也心存感激地应允了。[1]尽管该诗集中的大部分诗歌显然是新近创作的，但也有相当一部分是起源于哈代几年前整理文件时偶然发现的旧笔记或草稿；该诗集整体上给人的印象可以说与《早期和晚期诗歌集》乃至之前所有诗集几乎都一样，都是同种类的杂集。有几首关于艾玛和圣朱利奥特的诗，其他的诗，譬如《绝对的解释》，都是哲学性质的作品，甚至还有一首关于穆尔之死的诗（《在我的朋友到来之前》）。[2]熟悉的哈代主题在诗集中比比皆是：《在温亚德峡酒馆》和《锄萝卜的人》中性吸引的危险力量，《一次匆忙的会面》中两性不相配的残酷（“爱是一种可怕的东西：片刻的甜蜜，／然后一切都是哀悼，哀悼！”），甚至还有《致C. F. H》，一首写给卡罗琳·汉伯里的洗礼短诗，诗中试探性地问道：“你如何看待／地球作为一个居住之所／你是愿意来过这一遭呢，还是宁愿没来过？”[3]

哈代阴郁的语调已经成了读者通常的抱怨对象，他对此很敏感，预料新的诗集也会受到同样的待遇，于是他通读了校样中列出的目录，在每一首诗的名字前都做了标记：“T”（代表悲剧），“C”（代表喜剧），“L”（代表情歌），“O”（可能代表“其他”），并在扉页上草草记下了他的计算结果：

总计：　152 首诗。 519

——其中，大约有

60 首——悲剧性、悲伤或严肃的诗

92 首 {
65 首不带感情色情的沉思诗
11 首喜剧性的诗
16 首情歌和片段，主要是为了谱曲而作
}

即

悲剧性或悲伤的诗歌占整体的五分之二

沉思、爱情或喜剧性的占五分之三——[4]

《人生百态》最显著的特色或许就是它是作为一位八十六岁老人的新作而存在的。在该诗集的收官之作《我为什么》中，叙述者问道：“我为什么要继续做这些事情？／为什么不停止呢？”[5]但是哈代自己继续做着他已经做了那么久，做得那么好的事情。在他去世之前，他将会再出版一部诗集，在这人生中的第九个十年里，他保持着思想、工作和写作的持续性和强度，使这段时间成为其整个职业生涯中最多产的时期之一。使这种老年时期的创造力成为可能的原因有如下三点：其一是哈代的身体和精神的快速恢复的能力；其二是他已经完成的文学作品的数量、广度和深度，用庞德的话来说，不仅仅是小说的“收获”；其三是这些作品对记忆的不断重温和强化的要求以及这些要求的实现。尽管其笔记本和袖珍本仍然很重要，但人们也有这样一种感觉，即对他的散文和诗歌都至关重要的那些童年经历，只有当它们随着时间的推移，被后来经历的意外或哈代自己采取的具体行动（不管是故意的，还是偶然的）逐渐释放出来，它们才能够完全为他创造性的想象力所用。

哈代对地方历史和地方报纸的专业研究，从一开始就带有一种富于想象的自我投射的因素。每一个新创造的威塞克斯地点都必须配上一段发明出来的或盗用的历史；他对一部又一部珍藏本的修订使他反复回到他个人过去的丰富资源库。《威塞克斯高地》和"1912–1913 年组诗"等诗歌的创作使他懂得，个人记忆就像个人的幽灵一样，能够有意识或无意识地被特定的沉思技巧的练习所召唤，就好像他站在荒野上的旧马车路上，回想起从前在那条路上走过的名人和熟人。

520 哈代每天花这么多时间待在麦克斯门的书房，书房本身就是一种记忆盒，是一个可以引起丰富联想的物件的宝库，里面有：可以追溯到其早年，甚至其父母和祖父母时代的书籍；雪莱和乔治·艾略特等他所敬仰的作家的家庭照片和肖像画；《德伯家的苔丝》《无名的裘德》和其他小说的插图；曾经属于巴恩斯的一幅画；他少年时从弗雷德里克·特雷夫斯爵士的父亲那里买来的便携式写字台。在其丈夫去世约十八个月后，弗洛伦斯领着理查德·珀迪参观书房，谈到哈代对古老而熟悉的物件的挚爱，并指给他看摆在哈代书桌上的一把旧剪刀，一把曾属于艾玛的裁纸刀，还有一把她自己抱着不迷信的态度在他俩结婚的前一天给他买的裁纸刀[①]，一个亨尼卡夫人赠送给他的墨水池，以及一本永久定格在 3 月 7 日（星期一）的万年历，那是他第一次抵达圣朱利奥特的日子。[6] 房间的一隅立着一把大提琴，还有他小时候自己拉的那把小提琴，在映入眼帘的书架上的

---

① 迷信的说法是赠送刀子作为礼物是不吉利的，因为刀刃将会切断双方的友谊或关系。

诸多书籍中,有四大卷本的约翰·哈钦斯的《多塞特郡的历史和文物》,珀迪很快就发现,哈代在这些书上做了很多注释,书中还夹着一份剪报,其日期迟至 1927 年 8 月。哈代自己的早期素描,其父亲和祖父作为斯廷斯福德老唱诗班成员曾经使用过的破旧的乐谱,连同许多其他东西,都被存放在了橱柜里。[7]

穿过麦克斯门以北的弗洛姆山谷的湿草地,哈代可以在一个小时内到达他出生的村舍,或者在半个小时抑或更短的时间内,到达斯廷斯福德教堂和教堂墓地,这是他与那些挚爱的逝者进行交流的日益神圣的场所。像埃利奥特·费尔金那样与哈代有共鸣的访客不时被带到那里,然而,在 1924 年写给老朋友本森的一封信中,哈代甚至使用了雪莱献给位于罗马的济慈墓的、源于诗歌《阿多尼斯》的一个词语——“青草坡的通道”——来唤起斯廷斯福德的情感意义,他故意经常去那里就是为了唤起童年的记忆,“发现这样做没有痛苦”。[8]他似乎没有意识到,原始记忆的真实性将不可避免地被他反复的重访所损害,但即使他知道,这也不一定会给他带来困扰。他的确知道的是,记忆,无论是真是假,对他来说都是情感的主要来源,因此也是诗歌的主要来源;他还知道通过进入那些关于当地的、个人的或朝代的过去的纪念馆——无论是自然形成的,还是人工建造的——他能够最有效地唤起这些记忆。

1925 年,一本关于他的传记在美国出版了①,但未经授权,且偶有冒犯,这足以使哈代的注意力回到他自己复杂的自我纪念行为上。他拒绝 521
了莫里斯·麦克米伦 1926 年 4 月的提议,即在他去世前将“传记”打印稿的第一部分先排版出来,因为他担心印刷工会将该书的存在及其内容泄露出去,尽管如此,他还是又拿到了打印稿,以便再一次仔细修改。弗洛

---

① 欧内斯特·布伦内克(Ernest Brennecke)的《托马斯·哈代传》(*The Life of Thomas Hardy*)。

伦斯致信麦克米伦说："这也许是明智的，或者恰恰相反，不管他多么兴致勃勃。"[9] 与此同时，现驻扎在克兰威尔①的 T. E. 劳伦斯读到了该书的一份副本，是 1926 年初弗洛伦斯寄给他的；当哈珀兄弟公司找到萨松，建议他写一本"授权传记"时，哈代不得不允许他至少了解部分的秘密。弗洛伦斯现在仍然不确定哈代对"传记"一书的打算，她建议麦克米伦公司的某个人到麦克斯门来直接接受他的指示。当丹尼尔·麦克米伦如期而至时，哈代明确表示，他"并非不愿意"最终出版这部传记。然而，那年 7 月，他仍然在忙着修改打印稿，加入一些新的笔记，然后又把其中的大部分删除，以至于弗洛伦斯看不到提早完成的希望。[10]

在这些年里，哈代正在为弗洛伦斯准备一本日记式的"备忘录"笔记本，以供她撰写"传记"的最后章节时使用，在 1925 年 12 月 31 日的条目中，他记录了他们熬夜守岁的情景："在收音机里收听了伦敦新年前夜的各种特别节目——阿尔伯特大厅的舞蹈，大本钟敲响十二下，歌唱《友谊地久天长》《天佑吾王》《马赛曲》，齐声欢呼。"一年后的 1926 年 12 月 31 日，他在笔记本上简单地写道："新年前夜。没有熬夜守岁。"[11] 哈代无疑并没有形成一成不变地迎接新年的做法，但是 1926 年年初和年底之间的差别，似乎表明了他身体机能的衰退，即使不是立即明显的衰退，也是大体上的衰退。1926 年 1 月，他辞去了自己在多切斯特文法学校理事会的职务，该学校是他最后一个一直活跃其中的公共机构，正如《晚年生活》中所说的那样，他最终接受了他最喜欢的角色，即"具有观察眼光的人"——这很明显是源于弗洛伦斯对诗歌《"行军者"》中"带着沉思的目光的朋友"这句话的不完美记忆。[12]

哈代现在已经是八十六岁高龄了，但他会节约使用他的精力，从而很

① 克兰威尔（Cranwell），林肯郡北部凯斯特文区的一个村庄。

少感到疲倦。当他被确诊患了疝气时，他拒绝佩戴医生推荐的轻型疝气带。弗洛伦斯告诉考克雷尔，现在几乎没有人能对其丈夫产生任何影响，唯一的例外是麦克米伦爵士和亨利·海德医生，后者是一名神经科医生，也是哈代多年的朋友，如今就住在哈宅附近。[13]尽管哈代从来没有奉行刻 522
意苦行的生活方式，但是通过曾于1921年至1928年在麦克斯门做女佣的爱伦（“内莉”）·蒂特林顿的回忆，我们可以清楚地看出，他继续过着他一直信奉、践行和提倡的相对简单的生活，尤其是也提倡作家们这么去做。在这一时期，麦克斯门有一批功能互补的用人，其规模、阶层和服务的工作量都是相当标准的：一个厨师、一个女佣、一个“住家”客厅女佣和一个“不住家”的全职园丁。正如蒂特林顿小姐所描述的那样，每天的日常生活始于早上七点四十五分把茶和（用于洗漱的）热水送到单独但相互连接的卧室，接下来是九点在餐厅吃自家厨师做的早餐，下午一点左右吃丰盛的午餐（哈代总是把烤牛乳布丁当甜点吃），下午四点是有点简单的下午茶时间，通常会有客人在场，傍晚七点三十分则是相对清淡的晚餐，其中勃艮第葡萄酒、斯蒂尔顿奶酪和多塞特圆丘状饼干似乎是常见的特色食品。晚餐后，弗洛伦斯会大声朗读东西给哈代听，一直读到晚上十点左右，这时她会给他准备好某种睡前喝的含酒精饮料，还有用人们在回麦克斯门阁楼的床上休息前在餐厅门口留下的热水。[14]

对于哈代本人来说，直到他生命的最后两三个星期，每天日程上未分配的时间都是独自在书房里工作的时间，弗洛伦斯则被留在楼下和威塞克斯待在一起，但在其他方面，她还要独自承担家务和履行秘书的职责，而且她有足够的时间来用打字机打出——她一如既往地在这么做——那些篇幅很长的、有时是牢骚满腹的、经常是不慎重的信件，有写给考克雷尔的，还有写给其他那些哈代的观察者的，如萨松、福斯特、高斯、玛丽·斯托佩斯、T. E. 劳伦斯，以及（未来的不祥之兆）霍华德·布利斯，他是一位哈代书籍和手稿的早期收藏家。[15]哈代仍然在书房里忙着写诗，正如弗洛伦斯所言，尽管他写的诗大部分被立即烧掉了，但他依然能够在两三天内再写出一首小诗，如为庆祝《观察家报》创刊一百三十五周年所作的《老报纸的独白》，他也能够对他去世后才出版的诗集《冬日之言》中的《他从未奢望太多》和其他诗歌的最终版本做出修订，他还能够时刻关注留意其作品的出版和再版。[16]

他特别关注巡演版《德伯家的苔丝》的命运，克莉丝汀·西尔弗①是该剧的题名主角；他发现自己和弗洛伦斯又一次卷入了与里奇韦、麦克米伦、戈尔丁·布莱特(时任哈代的戏剧经纪人)等人之间令人困惑的书信往来，其他一些信件是关于里奇韦不切实际地构想出的建议的，即把哈代所有小说都改编成舞台版，并且他在信中缠扰不休地反复提出这样的建
523 议。虽然弗洛伦斯在信中并没有掩饰她不喜欢格特鲁德，却重点赞扬了她饰演苔丝时的表现，并建议应该考虑让她饰演一些其他角色。9 月，在哈代的建议下，她和格特鲁德去巴恩斯剧院观看了约翰·德林克沃特改编的戏剧《卡斯特桥市长》，不久之后，哈代本人就可以观看该作品在韦茅斯“短暂的”日场演出，这主要是为了方便他观看而安排的。剧院内外献给他个人的掌声响亮而热烈，或许这是他第一次切实感受到他的声名有多么显赫——名扬全国各地，换句话说，除了多切斯特本地以外，因为多切斯特与他及他的家人相识已经太久，不可能对他产生过深的印象，也不可能彻底消除对他不信教和不道德的怀疑。[17]

6 月，贝列尔学院剧团的戏剧演员们再次来到麦克斯门，这一次表演的是英译本的欧里庇得斯的《希波里图斯》。7 月②，弗吉尼亚·伍尔夫及

① 克莉丝汀·西尔弗(Christine Silver, 1883 / 4-1960)，英国舞台剧、影视剧女演员和剧作家。

② 其实中国著名诗人徐志摩也是在这一年 7 月拜访了哈代(参徐撰写的《谒见哈代的一个下午》一文，刊于 1928 年 3 月《新月》杂志一卷一期)，但是很遗憾在这部权威传记以及其他众多传记中均未被提及。

其丈夫伦纳德①来访,随后在其日记中,她记录了晚年哈代留给人们的诸多印象中最为生动的一个:“一个面部有点肿胀的、性格开朗的老人,在跟我们讲话时快乐而一本正经,像个老医生或老律师,和我们握手时则说着‘好啦——’或类似的话。”尽管那么多的朋友和来访者都注意到了哈代身上有一种根本的单纯,但他在伍尔夫太太眼中却“没有任何……单纯的农民的痕迹”,而是有一种完全的信心,一种对所有问题都已下定决心的自信的感觉,以及对终身事业已取得令人满意的成功的自信的感觉,这种成功在任何情况下都是终极的、不可逆转的。然而,或许在意思上大致相当于“率直”的“单纯”一词,的确出现在了她对这次拜访的印象的最后总结中:

> 一点也没有对编辑的尊重或对级别的敬重,只有一种极端的单纯:给我留下深刻印象的是他的自由、安逸和活力。他似乎是一个很“伟大的维多利亚时代的人”,一挥手就完成了整件事(他的双手是普通的、蜷缩着的、不大的手);并没有太多的文学储备;但对事实和事件非常感兴趣;人们可以想象,不知什么缘故,他自然而然地就投入到了想象和创作当中,而没有想这是一件困难的或不同寻常的事情;痴迷写作;生活在想象之中。[18]

伍尔夫对弗洛伦斯的描述,虽然在援引其无子女方面或许显得心胸狭隘,但实质上无疑是足够准确的:“她有着一个无子女的女人那样的大大的、悲伤的、无生气的眼睛;带着极大的温顺和欣然,仿佛她已经清楚地认识到自己的角色;在接待访客时不是很乐意,而是顺从;穿着一件带有叶片图案的巴里纱连衣裙、一双黑色鞋子,戴着一条项链。”[19]弗洛 524

① 伦纳德·伍尔夫(Leonard Woolf, 1880–1969),英国政治理论家、作家、出版商。

伦斯对威塞克斯的明显衰弱感到很沮丧,对自己今年早些时候向考克雷尔提起的一些疼痛,她越来越担心。她也被照顾哈代这样的老人的十足的担子搞得疲惫不堪;他身体虚弱,但与此同时却精力充沛,出于本能,他过着不方便的隐居生活,却又能每天愉快地进行一两个小时的社交活动,他最终只对自己的天赋的要求负责——根据他自己的判断,事实上是根据她的判断。她于3月告诉一位记者,他们夫妇俩完全被哈代个人对生活方式的看法所左右,都觉得意识一定是一种不应该存在的疾病——她缺乏他那种将这些看法升华为诗歌的天赋和才能,因此只能对这些看法进行沉思,对她自己的生活进行沉思,她沉思的方式立刻使她那天生的忧郁情绪变得愈发强烈。[20]

6月,哈代把对《列王》单卷本和威塞克斯版本的一些修订寄给了麦克米伦公司,目的是使它们"一模一样,永远不再触碰"。同一个月早些时候,他八十六岁的生日成了一个"他从未奢望太多"①的场合,他心情平静地回顾了自己的生活,认为生活是由其童年教会他所期待的那些"灰色调的偶然和诸如此类的东西"组成的,缺乏戏剧性。11月,他去了一趟博克汉普屯村舍,是为了收拾花园,并进一步"隔离"这座建筑,使其远离公众视线[21],这是他最后一次去那里。那年圣诞节期间,他和弗洛伦斯都因威塞克斯的死而陷入悲痛;在患了一段时间的肿瘤后,威塞克斯最终于12月27日被实施了安乐死。威塞克斯是弗洛伦斯的狗,在她结婚前几个月,它便来到了麦克斯门,虽然最宠它的是哈代,但总是弗洛伦斯为它的不当行为负责,保护它免受被它冒犯或伤害过的人的报复。她致信考克雷尔说:"当然,它只是一只狗,而且一直也不是一只乖

① 对哈代诗集《冬日之言》中的《他从未奢望太多》("He Never Expected Much")一诗的引用。

狗，但是，如果没有它，我就会独自一人度过**数千个**（真的是数千个）下午和晚上，并且我总是和它说话。但我不能写关于它的事，我希望没有人问我它的事，也不要提它的名字。”[22]

1927 年 1 月，萨松拜访了多切斯特和麦克斯门，他从国王纹章旅馆——“‘亨尼卡夫人以前常住的房间’（哈代如是说）”——给高斯写了一封信，对哈代作了如下描述：“在我看来，他还是保持着他最具特色的姿势。他坐在一张极不**舒适**的椅子上，用一只手托着头，目光朝下，表情温和而充满渴望。今天晚上，当房间半明半暗的光线轻抚他的脸时，我 525
注意到了他那美丽的表情。”有迹象表明哈代越来越感受到倦意了——他在同一场合向萨松坦白说：“我想我已经写够了拿破仑！”——但他没有明显放松创作活动或文学关怀。在当月晚些时候写给麦克米伦爵士的信中，哈代幽默地称自己的著作是“长销书”，而不是“畅销书”，他同意在一本通俗杂志上再版一些诗歌，理由是这将构成“一种广告”，他还暗示了重印《威塞克斯诗集》及其插图的愿望。[23]

三周后，他写信提议出版一本新的《诗选》，其中包括自 1916 年以来首次出版的一些诗歌。到 9 月 18 日，他已经完成那项令人愉快但又稍稍令人担忧的任务，即挑选附加的诗歌，并将扩充后的诗选的印刷版本寄给麦克米伦爵士。尽管大多数新加入的诗都是来自最新的一些诗卷，如《瞬间幻象》《早期和晚期诗歌集》《人生百态》和《康沃尔王后的著名悲剧》，但他也收录了一些来自《列王》的歌曲，并且回到了《威塞克斯诗集》和《时光的笑柄》中，选择了《偶然》《小提琴手》和最引人注目的《荡妇的悲剧》，该诗在 1916 年仍被认为是不宜收录进在学校使用的诗集的。哈代担心麦克米伦可能会认为修改后的文本页数太多，于是他指出，相应的华兹华斯诗集所包含的诗歌数量甚至更多，虽然拜伦诗集中的诗歌数量较少，但其中一些诗歌篇幅却“相当长”。他丝毫也不担心该书的出版，他向麦克米伦保证说：“但我觉得最好是确保你有权修改诗集,以防万一。"[24]

3 月,哈代发表了一份简短的公开声明,来支持禁止残酷体育运动联盟的活动,并利用其童年的记忆为一本小册子撰稿,该小册子旨在呼吁向一项保护古老农舍的基金捐款。7 月,他参加了为多切斯特文法学校建造一座新楼的奠基仪式,这是他最后一次重要的公开露面。文法学校从镇中心搬到了郊外,新校址离麦克斯门不远,处于开阔地,通风好,就像四十多年前麦克斯门第一次建造的时候一样,而且事实证明,奠基仪式当天天气很不好,狂风大作,异常寒冷,不合时令。但是,哈代带领着一大群政要穿过泥泞的田野,用一种坚定的、清晰得让人能听得见的声音发表了一篇演讲,其主要内容和典型特点是针对那位和他同名的伊
526 丽莎白时代的人物(他曾是学校的主要捐助者)进行思辨性的沉思:"毫无疑问,他是哈代家族的一员,哈代家族于十五世纪从泽西岛来到该郡,然后获得了一些沿河的小型地产,地势由低到高,朝向河流的源头,从那时起,他们的后代大多数就留在了这附近一带,托马斯这个基督教教名尤其是受到了他们的影响。"同样典型的是他对选择这一地址的赞成,认为它"离镇中心不远,没有超出最小的男孩的行走能力",而且它对健康无比有利,"周围环境开阔,地势高,凉爽宜人,下层土干燥,同时它离海很近,可以闻到非常明显的海洋空气的味道"。[25]从这番话里,我们可以觉察到他童年时在博克汉普屯和多切斯特之间的艰难跋涉(那是令其记忆犹新的痛苦回忆),以及他针对麦克斯门原本有些不方便的选址所给出的稍微有些可疑的地质和气候原因,长期以来,他一直在对自己和访客们证明其合理性。

尽管文法学校的奠基仪式令哈代感到疲倦,但仅仅三天之后,弗洛伦斯就记述说,他正在"非常努力"地工作,因此她有机会忙里偷闲,带着她那身体不适的母亲在韦茅斯待了几天,期间一两次驱车到了多塞特乡村。现在,由司机驾驶的出租汽车出游为哈代夫妇提供了主要的娱乐

来源。5月，他们驱车前往梅尔伯里庄园，与伊尔切斯特一家共进午餐，主人打算赠予他们一只名叫苏珊娜的锡利哈姆小狗①作为威塞克斯的替代品，这是一份他们决定不能接受的礼物，因为此前已经有人赠送给哈代一只名叫蜘蛛网的蓝色波斯猫。在其八十七岁生日那天，他们驱车前往德文郡，在内瑟顿会馆与巴克一家共度了那一天，从而避开了一位美国记者带有威胁性的关注。[26]6月，哈代接待了相识五十余年的朋友高斯爵士，这是高斯自1925年以来的第一次来访，后来证明也是最后一次来访。7月，萨松来了，然后是梅斯菲尔德一家，此外，贝列尔学院剧团的演员们又一次在麦克斯门的草坪上表演。[27]8月6日，哈代接受了古斯塔夫·霍尔斯特②敬献给他的新创作的交响诗《埃格登荒野》③，该诗的灵感源于《还乡》第一章；几天后，哈代陪着这位作曲家坐车穿过荒野来到帕德尔屯教堂，参观了为唱诗班设立的木制楼厅，哈代的祖父有时会在那里表演。当月晚些时候，哈代夫妇驱车前往巴斯，当天就赶了回来，哈代回来的时候看起来精力很充沛，弗洛伦斯告诉考克雷尔：是**她**感到累了。[28]9月，先是高尔斯华绥夫妇前来拜访，然后哈代夫妇前往伊尔明斯特和耶奥维尔，此外他们还接受了去查伯勒庄园和拉尔沃斯城堡的午餐邀请。到了月底，弗洛伦斯可以说丈夫“身体确实很好”，尽 527
管偶尔会“被他心脏的奇怪感觉所困扰”。她希望这些仅仅是因为消化不良，但是哈代——她本可以插话说，像艾玛一样——不喜欢接受体检。[29]

是年秋，哈代仍然很活跃。10月25日，他参加了在多塞特郡博物馆举行的一次会议，会议的主题是保护最近在福丁屯发现的罗马马赛克

---

① 产于威尔士的一种白色小犬。

② 古斯塔夫·霍尔斯特(Gustav Holst, 1874-1934)，英国作曲家、教师。

③ 《埃格登荒野》(*Egdon Heath*)，另译为《埃格登荒原》，张谷若先生在《还乡》中将其译为《爱敦荒原》。

镶嵌砖的人行道。[30]11 月,他订正了扩充版《诗选》的校样,对文本做了一些小的修改,并表示既然有些人分不清“精选集”和“选集”,那么将标题改为“托马斯·哈代诗歌精选集”也许是明智的。11 月底,他特别高兴地收到了几本装帧漂亮的大开本版的《列王》,他对麦克米伦爵士说:“书寄来的时候,我非常兴奋,这正是我所期待的。莱斯利·斯蒂芬曾说所有的现代书籍和报纸都将在一百年后消亡,但是我想这样的书还是会继续存在下去的。我注意到你已经接受了我所有最新的订正,我希望书商们进的货能够有好的销路。”事实上,一直到其生命的最后一刻,哈代都始终保持着对印有其名字的书籍的外观、文本的正确性以及财务状况的关注。在夏末,他正在重读并重新考虑自己的一些短篇小说,为麦克米伦建议的一个单卷本合集版本做准备,一则日期为 1927 年 9 月的笔记表明:他宁愿用一个不那么传统而令人感觉舒服的结局来结束《挤奶女工的浪漫冒险》。[31]

到现在为止,哈代已经不再为弗洛伦斯撰写“传记”的最后章节所汲取的“素材”做任何补充,哪怕是最次要的补充,于是她自己开始断断续续地写日记,并特别注意记录哈代的那些童年回忆,在这个时期,这些回忆会如此清晰自如地进入哈代的头脑。11 月 4 日,她记录他拜访了斯廷斯福德教堂墓地、其弟弟妹妹在塔尔博塞斯的房子,这后来被证明都是他的最后一次拜访;11 月 11 日关于“一战”休战纪念日的日记篇幅较长,她描述了他从书房下来收听关于坎特伯雷大教堂礼拜仪式的广播,在两分钟的静默时间里,他站在那里,心里想着弗兰克·乔治。同一天晚些时候,像他们以前经常做的那样,他们沿着麦克斯门后面的铁路线散步——弗洛伦斯将其描述为他们惯常走的“忧郁的小径”——注视着一列火车拉着波特兰石经过。[32]当他们回到家的时候,哈代或许是被
528 与早晨的情绪有关的某种模糊的冲动感动了,开始关心起弗洛伦斯饲养的鸡的福利,于是要求园丁建造一个避身之所,以便让它们更好地抵御

严寒。同一天更晚的时候,他的思绪仍停留在他们所看到的建筑用石上,他告诉弗洛伦斯,“如果有来生,他宁愿在一个乡间小镇做一个小小的建筑师,就像多切斯特的希克斯先生一样,他自己曾根据契约给他当过学徒”。一两天后,他想起了亨利·巴斯托,他在希克斯公司的学徒同学。[33]

几天后,他的思想又回到了雄心壮志和实现雄心壮志的问题上,他宣称“他已经做了他打算做的一切,但他不知道是否值得这样去做”,并补充说,他的一个文学方面的雄心壮志是“有一首诗或一些诗被收录在像《英诗金库》①这样高水准的诗歌选集里”。显然,他的心情就是《他决心不再多说》一诗中的心情,该诗将成为他去世后出版的最后一部诗集的压轴之作:

为什么要让人们的思想承受更多?
避免这种承受令人备受折磨
　从今以后
　直到我生命的尽头
我觉察到的,我不再开口。

然而,在其丈夫去世后,弗洛伦斯否认这首诗应被视为其收官之作,并坚

① 实际上哈代的梦想在他去世前就已经实现。《英诗金库》(*Golden Treasury of English Songs and Lyrics*),前四卷由弗朗西斯·特纳·帕尔格雷夫(Francis Turner Palgrave, 1824-1897)于1861年出版,诗人截止到华兹华斯。第五卷(名为《现代抒情诗金库》〔*The Golden Treasury of Modern Lyrics*〕)由劳伦斯·宾雍于1924年出版,其中收录了哈代的诗歌《仲夏之夜》(“On A Midsummer Eve”)、《黑暗中的画眉》(“The Darkling Thrush”)、《写在“列国分裂”时》(“In Time of ‘The Breaking of Nations’”)、《了不起的东西》(“Great Things”)和《牛群》(“The Oxen”)。1954年和1994年,C. 戴-刘易斯(C. Day-Lewis, 1904-1972)和约翰·普莱斯(John Press, 1920-2007)又分别编辑出版了新版的《英诗金库》,均收录了哈代的诗歌。

持说,事实上他于 1927 年底经历了一次创作力的大爆发,觉得自己几乎可以无限期地继续写下去。[34]

通常在 11 月底,玛丽和艾玛的共同悼念期的标志是哈代戴着"一顶破旧的黑色小毡帽",手里拄着一根黑色拐杖[35],这在弗洛伦斯看来是一幅可怜兮兮的样子。但是,他一直在继续做新诗集中拟收录的诗歌的筛选和修订工作,他希望在其九十岁生日之际出版这一诗集。实际上,在哈代去世九个月后,当《冬日之言》出版时,事实证明它比大多数之前的诗集都要短一些,但在主题、题材和技巧方面均可以与它们相媲美。哈代是否故意将具有如此强烈个人色彩的诗歌——例如特别是与穆尔有关的《站在壁炉旁》——保留到现在才出版,我们不得而知,但很明显,他人生中的许多阶段都反映在了这最后一部诗集中[36]:上博克汉普屯(《蕨类植物中的童年》《年轻人世界里的圣诞节期》),路易莎·哈丁(《致小巷中的路易莎》),伊丽莎·布莱特·尼科尔斯(《沉思的少
529 女》),他早期在伦敦的那些年(《在帐篷下》),他和艾玛在斯旺内奇度过的那个冬天(《寄宿房子里的倒挂金钟花》),以及一个身份不明的女人,或许是简·尼科尔斯,是曾经吸引过他的人(《面容》)。[37]他与 1926 年去世的格罗夫夫人的友谊,在《关于艾格尼丝》一诗中得到了感人的纪念;已经在宠物公墓的墓碑上得到纪念的威塞克斯("著名的家犬威塞克斯,1913 年 8 月–1926 年 12 月 27 日。忠诚的,坚定的"),在《逝去的家犬"威塞克斯"》一诗中得到了一份迟到的诗歌悼念;还有其他一些诗歌,显然与哈代自己的生平或其家庭历史有关(《一个坟冢》《家庭肖像》),现在看来,与这些诗歌有关的确切人物关系已经难以恢复。[38]尽管该诗集收录的诗歌涵盖了始于十九世纪六十年代的其诗歌创作生涯的几乎每一个阶段,但是其中有几首是最近才创作的。正是在 1927 年 11 月 27 日的下午茶时间,也就是艾玛的祭日那天,哈代才第一次给弗洛伦斯看

了《无情的五月》一诗的手稿，这是一首典型的源于早期的草稿或笔记的诗歌，温和地表达了他对所有生物的强烈同情，这种同情在其一生中给他造成了很大的痛苦，并在两周前引发了他对麦克斯门的鸡的关注。[39]

12 月 1 日，弗洛伦斯告诉考克雷尔，她希望有人建议允许 H. M. 汤姆林森①为其丈夫写一本传记。“当然，只有一个答复。”她在同一封信中记述说，哈代本人“身体很好……非常快乐、忙碌。天空万里无云”。五天后，她写信说，哈代感到很累，整天待在室内，这“对他来说很不常见”。尽管如此，他看上去还是很好，也很机敏，两天前多萝西来拜访他时，他很高兴（“她和哈代谈论过去的事情，如她小时候经常玩的恶作剧，他和她母亲待在一起的时光”），并期待着次日萨松的来访。8 日，哈代又感觉不太舒服，但他足够机敏地评论说，陪同萨松的斯蒂芬·坦南特②是他认识的唯一一个步态像史文朋的人，弗洛伦斯觉得有理由向考克雷尔保证没有什么严重到不对劲的地方。[40]

然而，11 日上午，哈代去书房时，发现自己有生以来第一次完全不能工作了。此后，他就开始卧床，每天只下楼待几个小时。到了月中，弗洛伦斯不得不告诉高斯，哈代在 10 日与人谈话时间太长，累着了自己，她后来解释说，谈话对象是哈珀兄弟公司的一位代表。他的心脏因此受到了影响，尽管医生预计休息一两天后一切就会恢复正常。[41]四天后，哈代仍 530
卧病在床，看上去甚是虚弱；据说他是患了伤寒，但是他的整个身体系统开始衰竭。几天后，弗洛伦斯发现当她大声朗读时，他再也跟不上她的语速了，尽管后来她也读了一些他想要听的诗，其中有德·拉·梅尔的《倾听者》和勃朗宁的《本·埃兹拉拉比》。[42]她还要急着把哈代自己的诗《埃尔金展厅里的圣诞节》寄出去，以赶在 1927 年 12 月 24 日的《泰晤士报》

---

① 汤姆林森（H. M. Tomlinson，1873–1958），英国小说家、散文家。

② 斯蒂芬·坦南特（Stephen Tennant，1906–1987），英国社会名流、作家。

上发表,读到诗歌后,高斯立刻给哈代写了一封表达赞美和欣赏的信,于是在圣诞节那天,哈代又振作精神,用铅笔潦草地写了一封感谢信,字里行间甚至还闪现着一丝幽默感,这种幽默感多年来一直是他们二人往来书信的一个标志:“我仰卧在床上,以黄油汤和牛肉汁为食,用人们很担心我不能吃任何圣诞布丁了,但我却感到相当宽慰。”[43]30 日,弗洛伦斯写信跟考克雷尔说,哈代的情况没什么变化。医生仍然担心他的心脏,但是那天午餐他吃了雉鸡肉,喝了香槟,这似乎是一个令人鼓舞的迹象。她补充说,目前是她自己在做所有的护理工作,亨利和凯特没有提出过来帮忙或许是件好事。1928 年初,哈代身体状态每况愈下,他的身体和精神上的疲惫变得如此明显,以至于当地的执业医生 E. W. 曼恩请来了伯恩茅斯的专家 E. 郝·怀特医生紧急会诊。怀特医生认为哈代的器官都很健康,动脉的状况也相当于比他年轻得多的人的状况,这使大家暂时感到乐观,但病人的体力并没有恢复,长时间的卧床姿势使肺的底部产生积液,医生担心会引发坠积性肺炎,到了 1 月 8 日,他已经病入膏肓。[44]弗洛伦斯已经叫她那具有护理专业技能的妹妹伊娃过来帮忙,9 日,她又拍电报把考克雷尔叫到了麦克斯门,然而除了弗洛伦斯、伊娃、亨利和凯特以外,考克雷尔及其他任何人都不准进入病房。考克雷尔安排了一个专业护士来减轻弗洛伦斯和伊娃的一些负担,但哈代拒绝让她进入房间,弗洛伦斯想起了她丈夫以前对医生和手术的恐惧,说这样做会马上要了他的命。[45]

9 日,巴里爵士也来了,住在镇上的一家旅馆里。第二天,哈代有了好转的迹象,他甚至用几乎没有受损的坚定的字迹签了一张支票,同意向作家协会的养老基金进行年度捐款,他现在仍然是该协会的主席。11 日,他
531 很高兴收到了一大串葡萄,一份来自卡塞尔公司的纽曼·弗劳尔①的礼

① 纽曼·弗劳尔(Sir Walter Newman Flower, 1879-1964),英国出版商、作家,卡塞尔出版公司的业主。

物,他还要求在卧室的炉火上为他烤一片培根,在他母亲的时代培根就是这样烤制的。[46]那天下午,在他那强硬的、不愿谅解的行为中,我们又看到了其母亲的影子,他口述了献给两个人的简短而尖刻的墓志铭,一个是给G. K. 切斯特顿,另一个是给乔治·摩尔,这两个人针对他的评论给他带来了持久的冒犯。"把垃圾箱都堆在他身上,"谈及摩尔时他说道,"它们也不会触碰到 / 他那妄自尊大的顶点。"他似乎也有心情好的时候,于是要求弗洛伦斯给他读菲茨杰拉德版的《欧玛尔·海亚姆的鲁拜集》中的一节。[47]

那一天,当凯特来到麦克斯门时,她发现自己平日里那种占上风的乐观情绪此时很难与他人分享。她在日记中写道:"我看到汤姆了,但恐怕他将不久于人世了。他看起来像极了父亲,总之我不能让自己对即将发生的事情视而不见。"那天晚上八点十五分,她打电话询问哈代情况如何,又得到了一份令人鼓舞的报告。大约在同一时间,曼恩医生也正要结束他的常规登门问诊。当他还在那里时,哈代高兴地聊着庆祝他康复的方式,并提到他一直在读 J. B. S. 霍尔丹最近出版的《可能的世界》①,但发现它太深奥了。[48]但是在大约八点半的时候,哈代的心脏病严重发作,弗洛伦斯打电话叫来了曼恩医生,显然他及时回到了麦克斯门,在哈代撒手人寰的那一刻,曼恩医生和弗洛伦斯及其妹妹都在现场。[49]

关于哈代死亡的细节及其立即产生的后果,均没有确切说法。在哈代弥留之际,伊娃就待在他身边,她后来回忆起他提到"血"这个字,他还喃喃自语了几句关于她自己的话——"她是这么小巧的一个人,但她却看见过这么大型的手术"——然后,当她在给哈代把脉的时候,他大喊道:"伊娃,这是什么?"她握着他的手安慰他,鼓舞他,但他的握力逐渐减弱

---

① 《可能的世界》(*Possible Worlds*, 1927),作者为英国作家约翰·霍尔丹(John Burdon Sanderson Haldane, 1892–1964)。

了,死神降临了。[50]弗洛伦斯曾告诉多萝西,当哈代知道自己要归西的时候,他的脸上掠过一种恐惧的表情。她讲的一段话包含在了她描述哈代死亡场景的草稿中,但并没有出现在《托马斯·哈代的晚年》的“官方版”描述中,这段话的大意是:就在他最后失去意识之前,“他说了几句支离破碎的话,其中一句话辛酸得让人心碎,说明他的思想又回到了过去的伤心事中”。当弗洛伦斯的律师说哈代去世时嘴上说着关于艾玛的“支离破碎的话”时,他一定是得到了她的授权。[51]在其丈夫去世后一周内,弗洛伦斯致信克洛德,这封没有完整保存下来的信件确实表明哈代的确说过这样的话,但显然不是在他生命中的最后一天说的;内莉当时就坐在哈代卧室旁边的更衣室里,能听得见里面的说话声,她当然同意伊娃的说法,她回
532 忆起他最后说的话是:“伊娃,这是什么?”[52]毫无疑问,诗人兼小说家托马斯·哈代与世长辞的时间是1928年1月11日晚九点零五分,这使得考克雷尔正好及时给英国广播公司打电话,并在九点的整点新闻结束时宣布了这一噩耗。

注释

[1]《哈代书信》,第六卷,页341、347、341;考克雷尔与哈代会面笔记,1925年8月25日(多博);《哈代书信》,第六卷,页349、358。

[2]《哈代诗歌》,第三卷,页68-72,页146。

[3] 同上,页58-64,页9-12,页153-154,页134-135。

[4]《人生百态》,校样。(多博)

[5]《哈代诗歌》,第三卷,页157。

[6] 珀迪与弗洛伦斯谈话,1929年。(耶鲁)

[7] 藏书,素描,音乐书。(多博)

[8] E.费尔金,《和哈代在一起的日子》,载《文汇》,十八卷四期(1962年4月),页32-33;《哈代书信》,第六卷,页276。

［9］小 E. 布伦内克，《托马斯·哈代传》（纽约，1925）；《艾玛与弗洛伦斯书信》，页 239–240。

［10］T. E. 劳伦斯致弗洛伦斯的信，1926 年 2 月 13 日（得克萨斯）；《艾玛与弗洛伦斯书信》，页 240；弗洛伦斯致 D. 麦克米伦的信，1926 年 7 月 14 日（大英）。

［11］“备忘录（二）”笔记本（多博），参《个人笔记》，页 92、96；《晚年》，页 245、252，参《生活和工作》，页 464、470。

［12］《晚年》，页 246，参《生活和工作》，页 465；《哈代诗歌》，第二卷，页 289。

［13］弗洛伦斯致考克雷尔的信，1926 年 8 月 29 日，10 月 27 日，11 月 7 日。（耶鲁）

［14］E. E. 蒂［特林顿］，《哈代的家庭生活（1921–1928）》，页 8、10。

［15］《艾玛与弗洛伦斯书信》，页 245–259，多处。

［16］《艾玛与弗洛伦斯书信》，页 243；J. L. 加文致哈代的信，1926 年 3 月 2 日和 6 日（多博）；《冬日之言》手稿（牛津大学女王学院），关于修订，见《哈代诗歌》，第三卷，页 225。

［17］弗洛伦斯致 P. 里奇韦的信，1926 年 7 月 11 日（多博）；《艾玛与弗洛伦斯书信》，页 242；《晚年》，页 248，参《生活和工作》，页 467。

［18］《晚年》，页 247–248，参《生活和工作》，页 466；《弗吉尼亚·伍尔夫日记（第三卷）：1925–1930》，安妮·奥利维尔·贝尔和安德鲁·麦克内利编辑（伦敦，1980），页 96、100。

［19］《弗吉尼亚·伍尔夫日记》，第三卷，页 96。

［20］弗洛伦斯致考克雷尔的信，1926 年 4 月 13 日和 16 日（耶鲁）；《艾玛与弗洛伦斯书信》，页 237。

［21］《哈代书信》，第七卷，页 31；《哈代诗歌》，第三卷，页 225；《晚年》，页 249，参《生活和工作》，页 468。

［22］《晚年》，页 250–251，参《生活和工作》，页 469–470；《艾玛与弗洛伦斯

书信》,页247。

［23］S. 萨松致E. 高斯的信,1927年1月15日(大英);《哈代书信》,第七卷,页57。

［24］珀迪,页188;《哈代书信》,第七卷,页59;《哈代书信》,第七卷,页75;《哈代诗歌》,第一卷,页10,页300–301,页243–247。

［25］《泰晤士报》,1927年3月5日,第7版,参《公众声音》,页457–458;《古老村舍的保存》(伦敦,1927),页13–16,参《公众声音》,页459–460;《公众声音》,页462–464。

［26］《艾玛与弗洛伦斯书信》,页249;弗洛伦斯致考克雷尔的信,1927年5月23日(耶鲁);《晚年》,页253–254,参《生活和工作》,页471;弗洛伦斯致E. 高斯的信,1927年6月12日(利兹);珀迪与弗洛伦斯谈话,1929年(耶鲁)。

［27］弗洛伦斯致S. 萨松的信,1927年6月18日(利兹);弗洛伦斯致E. 高斯的信,1927年7月9日(利兹);《晚年》,页254,参《生活和工作》,页471–472。

［28］G. 霍尔斯特致哈代的信,1927年8月4日(多博);《哈代书信》,第七卷,页73;《晚年》,页256,参《生活和工作》,页473;M. 肖特,《古斯塔夫·霍尔斯特(1874–1934):百年文献》(伦敦,1974),页36;弗洛伦斯致考克雷尔的信,1927年8月31日(耶鲁)。

［29］《晚年》,页257–259,参《生活和工作》,页474–475;弗洛伦斯致P. 莱姆珀利的信,1927年9月29日(科尔比)。

［30］《多塞特郡纪事报》,1927年10月27日;会议记录簿(多博档案)。

［31］《哈代书信》,第七卷,页82;《哈代书信》,第七卷,页86;哈代收藏的《一个改变了的人》,页399(多博),另见《职业》,页283。

［32］弗洛伦斯,日记(多博),参《晚年》,页261–262,以及《生活和工作》,页477,其中"melancholy"(忧郁的)变成了"usual"(通常的)。

［33］弗洛伦斯,日记(多博),参《晚年》,页260–262,以及《生活和工作》,页477–478。

［34］《晚年》,页263,参《生活和工作》,页478;《哈代诗歌》,第三卷,

页 274；珀迪与弗洛伦斯谈话，1931 年。

[35] 弗洛伦斯的笔记，《个人笔记》，页 294。

[36] 珀迪，页 261–262；《哈代诗歌》，第三卷，页 226。

[37]《哈代诗歌》，第三卷，页 199–200，页 195–196，页 171–172，页 244–245，页 211–212，页 188–189，页 200。

[38]《哈代诗歌》，第三卷，页 215；墓碑的设计图（多博），参《公众声音》，页 482；《哈代诗歌》，第三卷，页 176，页 262–264。

[39]《晚年》，页 263，参《生活和工作》，页 478；珀迪，页 253；《哈代诗歌》，第三卷，页 174。

[40] 弗洛伦斯致考克雷尔的信，1927 年 12 月 1 日（耶鲁）；《艾玛与弗洛伦斯书信》，页 254–255；弗洛伦斯致考克雷尔的信，1927 年 12 月 8 日（耶鲁）。

[41]《晚年》，页 263–264，参《生活和工作》，页 479；《艾玛与弗洛伦斯书信》，页 255–256。

[42] 弗洛伦斯致 E. 高斯的信，1927 年 12 月 19 日（利兹）；《艾玛与弗洛伦斯书信》，页 256；《晚年》，页 265，参《生活和工作》，页 480。

[43]《晚年》，页 264，参《生活和工作》，页 479；《哈代诗歌》，第三卷，页 272–273；E. 高斯致哈代的信，1927 年 12 月 24 日（多博）；《哈代书信》，第七卷，页 89。

[44]《艾玛与弗洛伦斯书信》，页 258；《多塞特郡纪事报》，1928 年 1 月 19 日，第 5 版；弗洛伦斯致 S. 萨松的信，1928 年 1 月 4 日（伊顿）；《艾玛与弗洛伦斯书信》，页 261。

[45] 电报，1928 年 1 月 9 日（耶鲁）；E. 达格代尔，日记片段（耶鲁）；考克雷尔致考克雷尔太太的信，1928 年 1 月 11 日（耶鲁）。

[46]《晚年》，页 265，参《生活和工作》，页 480；支票照片，[伦敦]《晚间新闻》，1928 年 1 月 16 日；《晚年》，页 265，参《生活和工作》，页 480；蒂特林顿，《哈代的家庭生活（1921–1928）》，页 16。

[47] 珀迪与弗洛伦斯谈话，1931 年；《哈代诗歌》，第三卷，页 308–309，

页309;《晚年》,页266,参《生活和工作》,页480–481。

［48］凯特·哈代,日记,1928年1月11日(多博: 洛克);凯特·哈代致E. 克洛德的信,1928年2月2日(利兹);E. W. 曼恩,信件草稿,1963年6月16日(多博)。

［49］考克雷尔,日记,1928年1月11日(大英);蒂特林顿,《哈代的家庭生活(1921–1928)》,页16;都和曼恩医生的主张相矛盾,引自《哈代: 访谈和回忆》,页240–241,曼恩医生说他并没有离开麦克斯门。

［50］伊娃·达格代尔,日记节选,1928年1月1日至17日(耶鲁);珀迪,和E. 达格代尔对话的笔记,1953年(耶鲁)。

［51］D. 奥尔胡森,接受H. 霍夫曼的访谈(霍夫曼);弗洛伦斯,《生活》第三十八章的手稿草稿(多博);I. 库珀·威利斯,打印稿,“哈代”(科尔比),从《科尔比图书馆季刊》第九卷(1971年3月)页266–279中缺失的段落。

［52］弗洛伦斯致E. 克洛德的信,1928年1月18日(利兹);蒂特林顿,《哈代的家庭生活(1921–1928)》,页16。

第三十章　身　后

哈代一去世，曼恩医生除了证明死因是“心源性晕厥”（上了年纪本 533
身就是一个促成因素）以外，几乎没有什么可做的了。当天晚上打给塔尔博塞斯的电话没有人接，凯特和亨利对八点十五分得到的消息感到放心，因此觉得没有理由打破他们就寝后就不再接电话的习惯。在没有殡仪员帮忙的情况下，伊娃擦洗了哈代的遗体，准备下葬。她还不得不把哈代长得不算长的胡子刮掉，他几天前自己不再刮胡子了，于是胡子就一直没有刮。[1]次日早上，在麦克斯门餐厅里和衣而睡的考克雷尔终于被允许进入卧室，他帮助伊娃把哈代那件猩红色的博士服套在了他那件白色长睡衣的外面。当天晚上，他在日记中写道：“哈代的表情是高贵、庄严而安详的，那是快乐勇士的表情。”[2]就在八点前，内莉骑着自行车将这一噩耗送到了塔尔博塞斯，于是亨利和凯特径直赶到了麦克斯门，发现他们哥哥的脸上带着“所有其他去世的人都会带有的那种胜利的表情，但没有笑容”。同样被允许进入停尸间的还有一位爱尔兰天主教牧师——詹姆斯·奥鲁克神父，几个月前他曾拜访过麦克斯门，现在他强烈请求让他去瞻仰一下哈代的遗容，态度如此诚挚而温和，让弗洛伦斯觉得盛情难却。[3]

考克雷尔和巴里现在开始在（考克雷尔在写给其妻子的一封信中

所称的)“满屋子的女人”面前表现出他们的男性权威,并开始推进他们所代表的——而且无疑自认为是——整个文坛和国家的主张。尽管他们征求了弗洛伦斯的意见,但她太疲惫,太痛苦,无法与他们争论。考克雷尔是两名指定的文学遗嘱执行人之一,但他俨然是个全权的遗嘱执行人,哈代去世后一两个小时内,他便打开了放置在麦克斯门厨房餐桌上的遗嘱。他很快就说服自己,虽然遗嘱指定的下葬地点是斯廷斯福
534 德——哈代的父母、祖父母和其第一任妻子都长眠于此,他亲手为她设计的墓碑上也预留下了容纳自己名字的地方——其措辞有足够的空间让人考虑其他的可能性。[4]

考克雷尔和巴里此前已经达成一致意见,那就是威斯敏斯特教堂中的诗人角是哈代唯一合适的安息之所,当亨利和凯特于 12 日——弗洛伦斯的生日,但没有人注意到——那天早晨前来瞻仰他们哥哥的遗容时,要求在威斯敏斯特教堂安葬的决定已经做出。巴里曾于 10 日返回伦敦,并迅速得到了首相斯坦利·鲍德温①和《泰晤士报》编辑杰弗里·道森②的支持,以确保哈代享有这一特权;自狄更斯以来尚没有小说家享有过该特权,而自丁尼生以来也尚没有诗人享有过该特权,且一直以来,一长串著名的不可知论者都被拒绝享有该特权。1909 年,在梅瑞狄斯被安葬在威斯敏斯特教堂的请求遭到拒绝后,在写给高斯的一封信中,哈代本人只不过是半开玩笑地提议建造“一栋异教徒附属建筑……在其开放之日被教长和神职人员严厉地诅咒,用以安葬梅瑞狄斯、史文朋、斯宾塞等人。正如[T. H.]赫胥黎所言,毕竟威斯敏斯特教堂本身是一座基督教神殿”。然而,正是哈代的名声和他在英国的地位,使得威

① 斯坦利·鲍德温(Stanley Baldwin, 1867–1947),1923–1937 年间先后三次任英国首相。

② 杰弗里·道森(Geoffrey Dawson, 1874–1944),1912–1919 年间和 1923–1941 年间任《泰晤士报》编辑。

斯敏斯特教堂的教长已经于12日下午给予了必要的许可。[5]

亨利和凯特有着强烈的对地方和家庭的虔诚感,他们完全因事态的发展而震惊了,尤其是当他们听说他们哥哥的遗体将被火化,而只有他的骨灰将被安葬在威斯敏斯特教堂。对他们来说,以及对他们许多保守的多塞特邻居来说——事实上,可能对哈代本人来说——火葬是一种不相容的,甚至是令人憎恶的做法,仅仅是提到这个词,就会加剧当地已经喧嚣的反对声音,反对哈代去世后与英格兰的这一地区分离,因为他的名望已经和该地区紧密地联系在了一起。凯特似乎觉得自己的哥哥不会"拒绝"安葬在威斯敏斯特教堂,但考克雷尔记录到亨利"非常情绪化,强烈反对威斯敏斯特教堂计划",他们的堂姐、詹姆斯·哈代的女儿特丽萨,当时仍然住在上博克汉普屯,有显著的报道称,她宣称"汤姆"应该"埋葬在他自己家人的身边,他非常想被葬在那里"。[6]

还有另外一件令人震惊的事情等待着凯特和亨利。他们得知悲伤的、筋疲力尽的弗洛伦斯在面对彼此有矛盾的要求时,接受了斯廷斯福德教堂牧师的建议作为折衷的解决办法,那就是在火化前将哈代的心脏摘除,在斯廷斯福德教堂墓地单独安葬,即使这一建议是不明智的,但也是善意的。凯特在日记中写道,碰巧她和亨利于13日前往麦克斯门,第二次 535
也是最后一次见到哈代的遗体。[7]13日晚上,曼恩医生在他的搭档纳什-沃瑟姆医生的陪同下回到了麦克斯门,为的是取出哈代的心脏,以备次日一早将尸体运到沃金①火化。摘取心脏的手术不是由曼恩本人做的,是由纳什-沃瑟姆在哈代的卧室里做的,他是一名外科医生。心脏一经取出,就用一条小毛巾包裹起来,放在一个饼干罐里,这个饼干罐是从麦克斯门的厨房里紧急获取的。然后,曼恩医生小心翼翼地将罐密封好并带走了,次日(14日)罐又被带回了麦克斯门,并被放进了棺材里,棺材本身也立即

---

① 沃金(Woking),萨里郡西北部的一个城镇。

被密封了起来。[8]与此同时,具有讽刺意味的是(哈代本人要是活着的话会很欣赏这种讽刺),一篇关于中世纪心脏葬礼的文章被寄到了麦克斯门,文章是从多塞特野外研究俱乐部出版的当前一卷《会议记录》中抽印出来的。[9]然而,这些有点令人毛骨悚然的会议记录中有古老先例的存在,当然并没有平息大众的反对或哈代的一些朋友的愤怒。例如,克洛德发现这一折衷方案“非常令人厌恶”,高斯则称之为“中世纪的屠宰”。[10]

14 日(星期六)早上八点,入殓的哈代遗体被装进了一辆灵车里,从麦克斯门运到了沃金附近的布鲁克伍德火葬场。巴里陪同前往火葬场,监督了火化,随后将装有骨灰的骨灰盒交给了威斯敏斯特教堂当局。尽管时间很早,天气也很恶劣,但许多记者和摄影师都在麦克斯门现场记录这一重大场合,并将为本周主要的新闻报道撰稿。哈代逝世的消息到处皆是:社论、讣告、照片和专题文章等不一而足,在 12 日出版的《泰晤士报》的两栏讣告中所营造的氛围——说英国文学痛失了“其最杰出的人物”——不仅在英国的报刊上得到了回应,而且在世界范围的报纸上也得到了回应。[11]16 日(星期一)在威斯敏斯特教堂举行的仪式本身就是一项全国性的活动。虽然没有王室成员在场,但国王和威尔士亲王都派了助手代表他们来参加仪式,扶灵者的名字足以说明哈代拥有的地位。首相和反对党领袖(拉姆塞·麦克唐纳)得到了两所学院(剑桥大学抹大拉学院和牛津大学皇后学院)院长的搀扶,因为哈代是这两所学院的荣誉研究员,此外还有六位当时的主要文学人物:詹姆斯·巴里爵
536 士、约翰·高尔斯华绥、埃德蒙·高斯爵士、A. E. 霍斯曼、吉卜林,以及萧伯纳。在威斯敏斯特教堂的许多预定座位上都坐着名人,其中包括阿诺德·本涅特、约翰·梅斯菲尔德、亚瑟·皮内罗爵士、约翰·彭斯、简·哈里森①、格温·弗兰肯-戴维斯、沃尔特·德·拉·梅尔、伦纳德·

① 简·哈里森(Jane Ellen Harrison, 1850-1928),英国古典学者、语言学家。

伍尔夫和弗吉尼亚·伍尔夫，还有麦克米伦公司的成员，作为哈代的出版商，麦克米伦公司负责组织这一重大活动。早在仪式开始之前，公众就坐的地方就已经座无虚席，在倾盆大雨中，大量的人群在外面等候，以便有机会从诗人角敞开的墓穴前列队走过。[12]

在考克雷尔陪同下的弗洛伦斯和凯特，是威斯敏斯特教堂仪式的主要送葬者。亨利身体一直不好，他代表家人参加了在斯廷斯福德同时举行的心脏下葬仪式，那里的围观人群规模较小，程序比较少，天气也比较好。凯特对往返伦敦的阴郁之旅以及威斯敏斯特教堂仪式本身感到麻木，她在日记中写道：相比之下，在斯廷斯福德，“阳光明媚，鸟儿歌唱，一切都简单、亲切、令人满意”。然而，即使是斯廷斯福德的仪式，也不乏讽刺意味。当时在场的格特鲁德，对哈代的一位女性朋友的出现感到心烦，她直接从骑马纵狗打猎的现场赶来，没有时间或没有花时间去换掉狩猎服。[13]与此同时，第三个事件是在多切斯特的圣彼得教堂举行的悼念仪式，在这个仪式上，多切斯特正式向这位使当地闻名遐迩的人致敬，有人想到在仪式中加入由来已久的泰特和布雷迪的“墓地”赞美诗，该赞美诗曾在哈代父亲的葬礼上被演奏和演唱过。根据镇长的要求，在三项仪式同时举行的时候，当地商店停业一小时。[14]

T. E. 劳伦斯从卡拉奇写信说：“我为哈代的葬礼感到遗憾。其中适合老人本性的东西太少了。倘若他还活着，对此他一定会宽容地一笑而过，但是我替他感到愤愤不平，因为知道这些圆滑的教长和教士在打着他的旗号用行动骗人。哈代太伟大了，不能作为他们的信仰的敌人而受到损害，所以他必须得到救赎。”[15]然而，给弗洛伦斯带来困扰的，与其说是埋葬她那信奉不可知论的丈夫的复杂宗教仪式，不如说是关于如何处置其遗体的有争议性的决定。当然，也有人理解她所面对的困境和困难。萧伯纳告诉她，像哈代这样的人不完全属于他自己，他也不会痛惜人们在威斯敏斯特教堂的表现，就像他不会怨恨在麦克斯门接待美国朝

537 圣者们那样。[16]凯特也是这样认为的,而且有证据表明,哈代曾考虑过自己被葬在威斯敏斯特教堂的可能性。他在遗嘱中要求被安葬在斯廷斯福德的条款,似乎顺便提及了一个补充条款:“对我的遗嘱执行人的指示的详细注意事项,见另一张纸。”尽管不知道那张纸是否得以保存下来,但或许就是在哈代去世后的次日早晨,凯特和亨利被告知(但没有给他们看)那则“通知”,即“如果国家想要这么做”,那就同意安葬在威斯敏斯特教堂。的确留存下来的是哈代为自己设计的纪念碑的原尺寸设计图,该纪念碑最终将和已经在圣朱利奥特教堂为艾玛立的纪念碑并置在一起。尽管安葬地点写的是“多塞特郡,斯廷斯福德”,但这些字与精心绘制的图纸的其他部分有所不同,只是用铅笔轻轻画了上去,因此这些字暂时占据的空间几乎完全适合最终实际出现在石碑上的“威斯敏斯特教堂”①,这可能并不完全是巧合。[17]

即使是饱受批评的双重葬礼,或更确切地说是被一分为二的葬礼,也有其辩护者,他们认为,尽管可以说是国家获得了哈代的骨灰,但是使他的心脏能够在威塞克斯找到适当的安息之所,这还是非常令人满意的。弗洛伦斯本人致信《笨拙》的编辑欧文·希曼爵士,对他在1月18日出版的《笨拙》上发表的简短诗节表示感激:

国家圣殿获得了她最高贵的逝者,
　　如此我们把他的骨灰委托给她护呵,
但是他的心脏会选择一张更卑微的床
　　就躺在那里,在他挚爱的乡间家乡。[18]

① “STINSFORD, DORSET”(多塞特郡,斯廷斯福德)加上逗号和空格是十七个字符,而“WESTMINSTER ABBEY”(威斯敏斯特教堂)加上空格也是十七个字符。

尽管如此，她还是深深地、痛苦地意识到，在屈从于巴里和考克雷尔所施加的压力时，她已经对这样一种境况表示了赞同，这种境况不断激增的怪诞，就像哈代自己在小说和诗歌中最忧郁的练习——的确是一种命运的讽刺，一个时光的笑柄，生活的小讽刺①中的一个令人震惊的例子。随着时间的推移，她越发强烈地感到这个决定是可怕的错误，但她告诉自己，她一直承受着巨大压力，几乎无法为自己的行为负责。[19]

丈夫去世后，弗洛伦斯立即带着一种让人想起哈代对艾玛之哀悼的赎罪性质的热情投入工作，即执行哈代遗嘱的规定和她私下应承他的任务。在 1928 年底之前，以堪称典范的（即使可疑的）迅速性，她已经通过新闻界看到了《托马斯·哈代的早期生活》，那部一直打算以其名义出版的官方传记的第一部分。哈代已经明确赋予她职权，即在他去世后她可以做她认为合适的任何增删。尽管有时很难区分哪些是弗洛伦斯主动做的改动，哪些是哈代在世时做的改动，但可以肯定的是，在巴里爵士的敦促下，她确实删去或缩减了许多她丈夫对批评家和评论家的丑恶谩骂，还有他在伦敦那些会客厅遇到的一些人的名单。 538

但这样的段落确实在哈代的原始叙述中发挥了一定的作用。大都市的名流和各种各样的贵族的名单有助于填补这些年的记录，因为这些年里真正重要的事件——中年的开始、他第一段婚姻的凄凉、他倾心于其他女人但铩羽而归的风流韵事——都太私密了，太痛苦了，无法公开披露。尽管是间接的，这些记录还进一步反映了他对伦敦世界的享受，这个世界至少提供了一种色彩和魅力，一种谈话的质量，或许还有烹饪的质量，这无疑是人们对他作为一个杰出作家的欣赏，这与麦克斯门的日常生活形成鲜明的——总体上是有利的——对比。这些记录也对传

① 这里是对哈代的诗集《命运的讽刺》和《时光的笑柄》以及短篇小说集《生活的小讽刺》的引用。

记中隐含的“生活和时代”方面作出了微小但有用的贡献,因为哈代是哈代,他可能真的觉得读者会对他见过索尔兹伯里勋爵,甚至是“斯蒂芬先生(西北铁路的一个主管)”感兴趣,而不是对索尔兹伯里勋爵和斯蒂芬先生见过托马斯·哈代感兴趣。[20]虽然对于他作为诗人甚至是小说家所取得的成就,毫无疑问哈代怀有虚荣心,但他似乎隐约感觉到,除了其作品之外,他本质上是个无趣的人,过着单调乏味的生活,因此他需要他所能聚集的一切外部支持和社交影响,以便在自己的传记中塑造出一个丰满的人物。他经常声称“对自己作为一个名人不感兴趣”[21],但《生活和工作》有时读起来恰恰像是为了塑造一个自我,而这个自我可能会为这样一项事业提供一个可以想象的对象。

于哈代而言,官方版“传记”主要是为了转移那些不受欢迎的传记作家的注意力,因此该书的撰写成了另一个令弗洛伦斯发愁的任务。《托马斯·哈代的早期生活》的出版本身就是一项她已经完成的重要任务,在这项工作中,她不仅把哈代早年写给其妹妹玛丽的两封重要的信件加入其中,不然信件可能会被销毁,而且还在巴里的鼓动下,插入了一些哈代习惯于讲述的关于自己童年和青年的趣闻轶事,包括关于他不喜欢被人触摸的重要细节。[22]传记的第二卷叫作《托马斯·哈代的晚年》,
539 和第一卷相比有更多的工作要做,其最后两章包括1920年以来的时期,在哈代积累到1920年的文件的基础上,弗洛伦斯不得不几乎白手起家开始写作。这两卷书的出版使她在文学上有了一点似是而非的名声,但她始终坚持承认她从丈夫那里得到的巨大帮助,尽管对他的记忆的忠诚和他对保密的强烈渴望使她无法透露这部作品创作时的确切情形。

根据哈代的遗嘱,弗洛伦斯拥有了麦克斯门和丈夫所有出版物的收入,她成了一个富有的女人,她能够享受一些以前被其丈夫或简单环境所剥夺的奢侈品。她给自己买了一辆汽车,雇了一个司机,希望自己能过上更加趣味盎然的生活,而且为了避免被她视为麦克斯门之冬的荒凉,她在阿德尔菲排房租了一套漂亮雅致的伦敦公寓房,其丈夫曾于六十年代在那里为布洛姆菲尔德公司工作,而巴里爵士现在就住在那里。[23]但是她鲜有个人幸福的经历。她不久就和那个专横的考克雷尔吵了起来,因为在哈代遗嘱中一个更加灾难性的条款的约束下,她和考克雷尔在文学遗嘱的执行过程中被强行捆绑在了一起,并且被卷入关于哈代书籍和文件的处置以及拟为他建的国家纪念碑的形式等棘手问题的痛苦争论中。[24]她认为自己被许多哈代昔日的仰慕者(他们是在哈代在世的时候和她建立了友谊的)所抛弃了,并因此感到深深的失望和痛苦,即使有时候这种感觉是不合理的。尤其是她本来指望巴里的爱慕和支持,甚至到了期待得到他求婚的地步,但是当他也被证明是难以捉摸的时候,她的沮丧也相应加深了。

随着时间的推移,她基本放弃了其伦敦行动计划,更多的时间是在多切斯特度过的,并且越来越积极地担任治安法官、多切斯特医院管理委员会的主要成员和米尔街住房协会的主席,该协会是一个规模不大但有实际效应的组织,旨在为城镇较贫困地区提供廉价但建造质量良好的住房。她留心自己家人的需求,特别是她最小的妹妹玛格丽特·桑迪和她的两个孩子,她与萨松、劳伦斯和马克斯·比尔博姆等老朋友重新恢复了联系,并与现在主要居住在多塞特的波伊斯一家的不同成员以及两位非凡的美国年轻人建立了重要的新的友谊,这两位年轻人是理查德·利特尔·珀迪和弗雷德里克·鲍德温·亚当斯①,他们最初是为了她丈夫的缘故找到她的。[25]

她一如既往地记挂自己对丈夫的记忆所担负的责任,对他已出版和 540
未出版的著作的责任,对麦克斯门本身的责任,以及对她基本上保持原

① 弗雷德里克·鲍德温·亚当斯(Frederick Baldwin Adams Jr.,1910-2001),美国藏书家,曾任纽约市皮尔庞特-摩根图书馆馆长。

封未动的哈代书房的责任。然而,由于她的典型特征,这些担忧从未达到化解的程度。对于麦克斯门的未来,她一直都没有作出任何坚定或明确的决定,因此,当她于1937年10月死于一直令其恐惧的癌症时,她的遗嘱中留下了许多悬而未决的问题。根据遗嘱的条款,多塞特郡博物馆确实收到了源自哈代书房的大量信件、手稿和其他文件,以及从他的藏书中挑选出的书籍,但麦克斯门本身被要求卖掉,由当地的一家拍卖行如期拍卖出售,并被凯特欣然购买。[26]凯特在其遗嘱中则把麦克斯门遗赠给了英国国民托管组织,该组织于1948年进一步接管了上博克汉普屯的哈代出生地,可以说是一种配套接管。

凯特是哈代的弟弟妹妹中年纪最小的,也是最后一位离开人世的。亨利的去世发生在他著名的哥哥去世后一两个月内,但凯特一直住在塔尔博塞斯,直到1940年10月去世;她的长寿使她足以在敦刻尔克大撤退的黑暗日子里与大家一起参与哈代百年诞辰的庆祝活动,也足以对偶尔勇敢地出现在其家门口的哈代狂热者表示热烈的欢迎,并以闲聊予以回应。[27]随着她的逝去,博克汉普屯哈代家族的队伍就走到了尽头。然而,哈代自己的名声,他作为主要小说家和主要诗人的独特地位,继续加强且日趋成熟,保证了在所有可预见的未来,对哈代在《身后》一诗中如此不自信地提出的问题给予一个肯定的回答:

当现世在我战战兢兢的逗留后将它的后门紧锁,
　五月像鸟儿扇动翅膀一样扇动着它欢快的绿色叶片,
精致的、薄薄的,像新纺织的丝绸,邻居们是否会说,
　"他是一个往昔常常注意到这些事情的人"?

如果在薄暮时分,带着露珠的雄鹰穿过夜幕飞落下来,
　就像眼睑的眨动一样,悄然无声

落在被风吹弯的山地荆棘上,凝视者可能会认为,
　“对他来说,这一定是一个熟悉的情景”。

如果我在夜色中走过,天气暖和,群蛾飞舞,
　当刺猬偷偷摸摸地行走在草地,
有人可能会说:“他力求让人们不要伤害这些无辜的生物,
　但现在对它们已无能为力,因为他已经离我们而去。”

如果,当听说我终于停止呼吸,他们站在我的家门,
　看着冬日的夜空繁星点点,
那些再也见不到我的人心中会不会这样思忖, 541
　“他对这种神秘独具慧眼”?

当我辞世的丧钟在黑暗中敲响,一阵微风横扫而过,
　吹断了余音袅袅,直到钟声又再响起,
就像新的钟声隆隆,是否有人会说,
　“他现在听不到了,但这些事情昔日常常引起他的注意”?[28]

注释

[1] 死亡证明;凯特·哈代,日记,1928 年 1 月 12 日(多博:洛克);珀迪,与 E. 达格代尔的谈话,1953 年(耶鲁)。

[2] 考克雷尔致考克雷尔太太的信,1928 年 1 月 12 日(耶鲁);考克雷尔,日记,1928 年 1 月 12 日(大英)。

[3] E. E. 蒂特林顿,《麦克斯门的事后想法》(圣彼得港,1969),页 16;凯特·哈代,日记,1928 年 1 月 12 日(多博:洛克);梅·奥鲁克,访谈,1975 年;J. 奥鲁克致哈代的信,1927 年 8 月 28 日(多博)。

[4] 考克雷尔致考克雷尔太太的信,1928 年 1 月 11 日(耶鲁);珀迪与弗洛伦斯谈话,1929 年。

[5]《哈代书信》,第四卷,页 23,另参《托马斯·亨利·赫胥黎的生平与信件》,L. 赫胥黎编辑(两卷;伦敦,1900),第二卷,页 18;J. M. 巴里致考克雷尔的信,1928 年 1 月 12 日,载《一生的朋友:致悉尼·卡莱尔·考克雷尔的信》,页 315–316。

[6] 考克雷尔,日记,1928 年 1 月 12 日(大英);《每日电讯报》,1928 年 1 月 14 日,第 14 版。

[7]《每日邮报》,1928 年 1 月 13 日,第 9 版;凯特·哈代,日记,1928 年 1 月12 日和 13 日(多博:洛克)。

[8]《每日电讯报》,1928 年 1 月 14 日,第 11 版;E. 达格代尔,日记片段(耶鲁);E. W. 曼恩,《哈代》,载《多塞特年鉴:1964–1965 年》,页 95;麦克斯门用人们的回忆,源自 T. W. 杰斯蒂。

[9] G. 德鲁·德鲁利,《心脏埋葬和一些普贝克大理石心脏神龛》(多切斯特,1927)。

[10] E. 克洛德致 J. M. 布洛克的信,1928 年 1 月 14 日(得克萨斯);思韦特,《埃德蒙·高斯:文学风景,1849–1928》,页 508。

[11] 考克雷尔致考克雷尔太太的信,1928 年 1 月 14 日(耶鲁);《多塞特郡纪事报》,1928 年 1 月 19 日,第 2–3 版;《泰晤士报》《每日电讯报》《每日新闻》等,1928 年 1 月 12 日、14 日和 17 日。

[12]《晚年》,页 267–268,参《生活和工作》,页 485–486;《泰晤士报》,1928 年1 月 17 日,第 15 版;《多塞特郡纪事报》,1928 年 1 月 19 日,第 2–3 版。

[13] 凯特·哈代,日记,1928 年 1 月 16 日(多博:洛克);格特鲁德·博格勒,访谈,1974 年。

[14]《晚年》,页 268,参《生活和工作》,页 486;暂时停业令(多博)。

[15] 劳伦斯致 W. 罗森斯坦的信,1928 年 4 月 14 日,载《T. E. 劳伦斯书信集》,页 582。

［16］G. B. 肖致弗洛伦斯的信，1928 年 1 月 27 日。（伯格）

［17］设计图（伯格）；纪念碑（圣朱利奥特教堂），参《公众声音》，页 479–480。

［18］《艾玛与弗洛伦斯书信》，页 266；《笨拙》，1928 年 1 月 18 日，页 70。

［19］珀迪与弗洛伦斯谈话，1929 年，另见 B. 威利，《剑桥和其他记忆（1920–1953）》（伦敦，1968），页 55。

［20］《生活和工作》，页 178、276。

［21］《生活和工作》，页 406，参《生活和工作》，页 3、346。

［22］J. M. 巴里致弗洛伦斯的信，1928 年 2 月 3 日和 5 月 17 日，载《J. M. 巴里书信集》，页 152，页 154–155；J. M. 巴里致弗洛伦斯的信，1928 年 3 月 26 日（多博）。

［23］见《艾玛与弗洛伦斯书信》，页 323。

［24］关于哈代遗嘱的这些后果及其他后果的更全面的讨论，见米尔盖特，《与遗嘱相关的行为：勃朗宁、丁尼生、詹姆斯、哈代》，页 147–168。

［25］《艾玛与弗洛伦斯书信》，页 308，页 327–328；《艾玛与弗洛伦斯书信》，页 336–337，页 340–342；《艾玛与弗洛伦斯书信》，页 282，页 323–324 等。

［26］关于弗洛伦斯的遗嘱的规定和后果，见米尔盖特，《与遗嘱相关的行为：勃朗宁、丁尼生、詹姆斯、哈代》，页 168–174。

［27］值得注意的是哈罗德・霍夫曼，他对凯特・哈代的采访的片段留存了下来（霍夫曼），以及唐纳德・J. 温斯洛，《拜访托马斯・哈代的妹妹》一文的作者，载《哈代年鉴》，第一期（1970），页 93–96，还有《哈代的妹妹凯特》（哈代协会专著，第二部，1982）。

［28］《哈代诗歌》，第二卷，页 308–309。

总体致谢

《托马斯·哈代传》第一版的致谢将融入此致谢中，我很高兴再次确认，事实上是加倍表达我最初的感谢和感激之情。由于再版的《托马斯·哈代传》也广泛借鉴了我自第一版出版以来所发表的一些作品，我也借此机会热情地赞同——尽管不会重复——那些作品中的致谢，其中包括：《托马斯·哈代书信全集》第三至第七卷，同样与他人合编的《托马斯·哈代的"研究、样本等"笔记本》，《托马斯·哈代：书信选集》《托马斯·哈代的生活和工作》《艾玛·哈代与弗洛伦斯·哈代书信集》《托马斯·哈代的公众声音》《与遗嘱相关的行为：勃朗宁、丁尼生、詹姆斯、哈代》，以及致力于重建分散的哈代图书馆的网站（www. library. utoronto. ca/fisher/hardy/）。

我也很高兴能再次感谢 E. A. 达格代尔小姐遗嘱信托机构给予我的许可，允许我使用以前未出版过的哈代相关材料，以及引用《哈代书信全集》和《艾玛·哈代与弗洛伦斯·哈代书信集》。如果没有加拿大社会科学和人文科学研究理事会的慷慨和持续的支持，再版的《托马斯·哈代传》的出版，和我关于哈代的其他许多作品的出版一样，几乎是不可能的，这样说一点也不为过。在我工作的各个阶段，我还获得了两个基兰高级研究奖学金和一个约翰·西蒙·古根海姆纪念奖学金，以及一个来自多伦多大学的康诺特高级人文奖学金，从而可以使我不用承担教学任务。

在第一版和再版的《托马斯·哈代传》的准备和创作过程中，我得到了各种各样的建议和帮助，我对如下这些人致以最诚挚的谢意：艾伦·亚当斯、凯瑟琳·奥尔登、M. P. 阿列克谢夫、格特鲁德·S. 安特尔、诺曼·阿特金斯、弗朗西斯·奥斯丁、约翰·贝尔德、戈登·巴克莱、大卫·巴伦、南希·巴斯托、A. R. G. 巴克斯、艾伦·贝尔、安妮·奥利维尔·贝尔、昆廷·贝尔、罗宾·比斯瓦斯、内奥米·布莱克、恺撒·布莱克、克莱尔·布兰登、玛丽·A. 布莱斯、琼·布斯、克里斯汀·布雷迪、琼·布鲁克·班克、格特鲁德·博格勒、赫伯特·卡洪、詹姆斯·卡梅隆、理查德·卡里、T. R. 卡里、弗兰·查尔丰、安东尼·钱伯斯、莫林·克拉克、艾伦·克洛德、J. 弗雷泽·科克斯三世、南希·科芬、H. M. 科尔斯、威廉·科尔斯、简·库珀、皮埃尔·库斯蒂拉、格雷戈里·史蒂文斯·考克斯、彼得·考克森、莫妮卡·丹斯、马克·戴维森、伊恩·丹尼斯、雷切尔·洛瓦特·迪克森、艾伦·多乐利、乔·德雷珀、阿诺德·达菲尔德、弗兰克·达菲尔德、艾伦·S. 邓拉普、莱昂·埃德尔、格兰特·A. 法罗、吉莉安·芬威克、杰拉德·M. 菲茨杰拉德、E. M. 福斯特、丹顿·福克斯、查尔斯·盖尔、帕梅拉·甘利、理查德·加内特、马乔里·加森、海伦·吉布森、亨利·吉福德、罗伯特·吉廷斯、弗雷达·高夫、伊恩·格雷戈、西奥多·格里德、朱丽叶·格林德尔、菲利斯·格罗斯库思、维奥拉·霍尔、大卫·哈默、蒂莫西·汉兹、玛丽·哈特、爱丽丝·哈维、蒙塔格·哈维、尼古拉斯·希利亚德、凡妮莎·辛顿、艾尔西·霍尼韦尔、琳达·休斯、塞缪尔·海恩斯、希瑟·杰克逊、J. R. 德·J. 杰克逊、海德利·詹姆斯、约翰·詹金斯、芭芭拉·琼斯、丹尼斯·凯-罗宾逊、E. G. H. 凯普森、W. M. 金、彻丽·克莱因、戴尔·克莱默、卡尔·克劳斯、马丁·克里斯沃斯、J. T. 莱尔德、佩内洛普·莱弗利、阿普里尔·伦敦、德斯蒙德·麦卡锡、迈克尔·麦卡锡夫人、莱斯利·曼恩、大卫·马森、保罗·马泰森、詹姆斯·B. 梅里韦瑟、劳伦斯和露丝·米勒、雷金纳德·S. 米勒、西尔弗·莫诺德、罗斯玛丽·摩根、W. W. 摩根、欧文·莫尔斯海德爵士、斯蒂芬·莫特拉姆、G. R. K. 穆尔、H. C. C. 穆尔、A. N. L. 曼比、大卫·纽瑟姆、克莉丝汀·尼克尔、A. 尼科尔朱金、C. J. 诺里斯、克莉丝汀·奥康纳、哈罗德·奥利弗、梅·奥鲁克、蒂莫西·奥沙利文、伊万·欧文、丽莎·帕多克、诺曼·佩奇、大卫·帕姆、斯蒂芬·帕斯托尔、查尔斯·P. C. 佩蒂特、F. B. 皮尼恩、托马斯·皮尼、J. S. 皮帕德、诺埃尔·波尔克、克莉丝汀·普吉、斯蒂芬·普尔特、E. W. 鲍尔斯、莎伦·拉加斯、F. 兰普顿、马丁·雷、帕梅拉·理查森、玛丽·里默、莫妮卡·林、玛格丽特·罗伯茨、J. M. 罗布森、芭芭拉·罗森鲍姆、S. P. 罗森鲍姆、乔治·瑞兰兹、克里斯和莎莉·瑟尔、杰奎琳·西姆斯、吉姆和露丝·斯基林、埃塞尔·斯金纳、玛格丽特·史密斯、杰里米·斯蒂尔、安东尼·斯蒂芬森、芭芭拉·斯特吉斯、洛拉·L. 斯拉迪斯、丹尼斯·泰勒、理查德·H. 泰勒、帕特里克·托尔弗里、卢克·特罗姆利、弗朗西斯·沃尔-科尼什、道格拉斯·韦特海默、斯蒂芬·G. 威尔德曼、彼得·威廉姆斯、艾琳·库珀·威利斯、伊恩·威利森、戈登·威尔逊、安娜·温克康姆、默里·维纳、朱迪斯·维滕伯格、达芙妮·伍德和珍妮特·莱特。

当我在撰写再版的《托马斯·哈代传》时，我常常清楚地意识到一些人的去世，包括：理查德·利特尔·珀迪，他是哈代的文献的编纂者，也是《哈代书信全集》的编辑之一；凯瑟琳·卡弗，她是出版商的天才编辑;阿尔伯特·厄斯金,他来自兰登出版社,是该书第一版的共同出版商;以及亨利·里德,他是诗人兼剧作家,也是一本未完成的哈代传记的作者。上述所有人都曾读过打印稿的《托马斯·哈代传》,并提出了宝贵的批评和建议。我也哀悼西莉亚·巴克莱的去世,她是一位坚定的朋友,是小内撒尼尔·斯帕克斯的文件和艺术作品的忠实保管人,以及小弗雷德里克·鲍德温·亚当斯的去世,他是学者收藏家们的宠儿,对玛丽·路易丝·亚当斯来说,他是一位出色的丈夫。

迈克尔·科利、詹姆斯·史蒂文斯·考克斯和约翰·安特尔,以及已故的、痛失的戴斯蒙德·霍金斯、马尔科姆·汤金斯和约翰·耶茨,都对该书的第一版作出了特别有益的贡献,而亨利·奥斯特、西蒙·盖特雷尔、詹姆斯·吉布森、大卫·霍姆斯、W. J. 基思、查尔斯·洛克、亨利·洛克、罗伯特·施韦克、克劳迪斯和奥黛丽·比蒂对新旧版本均有很大贡献。在那些我特别感激的人中,必须提到罗杰·皮尔斯、理查德·德·佩尔、朱迪思·斯汀顿,以及多塞特郡博物馆的莉莲·斯温德尔、大英图书馆的伊丽莎白·詹姆斯,贝内克图书馆的马乔里·韦恩和文森特·吉罗德,科尔比学院的帕特·伯迪克,多伦多大学费舍尔图书馆的理查德·兰登和桑德拉·阿尔斯通。我非常感激玛丽·纽贝里,一位不可或缺的研究援助提供者;彼得·列侬、迈克尔·拉比格和基思·威尔逊,他们是忠实的朋友和源源不断的有活力的哈代评论的来源;布伦达·滕克斯,他是一位有着非凡的毅力和慷慨的家谱学家;伯纳德·琼斯,一位致力于哈代和巴恩斯研究的学者;以及托尼·布拉德伯里,他是一个不知疲倦的探索者,深入了哈代世界的未开发的角落。唐纳德·温斯洛是一位珍贵的朋友,他的记忆可以追溯到二十世纪三十年代对凯特·哈代的拜访;帕梅拉·达齐尔是编辑和学术问题上权威的智慧源泉;迈克尔·梅瑞狄斯是一位总是慷慨和热情的同事;长期以来,我一直依赖于安·斯威特和安东尼·斯威特的热情的鼓励和有见识的建议;我依赖于比尔和维拉·杰斯蒂，他们是麦克斯门的前房客，对哈代及其家人有着非凡的了解，他们热情好客，多年来我和他们保持着坚定不移的友谊。本版的校样得到了安·斯威特和莎伦·拉格斯的全面、细致而洞察力非常强的审读；在弗朗西斯·惠斯勒细致入微的和非常具有支持性的编辑指导下，再次与牛津大学出版社合作出版是一种真正的快乐和满足。最后，也是最重要的一点，我不得不言简意赅地说，倘若没有我妻子简·米尔盖特的耐心、学术智慧和始终如一的建设性帮助，这一修订和扩展版将永远不可能完成。

M. M.

多伦多

2004 年 2 月

对来源材料的致谢

在撰写《托马斯·哈代传》初版和再版的过程中，我访问了许多图书馆，并依赖于这些图书馆，借此机会，我要特别感谢下列机构允许我查阅他们所拥有的印刷品和手稿材料，并感谢这些机构里经常给予我帮助和建议的工作人员：阿伯丁大学，建筑协会，纽约公共图书馆阿尔伯特·A和亨利·W.伯格收藏，阿斯特、莱诺克斯和蒂尔登基金会，伯克郡档案局，伯明翰大学，博德莱恩图书馆，波士顿公共图书馆，鲍登学院，英属哥伦比亚大学，大英图书馆，布鲁克斯学校，纽约州立大学布法罗分校，加州大学伯克利分校班克罗夫特图书馆，加州大学洛杉矶分校，加州大学河畔分校，剑桥大学图书馆，W. & R.钱伯斯有限公司，克莱蒙特学院洪诺德图书馆，克莱伯里医院，科尔比学院图书馆，哥伦比亚大学，康沃尔郡档案局，多塞特郡图书馆，多塞特郡博物馆，多塞特郡档案局，康沃尔公爵领地档案馆，英国民间舞蹈协会，塞西尔-夏普庄园，伊顿公学图书馆，伦敦家庭档案中心，福塞特图书馆（现为伦敦大都会大学妇女图书馆),剑桥大学菲茨威廉博物馆,伦敦市政厅图书馆,哈佛大学霍顿图书馆,哈特菲尔德大厦档案馆,亨廷顿图书馆,剑桥大学国王学院,伦敦国王学院,利兹大学博勒顿图书馆,国会图书馆,麦克米伦出版社有限公司,剑桥大学抹大拉学院,曼彻斯特公立图书馆,马尔伯勒学院,俄亥俄州迈阿密大学(霍夫曼资料),苏格兰国家图书馆,国家肖像馆,海因茨档案馆和图书馆,国民托管组织档案馆,国民托管组织管理的斯托黑德庄园,纽约公共图书馆,阿斯特、莱诺克斯和蒂尔登基金会手稿和档案部,纽约大学菲尔斯图书馆,宾夕法尼亚州立大学公园,宾夕法尼亚大学,皮尔庞特·摩根图书馆,普林斯顿大学图书馆,伦敦公共档案局,牛津大学女王学院,理性主义者出版协会,雷丁大学,皇家鼓励艺术、制造业及商业活动协会,爱丁堡西涅图书馆,古建筑保护协会,得克萨斯大学奥斯汀分校哈里·兰瑟姆人文研究中心,《泰晤士报》档案馆,多伦多大学费舍尔珍本图书馆和罗巴茨图书馆,维多利亚和阿尔伯特博物馆,威斯敏斯特教堂公立图书馆,西苏塞克斯档案局,威尔特郡档案局,耶鲁大学贝内克图书馆。

我要特别感谢许多收藏家和私人所有者,他们如此友好地允许我阅览和使用他们所拥有的手稿材料,这些人包括:小弗雷德里克·鲍德温·亚当斯、西摩·阿德尔曼、格特鲁德·S. 安特尔、约翰·安特尔、西莉亚·巴克莱、C. J. P. 比蒂、格特鲁德·博格勒、艾伦·克洛德、格雷戈里·史蒂文斯·考克斯、詹姆斯·史蒂文斯·考克斯、罗伯特·S. 达比、大卫·J. 狄金森、詹姆斯·吉布森、亨利·吉福德、彼得·古登、R. E. 格陵兰、R. G. 格雷戈里少校、肯尼斯·辛斯、凡妮莎·辛顿、大卫·霍姆斯、伊莫根·霍尔斯特、威廉和维拉·杰斯蒂、伊恩·肯尼迪、彼得·列依、H. O. 洛克夫人、亨利·洛克、罗杰·隆斯代尔、迈克尔·麦卡锡夫人、亚历山大·麦克米伦(斯托克顿伯爵)、威廉·麦克米伦、埃尔夫丽达·曼宁、G. R. K. 穆尔牧师、彼得·奥尔德、斯蒂芬·帕斯托尔、理查德·利特尔·珀迪、F. F. 奎勒-考奇、戈登·N. 雷、帕梅拉·理查森、罗曼·罗兰夫人、卡罗拉·谢帕德、罗伯特·H. 泰勒、埃德温·索恩和达芙妮·伍德。

我也很高兴能重复一下第一版中的那些致谢,感谢相关人士对当时尚未出版的材料所授予的许可：西莉亚·巴克莱,允许使用由小纳撒尼尔·斯帕克斯撰写和收集的材料;昆廷·贝尔,允许使用由莱斯利·斯蒂芬写的未出版的信件;艾伦·克洛德,允许使用爱德华·克洛德的日记;詹妮弗·高斯,允许使用埃德蒙·高斯未出版的信件和回忆录;安·霍夫曼·佩里,允许使用哈罗德·霍夫曼撰写和收集的材料;扎莫伊斯卡伯爵夫人,允许使用韦恩·阿尔伯特·班克斯的日记;剑桥大学抹大拉学院的院长和研究员们,允许使用亚瑟·克里斯托弗·本森的日记;E. A. 达格代尔小姐遗嘱信托机构,允许使用托马斯·哈代、艾玛·哈代和弗洛伦斯·艾米莉·哈代未出版的材料,以及引用《托马斯·哈代书信全集》和《艾玛·哈代与弗洛伦斯·哈代书信集》。

参考资料

（根据原书注释整理）

哈代作品

Hardy, Thomas, *The Complete Works of Thomas Hardy*, Wessex Edition, 24 vols. (London, 1912-1931)

——, *The Architectural Notebook of Thomas Hardy*, ed. C. J. P. Beatty (Dorchester, 1966)

——, *Thomas Hardy's Personal Writings*, ed. H. Orel (Lawrence, Kan ., 1966)

——, *One Rare Fair Woman: Thomas Hardy's Letters to Florence Henniker 1893-1922*, eds. Evelyn Hardy, F. B. Pinion(London, 1972)

——, *The Personal Notebook of Thomas Hardy*, ed. Richard H. Taylor (London, 1978)

——, *The Collected Letters of Thomas Hardy*, eds. Richard Little Purdy and Michael Millgate, 7 vols. (Oxford, 1978-1988)

——, *The Complete Poetical Works of Thomas Hardy*, ed. Samuel Hynes, 5 vols. (Oxford, 1982-1995)

——, *The Life and Work of Thomas Hardy*, ed. Michael Millgate (London, 1984)

——, *The Literary Notes of Thomas Hardy*, ed. Lennart A. Björk, 2 vols.

(London, 1985)

——, *The Excluded and Collaborative Stories*, ed. Pamela Dalziel (Oxford, 1992)

——, *Thomas Hardy's "Studies, Specimens &c." Notebook*, eds. Pamela Dalziel and Michael Millgate (Oxford, 1994)

——, *Thomas Hardy's Public Voice: The Essays, Speeches, and Miscellaneous Prose*, ed. Michael Millgate (Oxford, 2001)

——, *Fifty-Seven Poems by Thomas Hardy*, ed. Bernard Jones (Gillingham, Dorset, 2002)

其他著作

Adams, E., ed. *Mrs. J. Comyns Carr's Reminiscences* (London, 1926)

Adams, F. B., "Another Man's Roses", *New Colophon*, 2/6 (1949)

Ahmad, Suleiman H., "Hardy's *Desperate Remedies*: A Source", *Notes and Queries*, NS 32 (Sept 1985)

Ahmad, Suleiman M., "*Far from the Madding Crowd* in the British Provincial Theatre", *Thomas Hardy Journal*, 16/1 (Feb 2000)

Antell, J., "The Uncle Who Impressed Hardy", *Dorset Evening Echo* (3 June 1983)

Archer, William, *Real Conversations* (London, 1904)

Arnold, M., "Wordsworth", *Macmillan's Magazine* (July 1879)

Asquith, C., *Portrait of Barrie* (London, 1954)

Atherton, G., *Adventures of a Novelist* (New York, 1932)

Atkins, N. J., *Hardy, Tess and Myself* (Beaminster, 1962)

Austin, A., *Love's Widowhood and Other Poems* (London, 1889)

Baedeker, Karl, *Baedeker's Italy: Handbook for Travellers... Northern Italy* (Leipzig and London, 1886)

Bailey, J. O., *The Poetry of Thomas Hardy: A Handbook and Commentary* (Chapel Hill, NC, 1970)

Barclay, Celia, *Nathaniel Sparks: Memoirs of Thomas Hardy's Cousin, the Engraver* (Greenwich, 1994)

Barker, Granville, *Granville Barker and His Correspondents*, ed. E. Salmon

(Detroit, 1986)

Barrie, J. M., *Letters of J. M. Barrie*, ed. V. Meynell (London, 1942)

Bath, M. E., "Thomas Hardy and Evangeline F. Smith", *Thomas Hardy Year Book*, no. 4 (1974)

Baxter, Lucy, *The Life of William Barnes, Poet and Philologist* (London, 1887)

Beatty, C. J. P., "Thomas Hardy's St. Juliot Drawings", *Architectural Review* (Feb 1962)

——, "The Part Played by Architecture in the Life and Work of Thomas Hardy" (Ph. D. thesis, Univ. of London, 1963)

——, *Guide to St. Michael, Stinsford* (Bridport, 1981)

——, *Thomas Hardy: Conservation Architect. His Work for the Society for the Protection of Ancient Buildings* (Dorchester, 1995)

——, *Thomas Hardy: Conservation Architect* (Dorchester, 1999)

Beech, Martin, "Hardy's Astronomy: An Examination of *Two on a Tower*", *Thomas Hardy Year Book,* 19 (1991)

Beerbohm, Max, "Thomas Hardy as Panoramatist", *Saturday Review* (30 Jan 1904)

Björk, Lennart A., *Psychological Vision and Social Criticism in the Novels of Thomas Hardy* (Stockholm, 1987)

Blanche, J. -É., *Mes Modèles* (Paris, 1929)

Blathwayt, R., "A Chat with the Author of *Tess*", *Black & White* (27 Aug 1892)

Blomfield, R., *Memoirs of an Architect* (London, 1932)

Blunden, E., *Thomas Hardy* (London, 1941)

Blunt, W., *Cockerell* (New York, 1965)

Bowker, R. R., "London as a Literary Centre. II", *Harper's New Monthly Magazine*, 77 (June 1888)

Bradbury, T., "Thomas Hardy's Hertfordshire Relatives", *Thomas Hardy Journal*, 15/2 (May 1999)

Brennecke, E. Jr., *The Life of Thomas Hardy* (New York, 1925)

Bugler, G., *Personal Recollections of Thomas Hardy* (Dorchester, 1964)

Buitenhuis, P., *The Great War of Words: Literature as Propaganda 1914-1918 and After* (London, 1989)

Bullen, J. B., *The Expressive Eye: Fiction and Perception in the Work of Thomas Hardy* (Oxford, 1986)

Carrington, C. E., *Rudyard Kipling: His Life and Work* (1955; London, 1978)

Chalfont, F., "Hardy's Residences and Lodgings: Part One", *Thomas Hardy Journal*, 8/3 (Oct 1992)

Charteris, E., *The Life and Letters of Sir Edmund Gosse* (London, 1931)

Child, H., "Thomas Hardy", *Bookman* (London, June 1920)

Collins, V. H., *Talks with Thomas Hardy at Max Gate, 1920-1922* (London, 1928)

Cox, R. G., ed. *Thomas Hardy: The Critical Heritage* (London, 1970)

Dalziel, Pamela, "A Critical Edition of Thomas Hardy's Uncollected Stories" (Ph. D. thesis, Oxford Univ., 1989)

——, "Hardy as Collaborator: The Composition of 'The Spectre of the Real'", *Publications of the Bibliographical Society of America*, 83 (1989)

——, "Hardy's Unforgotten 'Indiscretion': The Centrality of an Uncollected Work", *Review of English Studies*, NS 43 (1992)

——, "Hardy's Sexual Evasions: The Evidence of the 'Studies, Specimens &c.' Notebook", *Victorian Poetry*, 31.3 (1993)

——, "Whose *Mistress*? Thomas Hardy's Theatrical Collaboration", *Studies in Bibliography*, 48 (1995)

——, "Exploiting the Poor Man: The Genesis of Hardy's *Desperate Remedies*", *Journal of English and Germanic Philology*, 94 (Apr 1995)

——, "Anxieties of Representation: The Serial Illustrations to Hardy's *The Return of the Native*", *Nineteenth Century Literature*, 51 (June 1996)

——, "Drawings and Withdrawings: The Vicissitudes of Thomas Hardy's *Wessex Poems*", *Studies in Bibliography*, 50 (1997)

Darlow, T. H., *William Robertson Nicoll: Life and Letters* (London, 1925)

Davison, M., *Hook Remembered Again* (Reigate, 2001)

Deacon, Lois, *Tryphena and Thomas Hardy* (Beaminster, 1962)

——, T. Coleman, *Providence and Mr. Hardy* (London, 1966)

de la Mare, Walter, "Meeting Thomas Hardy", *Listener*, 53(28 Apr 1955)

Dilworth, Thomas, *A New Guide to the English Tongue... and Select Fables* (London, n. d.)

Doheny, J. R., "Thomas Hardy's Relatives and their Times", *Thomas Hardy Year Book*, 18 (1989)

——, "Biography and Thomas Hardy's Maternal Ancestors: The Swetmans", *Thomas Hardy Journal*, 11/2 (May 1995)

Douglas, George, *Gleanings in Prose and Verse,* ed. O. Hilson (Galashiels, 1936)

——, *A Love's Gamut and Other Poems* (London, 1880)

——, "Thomas Hardy: Some Recollections and Reflections", *Hibbert Journal*, 26 (Apr 1928)

Draper, Jo, *Thomas Hardy: A Life in Pictures* (Wimborne, 1989)

Drury, G. Dru, *Heart Burials and Some Purbeck Marble Heart-Shrines* (Dorchester, 1927)

Dunne, W. H., *R. D. Blackmore: The Author of "Lorna Doone"* (London, 1956)

Edel, L., *Henry James: The Conquest of London, 1870-1883* (Philadelphia, 1962)

Ellis, S. M., "Thomas Hardy: Some Personal Recollections", *Fortnightly Review*, 123 (Mar 1928)

Evans, E. L., *The Homes of Thomas Hardy* (St Peter Port, 1968)

Farris, L. M., *Memories of the Hardy and Hand Families* (St Peter Port, 1968)

Felkin, Elliott, "Days with Thomas Hardy", *Encounter*, 18/4 (Apr 1962)

Fisher, C. M., *Life in Thomas Hardy's Dorchester 1888-1908* (Beaminster, Dorset, 1965)

Fisher, K., *Conversations with Sylvia: Sylvia Gosse, Painter, 1881-1968* (London, 1975)

Fitzgerald, Penelope, *Charlotte Mew and her Friends* (Reading, Mass., 1988)

Fleming, E. McC., *R. R. Bowker: Militant Liberal* (Norman, Okla., 1952)

Flint, B., *Thomas Hardy in Wimborne 1881-1883* (Wimborne, 1995)

Flower, N., *Just As It Happened* (London, 1950)

Ford, F. M., *Mightier Than the Sword* (London, 1938)

Ford, G., ed. *Victorian Fiction: A Second Guide to Research* (New York, 1978)

Frith, W. P., *My Autobiography and Reminiscences*, 3 vols. (London, 1887)

Gatrell, Simon, ed. *The Thomas Hardy Archive: 1* (New York, 1986)

——, *Hardy the Creator: A Textual Biography* (Oxford, 1988)

——, *Thomas Hardy's Vision of Wessex* (Basingstoke, 2003)

Ghent, Dorothy Van, *The English Novel: Form and Function* (New York, 1953)

Gibson, James, ed. *Thomas Hardy: Interviews and Recollections* (Basingstoke, 1999)

Gissing, George, "Tyrtaeus", *Review of the Week* (4 Nov 1899)

——, *London and the Life of Literature in Late Victorian England: The Diary of George Gissing, Novelist*, ed. P. Coustillas (Hassocks, 1978)

——, *Collected Letters of George Gissing*, eds. P. F. Mattheisen, A. C. Young, P. Coustillas, 9 vols. (Athens, Oh., 1990-1997)

Gittings, Robert, *Young Thomas Hardy* (London, 1975)

——, *The Older Hardy* (London, 1978)

——, J. Manton, *The Second Mrs. Hardy* (London, 1979)

Gosse, Edmund, *Critical Kit-Kats* (London, 1896)

——, "Form in Poetry", *Literature* (4 Mar 1899)

——, "Mr. Hardy's Lyrical Poems", *Edinburgh Review*, 227 (Apr 1918)

——, *Books on the Table* (London, 1921)

——, "Thomas Hardy's Lost Novel", *Sunday Times* (22 Jan 1928)

——, *Transatlantic Dialogue: Selected American Correspondence of Edmund Gosse*, eds. P. F. Mattheisen and M. Millgate (Austin, Tex., 1965)

Graves, R., *Good-bye to All That* (London, 1929)

Greenwood, F., "The Genius of Thomas Hardy", *Illustrated London News* (1 Oct 1892)

Grove, Agnes, *The Social Fetich* (London, 1908)

Haggard, Rider, *Rural England* (London, 1902)

Hands, T., *Thomas Hardy: Distracted Preacher?* (Basingstoke, 1989)

Hardy, Emma Lavinia, *Some Recollections*, ed. Robert Gittings (London,

1961)

——, *Emma Hardy Diaries*, ed. Richard H. Taylor (Ashington, 1985)

——, *Alleys* (Dorchester, 1911)

——, *Spaces* (Dorchester, 1912)

——, *Poems and Religious Effusions* (St Peter Port, 1966)

Hardy, Emma Lavinia, Florence Emily Hardy, *Letters of Emma and Florence Hardy*, ed. Michael Millgate (Oxford, 1996)

Hardy, Evelyn, "Hardy and the Phrenologist", *John O'London's Weekly* (6 Feb 1954)

——, "Thomas Hardy and Horace Moule", *Times Literary Supplement* (21 Jan 1969)

Hardy, Florence Emily, "A Woman's Happiest Year", *Weekly Dispatch* (27 Aug 1922)

——, *The Early Life of Thomas Hardy 1840-1891* (London, 1928)

——, *The Later Years of Thomas Hardy 1892-1928* (London, 1930)

Harford, J. B., F. C. Macdonald, *Handley Carr Glyn Moule, Bishop of Durham* (London, 1922)

Harper, J. Henry, *The House of Harper* (New York, 1912)

Harrison, F., "Novissima Verba", *Fortnightly Review*, NS 107 (Feb 1920)

Harvey, Alice, "I Was Emma Lavinia's Personal Maid", *Thomas Hardy Year Book*, 4 (1974)

Hassall, C., *Edward Marsh, Patron of the Arts: A Biography* (London, 1959)

Hawkins, Desmond, *Hardy: Novelist and Poet* (Newton Abbot, 1976)

——, *Concerning Agnes: Thomas Hardy's "Good Little Pupil"* (Gloucester, 1982)

——, *The Tess Opera* (Thomas Hardy Society Monograph no. 3, 1984)

——, ed. *The Grove Diaries: The Rise and Fall of an English Family 1809-1925* (Wimborne, 1995)

Heath, Sidney, "Thomas Hardy", *Teacher's World* (18 Jan 1928)

Hedgcock, F. A., *Thomas Hardy: penseur et artiste* (Paris, 1911)

Hillyard, Nicholas, "Eliza Nicholls and Hardy Poems of 1865-1867", *Thomas Hardy Society Review*, 1/9 (1983)

Holt, H., *Garrulities of an Octogenarian Editor* (Boston, 1923)

Hullah, John, *The Song Book* (London, 1866)

Hunt, V., *The Flurried Years* (London, 1926)

Hutchins, John, *The History and Antiquities of the County of Dorset*, 4 vols. (Westminster, 1861-1873)

Huxley, Leonard, ed. *Life and Letters of Thomas Henry Huxley*, 2 vols. (London, 1900)

Hynes, Samuel, *A War Imagined: The First World War and English Culture* (New York, 1991)

Illica, Luigi, *Tess: A Drama in Four Acts* (London, 1909)

Ingham, Patricia, "The Evolution of *Jude the Obscure*", *Review of English Studies*, NS 27 (1976)

Ingham, Patricia, "Hardy and The Wonders of Geology", *Review of English Studies*, 31 (Feb 1980)

Jackson, A. M., *Illustration and the Novels of Thomas Hardy* (Totowa, NJ, 1981)

Kay-Robinson, Denys, "The Face at the Casement", *Thomas Hardy Year Book*, no. 5 (1975)

Kay-Robinson, Denys, *The First Mrs. Thomas Hardy* (London, 1979)

Keith, W. J., "Thomas Hardy and the Literary Pilgrims", *Nineteenth-Century Fiction*, 24 (June 1969)

Keith, W. J., "Thomas Hardy's Edition of William Barnes", *Victorian Poetry*, 15 (Summer 1977)

Kerr, Barbara, *Bound to the Soil: A Social History of Dorset 1750-1918* (London, 1968)

Kipling, Rudyard, *Letters of Rudyard Kipling*, ed. T. Pinney (London, 1990)

Kramer, D., "Revisions and Vision: Thomas Hardy's *The Woodlanders*, Pt. 1", *Bulletin of the New York Public Library*, 85 (Apr 1971)

Lacey, C., *Memories of Thomas Hardy as a Schoolboy* (St Peter Port, 1968)

Laird, J. T., *The Shaping of "Tess of the d'Urbervilles"* (Oxford, 1975)

——, "New Light on the Evolution of *Tess of the d'Urbervilles*", *Review of English Studies*, NS 31 (Nov 1980)

Lanning, G., "Thomas Hardy and the Bang-up Locals", *Thomas Hardy Journal*, 16/2 (May 2000)

Last, E. A., *Thomas Hardy's Neighbours* (St Peter Port, 1989)

Lawrence, T. E., *Letters of T. E. Lawrence*, ed. David Garnett (London, 1938)

Lea, Hermann, *Thomas Hardy Through the Camera's Eye* (Beaminster, 1964)

Lerner, L., J. Holmstrom, eds. *Thomas Hardy and His Readers* (London, 1968)

Lewer, D., "Thomas Hardy's Winter Stay in Swanage", *Thomas Hardy Year Book*, no. 1 (1970)

Licquet, F., *Rouen: Its History, Monuments, and Environs* (Rouen, 1871)

Liebert, V., "*Far from the Madding Crowd* on the American Stage", *Colophon*, NS 3 (Summer 1938)

Lilly, M., "The Mr. Hardy I Knew", *Thomas Hardy Society Review*, 1/4 (1978)

Lloyd, A. L., *Folk Song in England* (London, 1967)

Lock, H. O., "Max Gate", *Dorset Year Book, 1962-1963*

Lodge, David, "Thomas Hardy as a Cinematic Novelist", in Lance St. John Butler ed. *Thomas Hardy after Fifty Years* (London, 1977)

Lowndes, Belloc, *The Merry Wives of Westminster* (London, 1946)

Lucking, J. H., *Railways of Dorset* (London, 1968)

Maitland, F. W., *The Life and Letters of Leslie Stephen* (London, 1906)

Manford, A., "Emma Hardy's Helping Hand", in D. Kramer ed. *Critical Essays on Thomas Hardy: The Novels* (Boston, 1990)

Mann, E. W., "Thomas Hardy", *Dorset Year Book, 1964-1965*

Manning, E., *Marble & Bronze: The Art and Life of Hamo Thornycroft* (London, 1982)

Massingham, H. J., *Remembrance: An Autobiography* (London, 1942)

Maxwell, Donald, *The Landscape of Thomas Hardy* (London, 1928)

McCabe, J., *Edward Clodd: A Memoir* (London, 1932)

Meredith, George, *Collected Letters of George Meredith*, ed. C. L. Cline, 3 vols. (Oxford, 1970)

Meynell, V., ed. *Friends of a Lifetime: Letters to Sydney Carlyle Cockerell* (London, 1940)

Millgate, Michael, *Thomas Hardy: His Career as a Novelist* (London, 1971; repr. Basingstoke, 1994)

——, *Testamentary Acts: Browning, Tennyson, James, Hardy* (Oxford, 1992)

——, "Thomas Hardy and the House of Macmillan", in E. James ed. *Macmillan: A Publishing Tradition* (Basingstoke, 2002)

——, "Searching for Saxelby", *Thomas Hardy Journal* 19/1 (Feb 2003)

Mitchell, A., *Cook at Max Gate 1913-1914* (St Peter Port, 1970)

Moore, George, *Confessions of a Young Man* (London, 1937)

Morgan, C., *The House of Macmillan (1843-1943)* (London, 1943)

Morgan, Rosemarie, *Cancelled Words: Rediscovering Thomas Hardy* (London, 1992)

Morrison, D., *Exhibition of Hardy's Drawings & Paintings* (Dorchester, 1968)

Moule, Henry, *Eight Letters to His Royal Highness, Prince Albert* (London, 1855)

——, Horace Mosley Moule, et al., *Tempora Mutantur: A Memorial of the Fordington Times Society* (London, 1859)

Moule, Handley C. G., *Memories of a Vicarage* (London, 1913)

Murray, E., *Caught in the Web of Words* (London, 1977)

Murray, John, *Handbook for Travellers in Wiltshire, Dorsetshire, and Somersetshire* (London, 1856)

Murry, J. M., "Wrap me up in my Aubusson Carpet", *Adelphi* (Apr 1924)

Nevill, R., ed. *The Reminiscences of Lady Dorothy Nevill* (London, 1906)

Nevinson, Henry W., *More Changes More Chances* (London, 1925)

Newbolt, M., ed. *The Later Life and Letters of Sir Henry Newbolt* (London, 1942)

Newsome, D., *On the Edge of Paradise. A. C. Benson: The Diarist* (London, 1980)

Nicoll, W. Robertson, *A Bookman's Letters* (London, 1913)

O'Connor, T. P., "Thomas Hardy as I Knew Him", *Living Age* (1 Mar 1928)

Oliver, C. M., *Thomas Hardy Proposes to Mary Waight* (Beaminster, Dorset, 1964)

O'Rourke, May, "Thomas Hardy, O. M. 1840-1928", *The Month*, 152 (Sept 1928)

——, *Thomas Hardy: His Secretary Remembers* (Beaminster, 1965)

O'Sullivan, T., *Thomas Hardy: An Illustrated Biography* (London, 1975)

Page, Norman, ed. *Oxford Reader's Companion to Hardy* (Oxford, 2000)

Panton, J., *Leaves from a Life* (London, 1908)

Paterson, J., *The Making of "The Return of the Native"* (Berkeley, 1963)

Patten, Leonard, "Tale of a Chimney Pot", *Society of Dorset Men in London Yearbook for 1940-1941*

Paul, Charles Kegan, "Mr. Hardy's Novels", *British Quarterly Review*, 73 (Apr 1881)

——, "The Condition of the Agricultural Labourer", *Theological Review*, 5 (Jan 1868)

Phelps, W. L., *Autobiography with Letters* (New York, 1939)

Pinion, F. B., *A Hardy Companion* (London, 1968)

——, "The Composition of *The Return of the Native*", *Times Literary Supplement* (21 Aug 1970)

——, "The Hardys and Salisbury", *Thomas Hardy Year Book*, no. 2 (1971)

——, "A Hundred Years Ago: Hardy at Oxford", *Thomas Hardy Society Review*, 1/1 (1975)

——, *Thomas Hardy: Art and Thought* (London, 1977)

Pope, W. MacQueen, *The Footlights Flickered: The Story of the Theatre in the 1920s* (London, 1959)

Pound, Ezra, *The Letters of Ezra Pound 1907-1941*, ed. D. D. Paige (New York, 1950)

Powys, John Cowper, *Letters of John Cowper Powys to his Brother Llewelyn*, ed. M. Elwin (London, 1975)

Purdy, Richard Little, *Thomas Hardy: A Bibliographical Study* (London, 1954; repr. 1968, 1978; reissued with supplementary materials, Newcastle, Del., 2002)

Rabiger, M., "The Hoffman Papers", *Thomas Hardy Year Book*, no. 10

(1981)

Ray, G. N., *H. G. Wells and Rebecca West* (New Haven, 1974)

Ray, M., "Thomas Hardy in Aberdeen", *Aberdeen University Review*, 56 (Spring 1995)

Rees, J., *The Poetry of Dante Gabriel Rossetti: Modes of Self-Expression* (Cambridge, 1981)

Reynolds, G., *Painters of the Victorian Scene* (London, 1953)

Rideing, W. H., *Many Celebrities and a Few Others* (London, 1912)

Roberts, M., ed. *"Tess" in the Theatre* (Toronto, 1950)

Rutland, W. R., *Thomas Hardy: A Study of his Writings and their Background* (Oxford, 1938)

Sampson, E. C., "Thomas Hardy—Justice of the Peace", *Colby Library Quarterly*, 13 (Dec 1977)

Schweik, R. C., "A First Draft Chapter of Hardy's *Far from the Madding Crowd*", *English Studies* (1972)

——, "Hardy's 'Plunge in a New and Untried Direction': Comic Detachment in *The Hand of Ethelberta*", *English Studies*, 83 (June 2002)

Sharp, E., *Unfinished Adventure* (London, 1933)

Short, M., *Gustav Holst (1874-1934): A Centenary Documentation* (London, 1974)

Skilling, M. R., *Hardy's Mellstock on the Map* (Dorchester, 1968)

Stephen, Leslie, *Selected Letters of Leslie Stephen*, eds. John W. Bicknell with Mark A. Reger (Basingstoke, 1996)

Stickland, D., *Thomas Hardy at Cattistock* (St Peter Port, 1968)

Stottlar, J. F., "Hardy vs. Pinero: Two Stage Versions of *Far from the Madding Crowd*", *Theatre Survey*, 18 (1977)

Sutro, A., *Celebrities and Simple Souls* (London, 1933)

Swinburne, A. C., *Poems and Ballads* (London, 1866)

Taylor, D., "Chronological Table of Thomas Hardy's Poetry", *Thomas Hardy Journal* 18/1 (Feb 2002)

Thwaite, Ann, *Edmund Gosse: A Literary Landscape 1849-1928* (London, 1984)

Titterington, E. E., *The Domestic Life of Thomas Hardy (1921-1928)*

(Beaminster, 1963)

——, *Afterthoughts of Max Gate* (St Peter Port, 1969)

Tomkins, M., "Thomas Hardy at Hatfield", *Hertfordshire Countryside* (Feb 1976)

Tomson, Graham R., *The Bird-Bride: A Volume of Ballads and Sonnets* (London, 1889)

——, "Thomas Hardy. I", *Independent* (New York, 22 Nov 1894)

Trollope, Anthony, *The Letters of Anthony Trollope,* ed. B. A. Booth (London, 1951)

Tunks, Brenda, *Whatever Happened to the Other Hardys?* (Poole, 1990)

——, "A Re-examination of R. G. Bartelot's Version of Thomas Hardy's Ancestry", *Somerset and Dorset Notes and Queries*, 33 (Sept 1992)

Tunks, Brenda, "The John Hardys of Puddletown, Owermoigne and Tolpuddle", *Somerset and Dorset Notes and Queries*, 33 (Mar 1993)

Tynan, K., "Dora Sigerson: A Tribute and Some Memories", *Observer* (13 Jan 1918)

Weber, Carl J., *Hardy and the Lady from Madison Square* (Waterville, Me., 1952)

——, *Hardy in America: A Study of Thomas Hardy and His American Readers* (Maine, 1946; repr. New York, 1966)

Weiner, S., "Thomas Hardy and his First American Publisher", *Princeton University Library Chronicle* (Spring 1978)

Willey, B., *Cambridge and Other Memories 1920-1953* (London, 1968)

Willis, I. Cooper, "Thomas Hardy", *Colby Library Quarterly*, 9 (Mar 1971)

Wilson, Keith, "Thomas Hardy and Florence Henniker: A Probable Source for Hardy's 'Had You Wept'", *Thomas Hardy Year Book*, no. 6 (1977)

Wilson, Keith, *Thomas Hardy on Stage* (Basingstoke, 1995)

Winchcombe, Anna, "Mr. Edward Sharpe from America", *Dorset* (Autumn 1971)

Winchcombe, Anna, "Four Letters from Tryphena", *Dorset*, no. 23 (1972)

Winehouse, B., "Thomas Hardy: Some Unpublished Material", *Notes and Queries* (Oct 1977)

Winfield, C., "Factual Sources of Two Episodes in *The Mayor of Casterbridge*",

Nineteenth Century Fiction, 25 (Sept 1970)

Winslow, Donald J., "A Call on Thomas Hardy's Sister", *Thomas Hardy Year Book*, no. 1 (1970)

——, *Thomas Hardy's Sister Kate* (Thomas Hardy Society Monograph no. 2, 1982)

Woolf, Virginia, *Letters of Virginia Woolf* , eds. N. Nicolson and J. Trautmann, (London, 1975-1980)

——, *The Diary of Virginia Woolf, III: 1925-1930*, eds. Anne Olivier Bell and Andrew McNeillie (London, 1980)

Wright, T. R., *Hardy and His Readers* (Basingstoke, 2003)

Wright, W. F., *The Shaping of "The Dynasts": A Study in Thomas Hardy* (Lincoln, Nebr., 1967)

Young, R., *Poems in the Dorset Dialect*, ed. J. C. M. Mansel-Pleydell (Dorchester, 1910)

索 引

译后记

时光倒流,思绪回到三年半之前。2019 年 10 月,广西师范大学出版社的魏东编辑诚邀我翻译《托马斯·哈代传》一书。接到邀约,向来有选择困难症的我陷入了深深的纠结之中。一则以喜,原因是我从 2004 年在北京外国语大学攻读博士学位开始就对哈代产生了浓厚的兴趣,不仅博士论文研究对象是哈代,在北京语言大学工作十五年来也一直对哈代不离不弃,在哈代这片田地上不辍笔耕,因此对于能有这样一个难得的翻译哈代传记的机会甚感欣喜,觉得机不可失,时不再来,如果放弃这个宝贵的机会,我可能会抱憾终身。一则以惧,因为当时我正在为次年的正高级职称评审做准备,已经在高校工作多年的我深谙译著在职称评审中的地位之轻,况且该著作英文原文有三十余万字,翻译工作量很大,从翻译到出版需要漫长的三年时间,这一次职称评审是注定派不上用场的,倒不如省下时间写两篇论文更为高效。此外还有一个圈内人皆知的原因:文学翻译是一项“费力不讨好”的工作。选择之痛,决定之难,只有自知。思来想去,最后还是兴趣、爱好和责任感战胜了实用论,于是我在出版合同上郑重签上了自己的名字。

我之所以最终决定接手这项艰巨的翻译任务,兴趣和爱好是一方面,另一个原因,也是主要的一个原因,就是这是目前国内引进翻译的第一部哈代传记,可谓一项填补空白的工作,颇有意义!当然,对于这样一位赫赫有名的文学巨擘来说,这样的待遇似乎颇有些姗姗来迟的意味。关于哈代的英文传记林林总总十余部,譬如主要由哈代撰写,由其第二任夫人弗洛伦斯修改并署名出版的《哈代传》,詹姆斯·吉布森(James Gibson)所著《托马斯·哈代:一部文学传记》(*Thomas Hardy: A Literary Life*),以及罗伯特·吉廷斯所著《青年哈代》和《中年和晚年哈代》等,但是其中最大部头、最有影响力的当属已经出版了多部与哈代相关的著作(参本书末"总体致谢"第一段)的哈代研究专家迈克尔·米尔盖特的这部再版的《托马斯·哈代传》,全书洋洋洒洒总计六百多页,为读者呈现了非常翔实的传记材料。英国《新政治家》杂志给予高度评价:"该书是对哈代小说的创作起源和过程的最佳描述,亦是对这些小说所取得的成就和所付出的代价之大的最佳描述。"美国《纽约时报》对该书的评价是:"一部精彩的传记……米尔盖特是那种作家们梦寐以求的传记作家。他为我们提供了所有必要的细节,但没有一个细节是没有正当理由的。"加拿大《环球邮报》认为该传记意义重大、影响深远。英国著名文学评论家特里·伊格尔顿(Terry Eagleton)在该书封面对其给予的评价是"表达清楚、颇有见地、细节丰富的叙述"。

正如作者自己在其传记前言中所言,该书"吸收了大约四十年来我在研究哈代的过程中所积累的各种各样的材料和见解",其中有一些是在其他传记中未曾提及而鲜为人知的。相较于弗洛伦斯捉刀代笔的《哈代传》对某些内容的轻微歪曲和刻意省略,《托马斯·哈代传》更加客观真实地反映了哈代漫长的一生,使我们对他有了更加全面和深入的了解：哈代少年、青年、中年、晚年生活的方方面面的细节，他接受过的教育、读过的书、做过的笔记、参观过的地方、接触过的人、结交的朋友，他弃建从文的过程，他诸多小说、诗歌和戏剧作品的创作和出版过程（尤其是早期出版的艰难和作品得到的各种评价），他和形形色色女性之间的关系，如他与马丁夫人、路易莎·哈丁、伊丽莎·尼科尔斯、特丽菲娜·斯帕克斯、罗莎蒙德·汤姆森、阿加莎·索尼克罗夫特、亨尼卡夫人、艾格尼丝·格罗夫、格特鲁德·博格勒等人之间的关系，尤其是他与其第一任夫人艾玛和第二任夫人弗洛伦斯之间的关系，以及艾玛和弗洛伦斯二人之间的微妙关系，还有弗洛伦斯在撰写《哈代传》和执行哈代遗嘱方面发挥的作用等。

某种程度上，作者还针对人们对哈代的误解作了辩护，如关于哈代对艾玛的冷漠或者夫妻关系的不和谐、他的小气吝啬、他的势利、他对读者或评论家负面批评的超级敏感，等等。关于哈代对艾玛的冷漠或者夫妻关系的不和谐，一方面作者认为“毕竟他有工作要做，一种创作的需要和义务向他发出命令，他不得不作出必要的、适当的回应。对哈代这些年间行为的批判，有时似乎忽略了这样一个事实，即他是一个艺术家”，还有就是哈代的生活的表现形式“就是一个忙于工作的艺术家所必须具备的冷酷无情”，使他“变得越来越不愿意或不能以艾玛所需要的耐心来对待她，或成为她所渴望的倾诉对象”；另一方面作者认为一个巴掌拍不响，虽然孤独的艾玛值得同情，但是她本身也存在一些性格缺陷，作者说艾玛给高斯留下的印象是“古怪而难以相处”，并援引了本森对艾玛的评价，即“那位荒谬的、不合逻辑的、脾气暴躁的、说话不着边际的老女人”。关于哈代的吝啬，作者说一来“那几乎完全是基于麦克斯门用人们的带有偏见的评论”，二来就是勤俭节约是哈代由来已久的习惯，是他从母亲身上继承来的“节俭谨慎的农民传统”，因此他有着“对浪费的深恶痛绝”以及“居安思危、防患于未然的观念”，这些都源于

“其童年的记忆、其职业的风险、‘一战’带来的现实困难和预期危险，以及战后时期威胁英国和欧洲的社会和经济危险”。关于哈代的势利，有人说哈代在功成名就后对人们的态度就变得势利而冷漠起来了，作者认为“此说的证据的可信度并不高”，针对哈代夫妇“曾骑着自行车穿过帕德尔屯而不往两边看”的证据，他解释说“早期自行车的笨重和不佳的路况肯定是一个因素”。而且他说哈代“似乎一辈子都认识那些庞大亲戚网中的亲戚们……或是直接联系，或是通过他那以家庭为中心的两个妹妹取得联系”，因此他实际上并未冷落或瞧不起他们。关于哈代对待读者或评论家负面评论的态度，作者解释说哈代的强烈反应和过度敏感是因为他“将带有敌意的评论视为对他的专业精神的直接的、故意的反映，是在声称从实践能力方面而言他不擅长创作故事连载、长篇小说、短篇小说、诗歌，因而损害了其声誉，并危及了其作品的销量。引申开来，这种批评还倾向于给他因文学上的成功而业已取得的地位蒙上一层阴影，使他受到个人的嘲弄”，因此他的反应和做法是可以理解的。

针对一些此前存在争议的说法或传闻，该书还尽量去还原事实真相，或者力图释疑解惑，正本清源。如在第二章《博克汉普屯》中，作者认为《生活和工作》一书中对哈代家的村舍的描述“肯定是歪曲事实了”。第四章《伦敦》中关于 H. A. 的身份，作者分析说：“1865 年圣诞节假日期间，他陪同去登奇沃斯的那位‘H. A.’，并不像人们所说的那样，是一个神秘的爱慕对象，而是亨丽埃塔·亚当斯，一个家庭朋友。”第五章《穷汉与淑女》中关于哈代和特丽菲娜的关系，作者说有一种说法是“她在 1867 年夏与哈代有过一段热恋，并于 1868 年为他生了一个私生子，但他们并没有结婚，因为他俩实际上不是表兄妹关系，而是舅舅和外甥女的关系”，但是他本人认为这些推测“没有任何证据能够经得起学术性的推敲甚至是常识性的推敲”。在第十五章《撰写〈苔丝〉》中，谈到有人暗示苔丝的原型是哈代的妹妹凯特，作者认为“这并没有可信的根据”,而关于凯特有一个私生子的传闻,他认为是“源于她在临终呓语中提到‘他们’从她身边夺走了的一个女儿”,因此并无事实依据。在第十六章《〈苔丝〉的出版》中,针对《一群贵妇人》的出版曾导致当地社会各阶层对哈代夫妇的排斥这一传闻,他也认为“似乎并没有什么根据”。在第十九章《〈无名的裘德〉的出版》中,关于艾玛试图阻止《无名的裘德》一书的出版一事,他认为“几乎可以肯定是虚构的”,它得以广为流传的原因“也许只是足够带有恶作剧的性质”。在第二十四章《一场葬礼》中,作者认为弗洛伦斯出版的儿童读物中的五十七首配诗很有可能是出自哈代之手,他说“推测哈代是所有这些诗歌的作者也不无道理”,然后他举了一个例子(《美洲驼》),并说“这样的诗歌不主动要求被纳入哈代的正典作品是需要予以辩驳的”。尽管为了稳妥起见,他辩称“档案研究尚须进一步证实哈代是这些诗歌的真正作者”,但是最后他援引了丛书编辑伯纳德·琼斯的观点(“它们不可能是别人的作品”),给我们的感觉是他倾向于认为这些诗歌的作者是哈代。

现在来谈谈翻译本身。在翻译过程中我曾遇到一些棘手的问题或需要向读者解释说明以免引起误解的问题,其中之一便是英语方言的处理。美国著名翻译理论家尤金·奈达(Eugene A. Nida)在其《语言、文化与翻译》(*Language, Culture and Translating*)一书中说:“如果文本是以非标准的方言写成的,译者就要面对在目标语中寻找合适的对等物的困难。”哈代在其创作中经常使用多塞特方言,如果将这些方言译为普通话,便失去了其原有的风格和韵味,换言之,就是没有实现功能对等中的文体对等。鉴于此,我大胆尝试使用北方方言来加以处理,这当然是受到了我国著名哈代翻译专家张谷若先生的影响,因为众所周知,他在翻译哈代的《德伯家的苔丝》《无名的裘德》《还乡》等小说时使用了典型的山东方言。有的国内翻译研究者尝试用多种方言翻译同一文本,如林风、岳峰在其《十九世纪美国南部黑人英语的翻译》一文中就分别使用了黑龙江方言、山东方言、安徽北部方言、安徽宿州方言、湖南岳阳方言等来尝试翻译美国女作家凯特·肖邦作品中老黑人的语言,以造就地域感、方言感。当然这样的翻译策略见仁见智,甚至存在争议,因为没有任何一种中国方言可以对应英国方言。选用北方方言对南方读者来说或许有失公允,但是既然任何一种方言都无法做到一一对应,我也便只好选取自己更为熟悉的北方方言了,这一点还望读者见谅。举例而言,哈代的父亲是一个地地道道的多塞特方言使用者,而且因为没有什么文化,在写给其女儿的一封书信的行文中还存在一些语法错误,例如"We should wrote to you before",又如"We have been expecting to heard from you",再如"We are going on much as usale it is very cold hear"等,因为语法错误无法直接翻译出来,我便均采用了方言译法,上述三句分别译为了"俺们老早就该写信给你""俺们一直巴望着你能写信给我们""家里没啥事儿,就是忒冷",这样就把哈代父亲善用方言和受教育程度不高的特点以及其语言的乡土气息给有效地传递了出来。还有一例就是伦敦的公交车司机的方言,原文如下:"Oh, nao; their sex pertects them. We dares not drive over them, wotever they do; & they do jist wot they likes. 'Tis their sex, yer see; & its wot I coll takin' a mean adventage."短短几句话里面多处用的是方言,在译文中我同样是采用北方方言进行了处理:"哦,冇有过,她们的性别罩着她们啊。俺们可不敢开车轧她们,甭管她们咋骑车;她们想咋样就咋样。你瞧,就是因为她们的性别;俺管这叫卑鄙地钻空子。"当然,"冇"这个字在南北方言中都广泛存在,均是指"没有"的意思。空间有限,仅举两例,其他地方见译著,这里不再赘述。

另一个问题是,哈代的亲属网非常庞大,因此在传记中出现了很多亲戚(原著中说哈代仅堂表兄弟姊妹就有将近六十一个),他们和哈代的关系需要加以明确。哈代的亲戚数量如此之多,关系如此之复杂,以至于连原著本身在索引环节都出现了一个小错误，即把 Emma Sparks 误标为哈代的姨妈，其实她是哈代的表姐，因为他的姨妈名为 Maria Sparks。连原著本身都能在称谓上出问题，这就需要我们更加慎重对待原著中的这些称谓。众所周知，英文的 grandma（grandmother），grandpa（grandfather），sister，brother，nephew，niece，aunt，uncle，sister-in-law，brother-in-law，cousin 等词可以对应汉语两个（含）以上的称谓。在翻译过程中，我需要不断查询哈代的父系家族家谱和母系家族家谱，以核实人物的真正关系。譬如 cousin 一词，可以至少表示堂兄、堂弟、堂姐、堂妹、表兄、表弟、表姐、表妹等八种称谓，如果考虑到中国某些地区还会将舅舅家的孩子和姨妈家的孩子予以区分，那再加上姨兄、姨弟、姨姐、姨妹就会有十二种称谓，为了淡化地域称谓的差异，我采用了八种称谓的译法。但即便是八种称谓的译法也需要谨慎待之，首先要确定是哈代父亲的兄弟姐妹的孩子还是其母亲兄弟姐妹的孩子，其次还要确定这些孩子的年龄是比哈代大还是小，这样才能准确地予以翻译。在称谓的翻译中，不仅要查询传记中提供的家谱，还要利用家谱网站（如 https://www.wikitree.com/和 https://www.geni.com/people 等网站）去查询传记中没有提供的信息，譬如第一章《哈代家族和汉德家族》中提到了“Lord Ilchester's brother-in-law the Revd Edward Murray”这个人物，我们不清楚爱德华·默里牧师具体是伊尔切斯特勋爵的什么人，是姐夫，还是妹夫？是妻兄（亦称内兄），还是妻弟（亦称内弟）？而且通过上下文也无从进行判断。鉴于此，我只好去家谱网站查询，经查得知伊尔切斯特勋爵的妻子是 Caroline Leonora Murray（卡罗琳·莱昂诺拉·默里），和爱德华·默里同姓，由此便排除了姐夫或妹夫，应该是妻兄或妻弟，继续查得知，卡罗琳出生于 1788 年，而爱德华出生于 1798 年，因此他是卡罗琳的弟弟，是伊尔切斯特勋爵的妻弟。虽然只是一个小小的称谓问题，也需要译者以非常严谨的态度对待，当然这也要托信息时代、大数据时代的福,也要感谢家谱网站的无私奉献。当然也有实在无法确定的时候,如“one of Emma’s cousins”这种情况就只能译成“艾玛的一个堂(表)兄(弟姊妹)”,并加注:“因性别和年龄不详,故无法准确翻译。”

查询家谱网站只是查询工作的一个方面,翻译过程中有时还需要查询史料。如在翻译“when he rode on the tops of omnibuses”这貌似简单的一句话时,“omnibuses”一词的翻译便是一个不大不小的难题,因为各种词典中都认为 omnibus 等同于 bus,只不过有的说它是 bus 的正式用语,有的说它是 bus 的老式用语。但是将 omnibus 译为“公共汽车”在逻辑上是不通的,因为哈代不可能站在公交车的车顶上招摇过市。经过查询史料得知,omnibus 指的是英国历史上出现过的一种双层马车(为便于读者了解,特附插图如下),这样将那句英文译为“当他有一次坐在双层马车顶层上时”,意思就通顺了。

还有一点需要说明的是,传记中涉及大量的小说、戏剧或诗歌的题名、作品中人物的名字。遇到这种情况,我尽量使用读者已经熟知的译

名，譬如小说译名和小说中人物的译名大部分是参考了张谷若先生的译本。此外，传记原著中存在一些人名称谓上的小问题，譬如对同一个人，时而称呼弗洛伦斯·亨尼卡，时而称呼亨尼卡夫人；时而称呼格特鲁德·博格勒，时而称呼博格勒太太，存在不一致的问题。因此除了首次出现时使用了全名，后面我都尽量统一成了亨尼卡夫人、博格勒太太。还有就是原著对于频繁或屡次出现的人一直使用全名，如丽贝卡·欧文、戈登·吉福德、莉莲·吉福德、悉尼·考克雷尔、克莱门特·肖特、西格弗里德·萨松、弗雷德里克·麦克米伦爵士、格特鲁德·博格勒等，其实完全没有必要，因此第一次之后的称呼我都略去了姓，只保留了名字。

传记中还出现了大量诗歌文本（几乎每一章中都有诗歌节选），如《教堂罗曼司》《住所》《过客》《阿玛贝尔》《偶然》《她对他说》《一个年轻人的生存警句》《思念菲娜：听闻其去世的噩耗有感》《在七十年代》《我发现她在野外》《幻影女骑士》《离别时刻》《机遇（致 H. P.）》《我们坐在窗边》《一首两载的田园诗》《未致命的疾病》《被夷为平地的墓地》《他放弃爱情》《女继承人和建筑师》《在酒馆里》《爽约》《年轻的玻璃染色工》《关于艾格尼丝》《威塞克斯高地》《揽镜自照》《合二为一》《黑暗中的画眉》《咽气之后》《散步》《一次旅行之后》《呼唤》《他决心不再多说》《身后》等，不一而足，因此阅读传记也是学习。关于诗歌的译文，哈代诗歌选集的译本目前已有多种，早期译本有蓝仁哲的《托马斯·哈代诗选》（1987），飞白、吴迪的《梦幻时刻——哈代抒情诗选》（1992），比较新的有吴迪的《时光的笑柄：哈代抒情诗选》（2014）、王宏印的《托马斯·哈代诗歌精译》（2016）、刘新民的《哈代诗选》（2018），以及袁宪军的《苔丝的哀歌：哈代诗选》（2019）。上述诗歌译本各有千秋，然而我只是拜读和参考，没有采用其中任何一个，而是使用了自己的译文。一是这些译本只收录了部分诗歌，有一些诗歌在任何一个译本中均未收录；二是作为虔诚的哈代研究者，我有一个宏伟的目标，那就是未来要翻译哈代诗歌全集(总计九百四十七首诗歌),因此这次尝试自己翻译传记中的诗歌或诗歌片段也算是有所准备吧。还需要指出的是前面提到的《散步》一诗的译文采用的是我发表于《英语学习》2005年第1期上的译文。

在专有名词之地名的翻译方面有一点需要特别说明,那就是为了突出哈代的家乡多塞特郡乡村的特色,我把几乎所有以-ton结尾的地名(位于城市的除外)均翻译成了“屯”(音译一般会处理成“顿”或“敦”,如Hilton译为希尔顿,London译为伦敦),诸如阿尔弗雷德斯屯(Alfredston)、博克汉普屯(Bockhampton)、福丁屯(Fordington)、弗兰姆普屯(Frampton)、辛屯(Hinton)、基恩屯(Keinton)、金斯屯(Kingston)、沙斯屯(Shaston)、萨屯(Sutton)、西奈屯(West Knighton)等等,此外,个别以-town结尾的词我也翻译成了“屯”,如帕德尔屯(Puddletown)和马丁斯屯(Martinstown),因为虽然其名字中含有town,但其实它们也只是村庄而已。鉴于此,Aldeburgh我也倾向于译为更像是地名的“奥尔德堡”,而非纯音译的“奥尔德伯勒”;同理,Peterborough译为“彼得堡”。

还有一点也和专有名词的翻译相关。细心的读者可能会发现,对于已婚女性的称谓,我有的译成了“太太”,有的则译成了“夫人”,存在不一致性,这并不是疏忽大意导致的,而是故意为之。因为译为“太太”的英语原文是“Mrs.”,而译为“夫人”的原文则是“Lady”,之所以刻意翻译成不同的称谓,是因为Lady在英国是对女贵族、女爵士、贵族成员的妻女或爵士的妻子的称呼,译文中被称为“XX夫人”的女士都是贵族成员或爵士的妻子。但是有一处例外,那就是“Mrs. Henniker”我也译为了“亨尼卡夫人”,是因为作为哈代著名和重要的红颜知己,“亨尼卡夫人”的译法已经被读者们接受(刘新民先生在其《哈代诗选》前言中,以及我和其他学者在已发表的多篇论文中都是用的该称呼),鲜见“亨尼卡太太”的译法,倘采用此译法则不太符合专有名词翻译中应遵循的“约定俗成"的基本原则,虽然此例还谈不上是严格意义上的"约定俗成"。此外,为了突出哈代两任妻子的重要性,也将其译为"夫人"。

以上谈的基本是翻译原则上的问题,此外还有一些与翻译技巧或手段相关的问题。翻译实践告诉我们,原文中的一些术语需要特别注意。该传记中的术语涉及建筑、出版、音乐、法律、经济等诸多领域,在翻译时需要慎之又慎。如原文中多次出现的 terrace 一词,不是我们熟悉的"露天平台"或"阳台"的意思,而是英国建筑中的"排房";另一个出现多次的 place 一词,也不是我们熟悉的"地方"的意思,而是"街道";circus 不是"马戏团",而是"圆形广场"的意思;capital 不是"首都"或"资本",而是"(石柱的)柱头"的意思;reader 不是"读者",而是"审稿人"的意思;proof 不是"证据",而是"校样"的意思;royalty 不是"王室",而是"版税"的意思;glees 和 catches 等词也不能望文生义,因为它们都是音乐术语,分别为"合唱曲"和"幽默轮唱曲"(或滑稽轮唱曲);inquest 不是"调查",而是"验尸"的意思;statement 不是"陈述",而是"结算单"或"清单"的意思。"being proof, & had to be lowered for drinking"一句中 proof 和 lower 这两个词也都不是取我们日常熟悉的意思,而是应该翻译成"是标准酒精度数,喝的时候还要兑水稀释"。还有一些词汇是非术语,但是也颇具欺骗性,如 simple faith 不是"简单的信仰",而是"纯粹的信仰"或"不折不扣的信仰"的意思;weakness 不是"弱点",而是"偏爱"或"癖好"的意思;deserted 不是"被抛弃的",而是"空寂无人的"的意思。由此可见,翻译实践中充满了陷阱,稍有疏忽便会造成误译,因此切忌望文生义和先入为主,越是我们熟悉的词汇越不能掉以轻心。

为了充分发挥汉语作为译入语的优势,我还在译文中大量使用了成语(或四字结构)、习语或俗语。对成语的使用尤其是体现在肖像刻画和性格描写方面,如"Tryphena at the age of 16 was pretty, lively, and intelligent"一句译为"特丽菲娜时年芳龄十六,花容月貌、活泼可爱、聪明伶俐”;又如“He had charm, humour, a ready tongue, and a facile and indefatigable pen”一句译为“他魅力十足,诙谐幽默,口齿伶俐,妙笔生花,而又不辍笔耕”; 再如“She was intelligent, gifted, strikingly handsome”一句译成了“她天资聪颖,秀外慧中”;还如,“She is one of the few, very few, women of her own rank for whom I would make a sacrifice: a woman too of talent, part of whose talent consists in concealing that she has any”一句译为“在这一级别的女人中,让我心甘情愿为其作出牺牲者寥寥无几,她便是其中之一: 她也是一个颇有才华的女人,其才华的一部分体现为她的大智若愚、静水流深”。使用成语可以使人物的刻画显得更加精炼、形象。习语或俗语方面,如“Horace Moule, always elusive, was in any case scarcely a reliable source of personal guidance”一句中的“elusive”(难找的)一词,我处理成了“神龙见首不见尾”,从而反映出了穆尔的行踪神秘,令人难以捉摸,不大靠得住;又如“In so doing he often moved beyond word-for-word reworkings and ventured—however gropingly—towards the discovery of new continuities of meaning, mood, or imagery”一句中的“gropingly”(摸索地)一词,我处理成了“摸着石头过河”,从而更加形象地反映了哈代创作初期小心翼翼的尝试状态;再如“grandmother put a spoke in his wheel on the ground of its being against the laws of the church”一句中的“put a spoke in his wheel”(破坏某人的计划)这一词组,我处理成了“打翻了他的如意算盘”,这样的表述更加生动;还如,“‘I shall eat such a lot’, she warned in advance of her arrival,‘and talk a great deal so I shall be rather troublesome’”一句中“eat such a lot”和“talk a great deal”分别译为“甩开腮帮子大吃一顿”“有一肚子的话要跟你们说”,从而反映出哈代的小妹对哥嫂的思念之情以及她的几分撒娇的语气。事实证明,适当地使用成语、习语或俗语是行之有效的翻译手段,能为译文增色不少。

此外,为了帮助读者更好地理解原文的意思,还需要增加大量的注释,尤其是和文学相关的注释,如果不加注释的话,读者可能会不知所云,或者知其然而不知其所以然。例如,“虽然我承认您有时候有点亚历山大主义”一句中的“亚历山大主义”倘若不加注,读者便会不明就里,因此我加了一则简短但意思清晰的注释:“喜欢模仿的”。又如,“我们本来有可能删除结尾部分的伊诺克·雅顿主义”这一句中的“伊诺克·雅顿主义”如果不加注的话,读者便不知道作者想要表达的意思,因为它并不是一个文学术语词典中可查的既定术语,于是我加了一段篇幅相对较长的注释,以便于读者理解:“伊诺克·雅顿是英国维多利亚诗人丁尼生的诗歌《伊诺克·雅顿》中的主人公,为了给妻子和孩子更好的生活,他作为一名商船船员出海,但不幸遭遇海难,死里逃生的他在荒岛上生活了十年后回到家中,发现相信他已经死了的妻子再婚了并育有一子。深爱妻子的伊诺克不愿意破坏她的幸福,于是便没有向她透露他仍活着的真相,最后伊诺克自己心碎地死去。而《卡斯特桥市长》中的主人公亨查德的结局是身败名裂、众叛亲离,最后在一所小屋里孤独凄惨地死去。两者的结局有一定的相似性。”再如,“尽管他对该地区的往昔一往情深,对他最早期经历中的基本事实(从华兹华斯的意义上讲)深表同情”这一句,读者一般都知道英国浪漫派代表诗人华兹华斯,但是作者在这里具体指的是什么并不清晰,于是我便加了如下注释:“可能指的是华兹华斯的诗歌《颂诗:忆幼年而悟永生》,简称《永生颂》”,因为在该诗的开头诗人惋惜童年时光和景致的一去不复返,譬如“如今我再也见不到昔日之所见”和“有一种荣耀已经永远离开人间”。还如,“却暗示了这个暴发户家族起源于城市,这个名字被该家族挪用了;后者是一个毫不妥协的乡村和平民的名字,但听起来像是一种真正的‘堕落’”一句,如果不加注,读者便不理解为何该家族起源于城市,又为何后者听上去是“堕落”的。因此我便加了两条注释,分别为“d’

Urberville(德伯维尔)一词的词根 ville 是法语中‘城镇’的意思”和“Durbeyfield(德比菲尔德)一词的词根 field 是‘田野’的意思,代表着乡村,从城市到乡村在这里被视为一种社会地位上的‘堕落’”,这样就合理地回答了上述两个问题。最后一个例子,“讲故事的人本质上是老水手,只有在拥有‘比普通人的普通经历更不寻常的事情’的情况下,才有理由耽搁行色匆匆的大众”这一句,如果没有英国文学或英国诗歌的背景知识,那是无法理解的,因此我又加了一段篇幅相对较长的注释:“指的是英国浪漫主义诗人柯尔律治的《老舟子咏》(又译《老水手吟》),射杀了信天翁的老水手受到天罚,并连累到其他水手,致使他们丧命,后来他通过祝福水蛇得到救赎,但是他的救赎远没有完成,他需要把自己的悲惨遭遇一遍遍地讲给他人听,于是才会拦住急着去参加婚礼的路人,向他们讲述自己的离奇故事。”这样加注的译文其实比英文原文还有助于理解,因为并不是所有人都熟悉这一文学用典,即便是英国读者。鉴于此,从文学加注的角度而言,可能具有文学背景的译者从事文学翻译时更加得心应手一些。有的注释是我对原著错误的纠正,如作者说弗洛伦斯·艾米莉·达格代尔的生日“比哈代四十岁生日早六个月”,我加的注释是:“哈代的生日是 6 月 2 日,因此实际上弗洛伦斯 1 月 12 日的生日并没有比他早六个月,只早不到五个月。”此错误虽然无关紧要,但作为传记还是应该尽量做到准确无误吧。还有一种注释的情况就是译者对原文中的说法也不能完全确定,提出来待商榷。如“他说他一时无法决定题词的内容 ——‘谨此纪念’,一部分来自莎士比亚,一部分来自圣经”一句,因为莎士比亚的作品太多,因此我不是百分之百确信“谨此纪念”(THIS FOR REMEMBRANCE)的所指,因此注释为:“可能指的是莎士比亚的第 30 首十四行诗《追忆》(‘Romembrance’),其中第二句为‘唤起我对往事的追忆’(I summon up remembrance of things past)”。希望知道明确所指的读者批评指正。在上述这些情况下,译文和注释是一个有机的统一体，注释是对译文的有益补充、深化乃至勘校，缺了注释的译文就是不完整的或不完美的。而且在某种程度上而言，有时候注释甚至比译文本身还要重要。类似的例子还有很多，仅举几例以说明在翻译中适当加注的必要性和重要性，正如胡志挥先生所言："我们不能把文学翻译的注释当作一种无足轻重的技术性工作，而应把它看成是一种艺术创造的组成部分。"

在翻译过程中，一些同事、朋友和学生给予了我帮助，在此要表达诚挚的谢意。我校外国语学部英语学院外教 Kelsey 在英文原文理解方面给予了我及时而颇有助益的解答，很多时候让我茅塞顿开。举例而言，在翻译"两个搬运工同意一起喝掉一壶浓啤酒，每人喝两口或一口；第一个人'狠揍了它一顿'，换言之，喝到酒的水平面刚好和壶底与壶壁的交叉点持平，然后把剩下的部分给了另一个人；假设此酒壶为一圆锥体的锥截体，圆锥体的上部直径为三点七英寸，下部直径为四点二三英寸，垂直深度为五点七英寸，那么他们所喝的酒的量有什么区别?"这一部分时，有个别的语句我怎么读都无法理解英文原文想要表达的意思，为了帮助我理解，Kelsey 专门为我画了一幅图，他的图使我恍然大悟，尽管美中不足的是他画的不是圆锥体，而是圆柱体。为了有助于读者理解传记原文，这里顺便将该图附上。

个别文学专业问题我有时还会在英语学院文学导师微信群中提出，同事们也给予了积极回应，尤其是王雅华教授。此外，我还和《拉金随笔》一书（其中有几篇关于哈代的文章）的译者——高翻学院的李晖老师就"canon"和"archdeacon"等宗教词汇的翻译进行了探讨，他还向我推荐了卢龙光主编的《基督教圣经与神学词典》。除了英文，原文中还出现了一些拉丁文和法文，不仅仅是简单的只言片语，有时候是完整的

一句话乃至一小段话，在这种情况下我便会求助于小语种方向的专家，这其中包括意大利语系周婷副教授和法语系刘娟娟博士。除了语言方面的问题，有时还会涉及一些音乐术语的翻译问题，因为哈代和其父亲都是热忱的民间音乐爱好者，此类问题我与艺术学院姚紫津博士进行了探讨。甚至还有个别拿不准的经济学术语，我求教了商学院宋晓玲教授。还要感谢我的两位研究生酒文洁和孙钰杰同学，她们是我译著付梓前的第一批读者，通读了全文，并就一些翻译细节提出了个人的见解与我探讨，给了我诸多启发，在译文的修改润色过程中发挥了不可小觑的作用。除了来自校内师生的帮助，还有来自校外学者的友情支持，譬如在我翻译著作中的莎士比亚戏剧台词遇到困难时，西南大学罗益民教授为我提供了经典译本作为参考；就个别诗集名和著作名的翻译，我征求了北京外国语大学的张剑教授（本人博士生导师）和张威教授的意见。最后要感谢的是出版社的魏东和程卫平编辑，他们在译文的审校过程中提出了大量中肯且有针对性的意见和建议，为提高译文质量发挥了非常重要的作用。

虽然译作从翻译到出版历时三年多，我作为译者投入了很多的时间和精力，但是翻译作品很难做到尽善尽美，因此难免还存在一些瑕疵，敬请读者朋友不吝赐教，吾定有则改之，无则加勉。

王秋生

于北京语言大学

2023 年 4 月 11 日

著作权合同登记号桂图登字:20-2021-301号

图书在版编目(CIP)数据

托马斯·哈代传/(加)迈克尔·米尔盖特著;王秋生译.—桂林:广西师范大学出版社,2023.7
(文学纪念碑)
ISBN 978-7-5598-5998-3

Ⅰ.①托… Ⅱ.①迈… ②王… Ⅲ.①哈代(Hardy, Thomas 1840-1928)-传记 Ⅳ.①K835.615.6

中国国家版本馆CIP数据核字(2023)第078293号

托马斯·哈代传
TUOMASI HADAI ZHUAN

出 品 人:刘广汉　　策　　划:魏　东
责任编辑:魏　东　　助理编辑:程卫平　　装帧设计:赵　瑾

广西师范大学出版社出版发行
(广西桂林市五里店路9号　　邮政编码:541004
网址:http://www.bbtpress.com)
出版人:黄轩庄
全国新华书店经销
销售热线:021-65200318　021-31260822-898
山东临沂新华印刷物流集团有限责任公司印刷
(临沂高新技术产业开发区新华路1号　邮政编码:276017)
开本:690 mm×960 mm　1/16
印张:59.25　插页:16　字数:730千
2023年7月第1版　2023年7第1次印刷
定价:198.00元